JAVA 마스터

지은이 송미영 songsnail@naver.com

웹 기반의 관공서 위기관리 시스템의학 용어 온라인 평가 시스템중도탈락 예방 시스템 개발, 앱 기반의 전자동화 및 교육용 게임 개발, 유니티를 이용한 가상현실 콘텐츠 개발 등 다양한 실무 경험을 쌓고 자바, 웹 프로그래밍(JSP/PHP), 스프링, 안드로이드 프로그래밍, 유니티 엔진, VR/AR 프로그래밍 등을 강의했습니다. 현재 수원여자대학교 교수로 재직하면서 컴퓨터 비전, 모바일 게임, 가상현실 등을 연구하고 있으며, 캡스톤 디자인 프로젝트나 경진대회, 공모전 등에서 학생들이 현장 실무 능력을 쌓도록 도와주는 지도교수로서 CATS(Computer Application Technology Study) 동아리를 운영 중입니다. 또한 다년간의 현장 실무 개발과 교육 강의를 통해 얻은 지식을 이해하기 쉬운 책으로 펴내기 위해 힘쓰고 있습니다. 저서로는 『쉽게 배우는 JSP 웹 프로그래밍』(한빛아카데미, 2018)이 있습니다.

JAVA 마스터

초판발행 2023년 01월 01일
2쇄발행 2024년 03월 10일

지은이 송미영 / **펴낸이** 전태호
펴낸곳 한빛아카데미㈜ / **주소** 서울시 서대문구 연희로2길 62 한빛아카데미㈜ 2층
전화 02-336-7112 / **팩스** 02-336-7199
등록 2013년 1월 14일 제2017-000063호 / **ISBN** 979-11-5664-638-9 93000

총괄 박현진 / **책임편집** 김성무 / **기획** 김성무 / **편집** 김예원, 박민정 / **진행** 김예원
디자인 표지 최연희, 내지 윤혜원 / **전산편집** 김정하 / **제작** 박성우, 김정우
영업 김태진, 김성삼, 이정훈, 임현기, 이성훈, 김주성 / **마케팅** 길진철, 김호철, 심지연

이 책에 대한 의견이나 오탈자 및 잘못된 내용에 대한 수정 정보는 아래 이메일로 알려주십시오.
잘못된 책은 구입하신 서점에서 교환해 드립니다. 책값은 뒤표지에 표시되어 있습니다.
홈페이지 www.hanbit.co.kr / 이메일 question@hanbit.co.kr

JAVA 마스터

송미영 지음

한빛아카데미
Hanbit Academy, Inc.

지은이 머리말

그림으로 재미있고 쉽게 배우고 탄탄한 기초 지식과 실무 활용 능력을 한 번에 얻자!

자바는 클라이언트-서버 웹 애플리케이션에서 모바일 애플리케이션에 이르기까지 다양한 유형의 애플리케이션을 개발하는 데 널리 사용되는 객체지향 프로그래밍 언어입니다. 썬마이크로시스템즈가 1995년에 출시한 자바는 그동안 개발자들 사이에서 인기 있는 언어로 자리 잡아 오늘날 수백만 개의 자바 애플리케이션이 사용되고 있습니다.

자바는 그 자체를 플랫폼으로 사용할 수 있는 다중 플랫폼이자 객체지향 및 네트워크 중심 언어일 뿐만 아니라, 모바일 앱 및 엔터프라이즈 소프트웨어, 빅데이터 애플리케이션, 서버 측 기술 등 모든 것을 개발하는 데 사용할 수 있는 빠르고 안전하며 안정적인 프로그래밍 언어입니다. 자바는 C 언어에 객체지향적 기능을 추가하여 만든 C++와 달리, 처음부터 객체지향 언어로 개발되었습니다. 특히 C++의 장점을 채택하고 잘 사용되지 않는 부분을 과감히 버림으로써 표현이 간결하여 이해하기가 쉽습니다.

자바의 가장 중요한 특징은 자바 가상 머신(JVM)을 사용하여 운영체제와 독립적으로 동작할 수 있다는 것입니다. 자바로 작성된 프로그램은 운영체제와 상관없이 실행이 가능하기 때문에 운영체제에 따라 프로그램을 변경하지 않아도 됩니다.

자바 프로그래밍을 다룬 책이 이미 시중에 많이 나와 있습니다. 기존의 자바 관련 책은 기본 개념을 그림으로 설명하고 예제를 코딩하거나, 예제에 주석을 달고 단순한 그림을 보여주는 데 그친 것이 대부분입니다. 또한 여타의 프로그래밍 언어를 다룬 책과 달리 후반부에 자바 프로젝트를 제시하는 경우를 찾아보기 어렵습니다. 후반부에 프로젝트를 제시하는 경우라도 마지막의 실전 프로젝트 구축 부분에서 앞의 학습 내용을 전체적으로 적용한 소스 코드를 제공하기 때문에 이해하기가 쉽지 않습니다. 따라서 독자가 이론적 개념을 순차적으로 배웠다 해도 이를 실무 개발에 연동하여 적용하는 데 애를 먹는 것이 가장 큰 문제였습니다.

이에 이 책은 자바 프로그래밍을 처음 배우는 입문자, 자바 프로그래밍이 어렵다고 느끼는 독자가 단 한 권으로 자바를 쉽고 재미있게 배우고 응용력까지 배양할 수 있도록 구성했습니다. 내용을 직관적으로 나타낸 그림과 실습 예제, 응용 예제를 통해 자바 프로그래밍을 쉽게 익힐 수 있고, 학습한 내용을 바탕으로 단계적으로 예제를 완성해봄으로써 성취감을 맛볼 수 있습니다.

각 장에서는 자바의 개념을 먼저 살펴보고 이에 대한 기본적인 실습 예제를 제시하여 스스로 기본 개념과 사용법을 익힙니다. 그리고 이를 실전에 어떻게 적용하는지 체득할 수 있는 응용 예제를 통해 실전 응용력을 배양합니다. 즉 각 장마다 자바의 이론 → 기본 실습 예제 → 응용 예제의 순으로 배워나갑니다. 이 책의 학습을 마치고 나면 콘솔 기반 쇼핑몰을 구축한 뒤 이를 스윙 기반 쇼핑몰로 만들 수 있습니다.

많은 독자가 이 책을 통해 웹 애플리케이션과 모바일 애플리케이션 등의 개발에 필요한 기초 지식을 탄탄히 쌓고 프로젝트 실무에 자신감을 가지기를 바랍니다. 끝으로 책을 펴내는 데 많은 도움을 준 한빛아카데미㈜의 김예원 선임님에게 진심으로 감사의 말을 전합니다.

지은이 **송미영**

이 책을 읽기 전에

누구를 위한 책인가

이 책은 자바를 이용한 웹 애플리케이션과 모바일 애플리케이션 개발에 입문하는 독자나 애플리케이션 개발 실무에 자신감을 얻고자 하는 독자를 대상으로 합니다.

- 자바 지식과 프로그래밍 경험이 없는 독자
- 자바 프로그래밍을 쉽게 배우고 싶은 독자
- 자바 프로그래밍을 익힌 후 실무에 바로 적용하고 싶은 독자

선수 연계 과목

C, 파이썬과 같은 프로그래밍 입문 언어를 학습했다면 이 책의 내용을 좀 더 수월하게 소화할 수 있습니다.

다루는 내용

1부 자바 기본 문법 다지기

- 1장 자바 첫걸음
- 2장 변수와 자료형
- 3장 연산자와 형 변환
- 4장 조건문과 반복문
- 5장 메서드
- 6장 배열과 문자열

→

2부 객체지향 프로그래밍 문법 배우기

- 7장 클래스와 객체
- 8장 상속과 다형성
- 9장 추상 클래스와 인터페이스
- 10장 패키지

→

3부 자바 고급 문법 배우기

- 11장 예외 처리
- 12장 파일 입출력
- 13장 컬렉션
- 14장 사용자 인터페이스 I
- 15장 사용자 인터페이스 II

이 책의 구성 요소

| Preview |

각 장에서 다루는 내용과 주요 개념을 한눈에 볼 수 있는 도표를 제시합니다.

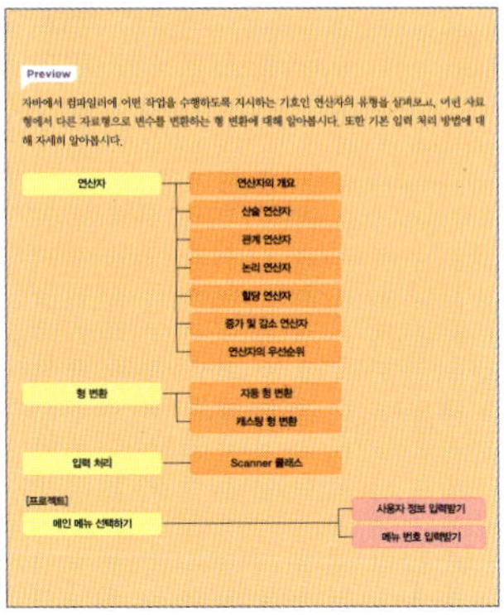

| 그림 |

그림을 통해 본문의 설명과 예시 코드를 직관적으로 이해할 수 있습니다.

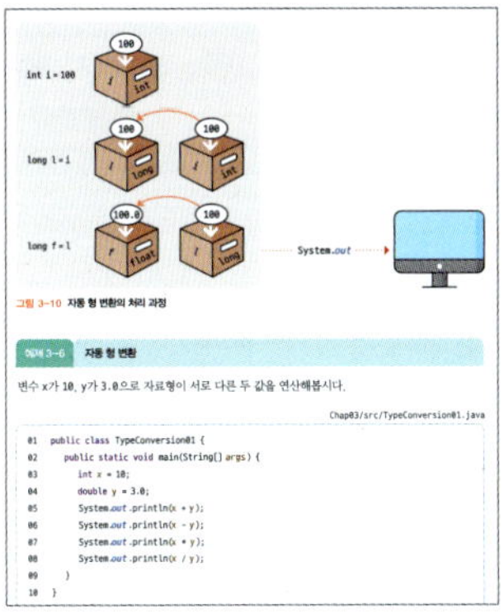

| 하나 더 알기 / TIP |

본문과 관련된 도움말이나 참고로 알아두면 좋은 정보, 헷갈리기 쉬운 내용을 담고 있습니다.

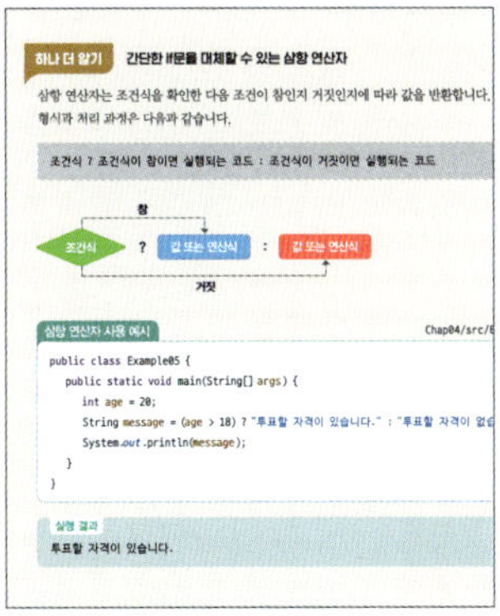

| 프로젝트 |

학습자 스스로 복습할 수 있도록 각 장에서 배운 내용의 응용 예제를 프로젝트로 제시합니다.

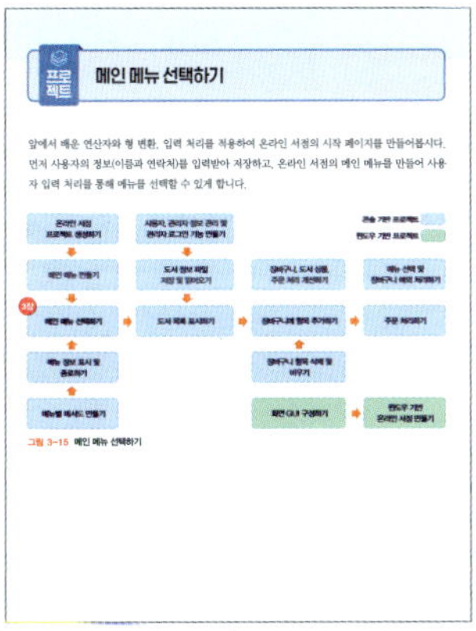

| 요약 |

각 장의 핵심 내용을 요약·정리하여 제시합니다.

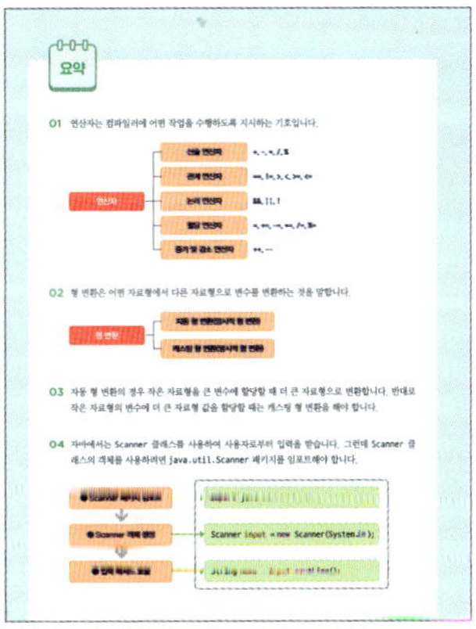

| 연습문제 |

본문에서 배운 주요 개념과 문법에 대한 문제를 통해 학습 성과를 점검할 수 있습니다.

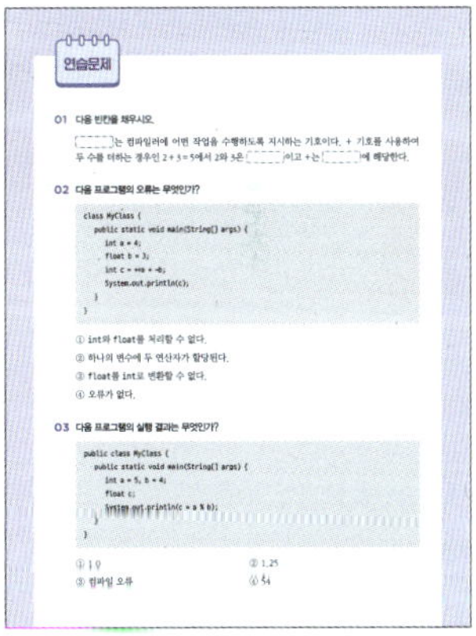

온라인 서점 프로젝트 로드맵

START

1장
온라인 서점 프로젝트 생성하기
- 프로젝트 생성하기
- 클래스(자바 파일) 생성하고 코드 작성하기
- 프로젝트 실행하기

2장
메인 메뉴 만들기
- 메인 메뉴 만들기

3장
메인 메뉴 선택하기
- 사용자 정보 입력받기
- 메뉴 번호 입력받기

4장
메뉴 정보 표시 및 종료하기
- 메뉴 정보 표시하기
- 메뉴 선택 종료하기

5장
메뉴별 메서드 만들기
- 메뉴 선택 시 메뉴 정보 출력하기

8장
사용자, 관리자 정보 관리 및 관리자 로그인 기능 만들기
- 사용자 정보 관리하기
- 관리자 정보 관리하기
- 관리자 로그인 기능 만들기

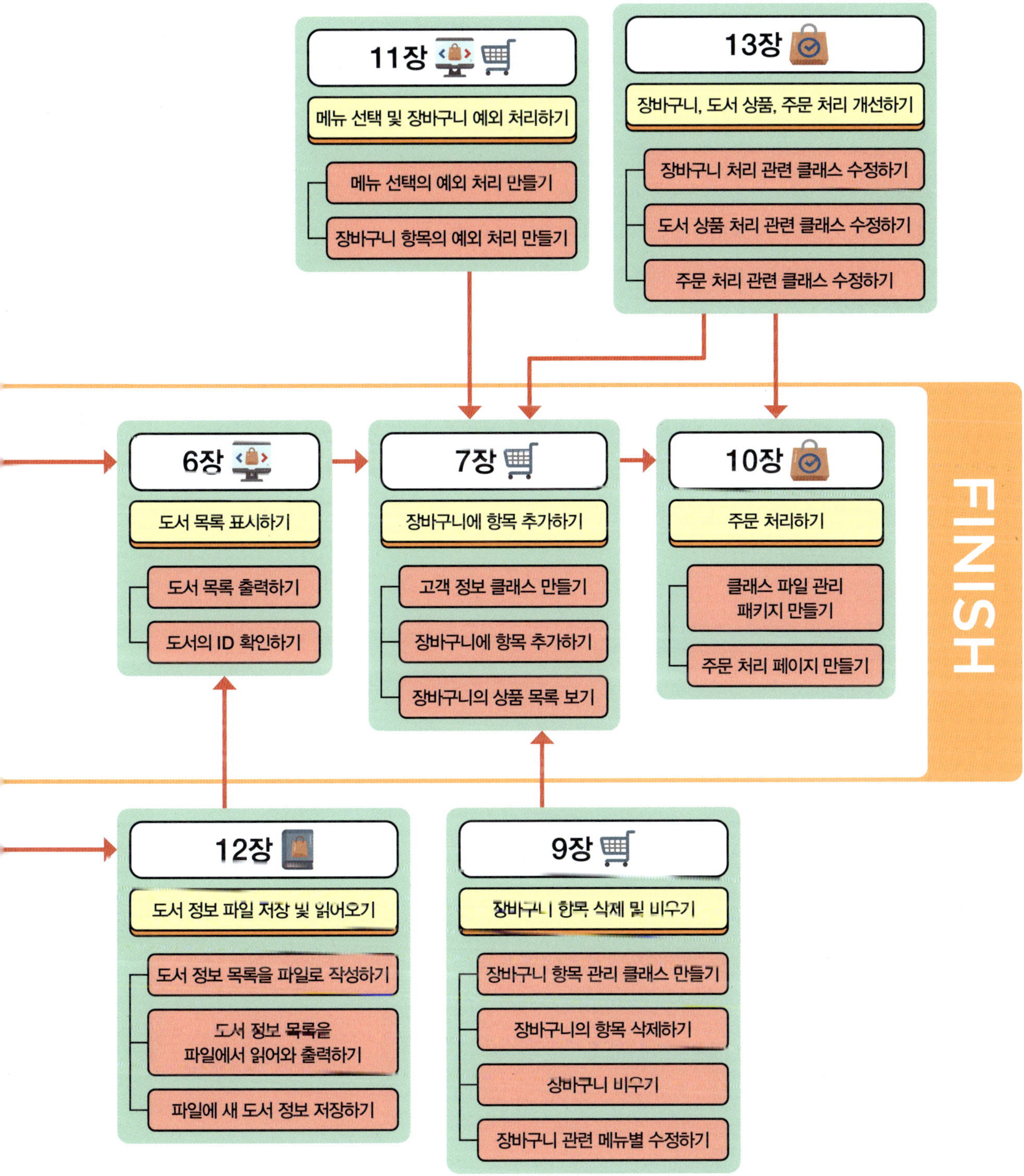
11장
메뉴 선택 및 장바구니 예외 처리하기
메뉴 선택의 예외 처리 만들기
장바구니 항목의 예외 처리 만들기
13장
장바구니, 도서 상품, 주문 처리 개선하기
장바구니 처리 관련 클래스 수정하기
도서 상품 처리 관련 클래스 수정하기
주문 처리 관련 클래스 수정하기
6장
도서 목록 표시하기
도서 목록 출력하기
도서의 ID 확인하기
7장
장바구니에 항목 추가하기
고객 정보 클래스 만들기
장바구니에 항목 추가하기
장바구니의 상품 목록 보기
10장
주문 처리하기
클래스 파일 관리 패키지 만들기
주문 처리 페이지 만들기
FINISH
12장
도서 정보 파일 저장 및 읽어오기
도서 정보 목록을 파일로 작성하기
도서 정보 목록을 파일에서 읽어와 출력하기
파일에 새 도서 정보 저장하기
9장
장바구니 항목 삭제 및 비우기
장바구니 항목 관리 클래스 만들기
장바구니의 항목 삭제하기
장바구니 비우기
장바구니 관련 메뉴별 수정하기

이 책의 사용 설명서

실습 자료

이 책의 실습에서 사용된 데이터와 예제 소스는 아래 주소에서 내려받을 수 있습니다.

http://www.hanbit.co.kr/src/4638

실습 환경

- 운영체제: Windows 11(Windows 7 이후라면 모두 사용 가능)
- 자바 개발 환경: JDK17, JRE 8.0, Java SE
- 통합 개발 환경: Eclipse IDE for Java EE Developers 2022-03

강의 보조 자료

한빛아카데미 홈페이지에서 '교수회원'으로 가입하신 분은 인증 후 교수용 강의 보조 자료를 제공받을 수 있습니다. 한빛아카데미 홈페이지 상단의 〈교수전용공간〉 메뉴를 클릭하세요.

http://www.hanbit.co.kr/academy

연습문제 해답 안내

이 책은 대학 강의용 교재로 개발되었으므로 연습문제의 해답을 제공하지 않습니다.

차례

CHAPTER 02 | 변수와 자료형

CHAPTER 03 | 연산자와 형 변환

CHAPTER 04 | 조건문과 반복문

CHAPTER 05 | 메서드

CHAPTER 06 | 배열과 문자열

PART 02 객체지향 프로그래밍 문법 배우기

CHAPTER 07 | 클래스와 객체

CHAPTER 10 | 패키지

PART 03 자바 고급 문법 배우기

CHAPTER 11 | 예외 처리

CHAPTER 12 | 파일 입출력

CHAPTER 13 | 컬렉션

CHAPTER 14 | 사용자 인터페이스 I

PART 01

자바 기본 문법 배우기

CONTENTS

CHAPTER 01

자바 첫걸음

학습목표

- 자바 언어를 이해합니다.
- 자바 개발 환경을 구축합니다.
- 자바 프로그램 작성법을 알아봅니다.
- 자바 프로그램의 기본 구조를 파악합니다.

Preview

자바는 현재 가장 널리 사용되는 프로그래밍 언어 중 하나입니다. 클라이언트-서버 웹 애플리케이션에서 모바일 애플리케이션에 이르기까지 다양한 유형의 애플리케이션을 개발하는 자바 언어에 대해 살펴봅시다. 또한 자바 소스 코드를 작성하기 위한 개발 환경 구축과 자바 프로그램의 기본 구조에 대해서도 자세히 알아봅시다.

- 자바 언어의 이해
  - 자바의 개요
  - 자바를 배워야 하는 이유
  - 자바 애플리케이션의 유형
  - 자바의 주요 특징
- 자바의 구성 요소
  - 자바 플랫폼
    - 자바 개발 키트(JDK)
    - 자바 런타임 환경(JRE)
    - 자바 가상 머신(JVM)
  - 자바 프로그램 실행 과정
- 자바 개발 환경 구축
  - 자바 개발 환경 도구
  - 자바 설치 및 환경 설정
  - 통합 개발 환경 설치
- 처음 만드는 자바 프로그램
  - 프로젝트 생성하기
  - 자바 코드 작성하기
  - 프로젝트 실행하기
- 자바 프로그램의 기본구조
  - 패키지
  - 클래스
  - main( ) 메서드
  - 처리문
  - 주석
- [프로젝트] 온라인 서점 프로젝트 생성하기
  - 프로젝트 생성하기
  - 클래스 생성과 코드 작성하기
  - 프로젝트 실행하기

1.1 | 자바 언어의 이해

1 자바의 개요

1995년 썬마이크로시스템즈(Sun Microsystems)가 출시한 자바(Java)는 다양한 플랫폼에서 사용할 수 있는 객체지향 프로그래밍(object-oriented programming, OOP) 언어입니다. 처음에 자바는 가전제품에 탑재되어 동작하는 프로그램을 위해 개발되었지만, 지금은 웹 애플리케이션 개발에 가장 많이 사용하는 언어 가운데 하나입니다. 게임, 소셜미디어 애플리케이션, 오디오 및 비디오 애플리케이션 등 다양한 애플리케이션 개발에도 자바가 사용됩니다. 자바 프로그래밍 언어는 C 및 C++ 프로그램 언어와 유사하나 고급 기능과 단순화된 기능을 갖춘 객체지향 언어이면서 모든 플랫폼에 독립적이므로, 특정 하드웨어나 운영체제에 제한 없이 실행되는 프로그램을 작성할 수 있습니다.

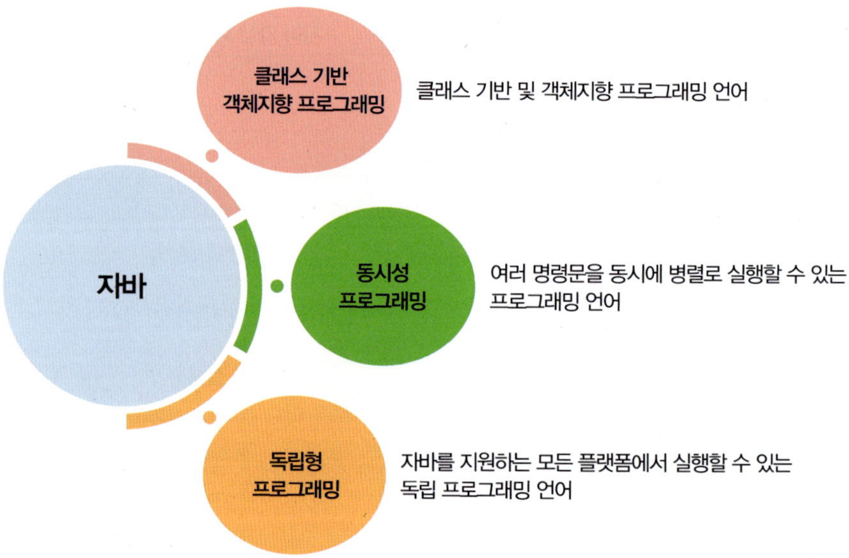

그림 1-1 **자바의 개요**

2 자바를 배워야 하는 이유

자바 외에도 C, C++, 파이썬(Python) 등 다양한 프로그래밍 언어가 있습니다. 그렇다면 왜 자바를 배워야 하는지 그 이유를 살펴봅시다.

자바는 현재 가장 널리 사용되는 프로그래밍 언어 중 하나입니다.

오라클(Oracle)에 따르면 30억 개의 장치에서 자바를 실행하고 있습니다. 또한 안드로이드 앱도 자바를 사용하여 개발합니다. 모바일 앱의 수요가 증가함에 따라 자바는 프로그래머가 되고자 한다면 반드시 배워야 할 필수 언어라고 해도 과언이 아닙니다.

자바의 구문과 기능은 C, C++ 등의 프로그래밍 언어와 유사합니다.

이전에 프로그래밍 경험이 있다면 자바를 쉽게 배울 수 있습니다. 자바는 프로그래밍을 처음 접하는 경우라도 비교적 배우기 쉬운 언어입니다. 대부분의 프로그래머는 C 또는 C++보다 자바를 배우는 것이 더 쉽다고 생각합니다.

자바는 플랫폼에 독립적입니다.

자바 코드는 먼저 바이트코드로 컴파일되며 자바 가상 머신(Java Virtual Machine, JVM)이 있는 모든 시스템에서 실행할 수 있습니다. 따라서 자바를 사용하면 코드를 한 번만 작성하고 원하는 곳에서 실행할 수 있습니다.

자바는 객체지향 프로그래밍 언어입니다.

객체지향 프로그래밍은 프로그래밍 문제를 서로 상호 작용하는 객체로 분해하는 프로그래밍 접근 방식입니다. 따라서 프로그램 구성상 실제 세계의 객체와 쉽게 연결할 수 있습니다.

3 자바 애플리케이션의 유형

자바를 이용하여 만들 수 있는 애플리케이션의 유형으로는 독립 실행형 애플리케이션, 웹 애플리케이션, 엔터프라이즈 애플리케이션, 모바일 애플리케이션, 빅데이터 기술이 있습니다. 이를 좀 더 자세히 살펴봅시다.

독립 실행형 애플리케이션

파일 프로세스를 추가하지 않고 별도의 컴퓨터 프로세스에서 실행되는 응용 프로그램입니다. 독립 실행형 응용 프로그램은 AWT(Abstract Windowing Toolkit), 스윙, JavaFX와 같은 일부 표준 그래픽 사용자 인터페이스(GUI) 구성 요소를 사용하는 자바 GUI 응용 프로그램 또는 데스크톱 응용 프로그램이라고도 하며, 이 구성 요소는 데스크톱에 배포됩니다. 이러한 구성 요소에는 버튼, 메뉴, 테이블, GUI 위젯 툴킷, 3D 그래픽 등이 있습니다.

예 미디어 플레이어, 바이러스 백신, 그림판, POS 결제 소프트웨어 등

웹 애플리케이션

클라이언트에 의해 실행되는 클라이언트-서버 소프트웨어 응용 프로그램입니다. 서블릿(Servlet),

JSP, 스프링(Spring), 스트러츠(Struts), 하이버네이트(Hibernate) 등은 클라이언트-서버 애플리케이션의 개발에 사용됩니다. 전자상거래 애플리케이션으로는 전자상거래 플랫폼, 건강·사회보장·교육·보험 관련 응용 프로그램을 개발할 수 있습니다.

예 이메일, 전자상거래 웹사이트, 은행 웹사이트 등

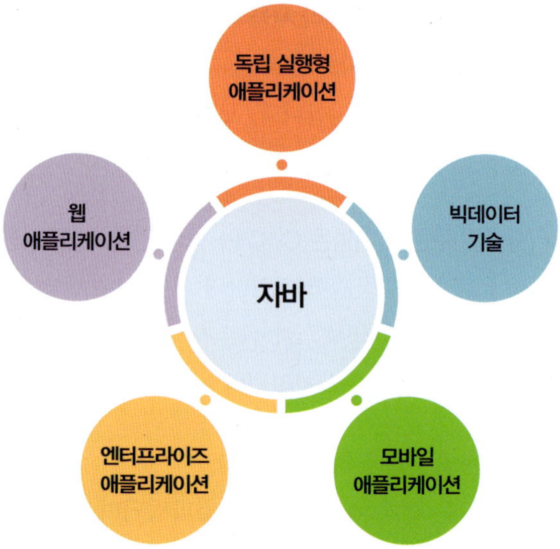

그림 1-2 자바 애플리케이션의 유형

▩ 엔터프라이즈 애플리케이션

미들웨어 애플리케이션입니다. 기업 전체에서 소프트웨어 및 하드웨어 시스템 기술과 서비스를 사용합니다. 은행 업무 시스템과 같은 기업 영역을 위해 설계되었습니다.

예 전자상거래, 회계, 은행 정보 시스템 등

▩ 모바일 애플리케이션

자바는 ME 또는 J2ME 프레임워크를 사용하며,이 프레임워크는 스마트폰에서 다양한 애플리케이션을 실행하는 플랫폼입니다. 안드로이드에서도 애플리케이션 개발을 위한 플랫폼을 제공합니다.

예 WhatsApp, Xender 등

▩ 빅데이터 기술

대용량 자료를 처리할 수 있는 컴퓨터 클러스터에서 동작하는 분산 애플리케이션을 지원하는 하둡(Hadoop)의 MapReduce 프레임워크는 자바로 작성되었습니다.

4 자바의 주요 특징

자바를 만든 가장 큰 목적은 컴퓨터 언어에 이식성과 보안 기능을 높이기 위함이었습니다. 이 두 가지 주요 기능 외에도 자바는 프로그래밍 언어로서 다음과 같은 중요한 기능이 있습니다.

▩ 단순함

자바는 구문이 매우 간결하여 쉽게 배울 수 있습니다. C++ 또는 기타 프로그래밍 언어에서 볼 수 있는 포인터, 연산자 오버로딩과 같은 복잡성을 모두 제거하여 이해하기 쉽습니다.

▩ 객체지향

자바에서는 객체를 사용하여 모든 작업을 수행합니다. 자바는 객체 모델 기반으로 쉽게 확장할 수 있습니다.

TIP 객체지향 프로그래밍(OOP)의 개념에 대한 자세한 내용은 7장을 참고하세요.

▩ 강력한 기능

자바에는 강력한 메모리 관리 시스템이 있습니다. 컴파일 및 런타임 중에 코드를 확인하므로 오류를 제거하는 데 도움이 됩니다.

▩ 플랫폼 독립적

특정 기계에 종속적으로 컴파일되는 C, C++ 등과 같은 프로그래밍 언어와 달리 자바는 한 번 작성하면 어디서나 실행할 수 있는 언어입니다.

▩ 보안

자바에서 모든 코드는 컴파일 후 바이트코드로 변환되기 때문에 사람이 읽을 수 없습니다. 또한 자바는 명시적으로 포인터를 사용하지 않으며, 신뢰할 수 없는 소스의 활동을 방지하기 위해 샌드박스(Sandbox) 내부에서 프로그램을 실행합니다. 따라서 바이러스와 변조기 없는 시스템/응용 프로그램을 개발할 수 있습니다.

TIP 샌드박스는 네트워크를 통해 전송받은 애플릿의 시스템 자원에 대한 접근을 제한합니다. 샌드박스에서 접근을 허용한 애플릿은 작업이 가능하지만, 그렇지 않은 경우는 로컬 파일을 읽거나 바꿀 수 없게 하는 방법으로 시스템의 피해를 방지합니다.

▩ 멀티스레딩

자바는 동기화 기본 집합을 비롯해 여러 실행 스레드(경량 프로세스)를 지원합니다. 멀티스레딩(multithreading) 기능을 통해 동시에 많은 작업을 수행하는 프로그램을 작성할 수 있습니다.

▩ 아키텍처 중립적

컴파일러가 특정 컴퓨터 아키텍처와 아무 관련이 없는 바이트코드를 생성하므로 자바 프로그램은 모든 시스템에서 쉽게 해석할 수 있습니다.

▩ 휴대성

자바는 플랫폼에 독립적이므로 한 플랫폼에서 작성된 모든 애플리케이션을 다른 플랫폼에 쉽게 이식할 수 있습니다.

▩ 고성능

자바는 인터프리티드 언어(interpreted language)이므로 C, C++와 같이 컴파일된 언어만큼 빠르지 않지만, JIT(just-in-time) 컴파일러를 통해 기본 기계 코드로 쉽게 변환될 수 있는 바이트코드를 사용하여 고성능을 달성합니다.

■ **분산**

자바는 분산 애플리케이션을 만드는 데 도움이 되는 기능을 제공합니다. RMI(Remote Method Invocation)를 사용하여 자바 프로그램은 네트워크를 통해 다른 프로그램의 메서드를 호출하고 출력을 얻을 수 있습니다. 인터넷의 모든 시스템에서 메서드를 호출하여 파일에 액세스할 수 있습니다.

여기서 퀴즈!

다음 중 자바의 특징이 아닌 것을 고르시오.

① 자바는 구문이 매우 간결하여 쉽게 배울 수 있습니다.
② 자바는 한 번 작성하면 어디서나 실행할 수 있습니다.
③ 자바에서 모든 작업은 객체를 사용하여 수행합니다.
④ 자바는 C 언어와 마찬가지로 포인터를 사용합니다.

정답 ④

1.2 | 자바의 구성 요소

1 자바 플랫폼

자바 프로그래머는 사람이 읽을 수 있는 고급 프로그래밍 언어(즉 소스 코드)로 프로그램을 작성합니다. 그런데 컴퓨터의 CPU나 칩은 고급 프로그래밍 언어로 작성된 소스 코드를 이해하지 못하고 기계어 코드만 이해할 수 있습니다. 다시 말해 기계어 코드는 CPU 수준에서 실행되며, CPU 모델에 따라 기계어 코드가 다릅니다. 그러나 자바 프로그래밍 언어의 경우 기계어 코드에 대해 걱정할 필요가 없습니다. 컴파일러가 소스 코드를 이해한 다음 기계가 이해할 수 있는 코드(즉 실행 가능한 기계어 코드)로 번역하기 때문입니다. 이러한 처리 기능은 자바 플랫폼 구성 요소인 자바 개발 키트(Java Development Kit, JDK), 자바 런타임 환경(Java Runtime Environment, JRE), 자바 가상 머신(JVM) 내에서 발생하며, 구성 요소의 관계는 [그림 1-4]와 같습니다.

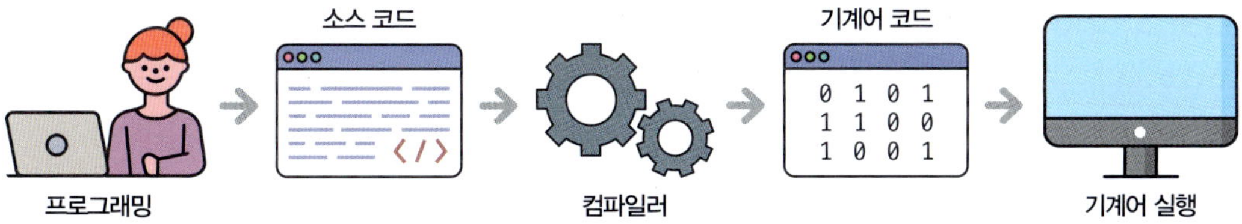

그림 1-3 **자바 고급 언어와 기계어**

자바 개발 키트(JDK)

JDK는 애플릿과 자바 애플리케이션을 만드는 데 사용되는 소프트웨어 개발 환경으로, 자바 개발자는 윈도우(Windows), 맥(MacOS), 솔라리스(Solaris), 리눅스(Linux)에서 이를 사용할 수 있습니다. JDK는 자바 프로그램을 코딩하고 실행하는 데 도움이 되며, 동일한 컴퓨터에 둘 이상의 JDK 버전을 설치할 수도 있습니다.

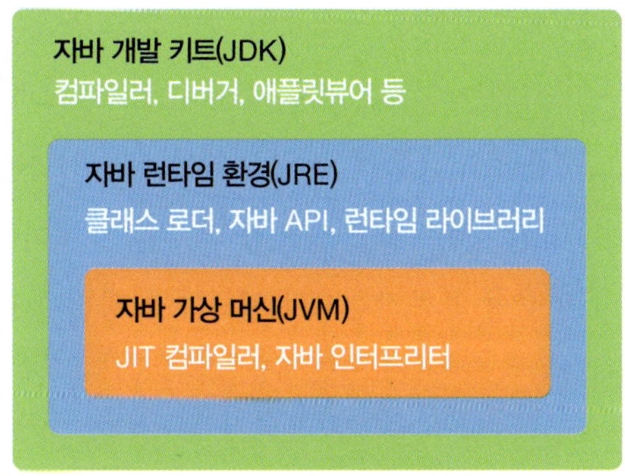

그림 1-4 **JDK, JRE, JVM의 관계**

JDK의 특징은 다음과 같습니다.

- JDK에는 자바 프로그램을 작성하는 데 필요한 도구와 이를 실행하는 JRE가 포함되어 있습니다.
- JDK에는 컴파일러, 자바 애플리케이션 실행기, 애플릿뷰어(Appletviewer) 등이 포함됩니다.
- 컴파일러는 자바로 작성된 코드를 바이트코드로 변환합니다.
- 자바 애플리케이션 런처는 JRE를 열어 필요한 클래스를 로드하고 기본 메서드를 실행합니다.

자바 런타임 환경(JRE)

JRE는 다른 소프트웨어를 실행하도록 설계된 소프트웨어를 의미하며, JRE에는 런타임 라이브러리, 클래스 로더, JVM이 포함됩니다. 간단히 말해서 자바 프로그램을 실행하려면 JRE가 필요합니다. 프로그래머가 아니라면 JDK를 설치할 필요가 없고, JRE만 설치하면 자바 프로그램을 실행할 수 있습니다.

JRE의 특징은 다음과 같습니다.

- JRE에는 런타임 라이브러리, JVM 및 기타 지원 파일이 포함되어 있습니다.
- 디버거, 컴파일러 등의 자바 개발 도구는 포함되어 있지 않습니다.
- Math, Swing, Util, Lang, Awt, 런타임 라이브러리와 같은 중요한 패키지 클래스를 사용합니다.
- 자바 애플릿을 실행해야 하는 경우 시스템에 JRE가 설치되어 있어야 합니다.

자바 가상 머신(JVM)

JVM은 자바 코드 또는 애플리케이션을 구동하기 위한 런타임 환경을 제공하는 엔진으로, 자바 바이트코드를 기계어로 변환합니다. JVM은 JRE의 일부입니다. 다른 프로그래밍 언어에서 컴파일러는 특정 시스템에 대한 기계어 코드를 생성하지만, 자바 컴파일러는 자바 가상 머신으로 알려진 가상 머신용 코드를 생성합니다.

JVM의 특징은 다음과 같습니다.

- JVM은 플랫폼 독립적인 자바 소스 코드 실행 방법을 제공합니다.
- JVM에는 수많은 라이브러리, 도구, 프레임워크가 있습니다. 자바 프로그램을 실행하면 모든 플랫폼에서 실행할 수 있고 많은 시간이 절약됩니다.
- JVM은 자바 소스 코드를 저수준 기계어로 변환하는 JIT 컴파일러와 함께 제공됩니다. 따라서 일반 응용 프로그램보다 빠르게 실행됩니다.

2 자바 프로그램 실행 과정

자바 프로그램을 실행하면 먼저 프로그램의 소스 코드가 컴파일됩니다. 그러면 특정 런타임 엔진이나 자바 가상 머신이 이해할 수 있는 바이트코드 또는 머신 특정 코드로 변환됩니다. 프로그램은 구문 오류가 있는지 자바 컴파일러로 검사합니다. 컴파일이 완료되면(배포 단계) 다른 자바 코드 라이브러리를 프로그램에 추가(링크)할 수 있습니다. [그림 1-5]는 자바 프로그램의 작성부터 실행까지의 과정을 보여줍니다.

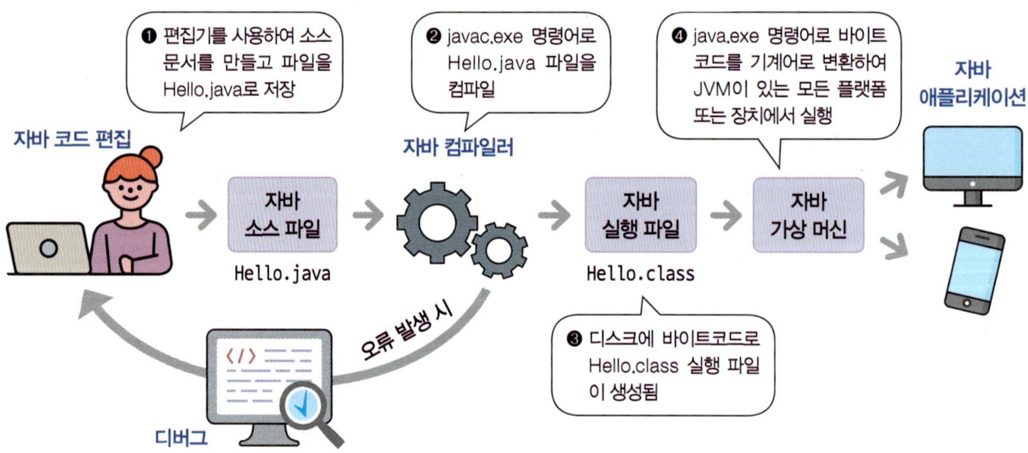

그림 1-5 자바 프로그램 실행 과정

❶ **1단계:** 편집기를 사용하여 소스 문서를 만들고 파일을 Hello.java로 저장합니다.

❷ **2단계:** javac.exe 명령어로 Hello.java 파일을 컴파일합니다.

❸ **3단계:** 디스크에 바이트코드로 Hello.class 실행 파일이 생성됩니다.

❹ **4단계:** java.exe 명령어로 바이트코드를 기계어로 변환하여 JVM이 있는 모든 플랫폼 또는 장치에서 실행합니다.

여기서 퀴즈!

다음 중 자바에 대한 설명으로 옳지 않은 것을 고르시오.

① JVM은 다른 소프트웨어를 실행하도록 설계된 소프트웨어인 JRE의 일부입니다.

② JVM은 자바 코드 또는 애플리케이션을 구동하기 위한 런타임 환경을 제공하는 엔진입니다.

③ JVM은 자바 소스 코드를 고수준 기계어로 변환합니다.

④ JVM은 플랫폼 독립적인 자바 소스 코드 실행 방법을 제공합니다.

정답 ③

1.3 | 자바 개발 환경 구축

1 자바 개발 환경 도구

자바 애플리케이션을 개발하려면 먼저 다음과 같은 개발 환경 도구를 설치해야 합니다.

표 1-1 **자바 개발 환경 도구**

요소	프로그램명	설명
자바 개발 환경	JDK	자바 코드를 작성하려면 자바 개발 도구인 JDK가 반드시 설치되어 있어야 한다.
통합 개발 환경	이클립스	자바 코드를 작성하고 이를 컴파일하여 오류를 검사하고 실행 결과를 확인할 수 있는 통합 개발 환경(IDE)으로서 개발자에게 가장 인기 있는 이클립스(Eclipse)를 선택하여 설치한다.

하나 더 알기 **자바 플랫폼의 유형**

자바 프로그래밍 언어 플랫폼에는 다음과 같은 유형이 있습니다. 자바는 개발 분야에 따라 다양한 에디션으로 개발 도구를 제공하지만 특수한 분야가 아니라면 Java SE로도 충분합니다.

- **Java Platform, Standard Edition(Java SE)**: Java SE의 API는 자바 프로그래밍 언어의 핵심 기능을 제공하며, 유형 및 개체의 모든 기반을 고급 클래스에 정의합니다. 네트워킹, 보안, 데이터베이스 액세스, GUI 개발 및 XML 구문 분석에 사용됩니다.
- **Java Platform, Enterprise Edition(Java EE)**: Java EE는 확장성이 뛰어나고, 대규모이고, 다계층이며, 안정적이고 안전한 네트워크 응용 프로그램을 개발·실행하기 위한 API 및 런타임 환경을 제공합니다.
- **Java Platform, Micro Edition(Java ME)**: Java ME는 휴대전화와 같은 소형 장치에서 자바 프로그래밍 언어 응용 프로그램을 실행하는 API 및 작은 공간 가상 머신을 제공합니다.
- **JavaFX**: JavaFX는 경량 사용자 인터페이스 API를 사용하여 풍부한 인터넷 응용 프로그램을 개발하기 위한 플랫폼입니다. 자바가 네트워크 데이터 소스에 연결하기 위해 고성능 클라이언트와 현대적인 모양·느낌, 고급 API를 활용하는 데 도움이 되는 하드웨어 가속 그래픽 및 미디어 엔진을 사용합니다.

2 자바 설치 및 환경 설정

모든 자바 에디션에는 JRE와 JDK가 포함되어 있습니다. 개발한 자바 프로그램을 실행하기만 할 때는 JRE로도 충분하지만 프로그램을 개발할 때는 JDK를 설치해야 합니다.

예제 1-1 **JDK 설치하기**

01 오라클 사이트에 접속하기: http://www.oracle.com/kr에 접속하여 [제품]–[Java]를 선택합니다.

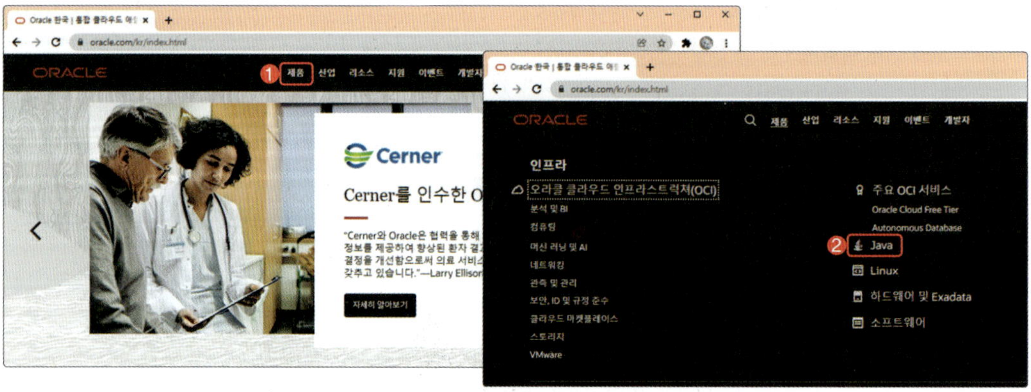

02 JDK 선택하기: Java SE에서 〈지금 Java 다운로드〉를 클릭합니다.

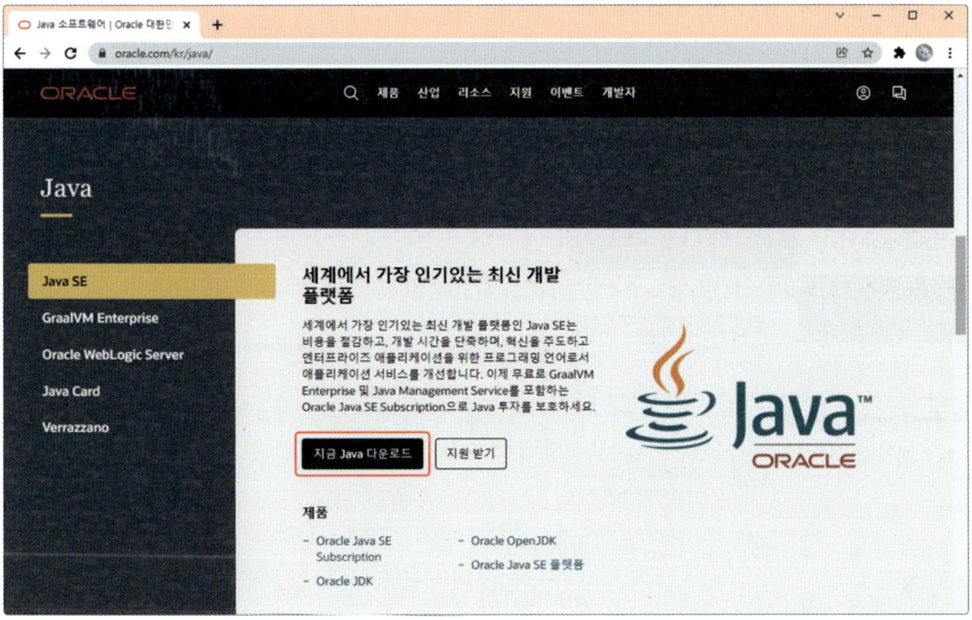

03 운영체제 버전에 맞는 설치 파일 선택하기: 운영체제에 맞는 버전을 찾아 클릭하여 다운로드합니다. 여기서는 64비트 윈도우용인 'Windows x64'를 선택했습니다.

TIP 사용하는 운영체제가 몇 비트인지 모른다면 윈도우 탐색기를 실행하여 컴퓨터(또는 내 PC) 아이콘에서 마우스 오른쪽 버튼을 누르고 [속성] 메뉴를 선택하여 확인하세요.

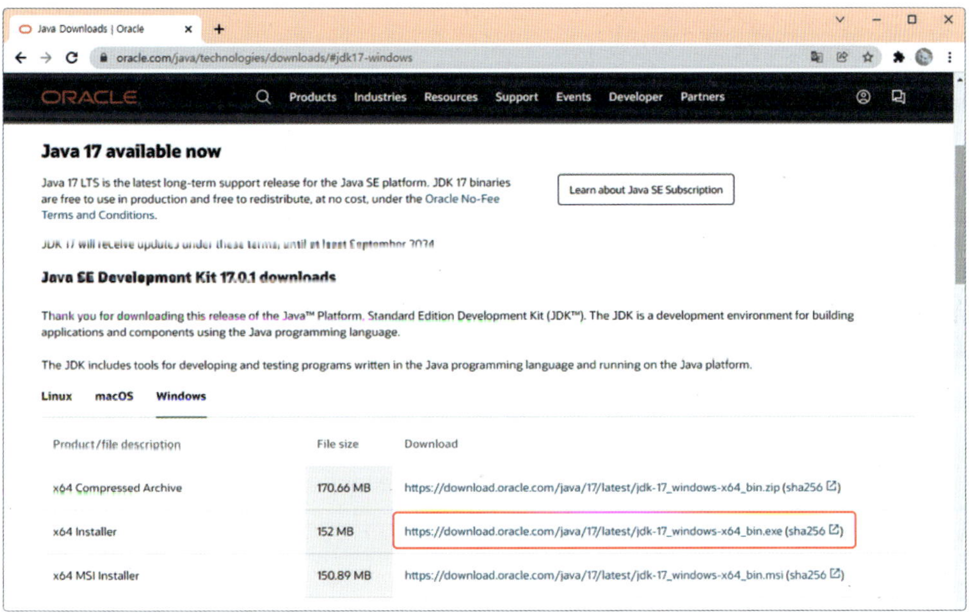

04 자바 설치하기: 다운로드한 설치 파일을 클릭하여 설치를 시작합니다. 각 설치 단계마다 기본 설정을 그대로 두고 〈Next〉 또는 〈다음〉을 클릭합니다. 마지막 화면에서 〈Close〉를 클릭하면 설치가 완료됩니다.

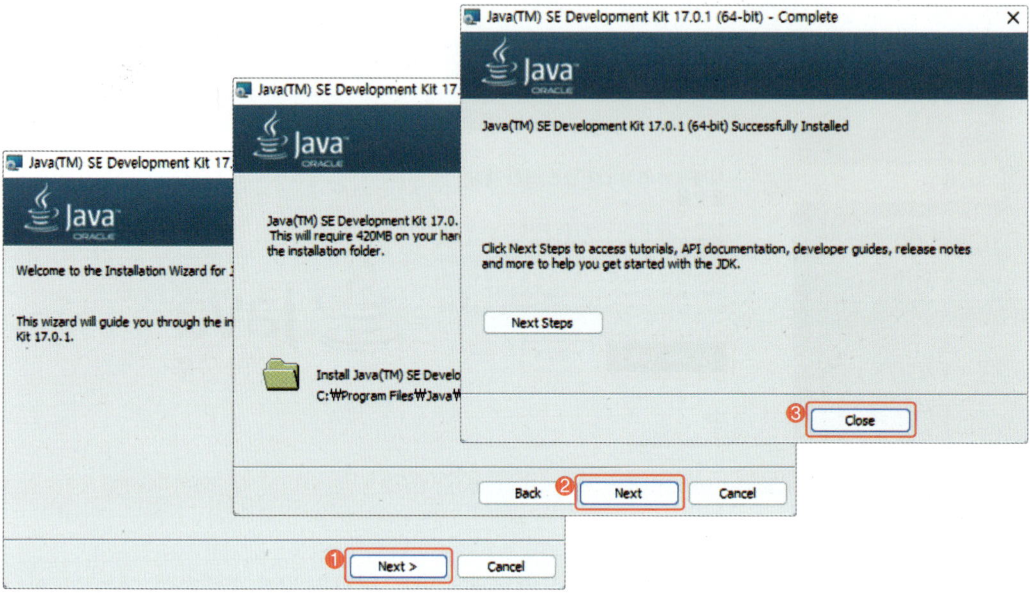

05 자바 설치 위치 확인하기: 기본 설정으로 자바를 설치하면 'C:\Program Files\Java'에 설치됩니다. 'Java\jdk버전번호\bin' 폴더에는 자바 컴파일러 파일인 javac.exe와 JVM을 구동하는 파일인 java.exe가 들어 있습니다.

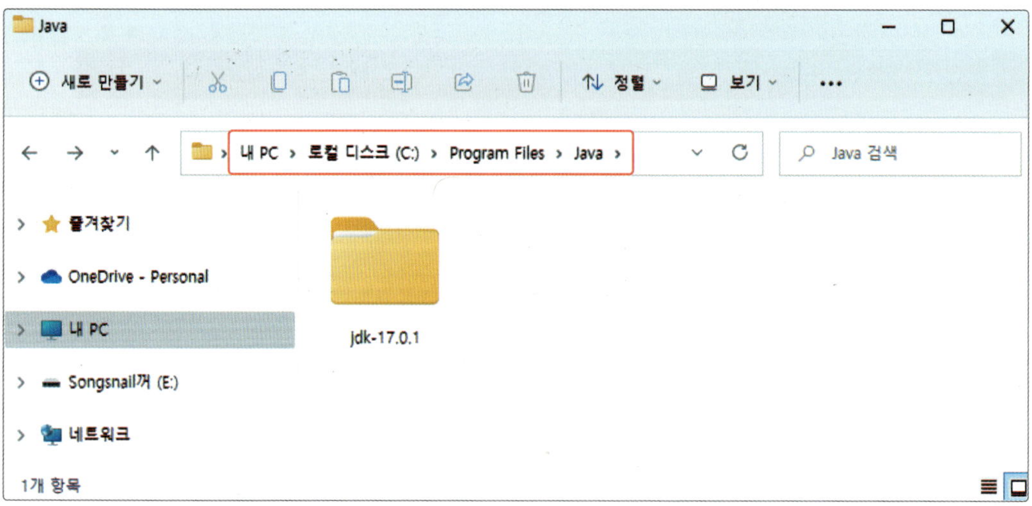

예제 1-2 JRE 설치하기

01 JRE 선택하기: 오라클 사이트의 자바 다운로드(https://www.oracle.com/java/technologies/downloads/) 화면 상단에서 〈JRE for Consumers〉를 클릭합니다.

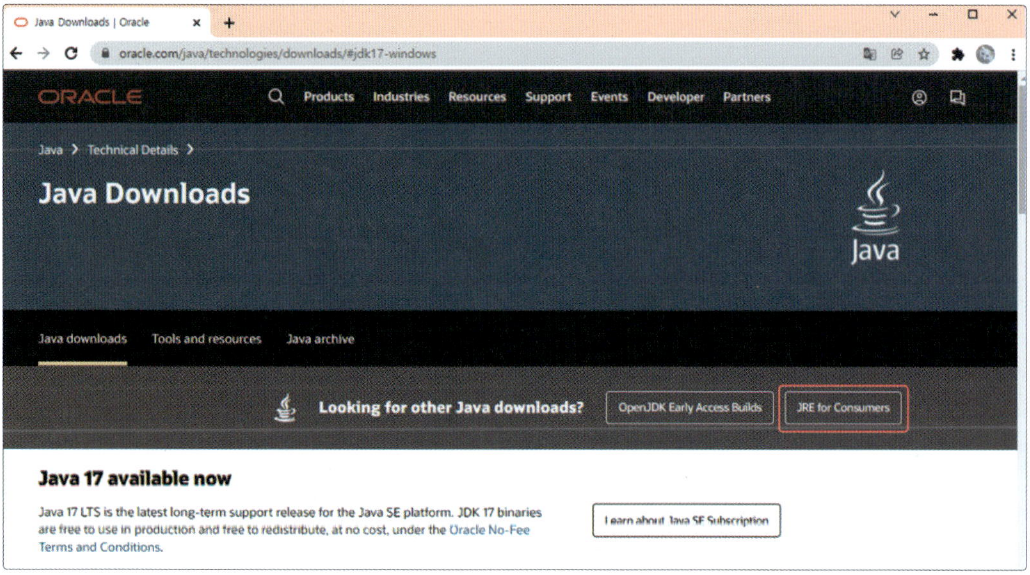

02 JRE 다운로드하기: 〈무료 Java 다운로드〉를 클릭한 뒤, 이어지는 화면에서 〈동의 및 무료 다운로드 시작〉을 클릭하여 다운로드합니다.

03 JRE 설치하기: 다운로드한 설치 파일을 더블클릭하여 설치를 시작합니다. 첫 단계에서 〈설치〉를 클릭하고 마지막 화면에서 〈닫기〉를 클릭하면 설치가 완료됩니다.

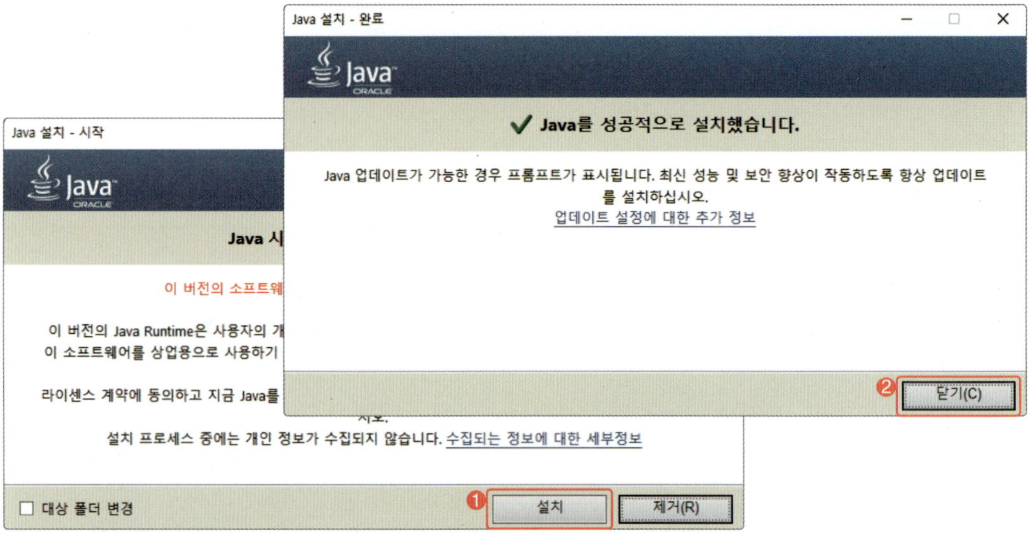

04 자바 설치 위치 확인하기: 기본 설정으로 자바를 설치하면 'C:\Program Files\Java'에 설치됩니다.

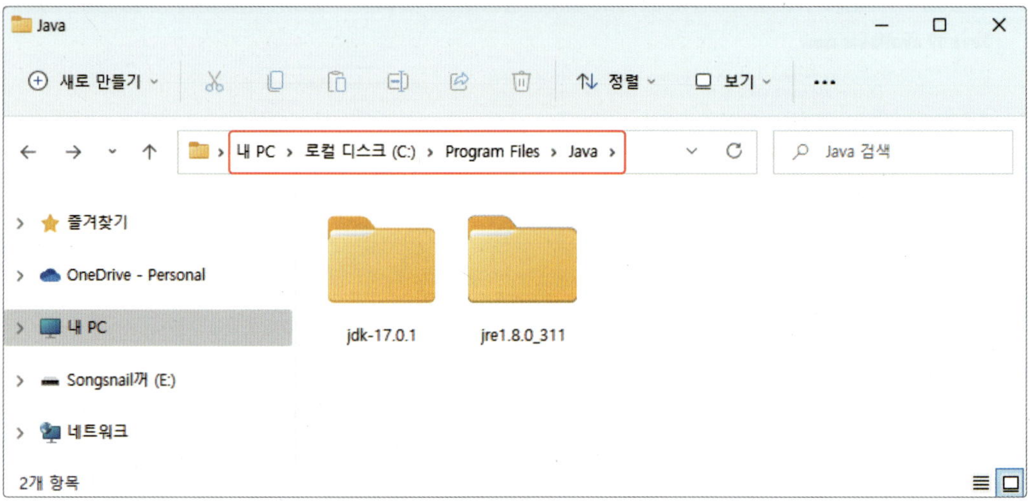

예제 1-3 자바 환경 변수 설정하기

cmd 콘솔 명령 프롬프트에서 javac로 컴파일하거나 다른 프로그램에서 자바 JDK를 참조하려면 윈도우 환경 변수를 지정해야 합니다.

01 [환경 변수] 대화상자 열기: 윈도우 탐색기의 ❶ [내 PC]에서 마우스 오른쪽 버튼을 누르고 ❷ [속성]에 이어 ❸ [고급 시스템 설정]을 선택합니다(윈도우 7에서는 [제어판]–[시스템 및 보안]–[시스템]). 그리고 [시스템 속성] 창의 ❹ [고급] 탭에서 ❺ 〈환경 변수〉를 클릭합니다.

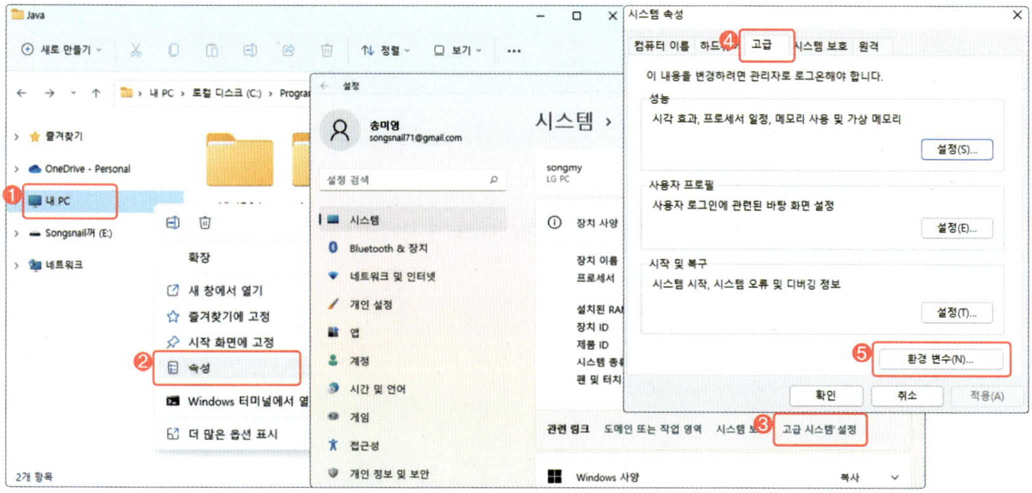

02 자바 환경 변수 설정하기: 환경 변수에는 사용자 변수와 시스템 변수가 있습니다. 사용자 변수는 현재 로그인한 사용자에게만 적용되는 환경 변수이고, 시스템 변수는 모든 사용자에게 적용되는 환경 변수입니다.

❶ [시스템 변수]의 〈새로 만들기〉를 클릭하여 ❷ JAVA_HOME 환경 변수의 값에 JDK가 설치된 디렉터리 'C:\Program Files\Java\jdk-17.0.1'을 지정하고 ❸ 〈확인〉을 클릭합니다. 그리고 ❹ [시스템 변수]의 Path 변수를 선택하고 ❺ 〈편집〉을 클릭합니다. [환경 변수 편집] 창에서 ❻ 〈새로 만들기〉를 클릭하여 ❼ Path 변숫값의 맨 끝에 앞의 변숫값과 구분하기 위한 ';'을 입력하고, JDK가 설치된 위치를 설정한 환경 변수 %JAVA_HOME%\bin\을 추가한 후 ❽ 〈확인〉, ❾ 〈확인〉을 클릭하여 등록합니다.

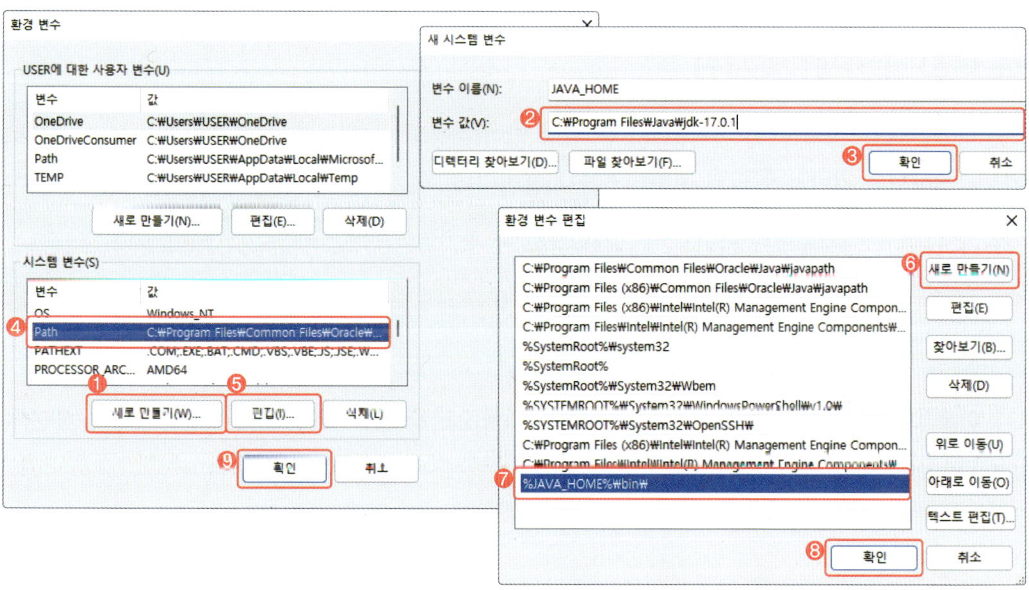

이렇게 Path를 지정하면 C:\Program Files\Java\jdk-17.0.1\bin에 들어 있는 javac 컴파일러를 경로와 상관없이 아무 데서나 사용할 수 있습니다. 콘솔 화면에서 자주 사용하는 명령어는 이렇게 Path를 지정하면 편리합니다.

03 자바에 설정한 환경 변수 확인하기: 윈도우의 시작 버튼에서 'cmd'를 입력하여 명령 프롬프트 창을 띄우고 'java -version'을 입력했을 때 설치된 JDK의 버전이 나오면 정상적으로 설치된 것입니다.

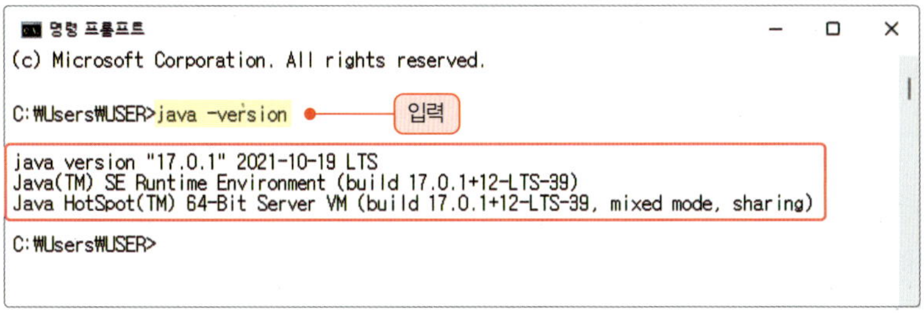

하나 더 알기 **자바 환경 변수를 설정하는 이유**

보통 자바를 설치하면 컴퓨터의 어떤 경로에서든 자바 애플리케이션에 접근할 수 있도록 환경 변수를 설정하는데, 그 이유는 다음과 같습니다.

- 어떤 위치에서든 소스 코드를 만들고 작업할 때 일일이 전체 경로 h를 사용하지 않아도 됩니다.
- 클래스나 jar 파일 등을 참조하여 애플리케이션을 실행할 수 있습니다.
- 버전별로 파일 관리를 쉽게 할 수 있습니다.

3 통합 개발 환경 설치

이클립스는 자바 통합 개발 환경(IDE) 중 가장 많이 사용되는 개발 도구입니다. 자바를 기반으로 애플리케이션을 개발하기 위해 이클립스를 사용합니다. 여기서는 웹 개발에 필요한 기능이 들어 있는 Eclipse IDE for Java EE Developers 도구를 설치해봅시다.

예제 1-4 **이클립스 설치하기**

01 이클립스 사이트에 접속하기: http://www.eclipse.org/downloads/에 접속하여 하단의 [Download Packages]를 클릭합니다.

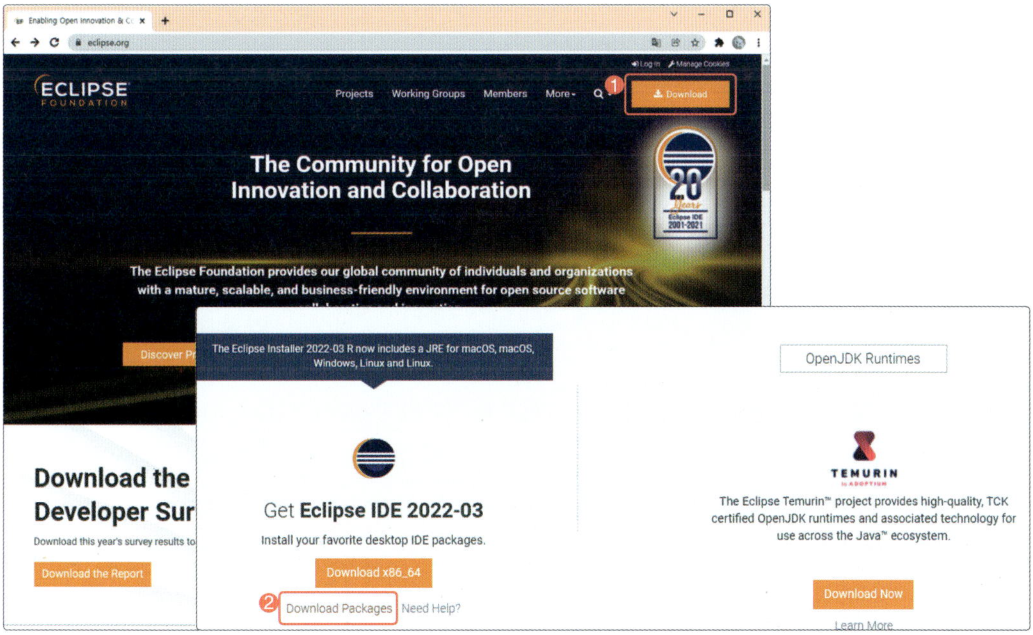

02 이클립스 설치 파일 다운로드하기: JDK 설치 때와 마찬가지로 설치하려는 컴퓨터의 운영체제에 맞는 이클립스 설치 파일을 선택합니다. 목록에서 'Eclipse IDE for Enterprise Java and Web Developers'의 'Windows x86_64'를 클릭합니다. 이어지는 화면에서 eclipse-jee-2021-12-R-win32-x86_64.zip 파일의 〈Download〉를 클릭하여 내려받습니다.

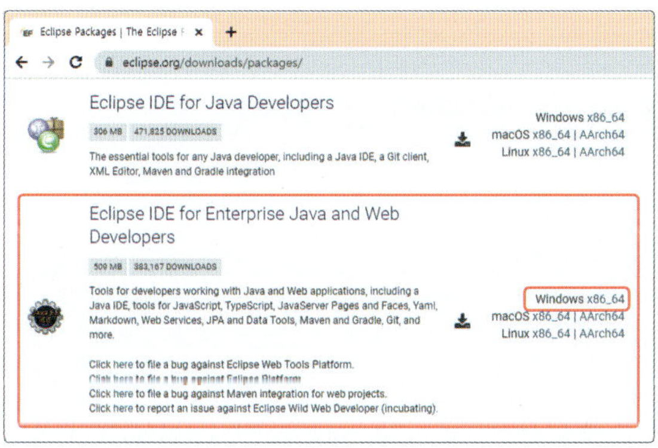

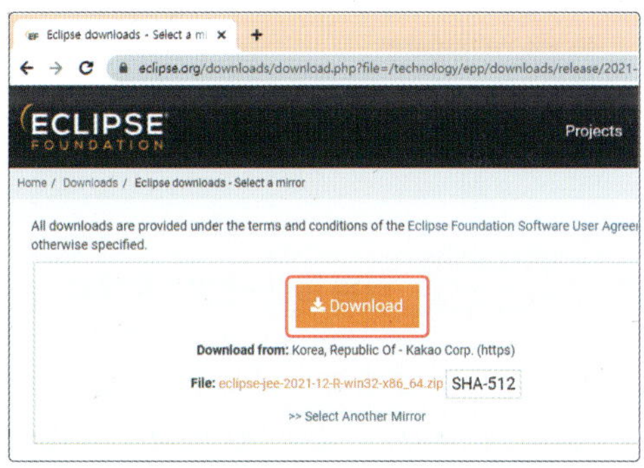

TIP 패키지(*.zip)가 아닌 실행 파일(*.exe)을 다운로드하면 JSP 애플리케이션을 개발하는 데 필요한 패키지를 별도로 다운로드해야 하기 때문에 여러 패키지가 포함된 zip 파일을 다운로드하여 설치합니다.

03 설치 완료하고 실행하기: 다운로드한 설치 파일의 압축을 풀고 하위에 있는 'eclipse' 폴더를 C 드라이브로 옮겨둡니다. C:\eclipse 폴더 안의 eclipse.exe 파일을 더블클릭하여 이클립스를 실행합니다.

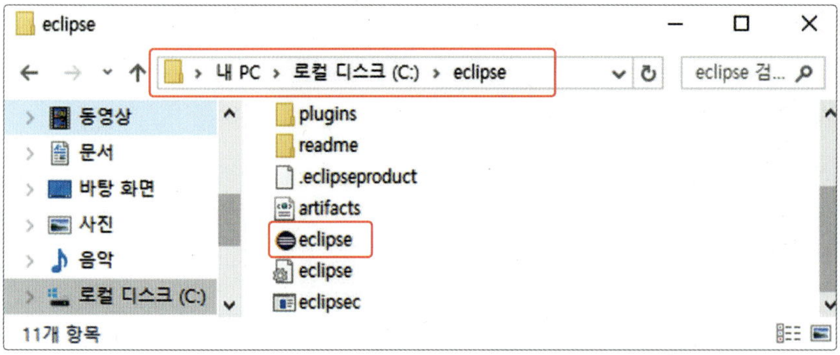

04 이클립스 작업 공간 설정하기: 이클립스를 실행하면 처음에 [Select a directory as workspace] 대화상자가 나타나는데, workspace는 이클립스에서 생성한 프로젝트를 저장하는 공간입니다. 기본적으로 C:\Users\사용자\eclipse-workspace 폴더로 지정되며 변경도 가능합니다. 작업 공간을 변경하지 않는다면 〈Launch〉를 클릭합니다.

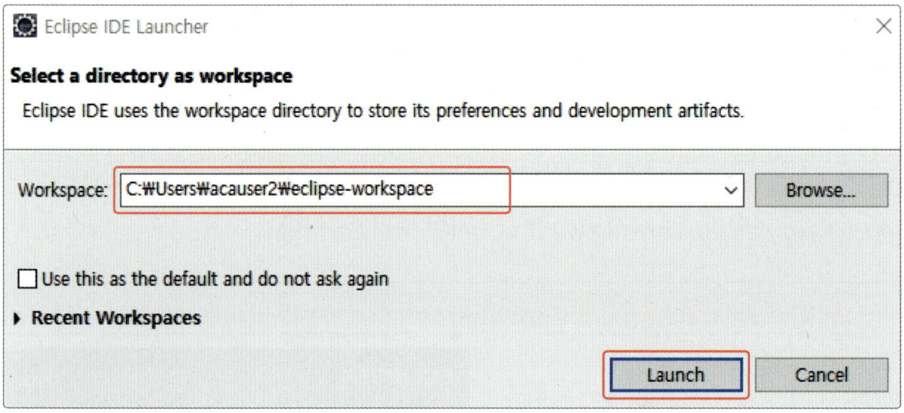

하나 더 알기 **작업 공간 확인의 필요성**

이클립스의 작업 공간이 설정되면 그곳에서 자바 프로젝트를 생성하여 코딩, 실행 작업이 진행됩니다. 이클립스에서 작업 공간을 처음 설정한 후 경로가 달라지면 기존에 작업한 내용이 보이지 않으므로, 이클립스를 실행할 때 나타나는 작업 공간을 꼭 확인해두어야 합니다. 만약 작업 공간을 여러 개 만들어놓았다면 [File]-[Switch Workspace] 메뉴에서 원하는 작업 공간을 선택하여 이동할 수 있습니다.

05 이클립스 실행 화면: [Welcome] 창 오른쪽 상단의 〈Hide〉를 클릭하면 이클립스 창이 나타납니다.

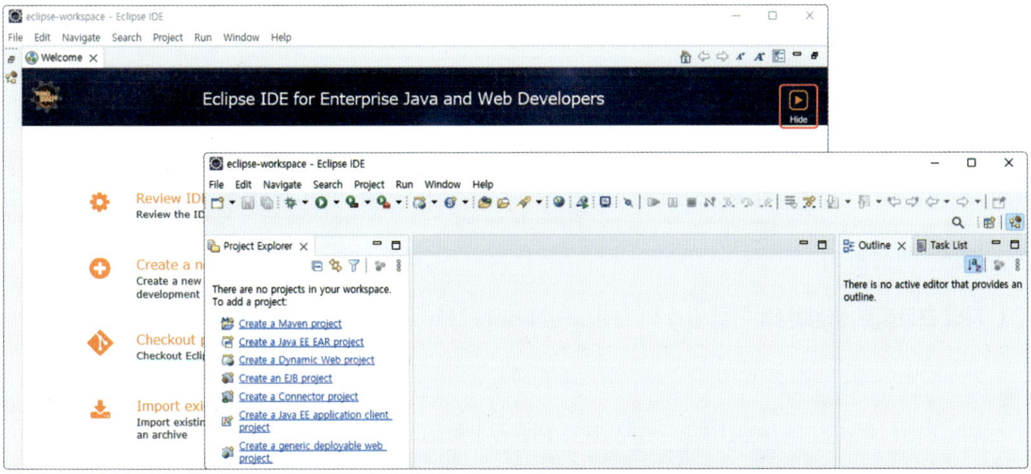

여기서 퀴즈!

다음 중 자바 개발 환경 구축에 대한 설명으로 옳지 않은 것을 고르시오.

① 자바 코드를 작성하려면 자바 개발 도구인 JDK가 반드시 설치되어 있어야 합니다.

② 자바 코드를 작성하고 이를 컴파일하여 오류를 검사하고 실행 결과를 확인할 수 있는 통합 개발 환경으로 이클립스를 사용합니다.

③ 자바 설치 위치는 반드시 C:\Program Files\java 폴더여야 합니다.

④ java –version 명령어로 JDK의 버전을 확인할 수 있습니다.

정답 ③

1.4 | 처음 만드는 자바 프로그램

자바 애플리케이션은 [그림 1-6]과 같이 이클립스를 이용하여 프로젝트를 생성한 후 여기에 자바 파일을 생성하고 코드를 작성하여 프로젝트를 실행하는 과정을 거쳐 개발됩니다.

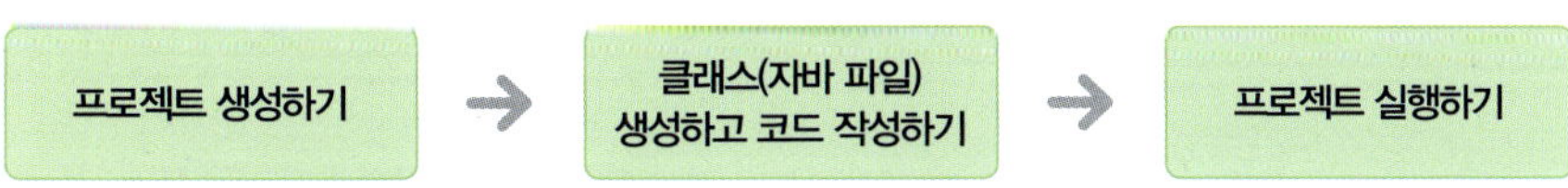

그림 1-6 자바 애플리케이션 개발 과정

자바 프로젝트를 생성한 후 자바 파일을 하나 만들고 실행하여 자바 애플리케이션 개발 전 과정을 연습해봅시다.

예제 1-5 프로젝트 생성하고 실행하기

프로젝트 생성하기

01 자바 프로젝트 생성하기: 이클립스의 [File]–[New]–[Java Project]를 선택합니다.

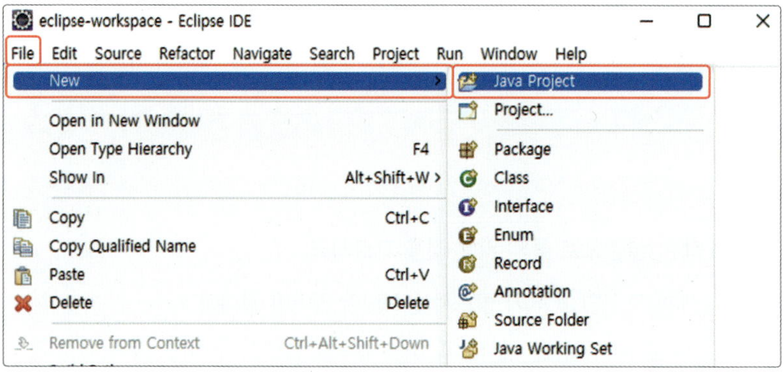

만약 [Java Project] 메뉴가 보이지 않으면 [File]–[New]–[Project]를 선택하여 나타나는 창에서 [Java]–[Java Project]를 선택하고 〈Next〉를 클릭합니다.

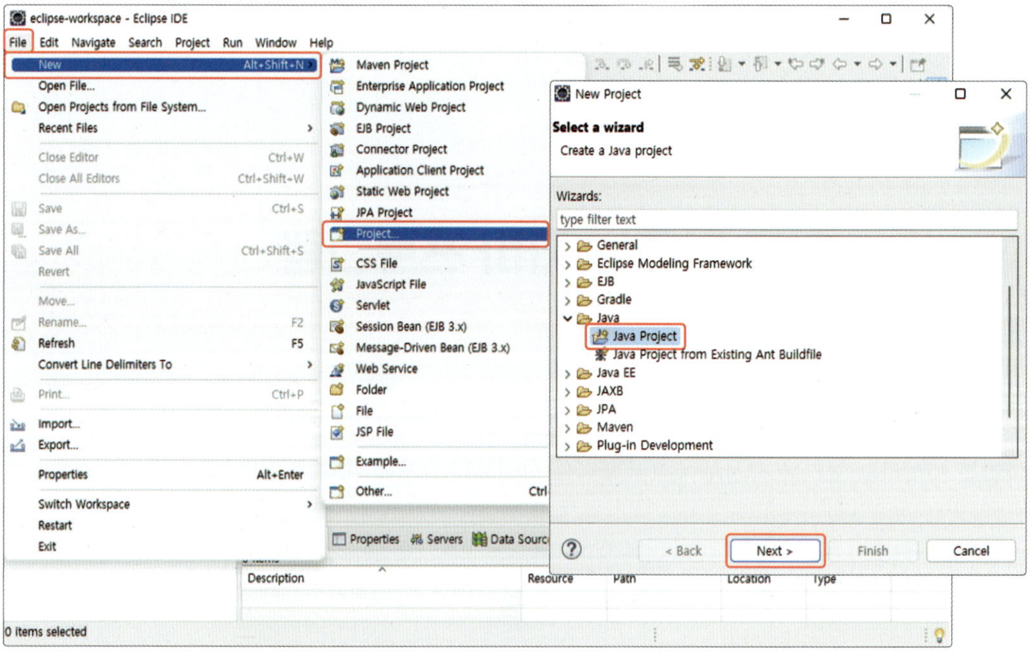

02 프로젝트명 설정하기: [New Java Project] 창에서 ❶ Project name에 'Chap01'을 입력하고, ❷ Module에서 'Create module-info.java file'의 체크박스가 해제되어 있는지 확인한 후 ❸ 〈Finish〉를 클릭합니다. 이때 프로젝트 탐색기에 생성된 Chap01 프로젝트의 구조는 오른쪽 그림과 같습니다.

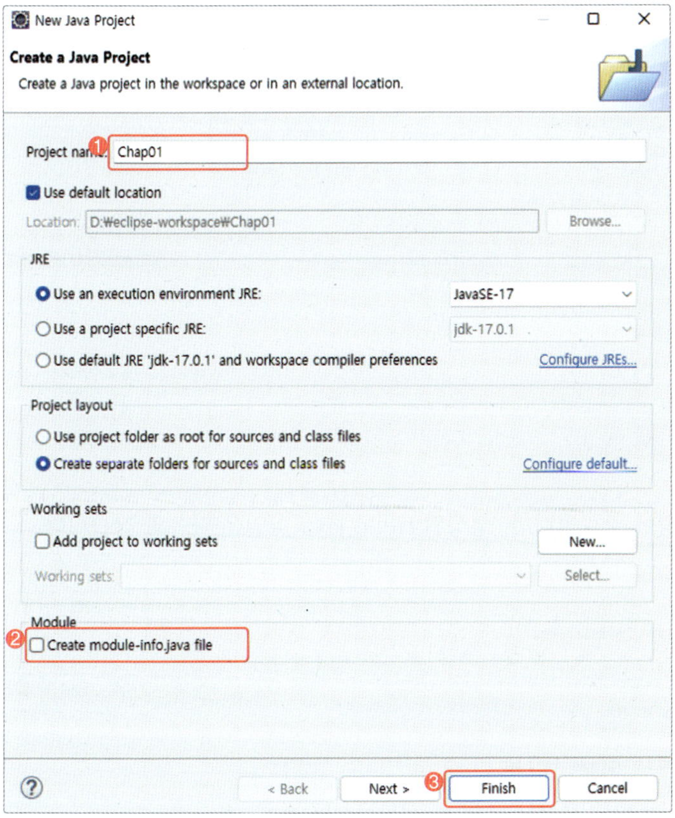

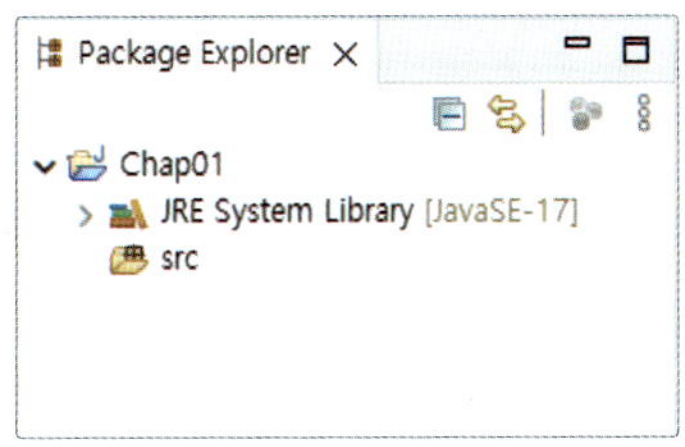

클래스(자바 파일) 생성하고 코드 작성하기

03 자바 파일 생성하기: 생성된 ❶ Chap01 프로젝트에서 마우스 오른쪽 버튼을 누르고 ❷ [New]에 이어 ❸ [Class]를 선택합니다. [New Java Class] 창에서 현재 경로를 나타내는 Source folder가 ❹ Chap01/src인지 확인합니다. 그런 다음 ❺ Package 입력을 여기서는 생략하고(10장에서 다룸) ❻ Name에 'Hello'를 입력하며, ❼ public static void main(String[] args)에 체크한 후 ❽ 〈Finish〉를 클릭합니다.

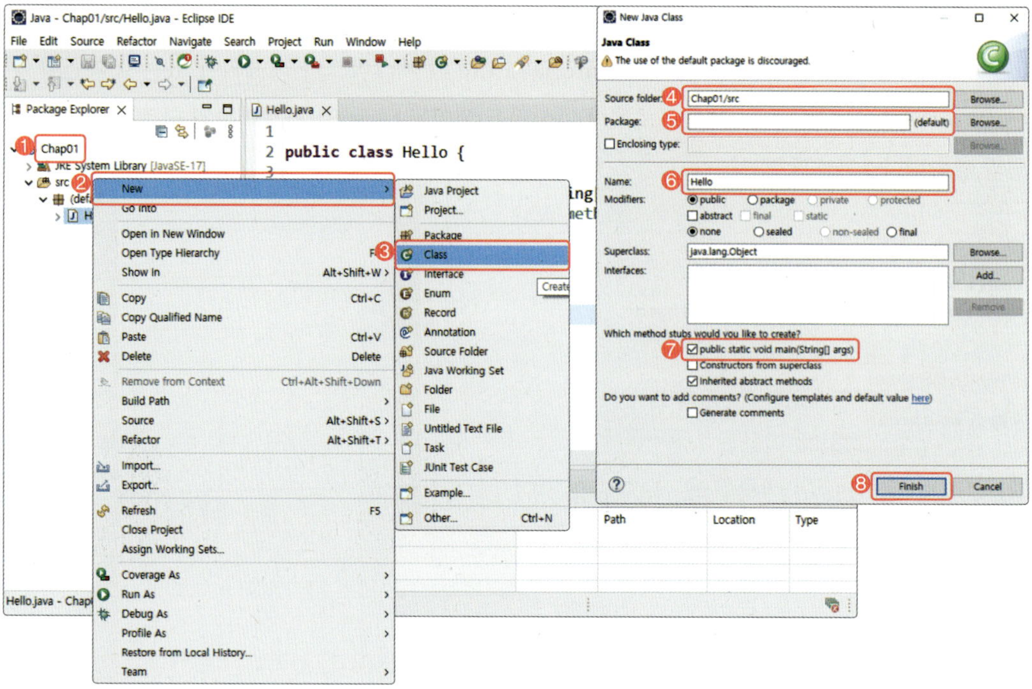

〈Finish〉를 클릭하면 프로젝트 생성이 완료됩니다. 생성된 Hello.java 파일은 다음과 같습니다.

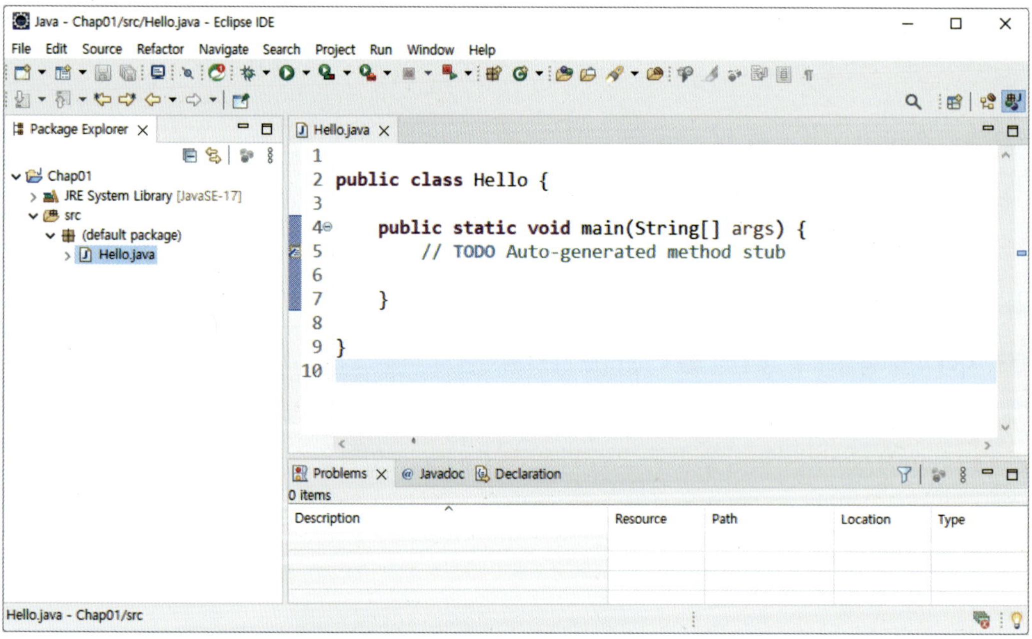

04 자바 코드 작성하기: 생성된 Hello.java 파일에 다음 그림의 6행과 같이 작성하고 저장합니다.

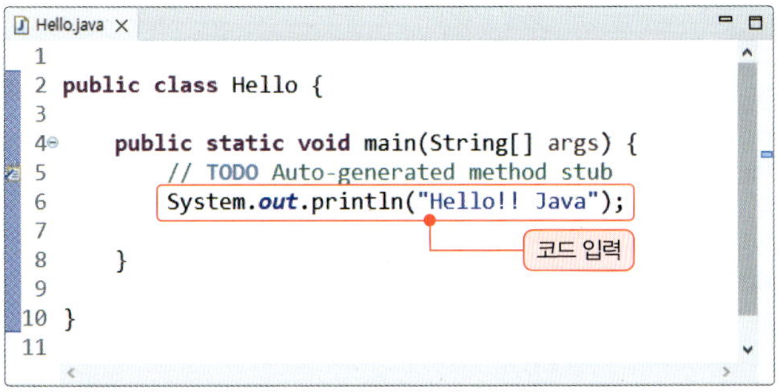

프로젝트 실행하기

05 자바 코드 실행하기: 이클립스에서 [Run]–[Run As]–[Java Application]을 선택합니다. 그리고 [Save and Launch] 창에서 /Chap01/src/Hello.java에 체크하고 〈OK〉를 클릭하여 실행 결과를 확인합니다.

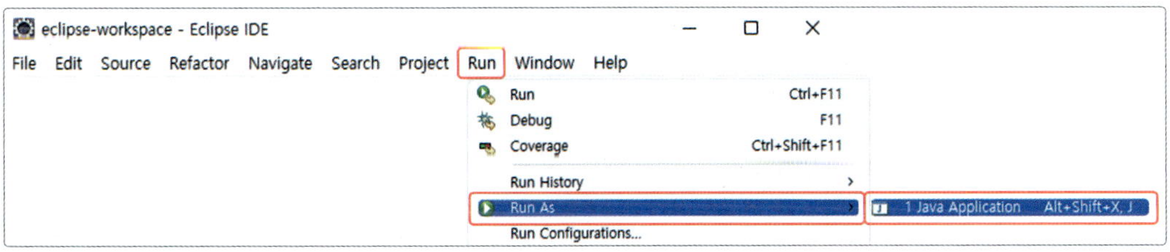

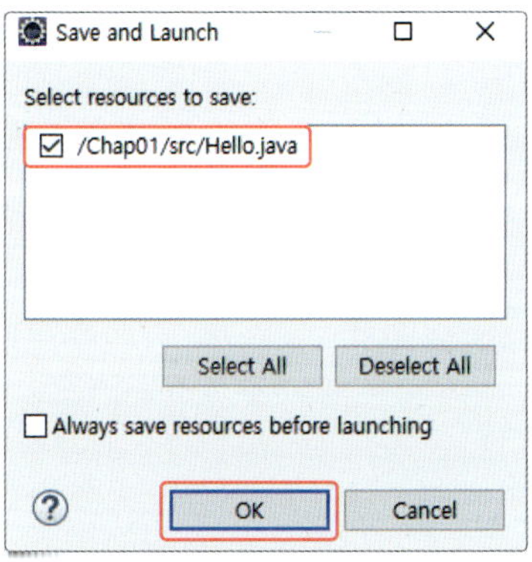

TIP [Run]–[Run As]–[Java Application]을 선택하는 대신 도구 모음의 ▶을 클릭해도 됩니다.

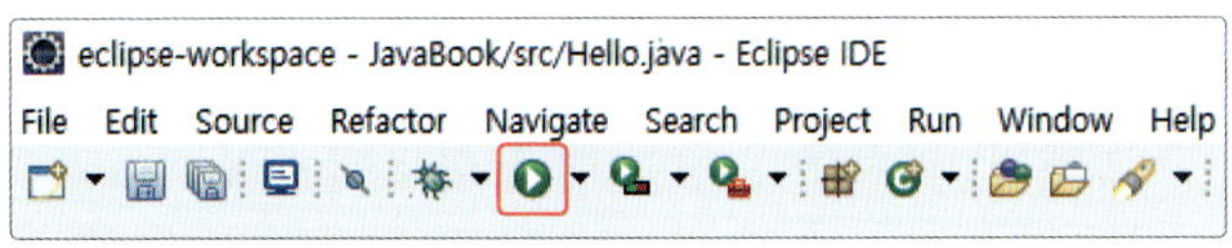

06 실행 결과 확인하기: 이클립스의 콘솔 창에서 실행 결과를 확인합니다.

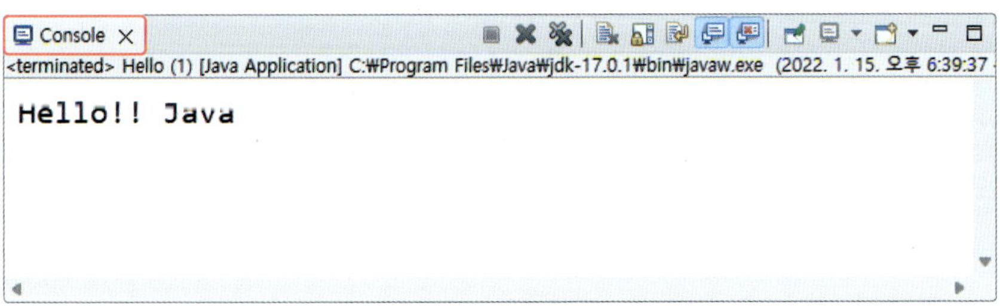

하나 더 알기 **자바 프로젝트의 기본 구조**

애플리케이션을 개발할 때 생성되는 프로젝트는 다음과 같은 구조로 되어 있습니다. src는 애플리케이션의 기본 폴더로 자바 파일(*.java)을 저장합니다. 자바 애플리케이션이 필요한 라이브러리(*.jar)는 JRE System Library에 등록할 수 있습니다. bin, .classpath, .project는 이클립스 프로젝트 내에 포함되어 보이지 않지만 윈도우 탐색기에서 프로젝트 내부를 보면 확인할 수 있습니다. bin은 자바 파일(*.java)을 실행하면 실행 파일(*.class)이 저장되는 폴더입니다.

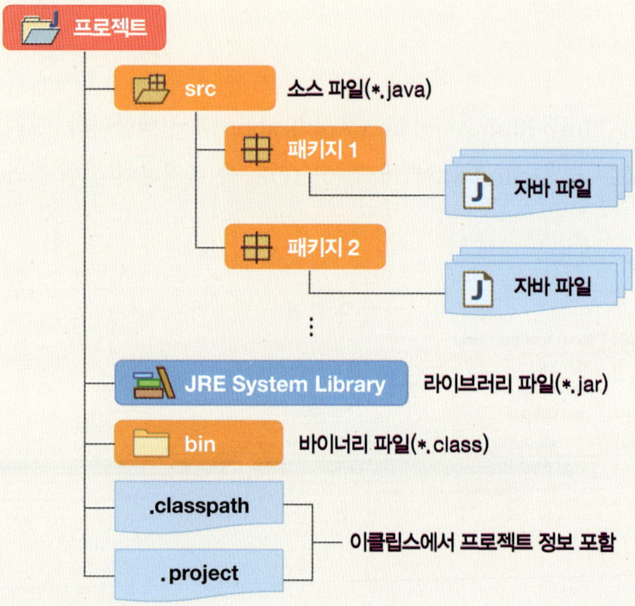

여기서 퀴즈!

다음 중 자바 프로그램에 대한 설명으로 옳지 않은 것을 고르시오.

① 자바 파일의 확장자는 반드시 .java여야 합니다.

② 자바 파일명은 자바 소스 코드의 클래스명과 반드시 같아야 합니다.

③ 자바 소스 코드를 실행하려면 통합 개발 환경인 이클립스가 반드시 필요합니다.

④ 자바 소스 코드를 작성하려면 자바 클래스를 생성해야 합니다.

정답 ③

1.5 | 자바 프로그램의 기본 구조

자바 프로그램은 하나 이상의 클래스로 구성됩니다. 각 클래스의 프로그램 코드를 별도의 소스 파일에 저장하고 각 소스 파일명을 소스 파일에 정의된 클래스명과 동일하게 지정해야 합니다. 만약 이름이 다르면 컴파일 과정에서 오류가 발생합니다. 모든 자바 소스 파일은 확장자가 .java입니다.

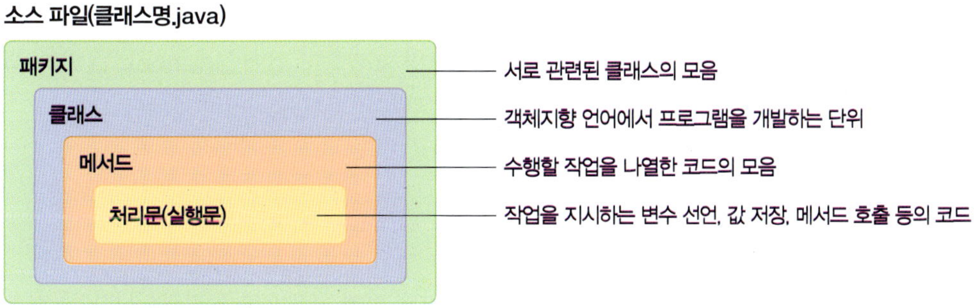

그림 1-7 **자바 프로그램의 기본 구조**

자바 프로그램에 대한 자세한 내용은 2장부터 배울 것이니 여기서는 앞서 작성한 Hello.java 파일의 자바 코드를 가지고 주요 기본 구조를 간단히 살펴보겠습니다. 설명을 위해 패키지를 임의로 추가했습니다.

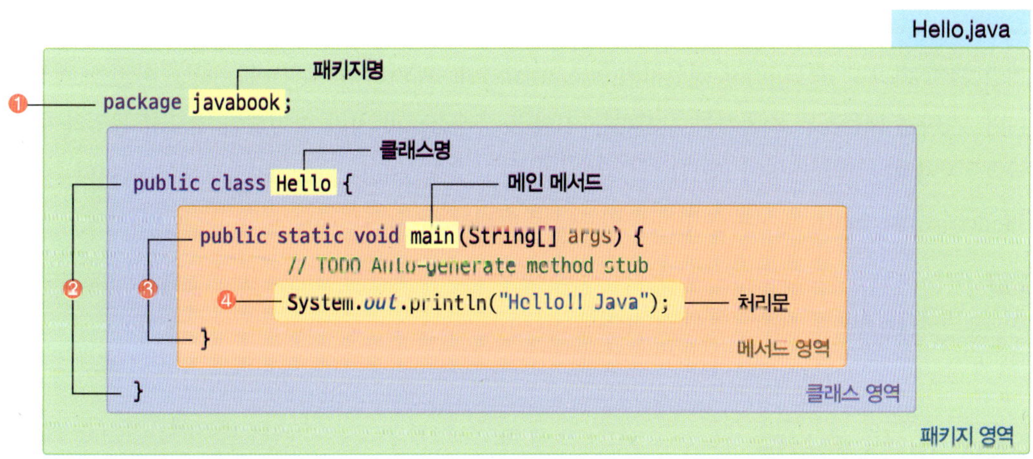

그림 1-8 **자바 코드의 기본 구조**

TIP public, static, void, main, String[], System.out.println 등을 키워드(keyword)라고 합니다. 키워드는 자바에서 미리 예약해놓은 단어를 말합니다.

1 패키지

패키지문은 클래스가 저장되는 네임스페이스입니다. 패키지는 기능을 기반으로 클래스를 구성하는 데 사용됩니다.

```
package 패키지명;
```

패키지문을 생략하면 이름이 없는 기본 패키지에 클래스명만 선언됩니다. 패키지문은 프로그램의 어디에도 나타날 수 없으므로 프로그램의 첫 번째 행이어야 하며, 그렇지 않으면 생략할 수 있습니다. 이에 대한 자세한 내용은 10장에서 다룰 것입니다.

예를 들어 `package javabook`이라고 선언하면 '프로젝트명/src' 폴더 안에 'javabook' 폴더가 생성됩니다. 이때 `javabook`이 패키지명이며, 패키지명은 소문자로 지정하는 것이 관례입니다.

2 클래스

클래스명을 선언하려면 `class` 키워드를 사용하고 이 키워드 뒤에 클래스명을 정의합니다. 클래스명은 대부분 첫 글자가 대문자로 시작합니다. 전체 클래스의 내용은 중괄호({ }) 안에 포함되어야 합니다. 또한 `public` 키워드를 사용하여 패키지 외부에서 클래스의 접근 가능성을 지정합니다.

```
public class 클래스명 {

}
```

예를 들어 `class Hello`라고 선언하면 'src/javabook' 패키지 안에 'Hello.java' 파일을 저장합니다. 자바는 대문자와 소문자를 구분하는 언어라 클래스명과 자바 파일명이 반드시 동일해야 합니다. 여기서는 클래스명이 `Hello`이므로 자바 파일명을 'Hello.java'로 저장해야 합니다. 이때 'Hello.java'와 'hello.java'는 동일하지 않으니 주의해야 합니다.

TIP 클래스에 대한 컴파일러의 접근을 알려주는 키워드로 public, protected, private 또는 기본값(값 없음) 등이 있습니다. 이에 대한 자세한 내용은 7장을 참고하세요.

3 main( ) 메서드

`main()` 메서드는 모든 자바 애플리케이션의 시작점이자 진입점입니다. 메서드명은 대부분 소문자로 시작합니다. 하나의 자바 프로그램에는 `main()` 메서드를 가진 클래스가 반드시 하나는 존재해

야 합니다.

```
public static void main(String[] args) {

}
```

main() 메서드는 자바 애플리케이션이 시작될 때마다 가장 먼저 호출되는 메서드입니다. main() 메서드의 내용은 중괄호({ }) 안에 포함합니다. main() 메서드의 괄호 안에 담긴 String[] args는 main() 메서드가 문자열 배열을 입력받을 수 있음을 의미합니다.

하나 더 알기 **static과 void**

- **static**: 클래스의 객체가 존재하지 않더라도 메서드에 액세스하고 사용할 수 있음을 의미하는 예약된 키워드입니다.
- **void**: 이 키워드는 메서드에서 아무것도 반환되지 않음을 선언합니다. 메서드는 모든 기본 요소 또는 개체를 반환할 수 있습니다.

4 처리문

처리문(statement)은 자바 프로그램의 동작을 명시하고 이러한 동작을 컴퓨터에 알려주는 데 사용되는 문장입니다. 자바의 모든 처리문은 반드시 세미콜론(;)으로 끝나야 합니다. 프로그램을 실행하면 main() 메서드 안의 처리문이 순차적으로 실행됩니다.

예를 들어 System.out.println("Hello!! Java");에서 System.out.println()은 큰따옴표(“ ”) 안에 있는 Hello!! Java를 출력 창에 표시하는 메서드입니다. 이에 대한 자세한 내용은 2장을 참고하세요.

```
System.out.println( );  // 괄호 안의 내용을 출력한 후 줄바꿈
System.out.print( );    // 괄호 안의 내용을 출력한 후 줄바꿈하지 않음
```

하나 더 알기 프로젝트를 실행하여 오류를 확인하고 수정하는 방법

소스 코드 행 번호의 ⊗에 마우스 커서를 대면 오류 메시지를 확인할 수 있습니다.

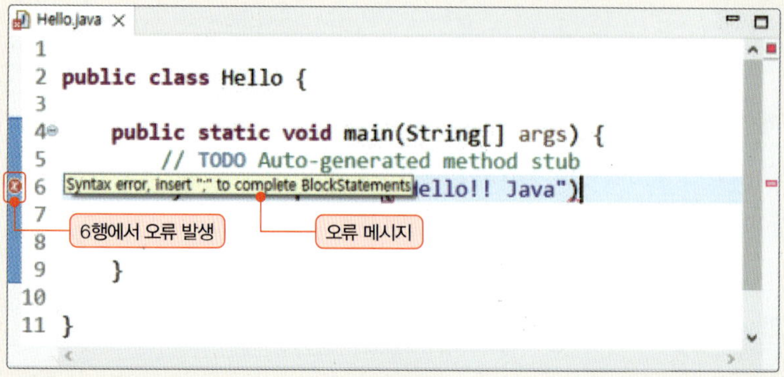

오류 메시지와 해당 행 번호가 콘솔 창에 출력됩니다. 오류가 발생한 행 번호를 클릭하면 해당 자바 코드의 행 번호로 자동으로 이동합니다.

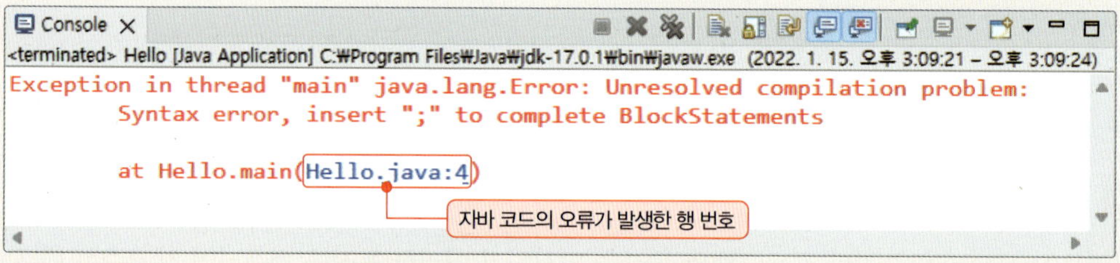

이처럼 프로그램 컴파일 시 오류가 발생하면 소스 코드의 행 번호에서 오류 메시지를 확인하고 이를 수정할 수 있습니다.

5 주석

주석(comment)은 다른 프로그래머가 쉽게 파악할 수 있도록 코드에 추가하는 설명으로서 실제로는 프로그램의 일부가 아닙니다. 즉 코드에 대한 이해를 돕기 위해 프로그램에 설명을 덧붙이거나 디버깅을 위해 작성하는 일종의 메모입니다. 따라서 주석은 바이트코드로 컴파일되지 않습니다. 자바에서는 다음 두 가지 방법으로 주석을 작성할 수 있습니다.

줄 주석

//로 시작하며 한 행을 주석 처리합니다. 줄 주석에는 끝을 나타내는 기호가 필요하지 않습니다.

```
// 설명문
```

블록 주석

/*로 시작하여 */로 끝나는 행까지 여러 행을 주석 처리합니다.

```
/* 설명문 */
```

```
/*
   설명문
*/
```

여기서 퀴즈!

다음 중 자바 프로그램 구조에 대한 설명으로 옳지 않은 것을 고르시오.

① 클래스명을 선언하려면 class 키워드를 사용하고 이 키워드 뒤에 클래스명을 정의합니다.

② 처리문은 자바 프로그램의 동작을 명시하고 이러한 동작을 컴퓨터에 알려주는 데 사용되는 문장입니다.

③ 주석의 종류는 //, /* */이고 주석은 실제로 프로그램의 일부로 컴파일됩니다.

④ System.out.println()은 괄호 안의 내용을 콘솔 창에 출력하는 메서드입니다.

정답 ③

프로젝트 온라인 서점 프로젝트 생성하기

이제 온라인 서점 프로젝트를 진행하기 위해 BookMarket 프로젝트를 생성한 후 여기에 자바 파일을 하나 만들고 제대로 실행되는지 확인해보겠습니다. 다음 장부터 배우는 내용을 바탕으로 자바 소스 코드를 하나씩 완성해봅시다.

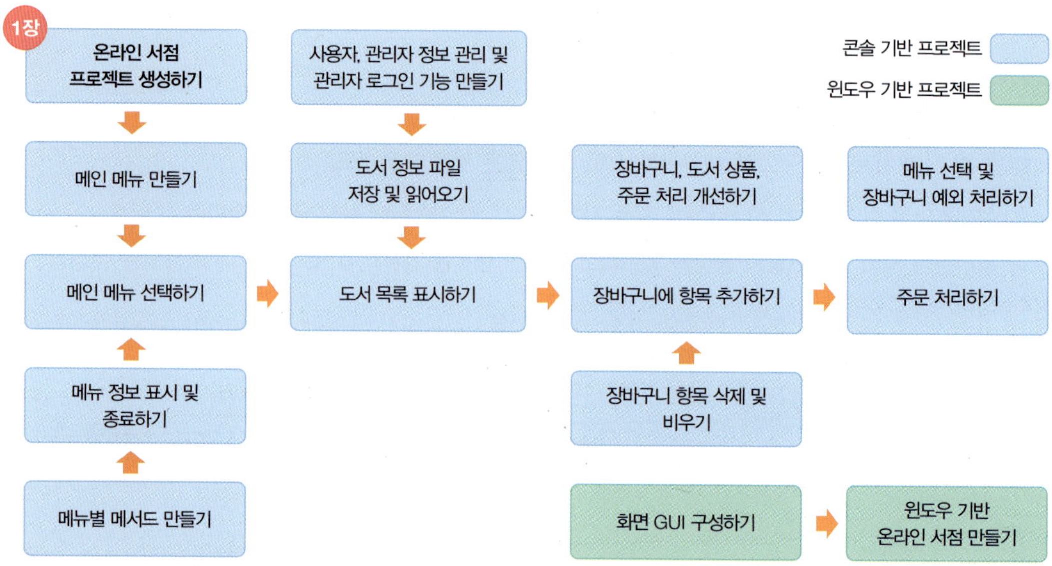

그림 1-9 **온라인 서점 프로젝트 생성하기**

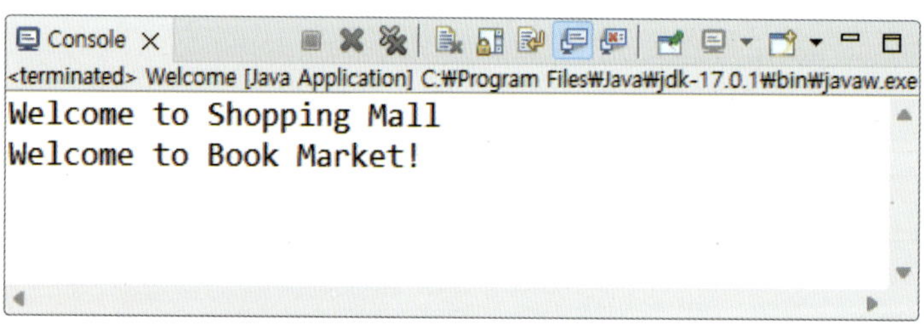

그림 1-10 **온라인 서점 프로젝트 생성하기 실행 결과**

[예제 1-5]와 같은 방법으로 BookMarket 프로젝트를 만들고 실행합니다.

프로젝트 생성하기

01 자바 프로젝트 생성하기: 이클립스의 [File]-[New]-[Java Project] 메뉴를 선택합니다.

02 프로젝트명 설정하기: [New Java Project] 창에서 Project name에 'BookMarket'을 입력하고, Module에서 'Create module-info.java file'의 체크박스가 해제되어 있는지 확인한 후 〈Finish〉를 클릭합니다. 이때 프로젝트 탐색기에 생성된 BookMarket 프로젝트의 구조는 오른쪽 그림과 같습니다.

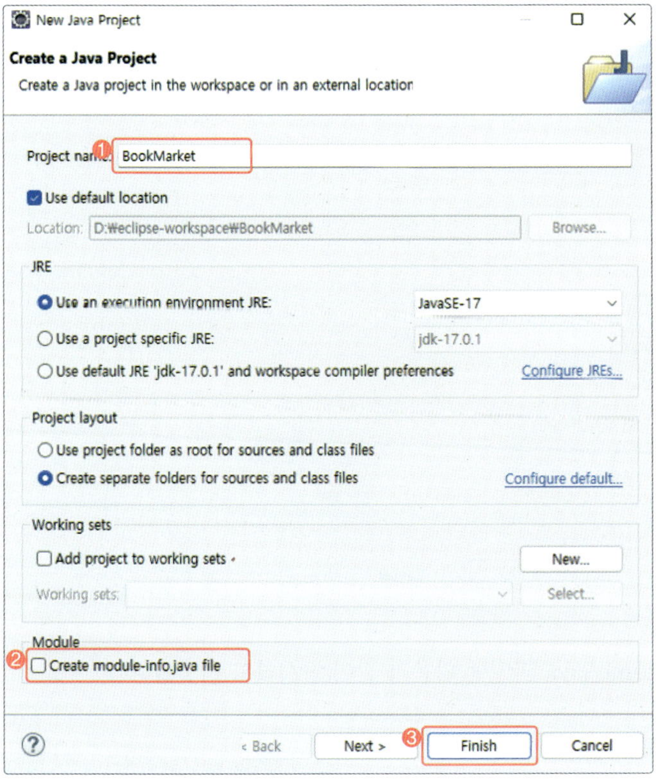

클래스(자바 파일) 생성하고 코드 작성하기

03 자바 파일 생성하기: BookMarket 프로젝트에서 마우스 오른쪽 버튼을 누르고 [New]-[Class]를 선택합니다. [New Java Class] 창에서 현재 경로가 BookMarket/src인지 확인합니다. Package 입력을 생략하고 Name에 'Welcome'을 입력하며, public static void main(String[] args)에 체크한 후 〈Finish〉를 클릭합니다.

TIP 2장부터 예제 소스 파일은 BookMarket 프로젝트에서 생성합니다.

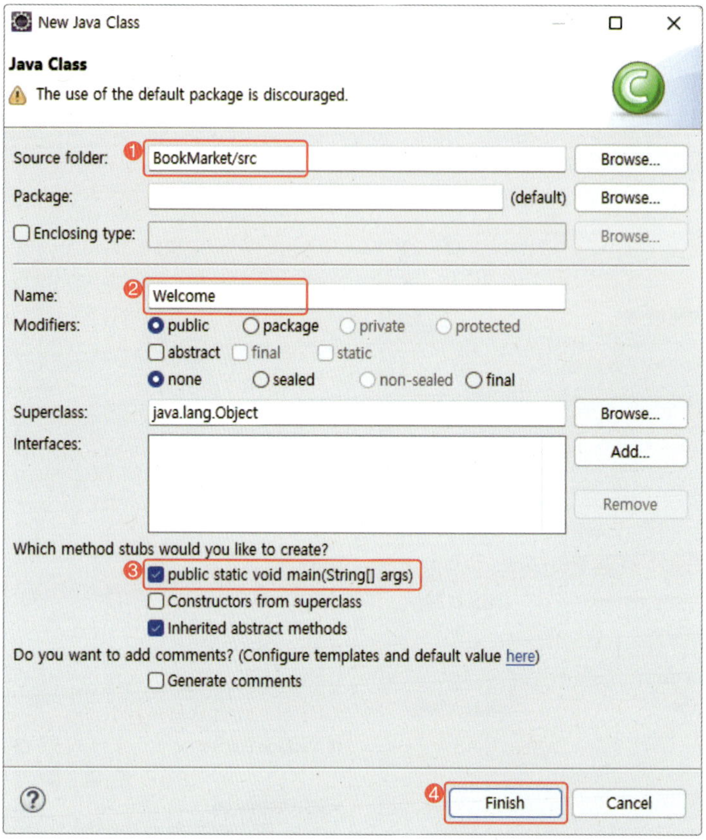

04 자바 코드 작성하기: 생성된 Welcome.java 파일에 다음과 같이 작성하고 저장합니다.

프로젝트 1-1 1장/BookMarket/src/Welcome.java

```java
public class Welcome {
    public static void main(String[] args) {
        System.out.println("Welcome to Shopping Mall");
        System.out.println("Welcome to Book Market!");
    }
}
```

프로젝트 실행하기

05 실행 결과 확인하기: Welcome.java 파일을 열어놓고 이클립스에서 [Run]–[Run As]–[Java Application]을 선택하거나 도구 모음의 ▶을 클릭합니다. 그런 다음 이클립스의 콘솔 창에서 실행 결과를 확인합니다.

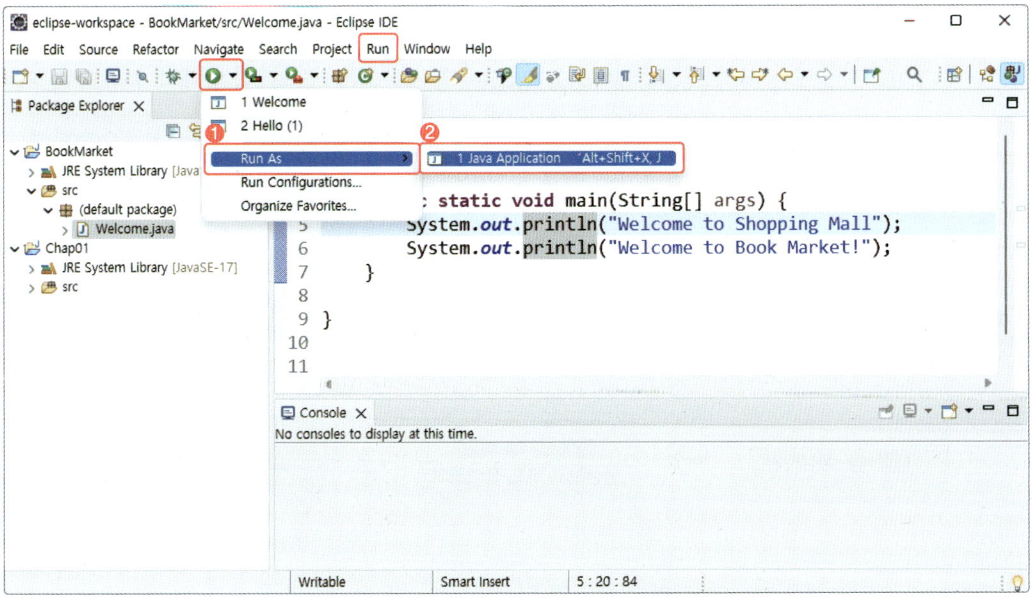

요약

01 자바는 현재 가장 널리 사용되는 프로그래밍 언어 중 하나입니다. 자바 프로그래밍 언어는 C 및 C++ 프로그램 언어와 유사하나 고급 기능과 단순화된 기능을 갖춘 객체지향 언어이면서 모든 플랫폼에 독립적입니다.

02 자바 개발 환경을 구축하려면 JDK와 이클립스가 필요합니다.

- **JDK**: 애플릿과 자바 애플리케이션을 만드는 데 사용되는 소프트웨어 개발 환경으로, 자바 코드를 작성하기 위한 자바 개발 도구입니다.
- **이클립스**: 자바 코드를 작성하고 이를 컴파일하여 오류를 검사하고 실행 결과를 확인할 수 있는 통합 개발 환경(IDE)입니다.

03 자바 애플리케이션은 프로젝트를 생성한 후 여기에 자바 파일을 생성하고 코드를 작성하여 프로젝트를 실행하는 과정을 거쳐 개발됩니다.

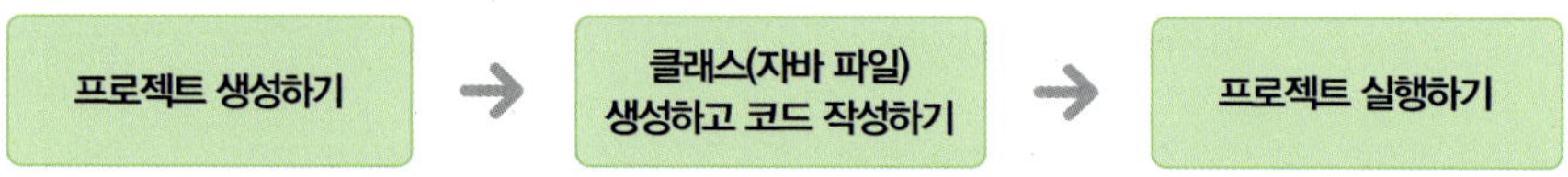

04 자바 프로그램은 하나 이상의 클래스로 구성됩니다. 각 클래스의 프로그램 코드를 별도의 소스 파일에 저장하고 각 소스 파일명을 소스 파일에 정의된 클래스명과 동일하게 지정해야 합니다. 만약 이름이 다르면 컴파일 과정에서 오류가 발생합니다. 모든 자바 소스 파일은 확장자가 .java입니다.

소스 파일(클래스명.java)

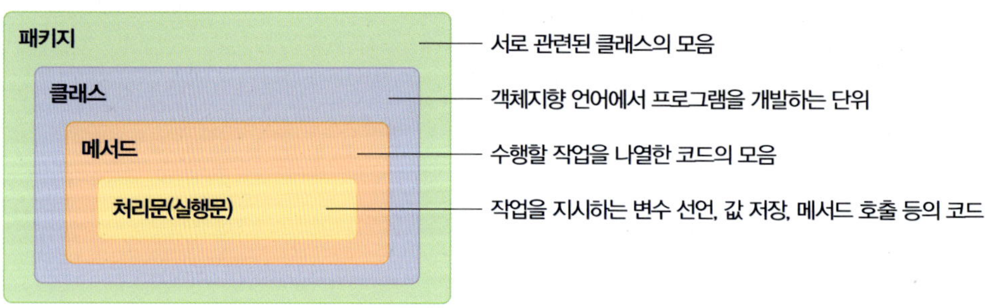

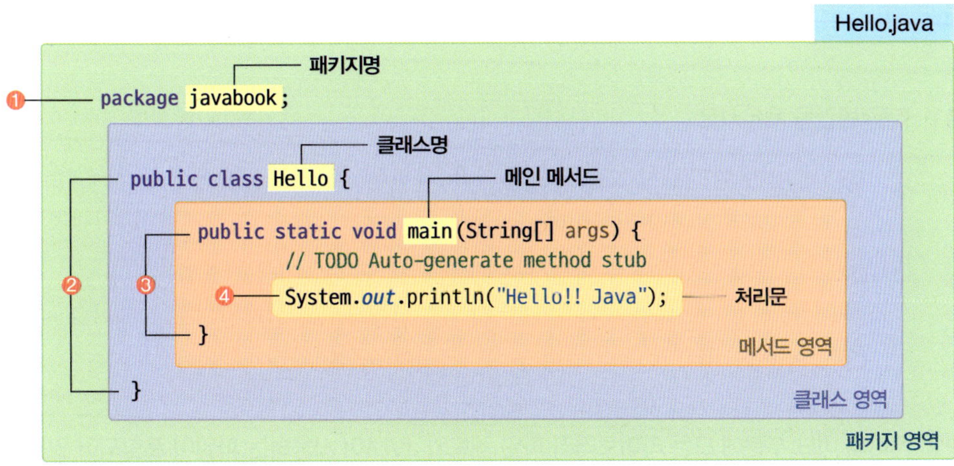
Hello.java
패키지명
package javabook;
클래스명
public class Hello {
메인 메서드
public static void main(String[] args) {
// TODO Auto-generate method stub
System.out.println("Hello!! Java");
처리문
}
메서드 영역
}
클래스 영역
패키지 영역

연습문제

01 다음 빈칸을 채우시오.

① 1995년 썬마이크로시스템즈가 출시한 자바는 다양한 플랫폼에서 사용할 수 있는 [　　　] 프로그래밍 언어이다.

② JDK에는 자바 프로그램을 작성하는 데 필요한 도구와 이를 실행하는 [　　　]가 포함되어 있다. [　　　]는 다른 소프트웨어를 실행하도록 설계된 소프트웨어로, 여기에는 클래스 라이브러리, 클래스 로더, [　　　]이 포함된다.

02 자바의 어느 부분에 모든 라이브러리 파일 세트와 JVM이 사용하는 파일이 포함되어 있는가?

① 자바 런타임 환경

② 자바 엔터프라이즈 에디션

③ 자바 개발 키트

④ 자바 가상 머신

03 다음 중 자바 가상 머신에 대한 설명으로 옳지 않은 것은 무엇인가?

① 추상적인 기계이다.

② 바이트코드로 실행 가능하다.

③ 플랫폼 의존적이다.

④ 다른 언어의 바이트코드를 컴파일할 수 없다.

04 다음 중 자바를 더 안전하게 만드는 기능은 무엇인가?

① 쓰레기 수거　　② 예외 처리

③ 자바 가상 머신　　④ 앞의 보기 모두

05 자바 컴파일러는 프로그램을 바이트코드로 변환하여 JVM으로 보내는데, 전송할 때까지 바이트코드는 어떤 확장 파일로 저장되는가?

① .exe　　② .class

③ .java　　④ .docx

06 'Hello World'가 출력되도록 다음 코드의 빈칸을 채우시오.

```
public class MyClass {
    public static void main(String[] args) {
        [                    ]("Hello World");
    }
}
```

07 06번 문제의 소스 코드를 저장하기 위한 자바 파일명은 무엇인가?

① MyClass.java ② myclass.java

③ Myclass.java ④ myClass.java

08 다음 빈칸에 알맞은 주석문을 넣으시오.

① [   ]: 한 행을 주석 처리한다.

② [   ]: 여러 행을 주석 처리한다.

09 다음 프로그램의 실행 결과는 무엇인가?

```
public class MyClass {
    public static void main(String[] args) {
        // 자바 프로그래밍 언어
        System.out.print("Welcome to Java");
        System.out.print("객체지향 프로그래밍 언어");
    }
}
```

10 다음 프로그램의 실행 결과는 무엇인가?

```
public class MyClass {
    public static void main(String[] args) {
        // 자바 프로그래밍 언어
        System.out.println("Welcome to Java");
        System.out.println("객체지향 프로그래밍 언어");
    }
}
```

CHAPTER 02

변수와 자료형

학습목표

- 변수와 상수를 이해합니다.
- 기본 자료형을 파악합니다.
- 기본 출력 처리 방법을 알아봅니다.

Preview

자바에서 컴퓨터 프로그램이 처리할 데이터를 저장하는 메모리 저장 위치인 변수와 상수의 차이점을 알아봅시다. 그리고 프로그래밍에 사용되는 숫자, 문자열과 같은 다양한 데이터 형태를 식별하는 분류인 자료형을 살펴봅시다. 또한 기본 출력 처리 방법에 대해서도 자세히 알아봅시다.

2.1 | 변수

1 변수의 개요

변수의 기본 개념을 쉽게 이해할 수 있도록 실생활의 예를 들어보겠습니다.

실생활 속 변수의 개념

무더운 날 목이 너무 말라서 물을 마시려고 할 때 물은 항상 무언가에 담겨 있습니다. 물을 담고 있는 것은 컵일 수도 있고 병일 수도 있는데, 이러한 것들을 변수(variable)라고 하며 컵 또는 병에 담겨 있는 물은 값(value)이 됩니다. 또한 컵 또는 병에 담기는 것을 주스, 콜라 등으로 변경할 수도 있습니다. 이는 이름이 지정된 변수 안의 값이 다양하게 변경될 수 있음을 의미합니다. 이것이 바로 변수의 기본 개념입니다.

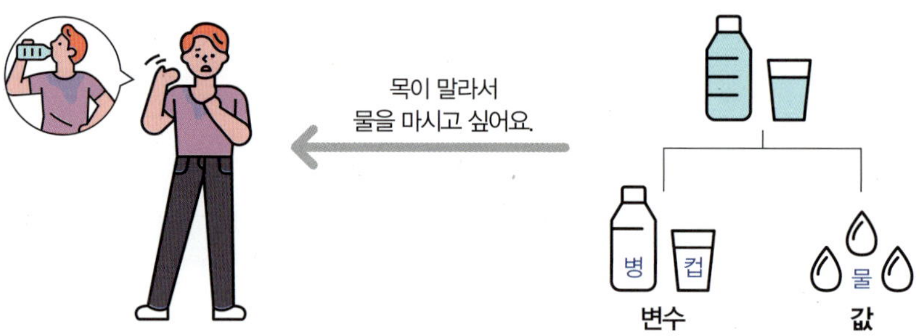

그림 2-1 실생활 속 변수의 개념

프로그래밍 속 변수의 개념

변수는 컴퓨터 프로그램이 처리할 데이터를 저장하는 저장 위치(예 컵, 병)입니다. 자바 프로그램의 경우 데이터를 컴퓨터의 메모리 공간에 저장하는데, 데이터가 저장되는 메모리 주소가 복잡하기 때문에 메모리 주소 대신 메모리 주소의 이름을 지정합니다. 이러한 메모리 주소의 이름, 즉 메모리 위치의 이름을 변수라고 하며, 여기에 저장된 값은 변경될 수 있습니다.

더 정확히 말하면 변수는 특정 자료형의 값을 저장하는 메모리 공간의 위치입니다. 즉 변수는 이름과 자료형을 가지고 있으며, 자료형에 따른 값이 저장됩니다.

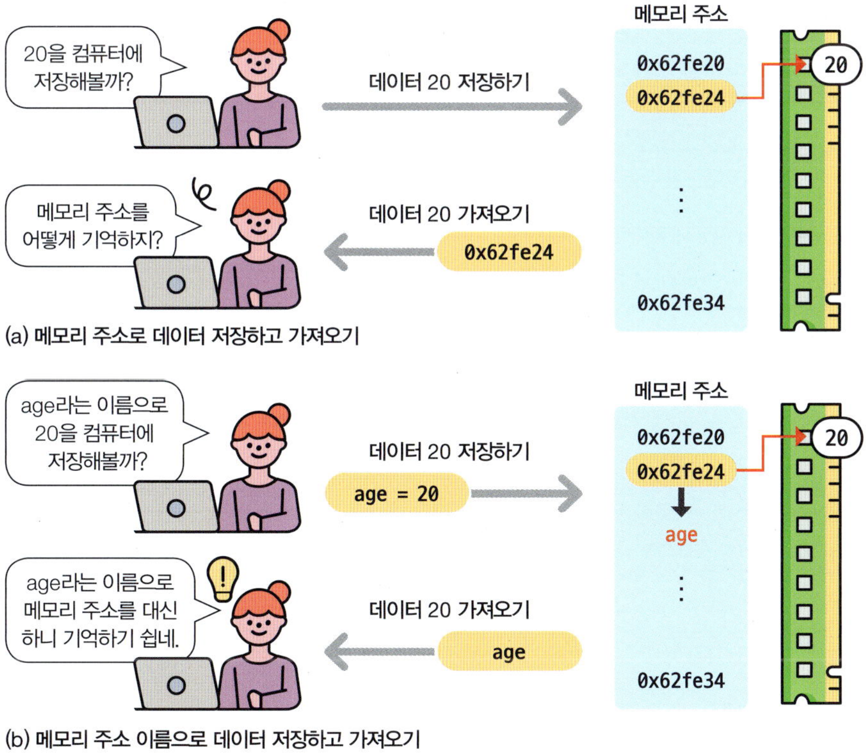

그림 2-2 **데이터를 저장하고 가져오는 방식**

2 변수 선언과 초기화

변수 선언의 기본 형식

자바 프로그램에서 변수를 사용하려면 먼저 변수를 선언해야 합니다. 변수 선언의 기본 형식은 다음과 같습니다.

```
자료형  변수명;
  int   myVar;
```

- **자료형(data type):** 변수에 저장할 수 있는 데이터의 유형입니다.
- **변수명(variable name):** 메모리 주소를 대신하는 메모리 주소의 이름을 지정합니다.

TIP 자료형에 대한 자세한 내용은 2.2절을 참고하세요.

[그림 2-3]에서 보듯이 변수를 선언할 때는 메모리 위치에만 이름을 지정할 수 있고, 메모리 위치에 값을 저장하려면 변수를 초기화하거나 값을 입력받아 할당해야 합니다.

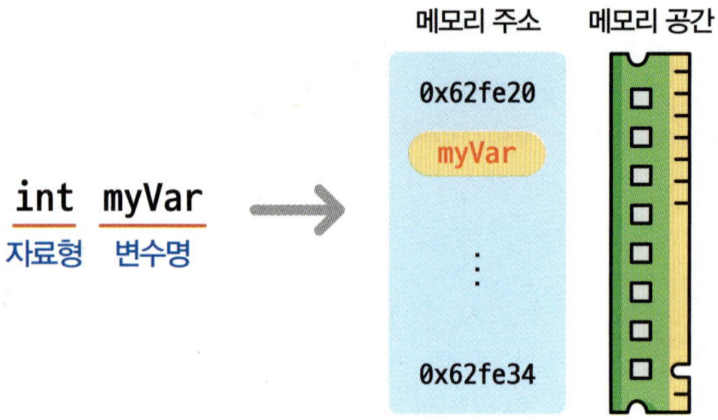

그림 2-3 **변수 선언과 메모리 공간**

다음은 정수형 변수 time과 speed를 선언하는 예입니다.

```
int time;
int time, speed;    // 변수의 자료형이 동일한 경우
```

변수 초기화

변수 선언으로 메모리 위치에 이름을 지정했다면, 변수 초기화는 지정된 메모리 위치에 값을 입력하는 것입니다. 즉 변수 초기화는 변수 선언과 동시에 값을 할당하는 것으로, 기본 형식은 다음과 같습니다.

```
자료형  변수명 = 값;
  int   myVar = 20;
```

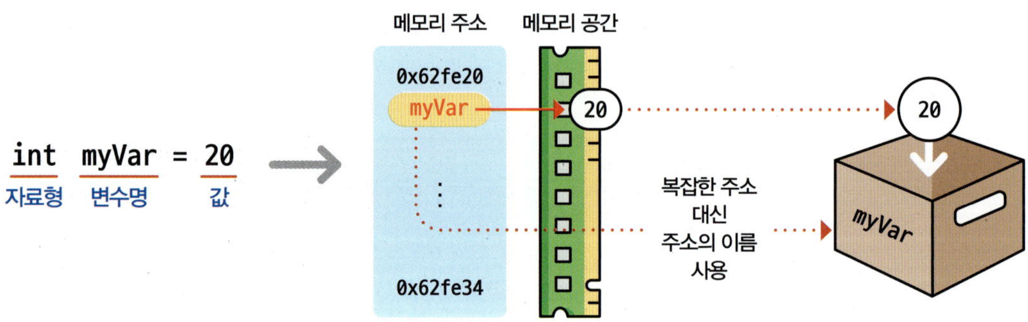

그림 2-4 **변수 초기화와 메모리 공간**

다음은 정수형 변수 time과 speed를 선언하는 동시에 20으로 초기화하는 예입니다.

```
int time = 20;
int time = 20,  speed = 20;     // 변수의 자료형이 동일한 경우
```

변수는 병, 컵, 그릇과 같이 값을 담는 상자에 비유할 수 있습니다. 변수를 선언하면 메모리 위치에 변수명으로 이름이 지정되고, 이 공간에 값을 넣을 수 있습니다. 그러므로 이 책에서는 [그림 2-5]와 같이 변수를 상자로 자주 표현할 것입니다.

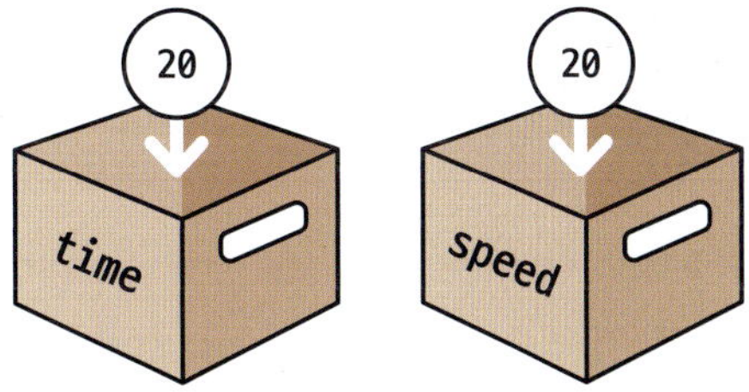

그림 2-5 상자에 비유한 변수

변수명 생성 규칙

자바에서는 변수뿐만 아니라 클래스, 메서드 등의 이름을 지을 때 반드시 지켜야 하는 공통 규칙이 있습니다. 자바에서 변수명을 생성할 때 반드시 지켜야 하는 규칙은 다음과 같습니다.

- 변수명은 영문자(대·소문자), 숫자, 밑줄(_), 달러 기호($)로만 구성할 수 있습니다.
- 변수명은 숫자로 시작할 수 없습니다.
- 변수명에는 공백을 포함할 수 없습니다.
- 자바에서 미리 정의된 키워드를 변수명으로 사용할 수 없습니다.

예제 2-1 변수 선언하고 초기화하기

변수를 선언하고 초기화해봅시다. days 변수의 경우 변수명을 선언하는 동시에 초기화할 수 있고, speed 변수의 경우 변수명만 선언하고 나중에 초기화할 수도 있습니다.

Chap02/src/Variable01.java

```java
public class Variable01 {
   public static void main(String[] args) {

      int days = 10;
      System.out.println(days);   // days 변수 출력

      int speed;
      speed = 20;
      System.out.println(speed);  // speed 변수 출력
   }
}
```

변수 days를 값 10으로 초기화

변수 speed 선언

변수 speed에 값 20을 저장

실행 결과

```
10
20
```

하나 더 알기 변수의 유형

자바 프로그래밍 언어에서 사용하는 변수는 지역 변수, 정적 변수, 인스턴스 변수로 구분됩니다.

- **지역 변수**(local variable): 메서드 내부에 선언된 변수입니다.
- **정적 변수**(static variable): `static` 키워드로 정의된 클래스 변수입니다.
- **인스턴스 변수**(instance variable): 클래스 내부에 정의되지만 메서드 내부에는 선언되지 않는 변수입니다.

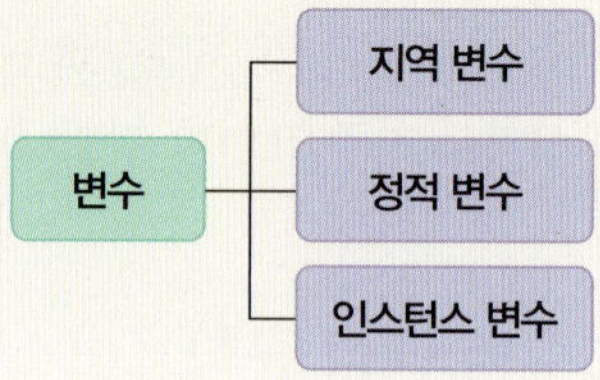

3 상수

상수(constant)는 변수와 마찬가지로 데이터를 저장할 수 있는 메모리 공간이지만, 프로그램이 실행되는 동안 메모리에 저장된 데이터를 변경할 수 없고 반드시 선언과 동시에 초기화해야 합니다. 상수는 `final` 키워드를 이용하여 선언합니다.

상수 사용 예시 Chap02/src/Example01.java

```
public class Example01 {
   public static void main(String[] args) {
      final int SPEED = 20;        상수
      int count = 10;
      SPEED = 40;        상수는 값을 변경할 수 없으므로 오류 발생
      count = 11;
      System.out.print("상수 SPEED 값은  ");
      System.out.println(SPEED);
      System.out.print("변수 count 값은  ");
      System.out.println(count);
   }
}
```

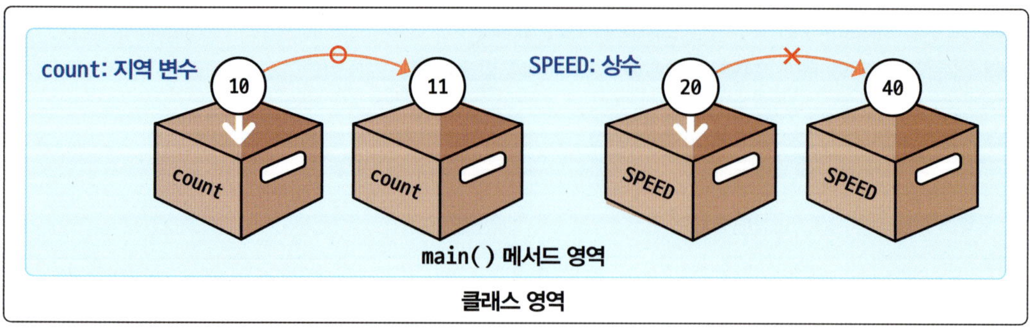

그림 2-6 값을 변경할 수 없는 상수

상수는 이미 정해진 값으로, 값이 변할 일이 없는 경우에 주로 사용합니다. 예를 들어 원주율 π는 변하지 않는 값이므로 상수로 지정하고 원의 넓이를 구할 수 있습니다.

예제 2-2 상수를 사용하여 원의 넓이 구하기

π를 상수로 지정하여 원의 넓이를 구해봅시다.

Chap02/src/Variable02.java

```java
public class Variable02 {
   public static void main(String[] args) {
      final double PI = 3.14;
         System.out.println("반지름 3인 원의 넓이를 구합니다.");
         System.out.print(3 * 3 * PI);
   }
}
```

- `final double PI = 3.14;` → PI는 상수(double에 대한 자세한 내용은 2.2절 참조)
- `System.out.print(3 * 3 * PI);` → 연산자 *에 대한 자세한 내용은 3장 참조

실행 결과

```
반지름 3인 원의 넓이를 구합니다.
28.26
```

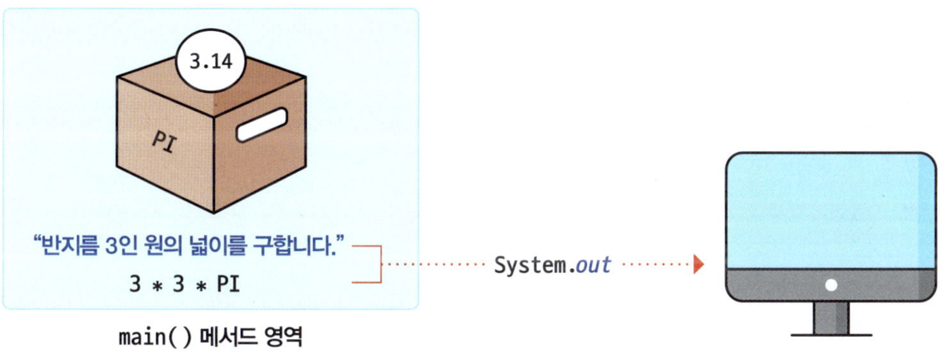

그림 2-7 Variable02.java 프로그램의 내부 구조

여기서 퀴즈!

다음 중 변수명으로 옳지 <u>않은</u> 것을 고르시오.

① Num1234 ② 123Num

③ Num_1234 ④ $num1234

정답 ②

2.2 | 자료형

1 자료형의 개요

자료형은 프로그래밍을 할 때 사용하는 숫자, 문자열 등의 다양한 데이터 형태를 식별하는 분류로서 프로그램의 가장 기본이자 핵심적인 단위입니다. 자료형은 변수를 어떻게 사용할 것인지를 컴파일러나 인터프리터에 알려주기 위한 변수의 속성으로, 데이터에 대해 수행할 수 있는 작업과 저장할 수 있는 값 유형을 정의합니다. 따라서 자료형을 충분히 이해하지 않고 프로그래밍을 시작하는 것은 기초 공사가 마무리되지 않은 상태에서 건물을 짓는 것과 같습니다.

주로 사용되는 자료형의 종류는 [그림 2-8]과 같습니다. 이러한 자료형을 차근차근 살펴봅시다.

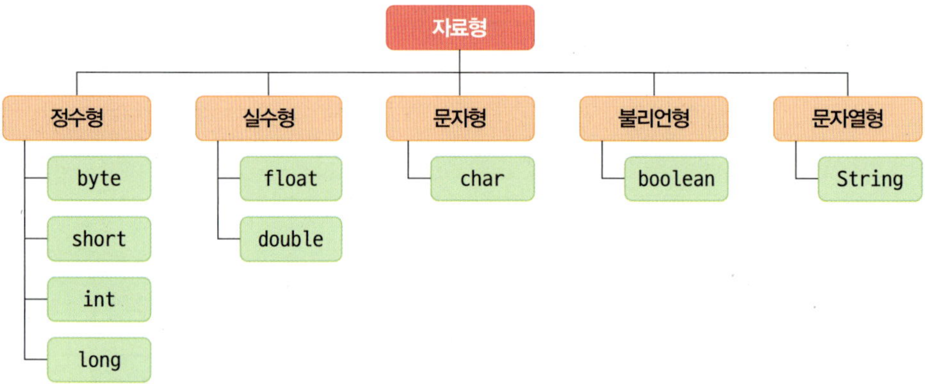

그림 2-8 주요 자료형의 종류

하나 더 알기 **자료형의 구분**

- **기본 자료형(primitive data type)**: 프로그램이 실행될 때 인식할 수 있도록 이미 컴파일러에 하드코딩되어 있습니다.
  예 int, float 등
- **객체 자료형(non-primitive data type)**: 사용자가 정의한 특수 유형의 데이터입니다. 즉 프로그램에 해당 정의가 포함됩니다.
  예 String, 배열, 클래스, 인터페이스 등

2 정수 자료형

정수형은 소수 부분이 없고 음숫값을 허용하는 숫자로 byte, short, int, long 등 네 가지 유형이 있습니다. 정수형의 유형에 따라 차지하는 저장 공간과 나타낼 수 있는 정수의 범위는 [표 2-1]과 같습니다.

표 2-1 정수 자료형의 종류

유형	기본값	저장 공간	범위
byte	0	1바이트	−128～127
short	0	2바이트	−32,768～32,767
int	0	4바이트	−2,147,483,648～2,147,483,647
long	0L	8바이트	−9,223,372,036,854,775,808～9,223,372,036,854,775,807

byte

byte 자료형은 가장 작은 정수형으로 최솟값이 −128, 최댓값이 127입니다. byte 자료형은 메모리 절약이 중요한 대용량 배열에서 메모리를 절약하는 데 유용합니다. byte 변수는 byte 키워드를 사용하여 선언하는데, 다음은 byte 변수 b를 선언하고 초기화하는 예입니다.

```
byte b = 100;
```

short

short 자료형은 부호가 있는 16비트 정수형으로 최솟값은 −32,768, 최댓값은 32,767입니다. byte 자료형과 마찬가지로 메모리 절약이 중요한 경우에 short 자료형을 사용하여 대용량 배열의 메모리를 절약할 수 있습니다. 다음은 short 변수 s를 선언하고 초기화하는 예입니다.

```
short s = 123;
```

int

가장 일반적으로 사용되는 int 자료형은 부호가 있는 32비트 정수형으로 최솟값은 −2,147,483,648, 최댓값은 2,147,483,647입니다. int 자료형은 루프를 제어하고 배열을 인덱싱(색인)하는 데 주로 사용됩니다. 프로그램에서 사용할 숫자로 int 자료형도 충분히 크지만, 더 넓은 범위의 값이 필요할 때는 int 대신 long을 사용합니다. 다음은 int 변수 in과 in2를 선언하고 초기화하는 예입니다.

```
int in = 123543;
int in2 = -9876345;
```

long

long 자료형은 부호가 있는 64비트 정수형으로 최솟값은 –9,223,372,036,854,775,808, 최댓값은 9,223,372,036,854,775,807입니다. 원하는 값을 저장하는 데 int 자료형이 충분히 크지 않은 경우에 사용하는 long 자료형은 많은 양을 계산하고 저장해야 하는 은행 애플리케이션에서 활용할 수 있습니다. 다음은 `long` 변수 `l`을 선언하고 초기화하는 예입니다.

```java
long l = 1234567891L;
```

TIP 위의 1234567891 값은 int 범위이므로 뒤에 L을 붙이지 않아도 괜찮지만, [예제 2-3]의 6행처럼 int 범위를 초과하는 값이 들어갈 경우 L 또는 l이 없으면 컴파일 에러가 발생합니다.

이처럼 정수 자료형은 소수점이 없는 음수 및 양수, 0을 변수에 저장할 때 사용합니다.

예제 2-3 정수 자료형 변수 선언하고 변숫값 출력하기

int, short, byte, long 자료형으로 선언된 변수 `a`, `s`, `b`, `l`을 해당 값으로 초기화해봅시다. 여기서 long 자료형은 변수의 초기화 정수 끝에 l 또는 L을 붙입니다.

Chap02/src/Datatype01.java

```java
01 public class Datatype01 {
02     public static void main(String[] args) {
03         int a = 10;
04         short s = 2;
05         byte b = 6;
06         long l = 125362133223L;
07         System.out.println(a);
08         System.out.println(s);
09         System.out.println(b);
10         System.out.println(l);
11     }
12 }
```

int 자료형 (3행)
shor 자료형 (4행)
byte 자료형 (5행)
long 자료형 (6행)
소문자 l은 1과 비슷하므로 대문자 L을 선호

실행 결과

```
10
2
6
125362133223
```

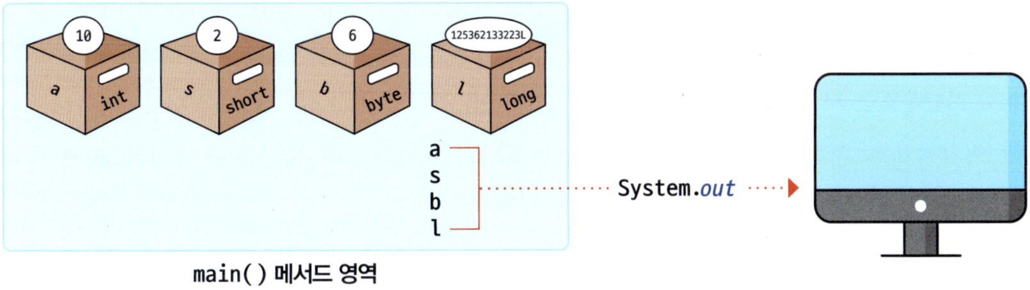

그림 2-9 Datatype01.java 프로그램의 내부 구조

3 실수 자료형

실수형은 소수 부분이 있고 음숫값을 허용하는 숫자로 float, double 등 두 가지 유형이 있습니다.

표 2-2 실수 자료형의 종류

유형	기본값	저장 공간	대략적인 범위
float	0.0f	4바이트	1.4e-045~3.4e+038
double	0.0d	8바이트	4.9e-324~1.8e+308

float

float 자료형은 실수라고도 하는 부동 소수점 숫자로, 이자율이나 제곱근 계산과 같이 분수의 정밀도가 필요한 표현식에 사용됩니다. 연산 속도를 향상하고 메모리를 절약해야 하는 경우에는 double 대신 float 자료형을 사용합니다. float 변수를 선언하고 초기화할 때는 초기화 값의 끝에 'f'를 붙여야 합니다. 다음은 float 변수 pi를 선언하고 초기화하는 예입니다.

```
float pi = 12.25f;
```

double

double 자료형은 64비트 부동 소수점 숫자로 sin(), cos(), sqrt()와 같은 수학 계산에 사용됩니다. double 변수를 선언하고 초기화할 때는 초기화 값의 끝에 'd'를 붙이거나 생략할 수 있습니다. 다음은 double 변수 d를 선언하고 초기화하는 예입니다.

```
double d = 12345.234d;
```

이처럼 실수 자료형은 소수점이 있는 음수 및 양수, 0을 변수에 저장할 때 사용합니다.

예제 2-4 실수 자료형 변수 선언하고 변숫값 출력하기

float 자료형으로 선언된 변수 f와 double 자료형으로 선언된 변수 d를 해당 값으로 초기화해봅시다. 여기서 float 자료형은 변수에 저장하는 실숫값 끝에 반드시 f를 붙여야 하고, double 자료형은 변수에 저장하는 실숫값 끝의 d를 생략해도 됩니다.

Chap02/src/Datatype02.java

```
public class Datatype02 {
   public static void main(String[] args) {
      float f = 65.20298f;      ● float 자료형
      double d = 876.765d;      ● double 자료형
      System.out.println(f);
      System.out.println(d);
   }
}
```

실행 결과

```
65.20298
876.765
```

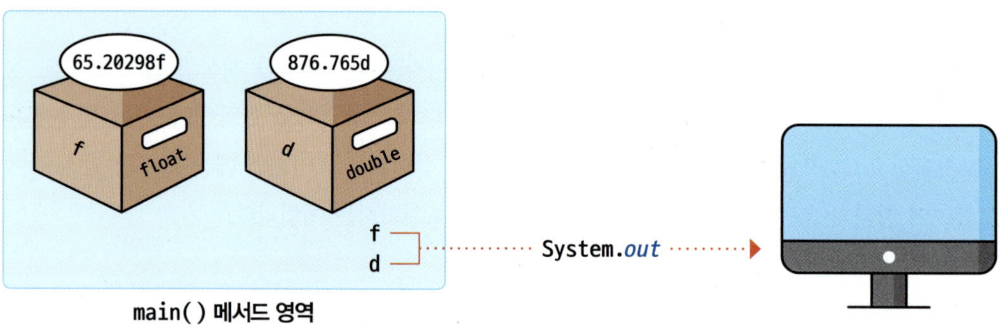

그림 2-10 Datatype02.java 프로그램의 내부 구조

4 문자 자료형

char 자료형은 문자와 숫자 등 문자 집합의 기호를 나타내는 데 사용합니다. 작은따옴표로 값을 묶어 표현하는데, 예를 들어 'A'는 값이 65인 문자 상수입니다. 이는 단일 문자를 포함하는 문자열인 "A"와 다릅니다.

표 2-3 문자 자료형의 종류

유형	기본값	저장 공간	범위
char	'0'	2바이트	\u0000(0)~\uffff(65,535)

다음은 char 변수 ch1과 ch2를 선언하고 초기화하는 예입니다. ch1은 정수로 초기화되어 있지만 X를 출력하는 문자 상수입니다.

```
char ch1 = 88;    // X를 출력하는 코드
char ch2 = 'Y';
```

이처럼 문자 자료형은 변수에 하나의 문자를 저장할 때 사용합니다.

예제 2-5 문자 자료형 변수 선언하고 변숫값 출력하기

char 자료형으로 선언된 변수 ch, ch2, ch3, ch4를 문자로 초기화해봅시다.

Chap02/src/Datatype03.java

```
public class Datatype03 {
  public static void main(String[] args) {
    char ch = 'J';
    char ch2 = 'a';
    char ch3 = 'v';
    char ch4 = 'a';
    System.out.println(ch);
    System.out.println(ch2);
    System.out.println(ch3);
    System.out.println(ch4);
  }
}
```

문자 자료형

실행 결과

```
J
a
v
a
```

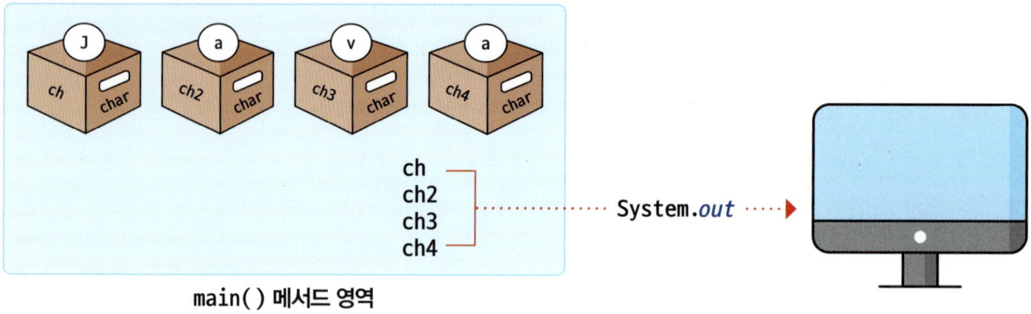

그림 2-11 Datatype03.java 프로그램의 내부 구조

5 문자열 자료형

String 자료형은 문자열을 저장하는 데 사용됩니다. 문자열은 일련의 문자로, 예를 들어 "Hello"는 문자 'H', 'e', 'l', 'l', 'o'로 이루어진 문자열입니다. "Hello World", "Hello123", "123", "Name: John"과 같이 문자열 값은 큰따옴표로 묶어야 합니다. 사실 큰따옴표로 묶인 값은 모두 문자열입니다. 앞에서 언급한 자료형과 달리 String 자료형은 클래스에 해당하므로 반드시 대문자로 시작해야 합니다.

예제 2-6 문자열 자료형 변수 선언하고 변숫값 출력하기

String 자료형으로 선언된 변수 str, str2를 문자열로 초기화해봅시다.

Chap02/src/Datatype04.java

```java
public class Datatype04 {
  public static void main(String[] args) {
    String str = "Java";
    String str2 = "Program";

    System.out.println(str);
    System.out.println(str2);
  }
}
```

문자열 자료형

실행 결과

```
Java
Program
```

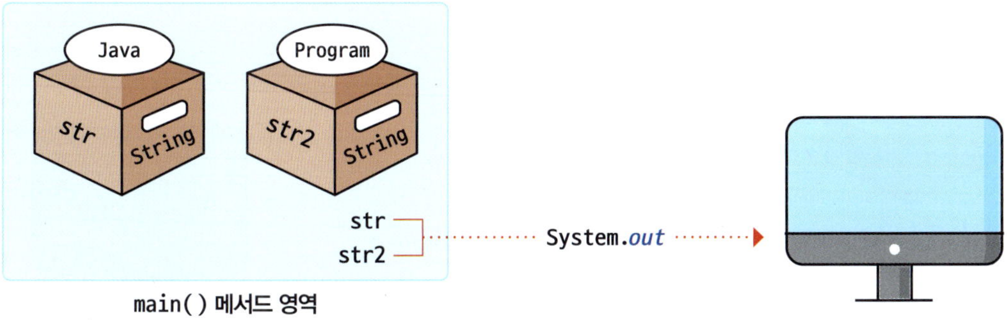

그림 2-12 Datatype04.java 프로그램의 내부 구조

6 불리언 자료형

boolean 자료형의 값은 true와 false, 두 가지뿐입니다. 또한 boolean 자료형은 if 또는 while과 같은 제어문을 제어하는 조건식에 사용됩니다. 다음은 boolean 변수 `flag`와 `val`을 선언하고 각각 `true`, `false`로 초기화하는 예입니다.

```
boolean flag = true;
boolean val = false;
```

예제 2-7 불리언 자료형 변수 선언하고 변수값 출력하기

boolean 자료형으로 선언된 변수 `t`, `f`를 해당 값으로 초기화해봅시다.

Chap02/src/Datatype05.java

```
public class Datatype05 {
   public static void main(String[] args) {
      boolean t = true;
      boolean f = false;

      System.out.println(t);
      System.out.println(f);
   }
}
```

boolean 자료형

실행 결과

```
true
false
```

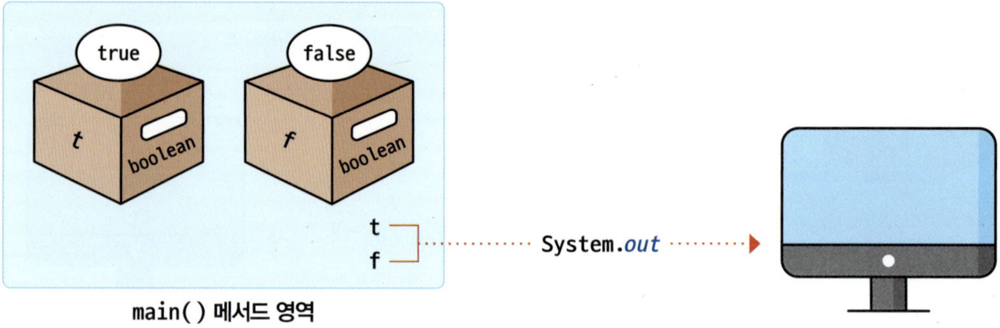

그림 2-13 Datatype05.java 프로그램의 내부 구조

이처럼 boolean 자료형은 true, false 값을 변수에 저장할 때 사용합니다.

여기서 퀴즈!

다음 중 자료형에 대한 설명으로 옳지 않은 것을 고르시오.

① 정수 자료형은 소수 부분이 없고 음숫값을 허용하는 숫자로 byte, short, int, long 등이 있습니다.

② 실수 자료형은 소수 부분이 있고 음숫값을 허용하는 숫자로 float, double 등이 있습니다.

③ 문자열 자료형은 string으로, 문자열을 저장하는 데 사용합니다.

④ 불리언 자료형의 값은 true와 false입니다.

정답 ③

2.3 출력 처리

1 데이터 출력

데이터를 출력하는 가장 기본적인 방법은 콘솔로 출력하는 print() 메서드를 사용하는 것입니다. 하지만 print() 메서드를 사용하려면 System 클래스를 사용해야 합니다. System 클래스는 시스템과 관련된 작업을 수행하는 표준 입출력 클래스로, 표준 출력을 위한 변수 out이 정의되어 있어 이를 통해 콘솔로 출력됩니다.

표 2-4 화면에 데이터를 출력하는 메서드

메서드	설명
System.out.print()	따옴표 안의 문자열, 변수 값을 출력한다.
System.out.println()	따옴표 안의 문자열, 변수 값을 출력한 후 커서를 다음 행의 시작 부분으로 이동한다.
System.out.printf()	문자열 형식화를 제공한다(C/C++ 프로그래밍의 printf와 유사).

두 문자열을 함께 출력하려면 다음 예와 같이 + 연산자로 결합하면 됩니다.

문자열 출력 예시 Chap02/src/Example02.java

```
public class Example02 {
   public static void main(String[] args) {
      System.out.println("Java " + "Program");
}
```

문자열 연결

실행 결과

```
Java Program
```

예제 2-8 문자열과 변수 결합하여 출력하기

+ 연산자를 사용하면 문자열과 변수도 함께 출력할 수 있습니다. 이름과 나이를 변수에 저장하여 함께 출력해봅시다.

Chap02/src/InputOutput01.java

```
public class InputOutput01 {
   public static void main(String[] args) {

      String myName = "홍길동";
      int myAge = 20;

      System.out.println("이름 : " + myName);
      System.out.println("나이 : " + myAge);
   }
}
```

문자열 자료형 / 정수 자료형

실행 결과

```
이름 : 홍길동
나이 : 20
```

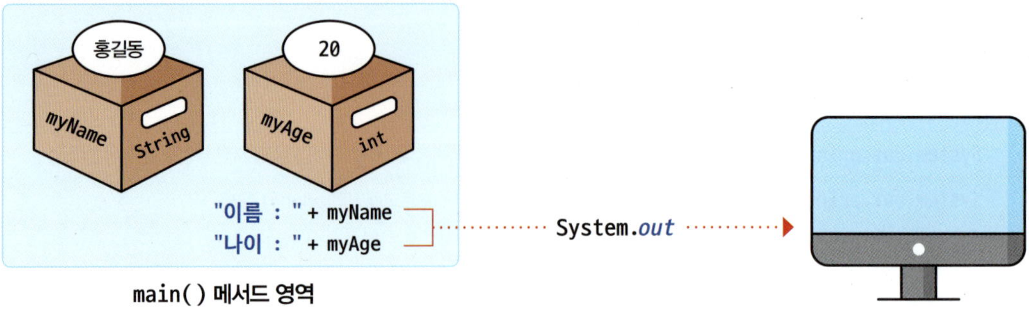

그림 2-14 InputOutput01.java 프로그램의 내부 구조

2 이스케이프 문자 출력

자바에는 이스케이프 문자를 표현하는 다양한 이스케이프 시퀀스가 있습니다. 예를 들어 "Hello\n"과 같이 큰따옴표로 묶인 문자 및 문자열 내에서 이스케이프 시퀀스 '\u'를 사용할 수 있습니다.

TIP 이스케이프 시퀀스는 백슬래시(\) 뒤에 문자 또는 숫자를 조합한 것으로, 키보드로 표현하기 어려운 이스케이프 문자를 나타냅니다.

표 2-5 이스케이프 문자의 종류

이스케이프 문자	설명	유니코드 값	이스케이프 문자	설명	유니코드 값
\b	백스페이스	\u0008	\"	"	\u0022
\t	탭	\u0009	\'	'	\u0027
\n	줄 바꿈	\u000a	\\	\	\u005c
\r	캐리지 리턴	\u000d			

자바의 char 자료형은 문자를 저장하기 위해 2바이트 크기의 유니코드를 사용합니다. 유니코드와 함께 작동하기 때문에 알파벳 문자, 통화 문자 또는 유니코드의 기타 문자를 저장할 수 있습니다.

이스케이프 문자 출력 예시 Chap02/src/Example03.java

```
public class Example03 {
   public static void main(String[] args) {
      System.out.println("Java\nProgram");
   }
}
```

실행 결과

```
Java
Program
```

예제 2-9 이스케이프 문자 출력하기

이스케이프 문자는 문자열이나 변수와 함께 사용할 수 있습니다. 문자열과 이스케이프 문자를 함께 출력하면서 + 연산자로 결합해봅시다.

Chap02/src/InputOutput02.java

```java
public class InputOutput02 {
  public static void main(String[] args) {

    String myName = "홍길동";     // 문자열 자료형
    int myAge = 20;               // 정수 자료형

    System.out.print("이름 : \t" + myName + "\n" );
    System.out.print("나이 : \t" + myAge  + "\n" );
  }
}
```

\t : 탭만큼 공백을 둠

\n : 줄 바꿈

실행 결과

```
이름 :   홍길동
나이 :   20
```

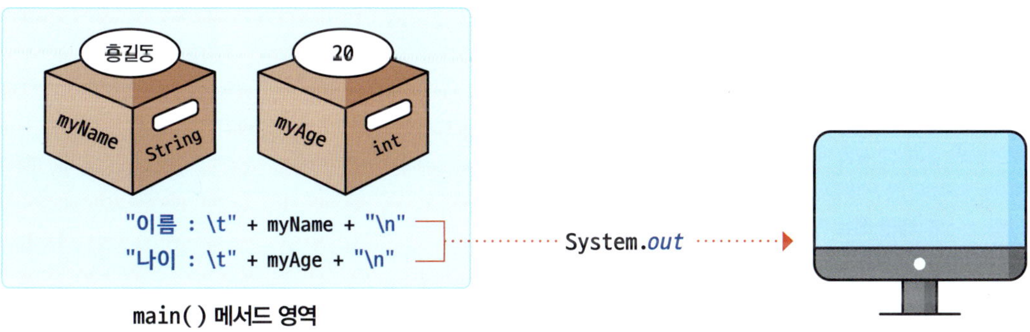

그림 2-15 InputOutput02.java 프로그램의 내부 구조

여기서 퀴즈!

다음 실행 결과를 출력하는 프로그램을 고르시오.

```
"Java      Program"
```

① System.out.print("Java   Program")

② System.out.print("\"Java   Program\"")

③ System.out.print(""Java   Program"")

④ System.out.print("\'\'Java   Program\'\'")

정답 ②

프로젝트 메인 메뉴 만들기

앞에서 배운 변수와 자료형을 적용하여 온라인 서점의 시작 페이지를 만들어봅시다. 먼저 BookMarket 프로젝트에 생성한 Welcome.java에서 인사말을 변수에 저장하여 출력하고, 온라인 서점의 메인 메뉴를 만들겠습니다.

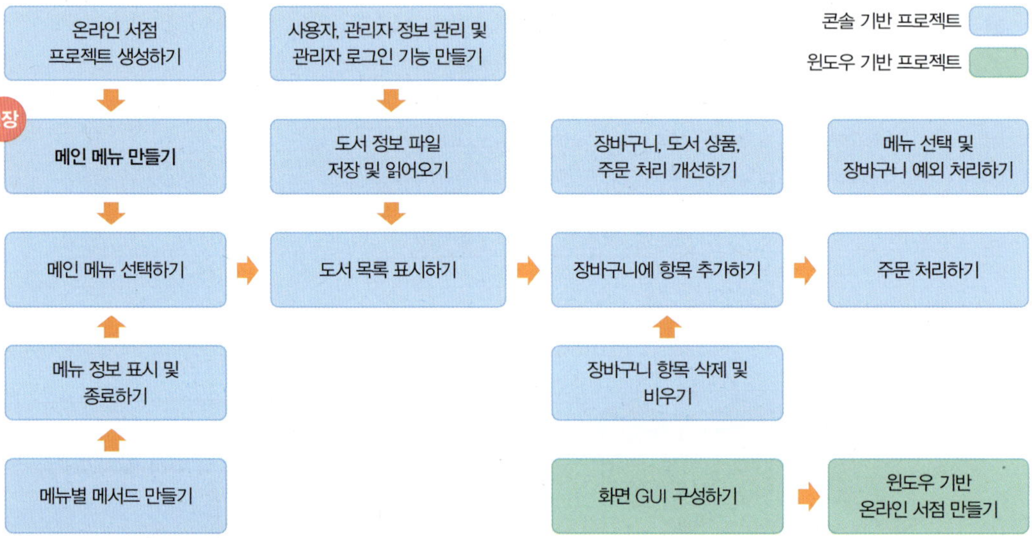

그림 2-16 **메인 메뉴 만들기**

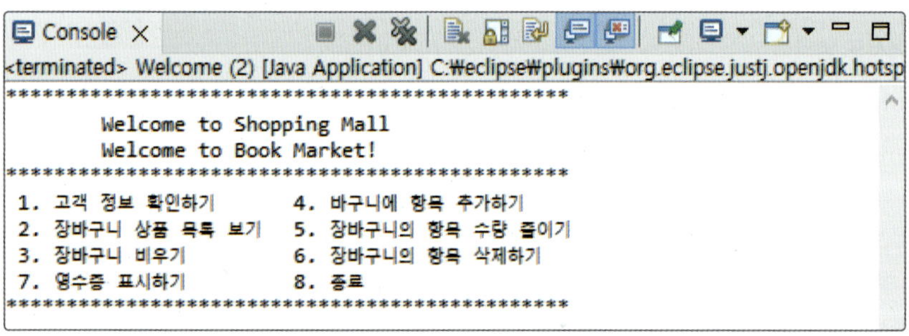

그림 2-17 **메인 메뉴 만들기 실행 결과**

메인 메뉴 만들기

01 변수를 이용하여 인사말 출력하기: 1장의 [프로젝트 1-1]에서 만들었던 Welcome.java 파일을 열고 [프로젝트 1-1]에서 작성한 인사말을 주석 처리한 뒤 문자열 변수에 새롭게 저장하여 출력합니다.

프로젝트 2-1 2장/BookMarket/src/Welcome.java

```java
01 public class Welcome {
02    public static void main(String[] args) {
03
04       // System.out.println("Welcome to Shopping Mall");
05       // System.out.println("Welcome to Book Market!");
06
07       String greeting = "Welcome to Shopping Mall";
08       String tagline = "Welcome to Book Market!";
09
10       System.out.println("********************************************");
11       System.out.println("\t"+greeting);
12       System.out.println("\t"+tagline);
13       System.out.println("********************************************");
14
15    }
16 }
```

- 04~05행: [프로젝트 1-1]에서 작성한 내용
- 07~08행: 인사말을 문자열 변수에 저장
- 11행: 탭만큼 공백을 두고 greeting 변수의 문자열 출력
- 12행: 탭만큼 공백을 두고 tagline 변수의 문자열 출력

02 메인 메뉴 항목 만들기: 실행 결과인 [그림 2-17]과 같이 메뉴 항목의 간격을 띄우기 위해 특수문자 '\t'를 적용합니다. [프로젝트 2-1]의 14행에 이어서 작성합니다.

프로젝트 2-2 2장/BookMarket/src/Welcome.java

```java
public class Welcome {
   public static void main(String[] args) {
      ...
      System.out.println(" 1. 고객 정보 확인하기 \t4. 바구니에 항목 추가하기");
      System.out.println(" 2. 장바구니 상품 목록 보기 \t5. 장바구니의 항목 수량 줄이기");
      System.out.println(" 3. 장바구니 비우기 \t6. 장바구니의 항목 삭제하기");
      System.out.println(" 7. 영수증 표시하기 \t8. 종료");
      System.out.println("********************************************");
   }
}
```

- ...: [프로젝트 2-1]의 3~13행 생략
- System.out.println(" 7. 영수증 표시하기 \t8. 종료");: 메뉴 항목 출력

요약

01 변수는 컴퓨터 프로그램이 처리할 데이터를 저장하는 저장 위치입니다. 자바 프로그램의 경우 데이터를 컴퓨터의 메모리 공간에 저장하는데, 데이터가 저장되는 메모리 주소가 복잡하기 때문에 메모리 주소 대신 메모리 주소의 이름을 지정합니다. 이러한 메모리 주소의 이름, 즉 메모리 위치의 이름을 변수라고 하며, 여기에 저장된 값은 변경될 수 있습니다.

02 상수는 변수와 마찬가지로 데이터를 저장할 수 있는 메모리 공간이지만, 프로그램이 실행되는 동안 메모리에 저장된 데이터를 변경할 수 없고 반드시 선언과 동시에 초기화해야 합니다. 상수는 `final` 키워드를 이용하여 선언합니다.

03 자료형은 프로그래밍을 할 때 사용하는 숫자, 문자열 등의 다양한 데이터 형태를 식별하는 분류로서 프로그램의 가장 기본이자 핵심적인 단위입니다.

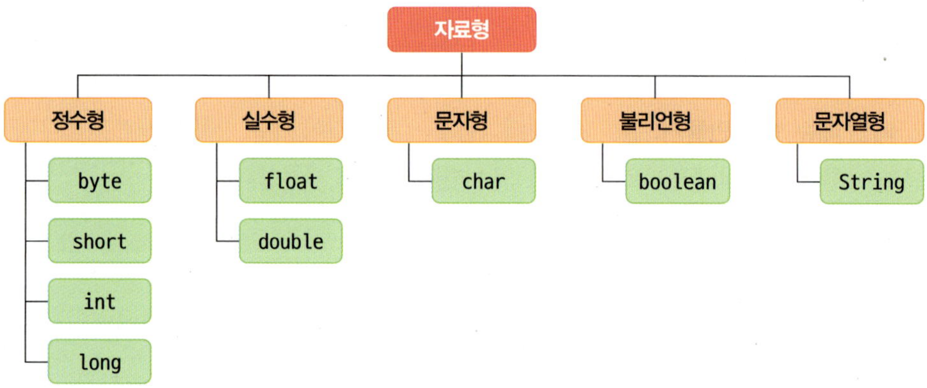

04 데이터를 출력하는 가장 기본적인 방법은 콘솔로 출력하는 `print()` 메서드를 사용하는 것입니다. 하지만 `print()` 메서드를 사용하려면 `System` 클래스를 사용해야 합니다.

메서드	설명
`System.out.print()`	따옴표 안의 문자열, 변수 값을 출력한다.
`System.out.println()`	따옴표 안의 문자열, 변수 값을 출력한 후 커서를 다음 행의 시작 부분으로 이동한다.
`System.out.printf()`	문자열 형식화를 제공한다(C/C++ 프로그래밍의 printf와 유사).

연습문제

01 다음 빈칸을 채우시오.

① [   ]는 컴퓨터 프로그램이 처리할 데이터를 저장하는 저장 위치이고, [   ]는 final 키워드를 사용하여 데이터를 저장할 수 있는 메모리 공간이지만, 프로그램이 실행되는 동안 메모리에 저장된 데이터를 변경할 수 없고 반드시 선언과 동시에 초기화해야 한다.

② 변수의 유형 중 [   ]는 메서드 내부에 선언된 변수이고, [   ]는 static 키워드로 정의된 클래스 변수이며, [   ]는 클래스 내부에 정의되지만 메서드 내부에는 선언되지 않는 변수이다.

02 다음 프로그램에서 발생하는 오류는 무엇인가?

```
class MyClass {
    public static void main(String[] args) {
        int a;
        System.out.println("변수의 값" + a);
    }
}
```

① 오류가 없다.
② 런타임 에러
③ 변수 a에 값이 할당되지 않았다.
④ 출력되지 않는다.

03 다음 중 변수명으로 옳지 않은 것은 무엇인가?

① $MyVar
② _myVar
③ My Var
④ myVar

04 변수를 상수로 변경하려면 어떻게 해야 하는가?

① 변숫값을 변경하지 않는다.
② final 키워드로 변수를 선언한다.
③ int로 변수를 선언한다.
④ float로 변수를 선언한다.

05 float 자료형 변수에 값을 할당하는 올바른 방법은 무엇인가?

① float a = 100.0
② float b = 129
③ float c = 134.78.1
④ float d = -99.90

06 다음 프로그램에서 결과를 출력하기 위해 변수 c에 어떤 자료형을 할당해야 하는가?

```
public class MyClass {
   public static void main(String[] args) {
      int a = 3;
      int b = 5;
      [        ] c = a/b;
      System.out.println("출력 결과 : " + c);
   }
}
```

① int
② float
③ char
④ boolean

07 다음 프로그램에서 변수 a는 어떻게 진행되는가?

```
public class MyClass {
   public static void main(String[] args) {
      int a;
      a = 10;
      System.out.println("변수의 값 : " + a);
      a = null;
   }
}
```

① 변숫값만 출력된다.
② 단독으로 선언 및 정의된다.
③ 선언 → 정의 → 출력 과정을 거치고 null 값이 저장된다.
④ null 값이 출력된다.

08 다음 프로그램의 실행 결과는 무엇인가?

```
public class MyClass {
   public static void main(String[] args) {
      float name = "JavaBook";
      System.out.println(name);
   }
}
```

① JavaBook
② 컴파일 오류가 발생한다.
③ name
④ 아무것도 출력되지 않는다.

09 다음 프로그램의 실행 결과를 작성하시오.

```
public class MyClass {
   public static void main(String[] args) {
      byte a = 127;
      System.out.println(a);
      a++;
      System.out.println(a);
      a++;
      System.out.println(a);
      a++;
      System.out.println(a);
   }
}
```

CHAPTER 03

연산자와 형 변환

학습목표

- 자바에서 쓰이는 연산자의 유형을 알아봅니다.
- 자바의 형 변환을 이해합니다.
- 자바 프로그램의 입력 처리 방법을 이해합니다.

Preview

자바에서 컴파일러에 어떤 작업을 수행하도록 지시하는 기호인 연산자의 유형을 살펴보고, 어떤 자료형에서 다른 자료형으로 변수를 변환하는 형 변환에 대해 알아봅시다. 또한 기본 입력 처리 방법에 대해 자세히 알아봅시다.

- 연산자
  - 연산자의 개요
  - 산술 연산자
  - 관계 연산자
  - 논리 연산자
  - 할당 연산자
  - 증가 및 감소 연산자
  - 연산자의 우선순위
- 형 변환
  - 자동 형 변환
  - 캐스팅 형 변환
- 입력 처리
  - Scanner 클래스

[프로젝트]

- 메인 메뉴 선택하기
  - 사용자 정보 입력받기
  - 메뉴 번호 입력받기

3.1 | 연산자

1 연산자의 개요

연산자는 컴파일러에 어떤 작업을 수행하도록 지시하는 기호입니다. 우리는 덧셈을 하기 위해 더하기(+) 연산자를 사용하고, 곱셈을 하기 위해 곱하기(*) 연산자를 사용하여 산술 연산을 수행합니다. 자바는 이러한 작업을 처리할 수 있도록 다양한 연산자를 제공합니다.

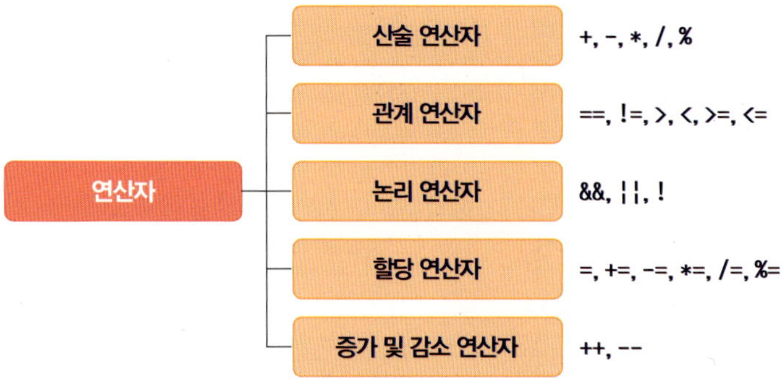

그림 3-1 연산자의 유형

연산자는 피연산자의 값을 조작할 수 있는 구문을 의미합니다. 예를 들어 + 기호를 사용하여 두 수를 더하는 경우인 2+3=5에서 2와 3은 피연산자이고 +는 연산자에 해당합니다.

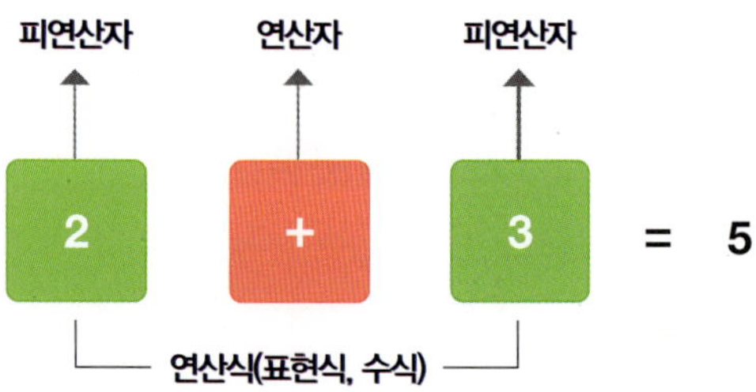

그림 3-2 연산자와 피연산자

[그림 3-1]에 제시된 연산자의 유형을 하나씩 자세히 살펴봅시다.

2 산술 연산자

산술 연산자는 수학 표현식의 덧셈, 뺄셈 등과 같은 산술 연산을 수행하는 데 사용합니다. 수를 피연산자로 사용하고 하나의 수(단일 숫자 값)를 결과로 반환합니다. 산술 연산자에는 [표 3-1]과 같은 유형이 있습니다.

표 3-1 산술 연산자의 종류

연산자	설명	예
+	왼쪽 피연산자와 오른쪽 피연산자를 더한다.	3 + 2 = 5
-	왼쪽 피연산자에서 오른쪽 피연산자를 뺀다.	3 - 2 = 1
*	왼쪽 피연산자와 오른쪽 피연산자를 곱한다.	3 * 2 = 6
/	왼쪽 피연산자를 오른쪽 피연산자로 나누고 몫을 반환한다.	3 / 2 = 1
%	왼쪽 피연산자를 오른쪽 피연산자로 나누고 나머지 값을 반환한다.	3 % 2 = 1

산술 연산자 사용 예시 Chap03/src/Example01.java

```
public class Example01 {
   public static void main(String[] args) {
      int x = 10, y = 20;
      System.out.println("x + y = " + (x + y));
      System.out.println("x - y = " + (x - y));
      System.out.println("x * y = " + (x * y));
      System.out.println("x / y = " + (x / y));
      System.out.println("x % y = " + (x % y));
   }
}
```

실행 결과

```
x + y = 30
x - y = -10
x * y = 200
x / y = 0
x % y = 10
```

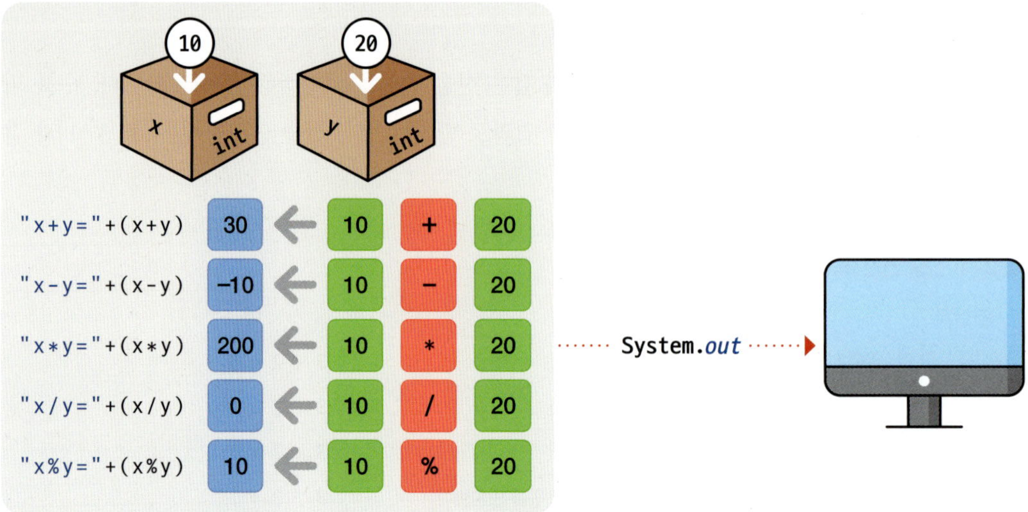

그림 3-3 산술 연산의 처리 과정

예제 3-1 산술 연산자를 이용하여 정수와 실수 연산하기

정수와 실수를 연산하면 결괏값이 실수라는 것을 주의해야 합니다. 변수 a가 10, b가 2.0일 때 산술 연산에 따른 결괏값을 미리 예상해보고 실행 결과를 확인합니다.

Chap03/src/Operator01.java

```
public class Operator01 {
  public static void main(String[] args) {
    int a = 10;
    double b = 2.0;
    System.out.println("a + b = " + (a + b));
    System.out.println("a - b = " + (a - b));
    System.out.println("a * b = " + (a * b));
    System.out.println("a / b = " + (a / b));
    System.out.println("a % b = " + (a % b));
  }
}
```

실행 결과

```
a + b = 12.0
a - b = 8.0
a * b = 20.0
a / b = 5.0
a % b = 0.0
```

3 관계 연산자

관계 연산자는 두 피연산자의 크고 작음을 비교하기 위해 사용하며, 두 피연산자의 관계가 참이면 true를 반환하고 거짓이면 false를 반환합니다. 일반적으로 관계 연산자는 if문, while문 등에서 조건식을 판별하는 데 사용됩니다. 관계 연산자의 종류는 [표 3-2]와 같습니다.

표 3-2 관계 연산자의 종류

연산자	설명	예
==	왼쪽 피연산자와 오른쪽 피연산자가 같다.	3 == 2 → false
!=	왼쪽 피연산자와 오른쪽 피연산자가 같지 않다.	3 != 2 → true
>	왼쪽 피연산자가 오른쪽 피연산자보다 크다.	3 > 2 → true
<	왼쪽 피연산자가 오른쪽 피연산자보다 작다.	3 < 2 → false
>=	왼쪽 피연산자가 오른쪽 피연산자보다 크거나 같다.	3 >= 2 → true
<=	왼쪽 피연산자가 오른쪽 피연산자보다 작거나 같다.	3 <= 2 → false

관계 연산자 사용 예시 Chap03/src/Example02.java

```java
public class Example02 {
   public static void main(String[] args) {
      int x = 10, y = 10;
      System.out.println(x == 10);
      System.out.println("x와 y는 같습니까? " + (x == y));
   }
}
```

실행 결과

```
true
x와 y는 같습니까? true
```

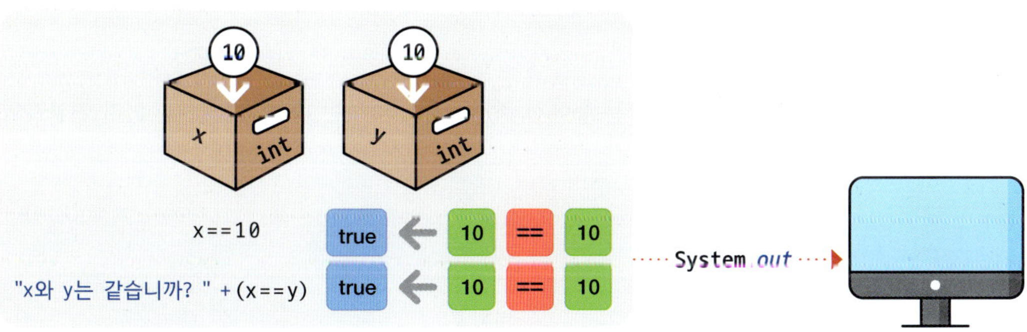

그림 3-4 관계 연산의 처리 과정

예제 3-2　관계 연산자를 이용하여 두 정수 비교하기

변수 a가 10이고 b가 25일 때 관계 연산에 따른 결괏값을 미리 예상해보고 실행 결과를 확인합니다.

Chap03/src/Operator02.java

```java
public class Operator02 {
   public static void main(String[] args) {
      int a = 10, b = 25;
      System.out.println("a == b = " + (a == b));
      System.out.println("a != b = " + (a != b));
      System.out.println("a > b = " + (a > b));
      System.out.println("a < b = " + (a < b));
      System.out.println("b >= a = " + (b >= a));
      System.out.println("b <= a = " + (b <= a));
   }
}
```

실행 결과

```
a == b = false
a != b = true
a > b = false
a < b = true
b >= a = true
b <= a = false
```

4 논리 연산자

논리 연산자는 표현식이 참인지 거짓인지 확인하는 데 사용됩니다. 두 피연산자의 조건이 모두 참일 때만 true를 반환하는 AND 연산자에 해당하는 &&, 두 피연산자의 조건 중 하나 또는 둘 다 참일 때 true를 반환하는 OR 연산자에 해당하는 ||, 피연산자의 조건을 부정하는 NOT 연산자에 해당하는 !가 있습니다.

일반적으로 논리 연산자는 if문, while문 등에서 조건식을 판별하는 데 사용됩니다. 논리 연산자의 종류는 [표 3-3]과 같습니다.

표 3-3 논리 연산자의 종류

연산자	설명	예
&&	두 피연산자의 조건이 모두 참이면 true를 반환하고, 그렇지 않으면 false를 반환한다(논리적 AND).	a && b
||	두 피연산자의 조건 중 하나라도 참이면 true를 반환하고, 그렇지 않으면 false를 반환한다(논리적 OR).	a || b
!	조건을 부정한다. 즉 피연산자의 조건이 참이면 false를 반환하고, 피연산자의 조건이 거짓이면 true를 반환한다(논리적 NOT).	!a

[표 3-4]는 피연산자 a와 b의 값에 따른 논리 연산자의 실행값을 보여줍니다.

표 3-4 논리 연산자의 실행값

a	b	a && b	a || b	!a
true	true	true	true	false
true	false	false	true	false
false	true	false	true	true
false	false	false	false	true

논리 연산자 사용 예시 Chap03/src/Example03.java

```java
public class Example03 {
    public static void main(String[] args) {
        int x = 10;
        System.out.println(x < 10 && x < 20);
        System.out.println(x < 10 || x < 20);
        System.out.println(!(x < 10 && x < 20));
    }
}
```

실행 결과

```
false
true
true
```

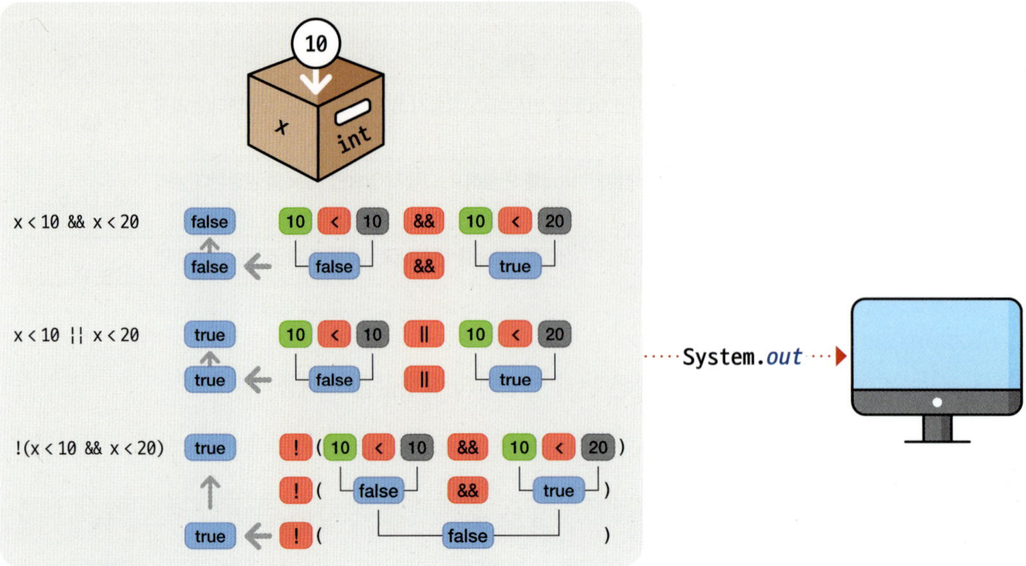

그림 3-5 논리 연산의 처리 과정

예제 3-3 논리 연산자를 이용하여 정수 연산하기

변수 a가 5이고 b가 10일 때 논리 연산에 따른 결괏값을 미리 예상해보고 실행 결과를 확인합니다.

Chap03/src/Operator03.java

```
public class Operator03 {
   public static void main(String[] args) {
      int a = 5, b = 10;

      System.out.println(a > b);
      System.out.println(!(a > b));
      System.out.println((a == b) && (a == 5));
      System.out.println((a != b) && (a == 5));
      System.out.println(!((a != b) && (a == 5)));
   }
}
```

실행 결과

```
false
true
false
true
false
```

5 할당 연산자

할당 연산자는 변수에 값을 할당하는 데 사용되며, 왼쪽 피연산자가 변수이고 오른쪽 피연산자가 값입니다. 여기서 오른쪽에 있는 값은 왼쪽에 있는 피연산자의 자료형과 같아야 합니다. 그렇지 않으면 컴파일러에서 오류가 발생하는데, 이는 할당 연산자가 오른쪽에서 왼쪽으로의 연관성이 있음을 의미합니다. 즉 연산자의 오른쪽에 주어진 값이 왼쪽에 있는 변수에 할당됩니다. 따라서 오른쪽에 주어진 값이 미리 선언되어 있거나 상수여야 합니다. 할당 연산자의 종류는 [표 3-5]와 같습니다.

표 3-5 할당 연산자의 종류

연산자	설명	예
=	왼쪽 피연산자에 오른쪽 피연산자의 값을 할당한다.	`c = a + b`
+=	왼쪽 피연산자와 오른쪽 피연산자를 더한 값을 왼쪽 피연산자에 할당한다.	`b += a` `b = b + a`
-=	왼쪽 피연산자에서 오른쪽 피연산자를 뺀 값을 왼쪽 피연산자에 할당한다.	`b -= a` `b = b - a`
*=	왼쪽 피연산자와 오른쪽 피연산자를 곱한 값을 왼쪽 피연산자에 할당한다.	`b *= a` `b = b * a`
/=	왼쪽 피연산자를 오른쪽 피연산자로 나누고 몫을 왼쪽 피연산자에 할당한다.	`b /= a` `b = b / a`
%=	왼쪽 피연산자를 오른쪽 피연산자로 나누고 나머지 값을 왼쪽 피연산자에 할당한다.	`b %= a` `b = b % a`

할당 연산자 사용 예시 Chap03/src/Example04.java

```java
public class Example04 {
   public static void main(String[] args) {
      int x = 10;
      System.out.println(x);
      x += 2;
      System.out.println(x);
      x *= 2;
      System.out.println(x);
      x -= 2;
      System.out.println(x);
   }
}
```

실행 결과

```
10
12
24
22
```

x 값의 변화

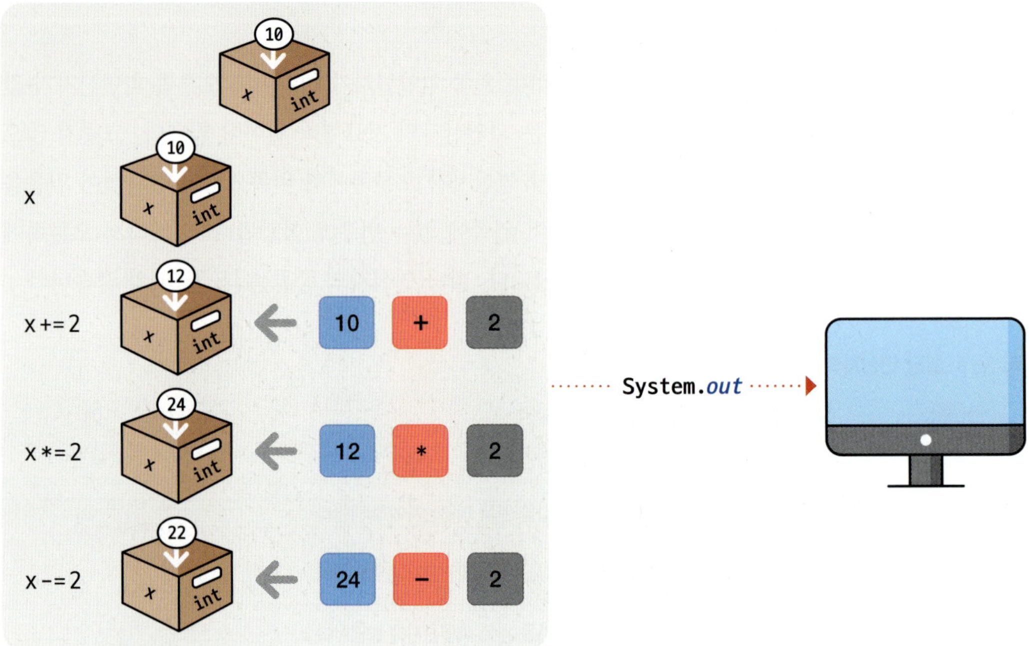

그림 3-6 할당 연산의 처리 과정

예제 3-4 할당 연산자를 이용하여 정수 연산하기

변수 a가 10이고 b가 20일 때 할당 연산에 따라 b의 값이 어떻게 달라지는지 미리 예상해보고 실행 결과를 확인합니다.

Chap03/src/Operator04.java

```
public class Operator04 {
   public static void main(String[] args) {
      int a = 10;
      int b = 20;
      int c;
      System.out.println(c = a);
      System.out.println(b += a);
      System.out.println(b -= a);
      System.out.println(b *= a);
      System.out.println(b /= a);
      System.out.println(b %= a);
   }
}
```

실행 결과

```
10
30
20
200
20
0
```

6 증가 및 감소 연산자

증가 및 감소 연산자는 ++와 --로, ++는 피연산자에 1을 더하고 --는 피연산자에서 1을 뺍니다. 증가 및 감소 연산자가 변수의 앞에 위치하느냐 뒤에 위치하느냐에 따라서 값이 달라지기 때문에 주의해야 합니다. 예를 들어 a가 5라면 a++ 및 ++a 값은 6이고 a-- 및 --a 값은 4입니다.

표 3-6 **증가 및 감소 연산자의 종류**

연산자	설명	예
++	피연산자를 1 증가시킨다	a++ ++a
--	피연산자를 1 감소시킨다.	a-- --a

증가 및 감소 연산자 사용 예시 Chap03/src/Example05.java

```
public class Example05 {
    public static void main(String[] args) {
        int x = 10;
        System.out.println(x++);   // 변수 x 값을 출력한 후 1 증가시킴
        System.out.println(++x);   // 변수 x 값을 1 증가시킨 후 출력
        System.out.println(x--);   // 변수 x 값을 출력한 후 1 감소시킴
        System.out.println(--x);   // 변수 x 값을 1 감소시킨 후 출력
    }
}
```

실행 결과

```
10
12
12
10
```

x 값의 변화

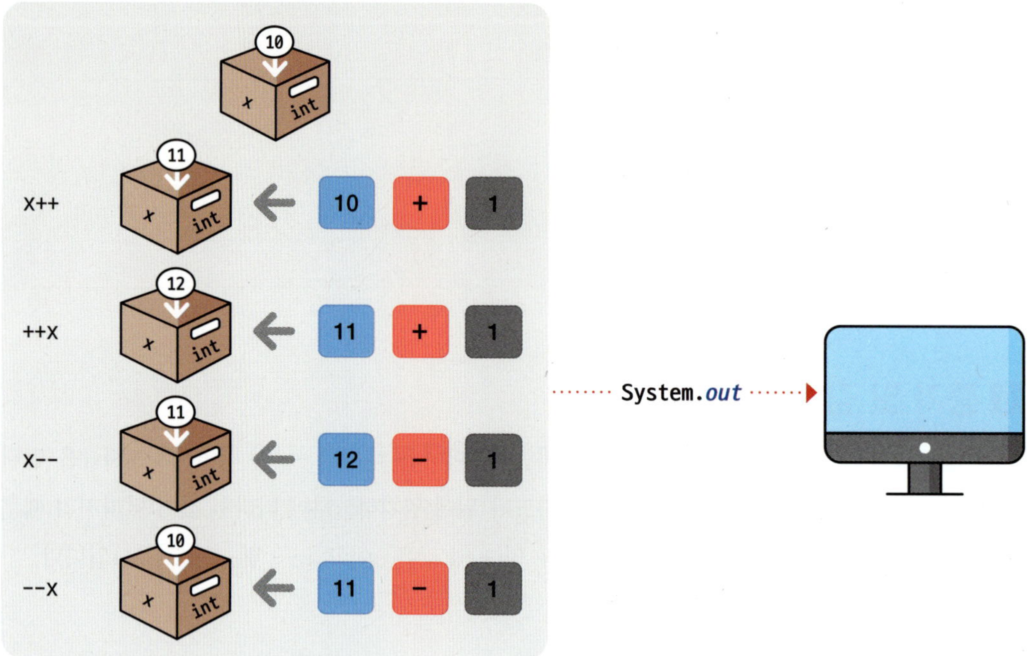

그림 3-7 증가 및 감소 연산의 처리 과정

예제 3-5 증가 및 감소 연산자를 이용하여 정수 연산하기

변수 a, b, c, d가 10일 때 증감 연산의 위치에 따라 각각의 값이 어떻게 달라지는지 미리 예상해보고 실행 결과를 확인합니다.

Chap03/src/Operator05.java

```java
public class Operator05 {
  public static void main(String[] args) {
    int a = 10, b = 10, c = 10, d = 10;

    System.out.println("a++ => " + (a++));
    System.out.println("a => " + a);
    System.out.println("++b => " + (++b));
    System.out.println("c-- => " + (c--));
    System.out.println("--d => " + (--d));
  }
}
```

실행 결과

```
a++ => 10
a => 11
++b => 11
c-- => 10
--d => 9
```

7 연산자의 우선순위

둘 이상의 연산자가 포함된 2*5+6의 경우 먼저 곱셈을 수행한 후 덧셈을 수행하거나, 괄호의 위치에 따라서 먼저 덧셈을 수행한 후 곱셈을 수행합니다. 자바에서는 둘 이상의 연산자가 포함되어 있을 때 소괄호, 즉 () 안의 연산식을 먼저 수행한 다음 연산자의 우선순위에 따라 수행합니다. 연산자의 우선순위는 [표 3-7]과 같습니다. 우선순위는 맨 위에 있는 연산자가 가장 높고 맨 아래에 있는 연산자가 가장 낮습니다.

표 3-7 연산자의 우선순위

연산자	설명	우선순위
++, --, !	오른쪽에서 왼쪽으로(←)	높다
*, /, %	왼쪽에서 오른쪽으로(→)	
+, -	왼쪽에서 오른쪽으로(→)	
>, >=, <, <=	왼쪽에서 오른쪽으로(→)	
==, !=	왼쪽에서 오른쪽으로(→)	
&&	왼쪽에서 오른쪽으로(→)	
||	왼쪽에서 오른쪽으로(→)	
=, +=, -=, *=, /=, %=	오른쪽에서 왼쪽으로(←)	낮다

여기서 퀴즈!

다음 중 연산자의 유형으로 적절하지 않은 것을 고르시오.

① 산술 연산자: +, −, *, /, %

② 관계 연산자: =, >, <, >=, <=, !=

③ 논리 연산자: &&, ||, !

④ 할당 연산자: +=, −=, *=, /=, %=

정답 ②

3.2 | 형 변환

형 변환(type conversion)은 어떤 자료형에서 다른 자료형으로 변수를 변환하는 것을 말합니다. 자바에는 자동 형 변환과 캐스팅 형 변환이 있습니다.

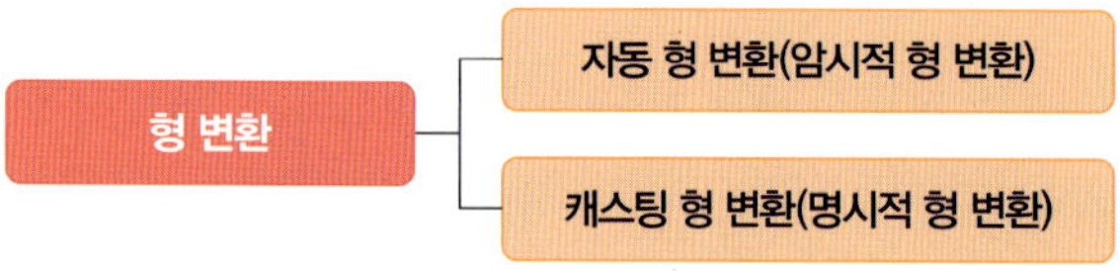

그림 3-8 **형 변환의 유형**

1 자동 형 변환

자동 형 변환의 경우 작은 자료형을 큰 변수에 할당할 때 더 큰 자료형으로 변환합니다. 예를 들어 int형 변수에 short 값을 할당하면 자바가 대신 작업을 수행하고 short 값을 int로 변환하여 int 변수에 저장합니다.

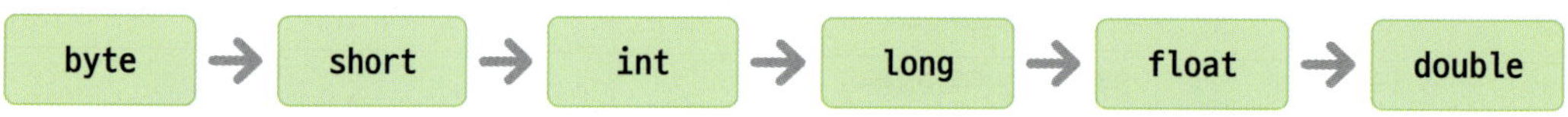

그림 3-9 **자동 형 변환의 순서**

자동 형 변환 사용 예시 Chap03/src/Example06.java

```
public class Example06 {
   public static void main(String[] args) {
      int i = 100;
      long l = i;
      float f = l;
      System.out.println(i);
      System.out.println(l);
      System.out.println(f);
   }
}
```

실행 결과

```
100
100
100.0
```

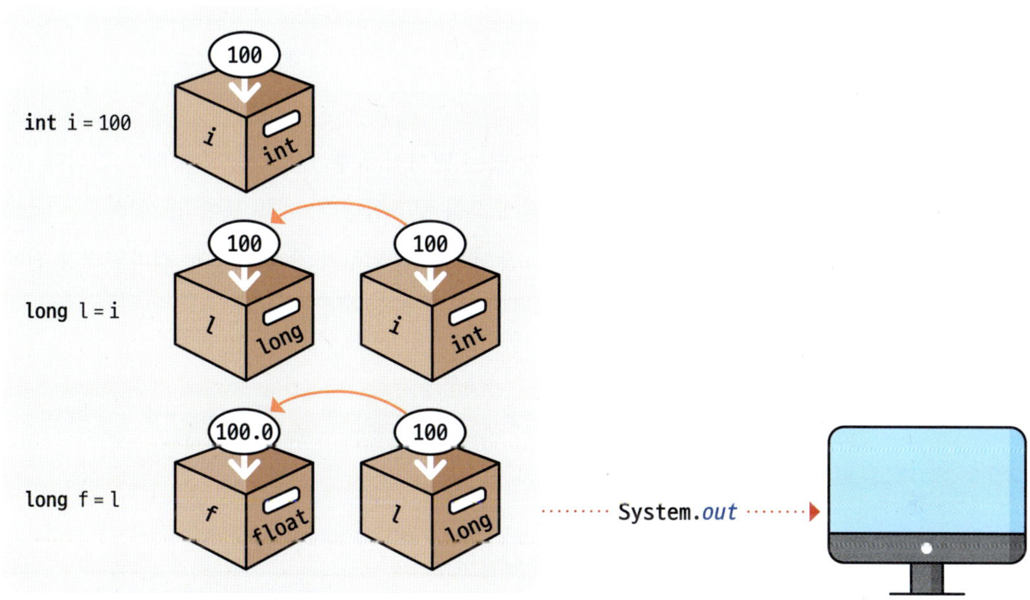

그림 3-10 자동 형 변환의 처리 과정

예제 3-6 자동 형 변환

변수 x가 10, y가 3.0으로 자료형이 서로 다른 두 값을 연산해봅시다.

Chap03/src/TypeConversion01.java

```
public class TypeConversion01 {
   public static void main(String[] args) {
      int x = 10;
      double y = 3.0;
      System.out.println(x + y);
      System.out.println(x - y);
      System.out.println(x * y);
      System.out.println(x / y);
   }
}
```

실행 결과

```
13.0
7.0
30.0
3.3333333333333335
```

2 캐스팅 형 변환

작은 자료형의 변수에 더 큰 자료형 값을 할당할 때는 명시적 유형 캐스팅을 수행해야 합니다. 캐스팅을 수행하지 않으면 컴파일러는 컴파일 시간 오류를 보고합니다. 예를 들어 int형 변수는 byte 자료형보다 크기 때문에 int 값을 byte로 변환하면 데이터의 일부가 손실됩니다. 컴파일러가 전체 자료형을 변환하는 것이 안전하지 않다고 생각하는 이유가 바로 이것입니다.

double → float → long → int → short → byte

그림 3-11 캐스팅 형 변환의 순서

캐스팅 형 변환을 하기 위한 기본 형식은 다음과 같습니다.

```
자료형 변수명 = (자료형)변수명;
```

캐스팅 형 변환 사용 예시 Chap03/src/Example07.java

```java
public class Example07 {
    public static void main(String[] args) {
        double d = 3.14;
        long l = (long)d;    // 큰 자료형(double)에 작은 자료형(long)을 할당하려면 작은 자료형의 캐스팅 형 변환(long)을 명시해야 함
        int i = (int)l;      // 큰 자료형(long)에 작은 자료형(int)을 할당하려면 작은 자료형의 캐스팅 형 변환(int)을 명시해야 함

        System.out.println(d);
        System.out.println(l);
        System.out.println(i);
    }
}
```

실행 결과

```
3.14
3
3
```

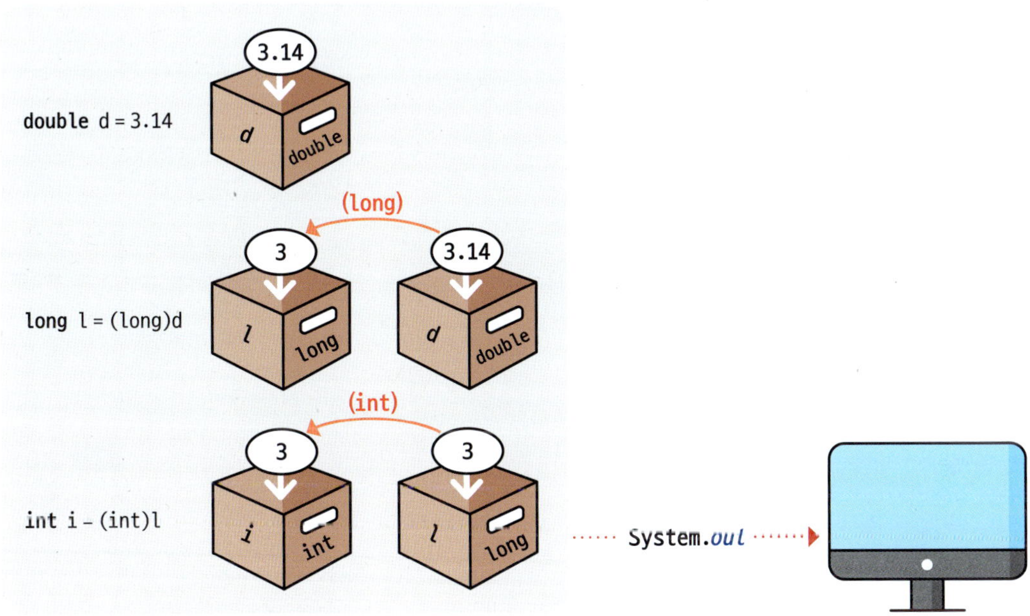

그림 3-12 **캐스팅 형 변환의 처리 과정**

예제 3-7 캐스팅 형 변환

변수 x가 10, y가 3.0으로 자료형이 서로 다른 값일 때 연산을 하기 위해 작은 자료형으로 변환해 봅시다.

Chap03/src/TypeConversion02.java

```java
public class TypeConversion02 {
    public static void main(String[] args) {
        int x = 10;
        double y = 3.0;

        System.out.println(x / y);
        System.out.println(x / (int) y);
        System.out.println((int) (x / y));
    }
}
```

실행 결과

```
3.3333333333333335
3
3
```

여기서 퀴즈!

다음 프로그램의 실행 결과를 작성하시오.

```
public class Example {
   public static void main(String[] args) {
      System.out.println(4.0 / 2.0);
      System.out.println((int)4.0 / (int)2.0);
      System.out.println((int) (4.0 / 2.0));
   }
}
```

정답 2.0
2
2

3.3 | 입력 처리

1 Scanner 클래스

자바에서는 Scanner 클래스를 사용하여 사용자로부터 입력을 받습니다. 그런데 Scanner 클래스의 객체를 사용하려면 `java.util.Scanner` 패키지를 임포트(import)해야 합니다. Scanner 클래스를 사용하여 키보드로 데이터를 입력받으려면 다음 과정을 거쳐야 합니다.

❶ 프로그램의 첫 행에서 Scanner 클래스의 패키지를 임포트합니다.

```
import java.util.Scanner;     // Scanner 클래스만 가져옴
import java.util.*;           // java.util 패키지 전체를 가져옴
```

❷ 키보드로 데이터를 입력받기 위해 System.in 객체와 연결된 Scanner 클래스의 객체를 생성합니다. System.in은 키보드 입력 스트림 객체를 의미합니다.

```
Scanner 객체명 = new Scanner(System.in);
```

❸ Scanner 클래스가 제공하는 다양한 메서드를 이용하여 키보드로 데이터를 입력받습니다.

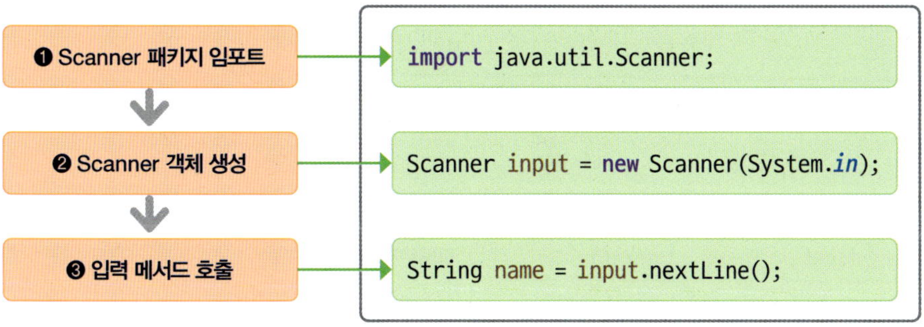

그림 3-13 Scanner 클래스 사용 과정

다음은 Scanner 클래스를 사용하여 키보드로 이름을 입력받고, 입력받은 이름을 출력하는 예입니다.

Scanner 클래스 사용 예시 Chap03/src/Example08.java

```
import java.util.Scanner;

public class Example08 {
    public static void main(String[] args) {
        Scanner input = new Scanner(System.in);

        System.out.println("당신의 이름을 입력하세요.");
        String name = input.nextLine();
        System.out.println("당신의 이름 : " + name);
    }
}
```

- import java.util.Scanner; — Scanner 클래스의 패키지 임포트
- Scanner input = new Scanner(System.in); — Scanner 클래스의 객체 생성
- String name = input.nextLine(); — Scanner 클래스의 nextLine() 메서드를 이용하여 키보드로 한 줄의 데이터를 입력받음

실행 결과

```
당신의 이름을 입력하세요.
마스터
당신의 이름 : 마스터
```

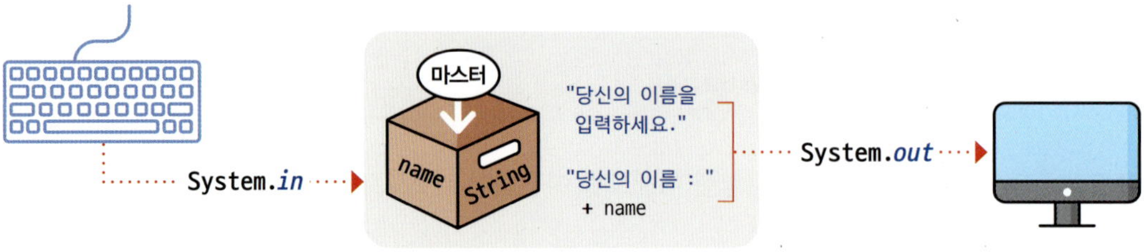

그림 3-14 키보드 입력의 처리 과정

표 3-8 Scanner 클래스가 제공하는 메서드

메서드	입력 자료형	메서드	입력 자료형
nextInt()	integer	nextShort()	short
nextFloat()	float	next()	공백문자 불포함 문자열
nextDouble()	double	nextLine()	한 행의 문자열(공백문자 포함)
nextLong()	long	nextBoolean()	boolean

예제 3-8 Scanner 클래스를 이용하여 정수와 실수 입력하기

Scanner 클래스의 nextInt(), nextDouble() 메서드를 이용하여 입력된 값을 어떻게 가져오는지 알아봅시다.

Chap03/src/Input01.java

```java
import java.util.Scanner;

public class Input01 {
  public static void main(String[] args) {

    Scanner s1 = new Scanner(System.in);
    System.out.println("정숫값 입력하기");
    int n = s1.nextInt();

    System.out.println("실숫값 입력하기");
    double db = s1.nextDouble();

```

- import java.util.Scanner; — Scanner 클래스의 패키지 임포트
- Scanner s1 = new Scanner(System.in); — Scanner 클래스의 객체 생성
- int n = s1.nextInt(); — Scanner 클래스의 nextInt() 메서드를 이용하여 키보드로 정수 데이터를 입력받음
- double db = s1.nextDouble(); — Scanner 클래스의 nextDouble() 메서드를 이용하여 키보드로 실수 데이터를 입력받음

```
        System.out.println("정숫값 : " + n);
        System.out.println("실숫값 : " + db);
    }
}
```

실행 결과

```
정숫값 입력하기
10
실숫값 입력하기
15.2
정숫값 : 10
실숫값 : 15.2
```

여기서 퀴즈!

다음 빈칸을 채우시오.

① 자바에서는 [ ] 클래스를 사용하여 사용자로부터 입력을 받습니다.

② [ ] 클래스의 객체를 사용하려면 [ ] 패키지를 임포트해야 합니다.

정답 ① Scanner
② Scanner, java.util.Scanner

프로젝트 메인 메뉴 선택하기

앞에서 배운 연산자와 형 변환, 입력 처리를 적용하여 온라인 서점의 시작 페이지를 만들어봅시다. 먼저 사용자의 정보(이름과 연락처)를 입력받아 저장하고, 온라인 서점의 메인 메뉴를 만들어 사용자 입력 처리를 통해 메뉴를 선택할 수 있게 합니다.

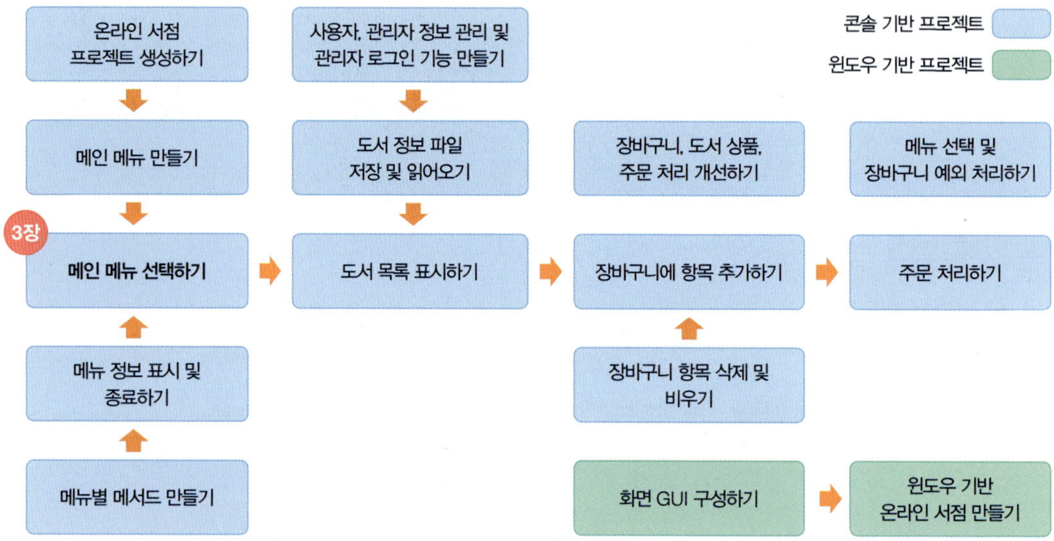

그림 3-15 **메인 메뉴 선택하기**

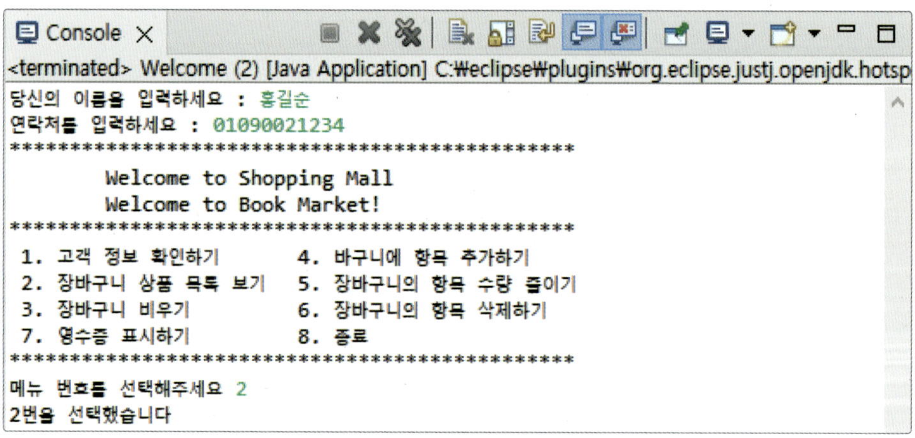

```
Console ×
<terminated> Welcome (2) [Java Application] C:\eclipse\plugins\org.eclipse.justj.openjdk.hotsp
당신의 이름을 입력하세요 : 홍길순
연락처를 입력하세요 : 01090021234
************************************************
        Welcome to Shopping Mall
        Welcome to Book Market!
************************************************
 1. 고객 정보 확인하기        4. 바구니에 항목 추가하기
 2. 장바구니 상품 목록 보기   5. 장바구니의 항목 수량 줄이기
 3. 장바구니 비우기           6. 장바구니의 항목 삭제하기
 7. 영수증 표시하기           8. 종료
************************************************
메뉴 번호를 선택해주세요 2
2번을 선택했습니다
```

그림 3-16 **메인 메뉴 선택하기 실행 결과**

사용자 정보 입력받기

Scanner 클래스를 적용하여 사용자의 정보(이름과 연락처)를 입력해봅시다.

01 Scanner 클래스 패키지 임포트하기: 2장의 [프로젝트 2-2]에서 완성한 Welcome.java 파일을 열고 첫 행에서 java.util.Scanner 패키지를 임포트합니다.

프로젝트 3-1 3장/BookMarket/src/Welcome.java

```
01 import java.util.Scanner;
02
03 public class Welcome {
04    public static void main(String[] args) {
05       ...
06    }
07 }
```

Scanner 클래스의 패키지 임포트

[프로젝트 2-2]에서 작성한 내용

02 Scanner 클래스의 객체 생성하기: [프로젝드 3-1]의 5행에 Scanner 클레스의 객체를 생성하는 코드를 추가합니다.

프로젝트 3-2 3장/BookMarket/src/Welcome.java

```
01 import java.util.Scanner;
02
03 public class Welcome {
04    public static void main(String[] args) {
05       Scanner input = new Scanner(System.in);
06       ...
07    }
08 }
```

Scanner 클래스의 객체 생성

[프로젝트 2-2]에서 작성한 내용

03 Scanner 메서드를 이용하여 이름과 연락처 입력받기: [프로젝트 3-2]의 6행에 이름은 문자열로, 연락처는 정수로 입력받는 코드를 추가합니다.

프로젝트 3-3 3장/BookMarket/src/Welcome.java

```java
01  import java.util.Scanner;
02
03  public class Welcome {
04     public static void main(String[] args) {
05        Scanner input = new Scanner(System.in);
06
07        System.out.print("당신의 이름을 입력하세요 : ");
08        String userName = input.next();
09
10        System.out.print("연락처를 입력하세요 : ");
11        int userMobile = input.nextInt();
12        ...
13     }
14  }
```

- 08행: 이름을 문자열로 입력받음
- 11행: 연락처를 정수로 입력받음
- 12행: [프로젝트 2-2]에서 작성한 내용

메뉴 번호 입력받기

01 메뉴 번호 입력받아 출력하기: 메뉴가 끝나는 부분([프로젝트 3-3]의 14행)에 메뉴 번호를 선택하여 입력하면 그 번호를 출력하는 코드를 추가합니다. 지금까지 작성한 전체 코드는 다음과 같습니다.

프로젝트 3-4 3장/BookMarket/src/Welcome.java

```java
import java.util.Scanner;

public class Welcome {
   public static void main(String[] args) {
      Scanner input = new Scanner(System.in);

      System.out.print("당신의 이름을 입력하세요 : ");
      String userName = input.next();

      System.out.print("연락처를 입력하세요 : ");
      int userMobile = input.nextInt();

      // System.out.println("Welcome to Shopping Mall");
```

```java
        // System.out.println("Welcome to Book Market!");

        String greeting = "Welcome to Shopping Mall";
        String tagline = "Welcome to Book Market!";

        System.out.println("***********************************************");
        System.out.println("\t"+greeting);
        System.out.println("\t"+tagline);
        System.out.println("***********************************************");
        System.out.println(" 1. 고객 정보 확인하기 \t4. 바구니에 항목 추가하기");
        System.out.println(" 2. 장바구니 상품 목록 보기 \t5. 장바구니의 항목 수량 줄이기");
        System.out.println(" 3. 장바구니 비우기 \t6. 장바구니의 항목 삭제하기");
        System.out.println(" 7. 영수증 표시하기 \t8. 종료");
        System.out.println("***********************************************");
        System.out.print("메뉴 번호를 선택해주세요 ");
        int n = input.nextInt();
        System.out.println(n +"번을 선택했습니다");
    }
}
```

메뉴 번호 입력

입력한 번호 출력

요약

01 연산자는 컴파일러에 어떤 작업을 수행하도록 지시하는 기호입니다.

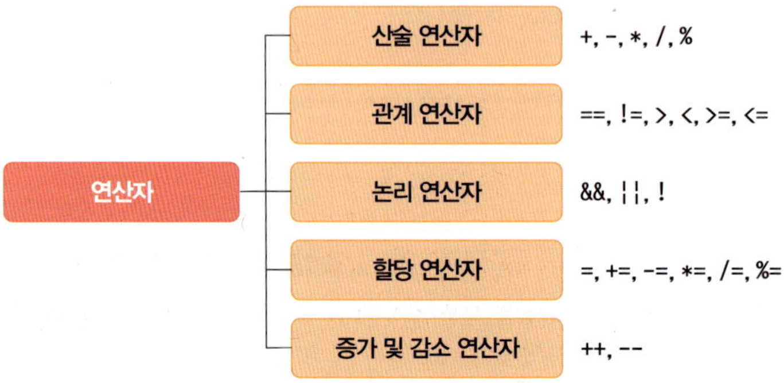

02 형 변환은 어떤 자료형에서 다른 자료형으로 변수를 변환하는 것을 말합니다.

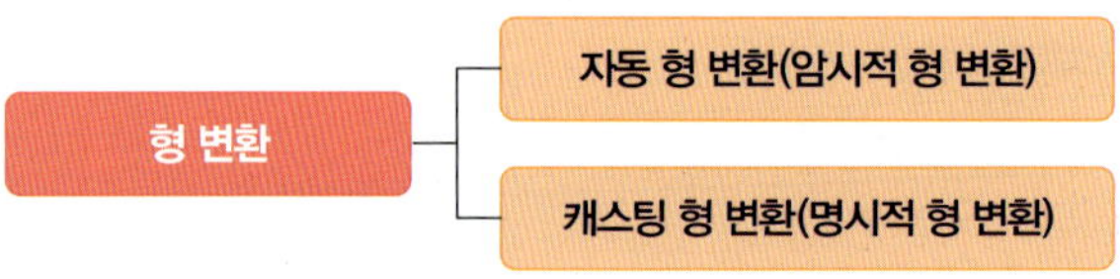

03 자동 형 변환의 경우 작은 자료형을 큰 변수에 할당할 때 더 큰 자료형으로 변환합니다. 반대로 작은 자료형의 변수에 더 큰 자료형 값을 할당할 때는 캐스팅 형 변환을 해야 합니다.

04 자바에서는 Scanner 클래스를 사용하여 사용자로부터 입력을 받습니다. 그런데 Scanner 클래스의 객체를 사용하려면 java.util.Scanner 패키지를 임포트해야 합니다.

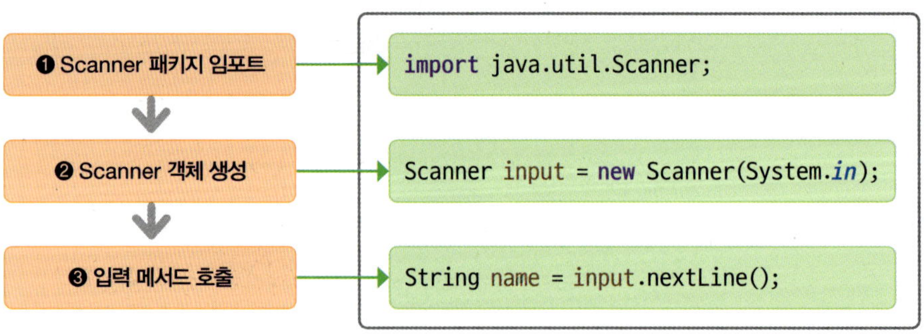

연습문제

01 다음 빈칸을 채우시오.

[　　　　]는 컴파일러에 어떤 작업을 수행하도록 지시하는 기호이다. + 기호를 사용하여 두 수를 더하는 경우인 2+3=5에서 2와 3은 [　　　　]이고 +는 [　　　　]에 해당한다.

02 다음 프로그램의 오류는 무엇인가?

```
class MyClass {
   public static void main(String[] args) {
      int a = 4;
      float b = 3;
      int c = ++a + -b;
      System.out.println(c);
   }
}
```

① int와 float를 처리할 수 없다.

② 하나의 변수에 두 연산자가 할당된다.

③ float를 int로 변환할 수 없다.

④ 오류가 없다.

03 다음 프로그램의 실행 결과는 무엇인가?

```
public class MyClass {
   public static void main(String[] args) {
      int a = 5, b = 4;
      float c;
      System.out.println(c = a % b);
   }
}
```

① 1.0　　② 1.25

③ 컴파일 오류　　④ 54

04 다음 프로그램의 실행 결과는 무엇인가?

```
public class MyClass {
   public static void main(String[] args) {
      int x = 5;
      System.out.println(++x + x);
   }
}
```

① 8　　② 9　　③ 10　　④ 12

05 다음 프로그램의 실행 결과는 무엇인가?

```
public class MyClass {
   public static void main(String[] args) {
      String a = "JavaBook";
      String c = "Java";
      String d = "Book";
      String b = c+d;

      if (a == b) {
         System.out.println("a와 b는 같다.");
      }
      else {
         System.out.println("a와 b는 같지 않다.");
      }
   }
}
```

① a와 b는 같다.

② a와 b는 같지 않다.

③ 컴파일 오류가 발생한다.

④ 컴파일되었지만 아무것도 출력되지 않는다.

06 다음 프로그램에서 가장 먼저 실행되는 연산자는 무엇인가?

```
public class MyClass {
   public static void main(String[] args) {
      int a, b, c, d, e, f, g, h;

      h = (a + b) * c - d % e + f / g;

      system.out.println(h);
   }
}
```

① c - d

② e + f

③ (a + b)

④ e + f / g

07 다음 프로그램에서 자바의 연산자 우선순위에 따른 출력값은 무엇인가?

```
public class MyClass {
   public static void main(String[] args) {
      int a = 3, b = 4, c = 5;

      int d = (a + b) * c;

      System.out.println(d);
   }
}
```

① 35　　② 60　　③ 70　　④ 12

08 다음 실행 결과를 참고하여 키보드로 'JavaBook'이라는 문자열을 입력받아 출력하는 프로그램을 작성하시오.

```
실행 결과
문자열 입력 : JavaBook
출력 결과 : JavaBook
```

09 다음 프로그램의 실행 결과를 작성하시오.

```
public class MyClass {
   public static void main(String[] args) {
      int x = 1;
      int y = 2;
      int z = ++x + -y;

      system.out.println("출력 결과 : " + z);
   }
}
```

10 다음 실행 결과를 참고하여 키보드로 두 정수를 입력받아 합과 평균을 구하는 프로그램을 작성하시오.

실행 결과

```
숫자1 : 20
숫자2 : 30
합계 : 50
평균 : 25.0
```

CHAPTER 04

조건문과 반복문

학습목표

- 자바의 제어문을 이해합니다.
- 자바에서 쓰이는 조건문의 유형을 알아봅니다.
- 자바에서 쓰이는 반복문의 유형을 알아봅니다.
- 자바에서 쓰이는 분기문의 유형을 알아봅니다.

Preview

자바는 위에서 아래로, 오른쪽에서 왼쪽으로 프로그램을 읽어가면서 번역하는데, 이러한 프로그램의 흐름을 변경할 수 있는 제어문에 대해 살펴보고, 제어문에 속하는 조건문과 반복문의 유형을 자세히 알아봅시다. 그리고 프로그램의 흐름 순서를 변경하는 분기문에 대해 살펴봅시다.

- 제어문
- 조건문
  - 조건문의 개요
  - if문
  - if～else문
  - if～else if문
  - 중첩 if～else문
  - switch문
- 반복문
  - 반복문의 개요
  - for문
  - while문
  - do～while문
  - 중첩 반복문
- 분기문
  - break문
  - continue문

[프로젝트]

- 메뉴 정보 표시 및 종료하기
  - 메뉴 정보 표시하기
  - 메뉴 선택 종료하기

4.1 제어문

제어문은 프로그램을 구성하는 코드가 실행될 때 코드의 처리 순서를 변경할 수 있는 문장을 말합니다. 일반적으로 코드는 위에서 아래로 차례대로 처리되는 순차 구조이지만 순차적인 실행 방법만으로는 효율적인 프로그램을 만들 수 없습니다. 즉 처리하고자 하는 조건에 따라 처리하는 명령을 달리하거나 특정 명령어를 반복할 필요가 있습니다.

이처럼 명령의 흐름 처리 방법을 지정할 때 사용하는 것이 제어문입니다. 제어문에는 조건문, 반복문, 분기문 등이 있습니다.

- **조건문:** 조건에 따라 처리하는 명령을 달리하는 문장
- **반복문:** 일정한 조건이 충족될 때까지 동일한 명령을 반복적으로 처리하는 문장
- **분기문:** 강제로 명령의 처리 순서를 바꾸는 문장

그림 4-1 **제어문의 유형**

여기서 퀴즈!

다음 중 제어문에 대한 설명으로 옳지 않은 것을 고르시오.

① 조건문은 조건에 따라 처리하는 명령을 달리하는 문장입니다.

② 반복문은 일정한 조건이 충족될 때까지 동일한 명령을 반복적으로 처리하는 문장입니다.

③ 분기문은 강제로 명령을 종료하는 문장입니다.

④ 제어문은 프로그램을 구성하는 코드가 실행될 때 코드의 처리 순서를 변경할 수 있는 문장입니다.

정답 ③

4.2 | 조건문

1 조건문의 개요

조건문은 주어진 조건이 참인지 거짓인지 판별하고 그에 따라 특정 명령을 수행하는 제어문입니다. 예를 들어 신호등이 파란색이면 횡단보도를 건너고, 그렇지 않으면 횡단보도 앞에 멈추어 기다릴 것입니다. 또 다른 예로, 비가 오면 우산을 가지고 외출하고, 그렇지 않으면 우산을 집에 두고 외출할 것입니다. 이처럼 우리는 실생활에서 상황(조건)에 따라 의사 결정을 내리고 행동을 계획합니다.

(a) 신호등 색에 따른 의사 결정 (b) 날씨에 따른 의사 결정

그림 4-2 조건문의 예

자바에서 의사 결정은 불리언 조건의 결과를 기반으로 코드의 특정 부분을 실행하는 조건문에 해당합니다. 조건문은 프로그램의 흐름과 특정 프로그램의 출력을 정의하기 때문에 매우 중요합니다. 자바에서 의사 결정을 위한 조건문으로는 if~else문, switch문, break문, continue문이 주로 사용됩니다. 이러한 조건문은 프로그램 실행 중 프로그램 제어의 흐름을 결정합니다.

2 if문

if문은 가장 간단한 조건문으로, 특정 코드 또는 코드 블록 실행 여부를 결정하는 데 사용됩니다. if문의 형식은 다음과 같습니다.

```
if (조건식) {
    // 조건식이 참이면 실행되는 코드
}
```
결과가 참 또는 거짓인 연산식이나 불리언 변수

조건식에는 참 또는 거짓을 결과로 얻는 연산식이나 불리언 변수를 넣을 수 있습니다. 주어진 조건식이 참이면 코드 블록이 실행되고, 거짓이면 코드 블록이 실행되지 않습니다. 이때 실행할 코드 블록의 범위를 제한하는 중괄호({ })가 없으면 첫 번째 행만 실행됩니다.

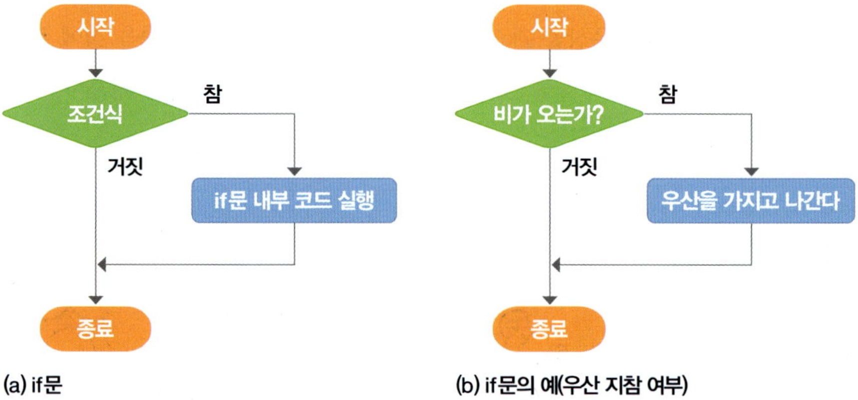

그림 4-3 if문의 순서도

다음은 변수 num이 15보다 큰지 판별하는 if문의 예입니다.

if문 사용 예시 Chap04/src/Example01.java

```
public class Example01 {
    public static void main(String[] args) {
        int num = 10;

        if (num > 15) {
            System.out.println("숫자가 15보다 큽니다.");
        }

        System.out.println("이 문장은 if문 외부에 있습니다.");
    }
}
```
if문의 조건식이 참이든 거짓이든 실행되는 문장

실행 결과

```
이 문장은 if문 외부에 있습니다.
```

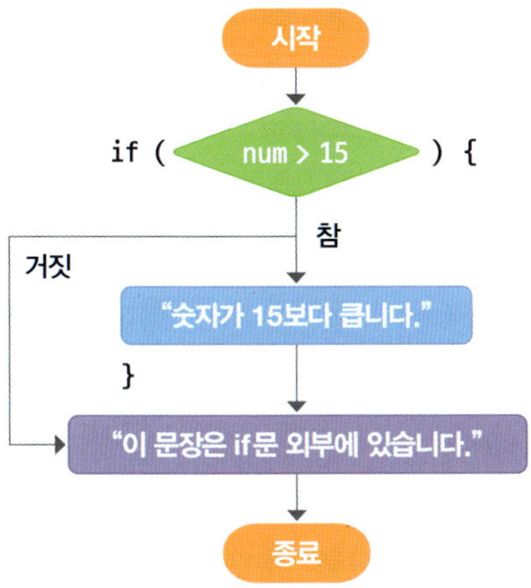

그림 4-4 Example01.java 프로그램의 if문 처리 과정

예제 4-1 투표가 가능한 나이 판별하기

투표할 수 있는 나이를 판별하기 위해 18 또는 18보다 큰/작은 값이 입력된 경우를 조건문으로 만들어봅시다.

Chap04/src/If01.java

```
import java.util.Scanner;

public class If01 {
   public static void main(String[] args) {
      System.out.println("당신의 나이를 입력하세요.");

      Scanner s = new Scanner(System.in);
      int age = s.nextInt();   // 나이 입력
                               // age의 값이 18이거나 18보다 크면 참, 작으면 거짓
      if (age >= 18) {
         System.out.println("당신의 나이는 18세 이상입니다.");
         System.out.println("당신은 투표할 자격이 있습니다.");
      }

      System.out.println("이 문장은 if문 외부에 있습니다.");   // if문의 조건식이 참이든 거짓이든 실행되는 문장
   }
}
```

```
실행 결과
당신의 나이를 입력하세요.
20
당신의 나이는 18세 이상입니다.
당신은 투표할 자격이 있습니다.
이 문장은 if문 외부에 있습니다.
```

3 if~else문

if~else문은 if문과 else문을 함께 사용하여 조건식의 결과에 따라 특정 코드 또는 코드 블록의 실행을 선택하는 조건문입니다. if~else문의 형식은 다음과 같습니다.

```
if (조건식) {
   // 조건식이 참이면 실행되는 코드
}
else {    ← 따로 조건식을 작성하지 않음
   // 조건식이 거짓이면 실행되는 코드
}
```

if문의 조건식이 참이면 if문 코드 블록을 실행하고, 거짓이면 else문 코드 블록을 실행합니다. 이때 실행할 코드 블록의 범위를 제한하는 중괄호가 없으면 `if` 또는 `else` 키워드가 실행된 후 첫 번째 행만 실행됩니다.

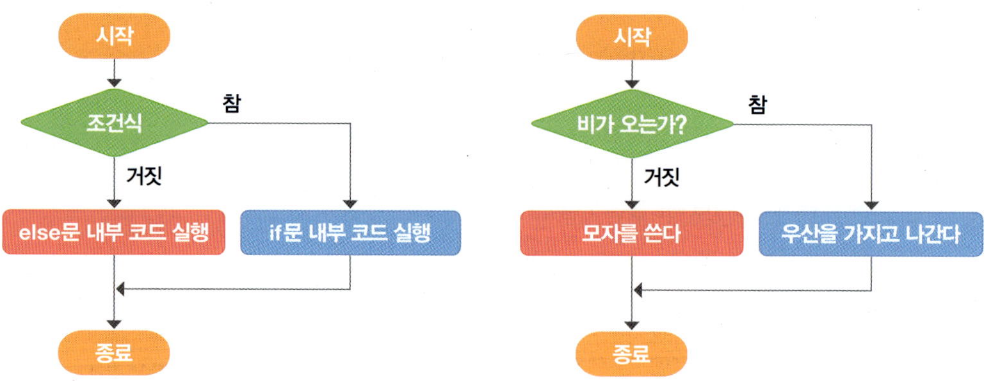

(a) if~else문 (b) if~else문의 예(우산 지참 여부)

그림 4-5 if~else문의 순서도

다음은 변수 num이 50보다 작은지 판별하는 if~else문의 예입니다.

if~else문 사용 예시

Chap04/src/Example02.java

```
public class Example02 {
   public static void main(String[] args) {
      int num = 120;

      if (num < 50) {
         System.out.println("숫자가 50보다 작습니다.");
      }
      else {
         System.out.println("숫자가 50보다 큽니다.");
      }
   }
}
```

num의 값이 50보다 작으면 참, 50보다 크면 거짓

실행 결과

```
숫자가 50보다 큽니다.
```

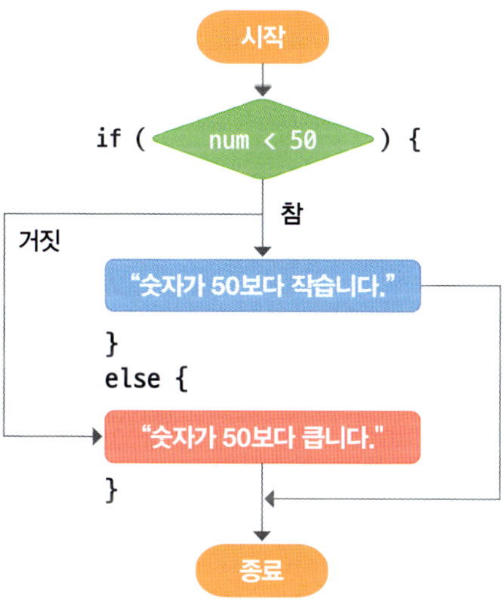

그림 4-6 Example02.java 프로그램의 if~else문 처리 과정

예제 4-2 짝수, 홀수 판별하기

키보드로 입력받은 숫자가 짝수인지 홀수인지를 판별하기 위해 if~else문을 활용해봅시다.

Chap04/src/If02.java

```java
import java.util.Scanner;

public class If02 {
   public static void main(String[] args) {
      System.out.println("숫자를 입력하세요.");

      Scanner s = new Scanner(System.in);
      int num = s.nextInt();

      if ( num % 2 == 0 ) {
         System.out.println(num + "은 짝수입니다.");
      }
      else {
         System.out.println(num + "은 홀수입니다.");
      }

      System.out.println("이 문장은 if문 외부에 있습니다.");
   }
}
```

num의 값을 2로 나누었을 때 나머지가 0이면 참, 0이 아니면 거짓

if문의 조건식이 참이든 거짓이든 실행되는 문장

실행 결과

```
숫자를 입력하세요.
6
6은 짝수입니다.
이 문장은 if문 외부에 있습니다.
```

4 if~else if문

if~else if문은 if~else문과 유사하나 else문이 서로 다른 if문의 조건식과 쌍을 이루는 조건문입니다. else if문의 수는 제한이 없고, else if문 코드 블록의 마지막에 else문의 코드 블록을 추가할 수 있습니다. if~else if문의 형식은 다음과 같습니다.

```
if (조건식1) {
   // 조건식1이 참이면 실행되는 코드
}
else if (조건식2) {
   // 조건식2가 참이면 실행되는 코드
...
}
else if (조건식n) {
   // 조건식n이 참이면 실행되는 코드
}
else {
   // 조건식1~조건식n이 거짓이면 실행되는 코드
}
```

첫 번째 if문의 조건식이 거짓이면 다른 조건식의 결과에 따라 코드 블록을 선택할 수 있습니다. 이처럼 if문의 조건식 중 하나가 참이면 즉시 if문 코드 블록을 실행하고 나머지 else if문을 무시합니다.

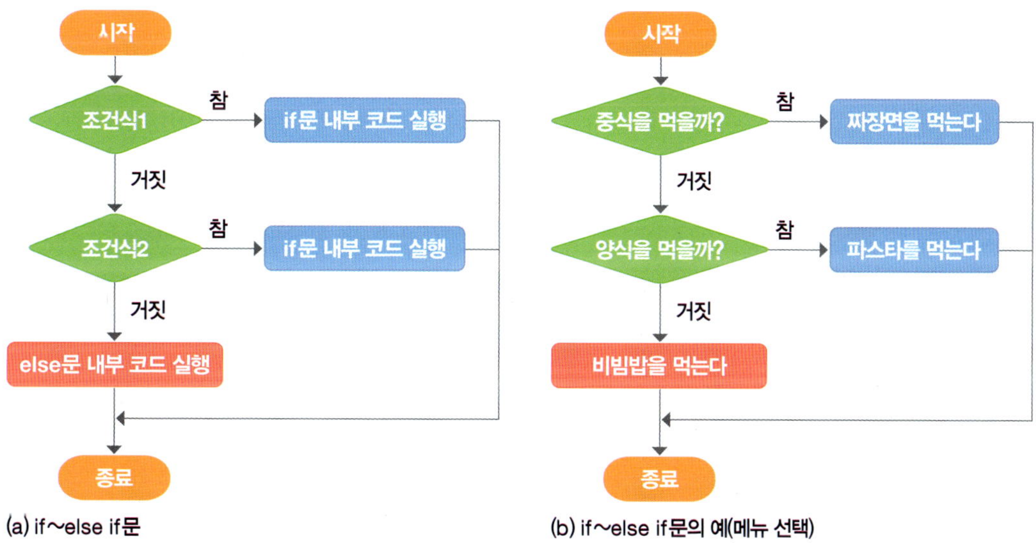

그림 4-7 if~else if문의 순서도

다음은 변수 num의 값이 10, 15, 20 중 무엇에 해당하는지 판별하는 if~else if문의 예입니다.

if~else if문 사용 예시

Chap04/src/Example03.java

```
public class Example03 {
   public static void main(String[] args) {
      int num = 20;

      if (num == 10) {
         System.out.println("숫자가 10입니다.");
      }
      else if (num == 15) {
         System.out.println("숫자가 15입니다.");
      }
      else if (num == 20) {
         System.out.println("숫자가 20입니다.");
      }
      else {
         System.out.println("숫자가 존재하지 않습니다.");
      }
   }
}
```

실행 결과

```
숫자가 20입니다.
```

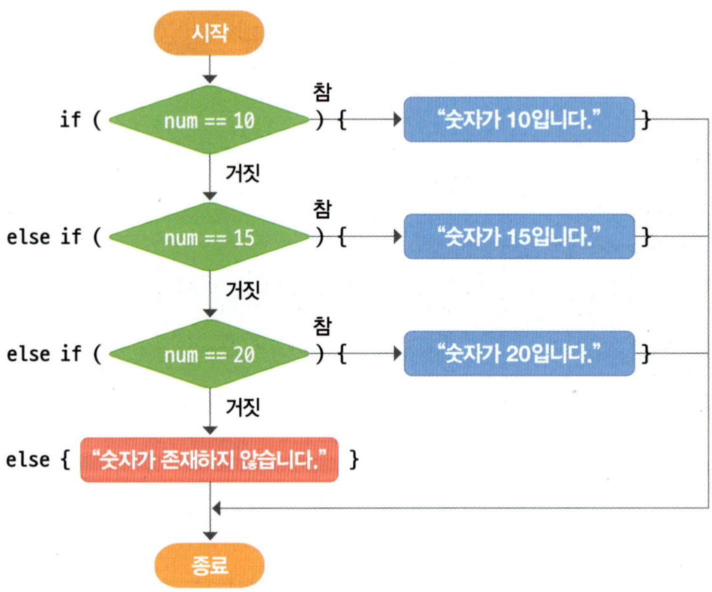

그림 4-8 Example03.java 프로그램의 if~else if문 처리 과정

예제 4-3 점수에 따라 학점 부여하기

키보드로 입력받은 점수가 90점 이상이면 A 학점, 80점 이상 90점 미만이면 B 학점, 70점 이상 80점 미만이면 C 학점, 60점 이상 70점 미만이면 D 학점, 60점 미만이면 F 학점을 출력하기 위해 if~else if문을 활용해봅시다.

Chap04/src/If03.java

```
import java.util.Scanner;

public class If03 {
   public static void main(String[] args) {
      System.out.println("점수를 입력하세요.");

      Scanner s = new Scanner(System.in);
      int grade = s.nextInt();

      if (grade >= 90) {
         System.out.println("A 학점");
      }
      else if (grade >= 80) {
         System.out.println("B 학점");
      }
      else if (grade >= 70) {
         System.out.println("C 학점");
      }
      else if (grade >= 60) {
         System.out.println("D 학점");
      }
      else {
         System.out.println("F 학점");
      }
   }
}
```

실행 결과

```
점수를 입력하세요.
85
B 학점
```

5 중첩 if~else문

중첩 if~else문은 if문 또는 else문 코드 블록 내에 다른 if문, if~else문, if~else if문 등이 포함된 조건문으로, 외부 if문의 조건식이 참이면 내부 if문의 코드 블록을 실행합니다. 중첩 if~else문의 형식은 다음과 같습니다.

```
if (조건식1) {
   // 조건식1이 참이면 실행되는 코드
   if (조건식2) {
      // 조건식2가 참이면 실행되는 코드
   }
   else {
      // 조건식2가 거짓이면 실행되는 코드
   }
}
else {
}
```

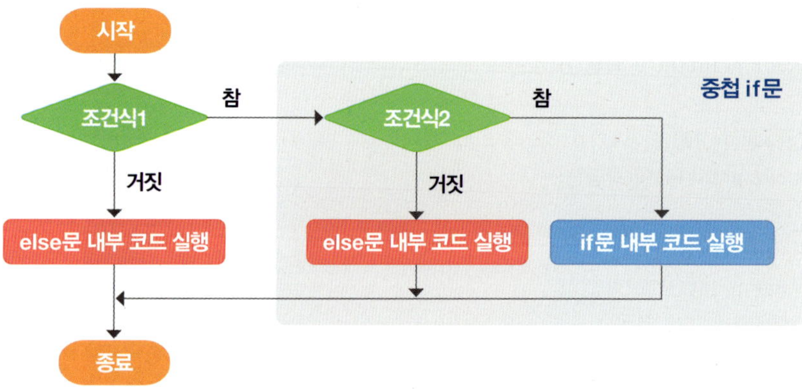

그림 4-9 **중첩 if~else문의 순서도**

다음은 변수 num의 값이 100보다 작은지 판별한 뒤, 100보다 작으면 다시 50보다 큰지 판별하는 중첩 if~else문의 예입니다.

중첩 if~else문 사용 예시 Chap04/src/Example04.java

```
public class Example04 {
   public static void main(String[] args) {
      int num = 70;
```

```
            if (num < 100) {
                System.out.println("숫자가 100보다 작습니다.");
                if (num > 50) {
                    System.out.println("숫자가 50보다 큽니다.");
                }
            }
        }
    }
```

실행 결과

```
숫자가 100보다 작습니다.
숫자가 50보다 큽니다.
```

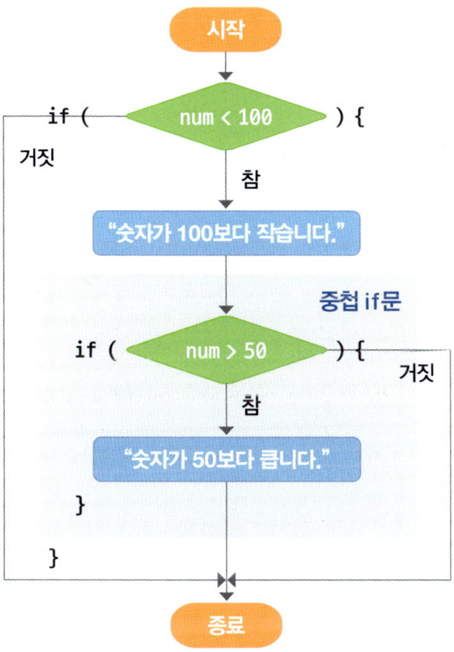

그림 4-10 Example04.java 프로그램의 중첩 if~else문 처리 과정

예제 4-4 첫 번째로 입력된 값이 최댓값인지 판별하기

키보드로 입력받은 세 숫자 가운데 첫 번째 숫자가 다른 숫자들보다 큰지 판별하기 위해 중첩 if~else문을 활용해봅시다.

Chap04/src/If04.java

```
import java.util.Scanner;

public class If04 {
    public static void main(String[] args) {
```

```java
        System.out.println("3개의 숫자를 입력하세요.");

        Scanner s = new Scanner(System.in);
        int x = s.nextInt();
        int y = s.nextInt();
        int z = s.nextInt();

        if (x > y) {
            if (x > z) {
                System.out.println(x +"는 가장 큰 정수입니다.");
            }
            else {
                System.out.println(x +"는 가장 큰 정수가 아닙니다.");
            }
        }
        else {
            System.out.println(x +"는 가장 큰 정수가 아닙니다.");
        }
    }
}
```

실행 결과

```
3개의 숫자를 입력하세요.
32 25 40
32는 가장 큰 정수가 아닙니다.
```

하나 더 알기 간단한 if문을 대체할 수 있는 삼항 연산자

삼항 연산자는 조건식을 확인한 다음 조건이 참인지 거짓인지에 따라 값을 반환합니다. 삼항 연산자의 형식과 처리 과정은 다음과 같습니다.

```
조건식 ? 조건식이 참이면 실행되는 코드 : 조건식이 거짓이면 실행되는 코드
```

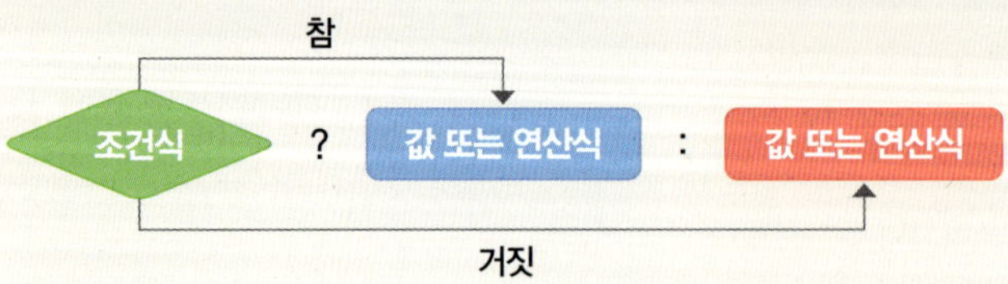

삼항 연산자 사용 예시 Chap04/src/Example05.java

```
public class Example05 {
    public static void main(String[] args) {
        int age = 20;
        String message = (age > 18) ? "투표할 자격이 있습니다." : "투표할 자격이 없습니다.";
        System.out.println(message);
    }
}
```

실행 결과

```
투표할 자격이 있습니다.
```

6 switch문

switch문은 if~else if문처럼 많은 선택 사항이 있고 각 선택 사항에 대해 특정 코드 또는 코드 블록을 실행하는 조건문입니다. switch문의 형식은 다음과 같습니다.

```
switch (연산식 또는 변수) {
    case 값1:
        // 실행 코드
        break;
    case 값2:
        // 실행 코드
        break;
    ...
    case 값n:
        // 실행 코드
    default:
        // 실행 코드
}
```

switch문은 if문과 달리 조건식에 들어가는 연산식 또는 변수의 값이 정수나 문자열일 때 사용할 수 있기 때문에 if~else if문보다 한정적인 조건문이지만 코드가 더 깔끔하고 이해하기 쉽다는 것이 장점입니다.

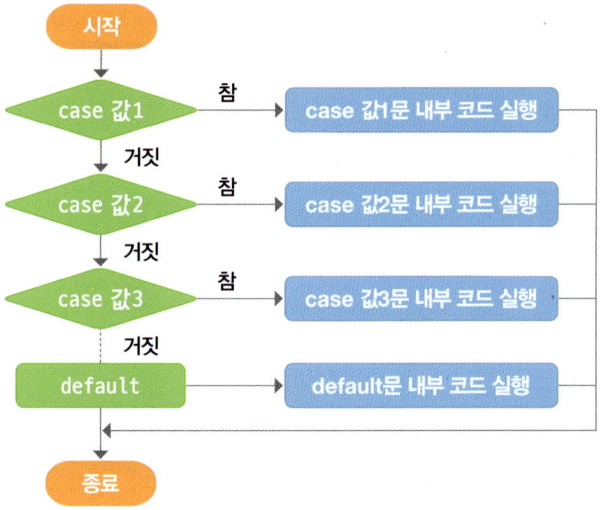

그림 4-11 switch문의 순서도

다음은 변수 grade에 저장된 값에 따라 등급을 판별하는 switch문의 예입니다.

switch문 사용 예시 Chap04/src/Example06.java

```
public class Example06 {
   public static void main(String[] args) {
      char grade = 'B';

      switch (grade) {
         case 'A':    // grade 값이 A이면 참
            System.out.println("매우 우수");
            break;
         case 'B':    // grade 값이 B이면 참
            System.out.println("우수");
            break;
         case 'C':    // grade 값이 C이면 참
            System.out.println("좋음");
            break;
         case 'D':    // grade 값이 D이면 참
            System.out.println("좀 더 열심히");
            break;
         case 'F':    // grade 값이 F이면 참
            System.out.println("미흡");
            break;
         default:    // grade 값이 위의 case 중 어디에도 속하지 않을 때 실행
            System.out.println("잘못된 등급");
      }
   }
}
```

실행 결과

```
우수
```

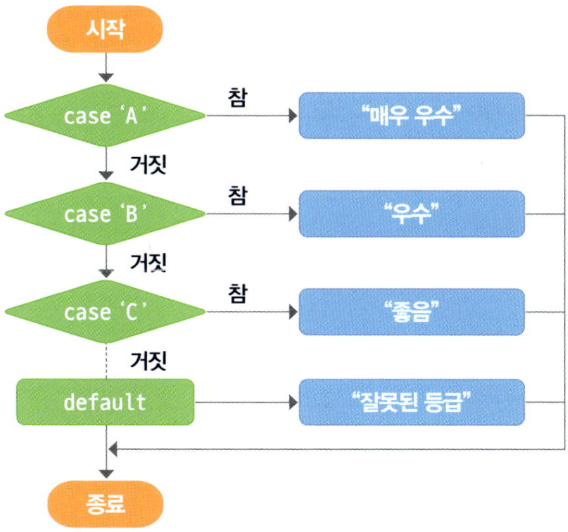

그림 4-12 Example06.java 프로그램의 switch문 처리 과정

예제 4-5 switch문을 활용하여 점수에 따라 학점 부여하기

[예제 4-3]에서는 if~else if문을 이용했는데 이를 switch문으로 바꿔봅시다. 조건은 동일하여 키보드로 입력받은 점수가 90점 이상이면 A 학점, 80점 이상 90점 미만이면 B 학점, 70점 이상 80점 미만이면 C 학점, 60점 이상 70점 미만이면 D 학점, 60점 미만이면 F 학점을 출력합니다.

Chap04/src/Switch01.java

```java
import java.util.Scanner;

public class Switch01 {
   public static void main(String[] args) {
      System.out.println("점수를 입력하세요.");

      Scanner s = new Scanner(System.in);
      int num = s.nextInt();

      switch (num / 10) {
         case 10 :
         case 9 :
            System.out.println("A 학점");
```

num을 10으로 나눈 몫이 10이면 참

break가 없으므로 다음 case 9의 실행문을 실행

num을 10으로 나눈 몫이 9이면 참

```java
                break;
            case 8:
                System.out.println("B 학점");
                break;
            case 7:
                System.out.println("C 학점");
                break;
            case 6:
                System.out.println("D 학점");
                break;
            default:
                System.out.println("F 학점");
                break;
        }
    }
}
```

num을 10으로 나눈 몫이 위의 case 중 어디에도 속하지 않을 때 실행

실행 결과

```
점수를 입력하세요.
100
A 학점
```

실행 결과

```
점수를 입력하세요.
85
B 학점
```

85를 10으로 나눈 몫이 8이므로 case 8에 해당

여기서 퀴즈!

다음 중 if문에서 조건식에 사용할 수 있는 연산자를 모두 고르시오.

① 산술 연산자: +, −, *, /, %

② 관계 연산자: ==, !=, 〉, 〈, 〉=, 〈=

③ 논리 연산자: &&, ||, !

④ 할당 연산자: ++, −−

정답 ②, ③

4.3 | 반복문

1 반복문의 개요

반복문은 일정 횟수만큼 어떤 코드를 반복하여 실행하는 제어문이며, 여기서 반복적으로 실행되는 동작을 루프(loop)라고 합니다. 예를 들어 `System.out.println()`을 사용하여 10개의 정수를 출력하는 경우라면 지금까지 배운 지식으로 코드를 작성하는 데 어려움이 없을 것입니다. 그러나 100개의 정수를 출력해야 한다면 어떨까요? 이럴 때는 `System.out.println()`을 100번 작성하는 것보다 루프를 이용하여 100번 반복하도록 하면 작업이 훨씬 간단하고 쉽습니다. 자바에서는 for문, while문, do~while문을 루프로 사용하는데, 이 세 가지는 구문만 다를 뿐 동일한 작업을 수행합니다.

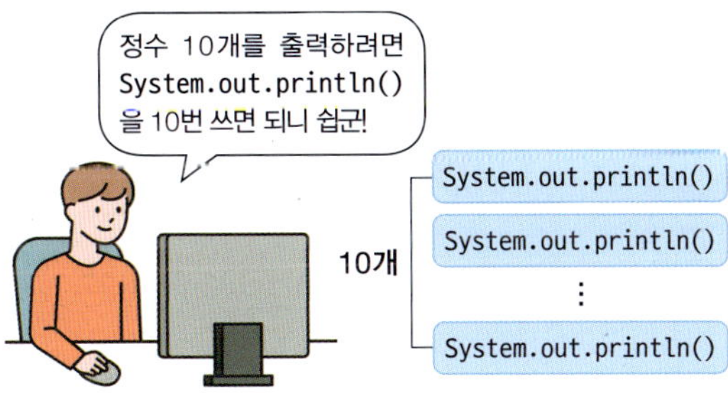

(a) 같은 코드를 10번 작성하는 경우

(b) 같은 코드를 100번 작성하는 경우

그림 4-13 반복문의 예

2 for문

for문은 특정 횟수만큼 실행해야 하는 루프를 효율적으로 쓸 수 있는 반복문으로, 작업을 반복하는 횟수를 알고 있을 때 유용합니다. for문의 형식은 다음과 같으며, 루프 구조가 제어 변수의 초기화식, 조건식, 증감식으로 이루어져 있습니다.

```
for (초기화식; 조건식; 증감식) {
    // 실행 코드
}
```

[그림 4-14]는 for문의 실행 흐름을 보여줍니다. ❶ 초기화식이 가장 먼저 실행됩니다. ❷ 조건식을 확인하여 참이면 ❸ 실행 코드를 실행하고, 거짓이면 for문을 종료합니다. 만약 실행 코드가 실행되었다면 블록 내부의 ❸ 실행 코드를 모두 실행하고 ❹ 증감식을 실행한 뒤 다시 ❷ 조건식을 확인합니다. 조건식이 거짓일 때까지 이를 반복합니다.

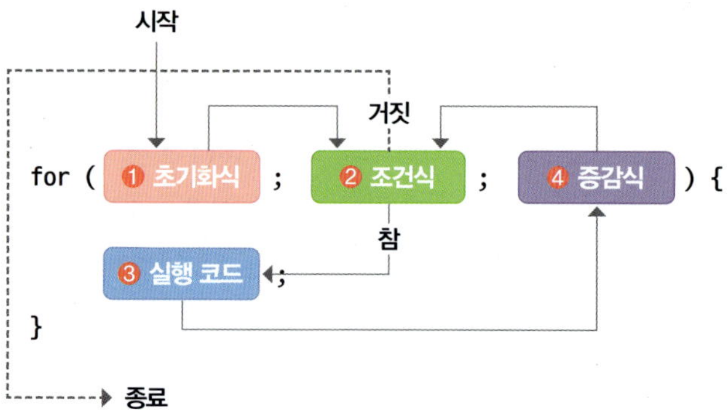

그림 4-14 for문의 실행 흐름

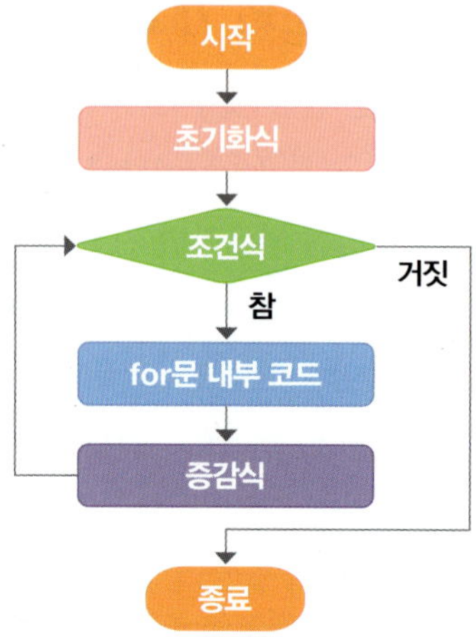

그림 4-15 for문의 순서도

다음은 변수 i가 1부터 10이 될 때까지 반복하며 i를 출력하는 for문의 예입니다.

for문 사용 예시 Chap04/src/Example07.java

```java
public class Example07 {
   public static void main(String[] args) {
      int i;

      for (i = 1; i <= 10; i++) {
         System.out.print(i + " ");
      }
   }
}
```

실행 결과

```
1 2 3 4 5 6 7 8 9 10
```

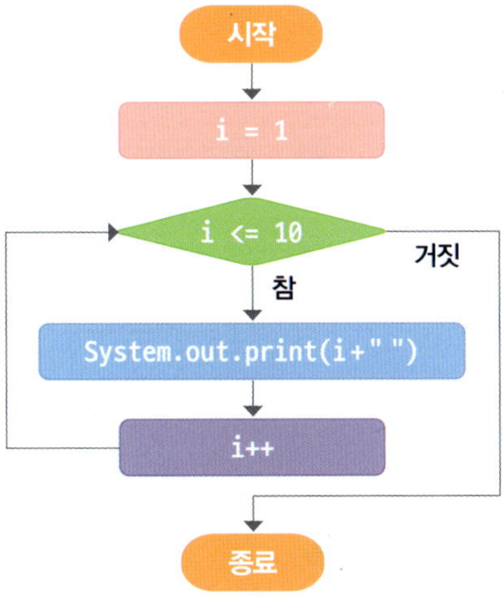

그림 4-16 Example07.java 프로그램의 for문 처리 과정

예제 4-6 입력받은 5개 숫자의 합 구하기

키보드로 입력받은 5개 숫자의 합을 구하기 위해 for문을 활용해봅시다.

Chap04/src/Loop01.java

```java
import java.util.Scanner;

public class Loop01 {
   public static void main(String[] args) {
      int sum = 0;
      System.out.println("5개의 숫자를 입력하세요.");

      for (int n = 1; n <= 5; n++) {
         Scanner s = new Scanner(System.in);
         int num = s.nextInt();
         sum += num;   // sum = sum + num과 같은 코드
      }

      System.out.println("합계 : " + sum);
   }
}
```

실행 결과

```
5개의 숫자를 입력하세요.
20
10
40
30
10
합계 : 110
```

하나 더 알기 **for~each문**

for~each문은 배열 또는 컬렉션 요소를 순회하는 데 사용하며 증가 또는 감소 연산자가 필요하지 않습니다. for문의 경우 반복문 내부의 값을 변경할 수 있지만 for~each문의 경우 반복문 내부의 값을 볼 수만 있고 변경할 수는 없습니다. for~each문의 형식은 다음과 같습니다.

```
for (자료형 변수:배열 또는 컬렉션) {
   // 반복 실행 코드
}
```

다음은 [예제 4-6]을 for~each문으로 변경한 것입니다.

for~each문 사용 예시 Chap04/src/Loop01_2.java

```
import java.util.Scanner;
public class Loop01_2 {
   public static void main(String[] args) {
      int sum = 0;
      System.out.println("5개의 숫자를 입력하세요.");
      int num[]= new int[5];

      for (int n = 0; n < 5; n++) {
         Scanner s = new Scanner(System.in);
         num[n] = s.nextInt();
      }

      for (int i:num) {
         sum += i;    // sum = sum + num과 같은 코드
      }

      System.out.println("합계 : " + sum);
   }
}
```

3 while문

while문은 조건식이 참이면 루프를 계속 반복하는 반복문으로, 조건식은 대개 비교 또는 논리 연산식입니다. while문은 반복 횟수가 정해져 있지 않을 때 사용하며, 반복 횟수가 정해진 경우에는 for문을 사용합니다. while문의 형식은 다음과 같습니다.

```
while (조건식) {
    // 실행 코드
}
```

[그림 4-17]은 while문의 실행 흐름을 보여줍니다. ❶ 조건식을 확인하여 참이면 ❷ 실행 코드를 실행합니다. ❷ 실행 코드를 모두 실행하면 조건식으로 되돌아가 다시 확인하며, 조건식이 거짓일 때까지 이를 반복합니다.

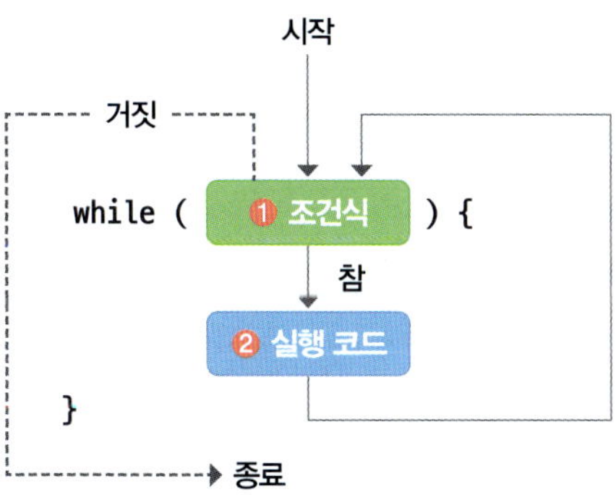

그림 4-17 while문의 실행 흐름

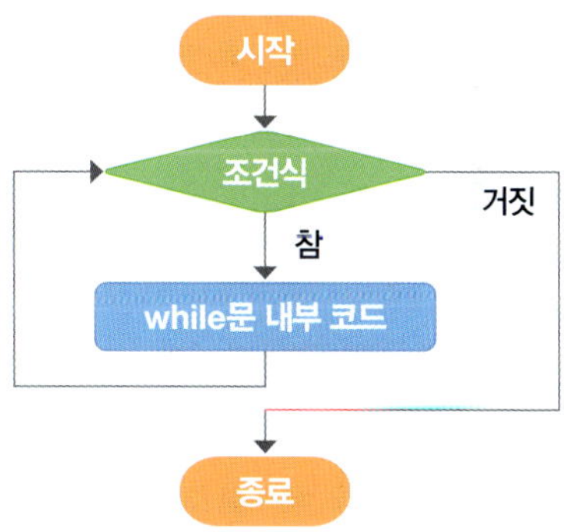

그림 4-18 while문의 순서도

다음은 변수 i가 1부터 10이 될 때까지 반복하며 i를 출력하는 while문의 예입니다.

while문 사용 예시 Chap04/src/Example08.java

```
public class Example08 {
    public static void main(String[] args) {
        int i = 1;
        while (i <= 10) {
            System.out.print(i + " ");
            i++;
        }
    }
}
```

실행 결과

```
1 2 3 4 5 6 7 8 9 10
```

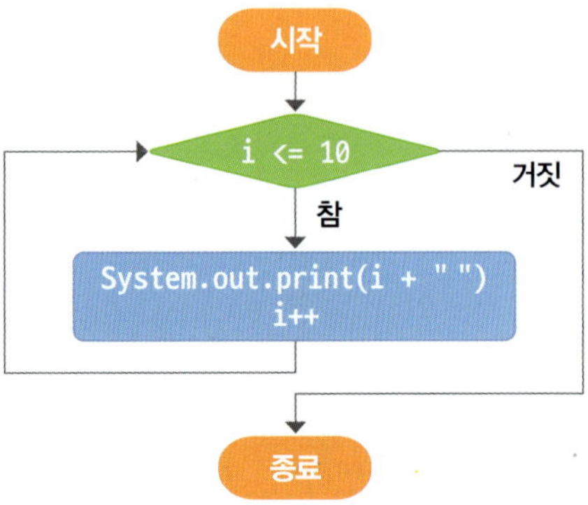

그림 4-19 Example08.java 프로그램의 while문 처리 과정

예제 4-7 짝수와 홀수 판별 지속 여부 확인하기

키보드로 입력받은 숫자가 짝수인지 홀수인지 판별하고 계속 진행할지 여부를 선택하기 위해 while문을 활용해봅시다.

Chap04/src/Loop02.java

```java
import java.util.Scanner;

public class Loop02 {
   public static void main(String[] args) {
      Scanner s = new Scanner(System.in);
      int choice = 1;
      while (choice == 1) {
         int a;

         System.out.println("숫자를 입력하세요.");
         a = s.nextInt();

         if (a % 2 == 0) {
            System.out.println("짝수입니다.");
         } else {
            System.out.println("홀수입니다.");
         }

         System.out.println("계속하고 싶다면 예 1, 그만하고 싶다면 아니요 0을 입력하세요.");
```

choice가 1인지 확인하여 1이면 조건이 참이므로 실행 코드를 실행

```java
            choice = s.nextInt();
        }

        System.out.println("모든 숫자를 확인했습니다.");
    }
}
```

choice에 0 또는 1이 들어감

실행 결과

```
숫자를 입력하세요.
20
짝수입니다.
계속하고 싶다면 예 1, 그만하고 싶다면 아니요 0을 입력하세요.
1
숫자를 입력하세요.
21
홀수입니다.
계속하고 싶다면 예 1, 그만하고 싶다면 아니요 0을 입력하세요.
0
모든 숫자를 확인했습니다.
```

4 do~while문

do~while문은 while문과 for문처럼 조건식에 의해 반복 실행된다는 점은 비슷하지만, 조건식을 확인하기 전에 코드 블록의 코드가 한 번 실행된다는 점이 다릅니다. do~while문의 형식은 다음과 같습니다.

```java
do {
   // 실행 코드
} while (조건식);
```

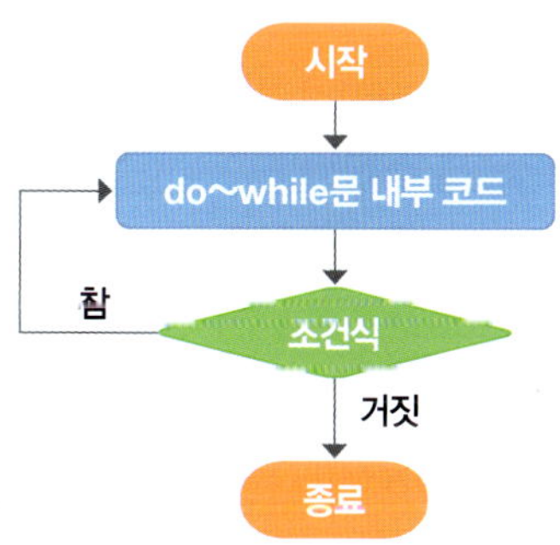

그림 4-20 do~while문의 순서도

do~while문은 먼저 코드 블록 내의 코드를 실행한 다음 조건식을 확인하여 반복 실행할지를 결정합니다.

다음은 변수 i가 1부터 5가 될 때까지 반복하며 'Hello World'를 출력하는 do~while문의 예입니다.

do~while문 사용 예시

Chap04/src/Example09.java

```java
public class Example09 {
   public static void main(String[] args) {
      int i = 1;
      do {
         System.out.println("Hello World");
         i++;
      } while (i < 6);
   }
}
```

- System.out.println("Hello World"); → 우선 실행
- i < 6 → i가 6보다 작은지 확인하여 6보다 작으면 참이므로 'Hello World' 출력

실행 결과

```
Hello World
Hello World
Hello World
Hello World
Hello World
```

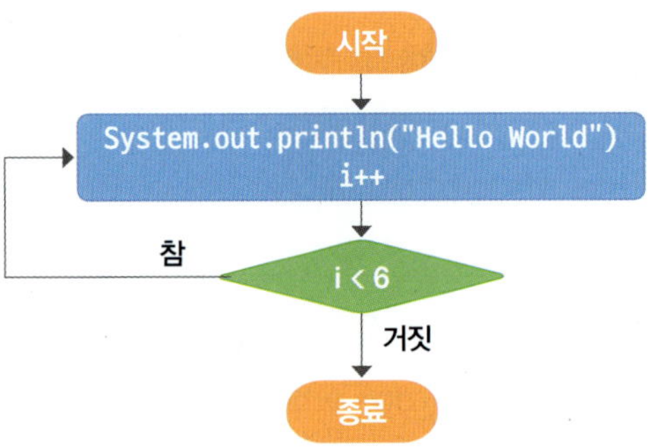

그림 4-21 Example09.java 프로그램의 do~while문 처리 과정

예제 4-8 10보다 큰 수부터 10까지의 합 구하기

키보드로 입력받은 10보다 큰 수부터 10까지의 합을 구하기 위해 do~while문을 활용해봅시다.

Chap04/src/Loop03.java

```java
import java.util.Scanner;

public class Loop03 {
   public static void main(String[] args) {
      Scanner s = new Scanner(System.in);
      System.out.println("10보다 큰 숫자를 입력하세요.");
```

```java
        int x  = s.nextInt();
        int sum = 0;

        do {
            sum += x;
            x--;

        } while (x >= 10);
        System.out.println("합계 : " + sum);
    }
}
```

실행 결과

```
10보다 큰 숫자를 입력하세요.
20
합계 : 165
```

5 중첩 반복문

중첩 반복문은 반복문 안에 또 다른 반복문을 원하는 만큼 포함한 것입니다. 외부 루프의 첫 번째 반복이 시작된 후 내부 루프가 시작됩니다. 내부 루프가 반복되고 종료되자마자 외부 루프의 첫 번째 반복이 완료된 다음 두 번째 반복으로 이동합니다. 가장 바깥쪽 루프의 반복을 마칠 때까지 이렇게 계속 반복됩니다.

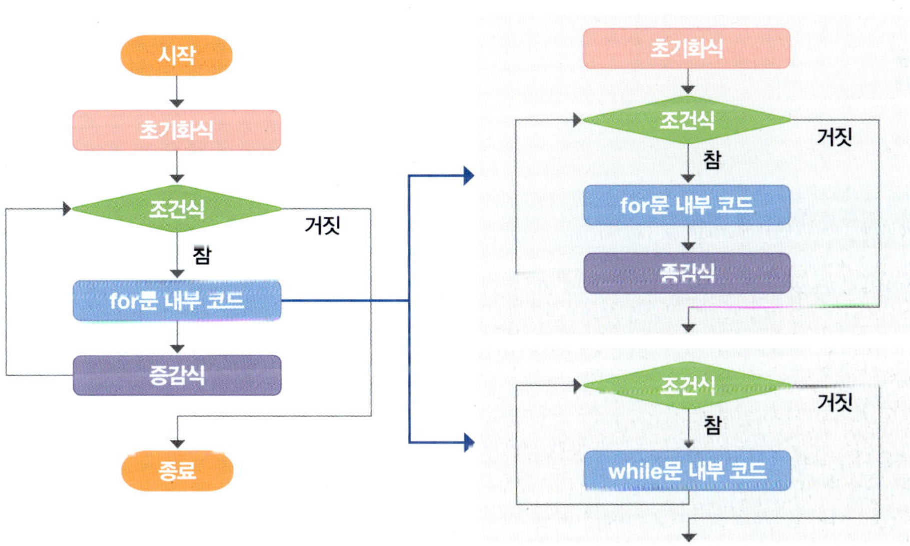

그림 4-22 중첩 반복문의 순서도

중첩 반복문 사용 예시

Chap04/src/Example10.java

```
public class Example10 {
  public static void main(String[] args) {

    for (int i = 2; i <= 4; i++) {
      System.out.println("구구단 " + i +" 단");
      for (int j = 1; j <= 10; j++) {
        System.out.println(i + " * " + j + " = " + (i * j));
      }
    }
  }
}
```

안쪽 for문

바깥쪽 for문

실행 결과

```
구구단 2 단
2 * 1 = 2
2 * 2 = 4
2 * 3 = 6
...
구구단 3 단
3 * 1 = 3
3 * 2 = 6
3 * 3 = 9
...
구구단 4 단
4 * 1 = 4
4 * 2 = 8
4 * 3 = 12
...
4 * 10 = 40
```

예제 4-9 별표로 역삼각형 만들기

키보드로 입력받은 숫자만큼 별표를 출력하여 역삼각형을 만들기 위해 중첩 반복문을 활용해봅시다.

Chap04/src/Loop04.java

```
import java.util.Scanner;

public class Loop04 {
  public static void main(String[] args) {
    Scanner s = new Scanner(System.in);
```

```
        System.out.print("길이 : ");

        int len = s.nextInt();

        for (int i = 0; i < len; i++) {
            for (int j = 0; j < i; j++) {
                System.out.print(" ");
            }
            for (int j = 0; j < (2*len)-1-(i*2); j++) {
                System.out.print("*");
            }
            System.out.println("");
        }
    }
}
```

실행 결과

```
길이 : 5
*********
 *******
  *****
   ***
    *
```

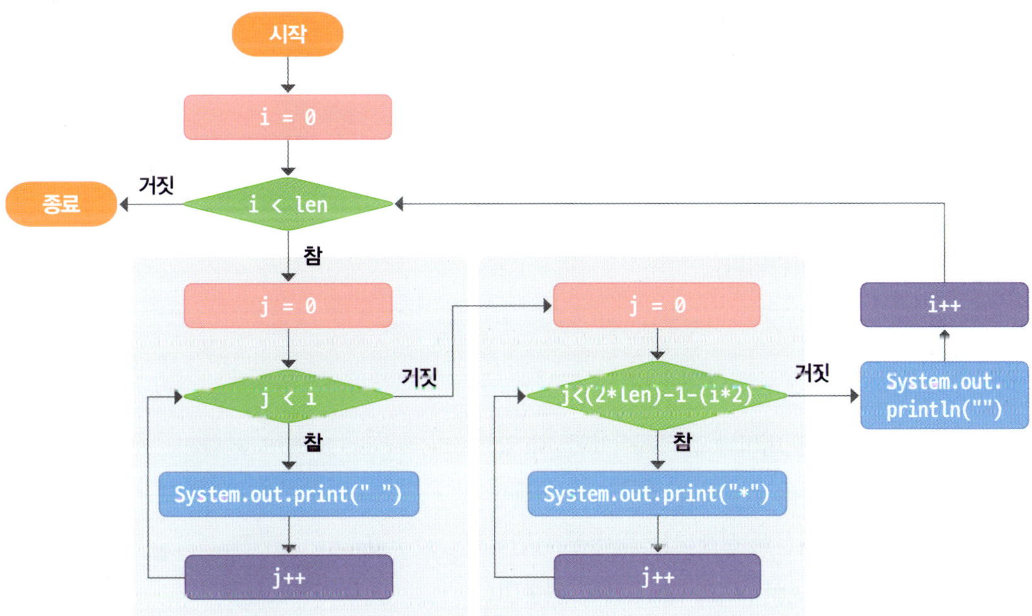

그림 4-23 Loop04.java 프로그램의 중첩 반복문 실행 흐름

여기서 퀴즈!

다음 중 for문의 문법으로 옳은 것을 고르시오.

① `for (int x = 0; x < 5; x++)`

② `for (int x; x < 10; x--)`

③ `for (int x = 10; x = x+5)`

④ `for (int x < 4, x++)`

정답 ①

4.4 | 분기문

분기문은 원할 때마다 반복문에서 벗어나거나 반복문을 시작하도록 실행 흐름을 직접 제어할 수 있는 제어문을 말합니다. 이러한 작업을 수행하는 데에는 break문, continue문, return문 등을 사용합니다.

TIP return문은 5장을 참고하세요.

1 break문

원할 때마다 반복문의 실행을 중지하거나 종료하기 위한 break문은 for문, while문, do~while문에서 모두 사용할 수 있습니다.

```
break;
```

기본적으로 break문은 얼마나 반복해야 하는지 알 수 없거나 특정 조건에 따라 반복문을 종료할 때 사용합니다. 루프 내에서 break문이 실행되는 즉시 루프 반복이 중단되고 제어는 루프에서 루프 코드 블록 외부의 첫 번째 코드로 즉시 이동합니다.

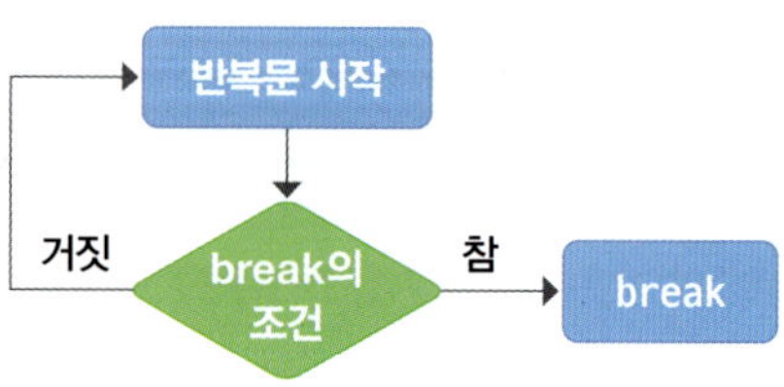

그림 4-24 break문의 순서도

break문 사용 예시

Chap04/src/Example11.java

```
public class Example11 {
   public static void main(String[] args) {

      for (int n = 1; n <= 5; n++) {
         System.out.println("*");
         if (n == 2) {
            break;
         }
      }
   }
}
```

n이 짝수인지 판별

n을 1부터 5까지 반복

실행 결과

```
*
*
```

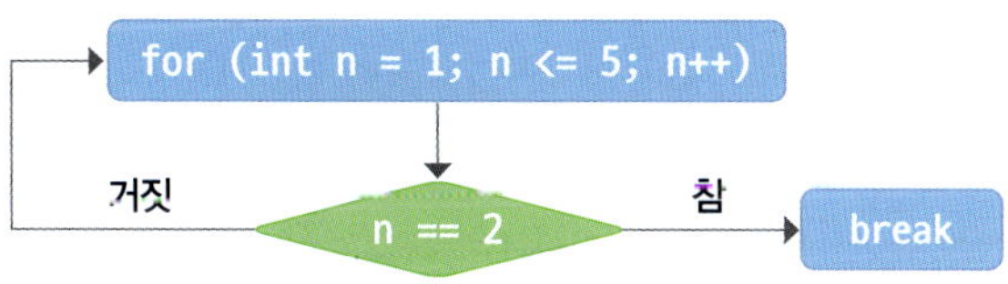

그림 4-25 break문의 순서도

예제 4-10 i가 5가 되면 반복문 탈출하기

0부터 9까지 1씩 증가하는 값을 출력하는 반복문에서 5가 되면 반복문을 벗어나도록 break문을 활용해봅시다.

Chap04/src/Break01.java

```
public class Break01 {
   public static void main(String[] args) {
      for (int i = 0; i < 10; i++) {
         if (i == 5)
            break;
         System.out.println("i : " + i);
      }
   }
}
```

i가 5이면 루프 탈출

i를 0부터 9까지 반복

실행 결과

```
i : 0
i : 1
i : 2
i : 3
i : 4
```

2 continue문

continue문은 특정 조건을 건너뛰고 나머지를 계속 실행하려는 경우에 사용합니다. 즉 반복문의 블록 내부에서 for문의 증감식 또는 while문의 조건식으로 이동하는 역할을 합니다.

```
continue;
```

루프 내에서 continue문이 실행되면 제어는 현재의 반복 코드를 실행하는 대신 다음 반복을 위해 루프의 시작 부분으로 직접 이동합니다. continue문은 반복문 내에서 특정 조건에 대한 예외 처리를 할 때 자주 사용됩니다.

다음은 변수 i가 3, 6, 9일 때 반복문을 건너뛰게 하는 continue문의 예입니다.

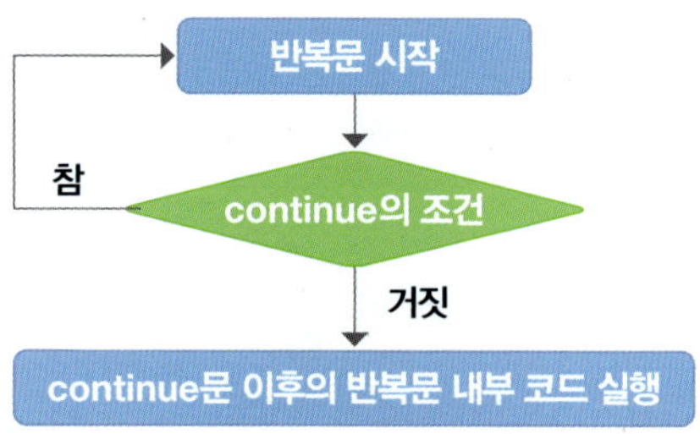

그림 4-26 continue문의 순서도

continue문 사용 예시

Chap04/src/Example12.java

```java
public class Example12 {
   public static void main(String[] args) {

      for (int i = 0; i <= 10; i++) {
         if (i == 3 || i == 6 || i == 9) {
            continue;
         }
         System.out.print(i + " ");
      }
   }
}
```

i가 3 또는 6 또는 9이면 for문 시작 부분으로 이동

i를 0부터 10까지 반복

실행 결과

```
0 1 2 4 5 7 8 10
```

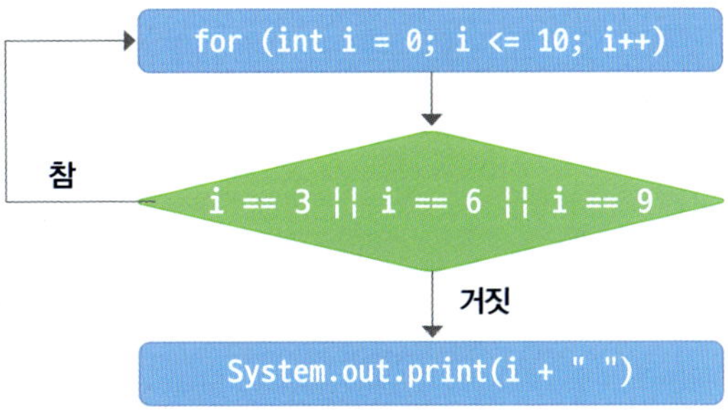

그림 4-27 continue문의 순서도

예제 4-11 3×2이면 건너뛰기

1부터 4에 각각 1, 2, 3을 곱하는 반복문에서 3×2의 경우 건너뛰고 출력하도록 continue문을 활용해봅시다.

Chap04/src/Continue01.java

```java
public class Continue01 {
   public static void main(String[] args) {
      for (int i = 1; i <= 4; i++) {
         for (int j = 1; j <= 3; j++) {
            if (i == 3 && j == 2) {
               continue;
            }
            System.out.println(i + " * " + j);
         }
      }
   }
}
```

실행 결과

```
1 * 1
1 * 2
1 * 3
2 * 1
2 * 2
2 * 3
3 * 1
3 * 3
4 * 1
4 * 2
4 * 3
```

i가 3, j가 2이면 출력되지 않음

여기서 퀴즈!

다음 중 분기문에 대한 설명으로 옳지 않은 것을 고르시오.

① 원할 때마다 반복문의 실행을 중지하거나 종료하기 위한 break문은 for문, while문, do~while문에서 모두 사용할 수 있습니다.

② continue문은 특정 조건을 건너뛰고 나머지를 계속 실행하려는 경우에 사용합니다.

③ break문은 얼마나 반복해야 하는지 알고 있거나 특정 조건에 따라 반복문을 종료할 때 사용합니다.

④ continue문은 반복문의 블록 내부에서 for문의 증감식 또는 while문의 조건식으로 이동하는 역할을 합니다.

정답 ③

프로젝트 메뉴 정보 표시 및 종료하기

이 장에서 배운 제어문과 반복문을 적용하여 온라인 서점의 메인 메뉴를 계속 선택하고 응답을 출력해봅시다. 먼저 제어문을 이용하여 선택 가능한 메뉴 정보를 출력하고, 반복문을 이용하여 종료 메뉴를 선택하기 전까지 메뉴를 계속 선택할 수 있게 합니다.

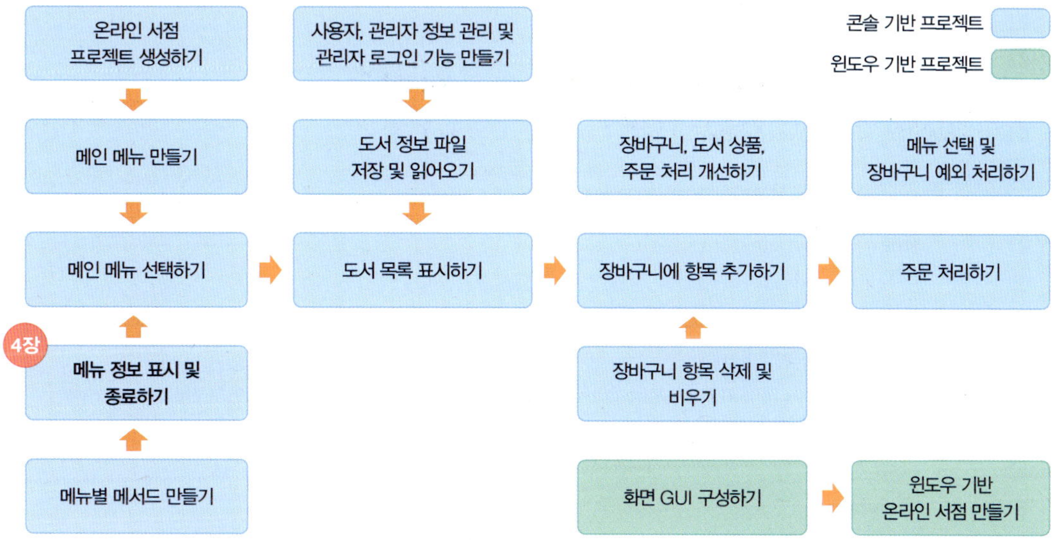

그림 4-28 **메뉴 정보 표시 및 종료하기**

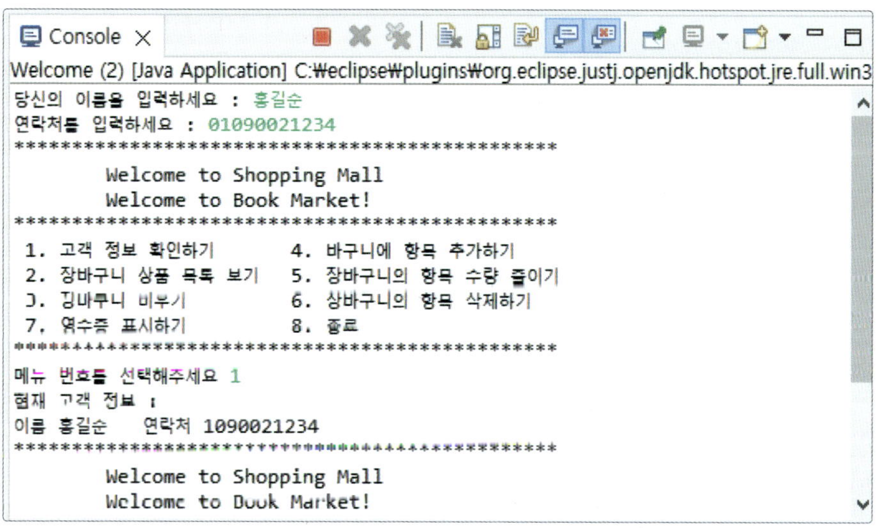

그림 4-29 **메뉴 정보 표시 및 종료하기 실행 결과**

메뉴 정보 표시하기

01 메뉴 정보 출력하기: Welcome.java 파일을 열고, 메뉴 번호를 선택하면 메뉴 정보를 출력하는 코드를 추가합니다.

프로젝트 4-1 4장/BookMarket/src/Welcome.java

```java
import java.util.Scanner;

public class Welcome {
   public static void main(String[] args) {
      ...
      System.out.print("메뉴 번호를 선택해주세요. ");
      int n = input.nextInt();
      // System.out.println(n +"번을 선택했습니다");

      if (n < 1 || n > 8) {
         System.out.println("1부터 8까지의 숫자를 입력하세요.");
      }
      else {
         switch(n) {
            case 1:
               System.out.println("현재 고객 정보 : ");
               break;
            case 2:
               System.out.println("장바구니 상품 목록 보기 :");
               break;
            case 3:
               System.out.println("장바구니 비우기");
               break;
            case 4:
               System.out.println("장바구니에 항목 추가하기 : ");
               break;
            case 5:
               System.out.println("5. 장바구니의 항목 수량 줄이기");
               break;
            case 6:
               System.out.println("6. 장바구니의 항목 삭제하기");
               break;
```

[프로젝트 3-4]에서 작성한 내용

메뉴 선택 번호가 1~8이 아니면 "1부터 8까지의 숫자를 입력하세요." 문자열 출력

switch문을 이용하여 메뉴 선택 번호별 정보 출력

```
                case 7:
                    System.out.println("7. 영수증 표시하기");
                    break;
                case 8:
                    System.out.println("8. 종료");
                    break;
            }
        }
    }
}
```

if~else문 끝

02 고객 정보 출력하기: '메뉴 번호 1'의 경우 입력받은 고객 정보를 출력하기 위해 [프로젝트 4-1]의 case 1: 내부에 코드를 한 줄 추가합니다.

```
case 1:
    System.out.println("현재 고객 정보 : ");
    System.out.println("이름 " + userName + "  연락처 " + userMobile);
    break;
```

선택한 메뉴 번호가 1일 때 키보드로 입력된 고객 이름과 연락처 출력

코드를 실행하면 '메뉴 번호 1'에 해당하는 기능이 구현되었음을 확인할 수 있습니다.

메뉴 선택 종료하기

프로젝트를 종료하기 전까지 메인 메뉴를 계속 선택하고 응답을 출력하도록 반복문을 이용해봅시다.

01 메뉴 선택 계속하기: 선택할 메뉴를 보여주는 코드를 감싸도록 반복문을 작성합니다.

프로젝트 4-2 4장/BookMarket/src/Welcome.java

```
import java.util.Scanner;

public class Welcome {
    public static void main(String[] args) {
        ...
        String greeting = "Welcome to Shopping Mall";
```

```java
        String tagline = "Welcome to Book Market!";

        boolean quit = false;   // 종료 여부 설정 변수
        while (!quit) {   // quit 변수가 true일 때까지 계속 반복 / 반복문 시작
            System.out.println("*****************************");
            System.out.println("\t" + greeting);
            System.out.println("\t" + tagline);
            System.out.println("*****************************");
            System.out.println(" 1. 고객 정보 확인하기 \t4. 바구니에 항목 추가하기");
            ...
            if (n < 1 || n > 8) {
                System.out.println("1부터 8까지의 숫자를 입력하세요.");
            }
            else {
                switch(n) {
                    case 1:
                        System.out.println("현재 고객 정보 : ");
                        System.out.println("이름 " + userName + " 연락처 " + userMobile);
                        break;
                    ...
                    case 8:
                        System.out.println("8. 종료");
                        break;
                }
            }
        }   // while문 끝
    }
}
```

02 메뉴 선택 종료하기: '메뉴 번호 8'을 선택하면 메뉴 선택을 종료하도록 `case 8:` 내부에 코드를 한 줄 추가합니다.

```java
case 8:
    System.out.println("8. 종료 ");
    quit = true;   // quit에 true를 넣어 반복문 종료 조건을 충족
    break;
```

요약

01 제어문은 프로그램을 구성하는 코드가 실행될 때 코드의 처리 순서를 변경할 수 있는 문장을 말합니다.

- **조건문**: 조건에 따라 처리하는 명령을 달리하는 문장
- **반복문**: 일정한 조건이 충족될 때까지 동일한 명령을 반복적으로 처리하는 문장
- **분기문**: 강제로 명령의 처리 순서를 바꾸는 문장

02 조건문은 주어진 조건이 참인지 거짓인지 판별하고 그에 따라 특정 명령을 수행하는 제어문입니다.

- if문은 가장 간단한 조건문으로, 특정 코드 또는 코드 블록 실행 여부를 결정하는 데 사용됩니다.
- if~else문은 if문과 else문을 함께 사용하여 조건식의 결과에 따라 특정 코드 또는 코드 블록의 실행을 선택하는 조건문입니다.
- if~else if문은 if~else문과 유사하나 else문이 서로 다른 if문의 조건식과 쌍을 이루는 조건문입니다. else if문의 수는 제한이 없고, else if문 코드 블록의 마지막에 else문의 코드 블록을 추가할 수 있습니다.
- 중첩 if~else문은 if문 또는 else문 코드 블록 내에 다른 if문, if~else문, if~else if문 등이 포함된 조건문으로, 외부 if문의 조건식이 참이면 내부 if문의 코드 블록을 실행합니다.
- switch문은 if~else if문처럼 많은 선택 사항이 있고 각 선택 사항에 대해 특정 코드 또는 코드 블록을 실행하는 조건문입니다.

03 반복문은 일정 횟수만큼 어떤 코드를 반복하여 실행하는 제어문이며, 여기서 반복적으로 실행되는 동작을 루프라고 합니다.

- for문은 특정 횟수만큼 실행해야 하는 루프를 효율적으로 쓸 수 있는 반복문으로, 작업을 반복하는 횟수를 알고 있을 때 유용합니다.
- while문은 조건식이 참이면 루프를 계속 반복하는 반복문으로, 조건식은 대개 비교 또는 논

리 연산식입니다. while문은 반복 횟수가 정해져 있지 않을 때 사용하며, 반복 횟수가 정해진 경우에는 for문을 사용합니다.

- do~while문은 while문과 for문처럼 조건식에 의해 반복 실행된다는 점은 비슷하지만, 조건식을 확인하기 전에 코드 블록의 코드가 한 번 실행된다는 점이 다릅니다.
- 중첩 반복문은 반복문 안에 또 다른 반복문을 원하는 만큼 포함한 것입니다. 외부 루프의 첫 번째 반복이 시작된 후 내부 루프가 시작됩니다. 내부 루프가 반복되고 종료되자마자 외부 루프의 첫 번째 반복이 완료된 다음 두 번째 반복으로 이동합니다. 가장 바깥쪽 루프의 반복을 마칠 때까지 이렇게 계속 반복됩니다.

04 분기문은 원할 때마다 반복문에서 벗어나거나 반복문을 시작하도록 실행 흐름을 직접 제어할 수 있는 제어문을 말합니다.

- 원할 때마다 반복문의 실행을 중지하거나 종료하기 위한 break문은 for문, while문, do~while문에서 모두 사용할 수 있습니다.
- continue문은 특정 조건을 건너뛰고 나머지를 계속 실행하려는 경우에 사용합니다. 즉 반복문의 블록 내부에서 for문의 증감식 또는 while문의 조건식으로 이동하는 역할을 합니다.

연습문제

01 다음 빈칸을 채우시오.

① [   ]은 프로그램을 구성하는 코드가 실행될 때 코드의 처리 순서를 변경할 수 있는 문장이다. [   ]은 주어진 조건이 참인지 거짓인지 판별하고 그에 따라 특정 명령을 수행하는 제어문이다. [   ]은 일련의 명령문을 반복적으로 실행하는 데 사용된다.

② [   ]은 원할 때마다 반복문에서 벗어나거나 반복문을 시작하도록 실행 흐름을 직접 제어할 수 있는 제어문이다. [   ]은 원할 때마다 반복문의 실행을 중지하거나 종료하는 데 사용된다. [   ]은 특정 조건을 건너뛰고 나머지를 계속 실행하려는 경우에 사용된다.

02 다음 프로그램의 실행 결과는 무엇인가?

```
class MyClass {
    public static void main(String[] args) {
        int a = 4;
        if (a < 10) {
            if (a < 5) {
                system.out.println("숫자는 5보다 작습니다. ");
            } else {
                system.out.println("숫자는 10 미만입니다. ");
            }
        }
    }
}
```

① 숫자는 10 미만입니다.

② 숫자는 5보다 작습니다

③ 컴파일 오류가 있다.

④ 컴파일되었지만 아무것도 출력되지 않는다.

03 사용자가 입력한 값이 switch~case문의 어떤 case문과도 일치하지 않으면 어떤 문장의 블록이 실행되는가?

① case 1이 실행된다.

② default 명령문이 실행된다.

③ 아무것도 실행되지 않는다.

④ 마지막 case문이 실행된다.

04 다음 중 긴 다중 if~else문을 실행하는 것보다 더 효율적인 것은 무엇인가?

① do~while문 ② 중첩 if문

③ switch~case문 ④ for문

05 다음 중 switch~case문의 입력이 될 수 있는 것은 무엇인가?

① 정수형 ② 문자형

③ 불리언형 ④ 앞의 보기 모두

06 다음 중 for 루프의 구문은 무엇인가?

① `for (int x = 0; x < 5; x++)`

② `for (int x; x < 10; x--)`

③ `for (int x = 10; x = x+5)`

④ `for (int x < 4, x++)`

07 다음 프로그램의 실행 결과는 무엇인가?

```
public class MyClass {
   public static void main(String[] args) {
      for (int i = 0; i < 10; i++)
         System.out.println(i);
   }
}
```

① 처음 10개의 정수 ② 처음 10개의 자연수

③ 내림차순으로 10부터 1 ④ 컴파일 오류

08 다음 프로그램의 실행 결과를 작성하시오.

```
public class MyClass {
   public static void main(String[] args) {
      for (int i = 1; i < 3; i++)
         for (int j = 1; j < 3; j++)
            System.out.println(i + " " +  j);
   }
}
```

09 다음 프로그램의 실행 결과는 무엇인가?

```
public class MyClass {
   public static void main(String[] args) {
      int a = 5;
      switch(a) {
         case 5:
            System.out.println("숫자는 5입니다.");
         case 6:
            System.out.println("숫자는 5가 아닙니다.");
         default:
            System.out.println("숫자가 아닙니다.");
      }
   }
}
```

① 숫자는 5입니다.　　　② 숫자는 5가 아닙니다.

③ 숫자가 아닙니다.　　　④ 앞의 보기 모두

10 다음 프로그램의 실행 결과는 무엇인가?

```
public class MyClass {
   public static void main(String[] args) {
      int a = 10;
      if (a == 10) {
         System.out.println(a);
         return;
      }
      ++a;
      System.out.println(a);
   }
}
```

① 10

② 11

③ 오류 메시지가 나타난다.

④ 컴파일되었지만 아무것도 출력되지 않는다.

CHAPTER 05

메서드

학습목표

- 자바의 메서드에 대해 알아봅니다.
- 자바에서 사용자 정의 메서드를 만드는 방법을 이해합니다.
- 자바의 메서드 오버로딩에 대해 알아봅니다.

Preview

자바 프로그램에서 반복되는 특정 작업을 수행하기 위한 코드의 집합인 메서드를 이해하고, 메서드의 종류인 표준 라이브러리 메서드와 사용자 정의 메서드에 대해 알아봅시다. 그리고 사용자 정의 메서드를 작성하는 방법을 자세히 살펴봅시다.

5.1 | 메서드

메서드(method)는 프로그램에서 특정 작업을 수행하기 위한 코드의 집합을 말합니다. 예를 들어 `System.out.println()` 메서드를 호출하면 콘솔에 메시지를 출력하는 기능 외에도 다양한 작업을 수행하는 데 사용할 수 있는 메서드가 제공됩니다. 그렇다면 왜 메서드를 사용하여 프로그래밍을 해야 하는지 알아봅시다.

1 메서드의 필요성

입력받은 숫자가 짝수인지 홀수인지 판별하는 작업을 세 번 반복하는 프로그램을 만든다고 가정해 봅시다. 이 프로그램을 만들려면 숫자를 입력받아 짝수인지 홀수인지 판별하는 코드를 세 번 작성해야 합니다. 그런데 같은 코드를 반복해서 작성하는 작업을 메서드로 만들면 프로그램의 어느 위치에서든 숫자가 짝수인지 확인해야 할 때마다 메서드만 호출하면 이 기능을 수행할 수 있습니다.

[그림 5-1]은 짝수인지 홀수인지 세 번 판별해야 할 때 같은 코드를 반복해서 작성하는 경우와 메서드로 작성하는 경우를 비교하여 보여줍니다.

```java
import java.util.Scanner;
public class Example00 {
    public static void main(String[] args) {
        int num;
        Scanner s = new Scanner(System.in);

        num = s.nextInt();
        if (num%2==0) System.out.println("짝수입니다");
        else System.out.println("홀수입니다");

        num = s.nextInt();
        if (num%2==0) System.out.println("짝수입니다");
        else System.out.println("홀수입니다");

        num = s.nextInt();
        if (num%2==0) System.out.println("짝수입니다");
        else System.out.println("홀수입니다");
    }
}
```

(a) 같은 코드를 반복하는 경우

동일 코드를 메서드로 작성

```java
import java.util.Scanner;
public class Example001 {
    public static void Method(int num) {
        if (num%2==0) System.out.println("짝수입니다");
        else System.out.println("홀수입니다");
    }

    public static void main(String[] args) {
        int num;
        Scanner s = new Scanner(System.in);

        num = s.nextInt();
        Method(num);

        num = s.nextInt();
        Method(num);

        num = s.nextInt();
        Method(num);
    }
}
```

메서드 호출

(b) 메서드를 만드는 경우

그림 5-1 짝수, 홀수를 판별하는 코드의 반복 구현 방법

자바에서 메서드를 사용하면 재사용성, 가독성, 유지보수성이라는 장점이 있습니다. 각각의 장점을 좀 더 자세히 살펴봅시다.

▩ 소스 코드의 재사용성

아주 긴 코드를 여러 번 사용한다면 코드를 읽기가 쉽지 않고 관리도 매우 어렵습니다. 따라서 긴 코드를 메서드로 묶어놓고 필요시 해당 메서드를 호출하면 그 동작을 수행하도록 구현할 수 있습니다. 이렇게 함으로써 중복 코드를 작성하는 것을 방지하고 재사용성을 향상하는 데 도움이 됩니다.

▩ 소스 코드의 가독성

하나의 프로그램 안에 모든 작업이 들어가도록 코드를 작성할 수도 있지만 이렇게 하면 코드가 매우 길어지며 가독성이 떨어집니다. 따라서 비슷한 성격의 관련 작업을 모아 하나의 메서드로 묶으면 코드를 읽고 이해하기가 한결 수월합니다.

▩ 소스 코드의 유지보수성

아주 긴 코드를 여러 번 사용한다면 코드를 변경하기가 쉽지 않을 것입니다. 그러나 메서드를 사용하면 코드를 더 쉽게 유지할 수 있고, 변경이 필요할 때 쉽게 리팩터링할 수 있습니다.

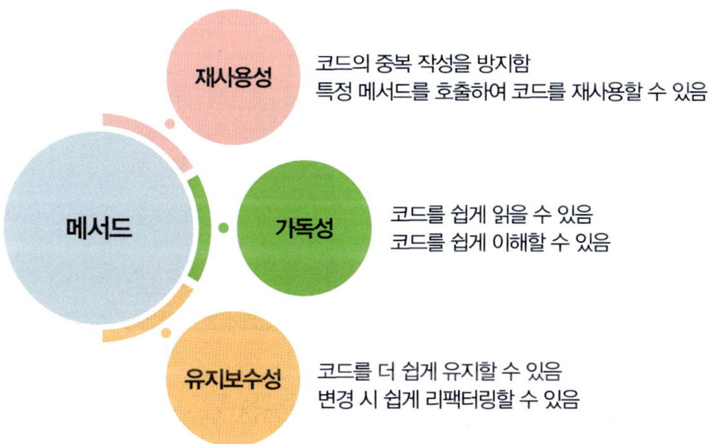

그림 5-2 **메서드의 장점**

2 메서드의 유형

자바에는 내장된 표준 라이이브러리 메서드와 프로그래머가 직접 만드는 사용자 정의 메서드 등 두 가지 유형의 메서드가 있습니다.

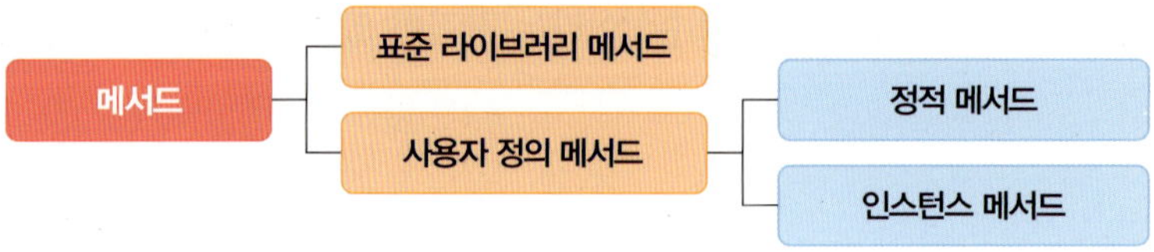

그림 5-3 메서드의 유형

표준 라이브러리 메서드

표준 라이브러리 메서드는 자바 클래스 라이브러리에 이미 정의되어 있는 메서드로, 사전 정의 메서드 또는 내장 메서드라고도 합니다. 이 메서드는 언제든 프로그램에서 호출하기만 하면 사용할 수 있습니다.

예를 들어 `System.out` 클래스에는 콘솔에 메시지를 출력할 수 있는 `println()` 메서드가 있습니다. 즉 프로그래머는 별다른 작업 없이 `System.out.println()` 메서드를 호출하면 무언가를 출력할 수 있습니다.

사용자 정의 메서드

사용자 정의 메서드는 사용자 또는 프로그래머가 작성한 메서드입니다. 예를 들어 숫자를 더하는 기능을 하도록 `add()` 메서드를 만들어 사용할 수 있습니다. 이러한 메서드는 필요에 따라 추가·보완·수정·삭제할 수 있습니다.

정적 메서드

정적 메서드(static method)는 `static` 키워드를 선언하는 메서드로, 이 메서드를 호출하는 데에는 클래스 객체가 필요치 않으며 메서드 이름만으로 직접 호출할 수 있습니다.

인스턴스 메서드

인스턴스 메서드(instance method)는 `non-static` 클래스에 속하는 메서드로, 이 메서드를 호출하려면 객체 또는 클래스 인스턴스가 필요합니다.

TIP 5.2절에서 정적 메서드를 만들고 호출하는 방법을 살펴보겠습니다. 인스턴스 메서드는 7장을 참고하세요.

3 메서드의 기본 구조

메서드는 크게 선언부와 중괄호({ }) 안의 구현부로 구성되며, 이 구조를 `main()` 메서드에 적용해 보면 [그림 5-4]와 같습니다.

```
[접근제한자] 반환유형 메서드명([매개변수목록])   ● 선언부
{
    // 메서드 본문   ● 구현부
}
```

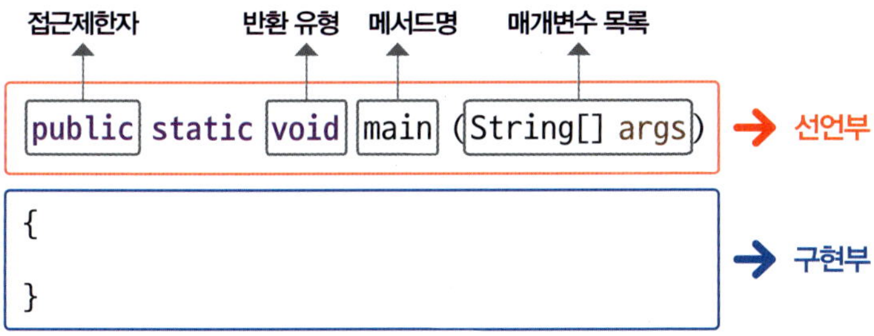

그림 5-4 **메서드의 기본 구조: main() 메서드**

접근제한자

접근제한자(access modifier)는 선택 사항으로 메서드의 접근 유형을 정의합니다.

반환 유형

반환 유형(return type)은 메서드의 리턴(return) 유형을 말합니다. 메서드가 아무것도 반환하지 않거나 메서드가 반환하는 값이 없는 경우에는 반환 유형을 void로 작성합니다.

메서드명

메서드명(method name)은 메서드가 호출될 때 사용되는 이름입니다. 메서드명을 작성할 때는 다음과 규칙을 따라야 합니다.

- 메서드명은 소문자로 시작해야 합니다.
- 메서드명은 동사 형태여야 합니다.

  예 `add()`
- 메서드명에 2개 이상의 단어가 포함되는 경우 동사로 시작하고 그 뒤에 형용사 또는 명사가 와야 합니다.

  예 `getName()`
- 메서드명에 3개 이상의 단어가 포함되는 경우 첫 번째 단어를 제외하고 나머지 단어의 첫 글자는 대문자로 시작해야 합니다.

  예 `getAddressDetails()`

매개변수 목록

매개변수 목록(parameter list)은 메서드의 매개변수 유형, 순서, 개수로 이루어집니다. 메서드에 매개변수가 없을 수도 있으므로 이는 선택 사항입니다.

메서드 본문

메서드 본문(method body)에서는 메서드의 코드를 수행하는 작업을 정의하며, 중괄호로 본문을 묶어 시작과 끝을 나타냅니다. 메서드를 호출하면 이 중괄호 안의 코드가 실행되어 값을 반환하는데, 반환 유형이 void인 메서드의 경우 값이 반환되지 않습니다.

4 메서드 호출

메서드는 호출했을 때만 사용할 수 있습니다. 메서드명 뒤의 괄호 안에 인수(매개변수 목록)가 있는 경우 인수를 사용하여 메서드를 호출할 수 있습니다.

```
메서드명();
add();
getName();
getAddressDetails();
```

메서드 선언 및 호출 예시 Cahp05/src/Example01.java

```java
public class Example01 {
    public static void method() {
        System.out.println("static 메서드입니다.");
        System.out.println(5 + 6);
    }
    public static void main(String[] args) {
        method();
    }
}
```

(method() 메서드 선언: `method()` 본문 전체 / method() 메서드 호출: `method();`)

실행 결과

```
static 메서드입니다.
11
```

[그림 5-5]는 main() 메서드의 구현 부분을 method() 메서드로 선언하고 호출하여 사용하도록 변환하는 과정을 나타낸 것으로, (a)와 (b)의 실행 결과는 동일합니다.

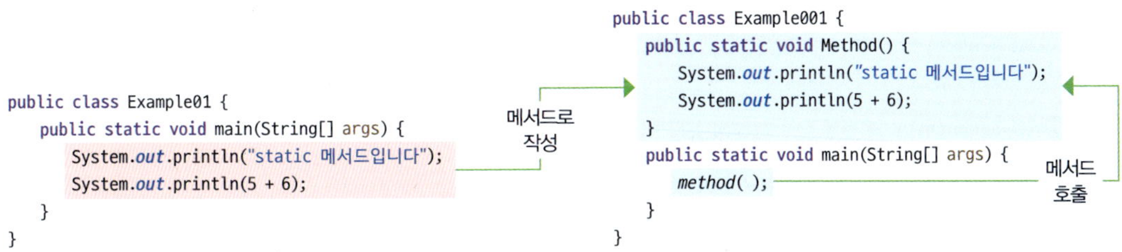

(a) main() 메서드에 작성된 코드

(b) method() 메서드 작성과 호출

그림 5-5 메서드 선언 및 호출 1

예제 5-1 메서드 선언하고 호출하기

문자열과 덧셈 연산 결과를 출력하는 사용자 정의 메서드 method()를 선언하고 해당 메서드를 main() 메서드에서 호출해봅시다.

Chap05/src/Method01.java

```
public class Mehod01 {
    public static void method() {
        System.out.println("static 메서드입니다.");
        System.out.println(5 + 6);
    }

    public static void main(String[] args) {
        System.out.println("첫 번째 호출 메서드입니다.");

        method();

        System.out.println("두 번째 호출 메서드입니다.");

        method();
    }
}
```

표준 라이브러리 메서드 System.out.println() 호출

사용자 정의 메서드 method() 선언

표준 라이브러리 메서드 System.out.println() 호출

사용자 정의 메서드 method() 호출

실행 결과

```
첫 번째 호출 메서드입니다.
static 메서드입니다.
11
두 번째 호출 메서드입니다.
static 메서드입니다.
11
```

```java
public class Method01 {
    public static void main(String[] args) {

        System.out.println("첫 번째 호출 메서드입니다.");

        System.out.println("static 메서드입니다");
        System.out.println(5 + 6);

        System.out.println("두 번째 호출 메서드입니다.");

        System.out.println("static 메서드입니다");
        System.out.println(5 + 6);
    }
}
```

(a) main( ) 메서드에 작성된 코드

동일 코드를 메서드로 작성

```java
public class Method01 {
    public static void Method() {
        System.out.println("static 메서드입니다");
        System.out.println(5 + 6);
    }
    public static void main(String[] args) {
        System.out.println("첫 번째 호출 메서드입니다.");

        Method(num);                                    // 메서드 호출

        System.out.println("두 번째 호출 메서드입니다.");

        Method(num);                                    // 메서드 호출
    }
}
```

(b) method( ) 메서드 작성과 호출

그림 5-6 메서드 선언 및 호출 2

여기서 퀴즈!

메서드를 사용하는 이유로 옳지 않은 것을 고르시오.

① 메서드는 비슷한 성격의 작업을 묶을 수 있습니다.

② 메서드는 반복 코드를 줄이기 때문에 읽기가 어렵지만 쉽게 이해할 수 있습니다.

③ 코드를 중복해서 작성하지 않아도 되므로 재사용성이 향상됩니다.

④ 코드를 더 쉽게 유지할 수 있고, 변경이 필요할 때 쉽게 리팩터링할 수 있습니다.

정답 ②

5.2 | 사용자 정의 메서드 생성

1 반환 유형이 있는 메서드

반환 유형이 있는 메서드는 메서드명 앞에 String, int, boolean과 같은 자료형을 정의하고, 메서드 내부의 마지막 행에 return 키워드를 사용하여 메서드명 앞의 자료형과 동일한 값을 반환합니다.

```
[접근제한자] 자료형 메서드명([매개변수목록]) {
    // 메서드 본문
    return 반환값;
}
```

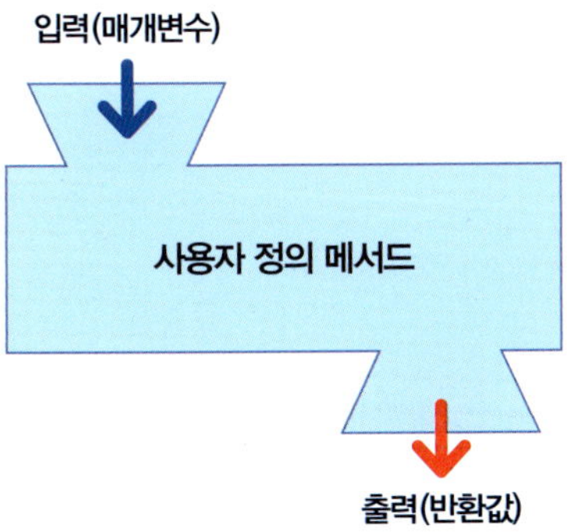

그림 5-7 반환 유형이 있는 메서드의 구조

입력이 없고 출력이 있는 메서드

이는 입력(매개변수)이 없고 출력(반환 유형)만 있는 메서드를 말합니다. 다음은 입력이 없고 출력만 있는 greeting() 메서드의 예입니다.

입력이 없고 출력이 있는 메서드 예시 Chap05/src/Example02.java

```
public class Example02 {
    public static String greeting( ) {
        return "Hi!";
    }
    public static void main(String[] args) {
        String str = greeting();
        System.out.println(str + " Java");
    }
}
```

- 매개변수 입력이 없고 반환값 'Hi!' 출력만 있는 greeting() 메서드 선언
- greeting() 메서드 호출로 반환값이 str에 들어감

실행 결과

```
Hi! Java
```

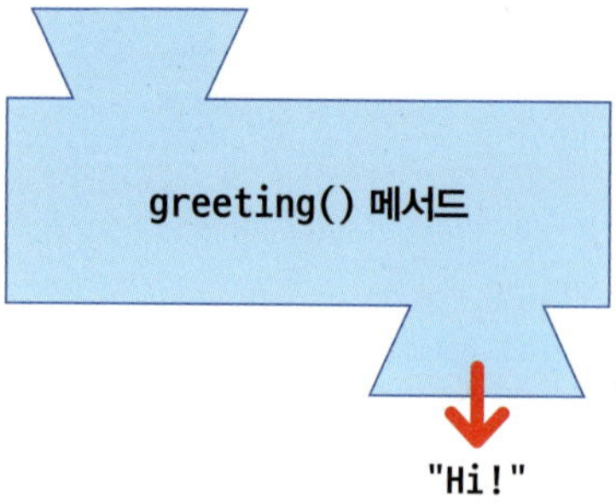

그림 5-8 greeting() 메서드의 구조(입력: 없음, 반환: “Hi!”)

예제 5-2 매개변수가 없고 반환값이 있는 메서드 선언하고 호출하기

매개변수가 없고 나눗셈 연산 결과를 반환하는 div() 메서드를 만들고 이를 호출해봅시다.

Chap05/src/Method02.java

```java
public class Method02 {
   public static int div( ) {
      int a = 10, b = 5;
      int result = a / b;

      return result;
   }
   public static void main(String[] args) {
      int num = div();
      System.out.println(num);
   }
}
```

- 매개변수 입력이 없음
- 반환값 result
- div() 메서드 호출로 반환값이 num에 들어감

실행 결과

```
2
```

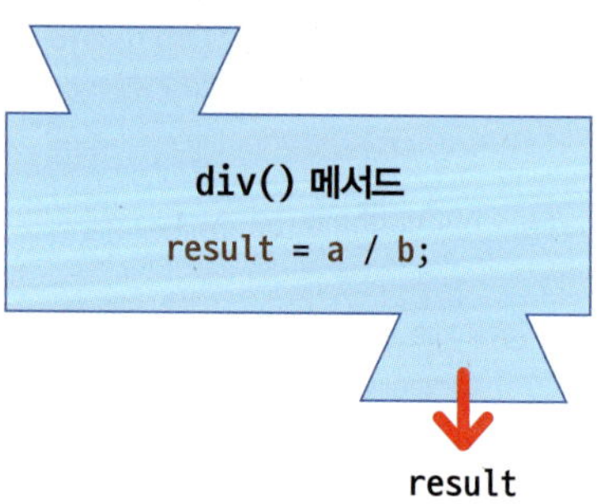

그림 5-9 div() 메서드의 구조(입력: 없음, 반환: result)

입력과 출력이 있는 메서드

이는 입력(매개변수)과 출력(반환 유형)이 둘 다 있는 메서드를 말합니다. 다음은 입력과 출력이 있는 add() 메서드의 예입니다.

TIP 입력과 출력이 모두 있는 메서드가 일반적인 메서드의 형태입니다.

입력과 출력이 있는 메서드 예시 Chap05/src/Example03.java

```
public class Example03 {
    public static int add(int x, int y) {
        return x + y;
    }

    public static void main(String[] args) {
        int a = 5, b = 6;
        int sum = add(a,b);
        System.out.println(a +"(와)과 "+ b +"의 합은 "+ sum +"입니다.");
    }
}
```

- 매개변수 x, y 입력과 반환값 x + y 출력이 있는 add() 메서드 선언
- add() 메서드 호출

실행 결과

```
5(와)과 6의 합은 11입니다.
```

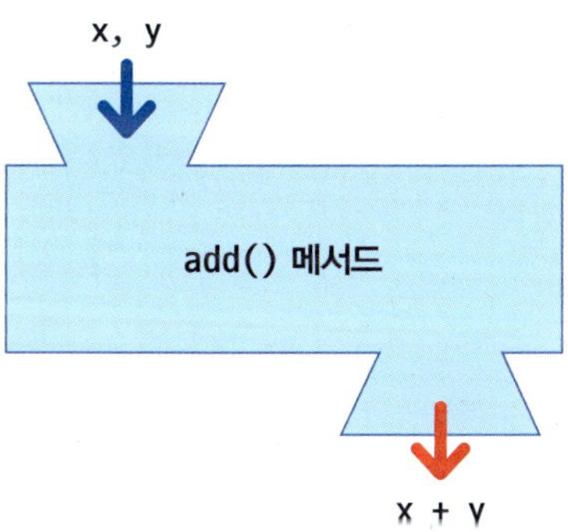

그림 5-10 add() 메서드의 구조(입력: x, y, 반환: x + y)

예제 5-3 매개변수와 반환값이 있는 메서드 선언하고 호출하기

2개의 매개변수를 가지고 두 수를 비교하여 큰 수를 반환하는 max() 메서드를 만들고 이를 호출해 봅시다.

Chap05/src/Method03.java

```java
public class Method03 {
   public static int max(int x, int y) {
      int result;
      if (x > y) result = x;
      else result = y;
      return result;
   }

   public static void main(String[] args) {
      int a = 5, b = 6;
      int num = max(a,b);
      System.out.println(a + "(와)과 "+ b +"의 수 중 "+ num +"이 큽니다.");
   }
}
```

실행 결과

```
5(와)과 6의 수 중 6이 큽니다.
```

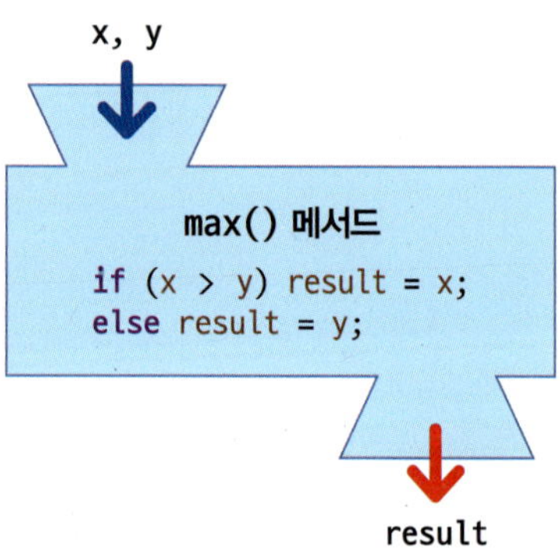

그림 5-11 max() 메서드의 구조(입력: x, y, 반환: result)

2 반환 유형이 없는 메서드

반환 유형이 없는 메서드는 메서드명 앞에 void 키워드를 사용하며, 메서드 안에 return이 없습니다.

```
[접근제한자] void 메서드명([매개변수목록]) {
   // 메서드 본문
}
```

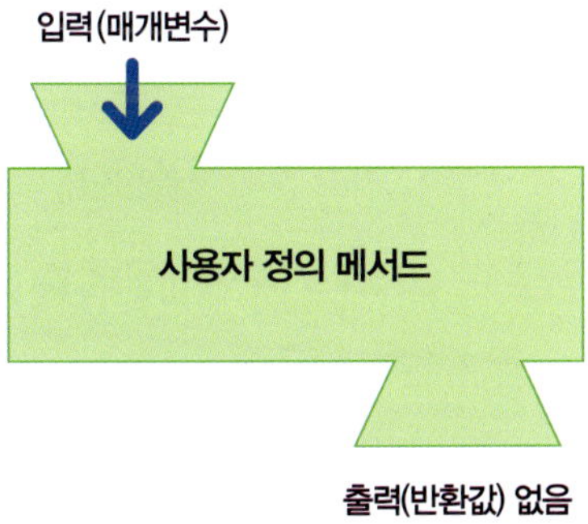

그림 5-12 반환 유형이 없는 메서드의 구조

입력과 출력이 없는 메서드

이는 입력(매개변수)도 출력(반환 유형)도 없는 메서드를 말합니다. 다음은 입력과 반환값이 없는 print() 메서드의 예입니다.

입력과 출력이 없는 메서드 예시 Chap05/src/Example04.java

```
public class Example04 {
    public static void print( ) {
        System.out.println("Hi! Java");   // 매개변수 입력이 없고 반환값 출력이 없는 print() 메서드 선언
    }

    public static void main(String[] args) {
        print();   // print() 메서드 호출
    }
}
```

실행 결과

```
Hi! Java
```

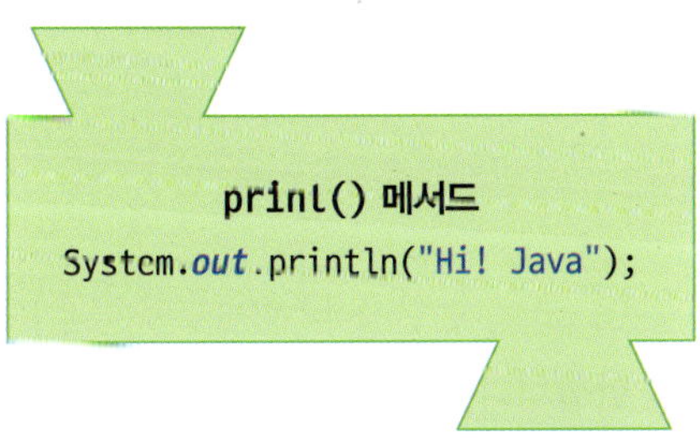

그림 5-13 print() 메서드의 구조(입력: 없음, 반환: 없음)

예제 5-4 매개변수와 반환값이 없는 메서드 선언하고 호출하기

매개변수가 없고 1부터 10의 합을 구하여 출력하는 sum() 메서드를 만들고 이를 호출해봅시다.

Chap05/src/Method04.java

```java
public class Method04 {
   public static void sum() {
      int sum = 0;
      for (int i = 0; i <= 10; i++) {
         sum += i;
      }
      System.out.println(sum);
   }

   public static void main(String[] args) {
      System.out.print("1부터 10의 합계 : ");
      sum();
   }
}
```

실행 결과

```
1부터 10의 합계 : 55
```

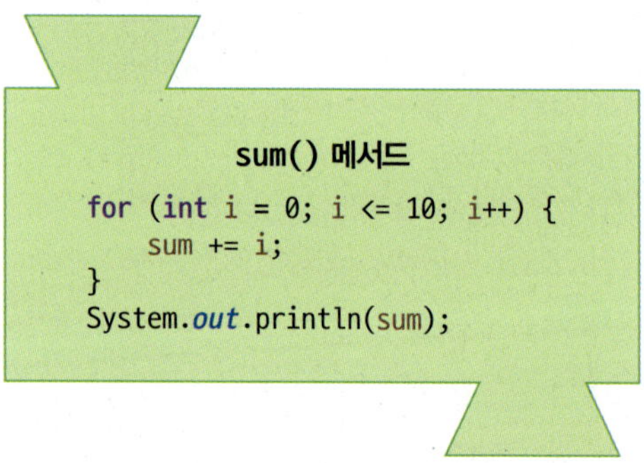

그림 5-14 sum() 메서드의 구조(입력: 없음, 반환: 없음)

입력이 있고 출력이 없는 메서드

이는 입력(매개변수)이 있고 출력(반환 유형)이 없는 메서드를 말합니다. 다음은 입력은 있지만 반환값이 없는 add() 메서드의 예입니다.

입력이 있고 출력이 없는 메서드 예시

Chap05/src/Example05.java

```java
public class Example05 {
   public static void add(int x, int y) {
      System.out.println(x +"(와)과 "+ y +"의 합은 "+ (x + y) +"입니다.");
   }
   public static void main(String[] args) {
      int a = 5, b = 6;
      add(a,b);
   }
}
```

매개변수 x, y 입력이 있고 반환값 출력이 없는 add() 메서드 선언

add() 메서드 호출

실행 결과

```
5(와)과 6의 합은 11입니다.
```

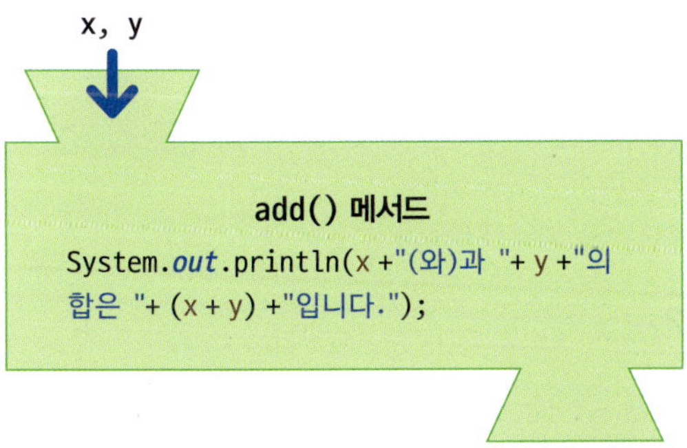

그림 5-15 add() 메서드의 구조(입력: x, y, 반환: 없음)

예제 5-5 매개변수가 있고 반환값이 없는 메서드 선언하고 호출하기

2개의 매개변수를 가지고 원의 둘레를 구하여 출력하는 calculate() 메서드를 만들고 이를 호출해봅시다.

Chap05/src/Method05.java

```java
public class Method05 {
   public static void calculate(int x, double y) {
      System.out.println(2 * x * y);
   }

   public static void main(String[] args) {
      int a = 4;  // 반지름
```

```
        double pi = 3.14;
        System.out.println("원의 둘레 구하는 공식 : 2 x 반지름 x 원주율 ");

        System.out.print("2 x "+ a + " x " + pi +" = ");
        calculate(a, pi);
    }
}
```

실행 결과

```
원의 둘레 구하는 공식 : 2 x 반지름 x 원주율
2 x 4 x 3.14 = 25.12
```

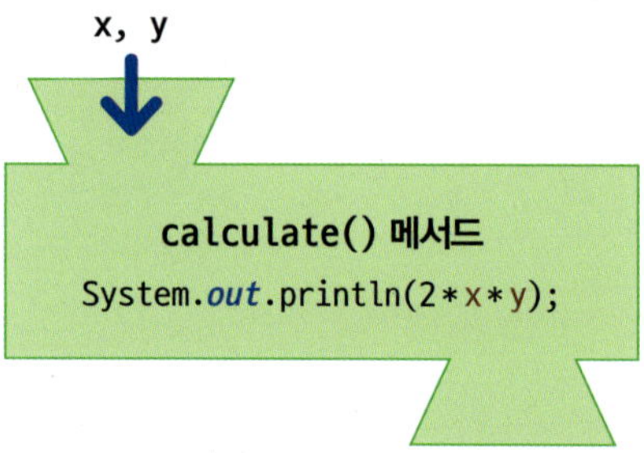

그림 5-16 calculate() 메서드의 구조(입력: x, y, 반환: 없음)

여기서 퀴즈!

다음 중 사용자 정의 메서드에 대한 설명으로 옳지 않은 것을 고르시오.

① 반환 유형이 있는 메서드는 반드시 return이 있어야 합니다.

② 반환 유형이 있는 메서드는 메서드명 앞에 자료형을 붙여야 합니다.

③ 반환 유형이 없는 메서드는 return이 없습니다.

④ 반환 유형이 있는 메서드는 메서드명 앞에 반드시 void를 붙여야 합니다.

정답 ④

5.3 | 메서드 오버로딩

메서드 오버로딩(method overloading)은 메서드명이 같지만 매개변수가 다른 메서드를 하나의 메서드명으로 정의하는 것을 말합니다. 즉 메서드 오버로딩을 위한 조건은 다음과 같습니다.

- 메서드명이 같습니다.
- 매개변수의 자료형이나 개수가 다릅니다.

따라서 2개 이상의 메서드가 이름은 같지만 매개변수의 개수나 자료형이 다른 경우 오버로딩된다고 합니다.

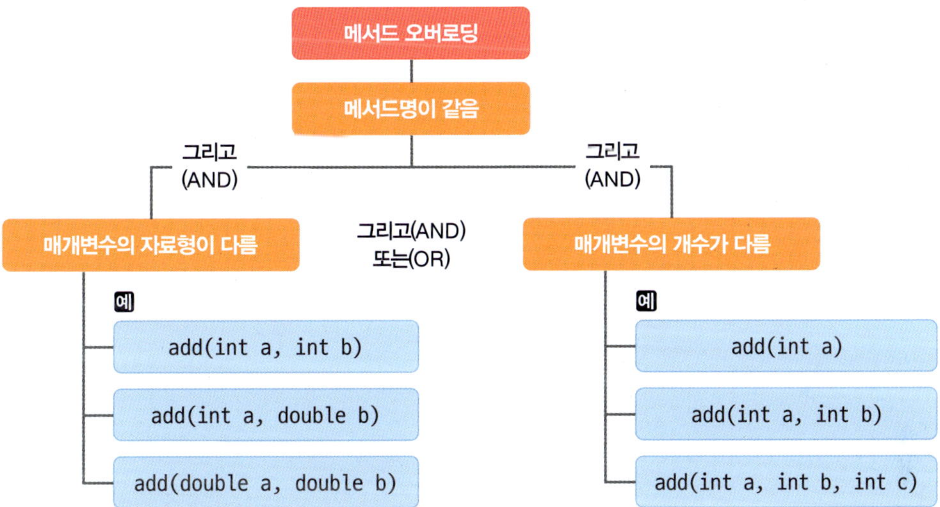

그림 5-17 add() 메서드의 오버로딩 조건

다음은 calcuate() 메서드의 오버로딩을 보여줍니다. 메서드명이 calculate로 같지만 매개변수가 다른 4개의 메서드를 정의합니다.

메서드 오버로딩 예시 Chap05/src/Example06.java

```java
public class Example06 {
    public static void calculate(int x, int y) {
        System.out.println(x * y);
    }

    public static void calculate(int x) {
        System.out.println(x * x);
    }

    public static void calculate(int x, double y) {
        System.out.println(x * y);
    }

    public static void calculate(double x) {
        System.out.println(x * x);
    }

    public static void main(String[] args) {
        calculate(2, 3);
        calculate(2, 3.14);
        calculate(2);
        calculate(2.5);
    }
}
```

매개변수 정수형 x와 y가 입력인 calculate() 메서드 선언

매개변수 정수형 x가 입력인 calculate() 메서드 선언

매개변수 정수형 x와 실수형 y가 입력인 calculate() 메서드 선언

매개변수 실수형 x가 입력인 calculate() 메서드 선언

메서드 오버로딩 calculate() 호출

실행 결과

```
6
6.28
4
6.25
```

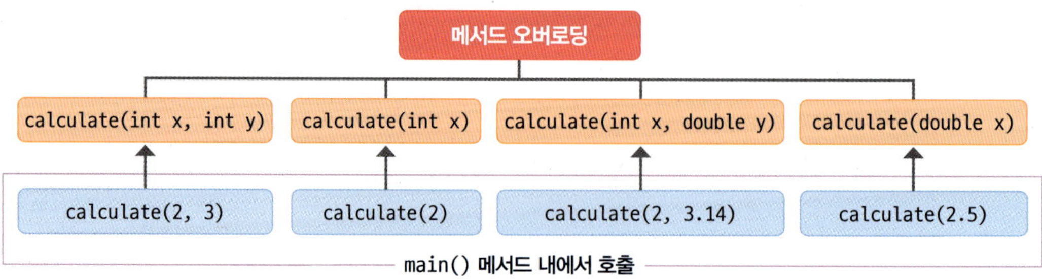

그림 5-18 오버로딩된 calculate() 메서드의 호출

앞의 예에서 main() 메서드의 첫 번째 명령문은 인수 2와 3을 사용하여 calculate() 메서드를 호출합니다. 2와 3은 둘 다 정수이므로 매개변수가 모두 있는 calculate(int x, int y) 메서드가 호출됩니다.

```
                     호출
calculate(2, 3)      ⟶      calculate(int x, int y)
```

main() 메서드의 두 번째 명령문은 인수 2와 3.14를 사용하여 calculate() 메서드를 호출합니다. 2는 int형이고 3.14는 double형이므로 int형의 첫 번째 매개변수와 double형의 두 번째 매개변수가 있는 calculate(int x, double y) 메서드가 호출됩니다.

```
                        호출
calculate(2, 3.14)      ⟶      calculate(int x, double y)
```

main() 메서드의 세 번째 명령문은 int형의 매개변수가 하나 있는 calculate(int x) 메서드를 호출하고, 네 번째 명령문은 double형의 매개변수가 하나 있는 calculate(double x) 메서드를 호출합니다. 이러한 것이 바로 메서드 오버로딩입니다.

```
                     호출
calculate(2)         ⟶      calculate(int x)

                     호출
calculate(2.5)       ⟶      calculate(double x)
```

예제 5-6 메서드 오버로딩하기

자료형과 개수가 각기 다른 매개변수를 가지고 연산하여 반환하는 sum() 메서드를 만들고 이를 호출해봅시다.

Chap05/src/Method06.java

```java
public class Method06 {
    public static int sum(int x, int y) {
        return (x + y);
    }

    public static int sum(int x, int y, int z) {
        return (x + y + z);
```

```
    }

    public static double sum(double x, double y) {
        return (x + y);
    }

    public static void main(String[] args) {
        System.out.println("sum(10, 20)의 값 : "+ sum(10, 20));
        System.out.println("sum(10, 20, 30)의 값 : "+ sum(10, 20, 30));
        System.out.println("sum(10.5, 20.5)의 값 : "+ sum(10.5, 20.5));
    }
}
```

실행 결과

```
sum(10, 20)의 값 : 30
sum(10, 20, 30)의 값 : 60
sum(10.5, 20.5)의 값 : 31.0
```

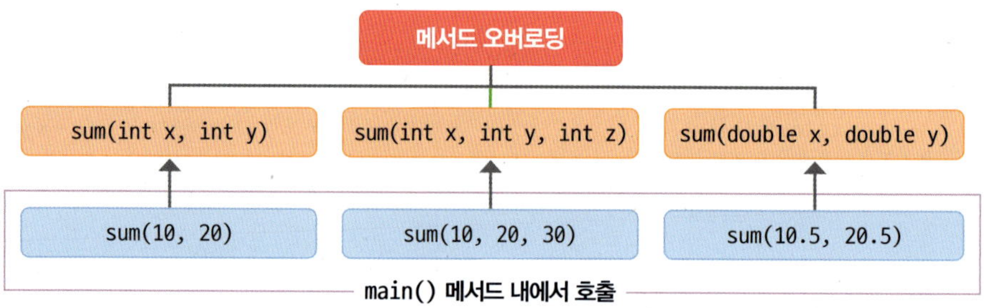

그림 5-19 오버로딩된 sum() 메서드의 호출

여기서 퀴즈!

메서드 오버로딩에 대한 설명으로 옳지 않은 것을 고르시오.

① 메서드명이 같지만 매개변수가 다른 메서드입니다.

② 메서드명이 같지만 매개변수의 자료형이 다른 메서드입니다.

③ 메서드명이 같지만 매개변수의 개수가 다른 메서드입니다.

④ 메서드명이 같지만 매개변수의 자료형과 개수가 같은 메서드입니다.

정답 ④

프로젝트 메뉴별 메서드 만들기

4장까지는 메뉴 선택과 관련된 기능을 모두 main() 메서드에 두었습니다. 이 장에서는 메서드를 적용하여 온라인 서점의 메뉴별 메서드를 만들어봅시다. 메뉴별 메서드는 다음과 같습니다.

- 1. 고객 정보 확인하기: menuGuestInfo()
- 2. 장바구니 상품 목록 보기: menuCartItemList()
- 3. 장바구니 비우기: menuCartClear()
- 4. 바구니에 항목 추가하기: menuCartAddItem()
- 5. 장바구니의 항목 수량 줄이기: menuCartRemoveItemCount()
- 6. 장바구니의 항목 삭제하기: menuCartRemoveItem()
- 7. 영수증 표시하기: menuCartBill()
- 8. 종료: menuExit()

선택 가능한 메뉴 정보를 출력하는 메서드를 만든 다음 메뉴 목록별 선택에 대한 메서드를 만들어 main() 메서드에서 호출하게 합니다.

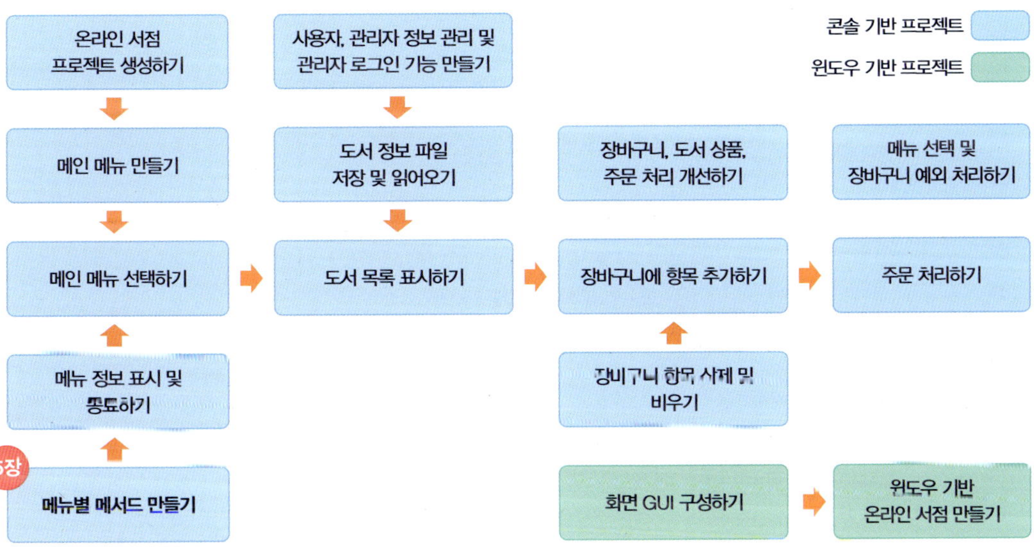

그림 5-20 메뉴별 메서드 만들기

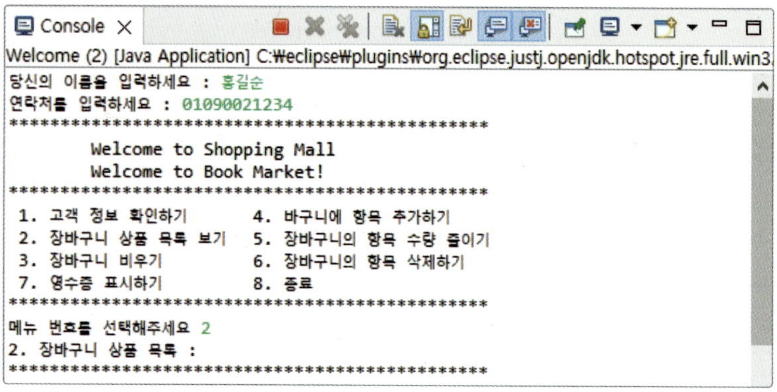

그림 5-21 메뉴별 메서드 만들기 실행 결과

메뉴 선택 시 메뉴 정보 출력하기

01 선택 가능한 메뉴 목록 출력 메서드: Welcome.java 파일을 열고, main() 메서드가 끝난 다음에 메서드 menuIntroduction()을 작성합니다. 그리고 main() 메서드 내부의 메뉴 목록을 출력하는 부분을 주석 처리한 뒤 menuIntroduction() 메서드를 호출합니다.

프로젝트 5-1 5장/BookMarket/src/Welcome.java

```
import java.util.Scanner;

public class Welcome {
  public static void main(String[] args) {
    ...
    while (!quit) {
      System.out.println("******************************");
      System.out.println("\t" + greeting);
      System.out.println("\t" + tagline);

    /*
    System.out.println("******************************");
    System.out.println(" 1. 고객 정보 확인하기 \t4. 바구니에 항목 추가하기");
    System.out.println(" 2. 장바구니 상품 목록 보기 \t5. 장바구니의 항목 수량 줄이기");
    System.out.println(" 3. 장바구니 비우기 \t6. 장바구니의 항목 삭제하기");
    System.out.println(" 7. 영수증 표시하기 \t8. 종료");
    System.out.println("******************************");
    */
```

기존 메뉴 설명 주석 처리

```java

        menuIntroduction();    메뉴 목록 출력 메서드 호출

        System.out.print("메뉴 번호를 선택해주세요 ");
        int n = input.nextInt();
        // System.out.println(n +"번을 선택했습니다.");
        if (n < 1 || n > 8) {
          System.out.println("1부터 8까지의 숫자를 입력하세요.");
        } else {
          ...
        }    if~else문 끝
      }    while문 끝
    }    main() 메서드 끝

  public static void menuIntroduction() {
    System.out.println("******************************");
    System.out.println(" 1. 고객 정보 확인하기 \t4. 바구니에 항목 추가하기");
    System.out.println(" 2. 장바구니 상품 목록 보기 \t5. 장바구니의 항목 수량 줄이기");
    System.out.println(" 3. 장바구니 비우기 \t6. 장바구니의 항목 삭제하기");
    System.out.println(" 7. 영수증 표시하기 \t8. 종료");
    System.out.println("******************************");
  }
}
```

02 입력받은 고객 정보 출력 메서드: Welcome.java 파일에 '메뉴 번호 1'을 선택한 고객의 정보를 메서드 내에 전달하여 출력하는 메서드 menuGuestInfo()를 작성합니다. 그리고 main() 메서드의 case 1:에서 메시지 출력 부분을 주석 처리한 뒤 menuGuestInfo() 메서드를 호출합니다.

프로젝트 5-2 5장/BookMarket/src/Welcome.java

```java
import java.util.Scanner;

public class Welcome {
  public static void main(String[] args) {
    ...
    while (!quit) {
      ...
```

```
        if (n < 1 || n > 8) {
            System.out.println("1부터 8까지의 숫자를 입력하세요.");
        } else {
            switch(n) {
                case 1:
                    // System.out.println("현재 고객 정보 : ");                    기존 내용 주석 처리
                    // System.out.println("이름 " + userName + " 연락처 " + userMobile);
                    menuGuestInfo(userName, userMobile);    고객 정보 출력 메서드 호출
                    break;
                case 2:
                    System.out.println("장바구니 상품 목록 :");
                    break;
                    ...
            }    switch문 끝
        }    if~else문 끝
    }    while문 끝
}    main() 메서드 끝

public static void menuIntroduction() {
    ...
}

public static void menuGuestInfo(String name, int mobile) {
    System.out.println("현재 고객 정보 : ");
    System.out.println("이름 " + name + " 연락처 " + mobile);
}
}
```

03 메뉴 선택별 메서드: [프로젝트 5-2]와 마찬가지로 Welcome.java 파일에 '메뉴 번호 2~8'의 목록별 메서드를 작성하고 호출합니다.

프로젝트 5-3 5장/BookMarket/src/Welcome.java

```
import java.util.Scanner;

public class Welcome {
    public static void main(String[] args) {
        ...
```

```java
    while (!quit) {
      ...
      if (n < 1 || n > 8) {
        System.out.println("1부터 8까지의 숫자를 입력하세요.");
      } else {
        switch(n) {
          case 1:
            // System.out.println("현재 고객 정보 : ");
            // System.out.println("이름 " + userName + " 연락처 " + userMobile);
            menuGuestInfo(userName, userMobile);
            break;
          case 2:
            // System.out.println("2. 장바구니 상품 목록 보기");
            menuCartItemList();
            break;
          case 3:
            // System.out.println("3. 장바구니 비우기");
            menuCartClear();
            break;
          case 4:
            // System.out.println("4. 장바구니에 항목 추가하기");
            menuCartAddItem();
            break;
          case 5:
            // System.out.println("5. 장바구니의 항목 수량 줄이기");
            menuCartRemoveItemCount();
            break;
          case 6:
            // System.out.println("6. 장바구니의 항목 삭제하기");
            menuCartRemoveItem();
            break;
          case 7:
            // System.out.println("7. 영수증 표시하기");
            menuCartBill();
            break;
          case 8:
            // System.out.println("8. 종료");
            menuExit();
            quit = true;
```

```
                    break;
                }
            }
        }
    }    main() 메서드 끝

    public static void menuIntroduction() {
        ...
    }
    public static void menuGuestInfo(String name, int mobile) {
    ...
    }
    public static void menuCartItemList() {
        System.out.println("2. 장바구니 상품 목록 보기");
    }
    public static void menuCartClear() {
        System.out.println("3. 장바구니 비우기");
    }
    public static void menuCartAddItem() {
        System.out.println("4. 장바구니에 항목 추가하기");
    }
    public static void menuCartRemoveItemCount() {
        System.out.println("5. 장바구니의 항목 수량 줄이기");
    }
    public static void menuCartRemoveItem() {
        System.out.println("6. 장바구니의 항목 삭제하기");
    }
    public static void menuCartBill() {
        System.out.println("7. 영수증 표시하기");
    }
    public static void menuExit() {
        System.out.println("8. 종료");
    }

}
```

요약

01 메서드는 프로그램에서 특정 작업을 수행하기 위한 코드의 집합을 말합니다. 메서드는 크게 선언부와 중괄호 안의 구현부로 구성됩니다.

```
[접근제한자] 반환유형 메서드명([매개변수목록])
{
    // 메서드 본문
}
```

선언부

구현부

02 사용자 정의 메서드 생성 시 반환 유형이 있는 메서드는 메서드명 앞에 `String`, `int`, `boolean`과 같은 자료형을 정의하고, 메서드 내부의 마지막 행에 `return` 키워드를 사용하여 메서드명 앞의 자료형과 동일한 값을 반환합니다.

```
[접근제한자] 자료형 메서드명([매개변수목록]) {
    // 메서드 본문
    return 반환값;
}
```

03 사용자 정의 메서드 생성 시 반환 유형이 없는 메서드는 메서드명 앞에 `void` 키워드를 사용하며, 메서드 안에 `return`이 없습니다.

```
[접근제한자] void 메서드명([매개변수목록]) {
    // 메서드 본문
}
```

04 메서드 오버로딩은 메서드명이 같지만 매개변수가 다른 메서드를 하나의 메서드명으로 정의하는 것을 말합니다.

- 메서드명이 같습니다.
- 매개변수의 자료형이나 개수가 다릅니다.

연습문제

01 다음 빈칸을 채우시오.

① [　　　]는 프로그램에서 특정 작업을 수행하기 위한 코드의 집합이다.

② 반환 유형이 있는 메서드는 메서드명 앞에 String, int, boolean과 같은 자료형을 정의하고, 메서드 내부의 마지막 행에 [　　　] 키워드를 사용하여 메서드명 앞의 자료형과 동일한 값을 반환한다. 반환 유형이 없는 메서드는 메서드명 앞에 [　　　] 키워드를 사용한다.

02 메서드명이 같지만 매개변수의 개수나 자료형이 다른 메서드를 하나의 메서드명으로 정의하는 것을 무엇이라고 하는가?

① 메서드 오버로딩　② 메서드 오버라이딩

③ static 메서드　④ 인스턴스 메서드

03 자바에서 메서드 내부의 값을 반환하지 <u>않는</u> 것은 무엇인가?

① int　② char

③ void　④ 앞의 보기 모두

04 다음 프로그램의 실행 결과는 무엇인가?

```
class MyClass {
   static void text(int a, String b) {
      System.out.println(a + b);
   }

   public static void main(String[] args) {
      text(1, " JavaBook");
   }
}
```

① 1 JavaBook　② JavaBook1

③ 컴파일 오류　④ a + b

05 다음 프로그램의 실행 결과는 무엇인가?

```
class MyClass{
   static void addition(int a, int b) {
      System.out.println(a+b);
   }

   static void subtraction(int a, int b) {
      System.out.println(a-b);
   }

   static void multiplication(int a, int b) {
      System.out.println(a*b);
   }

   public static void main(String[] args) {
      addition(3,4);
      subtraction(5,2);
   }
}
```

① 7 3　　② 7 2　　③ 12 10　　④ 0 0

06 다음 프로그램을 실행하면 'JavaBook'이 몇 번 출력되는가?

```
class MyClass {
   static void myMethod(String text) {
      System.out.println(text);
   }

   public static void main(String[] args) {
      myMethod(" JavaBook");
      myMethod(" JavaBook");
      myMethod(" JavaBook");
   }
}
```

① 한 번　　② break문이 없기 때문에 n번

③ 한 번 이상 세 번 이하　　④ 세 번

07 다음 프로그램의 실행 결과는 무엇인가?

```
class MyClass {
   static int addition(float x, float y) {
      return (int)(x + y);
   }
   public static void main(String[] args) {
      System.out.println(addition(32.8f, 7.2f));
   }
}
```

① 컴파일 오류 ② 40

③ 40.0 ④ 32.8, 7.2

08 다음 중 메서드 오버로딩을 위한 방법은 무엇인가?

① 인수(매개변수) 변경 ② 데이터 유형 변경

③ ①과 ② ④ 앞의 보기 모두 해당되지 않는다.

09 다음 프로그램의 실행 결과는 무엇인가?

```
class MyClass {
   static int addition(int a, int b) {
      return a + b;
   }
   static int addition(int a, int b, int c) {
      return a + b + c;
   }

   public static void main(String[] args) {
      System.out.println(addition(1,2,3));
   }
}
```

① addition(int a, int b) ② addition(int a, int b, int c)

③ 메서드가 실행되지 않는다. ④ 컴파일 오류가 발생한다.

10 다음 실행 결과를 참고하여 프로그램을 완성하시오.

실행 결과

```
3
입력된 숫자 : 3
```

```
class MyClass {
   static [          ] inputMethod() {
      Scanner sc = new Scanner(System.in);
         int num = sc.nextInt();
         return num;
   }

   static [          ] display(int a) {
      System.out.println("입력된 숫자 : " + a);
   }

   public static void main(String[] args) {
      int a = [          ];
      [          ];
   }
}
```

CHAPTER 06

배열과 문자열

6.1 배열

6.2 1차원 배열과 2차원 배열

6.3 문자열

[프로젝트] 도서 목록 표시하기

요약

연습문제

학습목표

- 배열에 대해 알아봅니다.
- 1차원 배열과 2차원 배열을 이해합니다.
- 문자열에 대해 알아봅니다.

Preview

자바에서 동일한 자료형의 데이터를 연속된 공간에 저장할 수 있는 배열에 대해 알아봅시다. 그리고 자료형으로 사용한 문자열을 나타내는 String 클래스, 문자열을 유용하게 다룰 수 있는 메서드를 자세히 살펴봅시다.

- 배열
  - 배열의 필요성
  - 배열의 개념
    - 인덱스 오류
- 1차원 배열과 2차원 배열
  - 1차원 배열
    - 1차원 배열 선언
    - 1차원 배열 초기화
  - 2차원 배열
    - 2차원 배열 선언
    - 2차원 배열 초기화
- 문자열
  - 문자열의 개요
  - String 클래스의 메서드
  - 문자열 연산자

[프로젝트]

- 도서 목록 표시하기
  - 도서 목록 출력하기
  - 도서의 ID 확인하기

6.1 | 배열

1 배열의 필요성

배열(array)은 공통 이름으로 참조되는 자료형의 모음을 의미합니다. 배열을 선언할 때 배열의 크기를 지정해야 하므로 정적 데이터 구조라고도 합니다. 그렇다면 배열이라는 자료형이 왜 필요할까요?

예를 들어 자바 프로그램에서 학생의 시험 점수를 저장하는 경우를 생각해봅시다. 이때 시험 점수를 변수에 저장할 수 있습니다. 그런데 한 수업을 듣는 학생이 100명이고 이들의 시험 점수를 저장해야 한다면 이를 수행하기 위해 100개의 변수에 각각 100명의 점수를 저장해야 합니다. 이러한 경우 변수의 관리와 사용이 어렵기 때문에 배열을 사용하는 것이 좋습니다. 즉 100개의 변수보다는 배열을 이용하여 하나의 배열명에 100개의 점수를 저장하는 것이 바람직합니다. 이렇게 하면 모든 변수에 다른 이름을 할당할 필요가 없고 배열의 인덱스(index)를 통해 각각의 변수를 액세스할 수 있습니다. [그림 6-1]에서 보듯이 `grade`라는 배열을 만들어놓으면 `grade[99]`로 99번째 점수를 간단히 얻을 수 있습니다.

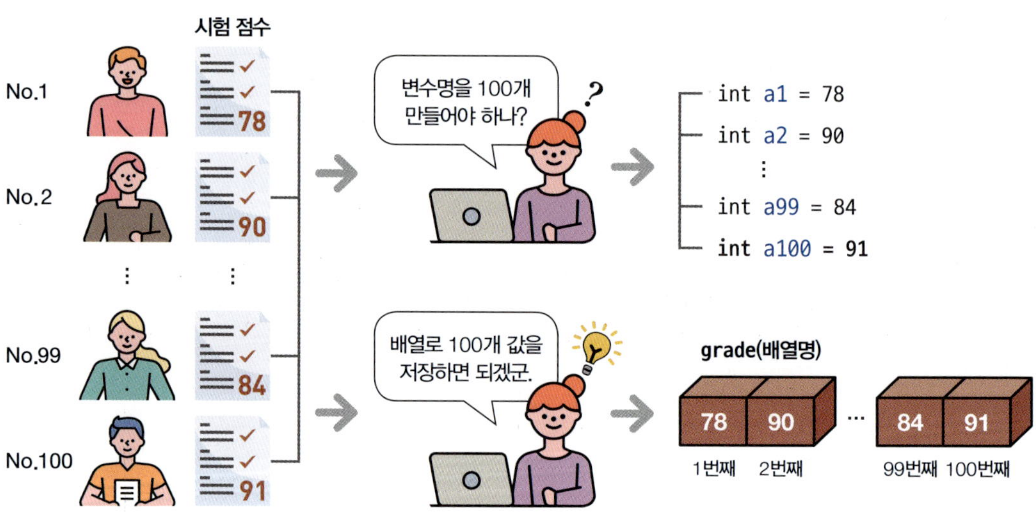

그림 6-1 배열이 필요한 경우의 예

2 배열의 개념

배열은 같은 유형의 데이터를 모아둔 집합(모음)입니다. [그림 6-2]와 같이 자료형이 int인 배열은 정수의 모음이고, 자료형이 double인 배열은 실수의 모음입니다.

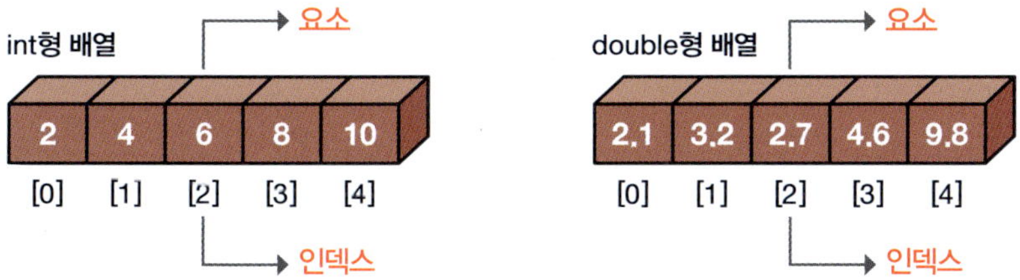

그림 6-2 **배열의 개념**

배열은 인덱스 0에서 시작하여 n-1로 이동하며, 여기서 n은 배열의 길이를 나타냅니다. 예를 들어 [그림 6-2]의 int형 배열과 double형 배열의 길이(n)는 5이고, 인덱스는 0~4로 이루어져 있습니다. 배열의 요소(element)는 인접한 메모리 위치에 저장됩니다. 즉 모든 메모리 요소가 차례로 저장됩니다.

다음은 자바에서 배열을 사용할 때 알아두어야 할 중요 사항이니 기억해둡시다.

- 모든 배열이 동적으로 할당됩니다.
- 배열의 길이는 `.length`로 계산됩니다.
- 배열 변수는 자료형 뒤에 대괄호([ ])를 사용하여 다른 변수와 같이 선언할 수도 있습니다.
- 배열 내부의 변수는 인덱스 0부터 시작합니다.
- 배열은 정적 필드, 지역 변수 또는 메서드 매개변수로도 사용할 수 있습니다.
- 배열의 크기는 `long`이나 `short`가 아닌 `int` 값으로 지정해야 합니다.
- 배열의 슈퍼 클래스는 `Object`입니다.
- `Cloneable` 및 `java.io.Serializable` 인터페이스는 배열로 구현됩니다.

인덱스 오류: ArraysIndexOutOfBoundsException

인덱스 오류는 한계를 벗어난 인덱스에 접근(액세스)하려고 시도하는 것으로, 프로그래머가 흔히 저지르는 실수입니다. 예를 들어 배열의 길이가 5이면 프로그램은 0과 4 사이의 배열 인덱스를 사용할 수 있습니다. 그러나 때때로 프로그램이 이 범위 밖의 요소에 액세스하려고 시도하는데, 이때 컴파일러가 `ArraysIndexOutOfBoundsException` 오류를 일으킵니다.

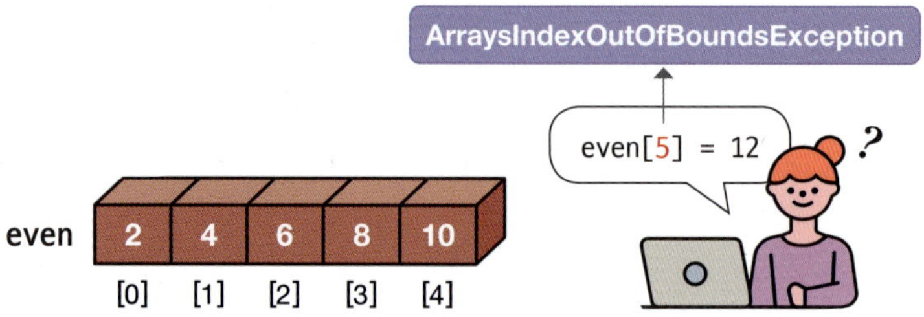

그림 6-3 **배열 범위 오류**

배열의 개념을 이해했을 테니 이제 자바에서 배열을 만들고 사용하는 방법을 살펴봅시다.

6.2 | 1차원 배열과 2차원 배열

1 1차원 배열

1차원 배열 선언

1차원 배열은 단일 인덱스를 사용하여 요소를 저장하며, 인덱스를 1씩 증가시키면 배열의 모든 요소를 얻을 수 있습니다. 1차원 배열 선언의 일반적인 형식은 다음과 같습니다.

```
자료형[] 배열명 = new 자료형[배열크기];
  int[] myArr = new int[5];
   (배열 선언)    (배열 생성)
```

- **배열 선언:** myArr라는 정수 배열이 선언되었음을 나타냅니다.
- **배열 생성:** 5개의 정수를 저장할 메모리 공간이 배열에 할당되었음을 나타냅니다.

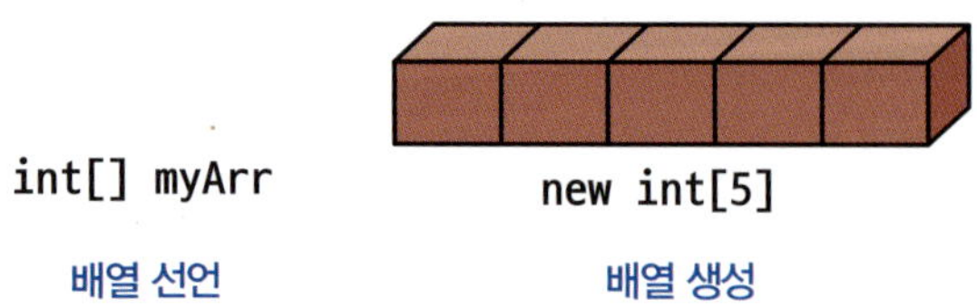

그림 6-4 **1차원 배열 선언**

[그림 6-5]는 앞의 선언 형식에 따라 배열을 선언하는 경우 메모리가 할당되는 모습을 보여줍니다.

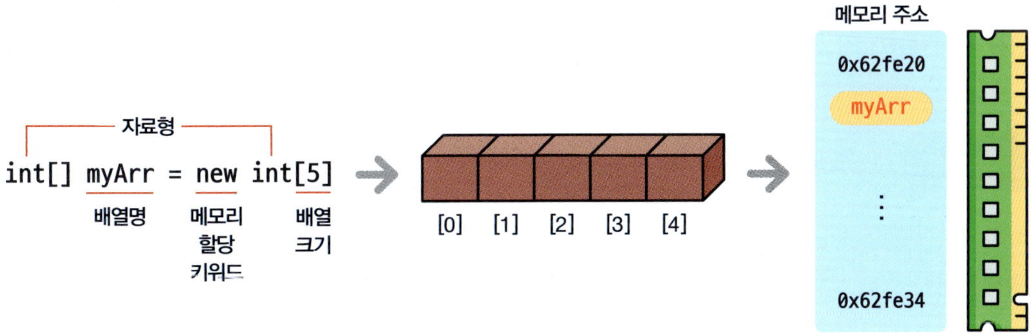

그림 6-5 1차원 배열 선언 및 메모리 할당

배열 선언만 작성하면 단순히 배열이 존재한다는 것을 컴파일러에 알릴 뿐 배열에 메모리를 할당하지 않습니다. 배열에 메모리를 허용하려면 new 키워드를 사용하여 값을 저장하는 메모리 공간을 만들어야 합니다.

1차원 배열 선언 예시 Chap06/src/Example01.java

```
public class Example01 {
   public static void main(String[] args) {
      int[] myArr = new int[5];
      myArr[0] = 10;
      myArr[1] = 20;
      myArr[2] = 30;
      myArr[3] = 40;
      myArr[4] = 50;

      for (int i = 0; i < 5; i++)
         System.out.println(i + "번째 요소값 : "+ myArr[i]);
   }
}
```

실행 결과

```
0번째 요소값 : 10
1번째 요소값 : 20
2번째 요소값 : 30
3번째 요소값 : 40
4번째 요소값 : 50
```

그림 6-6 **1차원 배열 myArr 선언 및 생성**

예제 6-1 1차원 배열을 이용하여 문자열 저장하고 출력하기

3개의 문자열을 저장할 수 있는 1차원 배열을 선언하고 키보드로 문자열을 입력받아 차례대로 출력해봅시다.

Chap06/src/Array01.java

```java
import java.util.Scanner;

public class Array01 {
   public static void main(String[] args) {
      String[] myArr;          // 배열 선언
      myArr = new String[3];  // 메모리 할당

      Scanner s = new Scanner(System.in);

      System.out.println("3개 문자열을 입력하세요.");

      for (int i = 0; i < 3; i++) {
         myArr[i] = s.nextLine();
      }

      for (int i = 0; i < 3; i++)
         System.out.print(myArr[i]+" ");
   }
}
```

실행 결과

```
3개 문자열을 입력하세요.
Hello
Java
Program
Hello Java Program
```

1차원 배열 초기화

배열을 선언하고 초기화할 때 배열의 요소를 직접 설정할 수 있습니다. 즉 배열 선언문에서 중괄호({ }) 안에 요소를 나열함으로써 초기화된 배열을 만들 수 있습니다. 만약 중괄호 안에 요소를 넣지 않으면 길이가 0인 배열이 생성됩니다. 1차원 배열을 초기화하는 형식은 다음과 같습니다.

```
자료형[] 배열명 = {값1, 값2, …, 값n};
  int[] myArr = {10, 20, 30, 40, 50};

자료형[] 배열명 = new 자료형[] {값1, 값2, …, 값n};
  int[] myArr = new int[] {10, 20, 30, 40, 50};
```

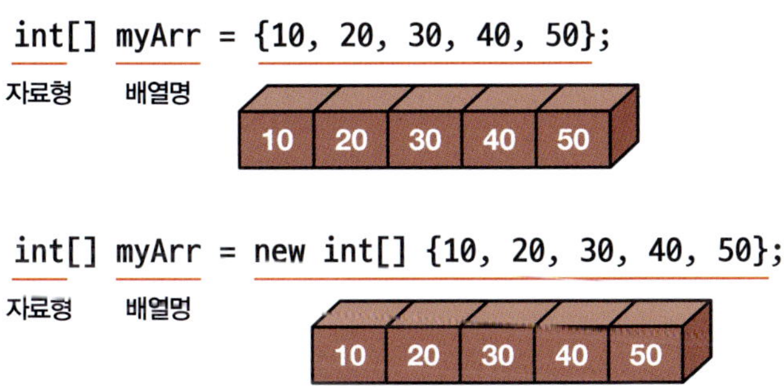

그림 6-7 1차원 배열의 두 가지 초기화 형식

다음은 [그림 6-7]의 1차원 배열 myArr를 초기화하고 각 요소를 출력하는 예입니다.

1차원 배열 초기화 예시 Chap06/src/Example02.java

```
public class Example02 {
   public static void main(String[] args) {
      int[] myArr = {10, 20, 30, 40, 50};

      for (int i = 0; i < myArr.length; i++) {
         System.out.println(i+ "번째 요소값: " + myArr[i]);
      }
   }
}
```

배열 인덱스가 0부터 myArr의 길이 -1까지 반복하면서 myArr의 요소 출력

실행 결과

```
0번째 요소값: 10
1번째 요소값: 20
2번째 요소값: 30
3번째 요소값: 40
4번째 요소값: 50
```

`int[] myArr = {10, 20, 30, 40, 50}` →

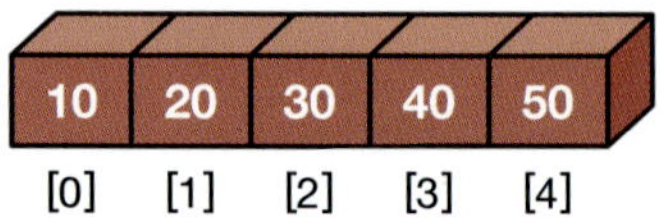

그림 6-8 1차원 배열 myArr 선언 및 초기화

예제 6-2 1차원 배열을 이용하여 초깃값의 합과 평균 구하기

1차원 배열을 선언하고 초깃값을 설정하여 해당 값의 합과 평균을 구해봅시다.

Chap06/src/Array02.java

```
01 public class Array02 {
02    public static void main(String[] args) {
03       double[] gradeArr = {90, 70.5, 80, 79, 82.5, 50, 70, 90.2, 89.5, 89.7};
04       double sum = 0.0;
05
06       for (int i = 0; i < gradeArr.length; i++) {
07          sum += gradeArr[i];
08       }
09
10       double average = sum / gradeArr.length;
11       System.out.println("합계: "+  sum);
12       System.out.format("평균: %.2f", average);
13    }
14 }
```

- 03행: double형 배열 gradeArr 선언 및 초기화
- 07행: gradeArr 요소 값의 합계 구하기
- 10행: 배열 길이

실행 결과

```
합계: 791.4000000000001
평균: 79.14
```

TIP [예제 6-2]의 6~8행은 다음과 같이 for~each문으로 쓸 수도 있습니다.

```
for(double g : gradeArr) {
   sum += g;
}
```

2 2차원 배열

2차원 배열 선언

다차원 배열은 1차원 배열과 매우 유사하지만, 하나의 행 인덱스만 있는 1차원 배열과 달리 행과 열이 여러 개입니다. 2차원 배열은 데이터가 행과 열에 저장되는 표 형식으로 데이터를 나타냅니다. 2차원 배열 선언의 일반적인 형식은 다음과 같습니다.

```
자료형[][] 배열명 = new 자료형[행크기][열크기];
  int[][] myArr  = new int[3][4];   // 3x4 배열 선언
```

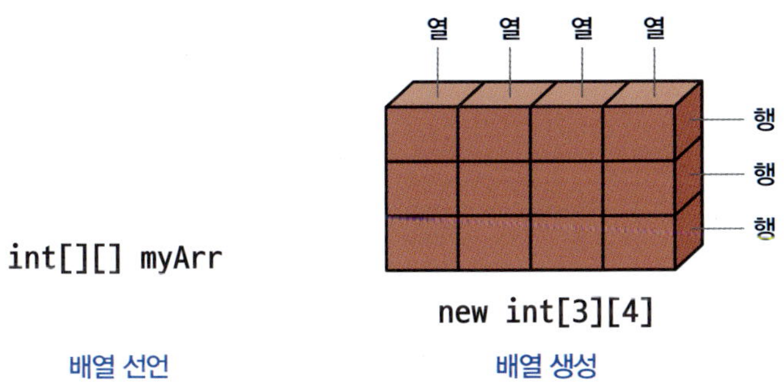

그림 6-9 2차원 배열 선언

배열에 메모리를 허용하려면 1차원 배열과 마찬가지로 new 키워드를 사용하여 값을 저장하는 메모리 공간을 만들어야 합니다.

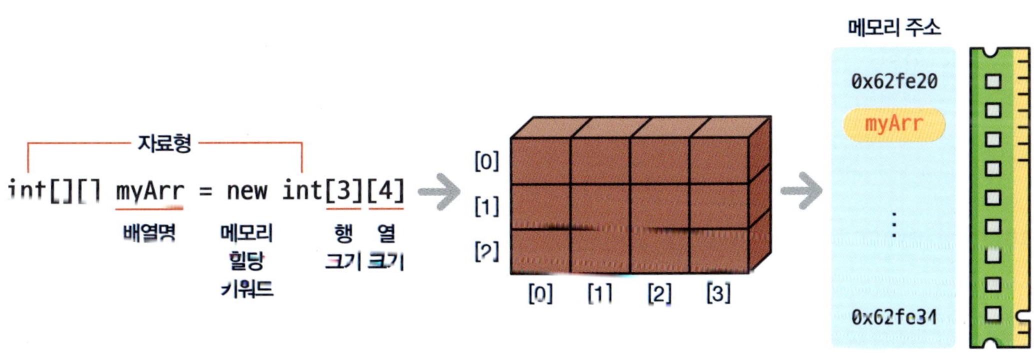

그림 6-10 2차원 배열 선언 및 메모리 할당

다음은 [그림 6-10]의 2차원 배열 myArr를 선언하고 각 행의 합계를 출력하는 예입니다.

2차원 배열 선언 예시 Chap06/src/Example03.java

```
public class Example03 {
    public static void main(String[] args) {
        int[][] myArr = new int[2][4];  // 변수 2×4 배열 선언
        myArr[0][0] = 2;
        myArr[0][1] = 5;
        myArr[0][2] = 7;
        myArr[0][3] = 4;
        myArr[1][0] = 9;
        myArr[1][1] = 3;
        myArr[1][2] = 2;
        myArr[1][3] = 8;

        int sum1 = 0, sum2 = 0;

        for (int i = 0; i < 4; i++) {
            sum1 += myArr[0][i];
        }
        System.out.println("첫 번째 행의 합계: " + sum1);

        for (int i = 0; i < 4; i++) {
            sum2 += myArr[1][i];
        }
        System.out.println("두 번째 행의 합계: " + sum2);
    }
}
```

실행 결과

```
첫 번째 행의 합계: 18
두 번째 행의 합계: 22
```

그림 6-11 **2차원 배열 myArr 선언 및 생성**

예제 6-3 2차원 배열을 이용하여 과목 점수의 평균 구하기

두 학생의 국어 및 수학 점수, 평균을 저장할 수 있는 2차원 배열을 만들고 두 과목의 점수를 입력받아 해당 점수와 평균을 출력해봅시다.

Chap06/src/Array03.java

```java
import java.util.Scanner;

public class Array03 {
   public static void main(String[] args) {
      double[][] marks = new double[2][3];
      Scanner s = new Scanner(System.in);

      for (int i = 0; i < 2; i++) {
         System.out.println("학생번호" + (i + 1));
         System.out.print("국어점수 : ");
         marks[i][0] = s.nextDouble();

         System.out.print("수학점수 : ");
         marks[i][1] = s.nextDouble();

         marks[i][2] = (marks[i][0] + marks[i][1])/2;
      }

      for (int i = 0; i < 2; i++) {
         System.out.println("학생번호" + (i + 1));
         System.out.print("국어" + ":" + marks[i][0] + " ");
         System.out.print("수학" + ":" + marks[i][1] + " ");
         System.out.println("평균" + ":" + marks[i][2] + " ");
      }
   }
}
```

실행 결과

```
학생번호1
국어점수 : 90
수학점수 : 80
학생번호2
국어섬수 : 70
수학점수 : 80
학생번호1
국어:90.0 수학:80.0 평균:85.0
학생번호2
국어:70.0 수학:80.0 평균:75.0
```

2차원 배열 초기화

배열 선언과 초기화 시 각 내부 중괄호는 하나의 행을 나타냅니다. 또한 선언과 동시에 값을 선언하고 할당하여 초기화할 수 있습니다. 2차원 배열을 초기화하는 형식은 다음과 같습니다.

```
자료형 배열명[][] = { {값1, 값2, …, 값n},
                     {값1, 값2, …, 값n},
                     …,
                     {값1, 값2, …, 값n} };
  int myArr[][] = { {1, 2, 3},
                     {4, 5, 6} };
자료형 배열명[][] = new 자료형[][] { {값1, 값2, …, 값n},
                                  {값1, 값2, …, 값n},
                                  …,
                                  {값1, 값2, …, 값n} };
  int myArr[][] = new int[][] { {1, 2, 3},
                                 {4, 5, 6} };
```

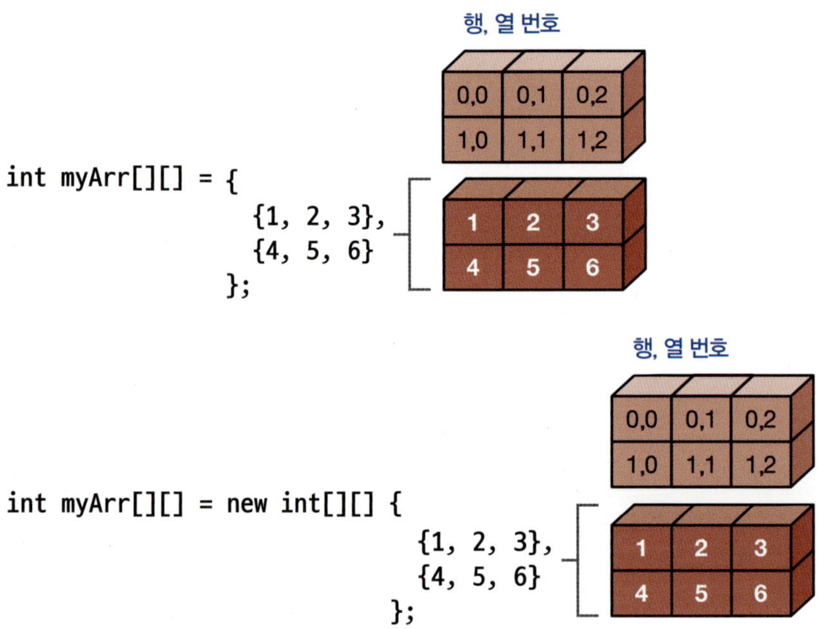

그림 6-12 **2차원 배열의 두 가지 초기화 형식**

다음은 [그림 6-12]의 2차원 배열 myArr를 초기화하고 반복문을 통해 각 요소를 출력하는 예입니다.

2차원 배열 초기화 예시 Chap06/src/Example04.java

```java
public class Example04 {
    public static void main(String[] args) {
        int myArr[][] = { {1, 2, 3, 4, 5},
                          {6, 7, 8, 9, 10},
                          {11, 12, 13, 14, 15} };

        for (int i = 0; i < 3; i++) {
            for (int j = 0; j < 5; j++) {
                System.out.print(myArr[i][j]+" ");
            }
            System.out.println();
        }
        System.out.println("myArr[0][1] 값: " + myArr[0][1]);
    }
}
```

실행 결과

```
1 2 3 4 5
6 7 8 9 10
11 12 13 14 15
myArr[0][1] 값: 2
```

```java
int myArr[][] = { {1, 2, 3, 4, 5},
                  {6, 7, 8, 9, 10},
                  {11, 12, 13, 14, 15} };
```

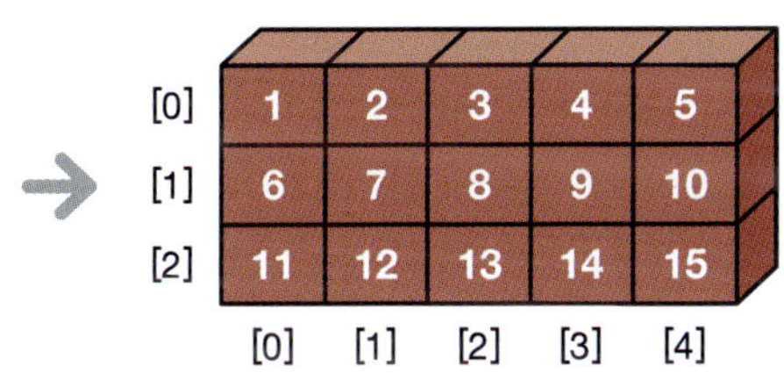

그림 6-13 **2차원 배열 myArr 선언 및 초기화**

예제 6-4 2차원 배열을 이용하여 두 행렬의 합 구하기

2차원 배열을 이용하여 2×3 행렬 $\begin{pmatrix} 2 & 3 & 4 \\ 3 & 2 & 1 \end{pmatrix}$과 $\begin{pmatrix} 1 & 2 & 3 \\ -4 & -2 & 1 \end{pmatrix}$의 합을 구해봅시다.

Chap06/src/Array04.java

```java
public class Array04 {
    public static void main(String[] args) {
        int rows = 2, columns = 3;
        int[][] firstMatrix = { {2, 3, 4}, {3, 2, 1} };
        int[][] secondMatrix = { {1, 2, 3}, {-4, -2, 1} };

        int[][] sum = new int[rows][columns];
        for (int i = 0; i < rows; i++) {
            for (int j = 0; j < columns; j++) {
                sum[i][j] = firstMatrix[i][j] + secondMatrix[i][j];
            }
        }

        System.out.println("두 행렬의 합: ");
        for (int i = 0; i < rows; i++) {
            for (int j = 0; j < columns; j++) {
                System.out.print(sum[i][j] + "    ");
            }
            System.out.println();
        }
    }
}
```

배열 생성 시 변수가 들어갈 수 있음

실행 결과

```
두 행렬의 합:
 3    5    7
-1    0    2
```

여기서 퀴즈!

다음 중 배열을 선언하는 방법으로 옳지 않은 것을 고르시오.

① int[][] arr = {{1, 2, 3}, {4, 5, 6}}

② int arr[][] = new int[2][3]{{1, 2, 3}, {4, 5, 6}};

③ int[] arr = {1, 2, 3}

④ int arr[] = new int[]{1, 2, 3}

정답 ②

6.3 | 문자열

1 문자열의 개요

문자열은 쉽게 말해 문자의 배열입니다. 예를 들어 "Hello World"는 문자열이고 'H', 'e', 'l', 'l', 'o', ' ', 'W', 'o', 'r', 'l', 'd'는 문자 시퀀스인데, 공백도 문자로 인식합니다. 문자열은 항상 큰따옴표(" ") 안에 작성합니다.

자바 프로그래밍에서 문자열은 String 클래스의 객체입니다. new 키워드를 이용하여 문자열을 메모리에 동적으로 할당할 수도 있습니다. 문자열을 선언하는 형식은 다음과 같습니다.

TIP 클래스와 객체는 7장에서 자세히 다룹니다.

```
자료형 문자열명 = "문자열";
String myStr = "Java";

자료형 문자열명 = new 자료형("문자열");
String myStr = new String("Java");
```

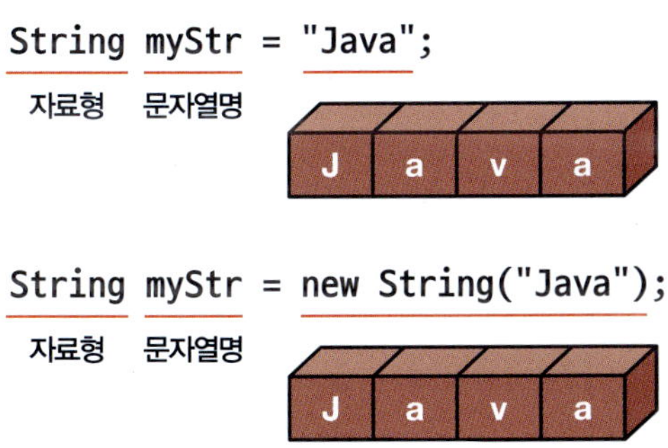

그림 6-14 문자열 선언

다음 예는 String형 변수에 문자열로 선언하는 경우와 new 키워드를 사용하여 문자열을 생성하는 경우입니다.

문자열 선언 예시 Chap06/src/Example05.java

```java
public class Example05 {
    public static void main(String[] args) {
        String s1 = "Java";
        String s2 = "Java";
        String s3 = new String("Java");
        String s4 = new String("Java");

        System.out.println(s1);
        System.out.println(s2);
        System.out.println(s3);
        System.out.println(s4);
    }
}
```

실행 결과

```
Java
Java
Java
Java
```

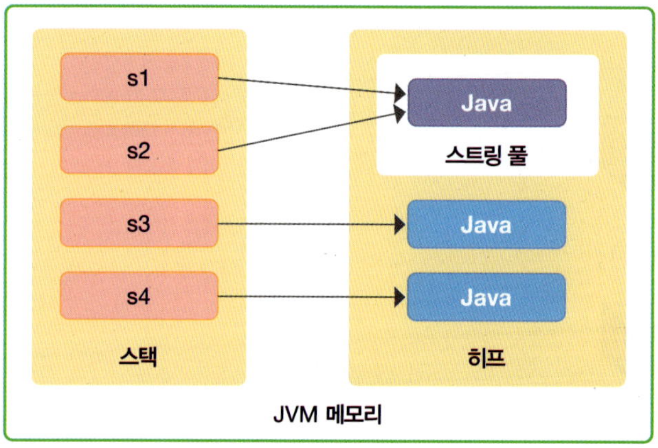

그림 6-15 Example05.java 프로그램의 문자열과 String 클래스 생성 문자열

하나 더 알기 **자바의 대표적인 메모리**

- **스태틱(static):** 컴파일 시간 동안 할당된 정적 메모리로, 전역변수나 static으로 선언되는 것을 저장하는 공간입니다.
- **스택(stack):** 임시로 사용되는 변수나 정보가 저장되는 메모리로, 기본 자료형(int, float, boolean)을 생성할 때 저장하는 공간입니다.
- **히프(heap):** 인스턴스를 만들 때 생성되는 메모리로, new를 사용하여 객체를 만들 때 메모리에 저장합니다. 즉 참조형(class, interface, enum, Array) 데이터 객체의 실제 데이터가 담기는 공간입니다.

예제 6-5 **String을 이용하여 문자열 저장하고 출력하기**

문자열을 저장하고 new 키워드를 이용하여 동일한 문자열을 생성해봅시다.

Chap06/src/Array05.java

```
public class Array05 {
  public static void main(String[] args) {
    String s1 = "Java Programming";
    String s2 = new String("Java Programming");

    System.out.println(s1);
    System.out.println(s2);
  }
}
```

실행 결과

```
Java Programming
Java Programming
```

2 String 클래스의 메서드

자바 프로그래밍에서는 문자열을 자주 사용하며, 문자열 길이 반환, 문자열을 소문자 또는 대문자로 변환, 문자열 결합 등을 통해 문자열 작업을 더 쉽게 할 수 있는 문자열 메서드는 [표 6-1]과 같습니다.

표 6-1 자주 사용되는 문자열 메서드

메서드	설명
int length()	문자열 길이를 반환한다.
boolean isEmpty()	문자열이 비어 있는지 확인한다.
char charAt(int index)	특정 인덱스에 대한 char 값을 반환한다.
String substring(int startIndex)	주어진 시작 인덱스에 대한 부분 문자열을 반환한다.
String substring(int startIndex, int endIndex)	주어진 시작 인덱스와 끝 인덱스에 대한 부분 문자열을 반환한다.
String concat(String str)	두 문자열을 결합한다.
int indexOf(char ch)	지정된 문자의 인덱스를 반환한다.
boolean equals(Object anotherObject)	문자열과 객체가 같은지 확인한다.
int compareTo(Object obj)	문자열을 객체와 비교한다.
String toLowerCase()	문자열을 소문자로 반환한다.
String toUpperCase()	문자열을 대문자로 반환한다.
String trim()	선행 및 후행 공백을 생략한다.
String replace(char oldChar, char newChar)	문자열의 이전 문자를 새 문자 값으로 바꾼다.

다음은 [표 6-1]의 메서드 중 몇 가지 예입니다.

문자열 메서드 사용 예시 Chap06/src/Example06.java

```
public class Example06 {
  public static void main(String[] args) {
    String s = " Java Programming ";
    System.out.println("s.length() : " + s.length());
    System.out.println("s.charAt(1) : " + s.charAt(1));
    System.out.println("s.substring(6) : " + s.substring(6));
    System.out.println("s.substring(5,13) : " + s.substring(5,13));
    System.out.println("s.indexOf('P') : " + s.indexOf("P"));
    System.out.println("s.toLowerCase() : " + s.toLowerCase());
    System.out.println("s.toUpperCase() : " + s.toUpperCase());
  }
}
```

실행 결과

```
s.length() : 18
s.charAt(1) : J
s.substring(6) : Programming
s.substring(5,13) : Program
s.indexOf('P') : 6
s.toLowerCase() : java programming
s.toUpperCase() : JAVA PROGRAMMING
```

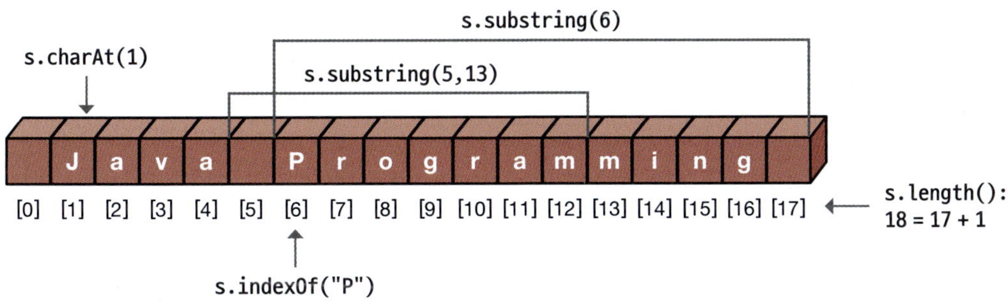

s.toLowerCase(): 모두 소문자로 변경/s.toUpperCase(): 모두 대문자로 변경

그림 6-16 Example06.java 프로그램의 String 클래스 메서드

예제 6-6 String 클래스 메서드 이용하기

문자열을 연결하는 + 연산자와 String의 concat() 메서드로 출력되는 결괏값을 비교해봅시다.

Chap06/src/Array06.java

```java
public class Array06 {
  public static void main(String[] args) {
    String s = " Java Programming ";
    String s1 = "Java";
    String s2 = " Programming";
    String s3 = s1.concat(s2);
    String s4 = s.trim();

    System.out.println("s3 " + s3);
    System.out.println("s4 " + s4);
    System.out.println("s3.equals(s4) " + s3.equals(s4));
  }
}
```

공백

실행 결과

```
s3 Java Programming
s4 Java Programming
s3.equals(s4)  true
```

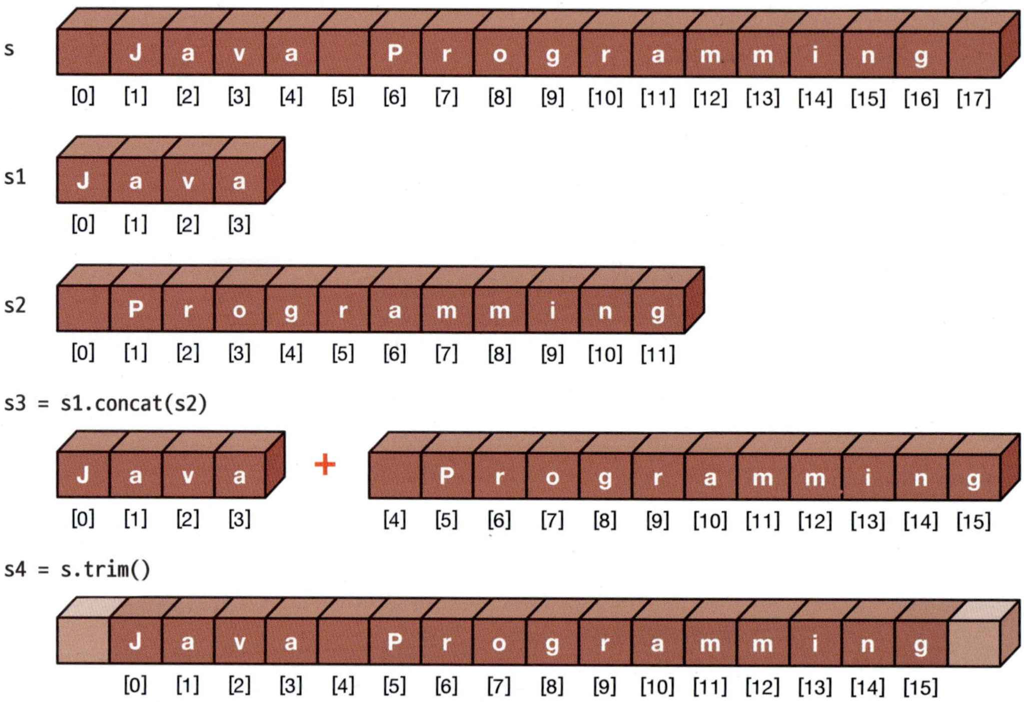

그림 6-17 Array06.java 프로그램의 String 클래스 메서드

3 문자열 연산자

문자열 연산자는 문자열에 사용하는 연산자로, 문자열를 비교하는 연산자 말고도 두 문자열의 값을 연결하여 새로운 문자열을 반환하는 문자열 연결(+) 연산자가 있습니다.

표 6-2 문자열에서 주로 사용되는 연산자

연산자	설명
+	두 문자열을 연결한다.
==	두 문자열의 메모리가 같으면 true를 반환한다.
!=	두 문자열의 메모리가 다르면 true를 반환한다.
equals( )	두 문자열이 같으면 true를 반환한다.

다음은 문자열 연산자를 이용하여 문자열 "Java"와 "java"를 연산하는 예입니다.

문자열 메서드 연산 예시 Chap06/src/Example07.java

```
public class Example07 {
   public static void main(String[] args) {
      String s1 = "Java";
      String s2 = "Java";
      String s3 = "java";
      System.out.println(s1 == s2);   // 문자열 s1과 s2가 같으면 true
      System.out.println(s1 != s2);   // 문자열 s1과 s2가 다르면 true

      System.out.println(s2 == s3);
      System.out.println(s2 != s3);

      String s4 = s2 + s3;
      System.out.println(s4);
   }
}
```

실행 결과

```
true
false
false
true
Javajava
```

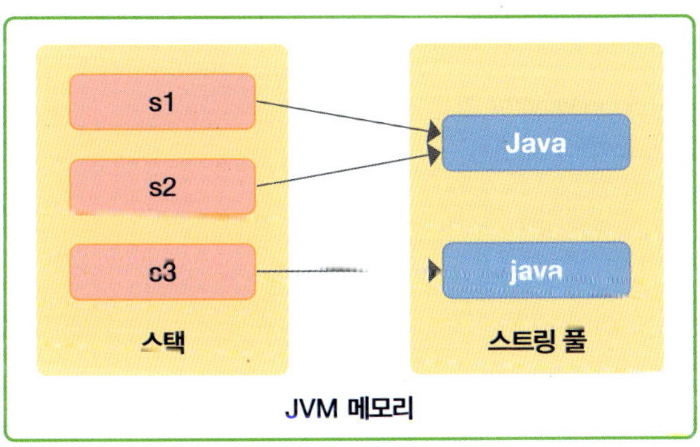

그림 6-18 Example07.java 프로그램의 문자열 연산자

하나 더 알기 **스트링 풀**

String을 생성하는 방식에는 new 연산자를 이용하는 방식과 문자열을 이용하는 방식이 있습니다.

- **new 연산자를 이용하는 방식:** new를 통해 String을 생성하면 히프 영역에 존재합니다.
- **문자열을 이용하는 방식:** 스트링 풀(String pool)이라는 영역에 존재합니다.

스트링 풀은 new 연산자로 String 객체를 생성하지 않고 문자열(리터럴)로 생성하여 히프 영역의 메모리 내에 저장하는 공간을 말합니다. 이는 런타임에서 많은 양의 String 객체를 생성하게 되더라도 많은 메모리 공간을 절약할 수 있습니다.

예제 6-7 문자열 연산자를 이용하여 두 문자열 비교하기

String 클래스로 생성한 문자열에 대해 문자열 연산자를 이용하여 서로 같은지 비교해봅시다.

Chap06/src/Array07.java

```
public class Array07 {
  public static void main(String[] args) {
    String s1 = new String("Java");
    String s2 = new String("Java");
    String s3 = s1;

    if (s1 == s2) System.out.println("s1과 s2는 같다");
    else System.out.println("s1과 s2는 같지 않다");

    if (s1 == s3) System.out.println("s1과 s3은 같다");
    else System.out.println("s1과 s3은 같지 않다");

    if (s1.equals(s2)) System.out.println("s1과 s2의 값은 같다");
    else System.out.println("s1과 s2의 값은 같지 않다");
  }
}
```

실행 결과

```
s1과 s2는 같지 않다
s1과 s3은 같다
s1과 s2의 값은 같다
```

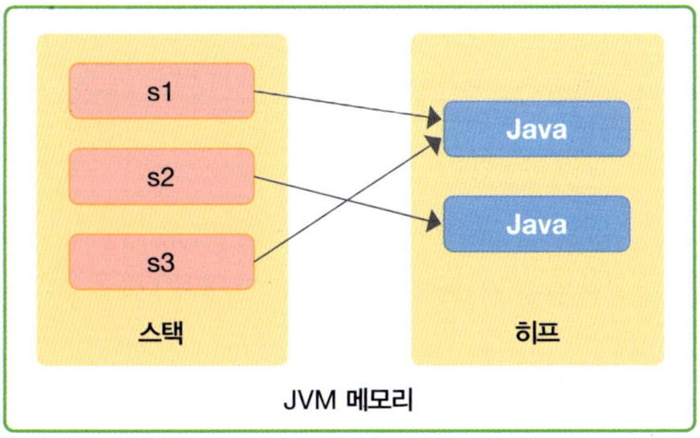

그림 6-19 Array07.java 프로그램의 문자열 연산자

여기서 퀴즈!

다음 중 문자열을 연결하는 + 연산자와 같은 문자열 메서드를 고르시오.

① substring()

② concat()

③ compareTo()

④ trim()

정답 ②

프로젝트 도서 목록 표시하기

온라인 서점에서 장바구니에 도서를 추가할 때 도서 목록을 표시하기 위해 이 장에서 배운 배열과 문자열을 적용해봅시다. 먼저 배열을 이용하여 도서 정보를 저장한 뒤, 메인 메뉴에서 [장바구니에 항목 추가하기] 메뉴를 선택하면 도서 목록이 나타나고, 선택한 도서를 장바구니에 추가할 수 있는지 메시지를 출력하게 합니다.

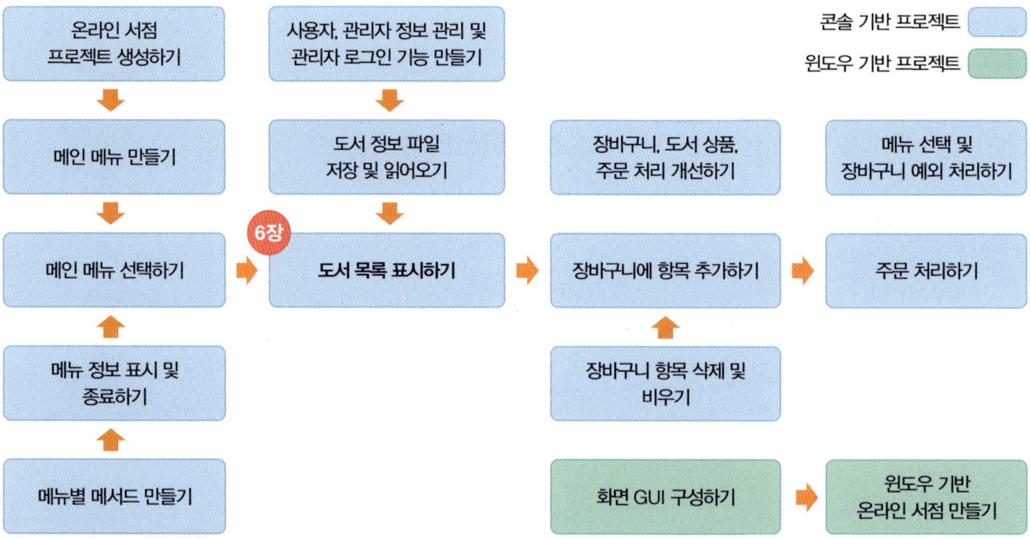

그림 6-20 도서 목록 표시하기

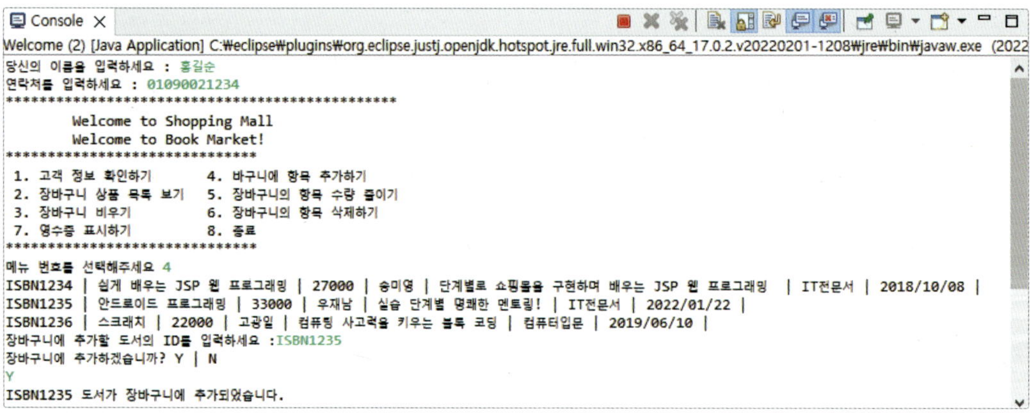

그림 6-21 도서 목록 표시하기 실행 결과

도서 목록 출력하기

2차원 배열을 이용하여 도서 정보를 저장하고 출력합니다.

01 도서 정보 저장하기: Welcome.java 파일을 열고, 도서 정보를 저장하기 위한 2차원 배열을 `main()` 메서드에 선언합니다. 그리고 도서 정보를 저장하는 메서드 `BookList()`를 만듭니다.

- **도서 정보를 저장하는 2차원 배열의 이름:** mBook
- **요소:** ISBN, 도서명, 정가, 저자, 도서 설명, 도서 분야, 출간일

프로젝트 6-1 6장/BookMarket/src/Welcome.java

```java
import java.util.Scanner;

public class Welcome {
  static final int NUM_BOOK = 3;
  static final int NUM_ITEM = 7;

  public static void main(String[] args) {
    String[][] mBook = new String[NUM_BOOK][NUM_ITEM];
    ...
  } // main 메서드 끝

  ...
  public static void menuExit() {
    System.out.println("8. 종료");
  }
  public static void BookList(String[][] book) {

    book[0][0] = "ISBN1234";
    book[0][1] = "쉬게 배우는 JSP 웹 프로그래밍";
    book[0][2] = "27000";
    book[0][3] = "송미영";
    book[0][4] = "단계별로 쇼핑몰을 구현하며 배우는 JSP 웹 프로그래밍";
    book[0][5] = "IT전문서";
    book[0][6] = "2018/10/08";

    book[1][0] = "ISBN1235";
```

- `static final int NUM_BOOK = 3;` — 도서의 개수에 대한 상수 NUM_BOOK 선언
- `static final int NUM_ITEM = 7;` — 도서 정보의 개수에 대한 상수 NUM_ITEM 선언
- `String[][] mBook = new String[NUM_BOOK][NUM_ITEM];` — 도서 정보를 저장할 mBook을 2차원 배열로 생성
- `public static void BookList(String[][] book) {` — 도서 정보를 저장하는 메서드

```java
        book[1][1] = "안드로이드 프로그래밍";
        book[1][2]= "33000";
        book[1][3] = "우재남";
        book[1][4] = "실습 단계별 명쾌한 멘토링!";
        book[1][5] = "IT전문서";
        book[1][6] = "2022/01/22";

        book[2][0] = "ISBN1236";
        book[2][1] = "스크래치";
        book[2][2] = "22000";
        book[2][3] = "고광일";
        book[2][4] = "컴퓨팅 사고력을 키우는 블록 코딩";
        book[2][5] = "컴퓨터입문";
        book[2][6] = "2019/06/10";
    }
}
```

02 도서 정보 출력하기: 도서 정보를 출력하기 위해 Welcome 클래스 내부의 menuCartAddItem() 메서드를 수정합니다.

프로젝트 6-2 6장/BookMarket/src/Welcome.java

```java
public class Welcome {
    ...
    public static void menuCartAddItem(String[][] book) {
      // System.out.println("장바구니에 항목 추가하기 : ");

      BookList(book);
      for (int i = 0; i < NUM_BOOK; i++) {
        for (int j = 0; j < NUM_ITEM; j++)
          System.out.print(book[i][j] + " | ");
        System.out.println("");
      }
    }
}
```

매개변수 추가

장바구니에 도서를 추가하는 메서드

도서 정보를 저장하는 메서드 호출

도서 정보 출력

도서의 ID 확인하기

01 입력받은 도서의 ID 확인하기: 장바구니에 추가할 도서의 ID가 도서 목록에 포함되어 있으면 종료하고, 포함되어 있지 않으면 다시 입력하도록 menuCartAddItem() 메서드를 수정합니다. [프로젝트 6-2]의 12행에 이어서 작성합니다.

프로젝트 6-3 6장/BookMarket/src/Welcome.java

```java
import java.util.Scanner;

public class Welcome {
    ...
    public static void menuCartAddItem(String[][] book) {
        ...
        boolean quit = false;

        while (!quit) {
            System.out.print("장바구니에 추가할 도서의 ID를 입력하세요 :");

            Scanner input = new Scanner(System.in);
            String str = input.nextLine();

            boolean flag = false;
            int numId = -1;

            for (int i = 0; i < NUM_BOOK; i++) {
                if (str.equals(book[i][0])) {
                    numId = i;
                    flag = true;
                    break;
                }
            }

            if (flag) {
                quit = true;
            } else
                System.out.println("다시 입력해 주세요");
        }
    }
    ...
}
```

- 장바구니에 항목을 추가하지 않을 때까지 반복하는 while문
- while문 시작
- 도서의 ID를 입력받음
- 입력된 도서의 ID와 저장되어 있는 도서 정보의 ID가 일치하는지 확인하여 일치하면 도서 정보의 numId(인덱스 번호)와 flag(일치 여부) 변수에 값을 변경하여 저장하고 반복문 종료
- 변수 flag가 참이면(입력된 도서의 ID와 저장되어 있는 도서 정보의 ID가 일치하면) 반복문을 종료하고, 거짓이면 '다시 입력해 주세요' 출력
- while문 끝

02 장바구니에 추가 여부 묻기: 입력된 도서의 ID가 도서 목록에 있으면 장바구니에 추가할 것인지를 확인한 후 종료하도록 `menuCartAddItem()` 메서드의 `if(flag)`문을 수정합니다.

프로젝트 6-4 6장/BookMarket/src/Welcome.java

```
import java.util.Scanner;

public class Welcome {
   ...
   public static void menuCartAddItem(String[][] book) {
      ...
      boolean quit = false;

      while (!quit) {
         ...
         if (flag) {
            System.out.println("장바구니에 추가하겠습니까? Y | N ");
            str = input.nextLine();

            if (str.toUpperCase().equals("Y")) {
               System.out.println(book[numId][0] + " 도서가 장바구니에 추가되었습니다.");
            }
               quit = true;
         } else
            System.out.println("다시 입력해 주세요");
      }
   }
   ...
}
```

장바구니에 도서 추가 여부를 위한 입력값(Y 또는 N)을 받음

입력값(Y 또는 N)을 대문자로 변경하여 Y이면 '도서가 장바구니에 추가되었습니다.' 출력

요약

01 배열은 공통 이름으로 참조되는 자료형의 모음을 의미합니다. 배열을 선언할 때 배열의 크기를 지정해야 하므로 정적 데이터 구조라고도 합니다. 배열은 인덱스 0에서 시작하여 n-1로 이동하며, 여기서 n은 배열의 길이를 나타냅니다.

02 1차원 배열은 단일 인덱스를 사용하여 요소를 저장하며, 인덱스를 1씩 증가시키면 배열의 모든 요소를 얻을 수 있습니다.

```
자료형[] 배열명 = new 자료형[배열크기];
  int[] myArr  = new int[5];
```

03 2차원 배열은 데이터가 행과 열에 저장되는 표 형식으로 데이터를 나타냅니다.

```
자료형[][] 배열명 = new 자료형[행크기][열크기];
  int[][] myArr  = new int[3][4];   // 3x4 배열 선언
```

04 문자의 배열인 문자열은 항상 큰따옴표 안에 작성합니다. 자바 프로그래밍에서 문자열은 String 클래스의 객체입니다. new 키워드를 이용하여 문자열을 메모리에 동적으로 할당할 수도 있습니다.

```
자료형 문자열명 = "문자열";
String myStr = "Java";

자료형 문자열명 = new 자료형("문자열");
String myStr = new String("Java");
```

05 자바 프로그래밍에서 자주 사용되는 문자열 메서드는 다음과 같습니다.

메서드	설명
int length()	문자열 길이를 반환한다.
boolean isEmpty()	문자열이 비어 있는지 확인한다.
char charAt(int index)	특정 인덱스에 대한 char 값을 반환한다.
String substring(int startIndex)	주어진 시작 인덱스에 대한 부분 문자열을 반환한다.
String substring(int startIndex, int endIndex)	주어진 시작 인덱스와 끝 인덱스에 대한 부분 문자열을 반환한다.
String concat(String str)	두 문자열을 결합한다.
int indexOf(char ch)	지정된 문자의 인덱스를 반환한다.
boolean equals(Object anotherObject)	문자열과 객체가 같은지 확인한다.
int compareTo(Object obj)	문자열을 객체와 비교한다.
String toLowerCase()	문자열을 소문자로 반환한다.
String toUpperCase()	문자열을 대문자로 반환한다.
String trim()	선행 및 후행 공백을 생략한다.
String replace(char oldChar, char newChar)	문자열의 이전 문자를 새 문자 값으로 바꾼다.

06 문자열에서 주로 사용되는 연산자는 다음과 같습니다.

연산자	설명
+	두 문자열을 연결한다.
==	두 문자열의 메모리가 같으면 true를 반환한다.
!=	두 문자열의 메모리가 다르면 true를 반환한다.
equals( )	두 문자열이 같으면 true를 반환한다.

연습문제

01 다음 중 1차원 배열의 구문이 아닌 것은 무엇인가?

① `int arr[];`　　② `int []arr;`

③ `int[] arr;`　　④ `int[] arr[];`

02 다음 프로그램의 실행 결과는 무엇인가?

```
class MyClass {
    public static void main(String[] args) {
        int marks[] = new int[4];
        marks[0] = 65;
        marks[1] = 70;
        marks[2] = 74;
        marks[3] = 90;
        marks[4] = 87;
        for(int i = 0; i < marks.length; i++) {
            System.out.println(marks[i]);
        }
    }
}
```

① 모든 marks 값이 하나씩 표시된다.

② 모든 marks가 배열 형식으로 표시된다.

③ 요소의 초기화가 배열의 길이보다 크므로 컴파일 오류가 발생한다.

④ 컴파일되었지만 아무것도 출력되지 않는다.

03 자바에서 배열의 요소를 표시하는 데 사용되는 루프문은 무엇인가?

① switch~case문　　② for문

③ 중첩된 if문　　④ if~else문

04 다음 중 두 문자열을 비교하는 구문은 무엇인가?

① `S1 -- S2`　　② `S1.isequals(S2)`

③ `S1 = S2`　　④ `S1 equal to S2`

05 다음 프로그램의 실행 결과는 무엇인가?

```
class MyClass {
   public static void main (String[] args) {
      String arr[] = {"C", "C++", "Java"};
      arr[0] = "Python";
      for (int i = 0; i < arr.length; i++) {
         System.out.println(arr[i]);
      }
   }
}
```

① C C++ Java
② Python C++ Java
③ Python
④ C

06 다음 프로그램의 실행 결과는 무엇인가?

```
class MyClass {
   public static void main(String[] args) {
      int arr[][] = { {100,200}, {300,400} };

      for (int i = 0; i < arr.length; i++) {
         for (int j = 0; j < arr.length; j++) {
            System.out.println(arr[i][j]);
         }
      }
   }
}
```

① i j
② arr[i][j]
③ 100 200 300 400
④ 400 300 200 100

07 자바에서 문자열을 선언하는 방법으로 옳지 않은 것은 무엇인가?

① String = "data";

② String var = "value";

③ String var = new String("Value");

④ char c = {'V', 'a', 'l', 'u', 'e'}; String var = new String(c);

08 다음 프로그램의 실행 결과는 무엇인가?

```
class MyClass {
   public static void main(String[] args) {
      char data[] = {'j' , 'a' , 'v' , 'a'};
      String s = new String(data);
      System.out.println(s);
   }
}
```

① java ② JavaBook

③ Java..concat(two) ④ 컴파일 오류

09 다음 프로그램의 실행 결과는 무엇인가?

```
class MyClass {
   public static void main(String[] args) {
      String one = "Java";
      char arr[] = {'B', 'o', 'o', 'k'};
      String two = new String(arr);
      System.out.println(one.concat(two));
   }
}
```

① java ② JavaBook

③ Java..concat(two) ④ 컴파일 오류

10 다음 프로그램의 실행 결과는 무엇인가?

```
class MyClass {
   public static void main(String[] args) {
      String datas = "Java, Book";
      String data[] = datas.split(",");
      System.out.println(data[0]);
   }
}
```

① Java ② Book

③ Java, Book ④ Java Book

PART 02

객체지향 프로그래밍 문법 배우기

CONTENTS

CHAPTER 07

클래스와 객체

학습목표

- 객체지향 프로그래밍의 개념과 특징을 이해합니다.
- 클래스와 객체에 대해 알아봅니다.
- 클래스의 구성 요소를 파악합니다.
- 생성자의 개념을 이해하고 종류를 파악합니다.
- 접근제한자에 대해 알아봅니다.

Preview

자바는 클래스와 객체 등의 객체지향 개념을 지원하는 객체지향 언어입니다. 객체지향 프로그래밍의 구성 요소를 간단히 훑어보고, 그중에서 가장 중요한 클래스와 객체에 대해 자세히 알아봅시다. 또한 클래스의 구성 요소인 멤버 변수, 멤버 메서드, 생성자와 이러한 구성 요소의 접근을 제한하는 접근제한자를 살펴봅시다.

- 객체지향 프로그래밍
  - 객체지향 프로그래밍의 개념
  - 캡슐화
  - 상속
  - 다형성
    - 메서드 오버로딩
    - 메서드 오버라이딩
  - 추상화
    - 추상 클래스
    - 인터페이스
- 클래스와 객체
  - 클래스와 객체의 관계
  - 클래스 설계 및 구현
    - 클래스 설계
    - 클래스 구현
  - 객체
    - 객체 생성
- 클래스의 구성 요소
  - 멤버 변수
    - 멤버 변수 접근
  - 멤버 메서드
    - 메서드의 유형
    - 멤버 메서드 접근
- 생성자
  - 기본 생성자
  - 일반 생성자
  - 생성자 오버로딩
  - this를 이용한 생성자 체인
- 접근제한자
  - 접근제한자의 개념
  - public 접근제한자
  - protected 접근제한자
  - private 접근제한자
  - default 접근제한자

[프로젝트]

- 장바구니에 항목 추가하기
  - 고객 정보 클래스 만들기
  - 장바구니에 항목 추가하기
  - 장바구니의 상품 목록 보기

7.1 | 객체지향 프로그래밍

프로그래머가 코드를 작성하면서 겪는 주요 문제 중 하나는 긴 코드를 작성하는 동안 코드가 무질서하고 체계적이지 않게 된다는 것입니다. 즉 오류를 한 줄씩 확인하면서 디버깅하여 오류를 찾기가 매우 어렵습니다. 이에 프로그래머가 적절한 방식으로 프로그램을 구성하는 데 도움을 주기 위해 고안된 것이 객체지향 프로그래밍(object-oriented programming) 개념입니다.

1 객체지향 프로그래밍의 개념

객체지향 프로그래밍은 그 명칭에서 드러나듯이 프로그래밍에서 객체를 사용하는 것을 의미합니다. 즉 데이터와 메서드를 포함하는 '객체' 개념에 기반한 프로그래밍입니다. 객체지향 프로그래밍의 주요 목적은 프로그램의 유연성을 향상하고 유지·관리의 가능성을 높이는 것입니다. 객체지향 프로그래밍을 통해 데이터 및 데이터의 동작(메서드)을 단일 위치(객체)에 통합하여 프로그램 작동 방식을 더 쉽게 이해할 수 있습니다.

객체지향 프로그래밍의 장점은 다음과 같습니다.

- **개발 속도 향상:** 더 빠르고 쉽게 실행할 수 있습니다.
- **소프트웨어 유지관리 향상:** 프로그램에 대한 명확한 구조를 제공합니다.
- **소프트웨어 개발의 생산성 향상:** 코드 반복이 줄어들고 코드의 재사용, 수정, 디버깅이 쉬워집니다.
- **개발 비용 절감:** 더 적은 코드, 더 짧은 개발 시간으로 완전히 재사용 가능한 애플리케이션을 만들 수 있습니다.

객체지향 프로그래밍의 구성 요소

객체지향 프로그래밍의 구성 요소는 클래스(class), 객체(object), 캡슐화(encapsulation), 상속(inheritance), 다형성(polymorphism), 추상화(abstraction)입니다.

그림 7-1 객체지향 프로그래밍의 구성 요소

표 7-1 객체지향 프로그래밍의 구성 요소

구성 요소	설명	참고
클래스	같은 종류의 집단에 속한 속성과 행동을 정의한 틀이다.	7.2절 클래스와 객체 7.3절 클래스의 구성 요소
객체	클래스의 인스턴스이다.	7.2절 클래스와 객체
캡슐화	데이터와 행동을 하나의 단위로 묶는 기법이다.	7.5절 접근제한자
상속	이미 존재하는 한 클래스의 멤버(변수, 메서드)를 다른 클래스에 물려주는 기법이다.	8장 상속과 다형성
다형성	변수, 메서드 또는 객체가 여러 형태를 취하는 기법이다.	5장 메서드 7.4절 생성자 8장 상속과 다형성
추상화	불필요한 내부 세부 사항을 숨기고 필수 사항을 표시하는 것을 의미한다.	9장 추상 클래스와 인터페이스

2 캡슐화

캡슐화는 데이터(변수)와 행동(메서드)을 하나의 단위(클래스)로 묶는 기법입니다. 즉 데이터를 수정하지 못하도록 안전하게 하기 위해 정보의 세부 사항을 숨기고 객체의 데이터와 메서드를 보호하는 과정을 의미합니다. 예를 들어 캡슐 안에 담긴 약이 안전한 것과 마찬가지로 캡슐화를 통해 클래스의 변수와 메서드를 잘 숨겨 안전하게 보호하는 것입니다.

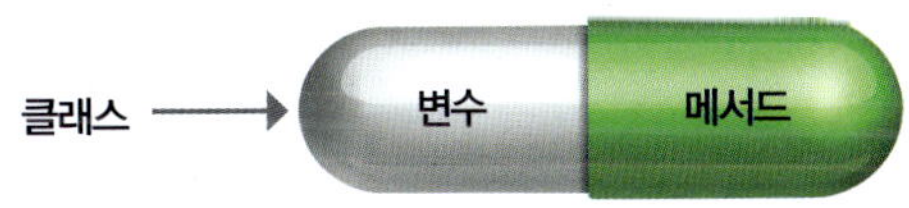

그림 7-2 **캡슐화의 예**

캡슐화는 다음과 같은 규칙을 따릅니다.

- 클래스의 변수는 `private` 접근제한자로 선언합니다.
- 클래스의 변수에 접근할 수 있는 `public` 접근제한자로 선언한 `Getter()`, `Setter()` 메서드를 제공합니다.

`Getter()`는 변숫값을 가져올 수 있는 메서드이고, `Setter()`는 변수에 값을 저장할 수 있는 메서드입니다.

TIP 이클립스에서 [Source]-[Generate Getters and Setters] 메뉴에서 원하는 private 변수를 선택하면 Getter(), Setter() 메서드를 자동으로 만들 수 있습니다.

다음은 `name` 변수를 읽기 전용 메서드와 쓰기 전용 메서드로 나누어 캡슐화하는 예입니다.

```
class Encapsulation {
   private String name;

   public String getName() {   ● 시작
      return name;
   }

   public void setName(String name) {
      this.name = name;
   }   ● 끝
}
```

하나 더 알기 **캡슐화가 필요한 이유**

- 클래스의 변수와 메서드를 더 잘 제어할 수 있습니다.
- 클래스의 변수를 읽기 전용[Getter() 메서드만 사용하는 경우] 또는 쓰기 전용[Setter() 메서드만 사용하는 경우]으로 설정할 수 있습니다.
- 프로그래머는 다른 부분에 영향을 주지 않고 유연하게 코드의 한 부분을 변경할 수 있습니다.
- 데이터의 보안을 강화할 수 있습니다.

3 상속

상속은 이미 존재하는 한 클래스의 멤버(변수, 메서드)를 다른 클래스에 물려주는 기법입니다. 코드를 재사용하고 두 클래스 간에 부모-자식 관계를 설정하는 데 도움이 됩니다. 예를 들어 새끼 고양이는 부모 고양이의 생김새와 습성을 상속받습니다. 이처럼 상속에서는 두 가지 클래스가 있습니다.

- **부모 클래스(상위 클래스, 슈퍼 클래스, 기본 클래스):** 해당 클래스가 포함하고 있는 멤버를 상속하는 클래스

그림 7-3 상속의 예

- **자식 클래스(하위 클래스, 서브 클래스, 파생 클래스):** 부모 클래스의 멤버를 상속받는 클래스

다음은 부모 클래스인 ParentCat과 부모 클래스를 상속받는 Kitten 클래스를 정의하는 예입니다.

```
class ParentCat {
    public String breed = "샴 고양이";
    void methodParentCat() {
        System.out.println("어미 고양이");
    }
}
```

```
class Kitten extends ParentCat {  ← 시작
    void methodKitten() {
        System.out.println("아기 고양이");
    }
}  ← 끝
```

4 다형성

다형성은 여러 형태를 취한다는 의미로, 객체지향 프로그래밍에서 다형성은 변수, 메서드, 객체가 여러 형태를 취하는 기법입니다. 상속에 의해 서로 관련된 하나 이상의 클래스 또는 객체가 있을 때 다형성이 발생합니다. 간단히 말해 다형성은 메시지가 하나 이상의 형태로 표시되는 능력으로 정의할 수 있습니다. 예를 들어 한 사람이 고양이를 키우는 집사이면서 직장인, 자녀, 부모이기도 하여 다양한 상황에서 다른 행동을 하는 것과 마찬가지입니다.

그림 7-4 **다형성의 예**

다형성에는 메서드 오버로딩(method overloading)과 메서드 오버라이딩(method overriding)이 있습니다.

메서드 오버로딩

메서드 오버로딩은 메서드명이 같지만 메서드에 전달된 매개변수의 자료형 또는 개수가 다른 둘 이상의 메서드를 갖는 것을 의미합니다. 메서드 오버로딩은 컴파일타임 다형성의 예입니다. 다음은 `CatButler` 클래스 안에 메서드명이 같지만 매개변수의 자료형과 개수가 다르게 선언된 `myRole()` 메서드 오버로딩의 예입니다.

```
public class CatButler {
   public void myRole(int age) {
      System.out.println("나는 고양이 집사입니다. 나이는 " + age + "입니다");
   }

   public void myRole(String name) {
      System.out.println(name + "은 학생입니다.");
   }

   public void myRole(String name, int age) {
      System.out.println(name + "은 자녀입니다. 나이는 " + age + "입니다");
   }
}
```

메서드 오버로딩

메서드 오버로딩

메서드 오버라이딩

메서드 오버라이딩은 상위 클래스의 메서드를 하위 클래스에서 재정의하는 것을 의미합니다. 메서드 오버라이딩은 런타임 다형성의 예입니다. 다음은 `Animal` 클래스를 상속받아 `Animal` 클래스의 `Sound()` 메서드 내용을 재정의하는 메서드 오버라이딩의 예입니다.

```
class Animal {
   public void Sound() {
      System.out.println("동물의 울음소리");
   }
}
```

```java
class Cat extends Animal {
    public void Sound() {
        System.out.println("고양이는 야옹야옹");
    }
}

class Dog extends Animal {
    public void Sound() {
        System.out.println("강아지는 멍멍멍");
    }
}
```

메서드 오버라이딩

메서드 오버라이딩

5 추상화

추상화는 불필요한 세부 정보를 포함하지 않고 객체의 공통적인 속성과 행동만을 나타내는 것을 의미합니다. 추상화의 주요 목적은 불필요한 세부 정보를 숨겨서 프로그래밍의 복잡성과 노력을 줄이는 데 있습니다. 예를 들어 고양이를 키우는 집사가 고양이의 신체 구조를 자세히 알기 위해 수의사가 될 필요까지는 없습니다. 고양이가 좋아하는 환경과 먹이 제공, 깨끗한 물 급여, 정기적인 병원 방문, 적절한 체중 유지, 치아 관리 등만 신경 써도 됩니다.

그림 7-5 **추상화의 예**

추상화를 하는 방법에는 추상 클래스(abstract class)를 이용하는 방법과 인터페이스(interface)를 이용하는 방법이 있습니다.

추상 클래스

abstract 키워드로 선언하는 추상 클래스는 추상 메서드와 구체적인 메서드를 포함할 수 있습니다. 추상 클래스는 인스턴스화할 수 없으므로 추상 클래스의 객체를 만들 수 없습니다. 추상 클래스를 사용하려면 다른 클래스에 상속하여 추상 메서드 자체를 구현해야 합니다. 다음은 추상 클래스 Animal을 선언하는 예입니다.

```
abstract class Animal {
   abstract void Sound();

   void Sleep() {
      System.out.println("zzz");
   }
}
```

인터페이스

interface 키워드를 사용하여 선언하는 인터페이스는 클래스가 구현해야 하는 동작을 지정하는 데 사용되는 추상 자료형입니다. 인터페이스를 사용하려면 다른 클래스에서 인터페이스를 구현해야 합니다. 다음은 인터페이스 Animal을 선언하고 Cat 클래스에서 Animal 인터페이스를 구현하는 예입니다.

```
public interface Animal {
   public void Sound();
   public void Sleep();
}

public class Cat implements Animal {
   public void Sound() {
      System.out.println("고양이 울음소리는 야옹야옹");
   }

   public void Sleep() {
      System.out.println("zzz");
   }
}
```

하나 더 알기 **추상 클래스 및 메서드와 인터페이스를 사용하는 이유**

- **추상 클래스 및 메서드:** 보안을 위해 특정 세부 정보를 숨기고 개체(클래스)의 중요한 세부 정보만 표시할 때 사용합니다.
- **인터페이스:** 보안을 위해 특정 세부 정보를 숨기고 개체(인터페이스)의 중요한 세부 정보만 표시할 때 사용합니다. 자바는 다중 상속을 지원하지 않지만 다중 상속을 할 때 사용합니다.

여기서 퀴즈!

다음 중 객체지향 프로그래밍의 구성 요소에 대한 설명으로 옳지 않은 것을 고르시오.

① 클래스: 서로 다른 종류의 집단에 속한 속성과 행동을 정의한 틀입니다.

② 캡슐화: 정보의 세부 사항을 숨기고 객체의 데이터와 메서드를 보호하는 과정을 의미합니다.

③ 상속: 이미 존재하는 한 클래스의 멤버(변수, 메서드)를 다른 클래스에 물려주는 기법입니다.

④ 다형성: 변수, 메서드, 객체가 여러 형태를 취하는 기법입니다.

정답 ①

7.2 클래스와 객체

1 클래스와 객체의 관계

객체지향 프로그래밍은 객체를 조립하여 프로그램을 만드는 것을 말합니다. 예를 들어 고양이 종이 장난감을 만드는 경우 [그림 7-6]과 같이 머리, 몸통, 꼬리의 종이 접기를 한 후 이를 조립하여

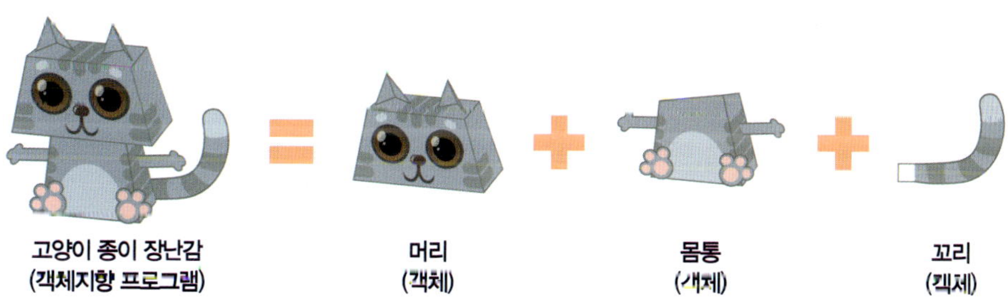

그림 7-6 클래스와 객체의 관계

고양이 종이 장난감을 완성합니다. 이를 객체지향 프로그래밍에 빗대면 조립되는 머리, 몸통, 꼬리는 객체를 의미하고 완성된 고양이 종이 장난감은 객체지향 프로그램에 해당합니다.

그렇다면 고양이 종이 장난감을 만들기 위한 머리, 몸통, 꼬리는 어떻게 만들어질까요? [그림 7-7]과 같이 설계도에 따라 만드는데, 이러한 설계도를 객체지향 프로그래밍에서는 클래스라고 합니다. 다시 말해 클래스는 객체를 만들기 위한 설계도 또는 템플릿입니다.

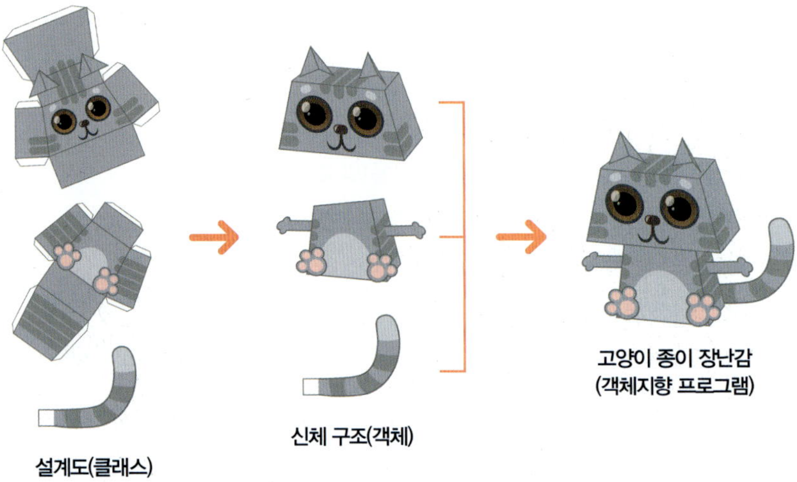

그림 7-7 **클래스와 객체의 구성**

2 클래스 설계 및 구현

클래스는 특정 유형의 객체를 만들기 위한 설계도 또는 템플릿으로, 객체가 어떻게 작동하고 객체가 무엇을 할 것인지를 결정합니다. 즉 객체에 어떤 속성(상태)이 있고, 어떤 기능(행동)을 하는지를 설명하는 설계도입니다. 현실 세계에 존재하는 고양이를 예로 들어 클래스를 설계 및 구현하는 방법을 살펴보겠습니다.

클래스 설계

[그림 7-8]과 같은 고양이 세 마리는 품종과 색깔이 각각 다릅니다. 하지만 품종과 색깔은 어떤 고양이든 가지고 있는 공통적인 특징이기도 합니다. 따라서 이러한 속성(품종, 색깔)은 클래스에 대한 데이터라고 볼 수 있습니다. 또한 고양이의 일반적인 행동에는 먹기, 발톱으로 할퀴기, '야옹' 하고 울기 등이 있는데, 이는 클래스에 대한 메서드가 될 수 있습니다.

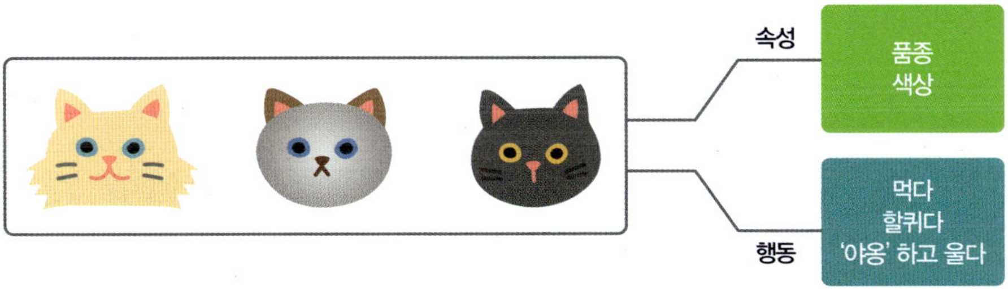

그림 7-8 **고양이의 속성과 행동 예**

이러한 고양이의 속성과 행동으로 클래스를 설계하면 [그림 7-9]와 같습니다.

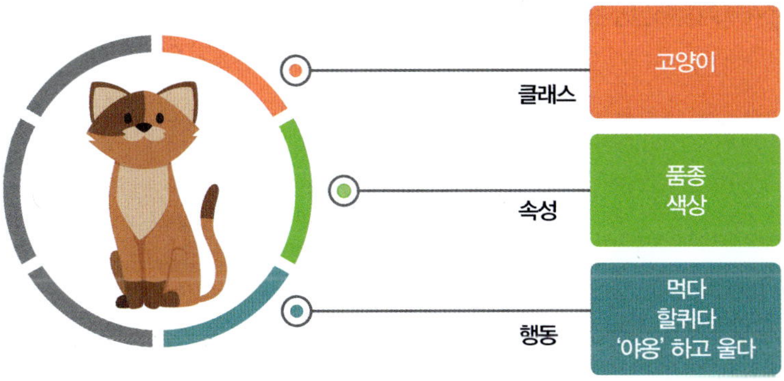

그림 7-9 **고양이에 대한 클래스 설계**

이제 객체지향 프로그래밍 접근 방식을 사용하여 코드로 클래스를 구현하는 방법을 알아봅시다.

클래스 구현

클래스를 구현할 때는 `class` 키워드를 사용하고 클래스의 본문을 중괄호({ })로 묶습니다. 클래스의 구성 요소는 변수, 메서드 등이며, 클래스를 구현하는 일반적인 형식은 다음과 같습니다.

```
[접근제한자] class 클래스명 {
    (멤버)변수     ── 속성
    (멤버)메서드   ── 행동
}
```

모든 클래스에 변수(데이터)와 메서드가 있는 것은 아니며, 변수만 포함된 클래스도 있고 메서드만 포함된 클래스도 있습니다. 클래스가 수행해야 하는 작업에 따라 멤버 구성 요소를 다르게 선언합니다.

TIP 접근제한자에 대한 자세한 내용은 7.5절을 참고하세요.

고양이에 대한 클래스 설계를 Cat 클래스로 구현한 결과와 클래스의 구성 요소는 다음과 같습니다.

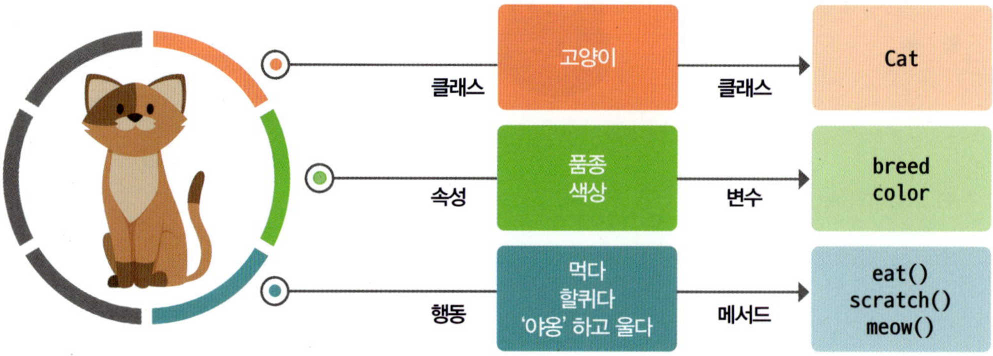

그림 7-10 Cat 클래스의 구현 예

다음은 [그림 7-10]의 Cat 클래스를 구현한 예입니다.

Cat 클래스 구현 예시

Chap07/src/Cat.java

```java
public class Cat {
    String breed;
    String color;

    void eat() {
        // eat() 메서드 구현
    }
    void scratch() {
        // scratch() 메서드 구현
    }
    void meow(){
        // meow() 메서드 구현
    }
}
```

public → 접근제한자, Cat → 클래스

클래스 멤버: 변수(breed, color), 메서드(eat(), scratch(), meow())

{ } 안 → 클래스 몸체

3 객체

객체는 클래스의 인스턴스입니다. 객체는 클래스 자체의 복사본으로, 특정 유형의 데이터를 유용하게 만드는 메서드와 변수(속성)로 구성됩니다. 예를 들어 고양이 클래스에서 속성(품종, 색깔)의 다른 값에 대해 다른 고양이 객체를 얻을 수 있습니다.

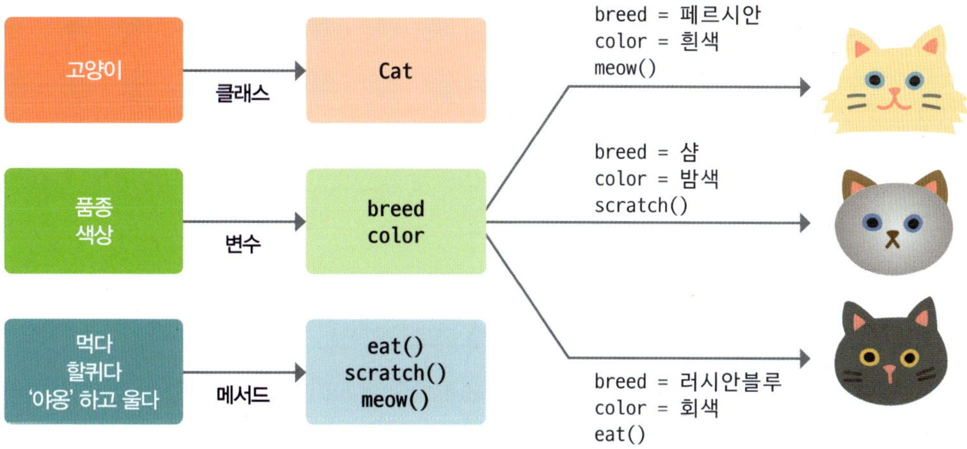

그림 7-11 Cat 클래스의 객체

객체 생성

클래스를 통해 객체를 생성하려면 new 키워드를 사용하며 형식은 다음과 같습니다.

```
클래스명 객체명 = new 클래스명();
    Cat catObj = new Cat();
```

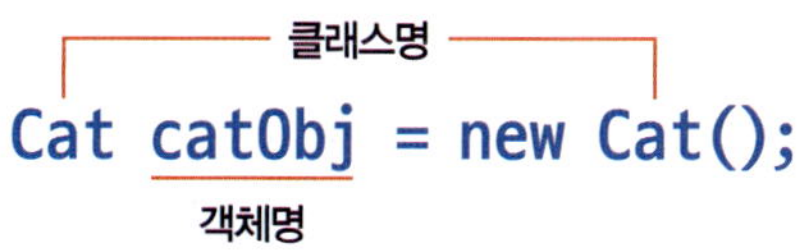

그림 7-12 Cat 클래스의 객체 생성 예

예제 7-1 사람에 대한 클래스 설계 및 구현하기

사람에 대한 공통적인 속성으로 이름과 주민번호를 정의하고 행동이 걷기, 달리기인 클래스를 설계 및 구현해봅시다.

Chap07/src/Person.java

```
public class Person {
    String name;
    int reg_num;

    void walk() {
        // walk() 메서드 구현
    }
```

```
    void run() {
        // run() 메서드 구현
    }
}
```

여기서 퀴즈!

다음 중 클래스와 객체에 대한 설명으로 옳지 않은 것을 고르시오.

① 클래스는 특정 유형의 객체를 만들기 위한 설계도 또는 템플릿입니다.

② 클래스는 객체에 어떤 속성이 있고, 어떤 기능을 하는지를 설명하는 설계도입니다.

③ 객체는 클래스의 인스턴스이며, new 키워드를 사용하여 생성합니다.

④ 모든 클래스는 반드시 변수와 메서드로 구성되어야 합니다.

정답 ④

7.3 | 클래스의 구성 요소

클래스의 구성 요소는 실세계에서의 속성과 행동에 해당하는 변수, 메서드, 클래스명과 같은 생성자입니다.

- **멤버 변수(member variable):** 객체의 데이터가 저장되는 곳
- **멤버 메서드(member method):** 객체의 동작, 데이터의 조작이 이루어지는 곳
- **생성자(constructor):** 객체를 생성할 때 초기화되는 항목 관리

여기서는 변수와 메서드에 대해 살펴보고 생성자는 7.4절에서 자세히 다루겠습니다.

1 멤버 변수

데이터를 저장할 수 있는 메모리 공간이 변수라는 것을 2장에서 배웠습니다. 변수는 실제로 클래스의 속성이며, 이러한 클래스의 속성을 클래스 내의 멤버 변수 또는 필드(field)라고 부릅니다.

멤버 변수는 객체의 데이터, 메서드의 반환값, 상태 등을 저장하는 곳을 의미합니다. 따라서 선언 형태가 변수와 비슷하지만 조금 차이가 있습니다. 변수는 생성자와 메서드 내에서만 사용하고 생성자와 메서드가 종료되면 같이 소멸되지만, 멤버 변수는 객체가 소멸되어야 같이 소멸됩니다. 멤버 변수를 선언하는 형식은 다음과 같습니다.

```
자료형 멤버변수명 = 초깃값;    ← 생략 가능 (= 초깃값)
```

다음은 Cat 클래스 안에 멤버 변수 breed, color, age를 선언하는 예입니다.

```
public class Cat {
    String breed;
    String color;      ← 멤버 변수 breed, color, age
    int age = 10;
}
```

멤버 변수 접근

클래스 내의 멤버 변수는 객체를 만들고 마침표(.) 구문을 사용하여 접근할 수 있습니다. 멤버 변수에 접근하는 형식은 다음과 같습니다.

```
객체명.멤버변수명;
```

다음은 242쪽의 Cat.java에서 정의한 Cat 클래스를 사용하여 이름이 catObj인 객체를 만드는 경우입니다. 객체의 breed와 color 속성에 값을 저장하고 이를 출력합니다.

catObj 객체 생성 예시 Chap07/src/Example01.java

```
public class Example01 {
    public static void main(String[] args) {
        Cat catObj = new Cat();
        catObj.breed = "페르시안 고양이";
        catObj.color = "흰색";

        System.out.println("품종 : " + catObj.breed);
        System.out.println("색상 : " + catObj.color);
    }
}
```

실행 결과

```
품종 : 페르시안 고양이
색상 : 흰색
```

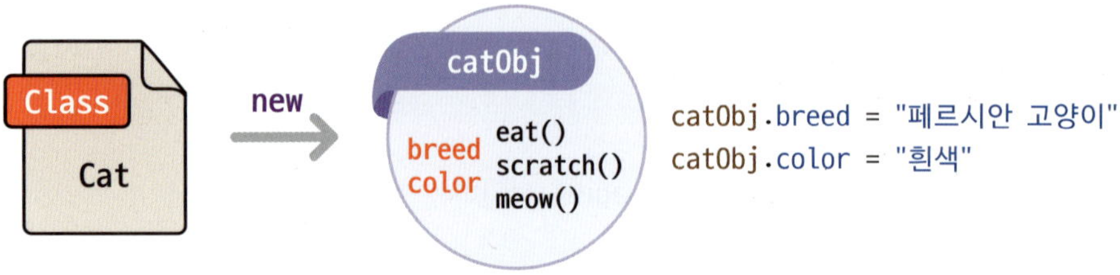

그림 7-13 catObj 객체에서 접근 가능한 멤버 변수

2 멤버 메서드

메서드의 유형

5장에서 배운 내용을 떠올려보면 메서드는 클래스 내에서 선언되고 특정 작업을 수행하는 데 사용되었습니다. 또한 메서드는 선언부와 중괄호 안의 구현부로 구성되며, 호출되면 중괄호 안의 모든 내용이 순차적으로 실행됩니다. 이러한 메서드는 [표 7-2]와 같이 크게 정적 메서드(static method)와 인스턴스 메서드(instance method)로 구분됩니다.

표 7-2 메서드의 유형

유형	설명
정적 메서드	• static 키워드를 선언하는 메서드 • 객체를 생성하지 않고 바로 사용한다.
인스턴스 메서드	• static 키워드를 선언하지 않는 메서드 • 객체를 생성해야만 사용할 수 있다.

TIP 정적 메서드는 5장에서 다룬 메서드의 유형입니다.

하나 더 알기 프로그램에 클래스를 구성하는 방법

■ **별도의 라이브러리 클래스 형태로 구성하는 방법**

별도의 라이브러리 클래스 형태로 구성하려면 반드시 파일명과 클래스명이 동일하고 접근제한자가 public으로 선언되어 있어야 합니다. 그리고 실행을 위한 main() 메서드가 필요 없습니다. 예를 들어 Cat 클래스는 파일명이 Cat.java이고, Cat 클래스의 접근제한자가 public으로 선언되어 있어야 합니다.

Chap07/src/Cat.java

```
public class Cat {
   String breed;
   String color;

   void eat() {
      // eat() 메서드 구현
   }
   ...
}
```

■ **라이브러리인 동시에 실행 클래스 형태로 구성하는 방법**

라이브러리인 동시에 실행 클래스 형태로 구성하려면 반드시 파일명과 클래스명이 동일하고 접근제한자가 public으로 선언되어 있어야 합니다. 그리고 실행을 위한 main() 메서드가 필요합니다. 예를 들어 Example01 클래스는 파일명이 Example01.java이고, Example01 클래스의 접근제한자가 public으로 선언되어 있어야 합니다. 또한 main() 메서드를 포함해야 합니다.

Chap07/src/Example01.java

```
public class Example01 {
   public static void main(String[] args) {
      Cat catObj = new Cat();
      catObj.breed = "페르시안 고양이";
      catObj.color = "흰색";
      ...
   }
}
```

나음은 징직 메시드 myMethod1()과 인스턴스 메서드 myMethod2()를 선언하는 예입니다.

멤버 메서드 선언 예시 Chap07/src/Example02.java

```
public class Example02 {
   static void myMethod1() {
      System.out.println("정적 메서드 호출");
   }
   public void myMethod2() {
      System.out.println("인스턴스 메서드 호출");
   }

   public static void main(String[] args) {
      myMethod1();          static으로 선언된 정적 메서드 호출
      // myMethod2();       컴파일 오류 발생

      Example02 myObj = new Example02();     Example02 클래스의 객체 생성
      myObj.myMethod();                      생성된 객체의 메서드 호출
   }
}
```

실행 결과

```
정적 메서드 호출
인스턴스 메서드 호출
```

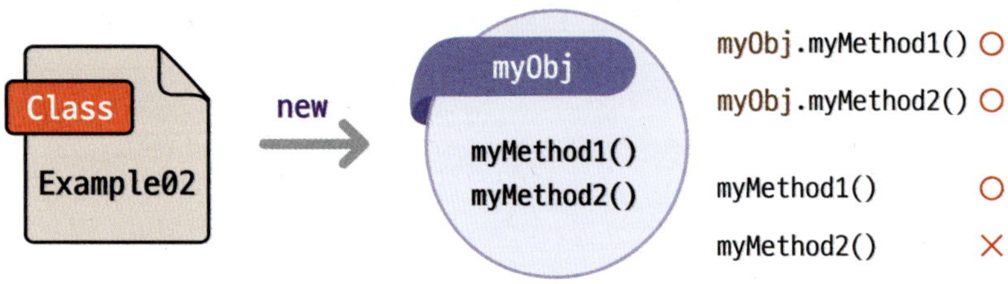

그림 7-14 myObj 객체에서 접근 가능한 메서드

멤버 메서드 접근

인스턴스 메서드와 정적 메서드는 모두 멤버 메서드입니다. 클래스 내의 멤버 메서드는 멤버 변수와 마찬가지로 객체를 만들고 마침표(.) 구문을 사용하여 접근할 수 있습니다. 멤버 메서드에 접근하는 형식은 다음과 같습니다.

TIP 인스턴스 메서드는 객체를 생성해야 호출할 수 있는 메서드이고, 정적 메서드는 객체를 생성하지 않아도 호출할 수 있는 메서드라는 점에서 차이가 있습니다.

```
객체명.멤버메서드명();
```

다음은 Cat.java에서 정의한 `Cat` 클래스에 멤버 메서드를 작성하고 이름이 `catObj`인 `Cat` 클래스의 객체를 만드는 경우로, 객체의 메서드를 호출합니다.

멤버 메서드 작성 예시 Chap07/src/Cat.java

```java
public class Cat {
    String breed;
    String color;

    void eat() {
        System.out.println("먹이를 먹다");
    }
    void scratch() {
        System.out.println("발톱으로 할퀴다");
    }
    void meow() {
        System.out.println("야옹 하고 울다");
    }
}
```

객체 생성 및 메서드 호출 예시 Chap07/src/Example03.java

```java
public class Example03 {
    public static void main(String[] args) {
        Cat catObj = new Cat();

        System.out.println("페르시안 고양이");
        catObj.meow();
    }
}
```

실행 결과

```
페르시안 고양이
야옹 하고 울다
```

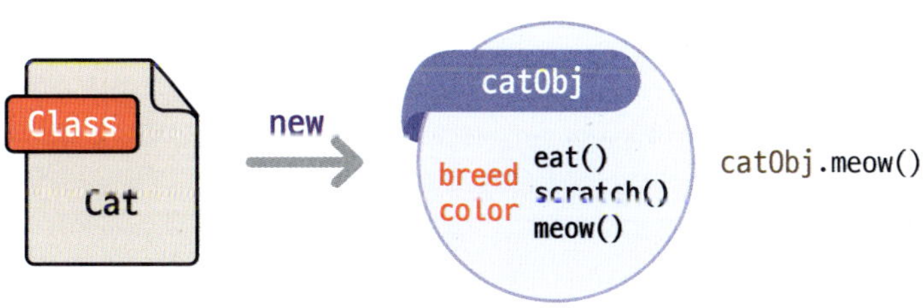

그림 7-15 catObj 객체에서 접근 가능한 메서드

예제 7-2 클래스의 멤버 변수와 멤버 메서드 호출하기

멤버 변수와 멤버 메서드가 각각 2개인 Student 클래스를 만들고 2개의 객체를 생성하여 값을 저장해봅시다.

Chap07/src/Student.java

```java
public class Student {
   int id;
   String name;

   void insertRecord(int parm1, String parm2) {
      id = parm1;
      name = parm2;
   }

   void printInfo() {
      System.out.println("아이디: "+ id);
      System.out.println("이름: "+ name);
   }
}
```

값을 입력하는 메서드

값을 출력하는 메서드

Chap07/src/Object01.java

```java
public class Object01 {
   public static void main(String[] args) {
      Student stObj1 = new Student();

      stObj1.id = 20221004;
      stObj1.name = "홍길순";
      stObj1.printInfo();

      Student stObj2 = new Student();
      stObj2.insertRecord(20021005, "홍길동");
      stObj2.printInfo();
   }
}
```

마침표(.)를 이용하여 멤버 변수(id, name)에 값 입력

멤버 메서드[insertRecord()]를 이용하여 값 입력

실행 결과

```
아이디: 20221004
이름: 홍길순
아이디: 20021005
이름: 홍길동
```

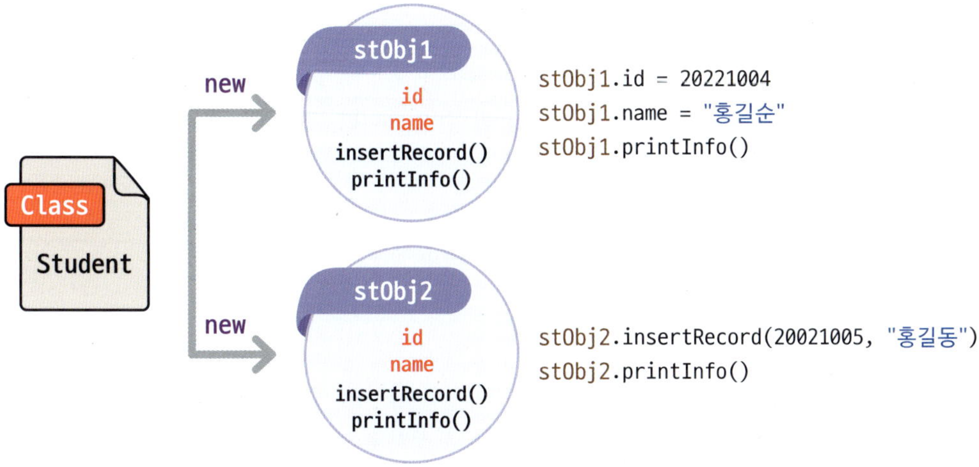

그림 7-16 멤버 변숫값을 추가하는 두 가지 방법

여기서 퀴즈!

다음 중 클래스의 구성 요소에 대한 설명으로 옳지 않은 것을 고르시오.

① 멤버 변수는 클래스의 속성으로 필드라고도 합니다.

② 멤버 변수는 객체의 데이터가 저장되는 곳입니다.

③ 멤버 메서드는 객체의 동작, 데이터의 조작이 이루어지는 곳입니다.

④ 멤버 메서드는 반드시 클래스 내에 정의되어 있어야 합니다.

정답 ④

7.4 | 생성자

생성자는 객체를 생성할 때 new 연산자를 사용하여 호출되는 부분으로, 클래스의 객체가 생성될 때마다 자동으로 호출되고 객체를 초기화하는 데 이용되는 특수한 유형의 메서드입니다. 생성자명은 클래스명과 같고 반환 유형이 없습니다.

생성자를 작성하는 규칙은 다음과 같습니다.

• 생성자명은 해당 클래스명과 동일해야 합니다.
• 생성자는 `abstract`, `final`, `static`을 선언할 수 없습니다.
• 접근제한자는 생성자의 접근을 제어하는 데 사용할 수 있습니다. 즉 다른 클래스가 생성자를 호출할 수 있습니다.

생성자에는 매개변수가 없는 생성자, 매개변수가 있는 생성자가 있습니다.

1 기본 생성자

기본 생성자(default constructor)는 매개변수가 없는 생성자로, 클래스 내에 기본 생성자를 정의하지 않아도 됩니다. 클래스 내에 기본 생성자를 정의하지 않으면 컴파일러는 해당 클래스에 대한 기본 생성자를 자동으로 생성합니다. 기본 생성자를 호출하는 형식은 다음과 같습니다.

```
클래스명();
```

다음은 `Cat` 클래스의 기본 생성자를 선언하고 호출하는 예입니다.

기본 생성자 선언 예시 Chap07/src/Cat.java

```
public class Cat {
   String breed;
   String color;

   Cat() {
      System.out.println("Cat() 생성자 호출합니다.");    ← 기본 생성자 선언
   }
   void eat() {
      System.out.println("먹이를 먹다.");
   }
   void scratch() {
      System.out.println("발톱으로 할퀴다.");
   }
   void meow() {
      System.out.println("야옹 하고 울다.");
   }
}
```

기본 생성자 호출 예시

Chap07/src/Example04.java

```
public class Example04 {
    public static void main(String[] args) {
        Cat cat1 = new Cat();        기본 생성자 호출
        cat1.breed = "페르시안";
        Cat cat2 = new Cat();        기본 생성자 호출
        cat2.breed = "샴";
        Cat cat3 = new Cat();        기본 생성자 호출
        cat3.breed = "러시안블루";

        System.out.println("첫 번째 고양이 품종 : " + cat1.breed);
        System.out.println("두 번째 고양이 품종 : " + cat2.breed);
        System.out.println("세 번째 고양이 품종 : " + cat3.breed);
    }
}
```

실행 결과

```
Cat() 생성자 호출합니다.
Cat() 생성자 호출합니다.
Cat() 생성자 호출합니다.
첫 번째 고양이 품종 : 페르시안
두 번째 고양이 품종 : 샴
세 번째 고양이 품종 : 러시안블루
```

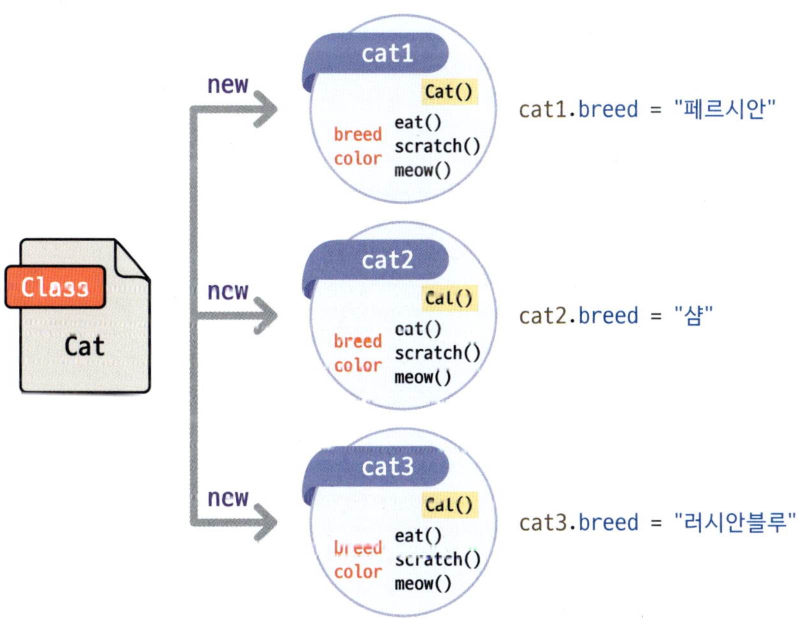

그림 7-17 기본 생성자 호출 1

예제 7-3 기본 생성자를 호출하여 객체 생성하기

멤버 변수와 멤버 메서드가 각각 2개인 Student 클래스에 기본 생성자를 만들고, Student 클래스의 객체를 생성할 때 기본 생성자를 호출해봅시다.

Chap07/src/Student.java

```
public class Student {
   int id;
   String name;

   Student() {
      System.out.println("기본 생성자 Student() 호출");
   }

   void insertRecord(int parm1, String parm2) {
      id = parm1;
      name = parm2;
   }

   void printInfo() {
      System.out.println("아이디 : "+ id);
      System.out.println("이름 : "+ name);
   }
}
```

기본 생성자 선언

Chap07/src/Constructor01.java

```
public class Constructor01 {
   public static void main(String[] args) {
      System.out.println("****학생 주소록****");
      Student stObj = new Student();

      stObj.insertRecord(20221004, "홍길순");
      stObj.printInfo();
   }
}
```

기본 생성자 호출

실행 결과

```
****학생 주소록****
기본 생성자 Student() 호출
아이디 : 20221004
이름 : 홍길순
```

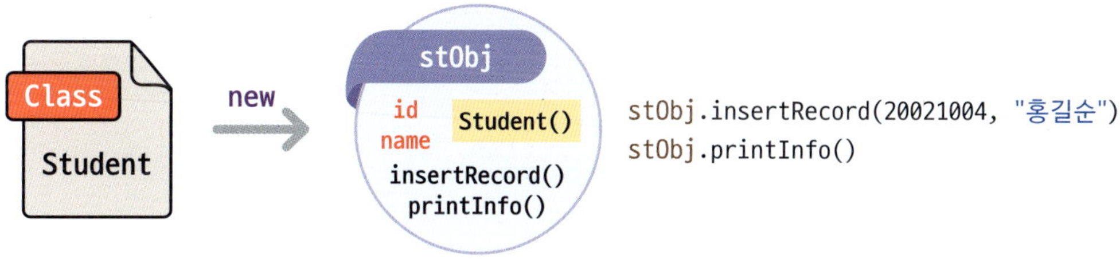

그림 7-18 기본 생성자 호출 2

2 일반 생성자

일반 생성자는 매개변수가 있는 생성자로, 기본 생성자와 달리 생략할 수 없으며 클래스의 멤버 변수를 초기화하는 데 사용합니다. 일반 생성자를 호출하는 형식은 다음과 같습니다.

```
클래스명(매개변수1, 매개변수2, …);
```

다음은 Cat 클래스의 기본 생성자와 일반 생성자를 선언하고 호출하는 예입니다.

기본 생성자와 일반 생성자 선언 예시 Chap07/src/Cat.java

```
public class Cat {
   String breed;
   String color;

   Cat() {
      System.out.println("Cat() 생성자 호출합니다.");        기본 생성자 선언
   }

   Cat(String pBreed) {
      System.out.println("Cat(...) 생성자 호출합니다.");     일반 생성자 선언
      breed = pBreed;
   }

   void eat() {
      System.out.println("먹이를 먹다.");
   }
   void scratch() {
      System.out.println("발톱으로 할퀴다.");
   }
   void meow() {
      System.out.println("야옹 하고 울다.");
   }
}
```

기본 생성자와 일반 생성자 호출 예시 Chap07/src/Example05.java

```java
public class Example05 {
    public static void main(String[] args) {
        Cat cat1 = new Cat("페르시안");   // 일반 생성자 호출

        Cat cat2 = new Cat("샴");   // 일반 생성자 호출

        Cat cat3 = new Cat();   // 기본 생성자 호출
        cat3.breed = "러시안블루";

        System.out.println("첫 번째 고양이 품종 : " + cat1.breed);
        System.out.println("두 번째 고양이 품종 : " + cat2.breed);
        System.out.println("세 번째 고양이 품종 : " + cat3.breed);
    }
}
```

실행 결과

```
Cat(...) 생성자 호출합니다.
Cat(...) 생성자 호출합니다.
Cat() 생성자 호출합니다.
첫 번째 고양이 품종 : 페르시안
두 번째 고양이 품종 : 샴
세 번째 고양이 품종 : 러시안블루
```

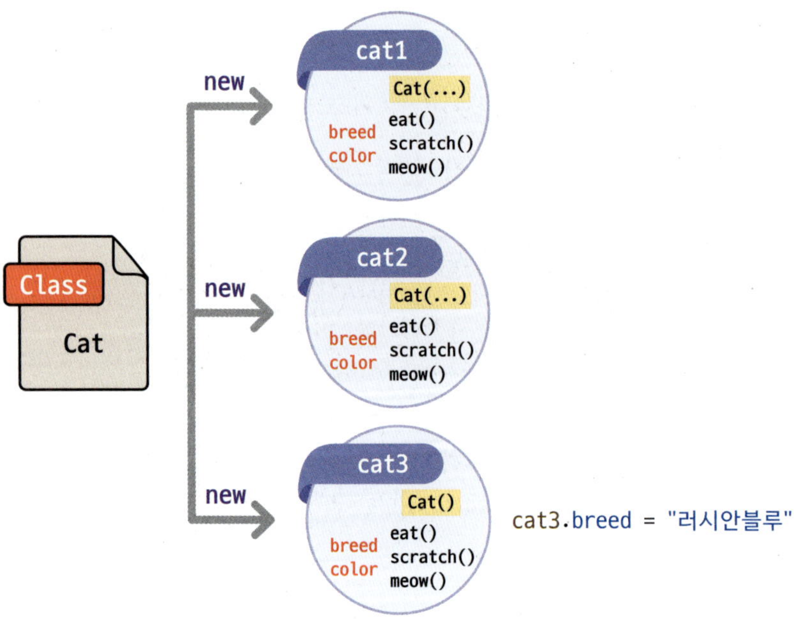

그림 7-19 기본 생성자와 일반 생성자 호출 1

예제 7-4 일반 생성자를 호출하여 객체 생성하기

멤버 변수와 멤버 메서드가 각각 2개인 Student 클래스에 매개변수가 2개인 일반 생성자를 만들고, Student 클래스의 객체를 생성할 때 일반 생성자와 기본 생성자를 호출해봅시다.

Chap07/src/Student.java

```
public class Student {
   int id;
   String name;

   Student() {                                            기본 생성자 선언
      System.out.println("기본 생성자 Student() 호출");
   }

   Student(int pram1, String pram2) {                     일반 생성자 선언
      System.out.println("일반 생성자 Student(...) 호출");
      id = pram1;
      name = pram2;
   }

   void insertRecord(int parm1, String parm2) {
      id = parm1;
      name = parm2;
   }

   void printInfo() {
      System.out.println("아이디: " + id);
      System.out.println("이름: " + name);
   }
}
```

Chap07/src/Constructor02.java

```
public class Constructor02 {
   public static void main(String[] args) {
      System.out.println("****학생 주소록****");
      Student stObj1 = new Student();                     기본 생성자 호출

      stObj1.insertRecord(20221004, "홍길순");
      stObj1.printInfo();

```

```
        Student stObj2 = new Student(20221005, "홍길동");
        stObj2.printInfo();
    }
}
```

일반 생성자 호출

실행 결과

```
****학생 주소록****
기본 생성자 Student() 호출
아이디: 20221004
이름: 홍길순
일반 생성자 Student(...) 호출
아이디: 20221005
이름: 홍길동
```

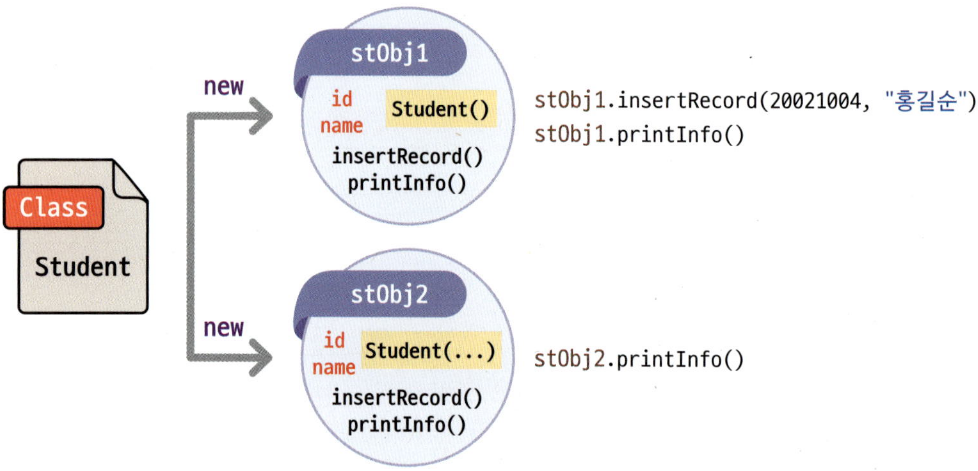

그림 7-20 기본 생성자와 일반 생성자 호출 2

3 생성자 오버로딩

자바는 이름이 같지만 매개변수가 다른 여러 메서드를 정의할 수 있는 메서드 오버로딩을 지원합니다. 이와 마찬가지로 이름이 같지만 매개변수가 다른 여러 생성자를 정의할 수도 있는데, 이를 생성자 오버로딩이라고 합니다.

오버로딩된 생성자는 매개변수의 자료형 또는 개수에 따라 구분됩니다. 생성자 오버로딩은 메서드 오버로딩과 크게 다르지 않습니다. 메서드 오버로딩의 경우 이름이 같지만 매개변수의 자료형이나 개수, 메서드 반환 자료형이 다른 메서드가 여러 개 있고, 생성자 오버로딩의 경우 매개변수의 자료형이나 개수가 다른 생성자가 여러 개 있으나 생성자에 반환 자료형이 없다는 것이 차이점입니다.

생성자 오버로딩의 한 가지 조건은 생성자의 매개변수가 달라야 한다는 것입니다. 즉 생성자가 2개 이상일 때 매개변수의 유형이나 개수가 다른 경우 오버로딩되었다고 합니다. 다음은 Cat 클래스에서 생성자를 오버로딩하는 예입니다.

생성자 오버로딩 예시　　Chap07/src/Cat.java

```
public class Cat {
    String breed;
    String color;

    Cat() {                                            // 기본 생성자 선언
        System.out.println("Cat() 생성자 호출합니다.");
    }

    Cat(String pBreed) {                               // 일반 생성자, 생성자 오버로딩
        System.out.println("Cat(...) 생성자 호출합니다.");
        breed = pBreed;
    }

    Cat(String pBreed, String pColor) {                // 일반 생성자, 생성자 오버로딩
        System.out.println("Cat(..., ...) 생성자 호출합니다.");
        breed = pBreed;
        color = pColor;
    }

    void eat() {
        System.out.println("먹이를 먹다.");
    }
    void scratch() {
        System.out.println("발톱으로 할퀴다.");
    }
    void meow() {
        System.out.println("야옹하고 울다.");
    }
}
```

오버로딩된 생성자 호출 Chap07/src/Example06.java

```
public class Example06 {
    public static void main(String[] args) {
        Cat cat1 = new Cat();  ●───── Cat() 호출

        Cat cat2 = new Cat("샴");  ●───── Cat(String pBreed) 호출

        Cat cat3 = new Cat("러시안블루", "회색");  ●───── Cat(String pBreed, String pColor) 호출

        System.out.println("첫 번째 고양이 품종 : " + cat1.breed + " \t색상 : "+ cat1.color);
        System.out.println("두 번째 고양이 품종 : " + cat2.breed + " \t색상 : "+ cat2.color);
        System.out.println("세 번째 고양이 품종 : " + cat3.breed + " \t색상 : "+ cat3.color);
    }
}
```

실행 결과

```
Cat() 생성자 호출합니다.
Cat(...) 생성자 호출합니다.
Cat(..., ...) 생성자 호출합니다.
첫 번째 고양이 품종 : null    색상 : null
두 번째 고양이 품종 : 샴    색상 : null
세 번째 고양이 품종 : 러시안블루    색상 : 회색
```

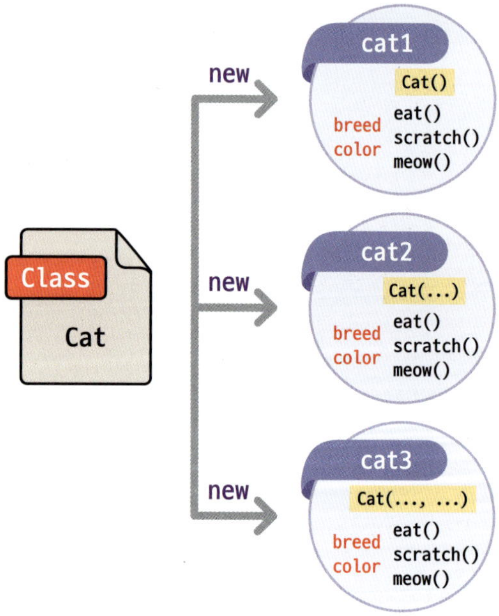

그림 7-21 **생성자 오버로딩 1**

하나 더 알기 생성자와 메서드의 차이점

- 생성자는 정의된 클래스와 이름이 같아야 하지만 자바의 메서드는 그럴 필요가 없습니다.
- 생성자는 어떤 유형도 반환하지 않지만 메서드는 반환 유형을 가지고 있거나 값을 반환하지 않으면 void 유형입니다.
- 생성자는 객체 생성 시 한 번만 호출하지만 메서드는 여러 번 호출할 수 있습니다.

예제 7-5 덧셈 연산을 위한 생성자를 오버로딩하고 호출하기

자료형이 다른 두 수를 더하기 위한 생성자를 만들고 각 생성자를 호출해봅시다.

Chap07/src/Add.java

```
public class Add {

   Add() {
      System.out.println("기본 생성자 Add() 호출");
   }

   Add(int a, int b) {
      System.out.println("일반 생성자 Add(int a, int b) 호출");
      System.out.println(a + " + " + b +" = "+ (a+b));
   }

   Add(double a, double b) {
      System.out.println("일반 생성자 Add(double a, double b) 호출");
      System.out.println(a + " + " + b +" = "+ (a+b));
   }

   Add(int a, double b) {
      System.out.println("일반 생성자 Add(int a, double b) 호출");
      System.out.println(a + " + " + b +" = "+ (a+b));
   }
}
```

Chap07/src/Constructor03.java

```
public class Constructor03 {
  public static void main(String[] args) {
    Add numObj1 = new Add(1, 2);

    Add numObj2 = new Add(2.4, 6.2);

    Add numObj3 = new Add(3, 5.5);
  }
}
```

실행 결과

```
일반 생성자 Add(int a, int b) 호출
1 + 2 = 3
일반 생성자 Add(double a, double b) 호출
2.4 + 6.2 = 8.6
일반 생성자 Add(int a, double b) 호출
3 + 5.5 = 8.5
```

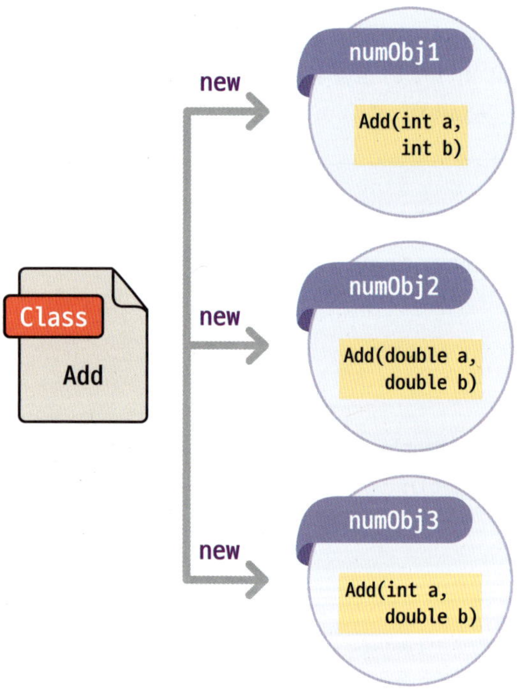

그림 7-22 **생성자 오버로딩 2**

4 this를 이용한 생성자 체인

`this()` 생성자는 동일한 클래스 내의 서로 다른 생성자에서 오버로딩된 또 다른 생성자 하나를 호출하는 데 사용합니다. 생성자 체인(constructor chaining)은 동일한 클래스의 다른 생성자에서 하나의 생성자를 호출하는 프로세스로, 생성자는 다른 생성자에서만 호출할 수 있으므로 생성자 체인이 필요합니다. 다른 생성자에서 생성자를 호출하기 위한 `this()`는 현재 객체를 참조하는 데 사용됩니다.

이를 쉽게 이해하기 위해 다음 예시를 살펴봅시다. `Chain` 클래스는 각기 다른 생성자 3개를 가지고 있습니다. `Chain()` 생성자에서 `Chain(int x)` 생성자를 호출하고, `Chain(int x)` 생성자에서는 `Chain(int x, int y)` 생성자를 호출합니다. `obj` 객체에서는 `Chain()` 생성자를 호출했지만 생성자 체인을 통해 다른 생성자까지 함께 호출됩니다.

TIP 생성자 체인에서 사용하는 키워드에는 this 말고도 super가 있습니다. super에 대한 자세한 내용은 8장을 참고하세요.

생성자 체인 예시 Chap07/src/Chain.java

```java
public class Chain {

   Chain() {
      this(10);   // 생성자 Chain(10) 호출
      System.out.println("기본 생성자 Chain() 호출");
   }

   Chain(int x) {
      this(5, 6);   // 생성자 Chain(5, 6) 호출
      System.out.println("일반 생성자 Chain(int x) 호출");
      System.out.println("x의 값 : "+ x);
   }

   Chain(int x, int y) {
      System.out.println("일반 생성자 Chain(int x, int y) 호출");
      System.out.println("x와 Y 값 : "+ x +" "+ y);
   }
}
```

생성자 체인 호출

Chap07/src/Example07.java

```java
public class Example07 {
   public static void main(String[] args) {
      Chain obj = new Chain();
   }
}
```

실행 결과

```
일반 생성자 Chain(int x, int y) 호출
x와 Y 값 : 5 6
일반 생성자 Chain(int x) 호출
x의 값 : 10
기본 생성자 Chain() 호출
```

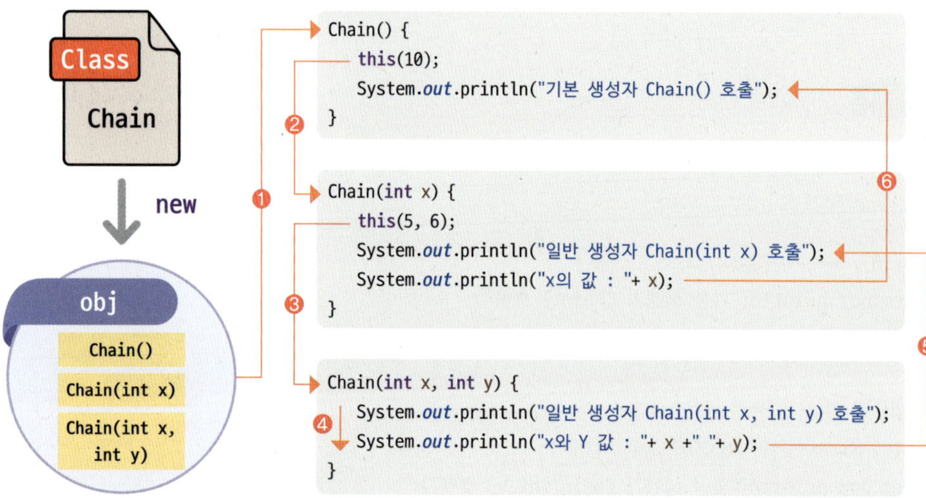

그림 7-23 생성자 Chain()의 호출 흐름

예제 7-6 this를 이용하여 생성자 체인 만들기

생성자에서 다른 생성자를 호출하여 이름, 국적, 나이를 출력해봅시다.

Chap07/src/MemberChain.java

```java
public class MemberChain {
   String firstName;
   String country;
   int age;

```

```
    public MemberChain() {
        this("홍길순");
    }

    public MemberChain(String mName) {
        this(mName, 20);
    }

    public MemberChain(String mName, int mAge) {
        this(mName, mAge, "대한민국");
    }

    public MemberChain(String mName, int mAge, String mCountry) {
        firstName = mName;
        age = mAge;
        country = mCountry;
    }

    void printInfo() {
        System.out.println("이름 : " + firstName);
        System.out.println("국적 : " + country);
        System.out.println("나이 : " + age);
    }
}
```

this로 멤버 변수에 값을 입력받을 수도 있음
this.firstName = mName;
this.age = mAge;
this.country = mCountry;

this로 표현할 수도 있음
this.firstName
this.country
this.age

Chap07/src/Constructor04.java

```
public class Constructor04 {
    public static void main(String[] args) {
        MemberChain object = new MemberChain();
        object.printInfo();
    }
}
```

실행 결과

```
이름 : 홍길수
국적 : 대한민국
나이 : 20
```

여기서 퀴즈!

다음 중 생성자 작성 규칙에 대한 설명으로 옳지 않은 것을 고르시오.

① 다른 클래스가 생성자를 호출할 수 없습니다.

② 접근제한자는 생성자의 접근을 제어하는 데 사용할 수 있습니다.

③ 생성자는 abstract, final, static을 선언할 수 없습니다.

④ 생성자명은 해당 클래스명과 같아야 합니다.

정답 ①

7.5 | 접근제한자

1 접근제한자의 개념

접근제한자는 접근성을 설정하는 데 사용되는 키워드로 다른 클래스의 클래스, 생성자, 데이터 멤버, 메서드의 접근을 제한합니다. 불필요한 세부 정보를 숨기고 최소한의 정보만으로 프로그램을 손쉽게 사용할 수 있도록 하는 정보 은닉의 캡슐화를 위해 접근제한자를 사용합니다.

자바에는 네 가지 접근제한자가 있으며, 접근할 수 있는 멤버의 범위는 [표 7-3]과 같습니다.

표 7-3 접근제한자의 접근 가능 범위

유형	같은 클래스의 멤버	같은 패키지의 멤버	자식 클래스의 멤버	기타 영역
public	○	○	○	○
protected	○	○	○	×
선언하지 않음(default)	○	○	×	×
private	○	×	×	×

- **public:** 모든 곳에서 접근할 수 있습니다.
- **protected:** 패키지 및 모든 하위 클래스 내에서 접근할 수 있습니다.
- **선언하지 않음(default):** 동일한 패키지 내에서만 접근할 수 있습니다.

- **private**: 클래스 내에서만 접근할 수 있습니다.

즉 pulic, protected, default, private 순으로 접근 제한이 강화됩니다.

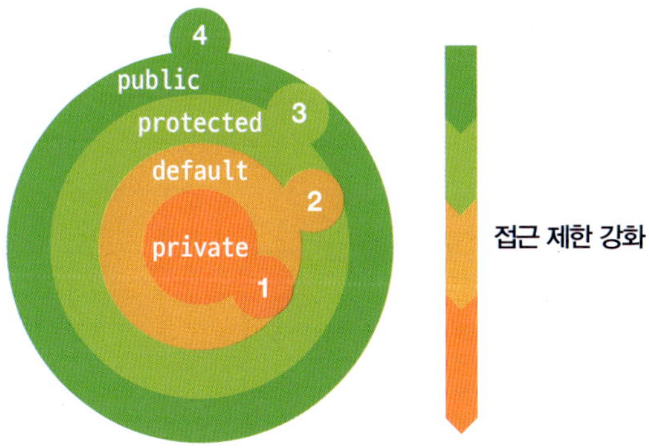

그림 7-24 **접근제한자의 제한 범위**

2 public 접근제한자

public 접근제한자가 선언된 클래스 멤버(변수, 메서드, 생성자)는 이러한 클래스가 같은 패키지에 있든 다른 패키지에 있든 상관없이 프로그램의 어디서나 직접 접근할 수 있습니다.

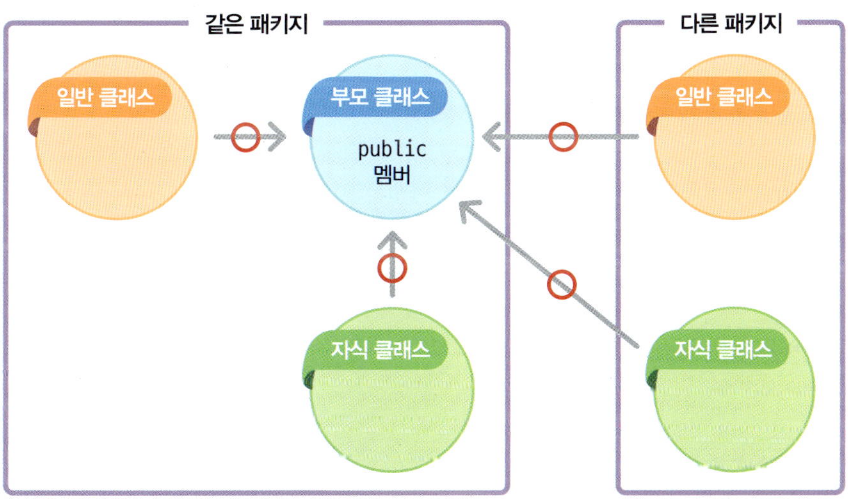

그림 7-25 **public 접근제한자의 접근 예**

다음은 public 접근제한자로 선언된 Animal 클래스의 예입니다.

```java
public class Animal {
   public String name;

   public String getName() {
      return name;
   }
}
```

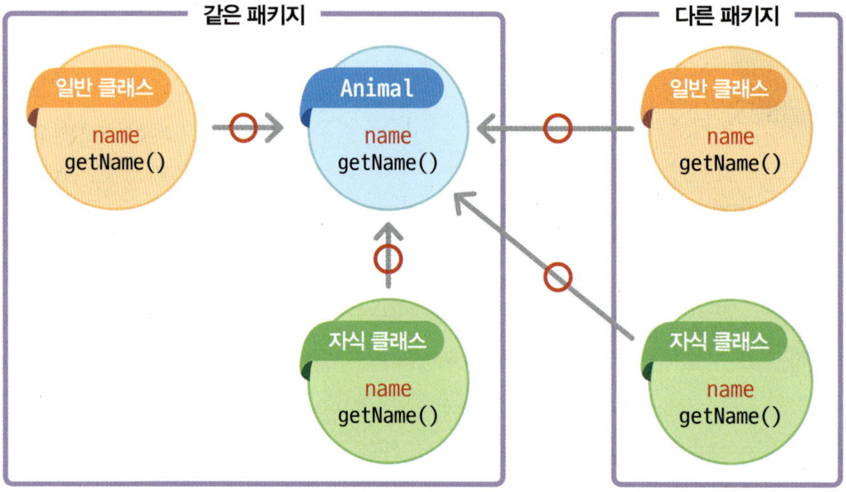

그림 7-26 public 클래스 Animal의 접근 가능 범위

예제 7-7 public 접근제한자를 이용하여 클래스 멤버 호출하기

public 접근제한자로 선언된 클래스의 멤버 변수와 멤버 메서드를 호출해봅시다.

Chap07/src/Dog.java

```java
public class Dog {
   public String breed;
   public String color;

   public void bowwow() {
      System.out.println("멍멍 짖다");
   }
}
```

Chap07/src/AccessModifier01.java

```java
public class AccessModifier01 {
  public static void main(String[] args) {
    Dog dogObj = new Dog();

    dogObj.breed = "포메라니언";
    dogObj.color = "갈색";

    System.out.println("강아지 품종 : " + dogObj.breed);
    System.out.println("강아지 색상 : " + dogObj.color);

    dogObj.bowwow();
  }
}
```

실행 결과

```
강아지 품종 : 포메라니언
강아지 색상 : 갈색
멍멍 짖다
```

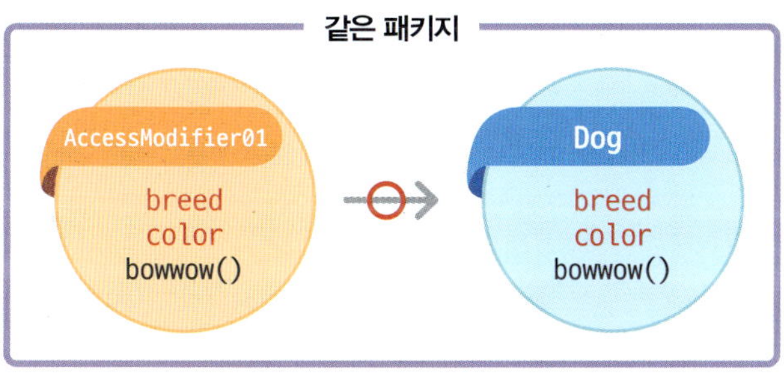

그림 7-27 public 접근제한자 선언의 클래스 멤버 접근 예

3 protected 접근제한자

protected 접근제한자가 선언된 클래스 멤버(변수, 메서드, 생성자)는 클래스와 인터페이스에 사용할 수 없습니다. 상위 클래스에서 protected가 선언된 변수, 메서드, 생성자는 다른 패키지의 하위 클래스에서만 접근할 수 있습니다. 같은 패키지의 클래스는 protected가 선언된 하위 클래스가 아니더라도 클래스 멤버에 접근할 수 있습니다.

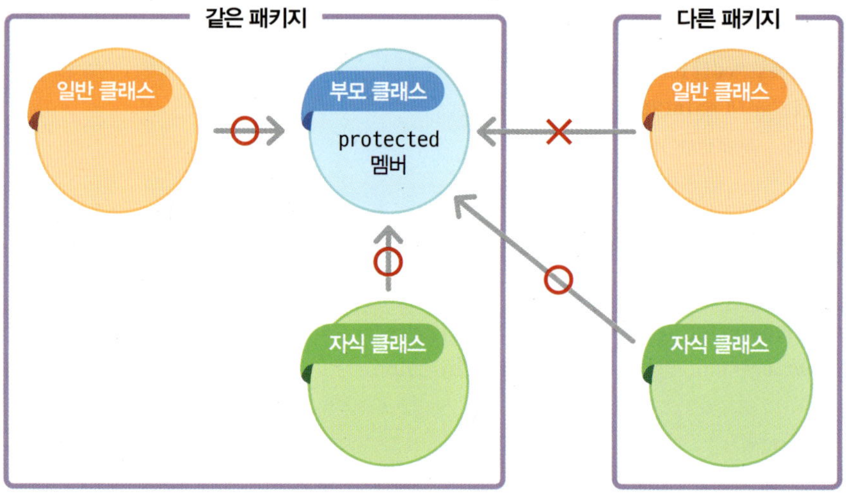

그림 7-28 protected 접근제한자의 접근 예

다음은 protected 접근제한자로 선언된 Animal 클래스의 예입니다.

```
public class Animal {
   protected String name;

   protected String getName() {
      return name;
   }
}
```

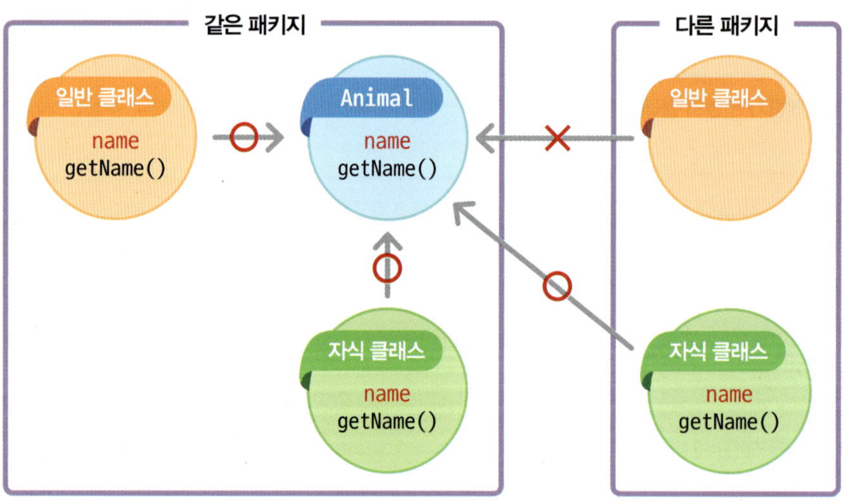

그림 7-29 protected 클래스 Animal의 접근 가능 범위

예제 7-8 protected 접근제한자를 이용하여 클래스 멤버 호출하기

protected 접근제한자로 선언된 클래스의 멤버 변수와 멤버 메서드를 호출해봅시다.

Chap07/src/Dog.java

```java
public class Dog {
   public String breed;
   public String color;
   protected int age;

   public void bowwow() {
      System.out.println("멍멍 짖다");
   }

   protected void run() {
      System.out.println("달리다");
   }
}
```

Chap07/src/AccessModifier02.java

```java
public class AccessModifier02 {
   public static void main(String[] args) {
      Dog obj = new Dog();

      obj.breed = "포메라니언";
      obj.color = "갈색";

      System.out.println("강아지 품종 : " + obj.breed);
      System.out.println("강아지 색상 : " + obj.color);
      obj.bowwow();
      obj.age = 10;
      System.out.println("강아지 나이 : " + obj.age);
      obj.run();
   }
}
```

실행 결과

```
강아지 품종 : 포메라니언
강아지 색상 : 갈색
멍멍 짖다
강아지 나이 : 10
달리다
```

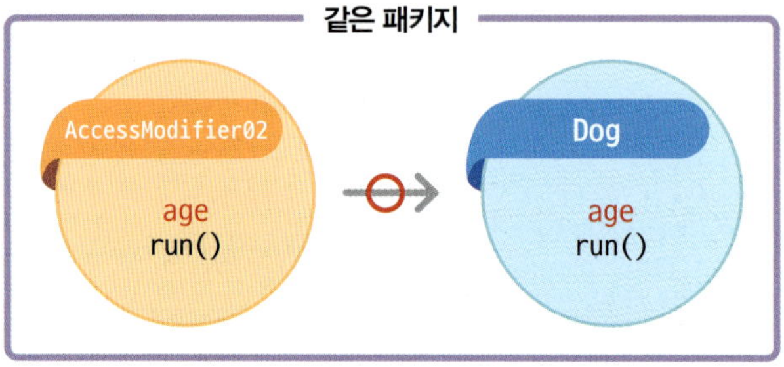

그림 7-30 protected 접근제한자 선언의 클래스 멤버 접근 예

4 private 접근제한자

private 접근제한자는 가장 제한적인 것으로, 외부 클래스로부터의 접근을 허용하지 않는 멤버(변수, 메서드, 생성자)에는 사용할 수 있지만 클래스와 인터페이스에는 사용할 수 없습니다. private로 선언된 필드, 메서드, 생성자는 엄격하게 제어되므로 둘러싸는 클래스 외부에서 접근할 수 없습니다.

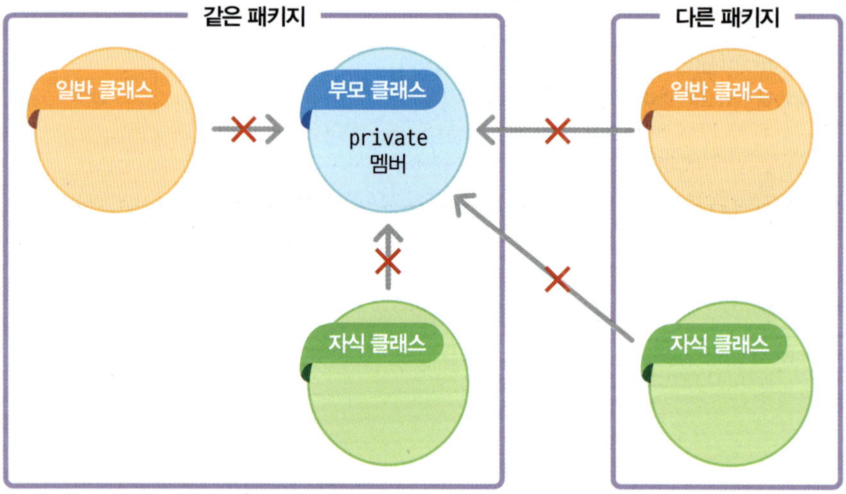

그림 7-31 private 접근제한자의 접근 예

다음은 private 접근제한자로 선언된 Animal 클래스의 예입니다.

```
public class Animal {
    private String name;

    public String getName() {
        return name;
    }
}
```

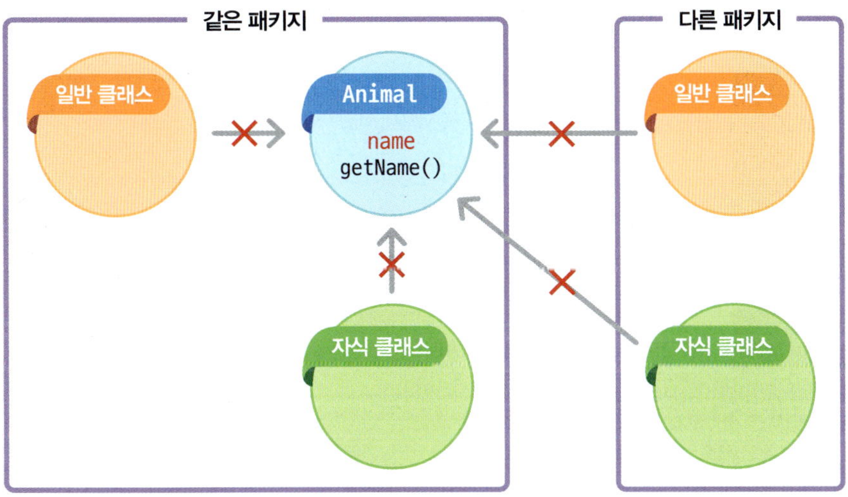

그림 7-32 private 클래스 Animal의 접근 가능 범위

예제 7-9 private 접근제한자를 이용하여 클래스 멤버 호출하기

private 접근제한자로 선언된 클래스의 멤버 변수와 멤버 메서드를 호출해봅시다.

Chap07/src/Dog.java

```
public class Dog {
    public String breed;
    public String color;
    protected int age;
    private String name;

    public void bowwow() {
        System.out.println("멍멍 짖다");
```

```
    }

    protected void run() {
        System.out.println("달리다");
    }

    private void sleep() {
        System.out.println("잠을 자다");
    }
}
```

Chap07/src/AccessModifier03.java

```
public class AccessModifier03 {
    public static void main(String[] args) {
        Dog obj = new Dog();

        obj.breed = "포메라이언";
        obj.color = "갈색";

        System.out.println("강아지 품종 : " + obj.breed);
        System.out.println("강아지 색상 : " + obj.color);
        obj.bowwow();
        obj.age = 10;
        System.out.println("강아지 나이 : " + obj.age);
        obj.run();

        obj.name = "다운";
        System.out.println("강아지 이름 : " + obj.name);
        obj.sleep();
    }
}
```

실행 결과

```
Exception in thread "main" java.lang.Error: Unresolved compilation problems:
    The field Dog.name is not visible
    The field Dog.name is not visible
    The method sleep() from the type Dog is not visible
    at Example08.main(Example08.java:20)
```

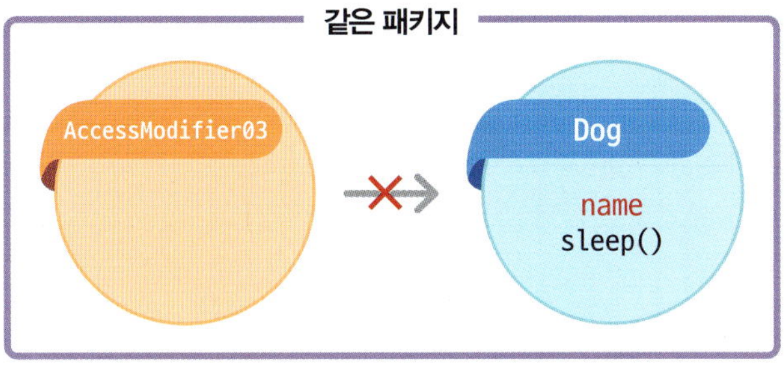

그림 7-33 private 접근제한자 선언의 클래스 멤버 접근 예

5 default 접근제한자

default 접근제한자는 접근제한자로 전혀 선언되지 않은 것입니다. 선언된 접근제한자가 없는 모든 클래스, 변수, 메서드, 생성자는 같은 패키지의 클래스에서만 접근할 수 있습니다.

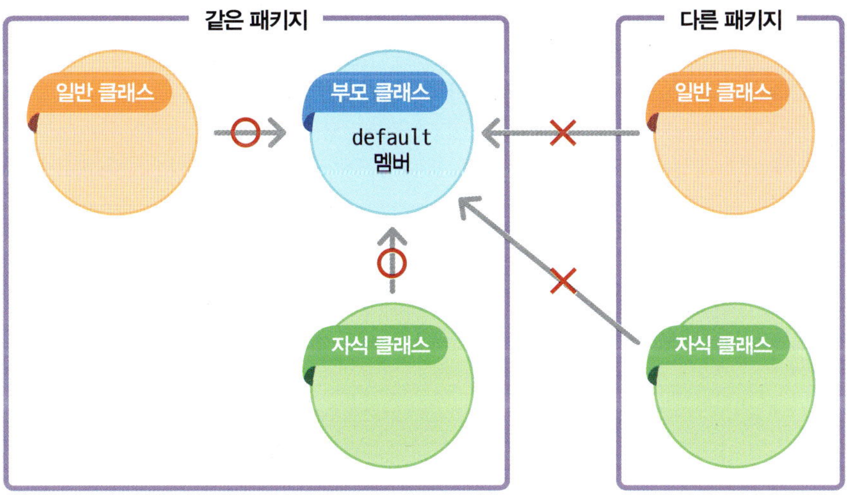

그림 7-34 default 접근제한자의 접근 예

다음은 접근제한자가 없는 클래스의 멤버 변수와 멤버 메서드의 예입니다.

```
public class Animal {
   String name;

   String getName() {
      return name;
   }
}
```

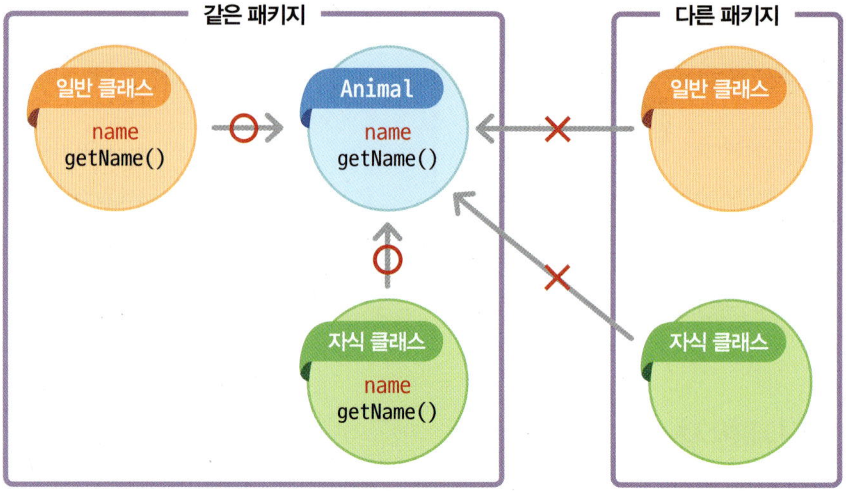

그림 7-35 default 클래스 Animal의 접근 가능 범위

예제 7-10 접근제한자가 없는 클래스 멤버 호출하기

접근제한자로 선언되지 않은 클래스의 멤버 변수와 멤버 메서드를 호출해봅시다.

Chap07/src/Dog.java

```
public class Dog {
   String breed;
   String color;

   void bowwow() {
      System.out.println("멍멍 짖다");
   }
   void run() {
      System.out.println("달리다");
   }
   void sleep() {
      System.out.println("잠을 자다");
   }
}
```

Chap07/src/AccessModifier04.java

```java
public class AccessModifier04 {
  public static void main(String[] args) {
    Dog obj = new Dog();

    obj.breed = "포메라니언";
    obj.color = "갈색";

    System.out.println("강아지 품종 : " + obj.breed);
    System.out.println("강아지 색상 : " + obj.color);
    obj.bowwow();
  }
}
```

실행 결과

```
강아지 품종 : 포메라니언
강아지 색상 : 갈색
멍멍 짖다
```

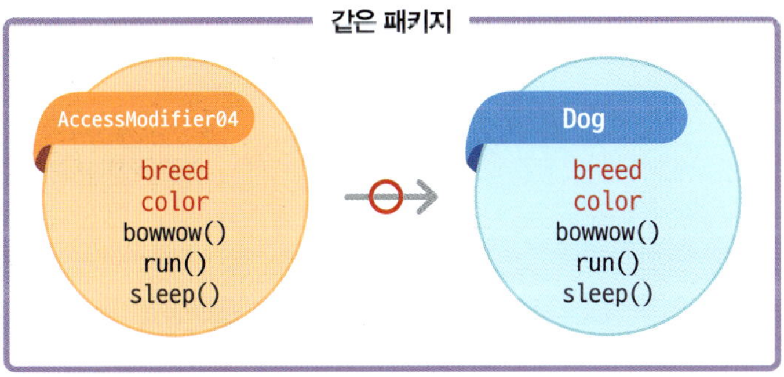

그림 7-36 **접근제한자가 없는 클래스 멤버 접근 예**

여기서 퀴즈!

다음 중 접근제한자의 특징으로 옳지 않은 것을 고르시오.

① public은 모든 클래스에서 접근할 수 있습니다.

② protected는 패키지 및 모든 하위 클래스 내에서만 접근할 수 있습니다.

③ private는 클래스 내에서만 접근할 수 있습니다.

④ default는 public처럼 모든 곳에서 볼 수 있습니다.

정답 ④

프로젝트 장바구니에 항목 추가하기

이 장에서 배운 클래스와 객체를 적용하여 온라인 서점의 장바구니에 도서를 추가하고, 장바구니에 담긴 도서 목록을 표시해봅시다. 먼저 도서를 담을 장바구니 클래스를 만든 뒤, 메인 메뉴에서 [장바구니에 항목 추가하기] 메뉴를 선택하여 장바구니에 도서를 담고, [장바구니 상품 목록 보기] 메뉴를 선택하여 장바구니에 담긴 도서 목록을 출력하게 합니다.

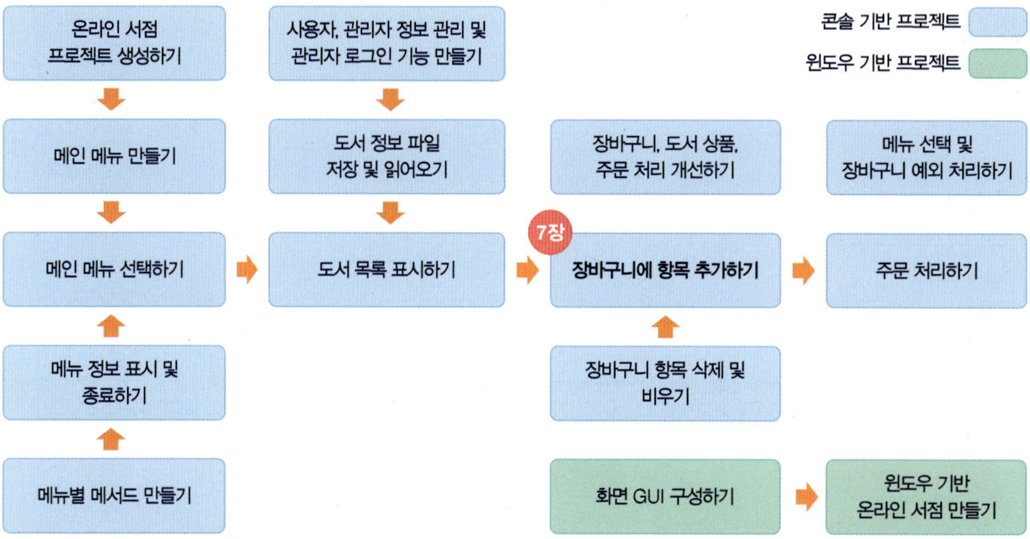

그림 7-37 장바구니에 항목 추가하기

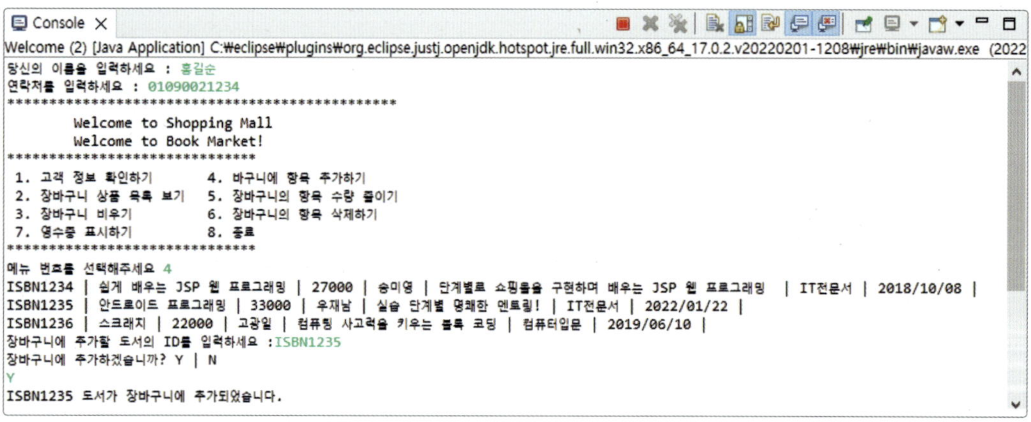

```
Console ✕
Welcome (2) [Java Application] C:₩eclipse₩plugins₩org.eclipse.justj.openjdk.hotspot.jre.full.win32.x86_64_17.0.2.v20220201-1208₩jre₩bin₩javaw.exe (2022
당신의 이름을 입력하세요 : 홍길순
연락처를 입력하세요 : 01090021234
***********************************************
        Welcome to Shopping Mall
        Welcome to Book Market!
******************************
 1. 고객 정보 확인하기        4. 바구니에 항목 추가하기
 2. 장바구니 상품 목록 보기   5. 장바구니의 항목 수량 줄이기
 3. 장바구니 비우기           6. 장바구니의 항목 삭제하기
 7. 영수증 표시하기           8. 종료
******************************
메뉴 번호를 선택해주세요 4
ISBN1234 | 쉽게 배우는 JSP 웹 프로그래밍 | 27000 | 송미영 | 단계별로 쇼핑몰을 구현하며 배우는 JSP 웹 프로그래밍  | IT전문서 | 2018/10/08 |
ISBN1235 | 안드로이드 프로그래밍 | 33000 | 우재남 | 실습 단계별 명쾌한 멘토링! | IT전문서 | 2022/01/22 |
ISBN1236 | 스크래치 | 22000 | 고광일 | 컴퓨팅 사고력을 키우는 블록 코딩 | 컴퓨터입문 | 2019/06/10 |
장바구니에 추가할 도서의 ID를 입력하세요 :ISBN1235
장바구니에 추가하겠습니까? Y | N
Y
ISBN1235 도서가 장바구니에 추가되었습니다.
```

그림 7-38 장바구니에 항목 추가하기 실행 결과

고객 정보 클래스 만들기

고객 정보를 관리할 수 있는 클래스를 만듭니다.

01 고객 클래스 생성하기: BookMarket/src 폴더에 Person.java 파일을 생성하고 `Person` 클래스를 만듭니다.

프로젝트 7-1 7장/BookMarket/src/Person.java

```java
public class Person {
   private String name;
   private int phone;
   private String address;

   public Person(String name, int phone) {
      this.name = name;
      this.phone = phone;
   }

   public Person(String name, int phone, String address) {
      this.name = name;
      this.phone = phone;
      this.address = address;
   }

   public String getName() {
      return name;
   }
   public void setName(String name) {
      this.name = name;
   }
   public int getPhone() {
      return phone;
   }
   public void setPhone(int phone) {
      this.phone = phone;
   }
   public String getAddress() {
      return address;
   }
   public void setAddress(String address) {
      this.address = address;
   }
}
```

02 고객 정보 출력하기: Welcome.java 파일을 열고, 입력받은 고객 정보를 출력하는 menuGuestInfo() 메서드를 수정합니다.

프로젝트 7-2　　7장/BookMarket/src/Welcome.java

```
import java.util.Scanner;

public class Welcome {
...
   public static void menuGuestInfo(String name, int mobile) {
      System.out.println("현재 고객 정보 : ");
      // System.out.println("이름 " + name + "   연락처 " + mobile);
      Person person = new Person(name, mobile);
      System.out.println("이름 " + person.getName() + "   연락처 " + person.getPhone());
   }
   ...
}
```

장바구니에 항목 추가하기

장바구니의 상품 항목을 관리할 수 있는 CartItem 클래스를 만듭니다.

01 장바구니 클래스 생성하기: BookMarket/src 폴더에 CartItem.java 파일을 생성하고 CartItem 클래스를 만듭니다.

프로젝트 7-3　　7장/BookMarket/src/CartItem.java

```
public class CartItem {

   private String[] itemBook = new String[7];
   private String bookID;
   private int quantity;
   private int totalPrice;

   public CartItem() {
      // TODO Auto-generated constructor stub
   }

```

```
    public CartItem(String[] book) {
        this.itemBook = book;
        this.bookID = book[0];
        this.quantity = 1;
        updateTotalPrice();
    }

    public String[] getItemBook() {
        return itemBook;
    }
    public void setItemBook(String[] itemBook) {
        this.itemBook = itemBook;
    }
    public String getBookID() {
        return bookID;
    }
    public void setBookID(String bookID) {
        this.bookID = bookID;
        this.updateTotalPrice();
    }
    public int getQuantity() {
        return quantity;
    }
    public void setQuantity(int quantity) {
        this.quantity = quantity;
        this.updateTotalPrice();
    }
    public int getTotalPrice() {
        return totalPrice;
    }
    public void updateTotalPrice() {
        totalPrice = Integer.parseInt(this.itemBook[2]) * this.quantity;
    }
}
```

문자열을 숫자로 변경하는 메서드

02 장바구니에 도서 추가하기: Welcome.java 파일에서 도서 목록의 상품을 장바구니에 담는 menuCartAddItem() 메서드를 수정하고 isCartInBook() 메서드를 추가합니다.

프로젝트 7-4 7장/BookMarket/src/Welcome.java

```java
import java.util.Scanner;

public class Welcome {
    static final int NUM_BOOK = 3;
    static final int NUM_ITEM = 7;
    static CartItem[] mCartItem = new CartItem[NUM_BOOK];
    static int mCartCount = 0;

    ...
    public static void menuCartAddItem(String[][] book) {
        ...
        boolean quit = false;

        while (!quit) {
            System.out.print("장바구니에 추가할 도서의 ID를 입력하세요 :");
            Scanner input = new Scanner(System.in);
            String str = input.nextLine();

            boolean flag = false;
            int numId = -1;

            for (int i = 0; i < NUM_BOOK; i++) {
                if (str.equals(book[i][0])) {
                    numId = i;
                    flag = true;
                    break;
                }
            }
            if (flag) {
                System.out.println("장바구니에 추가하겠습니까? Y | N ");
                str = input.nextLine();

                if (str.toUpperCase().equals("Y")) {
                    System.out.println(book[numId][0]+" 도서가 장바구니에 추가되었습니다.");
                    // 장바구니에 넣기
                    if (!isCartInBook(book[numId][0]))
                        mCartItem[mCartCount++] = new CartItem(book[numId]);
                }
                quit = true;
            } else
                System.out.println("다시 입력해 주세요");

```

```java
        }
    }
    ...
    public static boolean isCartInBook(String bookId) {
        boolean flag = false;
        for (int i = 0; i < mCartCount; i++) {
            if (bookId == mCartItem[i].getBookID()) {
                mCartItem[i].setQuantity(mCartItem[i].getQuantity()+1);
                flag = true;
            }
        }
        return flag;
    }
}
```

장바구니의 상품 목록 보기

01 장바구니의 상품 목록 표시하기: Welcome.java에서 장바구니에 담긴 상품 목록을 출력하는 menuCartItemList() 메서드를 수정합니다.

프로젝트 7-5 7장/BookMarket/src/Welcome.java

```java
import java.util.Scanner;

public class Welcome {
    ...
    public static void menuCartItemList() {
        System.out.println("장바구니 상품 목록 :");
        System.out.println("---------------------------------------------");
        System.out.println("    도서ID \t|     수량 \t|      합계");
        for (int i = 0; i < mCartCount; i++) {
            System.out.print("    " + mCartItem[i].getBookID() + " \t| ");
            System.out.print("    " + mCartItem[i].getQuantity() + " \t| ");
            System.out.print("    " + mCartItem[i].getTotalPrice());
            System.out.println("  ");
        }
        System.out.println("---------------------------------------------");
    }
    ...
}
```

요약

01 객체지향 프로그래밍은 그 명칭에서 드러나듯이 프로그래밍에서 객체를 사용하는 것을 의미합니다. 즉 데이터와 메서드를 포함하는 '객체' 개념에 기반한 프로그래밍입니다. 객체지향 프로그래밍의 주요 목적은 프로그램의 유연성을 향상하고 유지·관리의 가능성을 높이는 것입니다.

02 객체지향 프로그래밍의 구성 요소는 다음과 같습니다.

구성 요소	설명	참고
클래스	같은 종류의 집단에 속한 속성과 행동을 정의한 틀이다.	7.2절 클래스와 객체 7.3절 클래스의 구성 요소
객체	클래스의 인스턴스이다.	7.2절 클래스와 객체
캡슐화	데이터와 행동을 하나의 단위로 묶는 기법이다.	7.5절 접근제한자
상속	이미 존재하는 한 클래스의 멤버(변수, 메서드)를 다른 클래스에 물려주는 기법이다.	8장 상속과 다형성
다형성	변수, 메서드 또는 객체가 여러 형태를 취하는 기법이다.	5장 메서드 7.4절 생성자 8장 상속과 다형성
추상화	불필요한 내부 세부 사항을 숨기고 필수 사항을 표시하는 것을 의미한다.	9장 추상 클래스와 인터페이스

03 클래스는 특정 유형의 객체를 만들기 위한 설계도 또는 템플릿으로, 객체가 어떻게 작동하고 객체가 무엇을 할 것인지를 결정합니다. 즉 객체에 어떤 속성(상태)이 있고, 어떤 기능(행동)을 하는지를 설명하는 설계도입니다.

```
[접근제한자] class 클래스명 {
    (멤버)변수     ●—— 속성
    (멤버)메서드   ●—— 행동
}
```

04 객체는 클래스의 인스턴스입니다. 객체는 클래스 자체의 복사본으로, 특정 유형의 데이터를 유용하게 만드는 메서드와 변수(속성)로 구성됩니다.

```
클래스명 객체명 = new 클래스명();
    Cat catObj = new Cat();
```

05 클래스의 구성 요소는 실세계에서의 속성과 행동에 해당하는 변수, 메서드, 클래스명과 같은 생성자입니다.

- **멤버 변수**: 객체의 데이터가 저장되는 곳
- **멤버 메서드**: 객체의 동작, 데이터의 조작이 이루어지는 곳
- **생성자**: 객체를 생성할 때 초기화되는 항목 관리

06 생성자는 객체를 생성할 때 new 연산자를 사용하여 호출되는 부분으로, 클래스의 객체가 생성될 때마다 자동으로 호출되고 객체를 초기화하는 데 이용되는 특수한 유형의 메서드입니다. 생성자명은 클래스명과 같고 반환 유형이 없습니다.

- **기본 생성자**

```
클래스명();
```

- **일반 생성자**

```
클래스명(매개변수1, 매개변수2, …);
```

07 접근제한자는 접근성을 설정하는 데 사용되는 키워드입니다. 접근제한자는 다른 클래스의 클래스, 생성자, 데이터 멤버, 메서드의 접근을 제한합니다. 불필요한 세부 정보를 숨기고 최소한의 정보만으로 프로그램을 손쉽게 사용할 수 있도록 하는 정보 은닉의 캡슐화를 위해 접근제한자를 사용합니다.

- **public**: 모든 곳에서 접근할 수 있습니다.
- **protected**: 패키지 및 모든 하위 클래스 내에서 접근할 수 있습니다.
- **선언하지 않음(default)**: 동일한 패키지 내에서만 접근할 수 있습니다.
- **private**: 클래스 내에서만 접근할 수 있습니다.

08 접근제한자의 접근 가능 범위는 다음과 같습니다.

유형	같은 클래스의 멤버	같은 패키지의 멤버	자식 클래스의 멤버	기타 영역
public	○	○	○	○
protected	○	○	○	×
선언하지 않음(default)	○	○	×	×
private	○	×	×	×

연습문제

01 다음 중 자바에서 객체를 생성하는 방법이 아닌 것은 무엇인가?

① 생성자 클래스 객체
② new 키워드
③ super 키워드
④ 클래스의 인스턴스

02 다음 중 new 키워드를 사용하여 객체를 만드는 구문은 무엇인가?

① 클래스명 = new 클래스명();
② 클래스명 객체명 = new 클래스명();
③ 객체명 = new 클래스명();
④ 클래스명 객체명 = new 객체명();

03 다음 중 public 하위 클래스의 필드(멤버 변수)에 접근하는 방법은 무엇인가?

① 하위 클래스에 대한 객체를 만들고 접근 가능
② 슈퍼 클래스에 대한 객체를 만들고 접근 가능
③ 하위 클래스에 접근 불가능
④ public 접근제한자는 접근 불가능

04 다음 중 생성자의 구문이 아닌 것은 무엇인가?

①
```
class Constructor {
   Construtor() {

   }
}
```

②
```
class Example {
   int x;
   Example( ) {
      x = 100;
   }
}
```

③
```
class Demo {
   Constructor() {
      int x = 100;
   }
}
```

④
```
class Constructor {
   int a;
   Constructor(int x) {
      a = x;
   }
}
```

05 다음 중 생성자를 사용하여 각기 다른 인수를 가질 수 있는 메서드는 무엇인가?

① 연산자 오버로딩 ② 메서드 오버로딩
③ 인수 오버로딩 ④ 생성자 오버로딩

06 다음 프로그램에서 출력되는 x의 값은 무엇인가?

```
class MyExample {
   int x = 10;
}
public class MyClass {
   public static void main(String[] args) {
      MyExample object = new MyExample;
      object.x = 15;
      System.out.println(x);
   }
}
```

① 10 ② 15
③ 25 ④ 컴파일 오류

07 다음 프로그램의 실행 결과는 무엇인가?

```
public class MyClass {
   public static void add(int a, int b, int sum) {
      sum = a + b;
   }
   public static void main(String[] args) {
      int a = 1;
      int b = 2;
      int sum = 0;
      add(a, b, sum);
      System.out.println(" 합계 " + sum);
   }
}
```

① 컴파일 오류 ② 3
③ 2 ④ 0

08 다음 프로그램의 실행 결과는 무엇인가?

```
class ExClass {
   int number;
}

public class MyClass {
   public static void add(int a, int b, int sum) {
      sum = a + b;
   }
   public static void main(String[] args) {
      ExClass b = new ExClass();
      b.number = 30;
      ExClass b2 = b;
      b = null;
      System.out.println("number 값 : " + b.number);
   }
}
```

① number 값 : NULL

② number 값 : 25

③ number 값 : 0

④ 컴파일 오류

09 다음 프로그램의 실행 결과는 무엇인가?

```
public class MyClass {
   private String name = "Java";
   public static void main(String[] args) {
      MyClass s = new MyClass();
      s.name = "JavaBook";
      System.out.println(s.name);
   }
}
```

① Java

② 컴파일 오류

③ name

④ JavaBook

10 다음 프로그램의 실행 결과는 무엇인가?

```
class ExClass {
   private int a = 1;
   private void display() {
      System.out.println("Private 메서드입니다");
   }
}

public class MyClass {
   public static void main(String[] args) {
      ExClass obj = new ExClass();
      obj.a = 2;
      System.out.println(a);
      obj.display();
   }
}
```

① 컴파일 오류

② 2.Private 메시드입니다

③ 1.Public 메서드입니다

④ Private 메서드입니다

CHAPTER 08

상속과 다형성

학습목표

- 상속의 개념을 이해합니다.
- 상속의 유형을 파악합니다.
- 다형성의 개념을 이해합니다.
- 다형성의 유형을 파악합니다.

Preview

객체지향 프로그래밍의 구성 요소에서 부모 클래스와 자식 클래스의 관계를 표현하는 상속을 이해하고 상속의 유형을 살펴봅시다. 그리고 하나의 객체가 여러 가지 유형을 띠는 다형성을 이해하고, 다형성의 유형인 메서드 오버로딩과 메서드 오버라이딩에 대해 자세히 알아봅시다.

- 상속
  - 상속의 필요성
  - 상속의 개념
  - Is-A 관계
- 상속의 유형
  - 단일 상속
  - 다단계 상속
  - 계층적 상속
  - super를 이용한 부모 클래스 참조
    - super를 이용한 변수와 메서드 접근
    - super()를 이용한 생성자 접근
- 다형성
  - 다형성의 필요성
  - 다형성의 개념
- 다형성의 유형
  - 컴파일타임 다형성
    - 메서드 오버로딩
  - 런타임 다형성
    - 메서드 오버라이딩

[프로젝트]

- 사용자, 관리자 정보 관리 및 관리자 로그인 기능 만들기
  - 사용자 정보 관리하기
  - 관리자 정보 관리하기
  - 관리자 로그인 기능 만들기

8.1 | 상속

1 상속의 필요성

상속은 기존 클래스의 기능을 사용하여 새 클래스를 만드는 기술로, 한 클래스가 다른 클래스의 특징(멤버 메서드와 변수)을 가져오도록 하는 자바 객체지향 프로그래밍의 필수적인 부분입니다. 상속을 사용하면 클래스 간의 관계를 더 잘 이해할 수 있고 프로그램 구조를 더욱 조직화할 수 있기 때문에 코드의 가독성과 해석 가능성이 향상됩니다. 따라서 응용 프로그램의 유지·관리에 유용합니다.

기존 클래스를 부모 클래스(슈퍼 클래스), 부모 클래스의 기능을 상속받은 클래스를 자식 클래스(서브 클래스)라고 합니다. 자식 클래스는 부모 클래스의 코드를 재사용하며, 프로그램의 필요에 따라 재정의할 수도 있습니다. 자식 클래스를 사용하면 다음과 같은 이점이 있습니다. 잘 이해되지 않는다면 여기서는 가볍게 읽고 넘어가도 괜찮습니다.

- 자식 클래스는 부모 클래스에 없는 새 필드를 가질 수 있습니다.
- 자식 클래스는 부모 클래스로부터 상속받은 필드를 직접 사용할 수 있습니다.
- 부모 클래스에 있는 메서드와 이름이 같은 메서드를 자식 클래스에서 재정의할 수 있습니다. 즉 인스턴스 메서드를 작성할 수 있습니다. 또한 메서드에 다른 정의를 추가할 수도 있습니다.
- 부모 클래스의 메서드를 호출하기 위해 별도의 객체를 선언할 필요가 없습니다.
- `static` 메서드를 선언하여 부모 클래스의 메서드를 숨길 수 있습니다.
- 부모 클래스의 생성자를 호출하는 생성자를 정의할 수 있습니다. 이 경우 명시적으로 `super` 키워드를 사용해야 합니다.
- 자식 클래스는 부모 클래스에 없는 메서드를 가질 수 있으므로 부모 클래스의 더 나은 버전이 됩니다.

하나 더 알기 **상속의 단점**

상속을 사용했을 때의 주요 단점은 두 클래스(부모 클래스와 자식 클래스)가 밀접하게 결합된다는 것입니다. 즉 상위 클래스의 코드를 변경하면 상위 클래스로부터 상속받거나 상위 클래스에서 파생된 모든 하위 클래스에 영향을 미치므로 서로 독립적일 수 없습니다.

2 상속의 개념

상속은 다른 클래스 간의 관계를 설정하고 계층적 순서로 정보를 관리하며 코드를 재사용하는 데 도움이 됩니다. 즉 새로운 클래스를 만들 때, 원하는 코드 중 일부가 포함된 클래스가 이미 있는 경우 기존 클래스에서 새 클래스를 파생(상속)시킬 수 있습니다. 이렇게 함으로써 기존 클래스의 멤버 변수와 메서드를 재사용할 수 있습니다.

예를 들어 아기 고양이는 부모 고양이로부터 생김새(품종, 색상)인 속성과 행동(먹다, 할퀴다, 야옹하고 울다) 등의 특징을 물려받습니다. 이를 '아기 고양이가 부모 고양이로부터 상속받았다' 또는 '부모 고양이에서 아기 고양이로 확장했다'라고 표현할 수 있는데, 자바에도 이와 유사한 개념의 두 가지 클래스가 있습니다.

부모 클래스

다른 클래스에 멤버 요소(메서드와 변수)를 상속하는 클래스로 상위 클래스, 슈퍼 클래스, 기본 클래스라고도 합니다.

자식 클래스

다른 클래스의 멤버 요소를 상속받은 클래스로 하위 클래스, 서브 클래스, 파생 클래스라고도 합니다. 자식 클래스는 부모 클래스의 모든 멤버 요소를 소유할 뿐만 아니라 그 밖에도 고유한 멤버 메서드와 변수를 추가할 수 있습니다.

그림 8-1 **부모 클래스와 자식 클래스의 관계**

부모 클래스에서 자식 클래스로 상속하려면 extends 키워드를 사용하며 그 형식은 다음과 같습니다.

```
class 자식클래스 extends 부모클래스 {
   // 멤버 요소
}
```

다음은 ParentCat 클래스와 이를 상속받는 BabyCat 클래스를 생성하고, BabyCat 클래스의 객체를 만들어 변수와 메서드를 출력하는 예입니다.

부모 클래스와 자식 클래스 예시

Chap08/src/ParentCat.java

```
public class ParentCat {        // 부모 클래스
   public String breed = "샴고양이";

   void eat() {
      System.out.println("먹이를 먹다.");
   }
}
```

Chap08/src/BabyCat.java

```
public class BabyCat extends ParentCat {        // 부모 클래스: ParentCat, 자식 클래스: BabyCat
   public String color = "초콜릿색";

   void meow() {
      System.out.println("야옹하고 울다.");
   }
}
```

Chap08/src/Example01.java

```
public class Example01 {
   public static void main(String[] args) {
      BabyCat catObj = new BabyCat();

      System.out.println("품종 : " + catObj.breed);   // 부모 클래스로부터 상속받은 필드
      System.out.println("색상 : " + catObj.color);   // 자식 클래스의 필드

      catObj.eat();    // 부모 클래스로부터 상속받은 메서드
      catObj.meow();   // 자식 클래스의 메서드
   }
}
```

실행 결과

```
품종 : 샴고양이
색상 : 초콜릿색
먹이를 먹다.
야옹하고 울다.
```

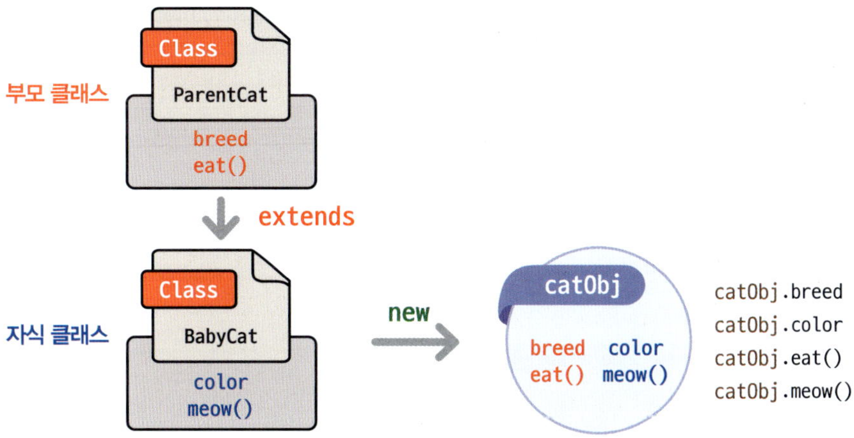

그림 8-2 **부모 클래스(ParentCat)와 자식 클래스(BabyCat)의 관계**

예제 8-1 부모 클래스의 메서드 선언하고 호출하기

덧셈, 뺄셈 연산 결과를 출력하는 메서드가 선언된 클래스(`Calculation`)를 만들고, 이 클래스를 상속받아 덧셈, 뺄셈, 곱셈이 가능한 자식 클래스(`Inheritance01`)를 만들어 `main()` 메서드에서 호출해봅시다.

Chap08/src/Calculation.java

```
class Calculation {
   int z;

   public void addition(int x, int y) {
      z = x + y;
      System.out.println("두 수의 덧셈 : " + z);
   }

   public void subtraction(int x, int y) {
      z = x - y;
      System.out.println("두 수의 뺄셈 : " + z);
   }
}
```

```java
public class Inheritance01 extends Calculation {
   public void multiplication(int x, int y) {
      z = x * y;
      System.out.println("두 수의 곱셈 : " + z);
   }

   public static void main(String[] args) {
      int a = 20, b = 10;
      Inheritance01 obj = new Inheritance01();
      obj.addition(a, b);
      obj.subtraction(a, b);
      obj.multiplication(a, b);
   }
}
```

실행 결과

```
두 수의 덧셈 : 30
두 수의 뺄셈 : 10
두 수의 곱셈 : 200
```

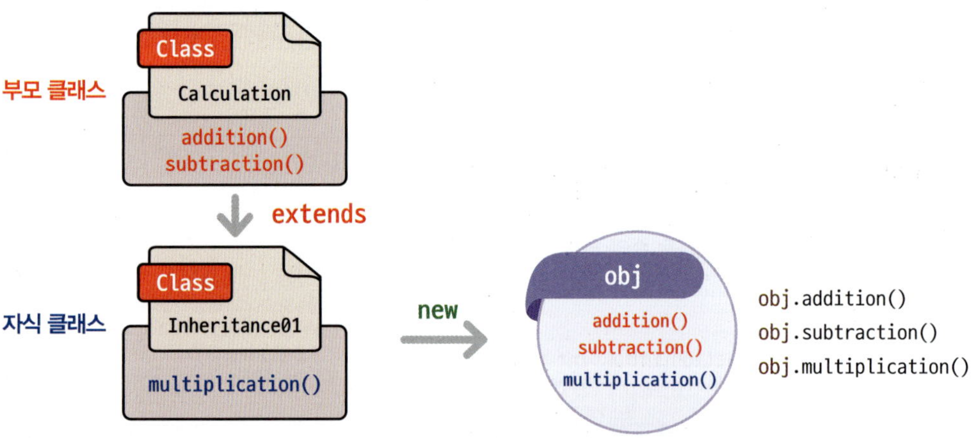

그림 8-3 **부모 클래스(Calculation)와 자식 클래스(Inheritance01)의 관계**

3 Is-A 관계

Is-A 관계(is a relationship)는 말 그대로 '…는 …이다'라는 의미입니다. 부모-자식 관계라고도 불리는 Is-A 관계는 `extends`, `implements` 키워드로 구현됩니다. 모든 클래스는 기본적으로 java.lang.Object를 확장하며, `Object`는 자바에서 모든 클래스의 최상위 클래스(루트 클래스)임을 나타냅니다. 다시 말해 모든 클래스는 java.lang.Object의 하위 클래스입니다.

Is-A 관계는 상속을 나타내며, 이는 특정 클래스가 상위 클래스의 일부임을 뜻합니다. 코드의 재사용성을 위해 필수적인 상속은 단방향으로만 이루어지기 때문에 자식 클래스는 부모 클래스의 한 유형이지만 부모 클래스가 자식 클래스에 속하지는 않습니다. 쉽게 말해 고양이는 동물이지만 모든 동물은 고양이가 아닌 것과 마찬가지입니다.

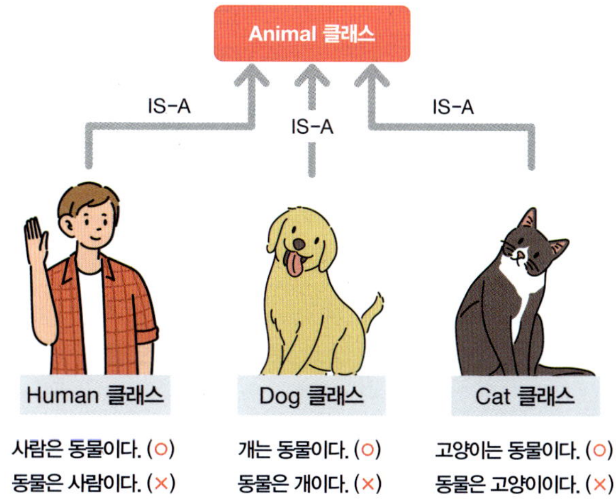

그림 8-4 클래스 간의 Is-A 관계

```
class Animal {
    ...
}
class Cat extends Animal {   // Cat과 Animal은 Is-A 관계
    ...
}
```

하나 더 알기 **자바에서의 'HAS-A' 관계**

HAS-A 관계(has a relationship association)는 '…는 …을 가지고 있다'라는 의미로, 일반적인 포함 개념의 관계를 나타냅니다. 따라서 HAS-A 관계에서는 상속을 사용하지 않으며, 다른 클래스의 멤버(변수나 메서드)를 받아들여 사용합니다. 즉 클래스의 특정 인스턴스가 다른 클래스 또는 동일한 클래스에 대한 참조를 가지고 있습니다. 코드 재사용성에 도움이 되는 HAS-A 관계는 new 키워드로 구현할 수 있습니다.

```
class Boy {
    ...
}
class Kid {
    Boy obj = new Boy();
    ...
}
```

여기서 퀴즈!

다음 중 상속에 대한 설명으로 옳지 않은 것을 고르시오.

① 자식 클래스는 부모 클래스에 없는 필드를 가질 수 있습니다.

② 자식 클래스는 부모 클래스의 메서드와 이름이 같은 메서드를 재정의할 수 있지만 메서드에 다른 정의를 추가할 수는 없습니다.

③ 자식 클래스는 부모 클래스의 메서드를 호출하기 위해 별도의 객체를 선언할 필요가 없습니다.

④ 자식 클래스는 부모 클래스에 없는 메서드를 가질 수 있습니다.

정답 ②

8.2 상속의 유형

1 단일 상속

단일 상속은 클래스가 하나의 클래스에 의해서만 확장되는 것으로, 단일 수준 상속이라고도 합니다. 즉 단일 부모 클래스에서 자식 클래스를 만들기 때문에 기본 클래스(부모 클래스)와 파생 클래스(자식 클래스)가 각각 하나뿐입니다. 이 경우 자식 클래스는 단일 기본 클래스로부터만 속성과 행동을 상속받고 부모 클래스의 모든 메서드와 변수에 접근할 수 있습니다.

그림 8-5 **클래스 간의 단일 상속**

다음은 Cat 클래스가 Animal 클래스로부터만 상속받는 단일 상속의 예입니다.

단일 상속 예시

Chap08/src/Animal.java

```
public class Animal {
   void eat() {
      System.out.println("먹이를 먹다.");
   }
}
```

Chap08/src/Cat.java

```
public class Cat extends Animal {
   void meow() {
      System.out.println("야옹하고 울다.");
   }
}
```

Chap08/src/Example02.java

```
public class Example02 {
   public static void main(String[] args) {
      Cat obj = new Cat();
      obj.meow();
      obj.eat();
   }
}
```

실행 결과

```
야옹 하고 울다.
먹이를 먹다.
```

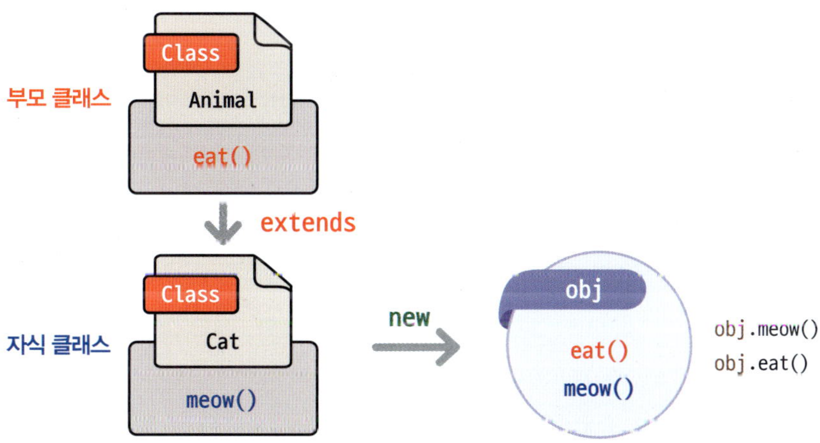

그림 8-6 Animal 클래스에서 확장된 Cat 클래스

예제 8-2 단일 상속 메서드 호출하기

부모 클래스 Father와 자식 클래스 Son을 만들고 자식 클래스의 메서드를 main() 메서드에서 호출해봅시다.

Chap08/src/Father.java

```java
public class Father {
    String familyName = "프로그래머";
    String houseAddress = "인천";
}
```

Chap08/src/Son.java

```java
public class Son extends Father {
    String name = "홍길동";

    void printDetails() {
        System.out.println("나의 이름은 " + this.name );
        System.out.println("나의 아버지는 " + this.familyName);
        System.out.println("나의 집은 " + this.houseAddress);
    }
}
```

Chap08/src/Inheritance02.java

```java
public class Inheritance02 {
    public static void main(String[] args) {
        Son objSon = new Son();
        objSon.printDetails();
    }
}
```

실행 결과

```
나의 이름은 홍길동
나의 아버지는 프로그래머
나의 집은 인천
```

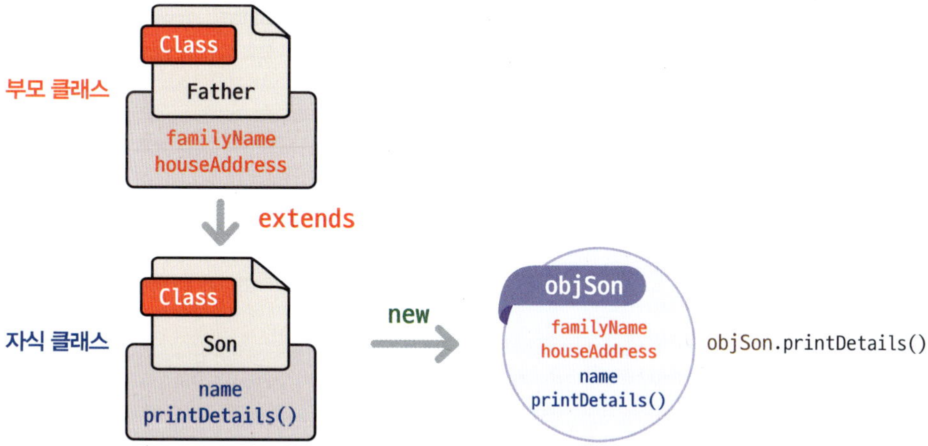

그림 8-7 Father, Son 클래스 간의 단일 상속

2 다단계 상속

다단계 상속은 클래스가 하나의 클래스에 상속하고, 상속받은 자식 클래스가 또 다른 클래스에 상속하는 것을 말합니다. 쉽게 말해 손주는 아버지로부터 상속받고 아버지는 할아버지로부터 상속받는 것에 비유할 수 있습니다. 예를 들어 [그림 8-8]과 같이 자식 클래스인 Kitten 클래스가 부모 클래스인 Cat 클래스로부터 상속받고, Cat 클래스는 또 다른 부모 클래스인 Animal 클래스로부터 상속받을 때, Cat 클래스는 부모 클래스이자 자식 클래스입니다.

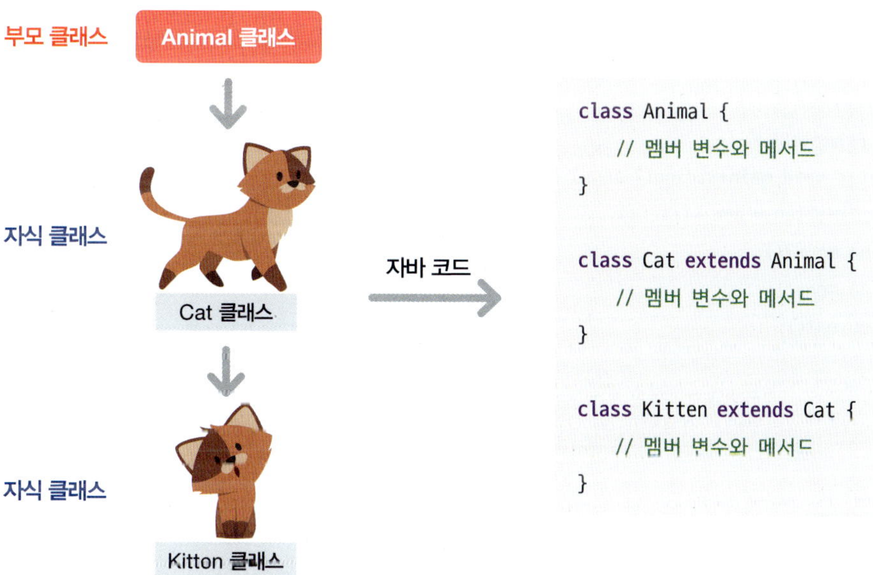

그림 8-8 클래스 간의 다단계 상속

다음은 Kitten 클래스가 Cat 클래스로부터 상속받고, 이 Cat 클래스가 Animal 클래스로부터 상속받는 다단계 상속의 예입니다.

다단계 상속 예시

Chap08/src/Animal.java

```
public class Animal {
    void eat() {
        System.out.println("먹이를 먹다.");
    }
}
```

Chap08/src/Cat.java

```
public class Cat extends Animal {
    void meow() {
        System.out.println("야옹하고 울다.");
    }
}
```

Animal 클래스로부터 상속받는 Cat 클래스

Chap08/src/Kitten.java

```
public class Kitten extends Cat {
    void meow2() {
        System.out.println("새끼 고양이가 야옹하고 울다.");
    }
}
```

Animal 클래스로부터 상속받는 Cat 클래스로부터 상속받는 Kitten 클래스

Chap08/src/Example03.java

```
public class Example03 {
    public static void main(String[] args) {
        Kitten objKitten = new Kitten();
        objKitten.meow2();
        objKitten.meow();
        objKitten.eat();
    }
}
```

실행 결과

```
새끼 고양이가 야옹하고 울다.
야옹하고 울다.
먹이를 먹다.
```

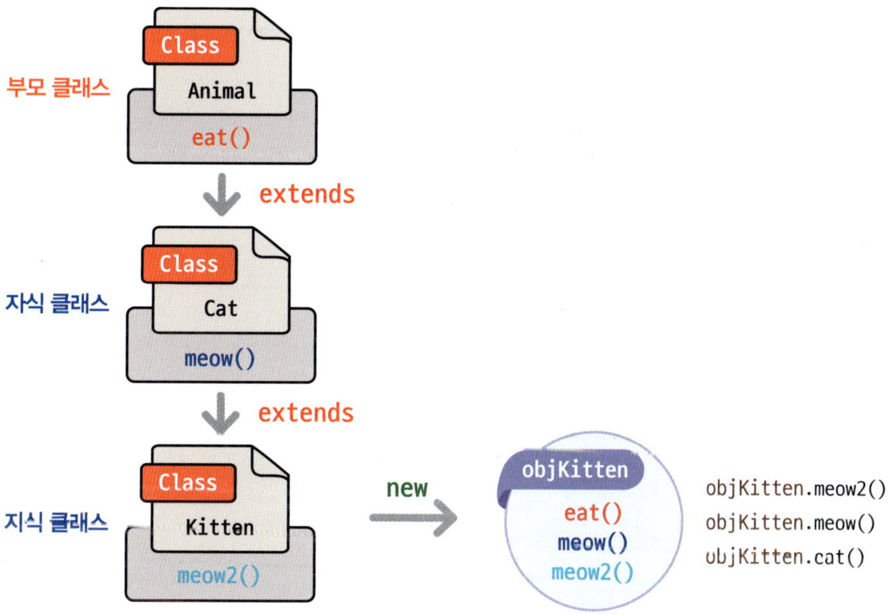

그림 8-9 클래스 간의 다단계 상속

예제 8-3 다단계 상속 메서드 호출하기

부모 클래스인 GrandFather에 이어 GrandFather의 자식 클래스인 SubFather를 만들고 SubFather의 자식 클래스인 SubSon을 만듭니다. 그런 다음 SubSon 클래스를 main() 메서드에서 호출해봅시다.

Chap08/src/GrandFather.java

```java
public class GrandFather {
   void printGrandFather() {
      System.out.println("나는 할아버지입니다.");
   }
}
```

Chap08/src/SubFather.java

```java
public class SubFather extends GrandFather {
    String familyName = "프로그래머";
    String houseAddress = "인천";

    void printFather() {
        System.out.println("나는 아버지입니다! 나는 할아버지로부터 상속받습니다.");
    }
}
```

Chap08/src/SubSon.java

```java
public class SubSon extends SubFather {
    void printSon() {
        System.out.println("나는 아들입니다.");
        System.out.println("나는 아버지로부터 상속받습니다.");
        System.out.println("나의 아버지는 " + this.familyName);
        System.out.println("나의 집은 " + this.houseAddress);
    }
}
```

Chap08/src/Inheritance03.java

```java
public class Inheritance03 {
    public static void main(String[] args) {
        SubSon objSon = new SubSon();
        objSon.printSon();
        objSon.printFather();
        objSon.printGrandFather();
    }
}
```

실행 결과

```
나는 아들입니다.
나는 아버지로부터 상속받습니다.
나의 아버지는 프로그래머
나의 집은 인천
나는 아버지입니다! 나는 할아버지로부터 상속받습니다.
나는 할아버지입니다.
```

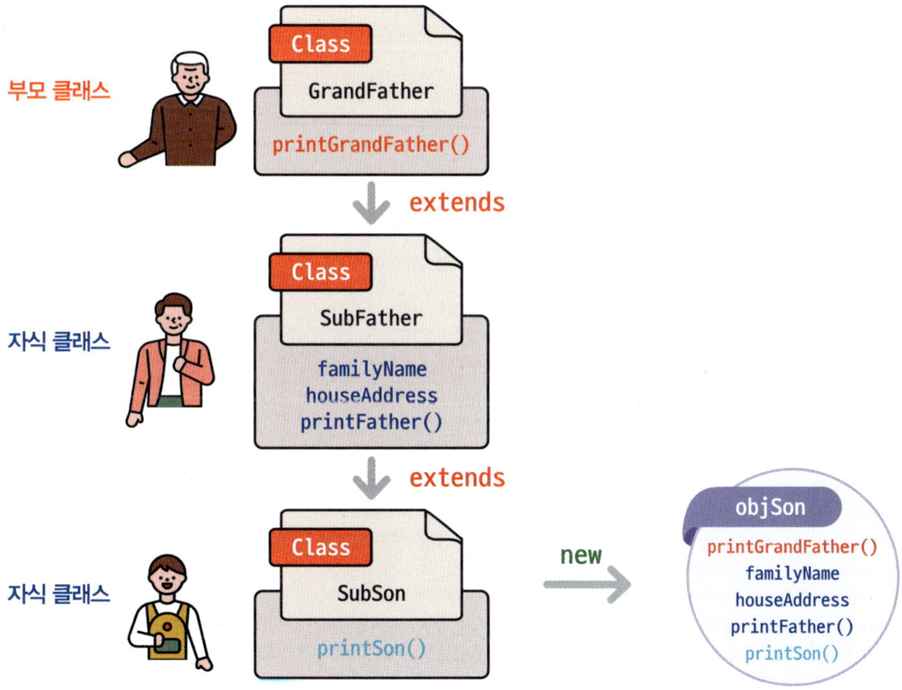

그림 8-10 GrandFather, SubFather, SubSon 클래스 간의 다단계 상속

3 계층적 상속

단일 부모 클래스의 값과 메서드를 여러 자식 클래스에 전달하는 것을 계층적 상속이라고 합니다. 즉 한 클래스가 부모 클래스로 사용되고 나머지 클래스는 자식 클래스가 됩니다.

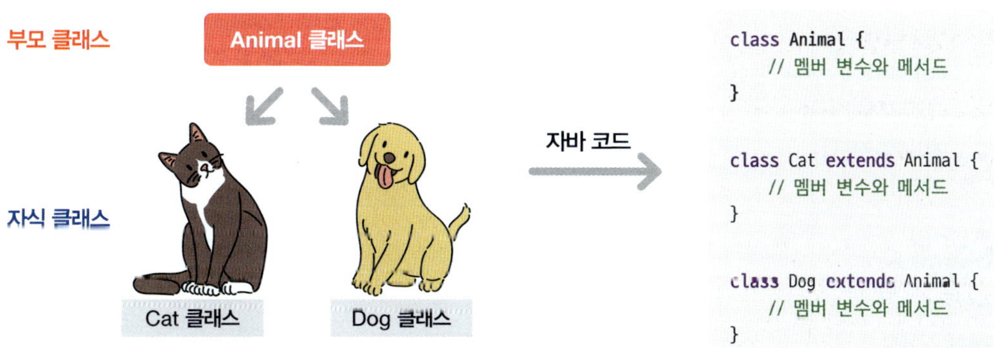

그림 8-11 클래스 간의 계층적 상속

다음은 자식 클래스인 Dog와 Cat이 부모 클래스인 Animal로부터 상속받는 계층적 상속의 예입니다.

계층적 상속 예시

Chap08/src/Animal.java

```
public class Animal {
   void eat() {
      System.out.println("먹이를 먹다.");
   }
}
```

Chap08/src/Cat.java

```
public class Cat extends Animal {
   void meow() {
      System.out.println("야옹하고 울다.");
   }
}
```

Chap08/src/Dog.java

```
public class Dog extends Animal {
   void bark() {
      System.out.println("멍멍하고 짖다.");
   }
}
```

Chap08/src/Example04.java

```
public class Example04 {
   public static void main(String[] args) {
      Cat objCat = new Cat();
      objCat.meow();
      objCat.eat();
      Dog objDog = new Dog();
      objDog.bark();
      objDog.eat();
   }
}
```

실행 결과

```
야옹하고 울다.
먹이를 먹다.
멍멍하고 짖다.
먹이를 먹다.
```

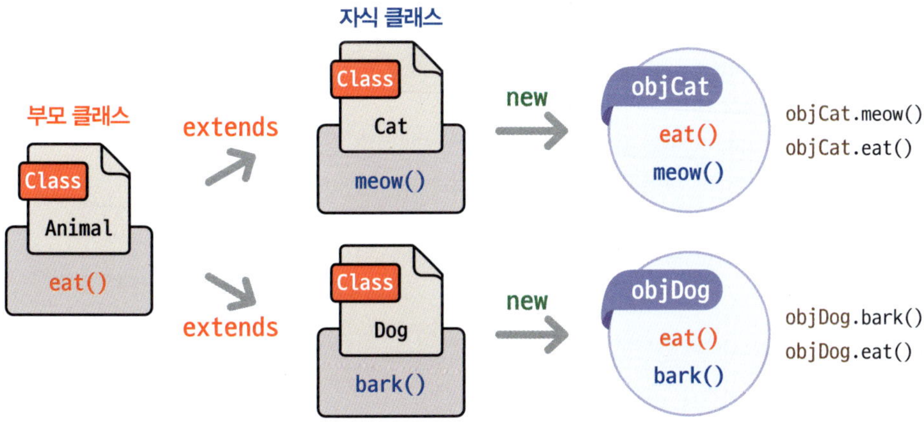

그림 8-12 Animal, Cat, Dog 클래스 간의 계층적 상속

예제 8-4 계층적 상속 메서드 호출하기

부모 클래스인 SubFather에 이어 SubFather의 자식 클래스인 SubSon과 SubDaughter를 만든 다음, SubSon 클래스와 SubDaughter 클래스를 main() 메서드에서 호출해봅시다.

Chap08/src/SubFather.java

```
public class SubFather extends GrandFather {
    String familyName = "프로그래머";
    String houseAddress = "인천";

    void printFather() {
        System.out.println("나는 아버지입니다! 나는 할아버지로부터 상속받습니다.");
    }
}
```

Chap08/src/SubSon.java

```
public class SubSon extends SubFather {
    void printSon() {
        System.out.println("나는 아들입니다.");
        System.out.println("나는 아버지로부터 상속받습니다.");
        System.out.println("나의 아버지는 " + this.familyName);
        System.out.println("나의 집은 " + this.houseAddress);
    }
}
```

Chap08/src/SubDaughter.java

```java
public class SubDaughter extends SubFather {
  void printDaughter() {
    System.out.println("나는 딸입니다.");
    System.out.println("나는 아버지로부터 상속받습니다.");
    System.out.println("나의 아버지는 " + this.familyName);
    System.out.println("나의 집은 " + this.houseAddress);
  }
}
```

Chap08/src/Inheritance04.java

```java
public class Inheritance04 {
  public static void main(String[] args) {

    SubSon objSon = new SubSon();
    objSon.printSon();
    objSon.printFather();

    SubDaughter objDaugther = new SubDaughter();
    objDaugther.printDaughter();
    objDaugther.printFather();

  }
}
```

실행 결과

```
나는 아들입니다.
나는 아버지로부터 상속받습니다.
나의 아버지는 프로그래머
나의 집은 인천
나는 아버지입니다! 나는 할아버지로부터 상속받습니다.
나는 딸입니다.
나는 아버지로부터 상속받습니다.
나의 아버지는 프로그래머
나의 집은 인천
나는 아버지입니다! 나는 할아버지로부터 상속받습니다.
```

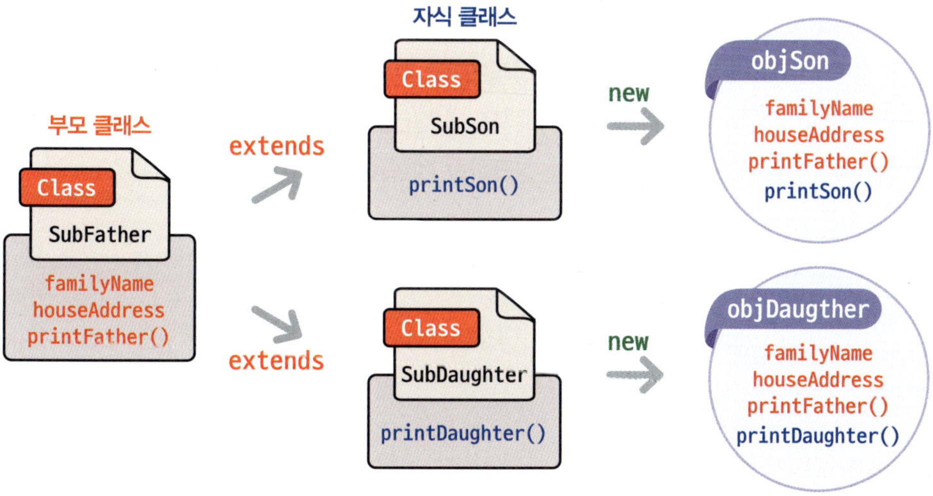

그림 8-13 SubFather, SubSon, SubDaughter 클래스 간의 계층적 상속

4 super를 이용한 부모 클래스 참조

자바의 상속에서 자식 클래스가 부모 클래스로부터 상속을 받으면 자식 클래스는 부모 클래스를 참조하기 위해 super 키워드를 사용합니다.

```
class SuperCat {
    String name;
    void printInfo() {
        System.out.println("부모 고양이입니다.");
    }
}

class SubKitten extends SuperCat {
    String name;
    void printInfo() {
        System.out.println("아기 고양이입니다.");
    }
    void printDetail() {
        super.printInfo();
        printInfo();
        super.name = "SuperCat";
        name = "SubKitten";
    }
}
```

그림 8-14 super 키워드를 이용하여 부모 클래스의 멤버 요소에 접근

super를 이용한 변수와 메서드 접근

super는 부모 클래스의 멤버 요소인 변수와 메서드에 접근할 수 있는 명령어입니다. 자식 클래스의 메서드에서 호출하여 부모 클래스의 변수나 메서드에 접근합니다. 다음은 super 키워드를 이용하여 SubKitten에서 SuperCat의 멤버 요소에 접근하는 예입니다.

super 키워드 사용 예시

Chap08/src/SuperCat.java

```
public class SuperCat {
   String breed = "샴고양이";
   String age = "15살";

   void printInfo() {
      System.out.println("부모 고양이입니다.");
   }
}
```

Chap08/src/SubKitten.java

```
public class SubKitten extends SuperCat {
   String age = "2살";

   void printInfo() {
      System.out.println("아기 고양이입니다.");
   }

   void printDetail() {
      super.printInfo();
      System.out.println("품종은 " + super.breed + ", 나이는 " + super.age);

      printInfo();
      System.out.println("품종은 " + breed + ", 나이는 " + age);
      // System.out.println("아기 고양이는 " + this.breed + ", 나이는 " + this.age);
   }
}
```

Chap08/src/Example05.java

```
public class Example05 {
   public static void main(String[] args) {
      SubKitten objCat = new SubKitten();
      objCat.printDetail();
   }
}
```

실행 결과

```
부모 고양이입니다.
품종은 샴고양이, 나이는 15살
아기 고양이입니다.
품종은 샴고양이, 나이는 2살
```

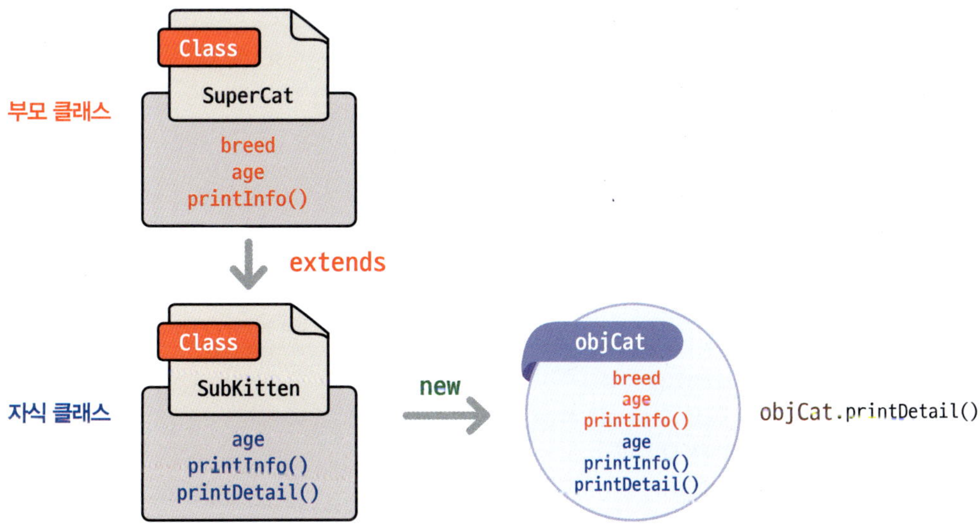

그림 8-15 super 키워드를 이용하여 SubKitten에서 SuperCat의 멤버 요소에 접근

예제 8-5 super 키워드를 이용하여 부모 클래스의 멤버 요소에 접근하기

부모 클래스인 Parent에 이어 Parent의 자식 클래스인 Child를 만듭니다. 그런 다음 자식 클래스에서 super 키워드를 이용하여 부모 클래스의 멤버 변수와 메서드를 호출하고, Child 클래스의 메서드를 main() 메서드에서 호출해봅시다.

Chap08/src/Parent.java

```
public class Parent {
    String name = "홍길순";

    public void details() {
        System.out.println(name);
    }
}
```

Chap08/src/Child.java

```java
public class Child extends Parent {
   String name = "홍길동";

   public void details() {
      super.details();
      System.out.println(name);
   }

   public void printDetails() {
      details();
      System.out.println("부모 이름 : " + super.name);
      System.out.println("자식 이름 : " + name);
   }
}
```

Chap08/src/Inheritance05.java

```java
public class Inheritance05 {
   public static void main(String[] args) {
      Child objChild = new Child();
      objChild.printDetails();
   }
}
```

실행 결과

```
홍길순
홍길동
부모 이름 : 홍길순
자식 이름 : 홍길동
```

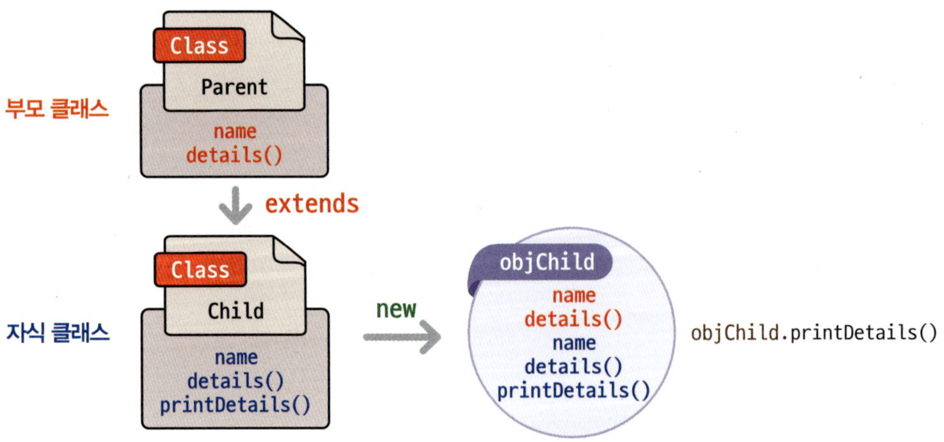

그림 8-16 super 키워드를 이용하여 Child에서 Parent의 멤버 요소에 접근

super( )를 이용한 생성자 접근

super()는 부모 클래스의 생성자를 호출하는 명령어로, 자식 클래스의 생성자 첫 행에 이 명령어가 있어야 합니다. 자식 클래스의 생성자가 부모 클래스의 생성자를 명시적으로 호출하지 않으면 자바 컴파일러는 부모 클래스의 매개변수가 없는 생성자를 자동으로 호출합니다. 이때 부모 클래스에 매개변수가 없는 생성자가 존재하지 않으면 컴파일타임 오류가 발생합니다.

super() 사용 예시

Chap08/src/SuperCat2.java

```
public class SuperCat2 {
    String name;
    String age = "15살";

    SuperCat2(String n) {
        name = n;
        System.out.println("부모 고양이입니다." + " 이름은 " + name);
    }
}
```

Chap08/src/SubKitten2.java

```
public class SubKitten2 extends SuperCat2 {
    String name;
    String age = "2살";

    public SubKitten2(String n1, String n2) {
        super(n1); // 부모 클래스 SuperCat2의 생성자 호출
        this.name = n2;
        System.out.println("아기 고양이입니다." + " 이름은 " + name);
    }
}
```

Chap08/src/Example06.java

```
public class Example06 {
    public static void main(String[] args) {
        SubKitten2 objCat = new SubKitten2("아름이", "다운이");
    }
}
```

실행 결과

```
부모 고양이입니다. 이름은 아름이
아기 고양이입니다. 이름은 다운이
```

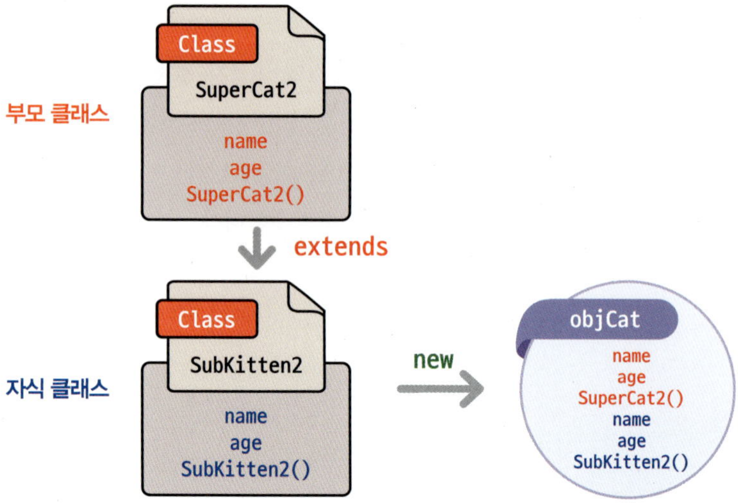

그림 8-17 super()를 이용하여 SubKitten2에서 SuperCat2의 생성자에 접근

예제 8-6 super()를 이용하여 부모 클래스의 생성자에 접근하기

부모 클래스인 Parent2에 이어 Parent2의 자식 클래스인 Child2를 만듭니다. 그런 다음 자식 클래스에서 super()를 이용하여 부모 클래스의 생성자를 호출하고, Child2 클래스를 main() 메서드에서 생성해봅시다.

Chap08/src/Parent2.java

```
public class Parent2 {
    String name = "홍길순";

    Parent2() {
        System.out.println("부모 이름 : " + name);
    }
}
```

Chap08/src/Child2.java

```
public class Child2 extends Parent2 {
    String name = "홍길동";

    Child2() {
        super();
        System.out.println("자식 이름 : " + name);
    }
}
```

자식 클래스에서 부모 클래스 생성자를 호출할 때 사용하는 super 키워드는 항상 자식 클래스의 메서드/생성자 첫 행에 있어야 함

Chap08/src/Inheritance06.java

```
public class Inheritance06 {
   public static void main(String[] args) {
      Child2 objChild = new Child2();
   }
}
```

실행 결과

```
부모 이름 : 홍길순
자식 이름 : 홍길동
```

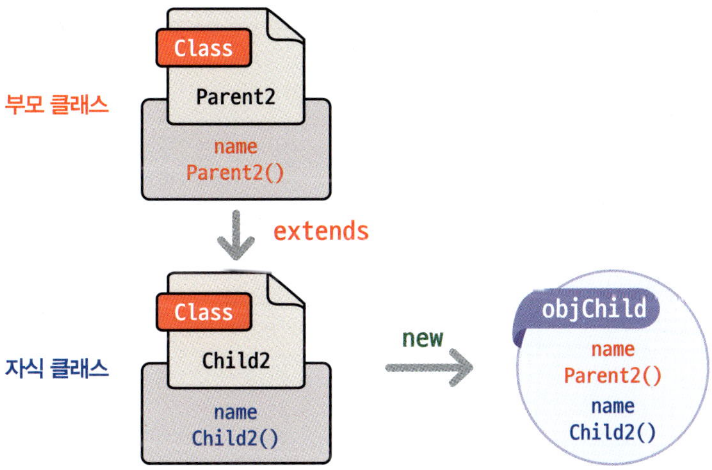

그림 8-18 super()를 이용하여 Child2에서 Parent2의 생성자에 접근

TIP super()와 this()는 생성자 내부의 첫 번째 명령문이어야 하므로 함께 사용할 수 없습니다.

여기서 퀴즈!

B, C, D라는 세 클래스가 A 클래스로부터 상속받는다면 객체는 어떤 클래스에서 생성되어야 하나요?

① 슈퍼 클래스
② 모든 파생 클래스
③ 모든 클래스
④ 객체가 필요하지 않음

정답 ③

8.3 | 다형성

1 다형성의 필요성

하나의 객체가 여러 가지 유형을 띠는 것을 다형성이라고 하며, 이는 이해하기 쉬운 코드를 작성하는 데 도움이 됩니다. 다형성을 통해 상속과 메서드 재정의를 활용하여 확장성 있는 프로그램을 만들 수 있으며, 부모 클래스의 참조 변수로 자식 클래스의 객체에 접근함으로써 코드의 효율성도 높일 수 있습니다. 또한 상위 클래스에서는 공통적인 부분을 제공하고 하위 클래스에서는 각 클래스에 맞는 기능을 구현할 수 있습니다.

프로그래밍에 다형성을 적용하면 다음과 같은 이점이 있습니다.

- 단일 메서드를 다른 클래스에서 다르게 작동할 수 있습니다.
- 동일한 구현에 대해 다른 메서드명을 선언할 필요가 없습니다.
- 상속을 더 쉽게 구현할 수 있습니다.

하나 더 알기 **다형성의 단점**

다형성은 구현하기 어려운 개념이며 오히려 프로그램의 가독성이 떨어질 수도 있습니다. 또한 런타임 다형성의 경우 컴파일러가 실행 중에 메서드의 반환 유형을 결정하므로 시스템의 성능이 저하됩니다.

2 다형성의 개념

여러 형태를 취할 수 있는 객체의 능력인 다형성은 상속에 의해 서로 관련된 하나 이상의 클래스 또는 객체가 있을 때 발생합니다. 상속을 통해 변수와 메서드를 상속할 수 있다면 다형성은 이러한 메서드를 사용하여 다른 작업을 수행할 수 있습니다. 가령 고양이를 키우는 집사인 동시에 자녀, 손주, 친구, 학생으로서 각기 다른 상황에서 다른 행동을 하는 것을 다형성에 비유할 수 있습니다.

그림 8-19 다형성의 예

여기서 퀴즈!

다음 중 다형성을 수행하는 데 사용되는 개념으로 적절하지 <u>않은</u> 것을 고르시오.

① 메서드 재정의 ② 메서드 오버로딩

③ 메서드 오버라이딩 ④ 메서드 추상화

정답 ④

8.4 | 다형성의 유형

자바의 다형성에는 런타임 다형성(runtime polymorphism)과 컴파일타임 다형성(compile-time polymorphism)이 있습니다.

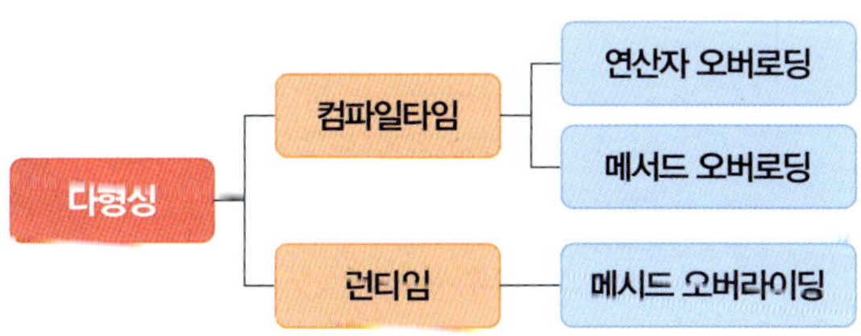

그림 8-20 다형성의 유형

1 컴파일타임 다형성

컴파일타임 다형성은 정적 다형성으로, 이러한 유형의 다형성은 연산자 오버로딩과 메서드 오버로딩으로 구현합니다.

메서드 오버로딩

메서드 오버로딩은 메서드명이 같지만 다른 매개변수를 사용하는 프로세스입니다. 메서드는 인수의 개수나 유형을 변경함으로써 오버로딩될 수 있으며, 컴파일러는 프로그램을 컴파일하는 동안 호출할 메서드를 결정합니다. 메서드 오버로딩은 공간 효율적이고 메서드명이 동일하여 이해하기 쉽기 때문에 프로그램 디버깅이 더 수월합니다.

다음은 두 메서드의 이름(add)이 같지만 하나는 정수형 덧셈 연산을 반환하고 또 하나는 실수형 덧셈 연산을 반환하는 예입니다.

메서드 오버로딩 예시 Chap08/src/Example07.java

```java
class Calculate {
   public int add(int num1, int num2) {
      return num1 + num2;
   }
   public double add(double num1, double num2) {
      return num1 + num2;
   }
}

public class Example07 {
   public static void main(String[] args) {
      int a = 4;
      int b = 5;
      double c = 11.12;
      double d = 21.34;

      Calculate obj = new Calculate();
      System.out.println(obj.add(a, b));
      System.out.println(obj.add(c, d));
   }
}
```

실행 결과

```
9
32.46
```

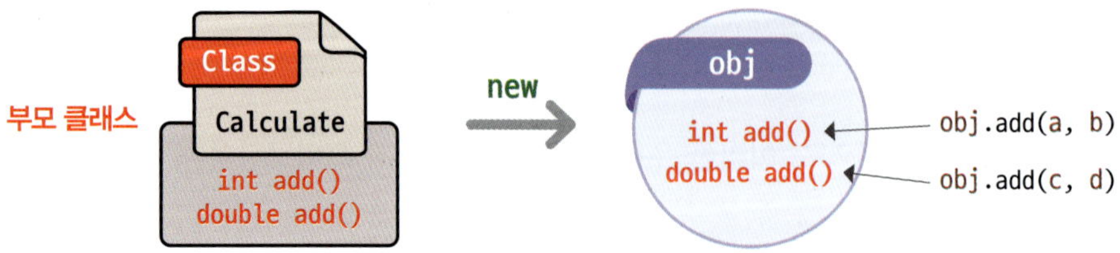

그림 8-21 add() 메서드 오버로딩

예제 8-7 사각형의 넓이 구하기

사각형의 넓이를 구하는 CalculateSquare 클래스를 정의하고, 클래스 내부의 메서드 square()로 사각형의 넓이를 계산하여 출력해봅시다. 이때 메서드명이 square로 같지만 다른 매개변수를 사용하도록 오버로딩합니다.

- square(): 매개변수가 없는 메서드
- square(int width, int height): 사각형의 가로와 세로가 정숫값인 메서드
- square(double width, double height): 사각형의 가로와 세로가 실숫값인 메서드
- square(int width, double height): 사각형의 가로와 세로가 각각 정숫값, 실숫값인 메서드

Chap08/src/Polymorphism01.java

```
class CalculateSquare {
   public void square() {
      System.out.println("No Parameter Method Called");
   }

   public int square(int width, int height) {
      int area = width * height;
      return area;
   }

   public double square(double width, double height) {
      double area = width * height;
      return area;
   }

   public double square(int width, double height) {
      double area = width * height;
      return area;
   }
}

public class Polymorphism01 {
   public static void main(String[] args) {
      CalculateSquare myArea = new CalculateSquare();
      System.out.println("가로:10, 세로:5 사각형의 넓이는 "+ myArea.square(10, 5));
      System.out.println("가로:2.5, 세로:4.5 사각형의 넓이는 "+ myArea.square(2.5, 4.5));
   }
}
```

실행 결과

```
가로:10, 세로:5 사각형의 넓이는 50
가로:2.5, 세로:4.5 사각형의 넓이는 11.25
```

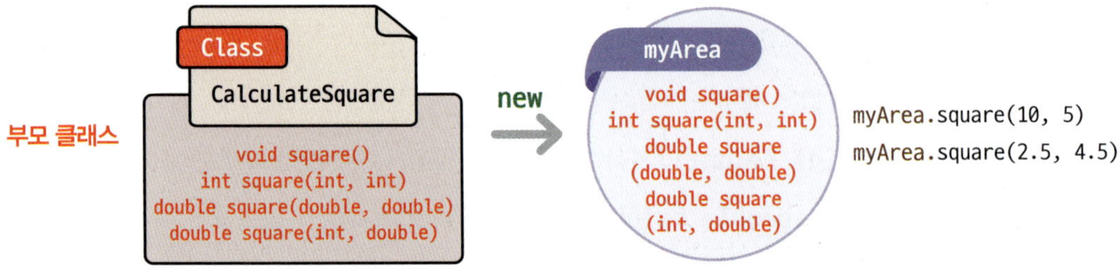

그림 8-22 square() 메서드 오버로딩

2 런타임 다형성

런타임 다형성은 동적 메서드로 재정의된 메서드에 대한 메서드 호출이 런타임에 해결되는 프로세스로, 이러한 유형의 다형성은 메서드 오버라이딩으로 구현합니다.

메서드 오버라이딩

메서드 오버라이딩은 부모 클래스로부터 상속받은 메서드를 자식 클래스에서 특정한 형태로 재정의하는 것을 말합니다. 자식 클래스가 부모 클래스로부터 같은 이름, 개수와 유형이 같은 인수, 같은 메서드 반환형을 가진 메서드를 상속받아서 구현하기 때문에 메서드 재정의라고도 합니다. 프로그램 실행 중에 호출할 메서드를 결정하는 메서드 오버라이딩은 동일한 기능을 구현한 자식 클래스에서 동일한 메서드를 사용함으로써 코드의 복잡성을 줄이고 일관성을 향상합니다.

다음은 Cat 클래스의 자식 클래스인 Kitten이 부모 클래스에 정의되어 있는 sound() 메서드를 재정의하는 예입니다.

메서드 오버라이딩 예시 Chap08/src/Cat.java

```java
class Cat extends Animal {
   ...
   public void sound() {
      System.out.println("고양이는 야옹하고 울다.");
   }
}
```

Chap08/src/Kitten.java

```
class Kitten extends Cat {
   ...
   @Override
   public void sound() {
      System.out.println("새끼 고양이는 야옹하고 울다.");
   }
}
```

Chap08/src/Example08.java

```
public class Example08 {
   public static void main(String[] args) {
      Cat myCat = new Cat();
      Kitten myKitten = new Kitten();

      myCat.sound();       // Cat 클래스의 sound() 메서드 호출
      myKitten.sound();    // Kitten 클래스의 sound() 메서드 호출
   }
}
```

실행 결과

```
고양이는 야옹하고 울다.
새끼 고양이는 야옹하고 울다.
```

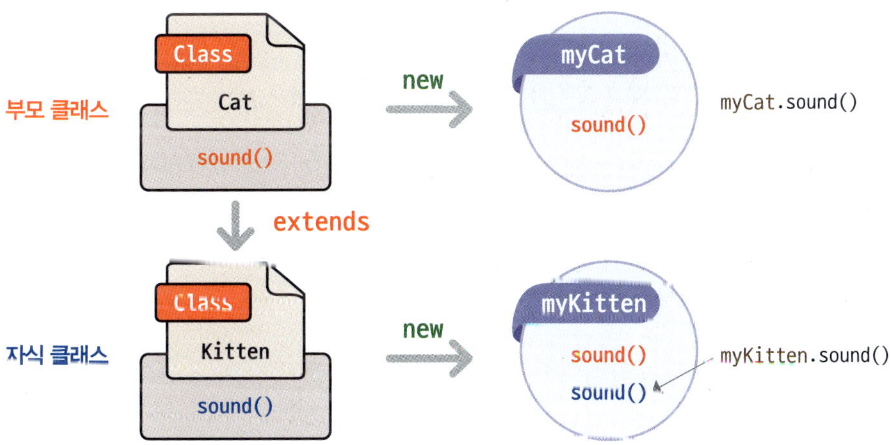

그림 8-23 sound() 메서드 오버라이딩

예제 8-8 동물의 울음소리 출력하기

부모 클래스인 Animal에 이어 Animal의 자식 클래스인 Pig와 Dog를 만듭니다. 그런 다음 Animal 클래스에 있는 animalSound() 메서드를 재정의하여 돼지와 개의 울음소리를 출력해봅시다.

Chap08/src/Animal.java

```
public class Animal {
    void eat() {
        System.out.println("먹이를 먹다");
    }

    public void animalSound() {
        System.out.println("동물이 소리를 낸다.");
    }
}
```

Chap08/src/Pig.java

```
public class Pig extends Animal {
    public void animalSound() {
        System.out.println("돼지는 꿀꿀꿀");
    }
}
```

Chap08/src/Dog.java

```
public class Dog extends Animal {
    void bark() {
        System.out.println("멍멍하고 짖다.");
    }

    public void animalSound() {
        System.out.println("개는 멍멍멍");
    }
}
```

Chap08/src/Polymorphism02.java

```
public class Polymorphism02 {
   public static void main(String[] args) {
      Animal myAnimal = new Animal();
      Animal myPig = new Pig();
      Animal myDog = new Dog();
      myAnimal.animalSound();
      myPig.animalSound();
      myDog.animalSound();
   }
}
```

실행 결과

```
동물이 소리를 낸다.
돼지는 꿀꿀꿀
개는 멍멍멍
```

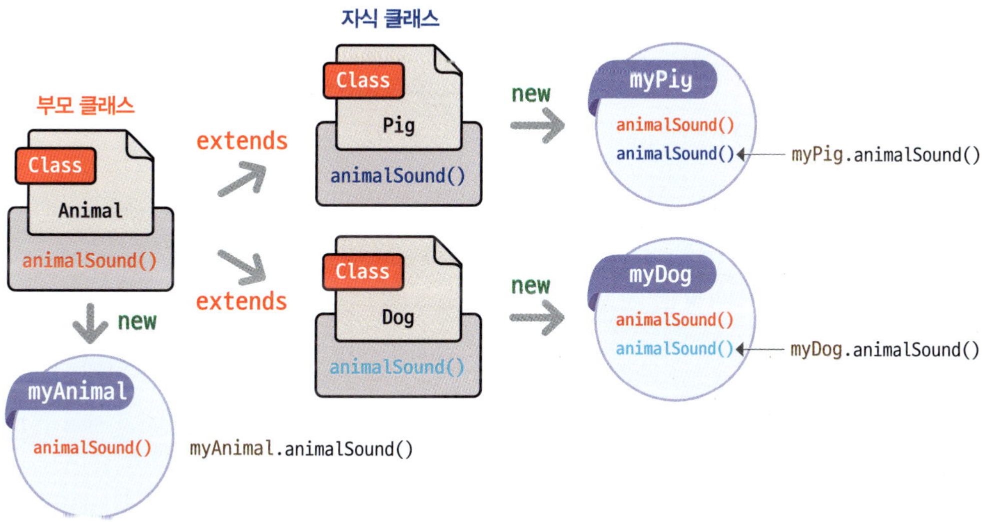

그림 8-21 animalSound() 메서드 오버라이딩

여기서 퀴즈!

생성자 오버로딩은 어떤 유형의 다형성 개념인가요?

① 런타임 다형성
② 컴파일타임 다형성
③ 동적 다형성
④ 런타임 다형성, 컴파일타임 다형성

정답 ②

프로젝트 사용자, 관리자 정보 관리 및 관리자 로그인 기능 만들기

이 장에서 배운 상속과 다형성을 적용하여 온라인 서점의 사용자와 관리자 정보를 관리하는 페이지를 만들어봅시다. 먼저 고객 정보를 관리하는 기존 클래스의 자식 클래스로 사용자, 관리자 클래스를 만든 뒤, 메인 메뉴에 관리자 로그인 메뉴를 추가하여 관리자 로그인 인증을 통해 관리자 정보를 출력하게 합니다.

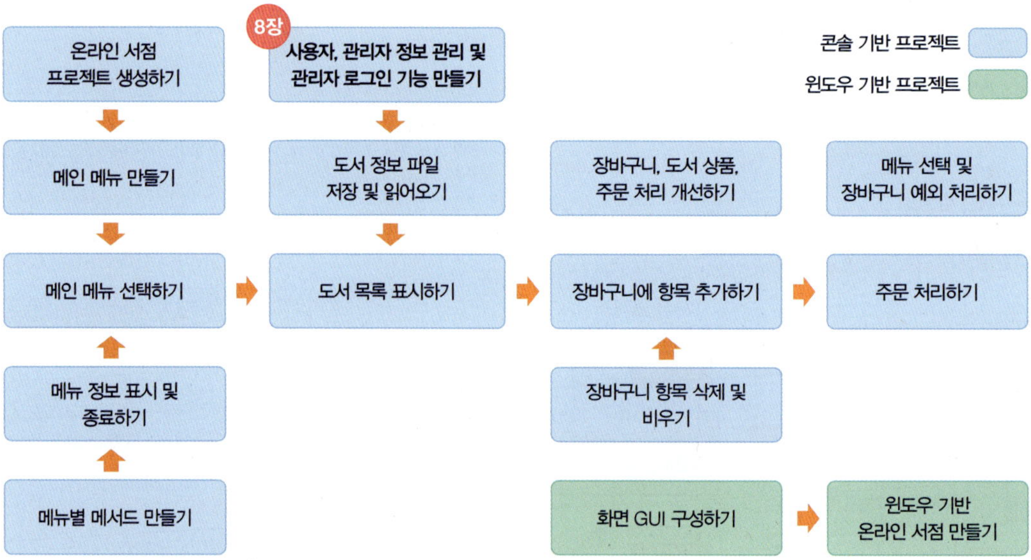

그림 8-25 사용자, 관리자 정보 관리 및 관리자 로그인 기능 만들기

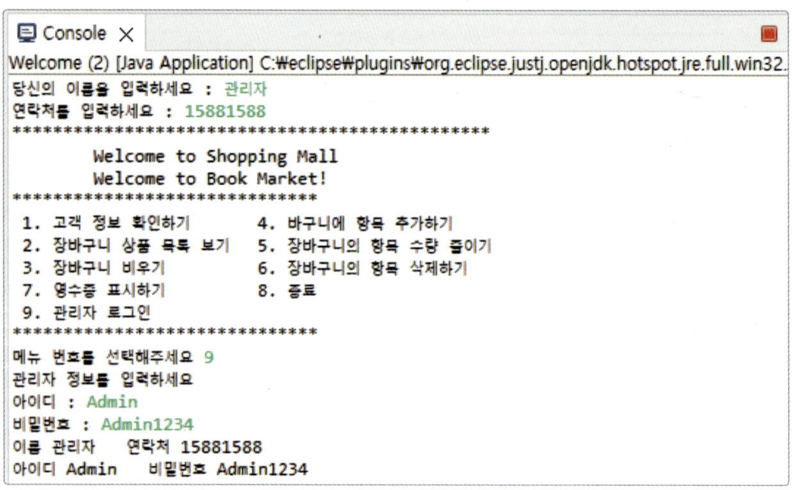

```
Console ×
Welcome (2) [Java Application] C:₩eclipse₩plugins₩org.eclipse.justj.openjdk.hotspot.jre.full.win32.
당신의 이름을 입력하세요 : 관리자
연락처를 입력하세요 : 15881588
***************************************************
        Welcome to Shopping Mall
        Welcome to Book Market!
*******************************
 1. 고객 정보 확인하기        4. 바구니에 항목 추가하기
 2. 장바구니 상품 목록 보기   5. 장바구니의 항목 수량 줄이기
 3. 장바구니 비우기           6. 장바구니의 항목 삭제하기
 7. 영수증 표시하기           8. 종료
 9. 관리자 로그인
*******************************
메뉴 번호를 선택해주세요 9
관리자 정보를 입력하세요
아이디 : Admin
비밀번호 : Admin1234
이름 관리자    연락처 15881588
아이디 Admin    비밀번호 Admin1234
```

그림 8-26 관리자 로그인 인증 실행 화면

사용자 정보 관리하기

고객 정보를 관리하는 기존 클래스의 자식 클래스로 사용자 클래스를 만듭니다.

01 사용자 클래스 생성하기: User.java 파일을 생성하고 Person 클래스로부터 상속받는 자식 클래스인 User를 만듭니다.

프로젝트 8-1 8장/BookMarket/src/User.java

```
public class User extends Person {

   public User(String name, int phone) {
      super(name, phone);
   }
   public User(String username, int phone, String address) {
      super(username, phone, address);
   }
}
```

02 사용자 정보 저장하기: Welcome.java 파일의 main()에서 User 클래스의 객체를 생성하여 입력받은 고객의 정보를 저장합니다.

프로젝트 8-2 8장/BookMarket/src/Welcome.java

```
import java.util.Scanner;

public class Welcome {
   ...
   static User mUser;

   public static void main(String[] args) {
      ...
      System.out.print("연락처를 입력하세요 : ");
      int userMobile = input.nextInt();

      mUser = new User(userName, userMobile);

      String greeting = "Welcome to Shopping Mall";
```

```java
        String tagline = "Welcome to Book Market!";
        ...
    }
    ...
}
```

03 사용자 정보 출력하기: Welcome.java 파일에서 고객 정보를 확인하는 menuGuestInfo() 메서드를 수정합니다.

프로젝트 8-3 8장/BookMarket/src/Welcome.java

```java
import java.util.Scanner;

public class Welcome {
    ...
    public static void main(String[] args) {
        ...
    }
    ...
    public static void menuGuestInfo(String name, int mobile) {
        System.out.println("현재 고객 정보 : ");
        // Person person = new Person(name, mobile);
        // System.out.println("이름 " + person.getName() + "  연락처 "
        + person.getPhone());
        System.out.println("이름 " + mUser.getName() + "  연락처 " + mUser.getPhone());
    }
    ...
}
```

주석화

관리자 정보 관리하기

01 관리자 클래스 생성하기: Admin.java 파일을 생성하고 Person 클래스로부터 상속받는 자식 클래스인 Admin을 만듭니다.

프로젝트 8-4 8장/BookMarket/src/Admin.java

```
public class Admin extends Person {
   private String id = "Admin";
   private String password = "Admin1234";

   public Admin(String name, int phone) {
      super(name, phone);
   }

   public String getId() {
      return id;
   }

   public String getPassword() {
      return password;
   }
}
```

관리자 로그인 기능 만들기

01 관리자 로그인 메뉴 만들기: 관리자 로그인 메뉴를 추가하기 위해 Welcome.java 파일에서 menuIntroduction() 메서드를 수정합니다.

프로젝트 8-5 8장/BookMarket/src/Welcome.java

```
import java.util.Scanner;

public class Welcome {
   ...
   public static void main(String[] args) {
      ...
   }

   public static void menuIntroduction() {
      System.out.println("******************************************************");
      System.out.println(" 1. 고객 정보 확인하기 \t4. 바구니에 항목 추가하기");
      System.out.println(" 2. 장바구니 상품 목록 보기 \t5. 장바구니의 항목 수량 줄이기");
      System.out.println(" 3. 장바구니 비우기 \t6. 장바구니의 항목 삭제하기");
```

```
        System.out.println(" 7. 영수증 표시하기 \t8. 종료");
        System.out.println(" 9. 관리자 로그인");
        System.out.println("***********************************************");
    }
...
}
```

02 관리자 로그인 메뉴 선택하기: 관리자가 로그인 메뉴를 선택하여 실행할 수 있도록 Welcome.java 파일을 수정합니다.

프로젝트 8-6 8장/BookMarket/src/Welcome.java

```
import java.util.Scanner;

public class Welcome {
   ...
   public static void main(String[] args) {
      ...
      while (!quit) {
         ...
         /*
         if (n < 1 || n > 8) {
            System.out.println("1부터 8까지의 숫자를 입력하세요");
         }
         */
         if (n < 1 || n > 9) {
            System.out.println("1부터 9까지의 숫자를 입력하세요");
         } else {
            switch(n) {
               ...
               case 8:   // System.out.println("8. 종료");
                  menuExit();
                  quit = true;
                  break;

               case 9:
                  menuAdminLogin();
                  break;
```

```
            }
        }
    }    // while문 끝
}    // main() 끝
...
}
```

03 관리자 로그인 정보 확인하기: 관리자의 로그인을 위한 `menuAdminLogin()` 메서드를 Welcome.java 파일에 추가합니다.

프로젝트 8-7 8장/BookMarket/src/Welcome.java

```
import java.util.Scanner;

public class Welcome {
    ...
    public static void main(String[] args) {
        ...
    }
    ...
    public static void menuAdminLogin() {
        System.out.println("관리자 정보를 입력하세요");

        Scanner input = new Scanner(System.in);
        System.out.print("아이디 : ");
        String adminId = input.next();

        System.out.print("비밀번호 : ");
        String adminPW = input.next();

        Admin admin = new Admin(mUser.getName(), mUser.getPhone());
        if (adminId.equals(admin.getId()) && adminPW.equals(admin.getPassword())) {
            System.out.println("이름 " + admin.getName() + "  연락처 " + admin.getPhone());
            System.out.println("아이디 " + admin.getId() + "  비밀번호 " + admin.getPassword());
        } else
            System.out.println("관리자 정보가 일치하지 않습니다.");
    }
}
```

요약

01 상속은 기존 클래스의 기능을 사용하여 새 클래스를 만드는 기술로, 한 클래스가 다른 클래스의 특징(멤버 메서드와 변수)을 가져오도록 하는 자바 객체지향 프로그래밍의 필수적인 부분입니다.

- **부모 클래스**: 다른 클래스에 멤버 요소(메서드와 변수)를 상속하는 클래스로 상위 클래스, 슈퍼 클래스, 기본 클래스라고도 합니다.
- **자식 클래스**: 다른 클래스의 멤버 요소를 상속받은 클래스로 하위 클래스, 서브 클래스, 파생 클래스라고도 합니다. 자식 클래스는 부모 클래스의 모든 멤버 요소를 소유할 뿐만 아니라 그 밖에도 고유한 멤버 메서드와 변수를 추가할 수 있습니다.

```
class 자식클래스 extends 부모클래스 {
   // 멤버 요소
}
```

02 상속에는 단일 상속, 다단계 상속, 계층적 상속이 있습니다.

- **단일 상속**: 클래스가 하나의 클래스에 의해서만 확장되는 것으로, 단일 수준 상속이라고도 합니다.
- **다단계 상속**: 클래스가 하나의 클래스에 상속하고, 상속받은 자식 클래스가 또 다른 클래스에 상속하는 것을 말합니다.
- **계층적 상속**: 단일 부모 클래스의 값과 메서드를 여러 자식 클래스에 전달하는 것을 말합니다. 즉 한 클래스가 부모 클래스로 사용되고 나머지 클래스는 자식 클래스가 됩니다.

03 하나의 객체가 여러 가지 유형을 띠는 것을 다형성이라고 하며, 이는 이해하기 쉬운 코드를 작성하는 데 도움이 됩니다. 다형성을 통해 상속과 메서드 재정의를 활용하여 확장성 있는 프로그램을 만들 수 있으며, 부모 클래스의 참조 변수로 자식 클래스의 객체에 접근함으로써 코드의 효율성도 높일 수 있습니다.

04 자바의 다형성에는 런타임 다형성과 컴파일타임 다형성이 있습니다.

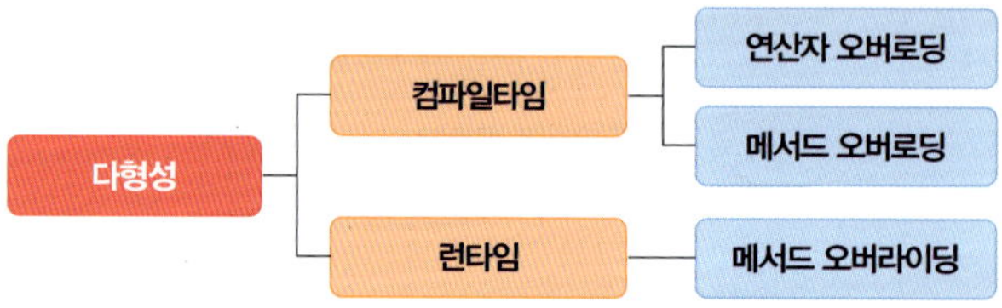

연습문제

01 다음 빈칸을 채우시오.

① [   ]은 기존 클래스의 기능을 사용하여 새 클래스를 만드는 기술로, 한 클래스가 다른 클래스의 특징(멤버 메서드와 변수)을 가져오도록 하는 자바 객체지향 프로그래밍의 필수적인 부분이다.

② [   ]는 다른 클래스에 멤버 요소(메서드와 변수)를 상속하는 클래스로 상위 클래스, 슈퍼 클래스, 기본 클래스라고도 한다. [   ]는 다른 클래스의 멤버 요소를 상속받은 클래스로 하위 클래스, 서브 클래스, 파생 클래스라고도 한다.

02 다음 중 자바의 단순 상속 구문은 무엇인가?

①
```
class A { methods; };
class B extends A { Methods; };
class C extends B { Methods; };
```

②
```
class A { methods; };
class B extends A { methods; };
class Main { }
```

③
```
class A { methods; }
class B extends A { methods; };
class C extends A { methods; };
```

④
```
class A { methods; };
class B { methods; }
class C extends A and B { Methods; };
```

03 클래스가 상위 클래스의 참조 변수로 재정의되면 어떤 데이터 멤버가 인수로 전달되는가?

① 상위 클래스의 데이터 멤버
② 자식 클래스의 데이터 멤버
③ 데이터 멤버가 전달되지 않음
④ 앞의 보기 모두 해당되지 않음

04 자바에서 다형성을 수행하는 데 사용되는 개념은 무엇인가?

① 메서드 재정의
② 메서드 오버로딩
③ 메서드 재정의와 메서드 오버로딩
④ 앞의 보기 모두 해당되지 않음

05 다음 프로그램의 실행 결과는 무엇인가?

```
class Languages {
   void Print() {
      System.out.println("프로그래밍 언어");
   }
}

class Java extends Languages {
   void Print() {
      System.out.println("자바는 프로그래밍 언어");
   }
}

public class MyClass {
   public static void main(String[] args) {
      Languages p = new Java();
      p.Print();
   }
}
```

① 프로그래밍 언어 ② 자바는 프로그래밍 언어

③ Print(); ④ 컴파일 오류

06 다음 프로그램의 실행 결과는 무엇인가?

```
class First {
   String a = "JavaBook";
}

class Second extends First {
   String a = "JavaProgram";
   void Display() {
      System.out.println(a);
   }
}

public class MyClass {
   public static void main(String[] args) {
      Second obj = new Second();
      obj.Display();
   }
}
```

① JavaBook
② JavaProgram
③ a
④ Display

07 다음 프로그램에 대한 설명으로 옳은 것은 무엇인가?

```
class One {
   void methodA() {
      System.out.println("Method of class A is executed ");
   }
}

class Two extends One {
   void methodB() {
      System.out.println("Method of class B is executed ");
   }
}

class Three extends One {
   void methodC() {
      System.out.println("Method of class C is executed ");
   }
}

public class MyClass {
   public static void main(String[] args) {
      One object = new One();
      object.methodA();
      object.methodB();
      object.methodC();
   }
}
```

① 3개의 클래스는 메서드 내부에 동일한 명령문을 가지고 있다.
② 객체 구문에 예외가 있다.
③ 부모 클래스가 아닌 파생 클래스에 대해 객체를 만들어야 한다.
④ 오류 프로그램이 실행되지 않고 출력이 표시된다.

08 다음 프로그램의 실행 결과는 무엇인가?

```
public class MyClass {
   void Print() {
      System.out.println("JavaBook");
   }

   void Print(String a) {
      System.out.println(a);
   }

   public static void main(String[] args) {
      MyClass m = new MyClass();
      m.Print();
      m.Print("JavaBook");
   }
}
```

① 메서드 오버라이딩　　② 메서드 오버로딩

③ 연산자 오버로딩　　④ 생성자 오버로딩

09 다음 프로그램의 실행 결과는 무엇인가?

```
class Sample {
   void Method() {
      System.out.println("슈퍼 클래스 메서드");
   }
}

class Example extends Sample {
   void Method() {
      System.out.println("서브 클래스 메서드");
   }
}

public class MyClass {
   public static void main(String[] args) {
      Sample s = new Example();
      s.Method();
   }
}
```

① 슈퍼 클래스 메서드 ② 서브 클래스 메서드

③ 예외 처리가 발생한다. ④ 컴파일되었지만 아무것도 출력되지 않는다.

10 **다음 프로그램의 main() 메서드에 들어갈 코드는 무엇인가?**

```
class Polymorphism {
   void Method1() {
      System.out.println("Private Limited");
   }
}

class Concept extends Polymorphism {
   void Method2() {
      System.out.println("Webservices");
   }
   void Method3() {
      System.out.println("DataFlair");
   }
}

public class MyClass {
   public static void main(String[] args) {
      [                    ]
   }
}
```

①
```
PolyMorphism p = new Polymorphism();
Polymorphism c = new Concept();
c.Method3(); c.Method2(); p.Method1();
```

②
```
Polymorphism p = new Polymorphism();
Concept c = new Concept();
c.Method3(); c.Method2(); p.Method1();
```

③
```
Polymorphism p = new Polymorphism();
p.Method3(); p.Method2(); p.Method1();
```

④ 주어진 문자열을 직접 출력하기 때문에 main()에 작성할 코드가 없다.

CHAPTER 09

추상 클래스와 인터페이스

학습목표

- 추상화의 개념과 특징을 이해합니다.
- 추상 클래스에 대해 알아봅니다.
- 인터페이스에 대해 알아봅니다.

Preview

추상화의 개념과 특징을 이해한 뒤 추상 클래스의 사용법과 상속에 대해 알아봅시다. 그리고 인터페이스의 개념을 이해한 뒤 그 사용법과 상속의 유형을 자세히 살펴봅시다.

- 추상화
  - 추상화의 개념
  - 추상화의 유형
    - 데이터 추상화
    - 제어 추상화
  - 추상화 구현 방법
- 추상 클래스
  - 추상 클래스의 선언
    - 추상 메서드
    - 추상 클래스 사용 시 주의 사항
  - 추상 클래스의 상속
    - 추상 클래스를 상속받는 일반 클래스
    - 추상 클래스를 상속받는 추상 클래스
- 인터페이스
  - 인터페이스의 개념
  - 인터페이스의 선언
    - 인터페이스 메서드
    - 인터페이스 변수
  - 인터페이스의 상속
    - 단일 상속
    - 다중 상속

[프로젝트]

- 장바구니 항목 삭제 및 비우기
  - 장바구니 항목 관리 클래스 만들기
  - 장바구니의 항목 삭제하기
  - 장바구니 비우기
  - 장바구니 관련 메뉴별 수정하기

9.1 | 추상화

1 추상화의 개념

추상화란 불필요한 정보를 숨기고 중요한 정보만을 나타내는 것을 의미합니다. 이러한 추상화를 이용하면 어떤 영역에서 필요한 공통의 속성이나 행동을 추출함으로써 효율적인 코드를 작성할 수 있습니다.

예를 들어 자동차의 내부에는 속도 높이기[`accelerate()`], 속도 줄이기[`brake()`], 방향 돌리기[`steer()`] 등의 기능이 있으며, 자동차를 몰던 중 갑자기 무언가가 튀어나오면 브레이크 페달을 밟아 속도 줄이기 기능을 실행합니다. 그런데 이때 운전자가 브레이크 장치의 내부 작동, 브레이크 페달을 밟으면 속도가 어떻게 감소하는지를 알고 있지는 않습니다. 이처럼 자바 프로그래밍에서 사용자에게 필요하지 않은 세부적인 기능 구현 정보를 숨기는 것이 바로 추상화입니다.

그림 9-1 **추상화의 예**

자바 프로그래밍에서 추상화를 사용하면 다음과 같은 장점이 있습니다.

- 객체 간의 복잡성이 줄어듭니다.
- 코드의 중복을 막고 재사용성을 높일 수 있습니다.
- 사용자에게 중요한 세부 정보만 제공하므로 응용 프로그램이나 프로그램의 보안에 도움이 됩니다.

2 추상화의 유형

자바의 추상화에는 데이터 추상화와 제어 추상화가 있습니다.

데이터 추상화

데이터 추상화는 주로 복잡한 자료형을 만들고 구현을 숨기는 것으로, 구현의 세부 사항으로 이동하지 않고 데이터 유형을 조작하는 작업만 노출합니다. 예를 들어 연결 목록(linked list), 배열 목록(array list) 또는 해시맵(HashMap)과 같은 표준 템플릿은 복잡성을 줄여주고 프로그래머가 데이터 구조를 재정의하는 대신 데이터 구조를 직접 사용할 수 있게 합니다. 이러한 접근 방식의 경우 사용자에게 노출되는 동작을 변경하지 않고 언제든지 구현을 변경할 수 있습니다.

제어 추상화

제어 추상화는 작업의 단위 정의를 만들고 필요할 때마다 재사용하는 것으로, 반복되는 모든 코드를 수집하고 이를 하나의 단위로 노출합니다. 예를 들어 빈번하게 사용되는 특정 기능을 메서드로 작성하고 필요할 때마다 해당 메서드를 호출하여 실행합니다. 이러한 접근 방식에서는 구조화된 프로그래밍의 기본 단위를 형성하고 복잡한 프로그램에 간단한 기능을 정의할 수 있습니다.

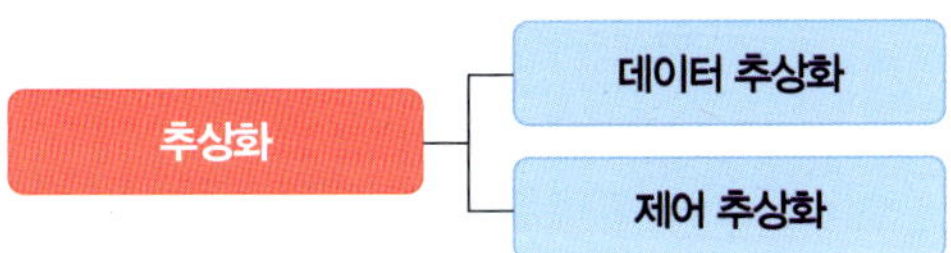

그림 9-2 **추상화의 유형**

하나 더 알기 **캡슐화와 데이터 추상화**

- 캡슐화는 데이터 은닉(정보 은닉)이고 추상화는 상세 은폐(구현 은닉)입니다.
- 캡슐화가 데이터 및 데이터에 작용하는 메서드를 함께 묶는 동안 데이터 추상화는 사용자에게 인터페이스를 노출하고 구현 세부 정보를 숨기는 작업을 처리합니다.

3 추상화 구현 방법

추상화는 추상 클래스 또는 인터페이스를 통해 구현할 수 있습니다. [표 9-1]에 추상 클래스와 인터페이스의 특징을 비교하여 정리했습니다.

표 9-1 추상 클래스와 인터페이스의 비교

추상 클래스	인터페이스
한 번에 하나의 클래스 또는 추상 클래스만 상속할 수 있다.	한 번에 원하는 만큼의 인터페이스를 상속할 수 있다.
다른 구체적인(일반) 클래스 또는 추상 클래스를 상속할 수 있다.	다른 인터페이스만 상속할 수 있다.
추상 메서드와 구체적인 메서드를 모두 가질 수 있다.	추상 메서드만 가질 수 있다.
메서드를 추상으로 선언하는 데 abstract 키워드가 필요하다.	메서드를 추상으로 선언하는 데 abstract 키워드가 선택 사항이다.
접근제한자 protected, public이 선언된 추상 메서드를 가질 수 있다.	접근제한자 public이 선언된 추상 메서드를 가질 수 있다.
모든 접근제한자와 함께 static, final, static final 변수를 가질 수 있다.	static final(상수) 변수만 가질 수 있다.

여기서 퀴즈!

다음 중 추상화의 특징으로 옳지 않은 것을 고르시오.

① 코드의 중복을 막고 재사용성을 높일 수 있습니다.

② 불필요한 정보를 숨기고 중요한 정보만을 나타냅니다.

③ 사용자에게 중요한 세부 정보만 제공하므로 응용 프로그램이나 프로그램의 보안에 도움이 됩니다.

④ 데이터를 은닉하는 캡슐화입니다.

정답 ④

9.2 | 추상 클래스

추상 클래스는 이론적인 정의 역할만 할 수 있고 객체를 만들 수 없으나 추상 클래스가 아닌 자식 클래스를 만들 수 있습니다.

1 추상 클래스의 선언

추상 클래스는 abstract 키워드를 사용하여 선언하며 클래스 내에 일반 메서드뿐만 아니라 추상 메서드를 포함할 수 있습니다. 본문이 없는 메서드인 추상 메서드는 다음과 같이 abstract 키워드를 사용하여 선언합니다.

```
abstract class 클래스명 {
    반환유형 메서드명([매개변수목록]);  ● 일반 메서드
    abstract 반환유형 메서드명([매개변수목록]);  ● 추상 메서드
}
```

추상 메서드

추상 메서드는 자식 클래스에서 구현됩니다. 이는 부모 클래스가 메서드명만 가지고 있고 자식 클래스가 해당 메서드명을 사용하여 필요에 따라 본문을 정의한다는 것을 의미합니다. 따라서 추상 클래스는 추상 메서드를 포함할 수도 있고 포함하지 않을 수도 있습니다. 그러나 클래스에 추상 메서드가 포함되어 있으면 반드시 추상 클래스로 선언해야 합니다.

예를 들어 Animal이라는 추상 클래스를 정의하고 클래스 내부에 printSound()라는 추상 메서드를 다음과 같이 정의할 수 있습니다.

```
abstract class Animal {  ● 추상 클래스 선언
    abstract printSound();  ● 추상 메서드 선언
}
```

TIP 추상 메서드를 포함하는 클래스를 추상 클래스로 정의하지 않으면 오류가 발생합니다. 또한 추상 클래스의 모든 자식 클래스(추상이 아닌 경우)는 추상 클래스에 있는 추상 메서드를 재정의하지 않으면 오류가 발생합니다.

이제 추상 클래스 Animal을 생성하고 main() 메서드에서 Animal의 객체를 만들어 실행해봅시다.

추상 클래스 생성 예시 Chap09/src/Animal.java

```
public abstract class Animal {
    public abstract void printSound();  ● 추상 메서드

    public void displayInfo() {
        System.out.println("나는 동물입니다");  ● 일반 메서드
    }
}
```

(추상 클래스: 전체 클래스 Animal)

Chap09/src/Example01.java

```
public class Example01 {
   public static void main(String[] args) {
      Animal myObj = new Animal();  // 추상 클래스는 인스턴스를 만들 수 없으므로 오류 발생
   }
}
```

실행 결과

오류 발생

오류가 발생하는 것을 확인할 수 있습니다. 앞에서도 언급했듯이 추상 클래스는 이론적인 정의 역할만 할 수 있고 객체를 만들 수 없기 때문입니다.

추상 클래스 사용 시 주의 사항

추상 클래스를 사용할 때는 다음 사항을 주의해야 합니다.

- 추상 클래스는 항상 `abstract` 키워드를 사용하여 선언해야 합니다.
- 추상 클래스의 모든 메서드를 추상으로 사용할 필요는 없습니다. 추상 클래스에 일반적인 메서드가 포함될 수도 있습니다.
- 클래스의 메서드 중 하나가 추상 메서드이면 해당 클래스는 추상 클래스여야 합니다.
- 추상 메서드를 선언하면 자식 클래스에서 해당 메서드를 재정의해야 합니다. 추상 클래스를 상속하는 경우 메서드 재정의는 필수입니다. 그러나 상속받은 클래스와 자식 클래스가 추상 클래스라면 메서드를 재정의하지 않아도 됩니다. 즉 현재 클래스가 상위 클래스처럼 추상적인 경우에는 상위 클래스의 메서드를 재정의할 필요가 없습니다.
- 추상 클래스는 자신의 인스턴스를 가질 수 없습니다. 즉 추상적인 클래스의 객체를 가질 수 없습니다. 그러나 추상 클래스를 참조하는 객체는 가질 수 있습니다.
- 프로그램이 자식 클래스의 객체를 만들 때 컴파일러가 추상 클래스의 생성자를 호출합니다.
- 상속만 가능하고 객체를 생성할 수 없는 클래스를 생성하려면 추상 클래스 내부에 일반 메서드만 가질 수 있습니다.
- 단일 클래스가 여러 추상 클래스를 상속받을 수 없습니다. 다중 상속을 구현하려면 인터페이스를 사용해야 합니다.
- 추상 클래스에 `final()` 메서드를 포함할 수도 있습니다. 하지만 `final` 클래스는 추상 메서드를 가질 수 없습니다.

하나 더 알기 **추상 클래스의 객체를 생성할 수 없는 이유**

추상 클래스에는 일반적인 메서드가 포함되어 있지 않습니다. 추상 클래스가 자체 인스턴스를 가질 수 있다고 가정하면, 객체를 사용하여 추상 클래스의 메서드에 접근하는 경우 컴파일러가 추상 메서드를 실행할 수 없기 때문에 오류가 발생합니다. 따라서 자바는 이러한 문제가 발생하지 않도록 추상 클래스의 인스턴스 생성을 금지합니다.

2 추상 클래스의 상속

추상 클래스는 그 자체의 인스턴스를 만들 수 없기 때문에 상속해서 사용하며, 보통의 클래스처럼 extends 키워드를 이용하여 상속합니다. 일반적으로 자식 클래스는 이러한 추상 클래스를 상속받고 추상 메서드를 재정의하여 사용합니다. 추상 클래스를 상속하는 형식은 다음과 같습니다.

```
abstract class Animal {   ● 추상 클래스
    // 코드
}

class Cat extends Animal {   ● 추상 클래스를 상속받는 일반 클래스
    // 코드
}

abstract class Mammal extends Animal {   ● 추상 클래스를 상속받는 추상 클래스
    // 코드
}
```

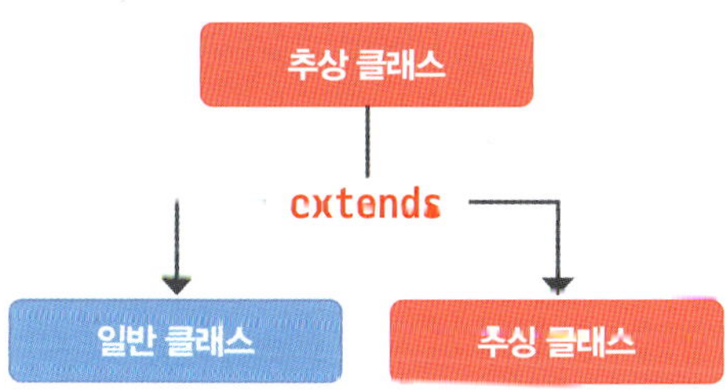

그림 9-3 추상 클래스의 상속

추상 클래스를 상속받는 일반 클래스

다음은 추상 메서드 printSound()와 일반 메서드 displayInfo()를 가진 추상 클래스 Animal이

일반 클래스 Cat에 상속하여 객체를 생성한 후 printSound(), displayInfo() 메서드를 호출하는 예입니다.

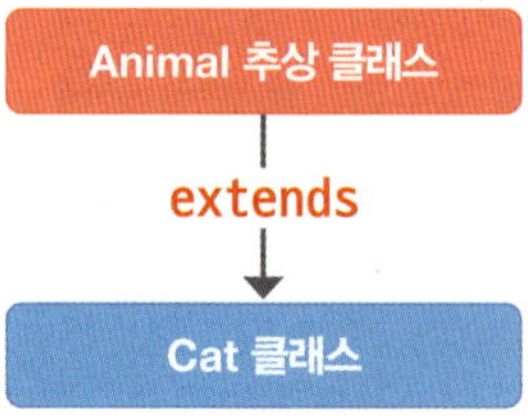

그림 9-4 추상 클래스(Animal)를 상속받는 일반 클래스(Cat)

추상 클래스 상속 예시 1

Chap09/src/Animal.java

```
public abstract class Animal {

    public abstract void printSound(); ❶

    public void displayInfo() { ❷
        System.out.println("나는 동물입니다.");
    }
}
```

추상 메서드

일반 메서드

추상 클래스

Chap09/src/Cat.java

```
public class Cat extends Animal {
    public void printSound() { ❸
        System.out.println("고양이는 야옹야옹");
    }
}
```

추상 메서드(❶)를 구현한 메서드

자식(하위) 클래스

Chap09/src/Example02.java

```
public class Example02 {
    public static void main(String[] args) {
        Cat myCat = new Cat();

        myCat.printSound();
        myCat.displayInfo();
    }
}
```

Cat 클래스 객체(인스턴스) 생성

❸을 호출

❷를 호출

실행 결과

```
고양이는 야옹야옹
나는 동물입니다.
```

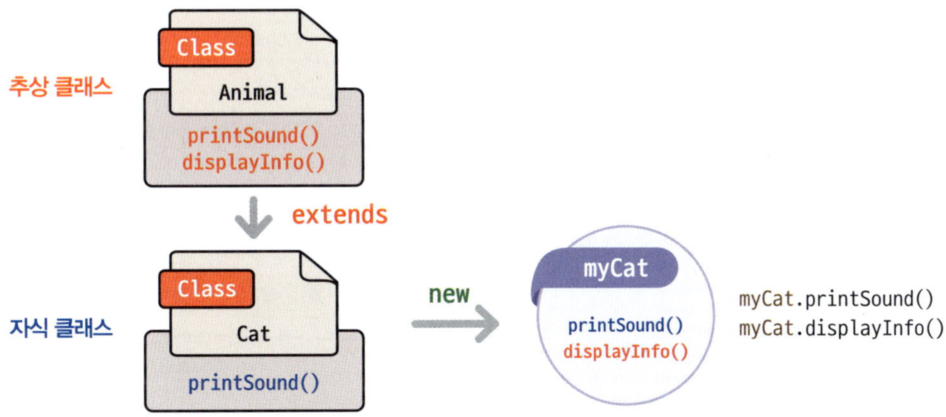

그림 9-5 Example02.java의 프로그램 구조

추상 클래스를 상속받는 추상 클래스

다음은 추상 메서드 printPrice()를 사용하여 추상 클래스 Vehicle을 생성하고 2개의 추상 클래스 TwoWheeler, FourWheeler에 상속하는 예입니다. Bike 클래스는 TwoWheeler 추상 클래스를 상속받고 Bike 클래스 내에서 추상 메서드 printPrice()를 정의하며, Car 클래스는 FourWheeler 추상 클래스를 상속받고 Car 클래스 내에서 추상 메서드 printPrice()를 정의합니다.

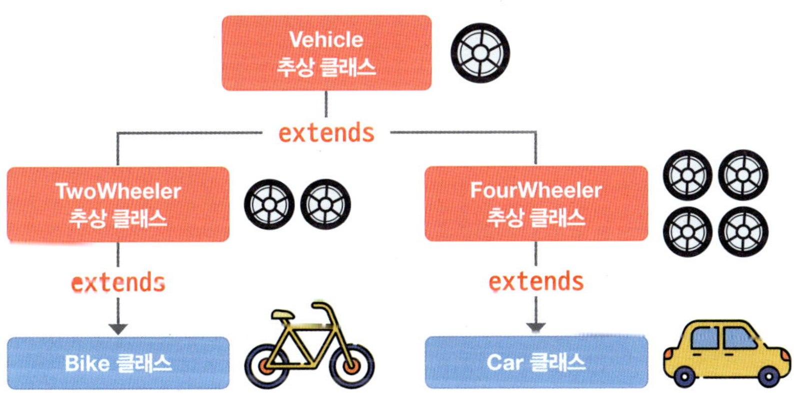

그림 9-6 추상 클래스(Vehicle)를 상속받는 추상 클래스(TwoWheeler, FourWheeler)

추상 클래스 상속 예시 2

Chap09/src/Vehicle.java

```
public abstract class Vehicle {            ← 추상 클래스
    abstract void printPrice(); ❶          ← 추상 메서드
}
```

Chap09/src/TwoWheeler.java

```
public abstract class TwoWheeler extends Vehicle {   ← 추상 클래스를 상속받는 추상 클래스
    abstract void printType(); ❷                      ← 추상 메서드
}
```

Chap09/src/FourWheeler.java

```
public abstract class FourWheeler extends Vehicle {}   ← 추상 클래스를 상속받는 클래스
```

Chap09/src/Bike.java

```
public class Bike extends TwoWheeler {   ← 추상 클래스를 상속받는 클래스

    public void printPrice() {
        System.out.println("가격 : 150,000");   ← ❶을 구현한 메서드
    }

    public void printType() {
        System.out.println("이것은 자전거입니다.");   ← ❷를 구현한 메서드
    }

    public void printBrand() {
        System.out.println("브랜드 : 삼천리");
    }
}
```

Chap09/src/Car.java

```
public class Car extends FourWheeler {   ← 추상 클래스를 상속받는 클래스

    public void printPrice() {
        System.out.println("가격 : 50,000,000");   ← ❶을 구현한 메서드
    }

    public void printType() {
        System.out.println("이것은 자동차입니다.");   ← ❷를 구현한 메서드
    }
```

```java
    public void printBrand() {
        System.out.println("브랜드 : BMW");
    }
}
```

Chap09/src/Example03.java

```java
public class Example03 {
    public static void main(String[] args) {

        Bike myBike = new Bike();
        Car myCar = new Car();

        myBike.printType();
        myBike.printBrand();
        myBike.printPrice();

        System.out.println("---------------");

        myCar.printType();
        myCar.printBrand();
        myCar.printPrice();
    }
}
```

실행 결과

```
이것은 자전거입니다.
브랜드 : 삼천리
가격 : 150,000
---------------
이것은 자동차입니다.
브랜드 : BMW
가격 : 50,000,000
```

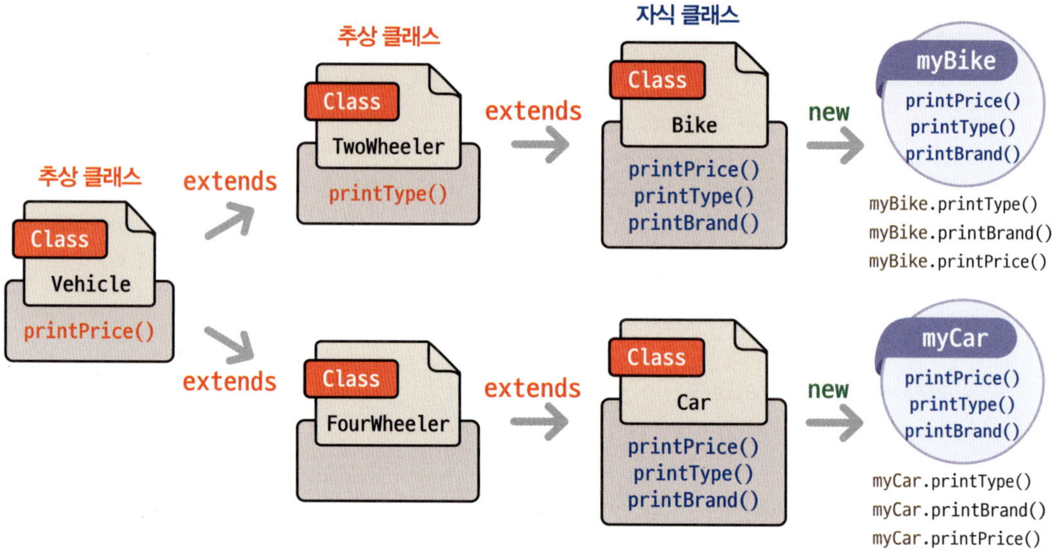

그림 9-7 Example03.java의 프로그램 구조

예제 9-1 추상 클래스를 상속하여 인스턴스 생성하기

추상 메서드 area()와 toString()이 선언된 추상 클래스 Shape를 정의하고 이를 상속받는 일반 클래스 Circle과 Rectangle을 정의하여 추상 클래스의 추상 메서드를 재정의해봅시다.

Chap09/src/Shape.java

```
public abstract class Shape {
   String color;

   abstract double area();
   public abstract String toString();

   public Shape(String color) {
      System.out.println("Shape 클래스 생성자 호출");
      this.color = color;
   }

   public String getColor() { return color; }
}
```

Chap09/src/Circle.java

```java
public class Circle extends Shape {
   double radius;

   public Circle(String color, double radius) {
      super(color);
      System.out.println("Circle 클래스 생성자 호출");
      this.radius = radius;
   }

   double area() {
      return radius * radius * 3.14;
   }

   public String toString() {
      return "원 색상은 " + super.getColor() + " 그리고 면적은 : " + area();
   }
}
```

Chap09/src/Rectangle.java

```java
public class Rectangle extends Shape {

   double length;
   double width;

   public Rectangle(String color, double length, double width) {
      super(color);
      System.out.println("Rectangle 클래스 생성자 호출");
      this.length = length;
      this.width = width;
   }

   double area() { return length * width; }

   public String toString() {
      return "사각형 색상은 " + super.getColor() + " 그리고 면적은 : " + area();
   }
}
```

Chap09/src/AbstractClass01.java

```java
public class AbstractClass01 {
   public static void main(String[] args) {
      Shape s1 = new Circle("빨간색", 2.2);
      Shape s2 = new Rectangle("노란색", 2, 4);

      System.out.println(s1.toString());
      System.out.println(s2.toString());
   }
}
```

실행 결과

```
Shape 클래스 생성자 호출
Circle 클래스 생성자 호출
Shape 클래스 생성자 호출
Rectangle 클래스 생성자 호출
원 색상은 빨간색 그리고 면적은 : 15.197600000000003
사각형 색상은 노란색 그리고 면적은 : 8.0
```

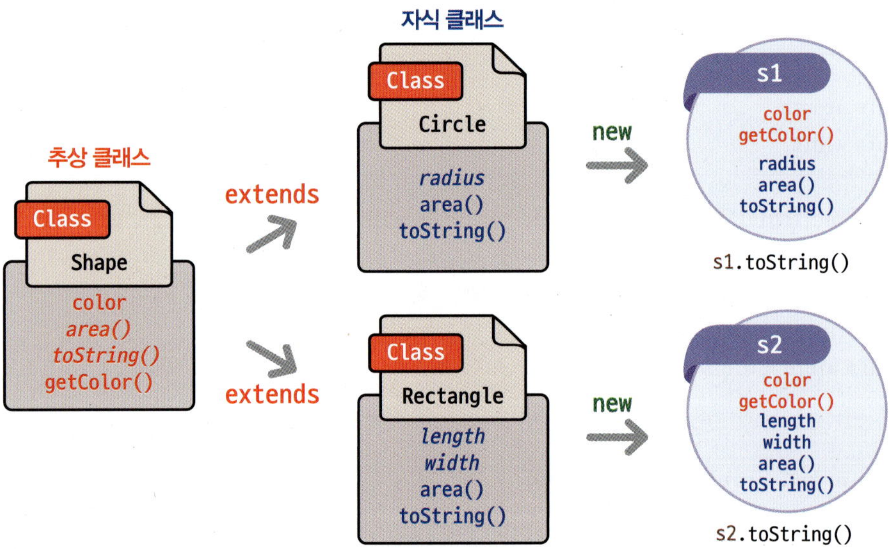

그림 9-8 AbstractClass01.java의 프로그램 구조

하나 더 알기 **일반 클래스와 추상 클래스의 차이점**

일반 클래스는 추상 메서드를 가질 수 없지만 추상 클래스는 일반 메서드와 추상 메서드를 가질 수 있습니다. 추상 클래스는 단독으로 존재할 수 없기 때문에 상속하여 추상 메서드에 대한 정의를 제공하기 위해 일반 클래스가 필요하지만, 일반 클래스는 독립적으로 존재할 수 있습니다.

여기서 퀴즈!

다음 중 추상 클래스에 대한 설명으로 옳지 않은 것을 고르시오.

① 항상 abstract 키워드를 사용하여 선언해야 합니다.

② 추상 클래스의 모든 메서드를 추상으로 사용해야 합니다.

③ 추상 메서드를 선언하면 자식 클래스에서 해당 메서드를 재정의해야 합니다.

④ 단일 클래스가 여러 추상 클래스를 상속받을 수 없습니다.

정답 ②

9.3 인터페이스

1 인터페이스의 개념

추상 클래스와 마찬가지로 인터페이스는 그 자체의 객체를 만들 수 없습니다. 그리고 추상 클래스는 추상 메서드와 일반 메서드를 포함할 수 있지만 인터페이스는 추상 메서드만 포함할 수 있습니다. 인터페이스는 주로 다음과 같은 이유로 사용됩니다.

- 완전한 추상화를 구현할 수 있습니다.
- 다중 상속을 구현할 수 있습니다.
- 느슨한 결합 관계를 형성할 수 있습니다.

TIP 추상 클래스가 있음에도 인터페이스를 사용하는 것은, 추상 클래스에는 final이 아닌 변수가 포함될 수 있으나 인터페이스의 변수는 final, public, static이기 때문입니다.

2 인터페이스의 선언

인터페이스는 interface 키워드를 사용하여 선언하며, 인터페이스 내부에 있는 모든 메서드는 추상 메서드, 즉 본문이 없는 메서드입니다. 인터페이스를 선언하는 형식은 다음과 같습니다.

```
interface 인터페이스명 {
    반환유형 변수 [= 값];
    반환유형 메서드명([매개변수목록]);
}

interface Parent {
    int age = 50;
    void prinfInfo();
}
```

인터페이스 메서드

인터페이스 메서드는 추상 메서드처럼 본문이 없이 접근제한자, 이름, 반환 유형, 메서드에 대한 매개변수만을 포함하고, 인터페이스를 구현하는(상속받는) 클래스에서 모든 메서드를 구현해야 합니다. 인터페이스 메서드는 기본적으로 public과 abstract이므로 명시적으로 선언하지 않아도 되며, 인터페이스 내에서 private 또는 abstract가 아닌 메서드를 정의하면 오류가 발생합니다.

인터페이스 변수

인터페이스는 변수를 포함할 수 있으나 변수를 선언하지 않는 것이 좋습니다. 인터페이스를 구현하는(상속받는) 클래스에 동일한 변수가 있는 경우 인터페이스 내부에 변수를 선언하면 중복되기 때문입니다. 인터페이스에 선언하는 모든 변수는 기본적으로 public, static, final이므로 명시적으로 선언할 필요가 없습니다. 예를 들어 추상 메서드 printInfo()와 gender()가 있는 인터페이스 Parent는 다음과 같이 정의할 수 있습니다.

인터페이스 정의 예시 Chap09/src/Parent.java

```
public interface Parent {
    public void gender();

    public void printInfo() {
        System.out.println("부모입니다");
    }
}
```

추상 메서드

추상 메서드인데 본문이 있으므로 오류 발생

인터페이스

Chap09/src/Example04.java

```
public class Example04 {
    public static void main(String[] args) {
        Parent myObj = new Parent(); ● 인터페이스는 인스턴스를 만들 수 없으므로 오류 발생
    }
}
```

실행 결과

오류 발생

3 인터페이스의 상속

단일 상속

추상 클래스와 마찬가지로 인터페이스도 인스턴스를 만들 수 없기 때문에 상속을 사용합니다. 클래스의 상속에는 extends 키워드를 사용하고 상속받은 클래스를 자식(하위) 클래스라고 일컫는 반면, 인터페이스의 상속에는 implements 키워드를 사용하고 상속받은 클래스를 인터페이스를 구현하는(상속받는) 클래스 또는 인터페이스 구현체라고 부릅니다. 인터페이스를 구현하는 클래스는 반드시 인터페이스 내에 선언된 모든 메서드를 구현해야 합니다.

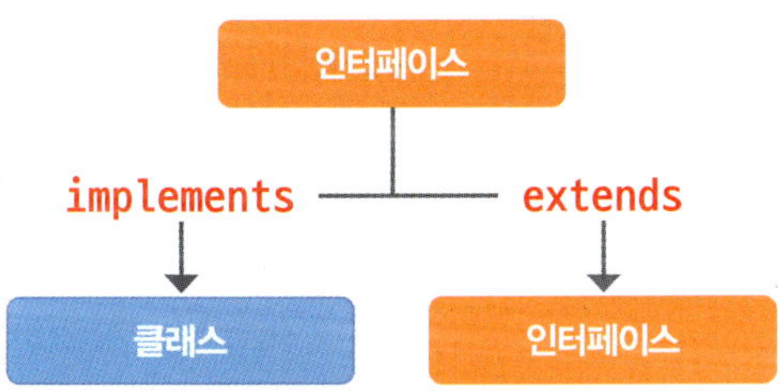

그림 9-9 인터페이스의 단일 상속

단일 상속의 형식은 다음과 같습니다.

```
interface Parent {
    // 추상 메서드 포함
}

class Father implements Parent {
    // 추상 메서드 구현
}
```

여기서 Father는 인터페이스 Parent를 상속받는 클래스로, 인터페이스의 모든 메서드를 구현해야 합니다.

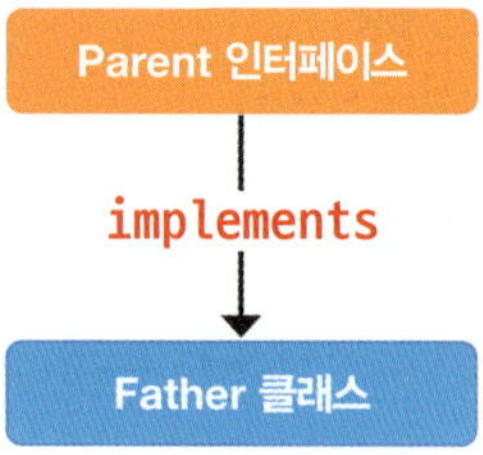

그림 9-10 **인터페이스(Parent)를 상속받는 클래스(Father)**

[그림 9-10]을 코드로 구현하면 다음과 같습니다.

인터페이스 상속 예시

Chap09/src/Parent.java

```
public interface Parent {
   public void printInfo(); ❶
}
```

인터페이스

추상 메서드

Chap09/src/Father.java

```
public class Father implements Parent {

   public void printInfo() {
      System.out.println("아버지입니다");
   }
}
```

❶을 구현한 메서드

인터페이스 구현 클래스(구현체)

Chap09/src/Example05.java

```
public class Example05 {
   public static void main(String[] args) {
      Father myFather = new Father();
      myFather.printInfo();
   }
}
```

실행 결과

```
아버지입니다.
```

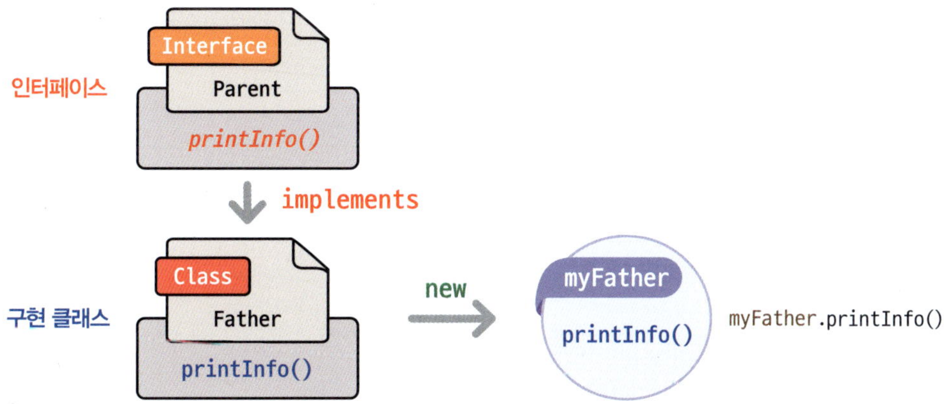

그림 9-11 Example05.java의 프로그램 구조

예제 9-2 인터페이스 구현 클래스 만들기

추상 메서드 animalSound()와 animalWalk()가 선언된 인터페이스 Animal을 정의하고 인터페이스 구현 클래스 Pig를 정의하여 추상 클래스의 추상 메서드를 재정의해봅시다.

Chap09/src/Animal02.java

```
public interface Animal02 {
   public void animalSound(); ❶
   public void animalWalk(); ❷
}
```

인터페이스

인터페이스 메서드

Chap09/src/Pig.java

```
public class Pig implements Animal02 {
   public void animalSound() {
      System.out.println("꿀꿀꿀하고 소리 내다");
   }
   public void animalWalk() {
      System.out.println("네발로 걷다");
   }
}
```

인터페이스 구현 클래스(구현체)

❶을 구현한 메서드

❷를 구현한 메서드

Chap09/src/Interface01.java

```java
public interface Interface01 {
    public static void main(String[] args) {
        Pig myPig = new Pig();
        myPig.animalSound();
        myPig.animalWalk();
    }
}
```

실행 결과

```
꿀꿀꿀하고 소리 내다
네발로 걷다
```

다중 상속

자바에서는 단일 클래스가 둘 이상의 클래스를 상속할 수 없어 다중 상속이 불가능하기 때문에 인터페이스를 사용하여 다중 상속을 구현합니다.

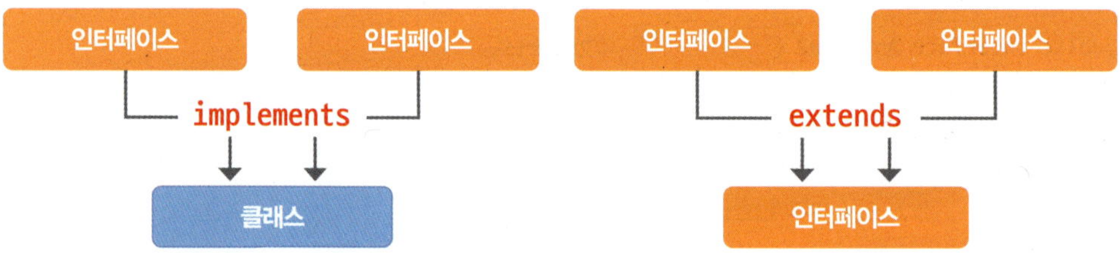

그림 9-12 **인터페이스의 다중 상속**

다중 상속의 형식은 다음과 같습니다.

```java
interface Papa {
    // 추상 메서드 포함
}
interface Mama {
    // 추상 메서드 포함
}
class Baby implements Papa, Mama {
    // 추상 메서드 구현
}
```

Baby 클래스는 인터페이스 Papa와 Mama를 상속받기 때문에 Papa와 Mama의 메서드를 모두 구현해야 합니다.

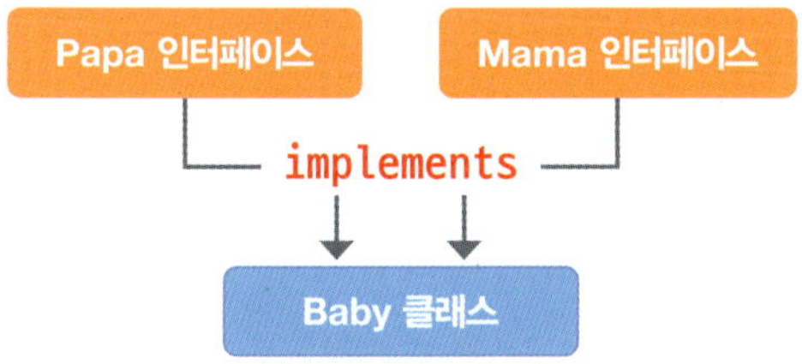

그림 9-13 2개의 인터페이스(Papa, Mama)를 상속받는 단일 클래스(Baby)

[그림 9-13]을 코드로 구현하면 다음과 같습니다.

Chap09/src/Papa.java

```
interface Papa {  ← 인터페이스
   public void genderFather(); ❶  ← 인터페이스 메서드
}
```

Chap09/src/Mama.java

```
interface Mama {  ← 인터페이스
   public void genderMother(); ❷  ← 인터페이스 메서드
}
```

Chap09/src/Baby.java

```
class Baby implements Papa, Mama {  ← 다중 상속을 받는 인터페이스 구현 클래스(구현체)

    public void genderFather() {
        System.out.println("나는 아버지입니다.");   ← ❶을 구현한 메서드
    }

    public void genderMother() {
        System.out.println("나는 어머니입니다.");   ← ❷를 구현한 메서드
    }

    public void printInfo() {
        System.out.println("나는 아기입니다.");   ← 일반 메서드
    }
}
```

Chap09/src/Example06.java

```java
public class Example06 {
    public static void main(String[] args) {
        Baby myBaby = new Baby();

        myBaby.genderFather();
        myBaby.genderMother();
        myBaby.printInfo();
    }
}
```

실행 결과

```
나는 아버지입니다.
나는 어머니입니다.
나는 아기입니다.
```

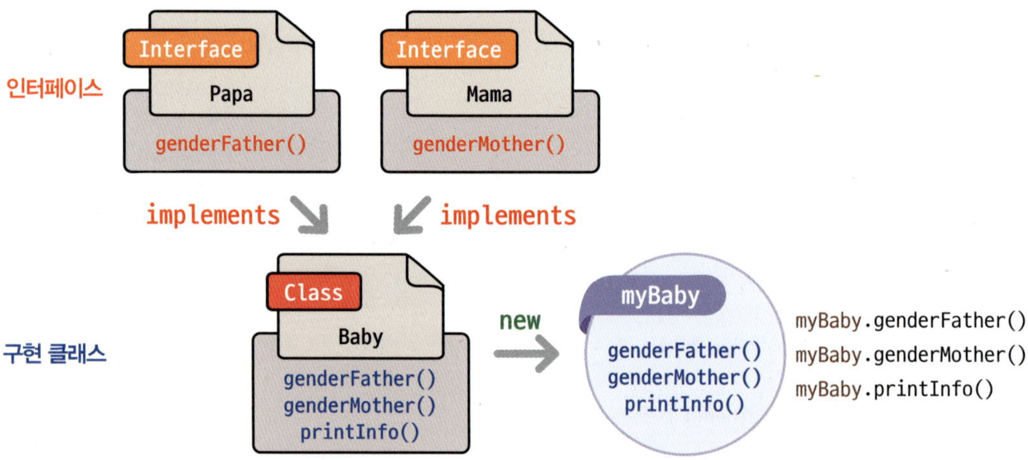

그림 9-14 Example06.java의 프로그램 구조

예제 9-3 인터페이스 다중 상속의 구현 클래스 만들기

추상 메서드 fly()가 선언된 인터페이스 Fly, 추상 메서드 walk()가 선언된 인터페이스 Walk를 각각 정의하고 이 두 인터페이스 구현 클래스 Chicken을 정의하여 인터페이스의 추상 메서드를 재정의해봅시다.

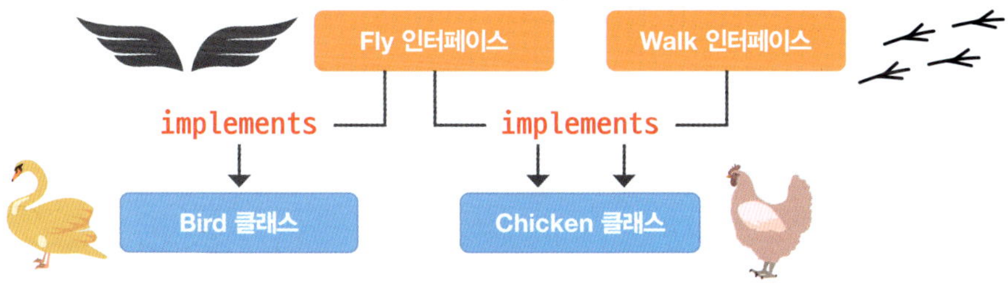

그림 9-15 2개의 인터페이스(Fly, Walk)를 상속받는 단일 클래스(Chicken)

Chap09/src/Fly.java

```java
public interface Fly {
    public void fly(); ❶
}
```

인터페이스

인터페이스 메서드

Chap09/src/Walk.java

```java
public interface Walk {
    public void walk(); ❷
}
```

인터페이스

인터페이스 메서드

Chap09/src/Chicken.java

```java
public class Chicken implements Fly, Walk {

    public void fly() {
        System.out.println("닭은 날 수 있다.");
    }

    public void walk() {
        System.out.println("닭은 걸을 수 있다.");
    }
}
```

다중 상속을 받는 인터페이스 구현 클래스(구현체)

❶을 구현한 메서드

❷를 구현한 메서드

Chap09/src/Bird.java

```java
public class Bird implements Fly {

    public void fly() {
        System.out.println("새는 날 수 있다.");
    }
}
```

단일 상속을 받는 인터페이스 구현 클래스(구현체)

❶을 구현한 메서드

Chap09/src/Interface02.java

```java
public class Interface02 {
  public static void main(String[] args) {
    Chicken myChicken = new Chicken();
    Bird myBird = new Bird();

    myChicken.fly();
    myChicken.walk();
    myBird.fly();
  }
}
```

실행 결과

```
닭은 날 수 있다.
닭은 걸을 수 있다.
새는 날 수 있다.
```

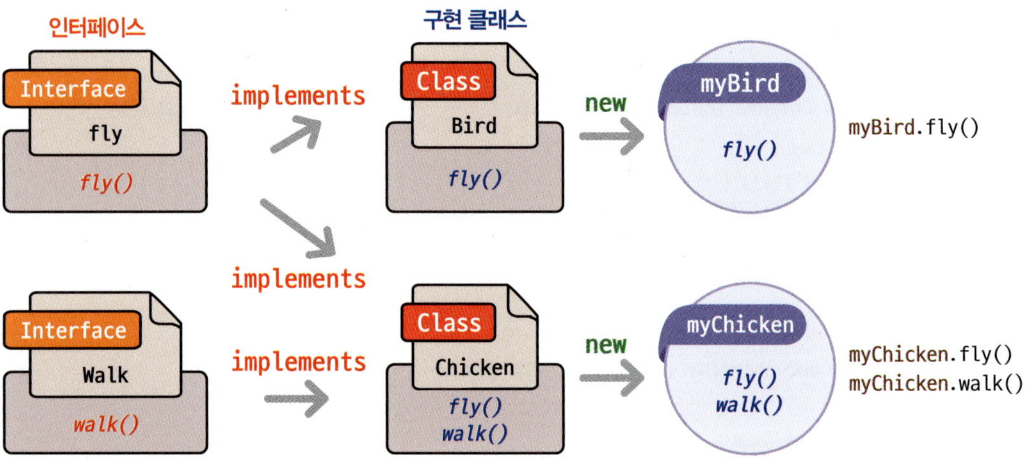

그림 9-16 Interface02.java의 프로그램 구조

하나 더 알기 인터페이스 간의 상속

일반 클래스 간의 상속에서는 extends 키워드를 사용하고, 인터페이스와 일반 클래스 간의 상속에서는 implements 키워드를 사용하며, 인터페이스 간의 상속에서는 extends 키워드를 사용합니다.

여기서 퀴즈!

다음 중 인터페이스에 대한 설명으로 옳지 <u>않은</u> 것을 고르시오.

① interface 키워드를 사용하여 선언합니다.

② 인터페이스 내의 모든 메서드는 추상 메서드입니다.

③ 단일 클래스는 둘 이상의 인터페이스를 구현할 수 있습니다.

④ 추상 메서드를 선언하면 자식 클래스에서 일부 메서드를 구현해도 됩니다.

정답 ④

프로젝트 장바구니 항목 삭제 및 비우기

이 장에서 배운 추상 클래스와 인터페이스를 적용하여 온라인 서점의 장바구니에 담긴 항목을 삭제하고 장바구니를 비우는 페이지를 만들어봅시다. 먼저 장바구니의 항목을 관리하는 추상 클래스를 생성한 뒤 장바구니의 항목을 처리하기 위한 인터페이스를 만들어 장바구니의 항목을 삭제하거나 장바구니 전체를 비울 수 있게 합니다.

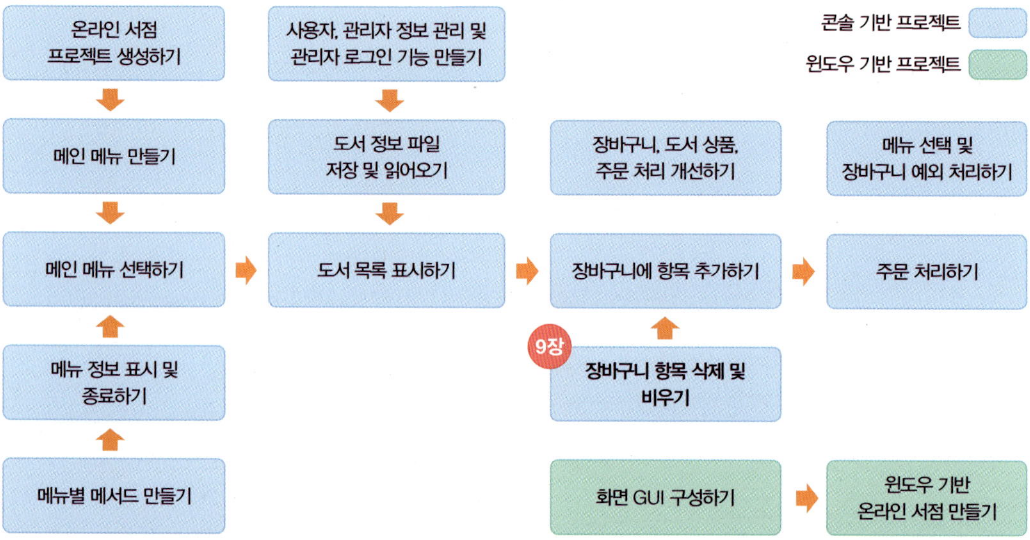

그림 9-17 장바구니 항목 삭제 및 비우기

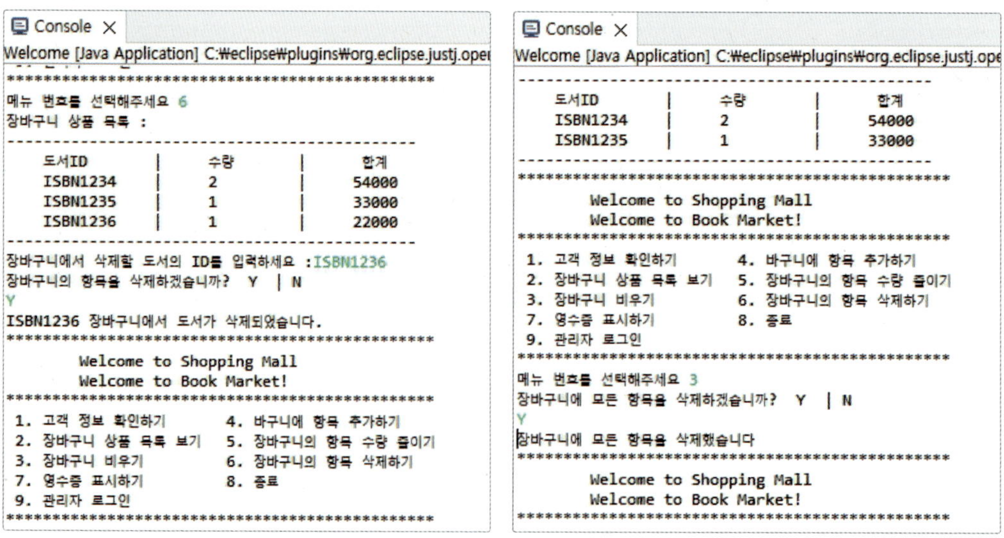

```
Console ×
Welcome [Java Application] C:₩eclipse₩plugins₩org.eclipse.justj.oper
***********************************************
메뉴 번호를 선택해주세요 6
장바구니 상품 목록 :
----------------------------------------------
    도서ID      |      수량      |      합계
    ISBN1234    |      2         |      54000
    ISBN1235    |      1         |      33000
    ISBN1236    |      1         |      22000
----------------------------------------------
장바구니에서 삭제할 도서의 ID를 입력하세요 :ISBN1236
장바구니의 항목을 삭제하겠습니까?  Y  | N
Y
ISBN1236 장바구니에서 도서가 삭제되었습니다.
***********************************************
        Welcome to Shopping Mall
        Welcome to Book Market!
***********************************************
 1. 고객 정보 확인하기       4. 바구니에 항목 추가하기
 2. 장바구니 상품 목록 보기  5. 장바구니의 항목 수량 줄이기
 3. 장바구니 비우기          6. 장바구니의 항목 삭제하기
 7. 영수증 표시하기          8. 종료
 9. 관리자 로그인
***********************************************
```

```
Console ×
Welcome [Java Application] C:₩eclipse₩plugins₩org.eclipse.justj.ope
----------------------------------------------
    도서ID      |      수량      |      합계
    ISBN1234    |      2         |      54000
    ISBN1235    |      1         |      33000
----------------------------------------------
***********************************************
        Welcome to Shopping Mall
        Welcome to Book Market!
***********************************************
 1. 고객 정보 확인하기       4. 바구니에 항목 추가하기
 2. 장바구니 상품 목록 보기  5. 장바구니의 항목 수량 줄이기
 3. 장바구니 비우기          6. 장바구니의 항목 삭제하기
 7. 영수증 표시하기          8. 종료
 9. 관리자 로그인
***********************************************
메뉴 번호를 선택해주세요 3
장바구니에 모든 항목을 삭제하겠습니까?  Y  | N
Y
장바구니에 모든 항목을 삭제했습니다
***********************************************
        Welcome to Shopping Mall
        Welcome to Book Market!
***********************************************
```

그림 9-18 장바구니 항목 삭제 및 비우기 실행 결과

TIP 프로그램을 실행하고 장바구니에 도서를 담아야 삭제할 수 있습니다.

장바구니 항목 관리 클래스 만들기

장바구니의 항목을 관리하기 위한 추상 클래스를 생성하고, 기존의 장바구니 항목 관리 클래스를 자식 클래스로 만듭니다.

01 주요 도서 정보 관리 추상 클래스 생성하기: Item.java 파일을 생성하고 주요 도서 정보를 관리하는 Item 추상 클래스를 만듭니다.

프로젝트 9-1 9장/BookMarket/src/Item.java

```
public abstract class Item {
    String bookId;
    String name;
    int unitPrice;

    public Item(String bookId, String name, int unitPrice) {
        this.bookId = bookId;
        this.name = name;
        this.unitPrice = unitPrice;
    }

    abstract String getBookId();

    abstract String getName();

    abstract int getUnitPrice();

    abstract void setBookId(String bookId);

    abstract void setName(String name);

    abstract void setUnitPrice(int unitPrice);
}
```

02 도서 정보 관리 클래스 생성하기: Book.java 파일을 생성하고 Item 추상 클래스의 자식 클래스로 Book 클래스를 만듭니다. Book 클래스에서는 도서 정보를 관리합니다.

프로젝트 9-2

9장/BookMarket/src/Book.java

```
public class Book extends Item {
   private String author;
   private String description;
   private String category;
   private String releaseDate;

   public Book(String bookId, String name, int unitPrice) {
      super(bookId, name, unitPrice);
   }

   public Book(String bookId, String name, int unitPrice, String author, String
      description, String category, String releaseDate) {
      super(bookId, name, unitPrice);
      this.author = author;
      this.description = description;
      this.category = category;
      this.releaseDate = releaseDate;
   }

   public String getBookId() { return bookId; }

   public void setBookId(String bookId) { this.bookId = bookId; }

   public String getName() { return name; }

   public void setName(String name) { this.name = name; }

   public int getUnitPrice() { return unitPrice; }

   public void setUnitPrice(int unitPrice) { this.unitPrice = unitPrice; }

   public String getAuthor() { return author; }

   public void setAuthor(String author) { this.author = author; }

   public String getDescription() { return description; }

   public void setDescription(String description) { this.description = description; }
```

```java

    public String getCategory() { return category; }

    public void setCategory(String category) { this.category = category; }

    public String getReleaseDate() { return releaseDate; }

    public void setReleaseDate(String releaseDate) { this.releaseDate = releaseDate; }
}
```

03 장바구니 항목 관리 클래스 수정하기: Book 클래스를 적용하기 위해 CartItem.java 파일을 수정합니다.

프로젝트 9-3 9장/BookMarket/src/CartItem.java

```java
public class CartItem {
    // private String[] itemBook = new String[7];
    private Book itemBook;
    private String bookID;
    private int quantity;
    private int totalPrice;

    public CartItem() {
        // TODO Auto-generated constructor stub
    }

    /* public CartItem(String[] book) {
        this.itemBook = book;
        this.bookID = book[0];
        this.quantity = 1;
        updateTotalPrice();
    }
    public String[] getItemBook() {
        return itemBook;
    }
    public void setItemBook(String[] itemBook) {
        this.itemBook = itemBook;
    }
```

```java
    */

    public CartItem(Book booklist) {
        this.itemBook = booklist;
        this.bookID = booklist.getBookId();
        this.quantity = 1;
        updateTotalPrice();
    }

    public Book getItemBook() {
        return itemBook;
    }

    public void setItemBook(Book itemBook) {
        this.itemBook = itemBook;
    }

    public void setTotalPrice(int totalPrice) {
        this.totalPrice = totalPrice;
    }

    public String getBookID() {
        return bookID;
    }

    public void setBookID(String bookID) {
        this.bookID = bookID;
        this.updateTotalPrice();
    }

    public int getQuantity() {
        return quantity;
    }

    public void setQuantity(int quantity) {
        this.quantity = quantity;
        this.updateTotalPrice();
    }

```

```java
    public int getTotalPrice() {
        return totalPrice;
    }

    public void updateTotalPrice() {
        // totalPrice = Integer.parseInt(this.itemBook[2]) * this.quantity;
        totalPrice = this.itemBook.getUnitPrice() * this.quantity;
    }
}
```

04 장바구니 처리 인터페이스 생성하기: CartInterface.java 파일을 생성하고, 장바구니 처리를 위한 메서드를 정의하기 위한 CartInterface 인터페이스를 만듭니다. CartInterface 인터페이스에 선언될 메서드는 다음과 같습니다.

- void printBookList(Book[] p): 전체 도서 정보 목록을 출력합니다.
- boolean isCartInBook(String id): 장바구니에 담긴 도서의 ID와 장바구니에 담을 도서의 ID를 비교하는 메서드입니다. ID가 일치하면 장바구니에 담긴 도서의 개수를 1만큼 증가시키고 true를 반환하며, 그렇지 않으면 false를 반환합니다.
- void insertBook(Book p): 장바구니 항목 관리 클래스 CartItem에 도서 정보를 등록하는 메서드입니다.
- void removeCart(int numId): 장바구니 순번 numId의 항목을 삭제하는 메서드입니다.
- void deleteBook(): 장바구니의 모든 항목을 삭제하는 메서드입니다.

프로젝트 9-4 9장/BookMarket/src/CartInterface.java

```java
public interface CartInterface {
    void printBookList(Book[] p);
    boolean isCartInBook(String id);
    void insertBook(Book p);
    void removeCart(int numId);
    void deleteBook();
}
```

05 장바구니 처리 클래스 생성하기: Cart.java 파일을 생성하고 CartInterface 인터페이스의 자식 클래스를 만듭니다.

프로젝트 9-5 9장/BookMarket/src/Cart.java

```java
public class Cart implements CartInterface {

    static final int NUM_BOOK = 3;
    CartItem[] mCartItem = new CartItem[NUM_BOOK];
    static int mCartCount = 0;

    public Cart() {

    }

    public void printBookList(Book[] booklist) {
        for (int i = 0; i < booklist.length; i++) {
            System.out.print(booklist[i].getBookId() + " | ");
            System.out.print(booklist[i].getName() + " | ");
            System.out.print(booklist[i].getUnitPrice() + " | ");
            System.out.print(booklist[i].getAuthor() + " | ");
            System.out.print(booklist[i].getDescription() + " | ");
            System.out.print(booklist[i].getCategory() + " | ");
            System.out.print(booklist[i].getReleaseDate());
            System.out.println("");
        }
    }

    public void insertBook(Book book) {
        mCartItem[mCartCount++] = new CartItem(book);
    }

    public void deleteBook() {
        mCartItem = new CartItem[NUM_BOOK];
        mCartCount = 0;
    }

    public void printCart() {
        System.out.println("장바구니 상품 목록 :");
        System.out.println("---------------------------------------------");
        System.out.println("    도서ID \t|     수량 \t|      합계");

```

```java
        for (int i = 0; i < mCartCount; i++) {
            System.out.print("    " + mCartItem[i].getBookID() + " \t| ");
            System.out.print("    " + mCartItem[i].getQuantity() + " \t| ");
            System.out.print("    " + mCartItem[i].getTotalPrice());
            System.out.println("  ");
        }
        System.out.println("----------------------------------------------");
    }

    public boolean isCartInBook(String bookId) {
        boolean flag = false;
        for (int i = 0; i < mCartCount; i++) {
            if (bookId == mCartItem[i].getBookID()) {
                mCartItem[i].setQuantity(mCartItem[i].getQuantity()+1);
                flag = true;
            }
        }
        return flag;
    }

    public void removeCart(int numId) {
        CartItem[] cartItem = new CartItem[NUM_BOOK];
        int num = 0;

        for (int i = 0; i < mCartCount; i++)
            if (numId != i)
                cartItem[num++] = mCartItem[i];

        mCartCount = num;
        mCartItem = cartItem;
    }
}
```

Cart 클래스 끝

06 도서 정보 저장하기: Book 클래스를 이용하여 도서 정보를 저장하기 위해 Welcome.java 파일의 BookList() 메서드를 수정합니다.

프로젝트 9-6 9장/BookMarket/src/Welcome.java

```java
import java.util.Scanner;

public class Welcome {
  ...
  public static void main(String[] args) {
    // String[][] mBook = new String[NUM_BOOK][NUM_ITEM];
    Book[] mBookList = new Book[NUM_BOOK];
    ...
    switch(n) {
      ...

      case 4:  // System.out.println("장바구니에 항목 추가하기");
        // menuCartAddItem(mBook);
        menuCartAddItem(mBookList);
      ...
    }
    ...
  }

  public static void BookList(Book[] booklist) {
    booklist[0] = new Book("ISBN1234", "쉽게 배우는 JSP 웹 프로그래밍", 27000);
    booklist[0].setAuthor("송미영");
    booklist[0].setDescription("단계별로 쇼핑몰을 구현하며 배우는 JSP 웹 프로그래밍");
    booklist[0].setCategory("IT전문서");
    booklist[0].setReleaseDate("2018/10/08");

    booklist[1] = new Book("ISBN1235", "안드로이드 프로그래밍", 33000);
    booklist[1].setAuthor("우재남");
    booklist[1].setDescription("실습 단계별 명쾌한 멘토링!");
    booklist[1].setCategory("IT전문서");
    booklist[1].setReleaseDate("2022/01/22");

    booklist[2] = new Book("ISBN1236", "스크래치", 22000);
    booklist[2].setAuthor("고광일");
    booklist[2].setDescription("컴퓨팅 사고력을 키우는 블록 코딩");
    booklist[2].setCategory("컴퓨터입문");
    booklist[2].setReleaseDate("2019/06/10");
  }
}
```

장바구니의 항목 삭제하기

01 장바구니의 항목 삭제하기 메뉴 수정하기: Welcome.java 파일에서 장바구니의 항목을 삭제하는 menuCartRemoveItem() 메서드를 수정합니다.

프로젝트 9-7 9장/BookMarket/src/Welcome.java

```
import java.util.Scanner;

public class Welcome {
  static final int NUM_BOOK = 3;
  static final int NUM_ITEM = 7;
  // static CartItem[] mCartItem = new CartItem[NUM_BOOK];
  // static int mCartCount = 0;
  static Cart mCart = new Cart();
  static User mUser;

  public static void main(String[] args) {
    ...
  }

  public static void menuCartRemoveItem() {
    // System.out.println("6. 장바구니의 항목 삭제하기");
    if (mCart.mCartCount == 0)
      System.out.println("장바구니에 항목이 없습니다");
    else {
      menuCartItemList();
      boolean quit = false;
      while (!quit) {
        System.out.print("장바구니에서 삭제할 도서의 ID를 입력하세요 :");
        Scanner input = new Scanner(System.in);
        String str = input.nextLine();
        boolean flag = false;
        int numId = -1;

        for (int i = 0; i < mCart.mCartCount; i++) {
          if (str.equals(mCart.mCartItem[i].getBookID())) {
            numId = i;
            flag = true;
```

```
                    break;
                }
            }

            if (flag) {
                System.out.println("장바구니의 항목을 삭제하겠습니까? Y | N ");
                str = input.nextLine();
                if (str.toUpperCase().equals("Y")) {
                    System.out.println(mCart.mCartItem[numId].getBookID() + " 장바구니에서
                        도서가 삭제되었습니다.");
                // 배열 이동
                /*  CartItemBook[] cartItem = new CartItemBook[NUM_BOOK];
                    int num = 0;

                    for (int i = 0; i < mCartCount; i++)
                        if (numId! = i) cartItem[num++] = mCart.mCartItem[i];
                    mCartCount = num;
                    mCart.mCartCount = num;
                    mCart.mCartItem = cartItem;
                    */
                    mCart.removeCart(numId);
                }
                quit = true;
            }
            else System.out.println("다시 입력해 주세요");
        }
    }
}
...
}
```

장바구니 비우기

01 장바구니 비우기 메뉴 수정하기 : Welcome.java 파일에서 장바구니의 항목을 모두 삭제하는 menuCartClear() 메서드를 수정합니다.

프로젝트 9-8 9장/BookMarket/src/Welcome.java

```java
import java.util.Scanner;

public class Welcome {
   ...
   public static void main(String[] args) {
      ...
   }

   public static void menuCartClear() {
      // System.out.println("장바구니 비우기");
      if (mCart.mCartCount == 0)
         System.out.println("장바구니에 항목이 없습니다");
      else {
         System.out.println("장바구니의 모든 항목을 삭제하겠습니까? Y | N ");
         Scanner input = new Scanner(System.in);
         String str = input.nextLine();

         if (str.toUpperCase().equals("Y")) {
            System.out.println("장바구니의 모든 항목을 삭제했습니다");
            // mCart.mCartItem = new CartItemBook[NUM_BOOK];
            mCart.deleteBook();
         }
      }
   }
   ...
}
```

장바구니 관련 메뉴별 수정하기

01 장바구니에 항목 추가하기 메뉴 수정하기: Welcome.java 파일에서 장바구니에 항목을 추가하는 menuCartAddItem() 메서드를 수정합니다. menuCartAddItem()의 매개변수 mBookList를 반드시 booklist로 변경해야 합니다.

프로젝트 9-9　　9장/BookMarket/src/Welcome.java

```
import java.util.Scanner;

public class Welcome {
  ...
  public static void main(String[] args) {
    ...
  }

  public static void menuCartAddItem(Book[] booklist) {
    // System.out.println("장바구니에 항목 추가하기");

    BookList(booklist);

    /* for (int i = 0; i < NUM_BOOK; i++) {
         for (int j = 0; j < NUM_ITEM; j++)
           System.out.print(book[i][j] + " | ");
         System.out.println("");
       }
    */
    mCart.printBookList(booklist);

    boolean quit = false;

    while (!quit) {
      System.out.print("장바구니에 추가할 도서의 ID를 입력하세요 :");

      Scanner input = new Scanner(System.in);
      String str = input.nextLine();

      boolean flag = false;
      int numId = -1;

      for (int i = 0; i < NUM_BOOK; i++) {
        if (str.equals(booklist[i].getBookId())) {
          numId = i;
          flag = true;
          break;
        }
```

```
        }
        if (flag) {
          System.out.println("장바구니에 추가하겠습니까? Y  | N ");
          str = input.nextLine();
          if (str.toUpperCase().equals("Y")) {
            System.out.println(booklist[numId].getBookId() + " 도서가 장바구니에 추가되
              었습니다.");
            // 카트에 넣기
            if (!isCartInBook(booklist[numId].getBookId())) {
              // mCartItem[mCartCount++] = new CartItem(book[numId]);
              // mCartItem[mCartCount++] = new CartItemBook(booklist[numId]);
              // mCart.mCartCount = mCartCount++;
              // mCartCount++;
                mCart.insertBook(booklist[numId]);
            }
          }
          quit = true;
        }
        else
        System.out.println("다시 입력해 주세요");
      }
    }   ● menuCartAddItem() 끝
    ...
  }   ● Welcome 클래스 끝
```

02 장바구니의 도서 ID 존재 여부 확인하기: Welcome.java 파일에서 장바구니에 동일한 항목이 있는지 검사하는 isCartInBook() 메서드를 수정합니다.

프로젝트 9-10 9장/BookMarket/src/Welcome.java

```
pimport java.util.Scanner;

public class Welcome {
  ...
  public static void main(String[] args) {
    ...
  }

```

```java
    public static boolean isCartInBook(String bookId) {
      /* boolean flag = false;
        for (int i = 0; i < mCartCount; i++) {
          if (bookId == mCartItem[i].getBookID()) {
            mCartItem[i].setQuantity(mCartItem[i].getQuantity()+1);
            flag = true;
          }
        }
        return flag;
      */
      return mCart.isCartInBook(bookId);
    }
    ...
}
```

03 장바구니 상품 목록 보기 메뉴 수정하기: Welcome.java 파일에서 장바구니에 담긴 항목을 출력하는 `menuCartItemList()` 메서드를 수정합니다.

프로젝트 9-11 9장/BookMarket/src/Welcome.java

```java
import java.util.Scanner;

public class Welcome {
    ...
    public static void main(String[] args) {
      ...
    }

    public static void menuCartItemList() {
      /* System.out.println("장바구니 상품 목록 :");
        System.out.println("---------------------------------------------");
        System.out.println("    도서ID \t|     수량 \t|      합계");
        for (int i = 0; i < mCartCount; i++) {
          System.out.print("    " + mCartItem[i].getBookID() + " \t| ");
          System.out.print("    " + mCartItem[i].getQuantity() + " \t| ");
          System.out.print("    " + mCartItem[i].getTotalPrice());
          System.out.println("  ");
        }
```

```java
            System.out.println("----------------------------------------");
        */

        if (mCart.mCartCount >= 0) {
            mCart.printCart();
        }
    }
    ...
}
```

요약

01 추상화란 불필요한 정보를 숨기고 중요한 정보만을 나타내는 것을 의미합니다. 이러한 추상화를 이용하면 어떤 영역에서 필요한 공통의 속성이나 행동을 추출함으로써 효율적인 코드를 작성할 수 있습니다. 자바 프로그래밍에서 추상화를 사용하면 다음과 같은 장점이 있습니다.

- 객체 간의 복잡성이 줄어듭니다.
- 코드의 중복을 막고 재사용성을 높일 수 있습니다.
- 사용자에게 중요한 세부 정보만 제공하므로 응용 프로그램이나 프로그램의 보안에 도움이 됩니다.

02 추상 클래스는 이론적인 정의 역할만 할 수 있고 객체를 만들 수 없으나 추상 클래스가 아닌 자식 클래스를 만들 수 있습니다.

```
abstract class 클래스명 {
    반환유형 메서드명([매개변수목록]);            ● 일반 메서드
    abstract 반환유형 메서드명([매개변수목록]);   ● 추상 메서드
}
```

03 추상 클래스는 그 자체의 인스턴스를 만들 수 없기 때문에 상속해서 사용하며, 보통의 클래스처럼 extends 키워드를 이용하여 상속합니다. 일반적으로 자식 클래스는 이러한 추상 클래스를 상속받고 추상 메서드를 재정의하여 사용합니다.

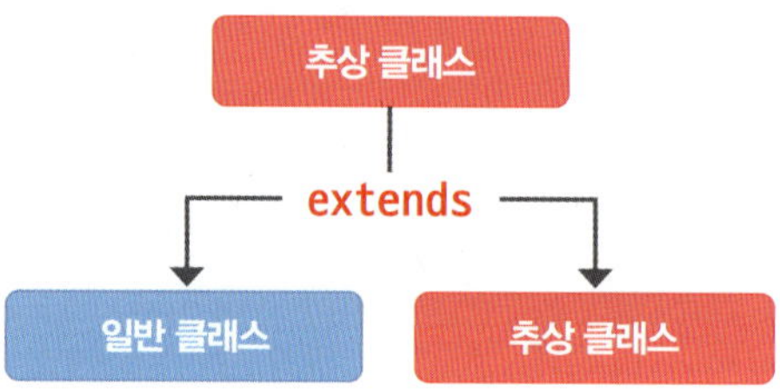

04 인터페이스는 그 자체의 객체를 만들 수 없습니다. 그리고 추상 클래스는 추상 메서드와 일반 메서드를 포함할 수 있지만 인터페이스는 추상 메서드만 포함할 수 있습니다. 인터페이스는 주로 다음과 같은 이유로 사용됩니다.

- 완전한 추상화를 구현할 수 있습니다.
- 다중 상속을 구현할 수 있습니다.

• 느슨한 결합 관계를 형성할 수 있습니다.

```
interface 인터페이스명 {
    반환유형 변수 [= 값];
    반환유형 메서드명([매개변수목록]);
}
```

인터페이스의 단일 상속

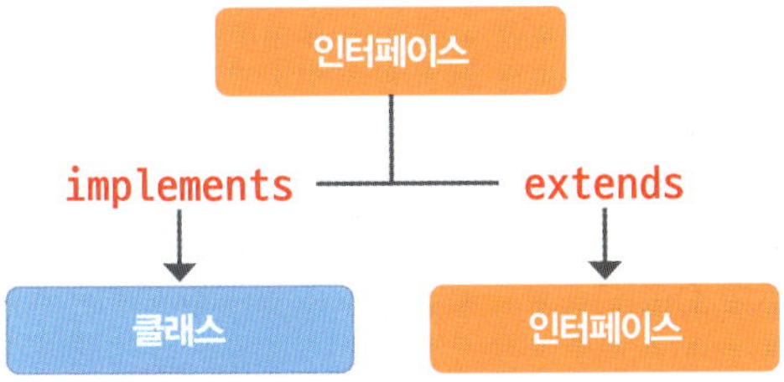

인터페이스의 다중 상속

연습문제

01 객체지향 프로그래밍에서 사용자에게 필요한 기능만 표시하는 데 사용되는 개념은 무엇인가?

① 캡슐화 ② 추상화

③ 동적 바인딩 ④ 상속

02 다음 중 추상 클래스의 올바른 구문은 무엇인가?

① abstract class 클래스명 { 처리내용; }

② abstract 클래스명 { {처리내용; }

③ abstract class { 처리내용; }

④ abstract class Classname [ ] { 처리내용; }

03 다음 중 추상 클래스에 대한 설명으로 옳지 않은 것은 무엇인가?

① abstract 키워드로 선언된다.

② abstract 메서드를 포함할 수도 있고 포함하지 않을 수도 있다.

③ 인스턴스화할 수 있다.

④ final 메서드가 포함되어 있다.

04 인터페이스에서 클래스를 선언하려면 어떤 접근제한자를 사용해야 하는가?

① Private ② Protected

③ Public ④ 앞의 보기 모두 가능

05 다음 중 인터페이스의 올바른 구문은 무엇인가?

① interface 클래스명 { public void 메서드명(); }

② interface class 클래스명 { { public void 메서드명(); }

③ interface 클래스명 { { private class 메서드명{ (); }

④ interface 클래스명 { { public void 메서드명() { 처리내용; } }

06 다음 중 추상 클래스가 포함된 프로그램은 무엇인가?

①
```
class A { method(); }
class B extends A { method(); }
class Main { }
```

②
```
interface A { method(); }
class B implements A { method(); }
class Main { }
```

③
```
abstract class A { method(); }
class B extends A { method(); }
class Main { }
```

④
```
interface A { method(); }
class B implements A { method(); }
class C extends B { method(); } class Main { }
```

07 다음 프로그램을 실행하면 오류가 발생하는 이유는 무엇인가?

```
abstract class Example {
   void displayText() {};
}
class Demo extends Example {
   void method() {
      System.out.println("method() 메서드 실행.");
   }
}
public class MyClass {
   public static void main(String[] args) {
      Demo e = new Demo();
      e.method();
   }
}
```

① 출력문에 오류가 있다.

② 객체 생성에 오류가 있다.

③ 추상클래스에 포함된 메소드를 확장클래스에서 구현하지 않았다.

④ 프로그램에 오류가 없다.

08 다음 프로그램을 실행하면 어디서 오류가 발생하는가?

```
abstract class Sample {
   abstract void method();
}
class First extends Sample {
   abstract void method() {
      System.out.println("First abstract method");
   }
}
public class MyClass {
   public static void main(String[] args) {
      Sample object = new First();
      object.method();
   }
}
```

① Sample 클래스　　② First 클래스의 추상 메서드

③ MyClass 클래스의 main() 메서드　　④ 오류가 없다.

09 다음 프로그램의 실행 결과는 무엇인가?

```
interface Methods {
   public void function();
}
class Calculate implements Methods {
   public void function (int l, int b) {
      int area = l * b;
         System.out.println(area);
   }
}
public class MyClass {
   public static void main(String[] args) {
      Calculate c = new Calculate();
      c.function(5,10);
   }
}
```

① 50　　② area　　③ l*b　　④ 컴파일 오류

10 다음 프로그램의 실행 결과는 무엇인가?

```
abstract class One {
   abstract void calculate(int a);
}
class Two extends One {
   void calculate(int a) {
      System.out.println(a+a);
   }
}
class Three extends One {
   void calculate(int a) {
      System.out.println(a*a);
   }
}
public class MyClass {
   public static void main(String[] args) {
      One obj1 = new Two();
      obj1.calculate(2);
      One obj2 = new Three();
      obj2.calculate(2);
   }
}
```

① 4 4	② a+a a*a	③ 2 2	④ 컴파일 오류

CHAPTER 10

패키지

학습목표

- 패키지의 개념과 특징을 이해합니다.
- 패키지를 생성하고 사용하는 방법을 알아봅니다.
- 자바의 내장 패키지에 대해 알아봅니다.

Preview

자바에서 사용하는 패키지의 개념과 특징을 이해한 뒤 패키지를 생성하고 사용하는 방법을 살펴봅시다. 그리고 자바의 주요 내장 패키지에 대해 자세히 알아봅시다.

- 패키지
  - 패키지의 개념
  - 패키지의 구조
  - 패키지 사용의 장점
  - 패키지의 유형
- 패키지 생성 및 사용
  - 패키지 생성
    - 패키지 선언
    - 패키지명의 구성
    - 패키지명 작성 규칙
  - 패키지 사용법
- 내장 패키지
- java.lang 패키지
  - Object 클래스
  - Math 클래스
  - String 클래스
  - StringBuffer 클래스
  - StringBuilder 클래스
  - 래퍼 클래스
- java.util 패키지
  - Date 클래스
  - Calendar 클래스
  - StringTokenizer 클래스
  - Random 클래스
- java.text 패키지
  - DateFormat 클래스
  - SimpleDateFormat 클래스

[프로젝트]

- 주문 처리하기
  - 클래스 파일 관리 패키지 만들기
  - 주문 처리 페이지 만들기

10.1 | 패키지

1 패키지의 개념

관련 클래스의 모음을 패키지(package)라고 합니다. 자바는 패키지를 사용하여 모든 자바 프로젝트에서 관련 클래스, 인터페이스, 하위 패키지를 하나로 묶습니다. 예를 들어 고양이 집사가 고양이를 씻기도 털을 다듬는 데 필요한 샴푸, 린스, 브러시, 수건, 빗 등을 구입하려는 경우, 각각의 품목을 개별적으로 구입하는 대신 모든 용품이 담긴 패키지를 구입하면 돈과 시간이 절약됩니다. 이처럼 고양이 미용 용품 패키지를 구입하는 것은 자바에서 개별 클래스가 아닌 패키지를 호출하는 것과 같다고 할 수 있습니다.

그림 10-1 **패키지의 예**

그 이름에서도 알 수 있듯이 패키지는 클래스, 인터페이스와 기타 패키지의 그룹입니다. 관련된 클래스나 인터페이스를 그룹 단위로 묶어놓으면 효율적으로 관리할 수 있을뿐더러, 같은 이름의 클래스라도 서로 다른 패키지에 존재할 수 있어 이름의 충돌을 피할 수 있습니다.

하나 더 알기 **패키지의 특징**

- 패키지는 관련 클래스, 인터페이스, 열거형(enum), 주석 집합을 구성하는 묶음입니다.
- 패키지는 프로젝트 파일을 저장할 수 있는 파일 시스템의 디렉터리 또는 폴더를 나타냅니다.
- 패키지는 클래스를 고유하게 식별할 수 있는 묶음입니다.
- 패키지를 사용하여 클래스 또는 클래스 멤버의 접근 범위를 지정할 수 있습니다.

2 패키지의 구조

3장에서는 사용자로부터 입력을 받기 위해 다음과 같은 `Scanner` 클래스를 사용했습니다. 즉 `Scanner` 클래스는 `java.util.*` 패키지에 포함된 클래스입니다.

```
import java.util.Scanner;
```

패키지는 각각 특정 기능을 가진 클래스의 묶음으로, 유사한 클래스와 기능을 캡슐화한 것입니다. 또한 패키지에는 인터페이스와 하위 패키지가 포함될 수 있습니다.

java . util . Scanner

java	util	Scanner
최상위 패키지	하위 패키지	하위 패키지 util에 있는 클래스

그림 10-2 패키지의 구조

3 패키지 사용의 장점

자바에서 패키지를 사용하면 다음과 같은 장점이 있습니다.

재사용성

패키지를 통해 데이터 캡슐화를 쉽게 구현할 수 있으므로 프로젝트를 개발하는 동안 코드를 반복하여 작성하는 일이 거의 없습니다. 패키지를 사용하면 패키지 내부에 클래스 형태로 재사용 코드를 생성할 수 있으며, 동일한 작업을 수행해야 할 때마다 해당 패키지를 가져와 클래스를 사용합니다.

더 나은 조직화

기능에 따라 클래스를 정렬하기 때문에 클래스를 검색하기가 쉽습니다. 수백 개의 클래스가 있는 대규모 자바 프로젝트에서 유사한 유형의 클래스를 의미 있는 패키지명으로 묶으면 필요시 신속하게 찾을 수 있어 효율성이 향상됩니다.

이름 충돌 방지

패키지는 이름의 충돌을 방지하는 데 도움이 됩니다. 이름의 충돌을 피하기 위해 패키지를 사용할 수 있도록 다른 패키지에 같은 이름을 가진 2개의 클래스를 정의할 수 있습니다.

접근 제어

접근제한자와 패키지를 함께 사용하여 클래스의 접근 가능성을 제어할 수 있습니다.

표 10-1 패키지와 접근제한자의 관계

구분	public	protected	(default)	private
동일 클래스인 경우	○	○	○	○
동일 패키지 내부이고 자식 클래스인 경우	○	○	○	×
동일 패키지 내부이고 자식 클래스가 아닌 경우	○	○	○	×
다른 패키지이고 자식 클래스인 경우	○	○	×	×
다른 패키지이고 자식 클래스가 아닌 경우	○	×	×	×

TIP 접근제한자에 대한 자세한 내용은 7.5절을 참고하세요.

4 패키지의 유형

자바에는 다음과 같은 두 가지 유형의 패키지가 있습니다.

- **사용자 정의 패키지:** 사용자가 프로젝트의 클래스와 인터페이스를 분류하기 위해 생성하는 패키지입니다.
- **내장 패키지:** `java.io.*`, `java.lang.*` 등과 같이 이미 정의된 패키지입니다.

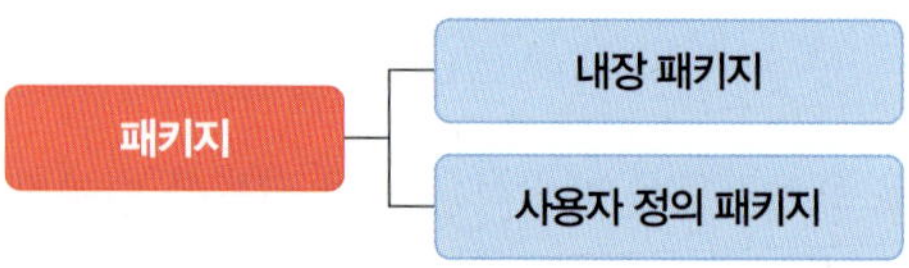

그림 10-3 패키지의 유형

여기서 퀴즈!

다음 중 패키지의 특징에 대한 설명으로 옳지 않은 것을 고르시오.

① 데이터 캡슐화를 구현하는 데 도움이 됩니다.

② 기능에 따라 클래스를 정렬하므로 클래스 검색의 효율성이 향상됩니다.

③ 서로 다른 패키지라도 같은 클래스명을 사용할 수 없습니다.

④ 패키지 내의 클래스에 대한 접근을 제어할 수 있습니다.

정답 ③

10.2 | 패키지 생성 및 사용

1 패키지 생성

패키지 선언

자바에서 패키지를 만드는 방법은 매우 쉽고 간단합니다. 다음과 같이 package 명령어 뒤에 패키지 경로명을 작성하고, 프로그램(자바 소스 파일)의 첫 행에 포함해야 합니다.

```
package 패키지명;
```

다음은 MyClass 클래스를 mypackage라는 패키지에 포함하는 예입니다.

```
package mypackage;   ● 프로그램의 첫 행에 선언

public class MyClass {   ● MyClass 클래스가 mypackage 패키지에 포함됨
    public static void main(String[] args) {
        ...
    }
}
```

패키지명의 구성

패키지명은 마침표(.)로 구분된 여러 단어의 조합으로, 각 단어는 파일 시스템의 한 폴더 또는 디렉터리를 나타냅니다. 다음은 MyClass 클래스를 com.javamaster.mypackage라는 패키지에 포함하는 예입니다.

```
package com.javamaster.mypackage;   ● 마침표(.)로 구분된 패키지 경로명

public class MyClass {   ● MyClass 클래스가 com.javabook.mypackage 패키지에 포함됨
    public static void main(String[] args) {
        ...
    }
}
```

패키지명 작성 규칙

패키지명을 작성할 때 지켜야 할 몇 가지 규칙이 있습니다.

- 숫자로 시작할 수 없습니다.
- '_'과 '$'를 제외한 특수 문자를 사용할 수 없습니다.
- java로 시작하는 패키지를 사용할 수 없습니다. java로 시작하는 패키지는 자바 표준 API에서만 사용 가능합니다.
- int, static 등 자바 예약어를 사용할 수 없습니다.
- 클래스명 또는 인터페이스명과의 충돌 방지를 위해 모두 소문자로 작성하는 것이 관례입니다.
- 소스 파일을 각각의 그룹으로 구분하기 위해 마침표(.)를 사용합니다.

`com.section01` 패키지 내부에 Example01.java 파일을 만들고 여기에 `Example01` 클래스를 생성해봅시다. 패키지를 생성하는 방법은 두 가지입니다. 첫 번째 방법은 이클립스에서 [New]-[Package]를 선택하면 나타나는 [New Java Package] 창에서 Name 항목에 패키지명 'com.section01'을 입력하는 것입니다.

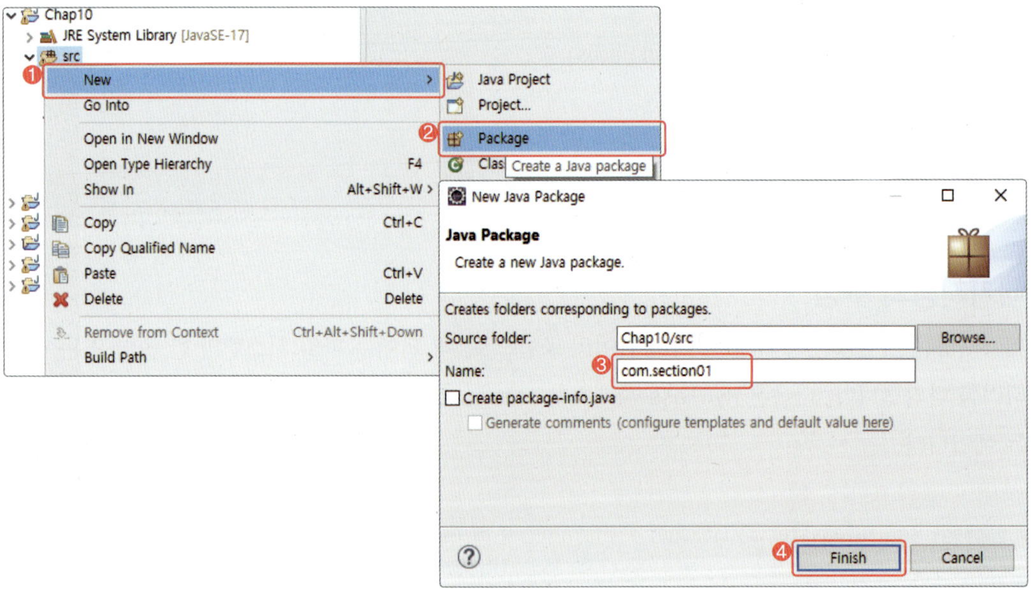

그림 10-4 com.section01 패키지 생성 방법 1

또는 [New]-[Class]를 선택하면 나타나는 [New Java Class] 창에서 Package 항목에 패키지명 'com.section01'을 입력해도 됩니다.

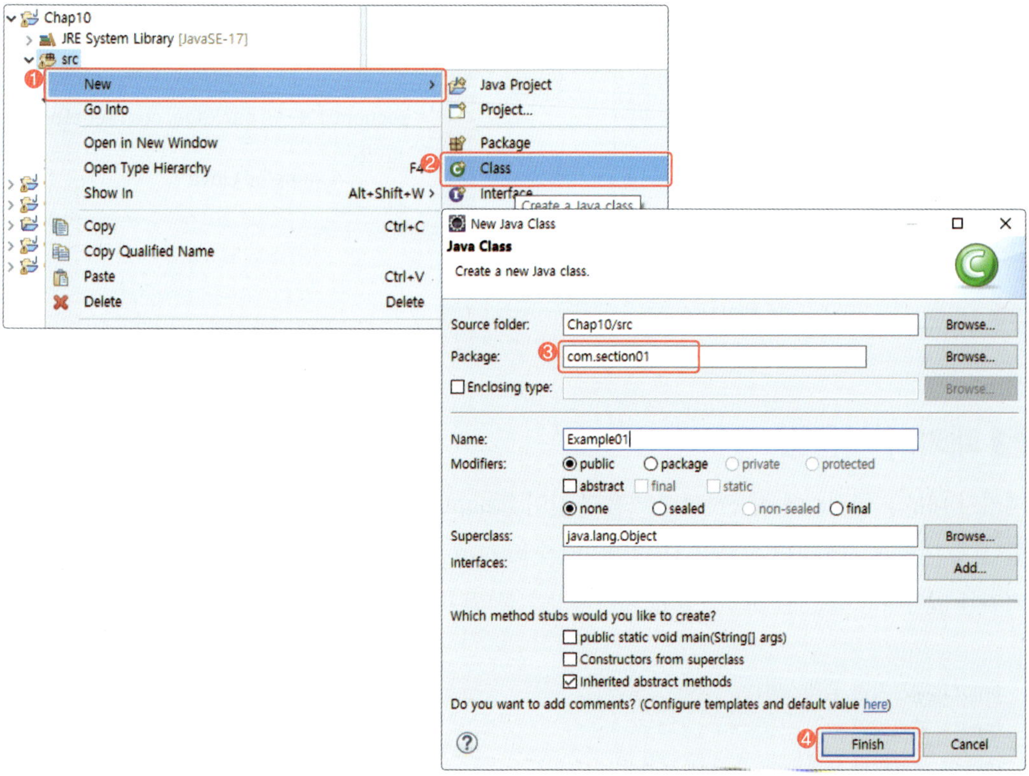

그림 10-5 com.section01 패키지 생성 방법 2

com.section01 패키지에 Example01.java를 생성하고 다음과 같이 작성합니다.

패키지 생성 예시 Chap10/src/com/section01/Example01.java

```
package com.section01;        // 패키지

public class Example01 {      // 클래스
    public int add(int a, int b) {
        return a+b;
    }

    public static void main(String[] args) {
        Example01 obj = new Example01();
        System.out.println(obj.add(10, 20));
    }
}
```

실행 결과

```
30
```

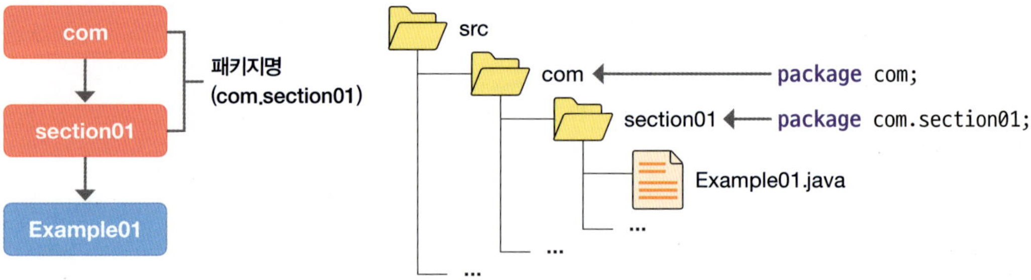

그림 10-6 com.section01 패키지의 구조

2 패키지 사용법

패키지 내부의 클래스에 접근하려면 다음과 같이 `import` 명령어 뒤에 패키지명과 클래스명을 지정합니다. 이렇게 지정하면 컴파일 시 컴파일러가 import문을 통해 소스 파일에 사용된 클래스의 패키지를 알아내고 모든 클래스명 앞에 패키지명을 붙입니다.

```
import 패키지명.클래스명;
import 패키지명.*;
import 정규화된 이름;
```

패키지를 가져오기 위해 `import` 키워드 뒤에 '패키지명.클래스명' 형식을 사용하면 이 패키지 내에 선언된 클래스에만 접근할 수 있습니다. 그리고 '패키지명.*' 형식을 사용하면 이 패키지 내의 모든 클래스와 인터페이스에 접근할 수 있으나 하위 패키지에는 접근할 수 없습니다. 또한 '정규화된 이름' 형식을 사용하면 `import` 명령어를 사용할 필요 없이 이 패키지에 선언된 클래스에만 접근할 수 있습니다. 하지만 클래스나 인터페이스에 접근할 때마다 정규화된 이름을 사용해야 합니다. 가령 389쪽의 예에서 `mypackage`라는 패키지에 포함된 `MyClass` 클래스를 가져오려면 다음과 같이 작성할 수 있습니다.

패키지명.클래스명 형식 사용 예시 Chap10/src/MyClassImport.java

```
import mypackage.MyClass;        // mypackage 패키지에 포함된 MyClass 클래스를 가져옴

public class MyClassImport {
   public static void main(String[] args) {
      MyClass obj = new MyClass();   // mypackage 패키지 내 MyClass 생성자 호출
      ...
   }
}
```

패키지명.* 형식 사용 예시 Chap10/src/MyClassImport.java

```java
import mypackage.*;  // mypackage 패키지에 포함된 클래스를 가져옴

public class MyClassImport {
    public static void main(String[] args) {
        MyClass obj = new MyClass();  // mypackage 패키지 내 MyClass 생성자 호출
        ...
    }
}
```

정규화된 이름 형식 사용 예시 Chap10/src/MyClassImport.java

```java
import mypackage.*;  // mypackage 패키지에 포함된 클래스를 가져옴

public class MyClassImport {
    public static void main(String[] args) {
        mypackage.MyClass obj = new mypackage.MyClass();  // mypackage 패키지 내 MyClass 생성자 호출
        ...
    }
}
```

다음은 다른 패키지(com.section02)에서 com.section01 패키지 내에 생성된 Example01.java 파일의 Example01 클래스를 import 명령어로 가져오는 예입니다.

패키지 사용 예시 Chap10/src/com/section02/Example02.java

```java
package com.section02;

import com.section01.Example01;  // com.section01 패키지 내 Example01 클래스를 사용하기 위해 import 키워드를 이용

public class Example02 {
    public static void main(String[] args) {
        Example01 obj = new Example01();  // com.section01 패키지 내 Example01 클래스의 생성자 호출
        System.out.println(obj.add(10, 20));
    }
}
```

실행 결과

```
30
```

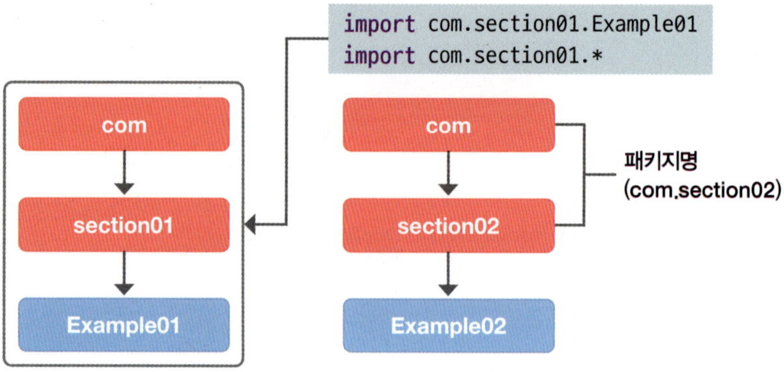

(a) com.section02 패키지의 구성

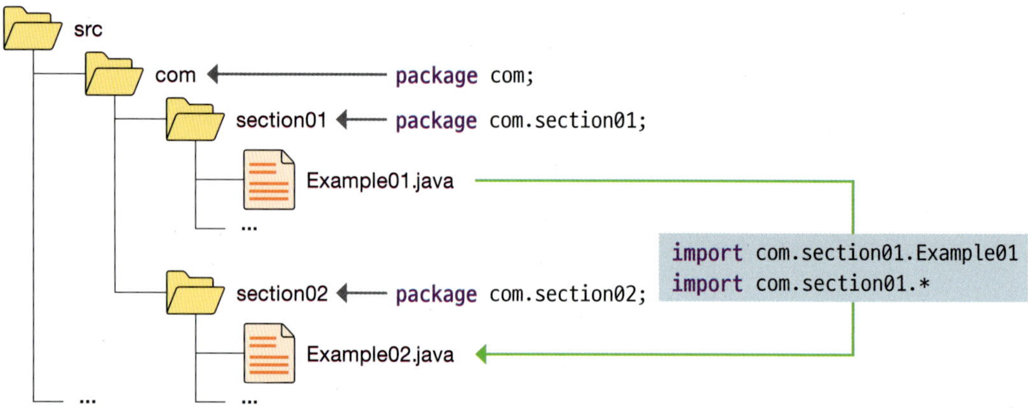

(b) 패키지의 경로 구조

그림 10-7 Example02 클래스의 패키지 구조

TIP 프로그램의 순서는 패키지→임포트→클래스여야 합니다.

예제 10-1 패키지 생성하고 사용하기

com.javamaster.mypackage 패키지를 만들고 이 패키지 내에 Cat 클래스를 생성하여 멤버 메서드를 작성합니다. 그리고 다른 패키지(com.section02)에서 com.javamaster.mypackage 패키지 내에 생성된 Cat.java 파일의 Cat 클래스 멤버를 호출해봅시다.

com.javamaster.mypackage 패키지

Chap10/src/com/javamaster/mypackage/Cat.java

```java
package com.javamaster.mypackage;

public class Cat {
   String breed;
   String color;

   public void eat() {
      System.out.println("먹이를 먹다");
   }

   public void scratch() {
      System.out.println("발톱으로 할퀴다");
   }

   public void meow() {
      System.out.println("야옹하고 울다");
   }
}
```

com.section02 패키지

Chap10/src/com/section02/Package01.java

```java
package com.section02;

import com.javamaster.mypackage.*;
public class Package01 {
   public static void main(String[] args) {
      Cat myCat = new Cat();
      myCat.eat();
      myCat.scratch();
      myCat.meow();
   }
}
```

- import 줄: com.javamaster.mypackage 패키지 내 Cat 클래스를 사용하기 위해 import 키워드를 이용
- new Cat() 줄: com.javamaster.mypackage 패키지 내 Cat 클래스의 생성자 호출
- myCat.eat(), myCat.scratch(), myCat.meow() 줄: com.javamaster.mypackage 패키지 내 Cat 클래스의 메서드 호출

실행 결과

```
먹이를 먹다
발톱으로 할퀴다
야옹하고 울다
```

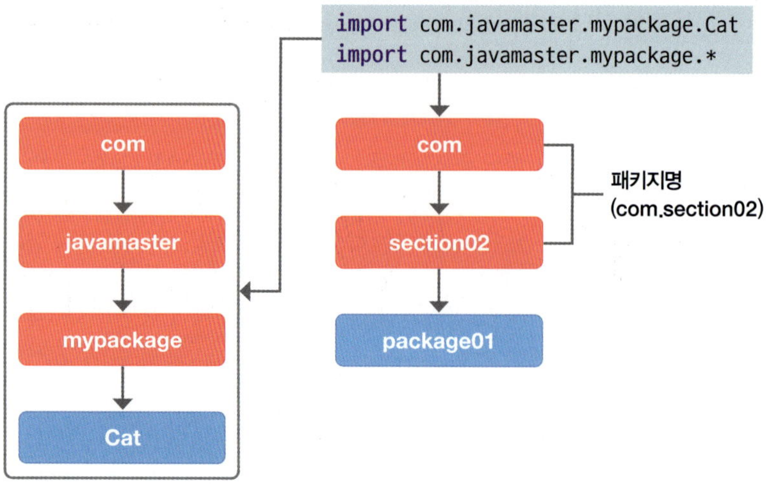

그림 10-8 com.section02 패키지의 구조

하나 더 알기 **import static**

import static은 import의 확장 기능으로 자바 5 이상 버전에 포함되어 있습니다. import static을 사용하면 클래스명을 지정할 필요 없이 정적 멤버에 접근할 수 있습니다.

```
import static java.lang.System.*;  ● 정적 import문으로 클래스의 모든 정적 멤버를 가져옴
public class StaticImport {
    public static void main(String[] args) {
        // System.out.println("import static의 예입니다.");
        out.println("import static의 예입니다.");
    }
}
```

여기서 퀴즈!

다음 중 패키지를 생성하는 형식으로 옳지 않은 것을 고르시오.

① package 패키지명;　　② package 패키지명.클래스명;

③ import 패키지명.클래스명;　　④ import 패키지명.*;

정답 ②

10.3 | 내장 패키지

내장 패키지는 자바 프로그램에 사용할 수 있도록 다양한 패키지와 클래스를 제공하는 기본 패키지입니다. 가장 자주 사용되는 패키지는 `java.lang`과 `java.util`입니다. 특히 `java.lang` 패키지는 아주 기본적인 것이라 임포트하지 않아도 사용할 수 있습니다. 기본 패키지는 `java`로 시작하고 확장 패키지는 `javax`로 시작합니다.

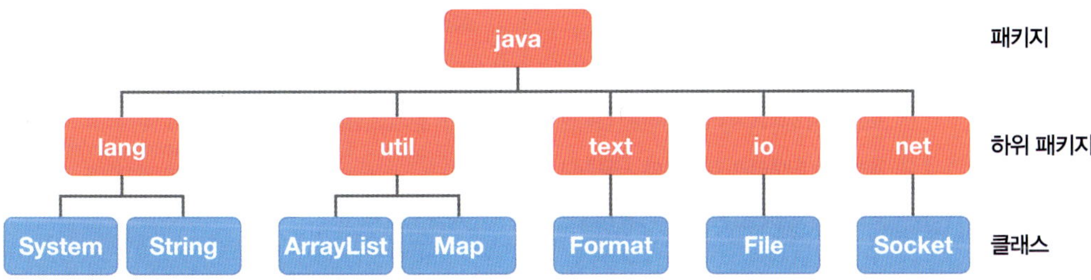

그림 10-9 주요 내장 패키지의 구성

표 10-2 주요 내장 패키지

패키지	설명
java.lang	자바 프로그램의 필수 패키지로 문자열, 수학 함수, 입출력 등 자바 프로그래밍에 필요한 기본적인 클래스와 인터페이스를 제공한다. import문 없이 사용할 수 있다.
java.util	자바 유틸리티 패키지로 날짜, 시간, 벡터, 해시맵 등의 다양한 유틸리티 클래스와 인터페이스를 제공한다.
java.text	날짜, 시간, 문자열 등 현지화를 처리하는 클래스를 제공한다.
java.io	입출력 처리 패키지로 키보드, 모니터, 프린터, 디스크 등에 입출력할 수 있는 클래스와 인터페이스를 제공한다.
java.net	네트워크 프로그램을 구현하기 위한 클래스를 제공한다.

TIP 자바의 기본 패키지에 대한 자세한 내용은 https://docs.oracle.com/en/java/javase/17/docs/api/java.base/module-summary.html을 참고하세요.

10.4 | java.lang 패키지

java.lang 패키지는 자바의 가장 기본적인 클래스와 인터페이스가 담겨 있는 패키지로, import문 없이 사용할 수 있습니다. 앞서 사용했던 String, System 클래스는 java.lang 패키지에 포함되어 있어 별도로 임포트하지 않았습니다.

표 10-3 java.lang 패키지에 포함된 주요 클래스

클래스	설명
Object	모든 클래스의 최상위 클래스로, 배열을 포함한 모든 객체는 이 클래스의 메서드를 구현한다.
System	표준 입력 장치로부터 데이터를 입력받거나 표준 출력 장치로 출력할 때 사용한다.
Class	클래스를 메모리로 로딩할 때 사용한다.
String	문자열을 저장하고 여러 가지 정보를 얻을 때 사용한다.
StringBuffer, StringBuilder	문자열을 저장하고 내부 문자열을 조작할 때 사용한다.
Math	수학 함수를 이용할 때 사용한다.
Wrapper	기본 자료형의 객체를 만들 때, 문자열을 기본 자료형으로 변환할 때, 입력값을 검사할 때 사용한다.

1 Object 클래스

Object 클래스는 모든 클래스의 상위입니다. 즉 자바의 최상위 클래스이므로 자바의 모든 클래스는 Object 클래스의 모든 메서드를 바로 사용할 수 있습니다.

표 10-4 Object 클래스의 메서드

메서드	설명
protected Object clone()	객체의 복사본을 만들고 반환한다.
boolean equals(Object obj)	주어진 객체 obj와 동일한지 여부를 나타낸다.
final Class getClass()	객체의 런타임 클래스를 반환한다.
int hashCode()	객체에 대한 해시 코드 값을 반환한다.
final void notify()	객체의 모니터에서 대기 중인 단일 스레드를 깨운다.
final void notifyAll()	객체의 모니터에서 대기 중인 모든 스레드를 깨운다.
String toString()	객체의 문자열 표현을 반환한다.

`final void wait()`	다른 스레드가 알림[notify() 또는 notifyAll() 메서드를 호출할] 때까지 현재 스레드를 대기시킨다.
`final void wait(long timeout)`	다른 스레드가 알림[notify() 또는 notifyAll() 메서드를 호출할] 때까지 현재 스레드를 지정된 시간 동안 대기시킨다.
`final void wait(long timeout, int nanos)`	다른 스레드가 알림[notify() 또는 notifyAll() 메서드를 호출할] 때까지 현재 스레드를 지정된 밀리초 또는 나노초 동안 대기시킨다.

TIP Object 클래스에 대한 자세한 내용은 https://docs.oracle.com/en/java/javase/17/docs/api/java.base/java/lang/Object.html을 참고하세요.

다음은 Object 클래스의 주요 메서드 중 toString(), equals()를 사용하는 예입니다.

Object 클래스의 메서드 사용 예시 Chap10/src/com/section03/Example03.java

```
package com.section03;

import com.javamaster.mypackage.Cat;

public class Example03 {
   public static void main(String[] args) {
      Cat cat01 = new Cat();
      Cat cat02 = new Cat();

      System.out.println(cat01.toString());
      System.out.println(cat02.toString());
      System.out.println(cat01.equals(cat02));

      cat01 = cat02;   // 두 참조 변수가 같은 주소를 가리킴
      System.out.println(cat01.equals(cat02));
   }
}
```

실행 결과

```
com.javamaster.mypackage.Cat@1c4af82c
com.javamaster.mypackage.Cat@379619aa
false
true
```

예제 10-2 java.lang.Object 패키지 사용하기

com.javamaster.mypackage 패키지 내에 Dog 클래스를 생성하여 멤버 변수와 메서드를 작성합니다. 그리고 다른 패키지(com.section03)에서 com.javamaster.mypackage 패키지 내에 생성된

Dog.java 파일의 Dog 클래스 멤버를 호출해봅시다.

com.javamaster.mypackage 패키지 Chap10/src/com/javamaster/mypackage/Dog.java

```
package com.javamaster.mypackage;

public class Dog {
   String breed;
   String color;

   public String bowwow() {
      return "멍멍 짖다";
   }

   public void run() {
      System.out.println("달리다");
   }
}
```

com.section03 패키지 Chap10/src/com/section03/Package02.java

```
package com.section03;

import com.javamaster.mypackage.Dog;

public class Package02 {
   public static void main(String[] args) {
      Dog dog01 = new Dog();
      Dog dog02 = new Dog();
      System.out.println(dog01.equals(dog02));

      String str1 = dog01.bowwow();
      String str2 = dog02.bowwow();
      System.out.println(str1.equals(str2));
   }
}
```

두 참조 변수의 주소가 다름

두 참조 변수의 문자열이 동일함

실행 결과

```
false
true
```

2 Math 클래스

Math 클래스는 수학에서 자주 사용하는 상수와 함수를 미리 구현해놓은 클래스입니다. Math 클래스의 모든 메서드는 정적 메서드이므로 객체를 생성하지 않고도 바로 사용할 수 있습니다.

표 10-5 Math 클래스의 주요 메서드

메서드	설명
double abs(double a)	절댓값을 반환한다.
double max(double a, double b) int max(int a, int b)	두 값 중 큰 값을 반환한다.
double min(double a, double b) int min(int a, int b)	두 값 중 작은 값을 반환한다.
Long round(double a) int round(float a)	십진수를 가장 가까운 값으로 반올림할 때 사용한다.
double random()	0.0보다 크거나 같고 1.0보다 작은, 양의 부호가 있는 실숫값을 반환한다.
double sqrt(double a)	반올림된 양의 제곱근을 반환한다.
double pow(double a, double b)	첫 번째 인수의 값을 두 번째 인수로 거듭제곱한 값을 반환한다.
double sin(double a)	삼각형의 사인값을 반환한다.
double cos(double a)	삼각형의 코사인값을 반환한다.
double tan(double a)	삼각형의 탄젠트값을 반환한다.

다음은 Math 클래스의 주요 메서드 중 random(), abs(), round(), sort()를 사용하는 예입니다.

Math 클래스의 메서드 사용 예시 Chap10/src/com/section03/Example04.java

```
package com.section03;

public class Example04 {
   public static void main(String[] args) {
      System.out.println((int)(Math.random() * 100));
      System.out.println(Math.abs(-10));
      System.out.println(Math.round(4.5));
      System.out.println(Math.sqrt(4.0));
   }
}
```

실행 결과

```
5   ← 랜덤으로 출력되는 값이므로 실제 실행 결과는 다를 수 있음
10
5
2.0
```

TIP Math 클래스에 대한 자세한 내용은 https://docs.oracle.com/en/java/javase/17/docs/api/java.base/java/lang/Math.html을 참고하세요.

예제 10-3 java.lang.Math 패키지 사용하기

java.lang 패키지 내 Math 클래스의 주요 메서드를 호출해봅시다.

Chap10/src/com/section03/Package03.java

```java
package com.section03;

public class Package03 {
   public static void main(String[] args) {
      System.out.println(Math.pow(2, 2));     // 제곱
      System.out.println(Math.ceil(9.9));     // 올림
      System.out.println(Math.floor(9.9));    // 내림
      System.out.println(Math.round(9.9));    // 반올림
      System.out.println(Math.max(5, 100));   // 최댓값
      System.out.println(Math.min(5, 100));   // 최솟값
   }
}
```

실행 결과

```
4.0
10.0
9.0
10
100
5
```

3 String 클래스

String 클래스는 문자열을 나타냅니다. 자바 프로그램에서 "java"처럼 큰따옴표를 사용한 문자열 리터럴은 String 클래스의 인스턴스로 구현됩니다. String 클래스에는 문자열과 관련된 작업

을 할 때 유용하게 사용할 수 있는 다양한 메서드가 포함되어 있습니다.

표 10-6 String 클래스의 주요 메서드

메서드	설명
char charAt(int index)	지정된 인덱스의 char 값을 반환한다.
String concat(String str)	지정된 문자열을 이 문자열의 끝에 연결한다.
boolean contains(CharSequence s)	문자열에 지정된 char 값 시퀀스가 포함된 경우에만 true를 반환한다.
boolean equals(Object anObject)	문자열을 지정된 객체와 비교한다.
boolean equalsIgnoreCase(String anotherString)	문자열을 대소문자에 상관없이 다른 문자열과 비교한다.
String format(String format, Object… args)	지정된 형식 문자열과 인수를 사용하여 형식이 지정된 문자열을 반환한다.
String format(Locale l, String format, Object… args)	지정된 로케일, 형식 문자열, 인수를 사용하여 형식이 지정된 문자열을 반환한다.
int indexOf(int ch)	문자열 내에서 지정된 문자가 처음 나타나는 인덱스를 반환한다.
int indexOf(int ch, int fromIndex)	지정된 인덱스에서 검색을 시작하여 지정된 문자가 처음 나타나는 문자열의 인덱스를 반환한다.
int indexOf(String str)	문자열 내에서 지정된 하위 문자열이 처음 나타나는 인덱스를 반환한다.
int indexOf(String str, int fromIndex)	지정된 인덱스에서 검색을 시작하여 지정된 하위 문자열이 처음 나타나는 문자열의 인덱스를 반환한다.
static String join(CharSequence delimiter, CharSequence… elements)	결합된 문자열을 반환한다.
static String join(CharSequence delimiter, Iterable<? extends CharSequence> elements)	결합된 문자열을 반환한다.
boolean isEmpty()	문자열 길이가 0일 때만 true를 반환한다.
int length()	문자열 길이를 반환한다.
String replace(char oldChar, char newChar)	문자열에 있는 모든 oldChar를 newChar로 대체한 문자열을 반환한다.
String replace(CharSequence target, CharSequence replacement)	문자열에 있는 모든 target을 replacement로 대체한 문자열을 반환한다.
String[] split(String regex)	주어진 정규 표현식의 일치를 중심으로 문자열을 분할한다.
String[] split(String regex, int limit)	주어진 정규 표현식의 일치를 중심으로 문자열을 분할한다.
String substring(int beginIndex)	문자열의 하위 문자열을 반환한다.
String substring(int beginIndex, int endIndex)	문자열의 하위 문자열을 반환한다.
String toLowerCase()	기본 로케일의 규칙을 사용하여 해당 String의 모든 문자를 소문자로 변환한다.

`String toLowerCase(Locale locale)`	지정된 로케일의 규칙을 사용하여 해당 String의 모든 문자를 소문자로 변환한다.
`String toUpperCase()`	기본 로케일의 규칙을 사용하여 해당 String의 모든 문자를 대문자로 변환한다.
`String toUpperCase(Locale locale)`	지정된 로케일의 규칙을 사용하여 해당 String의 모든 문자를 대문자로 변환한다.
`String trim()`	모든 선행 및 후행 공백이 제거된 값이 해당 문자열인 문자열을 반환한다.
`String valueOf(int i)`	int 인수의 문자열 표현을 반환한다.

다음은 String 클래스의 주요 메서드 중 charAt(), compareTo(), compareToIgnoreCase()를 사용하는 예입니다.

String 클래스의 메서드 사용 예시 Chap10/src/com/section03/Example05.java

```java
package com.section03;

public class Example05 {
   public static void main(String[] args) {

      String str = new String("Java");

      for (int i = 0; i < str.length(); i++) {
         System.out.print(str.charAt(i) + " ");
      }

      System.out.println("\n");
      System.out.println(str.compareTo("JAVA"));
      System.out.println(str.compareTo("Java"));
      System.out.println(str.compareToIgnoreCase("JAVA"));
   }
}
```

실행 결과

```
J a v a

32
0
0
```

TIP String 클래스에 대한 자세한 내용은 https://docs.oracle.com/en/java/javase/17/docs/api/java.base/java/lang/String.html을 참고하세요.

예제 10-4 java.lang.String 패키지 사용하기

java.lang 패키지 내 String 클래스의 split() 메서드를 호출해봅시다.

Chap10/src/com/section03/Package04.java

```
package com.section03;

public class Package04 {
  public static void main(String[] args) {
    String str1 = "www.google.com";

    String[] arrStr1;

    arrStr1 = str1.split("\\.");

    for (int i = 0; i < arrStr1.length; i++) {
      System.out.println(arrStr1[i]);
    }
  }
}
```

실행 결과

```
www
google
com
```

4 StringBuffer 클래스

StringBuffer 클래스는 String 클래스와 마찬가지로 문자열을 나타냅니다. String 클래스는 인스턴스가 한 번 생성되면 그 값을 읽기만 가능하고 변경할 수는 없습니다. 반면에 StringBuffer 클래스의 인스턴스는 그 값을 변경하거나 추가할 수 있기 때문에 변경(수정) 가능한 String 객체를 생성하는 데 사용됩니다. 다시 말해 String 클래스는 문자열 내용을 수정할 수 없이 수정된 문자열을 포함한 새로운 String 객체를 생성하기 때문에, 문자열 내용이 자주 바뀐다면 String 클래스 대신 StringBuffer 또는 StringBuilder 클래스를 사용하는 것이 좋습니다.

표 10-7 StringBuffer 클래스의 생성자

생성자	설명
`StringBuffer()`	용량이 16인 빈 문자열 버퍼를 생성한다.
`StringBuffer(String str)`	지정된 문자열로 문자열 버퍼를 생성한다.
`StringBuffer(int capacity)`	지정된 용량의 빈 문자열 버퍼를 생성한다.

표 10-8 StringBuffer 클래스의 주요 메서드

메서드	설명
`StringBuffer append(String s)`	지정된 문자열을 해당 문자열에 추가한다. append(char), append(boolean), append(int), append(float), append(double) 등이 있다.
`int capacity()`	현재 용량을 반환한다.
`public char charAt(int index)`	지정된 인덱스에서 문자 시퀀스의 char 값을 반환한다.
`StringBuffer delete(int start, int end)`	문자 시퀀스의 부분 문자열에서 문자를 제거한다.
`void ensureCapacity(int minimumCapacity)`	지정된 최솟값 이상의 용량인지 확인한다.
`StringBuffer insert(int offset, String str)`	해당 문자 시퀀스에 문자열을 삽입한다.
`int length()`	문자열의 길이(문자 수)를 반환한다.
`StringBuffer replace(int start, int end, String str)`	문자 시퀀스의 하위 문자열에 있는 문자를 지정된 문자열의 문자로 변환한다.
`StringBuffer reverse()`	문자열을 역순으로 변환한다.
`String substring(int start)`	문자 시퀀스에 현재 포함된 문자의 하위 시퀀스가 포함된 문자열을 반환한다.
`String substring(int start, int end)`	문자 시퀀스에 현재 포함된 문자의 하위 시퀀스가 포함된 문자열을 반환한다.

다음은 StringBuffer 클래스의 주요 메서드 중 append(), insert(), replace(), delete(), reverse()를 사용하는 예입니다.

StringBuffer 클래스의 메서드 사용 예시 Chap10/src/com/section03/Example06.java

```java
package com.section03;

public class Example06 {
  public static void main(String[] args) {

    StringBuffer sb = new StringBuffer("Hello ");
    sb.append("Programming");   // Hello에 문자열 Programming 추가
    System.out.println(sb);     // Hello Programming 출력
```

```java
        sb.insert(6,"Java ");          // 여섯 번째에 문자열 Java 삽입
        System.out.println(sb);        // Hello Java Programming 출력

        sb.replace(1,4,"Good");        // 인덱스 1부터 문자열 네 번째까지 문자열 Good으로 변경
        System.out.println(sb);        // HGoodo Java Programming 출력
        sb.delete(1,5);                // 인덱스 1부터 문자열 다섯 번째까지 삭제
        System.out.println(sb);        // Ho Java Programming 출력

        sb.reverse();                  // 문자열을 역순으로 변경
        System.out.println(sb);        // gnimmargorP avaJ oH 출력
    }
}
```

실행 결과

```
Hello Programming
Hello Java Programming
HGoodo Java Programming
Ho Java Programming
gnimmargorP avaJ oH
```

TIP StringBuffer 클래스에 대한 자세한 내용은 https://docs.oracle.com/en/java/javase/17/docs/api/java.base/java/lang/Stringbuffer.html을 참고하세요.

하나 더 알기 **String, StringBuffer 클래스의 차이점**

String 클래스	StringBuffer 클래스
변경할 수 없다.	변경할 수 있다.
새 인스턴스를 생성하거나 너무 많은 문자열을 연결할 때 느리며, 많은 메모리를 소비한다.	많은 문자열을 연결할 때 빠르며, 적은 메모리를 소비한다.
Object 클래스의 equals() 메서드를 재정의하므로 equals() 메서드를 사용하여 두 문자열의 내용을 비교할 수 있다.	Object 클래스의 equals() 메서드를 재정의하지 않는다.
연결 작업을 수행하는 동안 더 느리다.	연결 작업을 수행하는 동안 더 빠르다.
String constant pool을 사용한다.	힙 메모리를 사용한다.

예제 10-5 java.lang.StringBuffer 패키지 사용하기

java.lang 패키지 내 StringBuffer 클래스의 reverse() 메서드를 호출해봅시다.

Chap10/src/com/section03/Package05.java

```java
package com.section03;

import java.util.Scanner;

public class Package05 {
   public static void main(String[] args) {

      String str = "";

      Scanner in = new Scanner(System.in);

      System.out.print("입력 문자열 :");
      str = in.nextLine();

      int len = str.length();

      String revStr1 = "";

      for (int i = len - 1; i >= 0; i--) {
         revStr1 = revStr1 + str.charAt(i);
      }

      System.out.println("String 클래스의 역순 문자열 : " + revStr1);

      StringBuffer revStr2 = new StringBuffer(str);
      revStr2.reverse();

      System.out.println("StringBuffer 클래스의 역순 문자열 : " + revStr2);
   }
}
```

실행 결과

```
입력 문자열 : Hello World
String 클래스의 역순 문자열 : dlroW olleH
StringBuffer 클래스의 역순 문자열 : dlroW olleH
```

5 StringBuilder 클래스

StringBuilder 클래스는 변경(수정) 가능한 문자열을 나타내며, 동기화되지 않는다는 점을 제외하고는 StringBuffer 클래스와 동일합니다. JDK 1.5부터 사용할 수 있는 StringBuilder 클래스는 대부분의 구현에서 빠르기 때문에 StringBuffer보다 우선적으로 사용하는 것이 좋습니다.

표 10-9 StringBuilder 클래스의 생성자

생성자	설명
`StringBuilder()`	용량이 16인 빈 문자열 빌더를 생성한다.
`StringBuilder(String str)`	지정된 str로 초기화된 문자열 빌더를 생성한다.
`StringBuilder(int capacity)`	용량이 지정된 capacity인 빈 문자열 빌더를 생성한다.

표 10-10 StringBuilder 클래스의 주요 메서드

메서드	설명
`StringBuilder append(String s)`	지정된 문자열을 해당 문자열에 추가한다. append(char), append (boolean), append(int), append(float), append (double) 등이 있다.
`StringBuilder insert(int offset, String str)`	지정된 위치에 문자열을 삽입한다.
`int length()`	문자열의 길이(문자 수)를 반환한다.
`int capacity()`	현재 용량을 반환한다.
`void ensureCapacity(int minimumCapacity)`	지정된 최솟값 이상의 용량인지 확인한다.
`char charAt(int index)`	지정된 위치의 문자를 반환한다.
`StringBuilder replace(int start, int end, String str)`	문자 시퀀스의 하위 문자열에 있는 문자를 지정된 문자열의 문자로 변환한다.
`StringBuilder reverse()`	문자열을 역순으로 변환한다.
`String substring(int start)`	문자 시퀀스에 현재 포함된 문자의 하위 시퀀스가 포함된 문자열을 반환한다.
`String substring(int start, int end)`	문자 시퀀스에 현재 포함된 문자의 하위 시퀀스가 포함된 문자열을 반환한다.

TIP StringBuilder 클래스에 대한 자세한 내용은 https://docs.oracle.com/en/java/javase/17/docs/api/java.base/java/lang/StringBuilder.html을 참고하세요.

다음은 StringBuilder 클래스의 주요 메서드 중 append(), insert(), replace(), delete(), reverse()를 사용하는 예입니다.

StringBuilder 클래스의 메서드 사용 예시

Chap10/src/com/section03/Example07.java

```
package com.section03;

public class Example07 {
   public static void main(String[] args) {

      StringBuilder sb = new StringBuilder("Hello ");
      sb.append("Programming");     // Hello에 문자열 Programming 추가
      System.out.println(sb);       // Hello Programming 출력

      sb.insert(6,"Java ");         // 여섯 번째에 문자열 Java 삽입
      System.out.println(sb);       // Hello Java Programming 출력

      sb.replace(1,4,"Good");       // 인덱스 1부터 문자열 네 번째까지 문자열 Good으로 변경
      System.out.println(sb);       // HGoodo Java Programming 출력

      sb.delete(1,5);               // 인덱스 1부터 문자열 다섯 번째까지 삭제
      System.out.println(sb);       // Ho Java Programming 출력

      sb.reverse();                 // 문자열을 역순으로 변경
      System.out.println(sb);       // gnimmargorP avaJ oH 출력
   }
}
```

실행 결과

```
Hello Programming
Hello Java Programming
HGoodo Java Programming
Ho Java Programming
gnimmargorP avaJ oH
```

하나 더 알기 StringBuffer, StringBuilder의 차이점

StringBuffer 클래스	StringBuilder 클래스
StringBuffer는 동기화를 지원하고 멀티스레드 환경에서 안전하게 동작한다.	StringBuilder는 동기화를 지원하지 않는다.
StringBuilder보다 효율적이지 않다.	StringBuffer보다 효율적이다.
Java 1.0에서 도입되었다.	Java 1.5에서 도입되었다.

예제 10-6 java.lang.StringBuilder 패키지 사용하기

java.lang 패키지 내 StringBuilder 클래스의 reverse() 메서드를 호출해봅시다.

Chap10/src/com/section03/Package06.java

```java
package com.section03;

import java.util.Scanner;

public class Package06 {
    public static void main(String[] args) {

        String str = "";

        Scanner in = new Scanner(System.in);

        System.out.print("입력 문자열 :");
        str = in.nextLine();

        int len = str.length();

        String revStr1 = "";

        for (int i = len - 1; i >= 0; i--) {
            revStr1 = revStr1 + str.charAt(i);
        }

        System.out.println("String 클래스의 역순 문자열 : " + revStr1);

        StringBuilder revStr2 = new StringBuilder(str);
        revStr2.reverse();

        System.out.println("StringBuilder 클래스의 역순 문자열 : " + revStr2);
    }
}
```

실행 결과

```
입력 문자열 : Hello World
String 클래스의 역순 문자열 : dlroW olleH
StringBuilder 클래스의 역순 문자열 : dlroW olleH
```

6 래퍼 클래스

래퍼(wrapper) 클래스는 8개의 기본 자료형에 해당하는 데이터를 객체로 포장하는 클래스입니다. 즉 기본 자료형을 객체로 변환하여 사용합니다.

표 10-11 래퍼 클래스의 유형

기본 자료형	래퍼 클래스	기본 자료형	래퍼 클래스
boolean	Boolean	int	Integer
char	Character	long	Long
byte	Byte	float	Float
short	Short	double	Double

기본 자료형의 값을 객체로 만드는 과정을 박싱(boxing)이라고 하며, 반대로 객체에서 기본 자료형의 값을 얻어내는 과정을 언박싱(unboxing)이라고 합니다.

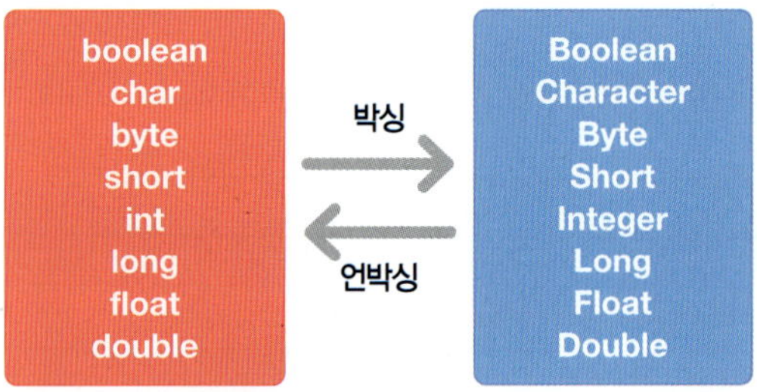

그림 10-10 박싱과 언박싱

박싱과 언박싱 예시 Chap10/src/com/section03/Example08.java

```
package com.section03;

public class Example08 {
   public static void main(String[] args) {

      Integer a = 3;
      int i1 = a.intValue();  // Integer를 명시적으로 int로 변환
      int j1 = a;  // 언박싱

      System.out.println(a +" "+ i1 +" "+ j1);
```

Integer를 int로 변환

```java
        int b = 20;

        Integer i2 = Integer.valueOf(b);  // int를 명시적으로 Integer로 변환
        Integer j2 = b;  // 오토언박싱

        System.out.println(b +" "+ i2 +" "+ j2);
    }
}
```

int를 Integer로 변환

실행 결과

```
3 3 3
20 20 20
```

예제 10-7 java.lang 패키지의 래퍼 클래스 사용하기

java.lang 패키지 내 Integer 클래스의 toString() 메서드를 호출해봅시다.

Chap10/src/com/section03/Package07.java

```java
package com.section03;

public class Package07 {
    public static void main(String[] args) {

        Integer num1 = 100;
        Integer num2 = 200;

        System.out.println("num1 : " + num1);
        System.out.println("num2 : " + num2);

        String value1 = num1.toString();

        String value2 = Integer.toString(num1);

        System.out.println("num1.toString(): " + value1);
        System.out.println("Integer.toString(num2): " + value2);
    }
}
```

실행 결과

```
num1 : 100
num2 : 200
num1.toString(): 100
Integer.toString(num2): 100
```

여기서 퀴즈!

자바의 내장 패키지인 java.lang에 포함된 클래스 중에서 특성이 다른 것을 고르시오.

① System　② String　③ Math　④ Date

정답 ④

10.5 java.util 패키지

java.util 패키지는 유틸리티 성격의 클래스와 인터페이스를 모아놓은 패키지로 Date, Calendar 등의 날짜 관련 클래스가 포함되어 있습니다. 또한 List, Set, Collection, Map 등과 같은 다양한 자료 구조를 모아놓은 컬렉션 프레임워크(collection framework)도 담겨 있습니다.

TIP 컬렉션 프레임워크와 같은 자바 컬렉션에 대한 내용은 13장을 참고하세요.

표 10-12 java.util 패키지의 주요 클래스

클래스	설명
Date	날짜와 시간 정보를 저장한다.
Calendar	날짜와 시간을 추출한다.
StringTokenizer	특정 문자로 구분된 문자열을 추출한다.
Random	난수를 얻는다.
Arrays	배열을 조작(비교, 복사, 정렬, 찾기)한다.

TIP java.util.Date 클래스는 대부분의 메서드가 deprecated로 처리되어 있으므로 현재 사용되지 않지만, 기존의 API는 대부분 Date형을 사용하고 있습니다.

1 Date 클래스

Date 클래스는 날짜를 연, 월, 일, 시, 분, 초 값으로 나타낼 수 있습니다. JDK 1.1부터는 날짜와 시간 필드를 변환하는 데 Calendar 클래스는 사용하고, 날짜 문자열의 형식을 지정하고 구문을 분석하는 데 DateFormat 클래스를 사용합니다. 이제 Date의 해당 메서드는 사용되지 않습니다.

표 10-13 Date 클래스의 생성자

생성자	설명
Date()	현재 날짜와 시간을 나타내는 날짜 개체를 만든다.
Date(long milliseconds)	1970년 1월 1일 00:00:00 GMT 이후 지정된 밀리초에 대한 날짜 객체를 만든다.

표 10-14 Date 클래스의 주요 메서드

메서드	설명
boolean after(Date when)	날짜가 지정된 날짜 이후인지 테스트한다.
boolean before(Date when)	날짜가 지정된 날짜 이전인지 테스트한다.
Object clone()	객체의 복사본을 반환한다.
int compareTo(Date anotherDate)	주어진 두 날짜를 비교한다.
boolean equals(Object obj)	두 날짜가 같은지 비교한다.
Date from(Instant instant)	Instant 객체에서 Date 인스턴스를 얻는다.
long getTime()	Date 객체가 나타내는 1970년 1월 1일 00:00:00 GMT 이후의 특정 시점을 밀리초로 반환한다.
int hashCode()	객체에 대한 해시 코드 값을 반환한다.
void setTime(long time)	1970년 1월 1일 00:00:00 GMT 이후의 특정 시점을 밀리초로 나타내도록 Date 객체를 설정한다.
Instant toInstant()	Date 객체를 Instant로 변환한다.
String toString()	Date 객체를 문자열로 변환한다.
int compareTo(Calendar anotherCalendar)	2개의 Calendar 객체가 나타내는 시간 값(Epoch의 밀리초 오프셋)을 비교한다.

다음은 Date 클래스를 사용하는 예입니다.

Date 클래스 사용 예시 Chap10/src/com/section03/Example09.java

```
package com.section03;

import java.util.Date;

public class Example09 {
   public static void main(String[] args) {
```

```
        Date date1 = new Date();
        System.out.println(date1);
        long millis = System.currentTimeMillis();
        Date date2 = new Date(millis);
        System.out.println(date2);
    }
}
```

실행 결과

```
Sun May 22 12:03:07 KST 2022
Sun May 22 12:03:07 KST 2022
```

TIP Date 클래스에 대한 자세한 내용은 https://docs.oracle.com/en/java/javase/17/docs/api/java.base/java/util/Date.html을 참고하세요.

예제 10-8 java.util.Date 패키지 사용하기

java.util.Date 패키지 내 Date 클래스의 after(), before() 메서드를 호출해봅시다.

Chap10/src/com/section03/Package08.java

```
package com.section03;

import java.util.Date;

public class Package08 {
    public static void main(String[] args) {

        Date this_date = new Date(2022, 12, 24);
        Date given_date = new Date(2020, 12, 24);

        boolean status1 = this_date.after(given_date);
        boolean status2 = this_date.before(given_date);

        System.out.println("2022, 12, 24일은 2020, 12, 24일 이후일이다: " + status1);
        System.out.println("2022, 12, 24일은 2020, 12, 24일 이전일이다: " + status2);
    }
}
```

실행 결과

```
2022, 12, 24일은 2020, 12, 24일 이후일이다: true
2022, 12, 24일은 2020, 12, 24일 이전일이다: false
```

2 Calendar 클래스

Calendar 클래스는 YEAR, MONTH, DAY_OF_MONTH, HOUR 등의 달력 필드 집합과 특정 순간 간의 변환 메서드, 다음 주의 날짜를 가져오는 것처럼 달력 필드를 조작하는 메서드를 제공하는 추상 클래스입니다. 추상 클래스이므로 new를 통해 객체를 생성할 수 없으며, Calendar.getInstance() 메서드를 이용하거나 Calendar 클래스를 상속받는 GregorianCalendar 클래스를 이용하여 객체를 생성할 수 있습니다.

표 10-15 Calendar 클래스의 주요 상수

상수	설명	사용법
int YEAR	현재 연도	Calendar.YEAR
int MONTH	현재 월(1월: 0~12월: 11)	Calendar.MONTH
int DATE	현재 월의 날짜	Calendar.DATE
int WEEK_OF_YEAR	현재 연도의 몇째 주	Calendar.WEEK_OF_YEAR
int WEEK_OF_MONTH	현재 월의 몇째 주	Calendar.WEEK_OF_MONTH
int DAY_OF_YEAR	현재 연도의 날짜	Calendar.DAY_OF_YEAR
int DAY_OF_MONTH	현재 월의 날짜	Calendar.DAY_OF_MONTH
int DAY_OF_WEEK	현재 요일(일요일: 1~토요일: 7)	Calendar.DAY_OF_WEEK
int HOUR	현재 시간(12시간제)	Calendar.HOUR
int HOUR_OF_DAY	현재 시간(24시간제)	Calendar.HOUR_OF_DAY
int MINUTE	현재 분	Calendar.MINUTE
int SECOND	현재 초	Calendar.SECOND

표 10-16 Calendar 클래스의 주요 메서드

메서드	설명
Calendar getInstance()	현재 날짜와 시간 정보를 가진 Calendar 객체를 생성한다.
boolean after(Object when)	Calendar가 나타내는 시간이 when이 나타내는 시간 이후이면 true를 반환한다.
boolean before(Object when)	Calendar가 나타내는 시간이 when이 나타내는 시간 이전이면 true를 반환한다.
boolean equals(Objectobj)	달력을 지정된 객체와 비교한다
int get(int field)	주어진 달력 필드의 값을 반환한다.
long getTimeInMillis()	캘린더의 시간 값을 밀리초 단위로 반환한다.
void set(int field, int value)	달력 필드를 지정된 값으로 설정한다.
void setTime(Date date)	달력의 시간을 지정된 날짜로 설정한다.

다음은 Calendar 클래스를 활용하여 현재 날짜(연, 월, 일)를 출력하는 예입니다.

Calendar 클래스 사용 예시

Chap10/src/com/section03/Example10.java

```
package com.section03;

import java.util.Calendar;

public class Example10 {
   public static void main(String[] args) {

      Calendar calendar = Calendar.getInstance();
      System.out.print("현재 날짜 : ");
      System.out.print(calendar.get(Calendar.YEAR) + "년 ");
      System.out.print(calendar.get(Calendar.MONTH) + 1) + "월 ");   ● 현재 월을 얻을 때는 1을 더함
      System.out.print(calendar.get(Calendar.DATE) + "일");
   }
}
```

실행 결과

```
현재 날짜 : 2022년 5월 22일
```

TIP Calendar 클래스에 대한 자세한 내용은 https://docs.oracle.com/en/java/javase/17/docs/api/java.base/java/util/Calendar.html을 참고하세요.

예제 10-9 java.util.Calendar 패키지 사용하기

java.util.Calendar 패키지 내 Calendar 클래스의 메서드를 호출해봅시다.

Chap10/src/com/section03/Package09.java

```
package com.section03;

import java.util.Calendar;

public class Package09 {
   public static void main(String[] args) {

      Calendar obj1 = Calendar.getInstance();
      Calendar obj2 = Calendar.getInstance();

      obj2.add(Calendar.YEAR, 10);

      System.out.println("obj1: " + obj1.getTime());
```

```java
        System.out.println("obj2: " + obj2.getTime());

        int comp = obj1.compareTo(obj2);

        System.out.println("obj1.compareTo(obj2): " + comp);
    }
}
```

실행 결과

```
obj1: Fri Jun 10 19:21:55 KST 2022
obj2: Thu Jun 10 19:21:55 KST 2032
obj1.compareTo(obj2): -1
```

3 StringTokenizer 클래스

`StringTokenizer` 클래스는 특정한 구분자(delimiter)로 연결되어 있는 문자열을 토큰(token)이라는 여러 문자열로 분리하는 데 사용합니다. 특수 문자뿐 아니라 공백, 한 문자, 문자열을 구분자로 사용할 수 있습니다.

표 10-17 StringTokenizer 클래스의 생성자

생성자	설명
`StringTokenizer(String str)`	지정된 문자열 str에 대한 StringTokenizer 객체를 생성한다.
`StringTokenizer(String str, String delim)`	지정된 문자열 str에 대한 지정된 구분자 delim으로 StringTokenizer 객체를 생성한다.
`StringTokenizer(String str, String delim, boolean returnDelims)`	지정된 문자열에 대한 지정된 구분자 delim으로 분리하는 데 해당 delim까지 토큰으로 포함할지를 결정하여 StringTokenizer 객체를 생성한다.

표 10-18 StringTokenizer 클래스의 주요 메서드

메서드	설명
`int countTokens()`	전체 토큰 수를 반환한다.
`boolean hasMoreTokens()`	사용 가능한 토큰이 더 있는지 확인한다.
`String nextToken()`	StringTokenizer 객체에서 다음 토큰을 반환한다.
`String nextToken(String delim)`	구분자를 기반으로 다음 토큰을 반환한다.
`boolean hasMoreElements()`	hasMoreTokens() 메서드와 동일하다.
`Object nextElement()`	nextToken()과 동일하지만 반환 유형은 Object이다.

TIP StringTokenizer 클래스에 대한 자세한 내용은 https://docs.oracle.com/en/java/javase/17/docs/api/java.base/java/util/StringTokenizer.html을 참고하세요.

다음은 StringTokenizer 클래스의 주요 메서드 중 hasMoreTokens(), nextToken()을 사용하는 예입니다.

StringTokenizer 클래스의 메서드 사용 예시 Chap10/src/com/section03/Example11.java

```
package com.section03;

import java.util.StringTokenizer;

public class Example11 {
    public static void main(String[] args) {
        StringTokenizer st = new StringTokenizer("Java, C, Python, JSP, PHP", ",");
        while (st.hasMoreTokens()) {
            System.out.println(st.nextToken());
        }
    }
}
```

실행 결과

```
Java
 C
 Python
 JSP
 PHP
```

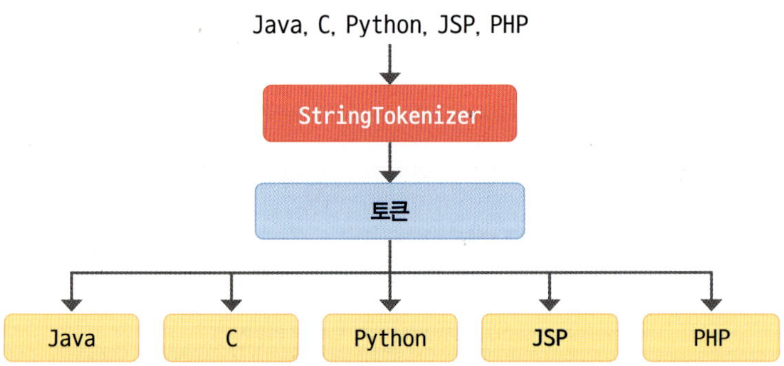

그림 10-11 Example11 클래스의 토큰

예제 10-10 java.util.StringTokenizer 패키지 사용하기

java.util.StringTokenizer 패키지 내 StringTokenizer 클래스의 메서드를 호출해봅시다.

Chap10/src/com/section03/Package10.java

```
package com.section03;

import java.util.StringTokenizer;

public class Package10 {
    public static void main(String[] args) {

        StringTokenizer str = new StringTokenizer("Welcome to Java Programming!!");

        System.out.println("str.nextElement(): ");
        while (str.hasMoreElements()) {
            System.out.println(str.nextElement());
        }
    }
}
```

StringTokenizer 객체 생성 시 두 번째 인수를 포함하지 않았기 때문에 기본 구분자인 공백으로 토큰화됨

실행 결과

```
str.nextElement():
Welcome
to
Java
Programming!!
```

4 Random 클래스

Random 클래스는 난수를 생성하는 데 사용합니다. 난수는 정의된 범위 내에서 무작위로 추출된 수를 말합니다.

표 10-19 Random 클래스의 생성자

생성자	설명
Random()	현재 시간을 초깃값으로 하는 난수 생성기 객체를 생성한다.
Random(long seed)	long형의 seed 값을 사용하여 난수 생성기 객체를 생성한다.

표 10-20 Random 클래스의 메서드

메서드	설명
boolean nextBoolean()	boolean형의 난수를 반환한다.
double nextDouble()	double형의 난수를 반환한다.
float nextFloat()	float형의 난수를 반환한다.
double nextGaussian()	가우스형의 난수를 double형의 난수로 반환한다.
int nextInt()	int형의 난수를 반환한다.
int nextInt(int bound)	한곗값(bound)을 받아서 난수를 반환한다.
long nextLong()	long형의 난수를 반환한다.
void setSeed(long seed)	난수 발생기의 seed 값을 새로 설정한다.

Random 클래스의 메서드 사용 예시 Chap10/src/com/section03/Example12.java

```
package com.section03;

import java.util.Random;

public class Example12 {
    public static void main(String[] args) {

        Random random1 = new Random();
        System.out.println("난수 값 : " + random1.nextInt());

        Random random2 = new Random();
        for (int i = 0; i < 10; i++) {
            System.out.print(random2.nextInt(100) + "  ");
        }
    }
}
```

100 미만의 난수 발생

실행 결과

```
난수 값 : 220287084
56 11 32 45 21 55 26 39 89 4
```

TIP Random 클래스에 대한 자세한 내용은 https://docs.oracle.com/en/java/javase/17/docs/api/java.base/java/util/Random.html을 참고하세요.

예제 10-11 java.util.Random 패키지 사용하기

java.util.Random 패키지 내 Random 클래스의 메서드를 호출해봅시다.

Chap10/src/com/section03/Package11.java

```java
package com.section03;

import java.util.Random;

public class Package11 {
   public static void main(String[] args) {

      Random obj = new Random();
      System.out.println("obj : " + obj.nextInt());

      obj.setSeed(50);
      System.out.println("obj.setSeed(50): " + obj.nextInt());
   }
}
```

실행 결과

```
obj : 928131334
obj.setSeed(50): -1160871061
```

여기서 퀴즈!

다음 중 java.util 패키지에 포함된 클래스에 대한 설명으로 옳지 않은 것을 고르시오.

① Data: 날짜와 시간 정보를 저장하는 데 사용합니다.

② Calendar: 날짜와 시간을 추출하는 데 사용합니다.

③ StringTokenizer: 공백이 있는 문자열을 분리하는 데 사용합니다.

④ Random: 난수를 얻는 데 사용합니다.

정답 ③

10.6 | java.text 패키지

java.text 패키지는 텍스트, 날짜, 숫자, 메시지를 일정한 형식에 맞게 처리하기 위한 클래스와 인터페이스를 모아놓은 패키지입니다. 현지화가 필요한 데이터의 효율적 처리를 위한 패키지로, 지역에 민감한 데이터를 현장에 맞게 문자열로 표현하고 포맷할 수 있도록 지원하는 Format 클래스가 포함되어 있습니다.

표 10-21 java.text 패키지의 주요 클래스

클래스	설명
DateFormat	날짜 또는 시간을 형식화하고 구문을 분석한다.
SimpleDateFormat	날짜 데이터를 원하는 형식으로 출력한다.
DecimalFormat	숫자 데이터를 원하는 형식으로 출력한다.
MessageFormat	데이터를 정해진 양식에 맞게 출력한다.

1 DateFormat 클래스

DateFormat 클래스는 국가별 설정과 상관없이 날짜 또는 시간을 형식화(날짜를 텍스트로)하거나 구문 분석(텍스트를 날짜로)을 하기 위한 추상 클래스입니다. 추상 클래스이므로 new를 통해 객체를 생성할 수 없으며, DateFormat.getIntance() 또는 DateFormat.getDateInstance() 메서드를 이용하여 객체를 생성할 수 있습니다.

표 10-22 DateFormat 클래스의 주요 상수

상수	설명
int YEAR_FIELD	YEAR 할당 상수
int MONTH_FIELD	MONTH 할당 상수
int DATE_FIELD	DATE 할당 상수
MINUTE_FIELD	MINUTE 할당 상수
SECOND_FIELD	SECOND 할당 상수
int MILLISECOND_FIELD	MILLISECOND 할당 상수
int DAY_OF_WEEK_FIELD	DAY_OF_WEEK 할당 상수
int DAY_OF_YEAR_FIELD	DAY_OF_YEAR 할당 상수

int DAY_OF_WEEK_IN_MONTH_FIELD	DAY_OF_WEEK_IN_MONTH 할당 상수
int WEEK_OF_YEAR_FIELD	WEEK_OF_YEAR 할당 상수
int WEEK_OF_MONTH_FIELD	WEEK_OF_MONTH 할당 상수
int AM_PM_FIELD	AM_PM 할당 상수
int FULL	전체 스타일 패턴
int LONG	긴 스타일 패턴
int MEDIUM	중간 스타일 패턴
int SHORT	짧은 스타일 패턴
int DEFAULT	기본 스타일 패턴

표 10-23 DateFormat 클래스의 주요 메서드

메서드	설명
String format(Date date)	날짜를 날짜-시간 문자열로 형식화한다.
Date parse(String source)	주어진 문자열의 시작 부분에서 텍스트를 구문 분석하여 날짜를 생성한다.
DateFormat getTimeInstance()	기본 FORMAT 로케일에 대한 기본 서식 스타일로 시간 형식을 가져온다.
DateFormat getTimeInstance(int style)	기본 FORMAT 로케일에 대해 지정된 형식화 스타일로 시간 형식을 가져온다.
DateFormat getTimeInstance(int style, Locale locale)	지정된 로케일에 대해 지정된 형식화 스타일로 시간 형식을 가져온다.
DateFormat getDateInstance()	기본 FORMAT 로케일에 대한 기본 서식 스타일로 날짜 형식을 가져온다.
DateFormat getDateInstance(int style)	기본 FORMAT 로케일에 대해 지정된 서식 스타일로 날짜 형식을 가져온다.
DateFormat getDateInstance(int style, Locale locale)	지정된 로케일에 대해 지정된 형식화 스타일로 날짜 형식을 가져온다.
DateFormat getDateTimeInstance()	기본 FORMAT 로케일에 대한 기본 서식 스타일로 날짜/시간 형식을 가져온다.
DateFormat getDateTimeInstance(int dateStyle, int timeStyle)	기본 FORMAT 로케일에 대해 지정된 날짜 및 시간 형식화 스타일로 날짜/시간 형식을 가져온다.
DateFormat getDateTimeInstance(int dateStyle, int timeStyle, Locale locale)	지정된 로케일에 대해 지정된 형식화 스타일로 날짜/시간 형식을 가져온다.
DateFormat getInstance()	짧은 스타일로 기본 날짜/시간 형식을 가져온다.
Locale[] getAvailableLocales()	사용 가능한 로케일의 배열을 반환한다.
Calendar getCalendar()	날짜/시간 형식과 연결된 달력을 가져온다.
NumberFormat getNumberFormat()	날짜/시간 포매터가 시간을 포맷하고 구문 분석하는 데 사용하는 숫자 형식을 가져온다.
TimeZone getTimeZone()	시간대를 가져온다.

다음은 DateFormat 클래스의 주요 메서드를 사용하는 예입니다.

DateFormat 클래스의 메서드 사용 예시

Chap10/src/com/section03/Example13.java

```
package com.section03;

import java.util.Date;
import java.text.DateFormat;

public class Example13 {
  public static void main(String[] args) {
    Date currentDate = new Date();
    System.out.println("현재 날짜 : " + currentDate);

    String dateToStr = DateFormat.getInstance().format(currentDate);
    System.out.println("DateFormat.getInstance(): " + dateToStr);

    dateToStr = DateFormat.getDateInstance().format(currentDate);
    System.out.println("DateFormat.getDateInstance(): " + dateToStr);

    dateToStr = DateFormat.getTimeInstance().format(currentDate);
    System.out.println("DateFormat.getTimeInstance(): " + dateToStr);

    dateToStr = DateFormat.getDateTimeInstance().format(currentDate);
    System.out.println("DateFormat.getDateTimeInstance(): " + dateToStr);

    dateToStr = DateFormat.getTimeInstance(DateFormat.MEDIUM).format(currentDate);
    System.out.println("DateFormat.getTimeInstance(DateFormat.MEDIUM): " + dateToStr);

    dateToStr = DateFormat.getDateTimeInstance(DateFormat.LONG, DateFormat.SHORT).
             format(currentDate);
    System.out.println("DateFormat.getDateTimeInstance(DateFormat.LONG,DateFormat.
             SHORT): " + dateToStr);
  }
}
```

실행 결과

```
현재 날짜 : Sun May 22 16:48:01 KST 2022
DateFormat.getInstance(): 22. 5. 22. 오후 4:48
DateFormat.getDateInstance(): 2022. 5. 22.
DateFormat.getTimeInstance(): 오후 4:48:01
DateFormat.getDateTimeInstance(): 2022. 5. 22. 오후 4:48:01
DateFormat.getTimeInstance(DateFormat.MEDIUM): 오후 4:48:01
DateFormat.getDateTimeInstance(DateFormat.LONG,DateFormat.SHORT): 2022년 5월 22일 오후 4:48
```

TIP DateFormat 클래스에 대한 자세한 내용은 https://docs.oracle.com/en/java/javase/17/docs/api/java.base/java/util/DateFormat.html을 참고하세요.

2 SimpleDateFormat 클래스

DateFormat 클래스를 상속받아 구현한 SimpleDateFormat 클래스는 로케일에 민감한 방식으로 날짜를 형식화(날짜를 텍스트로)하거나 구문 분석(텍스트를 날짜로)을 하기 위한 구체적인 클래스입니다. SimpleDateFormat 클래스를 통해 날짜-시간 형식을 위한 사용자 정의 패턴을 사용할 수 있습니다.

표 10-24 SimpleDateFormat 클래스의 생성자

생성자	설명
SimpleDateFormat()	기본 FORMAT 로케일에 대한 기본 패턴 및 날짜 형식 기호를 사용하여 SimpleDateFormat을 구성한다.
SimpleDateFormat(String pattern)	지정된 패턴과 기본 FORMAT 로케일에 대한 기본 날짜 형식 기호를 사용하여 SimpleDateFormat을 구성한다.
SimpleDateFormat(String pattern, DateFormatSymbolsformat Symbols)	지정된 패턴 및 날짜 형식 기호를 사용하여 SimpleDateFormat을 구성한다.
SimpleDateFormat(Stringpattern, Localelocale)	지정된 패턴과 지정된 로케일에 대한 기본 날짜 형식 기호를 사용하여 SimpleDateFormat을 구성한다.

표 10-25 SimpleDateFormat 클래스의 주요 메서드

메서드	설명
format()	Date형 객체를 특정 패턴에 따라 문자열로 변환하여 반환한다.
parse()	문자열을 특정 패턴에 따라 Date형 객체로 변환하여 반환한다.

다음은 SimpleDateFormat 클래스의 주요 메서드를 사용하는 예입니다.

SimpleDateFormat 클래스의 메서드 사용 예시 Chap10/src/com/section03/Example14.java

```
package com.section03;

import java.text.SimpleDateFormat;
import java.util.Date;

public class Example14 {

    public static void main(String[] args) {
```

```
        Date date = new Date();
        SimpleDateFormat formatter = new SimpleDateFormat("MM/dd/yyyy");
        String strDate = formatter.format(date);
        System.out.println("MM/dd/yyyy : " + strDate);

        formatter = new SimpleDateFormat("dd-M-yyyy hh:mm:ss");
        strDate = formatter.format(date);
        System.out.println("dd-M-yyyy hh:mm:ss : " + strDate);

        formatter = new SimpleDateFormat("dd MMMM yyyy");
        strDate = formatter.format(date);
        System.out.println("dd MMMM yyyy : " + strDate);

        formatter = new SimpleDateFormat("dd MMMM yyyy zzzz");
        strDate = formatter.format(date);
        System.out.println("dd MMMM yyyy zzzz : " + strDate);
    }
}
```

실행 결과

```
MM/dd/yyyy : 05/22/2022
dd-M-yyyy hh:mm:ss : 22-5-2022 05:20:47
dd MMMM yyyy : 22 5월 2022
dd MMMM yyyy zzzz : 22 5월 2022 대한민국 표준시
```

TIP SimpleDateFormat 클래스에 대한 자세한 내용은 https://docs.oracle.com/en/java/javase/17/docs/api/java.base/java/util/SimpleDateFormat.html을 참고하세요.

예제 10-12 java.util.SimpleDateFormat 패키지 사용하기

java.util.SimpleDateFormat 패키지 내 SimpleDateFormat 클래스의 메서드를 호출해봅시다.

Chap10/src/com/section03/Package12.java

```
package com.section03;

import java.text.SimpleDateFormat;
import java.util.Date;

public class Package12 {
    public static void main(String[] args) {
```

```java
        Date date = new Date();
        SimpleDateFormat dateF = new SimpleDateFormat("dd/MM/yyyy");
        String fulldate = dateF.format(date);
        System.out.println("현재 날짜 : " + fulldate);

        SimpleDateFormat dateFormat = new SimpleDateFormat("dd");
        String day = dateFormat.format(date);
        System.out.println("일 : " + day);

        SimpleDateFormat dateFormat2 = new SimpleDateFormat("MMM");
        String month = dateFormat2.format(date);
        System.out.println("월 : " + month);

        SimpleDateFormat dateFormat3 = new SimpleDateFormat("YYYY");
        String year = dateFormat3.format(date);
        System.out.println("년 : " + year);
    }
}
```

실행 결과

```
현재 날짜 : 10/06/2022
일 : 10
월 : 6월
년 : 2022
```

여기서 퀴즈!

다음 중 import문 없이도 사용할 수 있는 내장 패키지를 고르시오.

① java.lang: 문자열, 입출력 등의 자바 프로그램 필수 패키지

② java.util: 날짜, 시간 등의 자바 유틸리티 패키지

③ java.io: 키보드, 프린터 등의 입출력 처리 패키지

④ java.text: 날짜, 시간, 문자열 등의 현지화 처리 패키지

정답 ①

프로젝트 주문 처리하기

이 장에서 배운 패키지를 적용하여 온라인 서점의 클래스 파일을 정리하고 장바구니에 담긴 항목을 주문 처리하는 페이지를 만들어봅시다. 먼저 온라인 서점의 클래스 파일을 구분하여 관리하는 패키지를 생성한 뒤, 장바구니에 담긴 항목을 주문 처리하여 영수증을 표시하게 합니다.

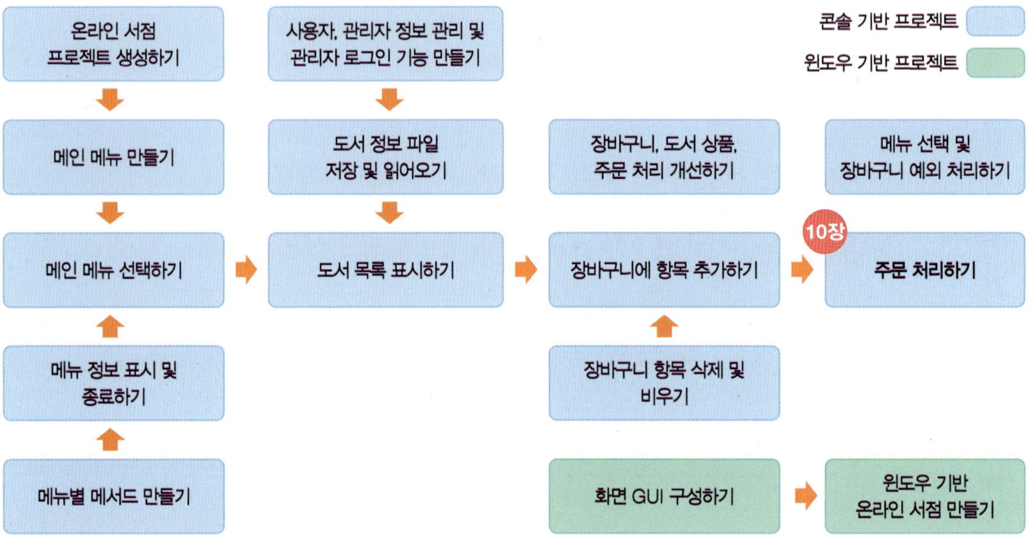

그림 10-12 주문 처리하기

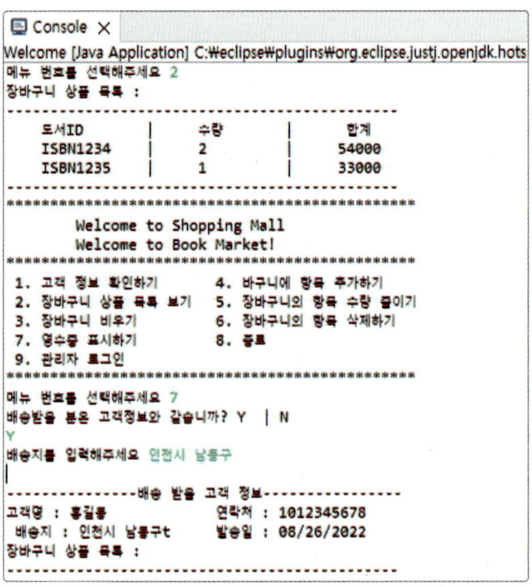

그림 10-13 주문 처리하기 실행 결과

클래스 파일 관리 패키지 만들기

온라인 서점의 클래스 파일을 특성별로 관리할 수 있도록 패키지를 만들어 각 클래스를 분리합니다.

01 고객 및 관리자 관리 패키지 생성하기: BookMarket 프로젝트에 com.market.member 패키지를 생성하여 여기로 Person, User, Admin 클래스를 옮기고, 패키지를 포함하도록 첫 행을 수정합니다.

TIP 패키지를 생성하여 클래스 파일을 옮기면 자동으로 첫 행이 추가되어 있을 수 있습니다. 추가되어 있지 않다면 첫 행을 추가합니다.

프로젝트 10-1 10장/BookMarket/src/com/market/member/Person.java

```java
package com.market.member;

public class Person {
    ...
}
```

프로젝트 10-2 10장/BookMarket/src/com/market/member/User.java

```java
package com.market.member;

public class User extends Person {
    ...
}
```

프로젝트 10-3 10장/BookMarket/src/com/market/member/Admin.java

```java
package com.market.member;

public class Admin extends Person {
    ...
}
```

02 도서 항목 관리 패키지 생성하기: BookMarket 프로젝트에 com.market.bookitem 패키지를 생성하여 여기로 Item, Book 클래스를 옮기고, 패키지를 포함하도록 첫 행을 수정합니다.

프로젝트 10-4 10장/BookMarket/src/com/market/bookitem/Item.java

```java
package com.market.bookitem;

public abstract class Item {
   ...
}
```

프로젝트 10-5 10장/BookMarket/src/com/market/bookitem/Book.java

```java
package com.market.bookitem;

public class Book extends Item {
   ...
}
```

03 장바구니 항목 관리 패키지 생성하기: BookMarket 프로젝트에 `com.market.cart` 패키지를 생성하여 여기로 `Cart`, `CartInterface`, `CartItem` 클래스를 옮기고, 패키지를 포함하도록 수정합니다. 또한 `Cart` 클래스 내 `mCartItem`, `mCartCount`의 접근제한자 `public`을 추가합니다.

프로젝트 10-6 10장/BookMarket/src/com/market/cart/CartInterface.java

```java
package com.market.cart;

import com.market.bookitem.Book;

public interface CartInterface {
   ...
}
```

프로젝트 10-7 10장/BookMarket/src/com/market/cart/Cart.java

```java
package com.market.cart;

import com.market.bookitem.Book;

public class Cart implements CartInterface {

```

```
    static final int NUM_BOOK = 3;

    public CartItem[] mCartItem = new CartItem[NUM_BOOK];
    public static int mCartCount = 0;
    ...
}
```

프로젝트 10-8 10장/BookMarket/src/com/market/cart/CartItem.java

```
package com.market.cart;

import com.market.bookitem.Book;

public class CartItem {
    ...
}
```

04 메인 메서드를 포함한 클래스의 패키지 생성하기: BookMarket 프로젝트에 com.market.main 패키지를 생성하여 여기로 Welcome 클래스를 옮기고, 패키지를 포함하도록 수정합니다.

프로젝트 10-10 10장/BookMarket/src/com/market/main/Welcome.java

```
package com.market.main;

import java.util.Scanner;
import com.market.bookitem.Book;
import com.market.cart.Cart;
import com.market.member.Admin;
import com.market.member.User;

public class Welcome {
    ...
}
```

주문 처리 페이지 만들기

01 영수증 표시하기 메뉴 선택하기: Welcome.java 파일을 열고 주문 처리를 위해 고객의 이름, 연락처, 배송지 정보를 저장하는 menuCartBill() 메서드를 수정합니다.

프로젝트 10-11 10장/BookMarket/src/com/market/main/Welcome.java

```
package com.market.main;
...

public class Welcome {
   ...
  public static void menuCartBill() {
     // System.out.println("7. 영수증 표시하기");
     if(mCart.mCartCount==0) System.out.println("장바구니에 항목이 없습니다");

     else {
        System.out.println("배송받을 분은 고객 정보와 같습니까? Y | N ");
        Scanner input = new Scanner(System.in);
        String str = input.nextLine();

        if (str.toUpperCase().equals("Y")) {
           System.out.print("배송지를 입력해주세요 ");
           String address = input.nextLine();
        }
        else {
           System.out.print("배송받을 고객명을 입력하세요 ");
           String name = input.nextLine();
           System.out.print("배송받을 고객의 연락처를 입력하세요 ");
           String phone = input.nextLine();
           System.out.print("배송받을 고객의 배송지를 입력해주세요 ");
           String address = input.nextLine();
        }
     }
  }
   ...
}
```

장바구니에 항목이 없는 경우

장바구니에 항목이 있는 경우

고객 정보와 동일한 경우

고객 정보와 동일하지 않은 경우

02 주문 영수증 출력하기: Welcome.java 파일에서 영수증을 출력하는 `printBill()` 메서드를 추가하고, 주문 처리 후 영수증을 표시하도록 `menuCartBill()` 메서드를 추가 수정합니다.

프로젝트 10-12 10장/BookMarket/src/com/market/main/Welcome.java

```java
package com.market.main;

import java.text.SimpleDateFormat;
import java.util.Date;
...

public class Welcome {
   ...
   public static void menuCartBill() {
      // System.out.println("7. 영수증 표시하기");
      if (mCart.mCartCount == 0) System.out.println("장바구니에 항목이 없습니다");
      else {
         ...
         if (str.toUpperCase().equals("Y")) {
            ...
            String address = input.nextLine();
            printBill(mUser.getName(), String.valueOf(mUser.getPhone()), address);
         }
         else {
            ...
            String address = input.nextLine();
            printBill(name, phone, address);
         }
      }
   }

   public static void printBill(String name, String phone, String address) {

      Date date = new Date();
      SimpleDateFormat formatter = new SimpleDateFormat("MM/dd/yyyy");
      String strDate = formatter.format(date);
      System.out.println();
      System.out.println("---------------배송받을 고객 정보----------------");
      System.out.println("고객명 : " + name + "   \t\t연락처 : "+ phone);
```

배송을 위한 고객 정보(이름, 연락처, 주소)와 영수증 출력을 위한 printBill() 메서드 호출

MM/dd/yyyy 형식의 현재 날짜 정보를 얻음

```
        System.out.println(" 배송지 : "+ address + "t\t발송일 : "+ strDate);

        mCart.printCart();

        int sum = 0;
        for (int i = 0; i < mCart.mCartCount; i++)
          sum += mCart.mCartItem[i].getTotalPrice();

        System.out.println("\t\t\t주문 총금액 : "+ sum +"원\n");
        System.out.println("----------------------------------------------");
        System.out.println();
    }
    ...
}
```

장바구니에 담긴 항목 출력

장바구니에 담긴 항목의 총금액 산출

장바구니에 담긴 항목의 총금액 출력

요약

01 자바는 관련 클래스의 모음인 패키지를 사용하여 모든 자바 프로젝트에서 관련 클래스, 인터페이스, 하위 패키지를 하나로 묶습니다.

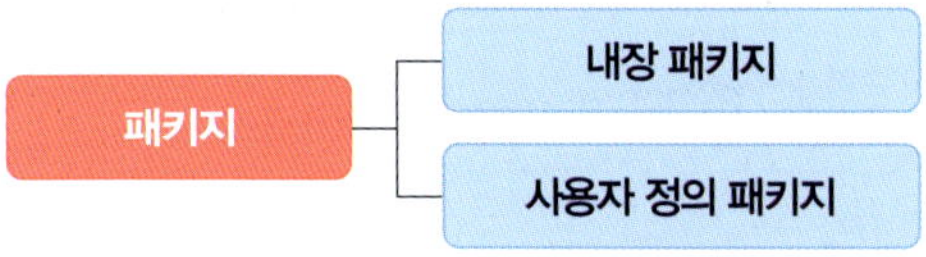

02 패키지를 생성하려면 package 명령어 뒤에 패키지 경로명을 작성하고, 프로그램(자바 소스 파일)의 첫 행에 포함해야 합니다.

```
package 패키지명;
```

03 패키지 내부의 클래스에 접근하려면 `import` 명령어 뒤에 패키지명과 클래스명을 지정합니다.

```
import 패키지명.클래스명;
import 패키지명.*;
import 정규화된 이름;
```

04 내장 패키지는 자바 프로그램에 사용할 수 있도록 다양한 패키지와 클래스를 제공하는 기본 패키지입니다. 가장 자주 사용되는 패키지는 `java.lang`과 `java.util`입니다.

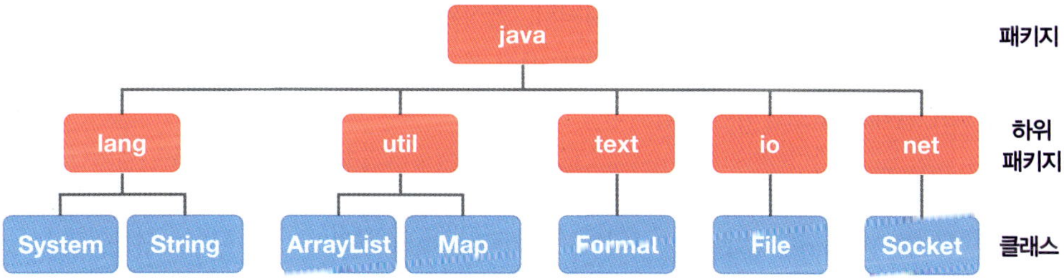

05 `java.lang` 패키지는 자바의 가장 기본적인 클래스와 인터페이스가 담겨 있는 패키지로, import문 없이 사용할 수 있습니다.

주요 클래스	설명
Object	모든 클래스의 최상위 클래스로, 배열을 포함한 모든 객체는 이 클래스의 메서드를 구현한다.
System	표준 입력 장치로부터 데이터를 입력받거나 표준 출력 장치로 출력할 때 사용한다.
Class	클래스를 메모리로 로딩할 때 사용한다.
String	문자열을 저장하고 여러 가지 정보를 얻을 때 사용한다.
StringBuffer, StringBuilder	문자열을 저장하고 내부 문자열을 조작할 때 사용한다.
Math	수학 함수를 이용할 때 사용한다.
Wrapper	기본 자료형의 객체를 만들 때, 문자열을 기본 자료형으로 변환할 때, 입력값을 검사할 때 사용한다.

06 java.util 패키지는 유틸리티 성격의 클래스와 인터페이스를 모아놓은 패키지로 Date, Calendar 등의 날짜 관련 클래스가 포함되어 있습니다. 또한 List, Set, Collection, Map 등과 같은 다양한 자료 구조를 모아놓은 컬렉션 프레임워크도 담겨 있습니다.

주요 클래스	설명
Date	날짜와 시간 정보를 저장한다.
Calendar	날짜와 시간을 추출한다.
StringTokenizer	특정 문자로 구분된 문자열을 추출한다.
Random	난수를 얻는다.
Arrays	배열을 조작(비교, 복사, 정렬, 찾기)한다.

07 java.text 패키지는 텍스트, 날짜, 숫자, 메시지를 일정한 형식에 맞게 처리하기 위한 클래스와 인터페이스를 모아놓은 패키지입니다. 현지화가 필요한 데이터의 효율적 처리를 위한 패키지로, 지역에 민감한 데이터를 현장에 맞게 문자열로 표현하고 포맷할 수 있도록 지원하는 Format 클래스가 포함되어 있습니다.

주요 클래스	설명
DateFormat	날짜 또는 시간을 형식화하고 구문을 분석한다.
SimpleDateFormat	날짜 데이터를 원하는 형식으로 출력한다.
DecimalFormat	숫자 데이터를 원하는 형식으로 출력한다.
MessageFormat	데이터를 정해진 양식에 맞게 출력한다.

연습문제

01 다음 빈칸을 채우시오.

① 관련 클래스의 모음을 [　　　　]라고 한다. 자바는 패키지를 사용하여 모든 자바 프로젝트에서 관련 클래스, 인터페이스, 하위 패키지를 하나로 묶는다. [　　　　] 패키지는 자바의 가장 기본적인 클래스와 인터페이스가 담겨 있는 패키지로, import문 없이 사용할 수 있다.

② [　　　　] 클래스는 8개의 기본 자료형에 해당하는 데이터를 객체로 포장하는 클래스이다. 즉 기본 자료형을 객체로 변환하여 사용한다.

02 다음 프로그램의 실행 결과는 무엇인가?

```
public class MyClass {
   public static void main(String[] args) {
      double f = 3;
      float d = 4;
      System.out.println(Math.pow(f,d));
   }
}
```

① 81　　② 27

③ 9　　④ 컴파일 오류

03 다음 프로그램의 실행 결과는 무엇인가?

```
import java.text.SimpleDateFormat;
import java.util.Date;

public class MyClass {
   public static void main(String[] args) {
      Date date = new Date();
      SimpleDateFormat form = new SimpleDateFormat("dd:ss:yyyy");
      System.out.println(form.format(date));
   }
}
```

① 25:12:2022　　② 2022:12:25

③ 2022:25:12　　④ 컴파일 오류

04 자바에서 날짜와 시간 형식을 지정하는 데 사용되는 클래스는 무엇인가?

① Local Date ② DateTimeFormatter

③ Local Time ④ Local DateTime

05 다음 중 문자열을 선언하는 방법으로 옳지 않은 것은 무엇인가?

① String = "data";

② String var = "value";

③ String var = new String("Value");

④ char c = {'V', 'a', 'l', 'u', 'e'}; String var = new String(c);

06 다음 프로그램의 실행 결과는 무엇인가?

```
public class MyClass {
   public static void main(String[] args) {
      String text = "Hello World !";
      String originalvalue = text.trim();
      System.out.println(originalvalue.length());
   }
}
```

① 9 ② 7 ③ 11 ④ 13

07 다음 프로그램의 실행 결과는 무엇인가?

```
public class MyClass {
   public static void main(String[] args) {
      String datas = "Java, Book";
      String data[] = datas.split(",");
      System.out.println(Arrays.toString(data));
   }
}
```

① Java Book ② Java, Book

③ [Java Book] ④ [Java, Book]

08 다음 중 두 문자열을 비교하는 올바른 구문은 무엇인가?

① S1 == S2 ② S1.equals(S2)

③ S1 = S2 ④ S1 equal to S2

09 다음 프로그램의 실행 결과는 무엇인가?

```
public class MyClass {
   public static void main(String[] args) {
      String s = "World";
      int a = s.indexOf('r');
      System.out.println(a);
   }
}
```

① r ② 2 ③ a ④ 3

PART 03

자바 고급 문법 배우기

CONTENTS

CHAPTER 11

예외 처리

학습목표

- 예외 및 예외 처리의 개념과 특징을 이해합니다.
- 예외의 유형을 파악합니다.
- 예외 클래스에 대해 알아봅니다.
- 예외 처리 방법에 대해 알아봅니다.

Preview

자바 프로그램의 실행 과정에서 발생하는 비정상적인 상황인 예외 및 예외 처리의 개념과 특징을 이해하고 예외의 유형을 살펴봅시다. 그리고 예외 클래스와 예외 처리 방법에 대해 자세히 알아봅시다.

- 예외 처리
  - 예외 처리의 개요
  - 예외와 예외 처리
    - 예외
    - 예외 처리
- 예외의 유형과 클래스
  - 예외의 유형
    - 컴파일 예외
    - 런타임 예외
  - 예외 클래스
- 예외 처리 방법
  - 예외 처리를 위한 키워드
  - try~catch문
  - 다중 catch문
  - try~catch~finally문
  - throws 키워드
  - 사용자 정의 예외

[프로젝트]

- 메뉴 선택 및 장바구니 예외 처리하기
  - 메뉴 선택의 예외 처리 만들기
  - 장바구니 항목의 예외 처리 만들기

11.1 | 예외 처리

1 예외 처리의 개요

자바 프로그래밍을 하는 동안 프로그램 구문에 문제가 있거나 원하는 출력을 얻지 못하는 등의 어려움을 겪을 수도 있습니다. 그런데 자바에서는 오류가 발생하거나 발생할 여지가 있는 경우 문제를 해결하도록 예외를 만들어놓을 수 있습니다. 예컨대 자동차로 여행을 하는 도중 타이어에 구멍이 나는 것처럼 예상치 못한 일 또는 원치 않는 일을 예외(exception)에 비유할 수 있으며, 이때 타이어를 수리하거나 교체하는 것과 같은 대처 방법은 예외 처리(exception handing)에 해당합니다.

그림 11-1 **예외와 예외 처리의 예**

2 예외와 예외 처리

예외

예외는 프로그램의 정상적인 흐름을 방해하는 원치 않는 이벤트를 말합니다. 비정상적인 상태인 예외가 발생하면 프로그램의 실행이 종료되고 시스템 생성 오류 메시지가 나타납니다. 이에 자바에서는 프로그램에 존재하지 않는 파일 열기, 네트워크 연결, 잘못된 데이터 입력 등의 문제를 처리할 수 있도록 예외를 발생시킵니다.

다음은 0으로 나눔으로써 `ArithmeticException`이라는 예외가 발생하는 예로, 런타임에 예외가 발생하므로 자바 런타임 시스템이 예외를 생성한 다음 예외를 발생(throw)시킵니다. 이 프로그램에는 예외를 처리하는 기법이 없기 때문에 기본 처리기(JVM)가 예외를 처리하고 예외의 세부 사항을 콘솔에 출력합니다.

예외 발생 예시

Chap11/src/Example01.java

```
public class Example01 {

   public static void main(String[] args) {
      int a = 0;
      int b = 5/a;  // 0으로 나누면 예외 발생
   }
}
```

실행 결과

```
Exception in thread "main" java.lang.ArithmeticException: / by zero
   at Example01.main(Example01.java:6)
```

예외의 이름과 설명

하나 더 알기 **오류와 예외의 차이점**

지금까지의 예제에서는 실행 결과에 문제가 있는 경우 오류가 발생한다고 했습니다. 오류와 예외를 헷갈릴 수도 있는데, 예외는 오류가 발생하지 않도록 방지하는 개념이며 오류와 예외의 차이점은 나음과 같습니다.

오류	예외
시스템 자원이 부족하여 발생한다.	코드로 인해 발생한다.
복구할 수 없다.	복구할 수 있다.
코드에서 처리할 수 있는 방법이 없다.	try, catch, throw 키워드를 사용하여 처리할 수 있다.
오류가 감지되면 프로그램이 비정상적으로 종료된다.	예외가 감지되면 throw, catch 키워드에 따라 예외가 발생한다.
검사되지 않은 유형으로 분류된다.	확인된 유형 또는 확인되지 않은 유형으로 분류된다.
java.lang.Error 패키지에 정의되어 있다.	java.lang.Exception 패키지에 정의되어 있다.

예외 처리

예외 처리는 애플리케이션의 정상적인 흐름을 유지할 수 있도록 런타임 오류를 처리하는 강력한 방법 중 하나입니다. 앞의 Example01.java 파일에서 프로그래머가 처리하지 않은 예외가 발생하면 프로그램의 실행이 종료되고 시스템에서 생성한 오류 메시지가 나타납니다. 이처럼 시스템에서 생성된 오류 메시지는 사용자에게 친숙하지 않은 것이라 무엇이 잘못되었는지 사용자가 이해할 수 없습니다. 따라서 그 이유를 간단한 메시지로 알리기 위해 예외를 처리합니다. 대부분은 사용자가 입력한 잘못된 데이터로 인해 예외가 발생하므로 사용자에게 친숙한 경고 메시지를 보고 오류를 수정할 수 있습니다.

```
Exception in thread "main" java.lang.ArithmeticException: / by zero
    at Example01.main(Example01.java:6)
```

클래스명 / 메서드명 / 파일명 / 행 번호

그림 11-2 시스템에서 생성된 오류 메시지

여기서 퀴즈!

다음 중 오류와 예외에 대한 설명으로 옳지 않은 것을 고르시오.

① 예외는 코드로 인해 발생하며 복구할 수 있습니다.

② 오류는 시스템 자원이 부족하여 발생하며 코드에서 오류를 처리할 수 있는 방법이 없습니다.

③ 오류가 감지되면 프로그램이 비정상적으로 종료되지 않도록 처리할 수 있습니다.

④ 예외가 감지되면 throw, catch 키워드에 따라 예외가 발생합니다.

정답 ③

11.2 | 예외의 유형과 클래스

1 예외의 유형

자바의 예외는 확인된 예외인 컴파일 예외와 확인되지 않은 예외인 런타임 예외로 크게 구분할 수 있습니다.

컴파일 예외

컴파일 예외는 컴파일러가 컴파일 시간에 확인하는 검사형 예외(checked exception)입니다. 메서드 내부에 확인된 예외가 있는 경우 메서드는 예외를 처리하거나 `throw` 키워드를 사용하여 예외를 처리할 수 있습니다. 컴파일 예외에는 `Throwable` 클래스를 직접 상속하는 클래스로 `SQLException`, `IOException`, `ClassNotFoundException` 등이 있습니다.

런타임 예외

런타임 예외는 런타임에 발생하는 비검사형 예외(unchecked exception)로, 예외를 처리할지 말지가 전적으로 프로그래머에게 달려 있습니다. 런타임 예외에는 ArithmeticException, NullPointerException, NumberFormatException 등이 있습니다.

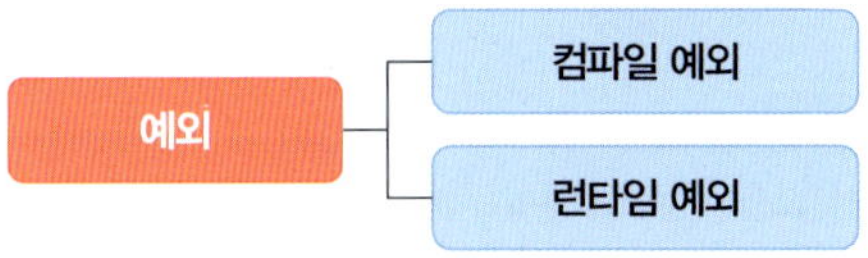

그림 11-3 예외의 유형

2 예외 클래스

예외의 모든 유형은 예외 클래스의 계층 구조 맨 위에 있는 Throwable 클래스의 하위 클래스입니다. 예외 클래스는 프로그램이 오류가 발생하기 전에 잡아내야 하는 예외적인 조건을 위한 클래스이므로 사용자별 예외 클래스를 생성하도록 확장되었습니다.

Exception 클래스에는 컴파일 시 예외를 발생시키는 RuntimeException 클래스를 상속받지 않는 클래스와 런타임 시 예외를 발생시키는 RuntimeException 클래스를 상속받는 예외 클래스가 있습니다.

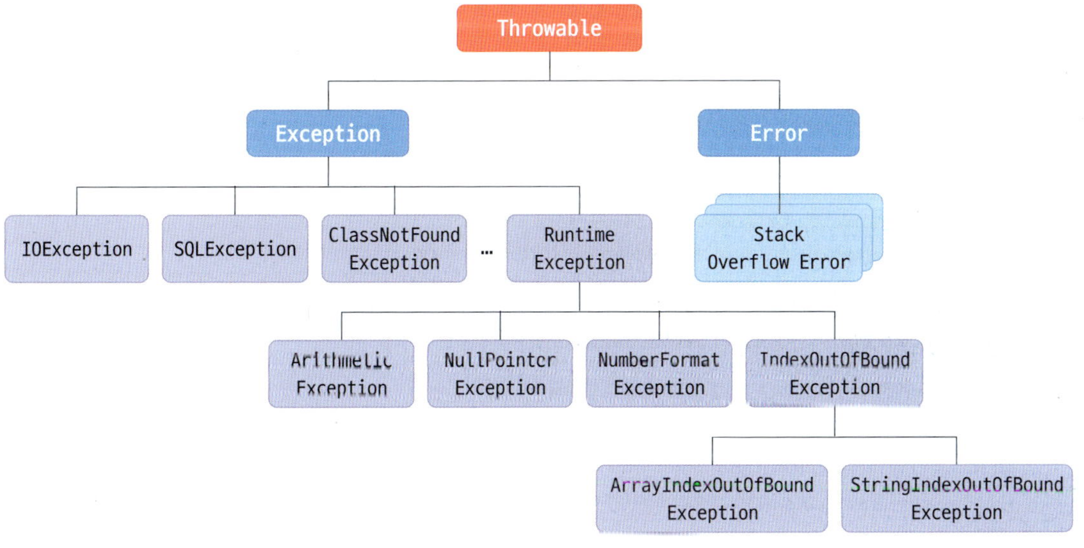

그림 11-4 예외 클래스의 계층 구조

RuntimeException 클래스의 예외는 프로그램에 대해 자동으로 정의됩니다. 그리고 Error 클래스 유형의 예외는 런타임 환경 자체와 관련된 오류를 나타내기 위해 자바 런타임 시스템에서 사용되는데, 이러한 오류의 예로 스택 오버플로를 들 수 있습니다.

표 11-1 주요 런타임 예외 클래스

클래스	설명
RuntimeException	실행 시간에 예외가 발생한다.
ArithmeticException	0으로 나누는 등의 산술적인 예외가 발생한다.
NullPointerException	실제 값이 아닌 null을 가지고 있는 객체/변수를 호출할 때 발생한다.
NumberFormatException	문자열을 숫자로 변환할 때 발생한다.
IndexOutOfBoundException	인덱스가 배열이나 스트링의 범위를 벗어날 때 발생한다.
ArrayIndexOutOfBoundException	인덱스가 배열의 크기보다 크거나 음수일 때 발생한다.
StringIndexOutOfBoundException	문자열 인덱스의 범위를 벗어날 때 발생한다.

표 11-2 주요 컴파일 예외 클래스

클래스	설명
IOException	입출력과 관련된 예외가 발생한다.
ClassNotFoundException	jar 또는 class 파일이 없을 때 발생한다.
SQLException	JDBC에서 쿼리를 실행하거나 생성할 때 발생한다.
InterruptedException	인터럽트되었을 때 발생한다.

표 11-3 Exception 클래스의 주요 메서드

메서드	설명
getMessage()	발생한 예외에 대해 요약된 메시지를 반환한다.
getCause()	발생한 예외의 원인을 Throwable 객체 형태로 반환한다.
toString()	예외 메시지에 추가된 문자열의 이름이 포함된 문자열을 반환한다.
printStackTrace()	시스템 스택 추적을 오류 출력 스트림으로 출력한다.
getStackTrace()	스택 추적 요소가 포함된 배열을 반환한다.
fillinStackTrace()	Throwable 객체를 반환한다.

TIP OutOfMemoryError, VirtualMachineError, AssertionError 등 대부분의 오류는 복구할 수 없기 때문에 코드에서 무시됩니다. 예를 들어 스택 오버플로의 경우 오류가 발생하는데, 이러한 유형의 오류는 코드에서 처리할 수 없습니다.

여기서 퀴즈!

다음 중 컴파일 예외에 해당하지 않는 것을 고르시오.

① IOException ② ClassNotFoundException

③ NumberFormatException ④ SQLException

정답 ③

11.3 | 예외 처리 방법

1 예외 처리를 위한 키워드

자바에서 예외를 처리하는 데 사용하는 키워드는 `try`, `catch`, `finally`, `throw`, `throws`입니다.

표 11-4 예외 처리를 위한 키워드

키워드	설명
`try`	예외 코드를 배치할 블록을 지정하기 위해 사용한다. try 블록을 단독으로 사용할 수 없고 catch 또는 finally가 뒤따라야 한다.
`catch`	catch 블록만 단독으로 사용할 수 없고 앞에 try 블록이 있어야 하며, finally 블록이 뒤따를 수도 있다.
`finally`	프로그램에서 꼭 필요한 코드를 실행하는 데 사용되며 예외 처리 여부에 관계없이 실행된다.
`throw`	예외를 고의로 발생시킨다.
`throws`	자신을 호출한 상위 메서드로 오류를 던지는 역할을 한다.

2 try~catch문

프로그램 실행 중에 예외를 일으킬 수 있는 코드를 `try` 블록으로 묶고 `catch` 블록으로 예외를 처리합니다. `try` 블록 다음에 `catch` 블록을 사용해야 하며, 하나의 `try` 블록에 여러 개의 `catch` 블록이 뒤따를 수도 있습니다. 예를 들어 0으로 나누어 잘못된 연산의 예외가 발생하는 경우를 `try` 블록에 포함하고, 이에 대한 예외 처리를 `catch` 블록에 포함합니다.

```
try {
   // try 블록의 명령문
}

catch(예외클래스 e) {
   // catch 블록의 명령문: 예외 처리
}
```

try 블록에서 예외 발생 시 실행

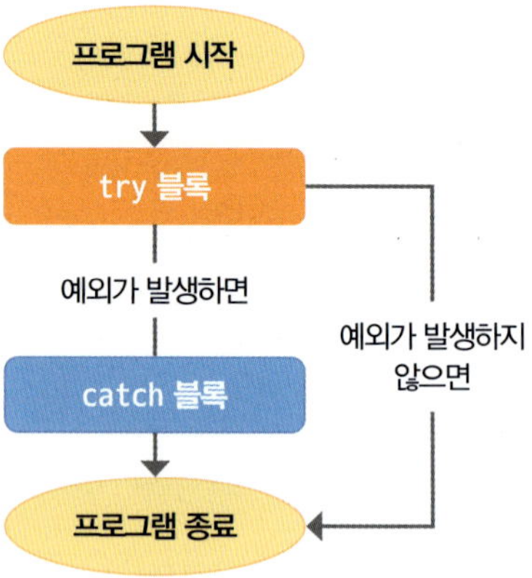

그림 11-5 **try~catch문의 구조**

다음은 0으로 나누는 잘못된 연산으로 예외가 발생했을 때 try~catch문의 예외 클래스 ArithmeticException으로 처리하는 예입니다.

try~catch문 사용 예시 Chap11/src/Example01.java

```
public class Example01 {
   public static void main(String[] args) {

      try {
         int a = 0;
         int b = 5/a;
      }

      catch(ArithmeticException e) {
         System.out.println("0으로 나눕니다.");
      }
      System.out.println("try~catch문의 외부 문장입니다.");
   }
}
```

0으로 나누어 예외 발생

실행 결과

```
0으로 나눕니다.
try~catch문의 외부 문장입니다.
```

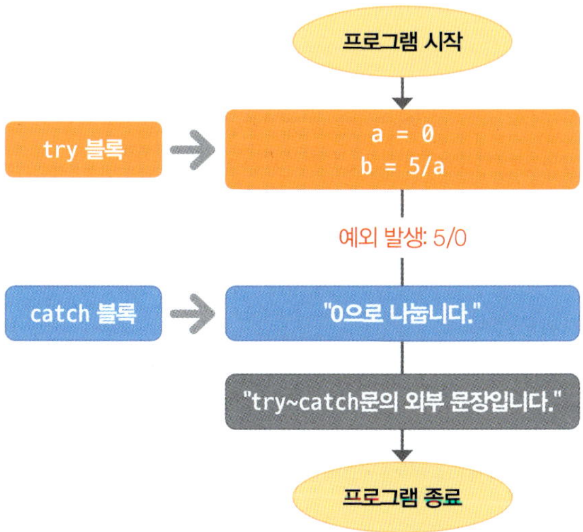

그림 11-6 Example01 클래스 try~catch문의 구조

예제 11-1 try~catch문을 사용하여 예외 처리하기

키보드로 숫자를 입력받아 나눗셈 연산을 출력할 때 0이 입력되는 경우의 예외 처리를 위한 상세 메시지를 작성해봅시다.

Chap11/src/Exception01.java

```java
import java.util.Scanner;
public class Exception01 {
   public static void main(String[] args) {

      Scanner s = new Scanner(System.in);
      System.out.println("숫자를 입력하세요.");
      int num1 = s.nextInt();

      // try 블록
      try {
         int num2 = 10 / num1;
         System.out.println(num2);
      } // catch 블록
      catch(Exception e) {
```

num1이 0일 때 예외 발생

컴파일 시점에 발생하는 Exception(일반 예외) 사용

```
            System.out.println("올바른 숫자를 입력하세요.");
            System.out.println(e.getMessage());
            e.printStackTrace();
        }
        System.out.println("try~catch 블록의 외부 문장입니다.");
    }
}
```

실행 결과

```
숫자를 입력하세요.
0
올바른 숫자를 입력하세요.
java.lang.ArithmeticException: / by zero
try~catch 블록의 외부 문장입니다.
    at com.section01.Example01.main(Example01.java:14)
```

3 다중 catch문

앞에서 언급했듯이 하나의 try 블록 다음에 여러 개의 catch 블록이 올 수 있습니다. 이 경우 try 블록에서 예외가 발생하면 첫 번째 catch 블록으로 예외가 전달되며, 예외의 유형이 첫 번째 catch 블록과 일치하면 예외를 처리하고, 일치하지 않으면 다음 catch 블록으로 전달됩니다. 예외가 처리되거나 모든 catch 블록을 통과할 때까지 이러한 과정이 계속되므로 다중 catch문은 예외의 유형이 확실하지 않을 때 유용합니다.

```
try {
    // try 블록의 명령문
}
catch(예외클래스1 e) {
    // catch 블록 1의 명령문
}
catch(예외클래스2 e) {
    // catch 블록 2의 명령문
}
catch(예외클래스3 e) {
    // catch 블록 3의 명령문
}
```

- catch 블록 1의 명령문: try 블록에서 예외가 발생하여 catch 블록 1과 일치하면 실행
- catch 블록 2의 명령문: try 블록에서 예외가 발생하여 catch 블록 2와 일치하면 실행
- catch 블록 3의 명령문: try 블록에서 예외가 발생하여 catch 블록 3과 일치하면 실행

TIP 다중 catch문의 catch문에서 최상위 클래스인 Exception 클래스를 사용할 때는 반드시 맨 마지막 catch문에 설정해야 합니다.

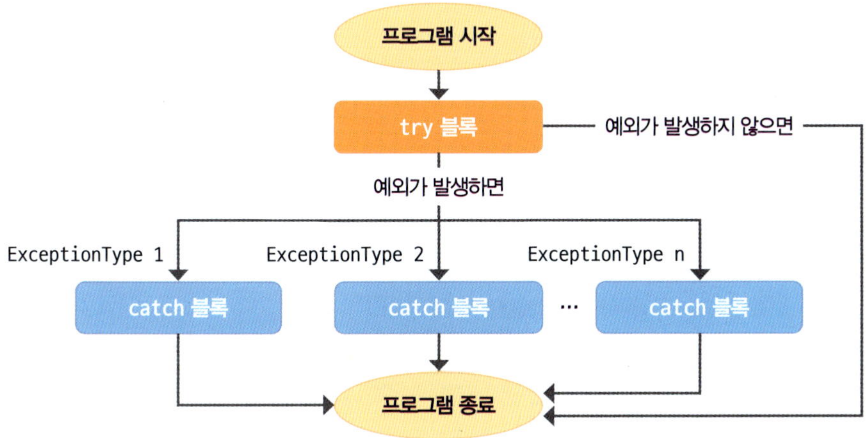

그림 11-7 다중 catch문의 구조

다음은 숫자로 변경할 수 없는 문자열을 숫자로 변경하여 예외가 발생했을 때 다중 catch문에서 해당 catch 블록을 찾아 예외 클래스 NumberFormatException으로 처리하는 예입니다.

다중 catch문 사용 예시 Chap11/src/Example02.java

```
public class Example02 {
   public static void main(String[] args) {

      try {
         Integer in = new Integer("abc");   ← 문자열을 숫자로 변경하여 예외 발생
         in.intValue();
      }
      catch(ArithmeticException e) {
         System.out.println("예외 발생 ArithmeticException " + e);
      }
      catch(NumberFormatException e) {
         System.out.println("예외 발생 NumberFormatException " + e);
      }
      System.out.println("try~catch문의 외부 문장입니다.");
   }
}
```

실행 결과

```
예외 발생 NumberFormatException java.lang.NumberFormatException:
For input string: "abc"
try~catch문의 외부 문장입니다.
```

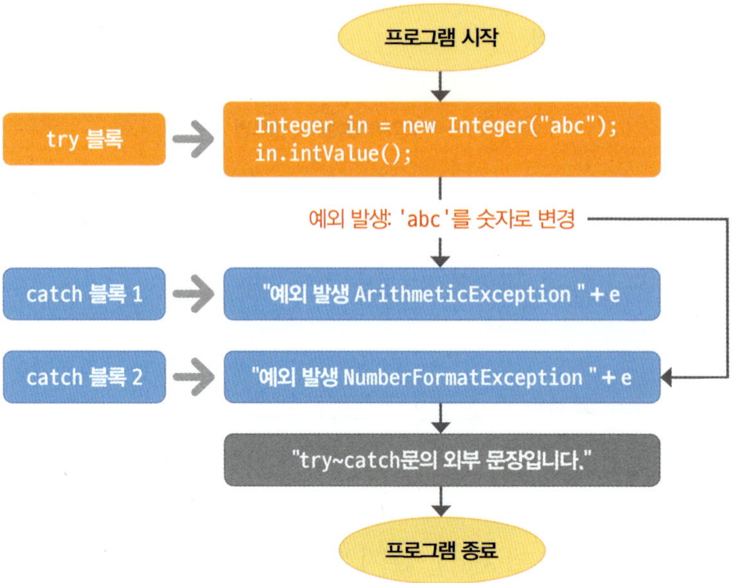

그림 11-8 Example02 클래스의 다중 catch문 구조

예제 11-2 다중 catch문을 사용하여 예외 처리하기

키보드로 숫자를 입력받아 나눗셈 연산을 출력할 때 0이 입력되는 경우의 예외 처리를 위한 catch 문을 작성해봅시다. 이때 배열의 범위를 벗어나면 해당 catch문으로 이동하여 상세 메시지를 출력합니다.

Chap11/src/Exception02.java

```
import java.util.Scanner;
public class Exception02 {
  public static void main(String[] args) {

    Scanner s = new Scanner(System.in);
    System.out.println("숫자를 입력하세요.");
    int num = s.nextInt();

    int arr[] = new int[5];

    try {
      arr[num] = 10 / num;
      System.out.println(arr[num]);
    }
    catch(ArithmeticException e) {
```

num이 0이면 첫 번째 catch 호출, num이 배열의 범위 5보다 크면 두 번째 catch 호출

```java
            System.out.println("0이 아닌 값을 입력하세요.");
            System.out.println(e.getMessage());
        }
        catch(ArrayIndexOutOfBoundsException e) {
            System.out.println("올바른 배열 인덱스를 입력하세요.");
            System.out.println(e.getMessage());
        }
    }
}
```

실행 결과

```
숫자를 입력하세요.
0
0이 아닌 값을 입력하세요.
/ by zero
```

```
숫자를 입력하세요.
10
올바른 배열 인덱스를 입력하세요.
Index 10 out of bounds for length 5
```

4 try~catch~finally문

finally 블록은 예외 발생 여부에 관계없이 실행되므로, 예외가 발생하든 발생하지 않든 실행해야 하는 명령문을 이 블록에 배치합니다. finally 블록은 try~catch문이 실행된 후 실행되는데, try 블록에서 예외가 발생하지 않으면 try 블록 실행 직후에 finally 블록이 실행되고, try 블록에서 예외가 발생하면 각 catch 블록이 실행된 후 finally 블록이 실행됩니다. 이렇게 finally 블록이 실행되고 나면 프로그램의 나머지 부분이 실행됩니다.

```java
try {
    // try 블록의 명령문
}

catch(Exception e) {
    // catch 블록의 명령문
}

finally {
    // finally 블록의 명령문
}
```

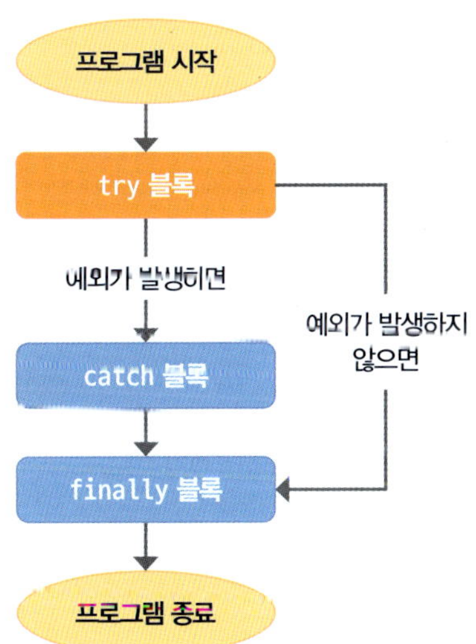

그림 11-9 try~catch~finally문의 구조

다음은 배열의 크기가 2인데 배열의 인덱스 3에 접근하여 배열의 범위를 벗어났을 때 catch 블록에서 예외 처리를 한 후 finally 블록을 실행하는 예입니다.

try~catch~finally문 사용 예시

Chap11/src/Example03.java

```
public class Example03 {
  public static void main(String[] args) {

    int a[] = new int[2];
    try {
      System.out.println("잘못된 요소에 접근 : "+ a[3]);
    }
    catch(Exception e) {
      System.out.println("예외 발생 ArrayIndexOutOfBoundException " + e);
    }
    finally {
      System.out.println("finally는 항상 실행됩니다.");
    }
  }
}
```

배열의 범위를 벗어나 예외 발생

실행 결과

```
예외 발생 ArrayIndexOutOfBoundException java.lang.ArrayIndexOutOfBoundsException: Index 3
out of bounds for length 2
finally는 항상 실행됩니다.
```

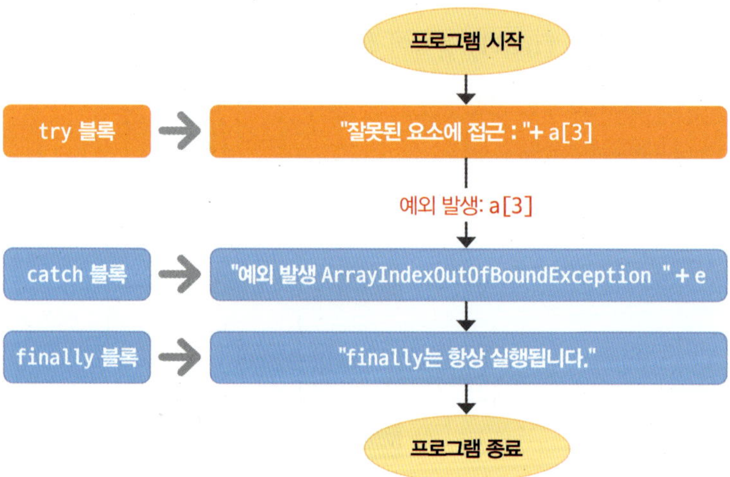

그림 11-10 Example03 클래스 try~catch~finally문의 구조

예제 11-3 try~catch~finally문을 사용하여 예외 처리하기

배열을 초기화하고 배열의 크기를 출력한 뒤 `finally` 블록을 실행하도록 작성해봅시다. 이때 배열의 범위를 벗어나면 catch문으로 예외를 처리하고 `finally` 블록을 실행합니다.

Chap11/src/Exception03.java

```java
public class Exception03 {
   public static void main(String[] args) {

      int[] arr = {10, 20, 30};

      try {
         for(int i = 0; i <= 3; i++) {
            System.out.println("arr[" + i + "] : " + arr[i]);
         }
      }
      catch(Exception ex) {
         System.out.println("예외 처리입니다....");
         System.out.println(ex.getMessage());
      }
      finally {
         System.out.println("예외 발생 여부와 상관없이 실행됩니다.");
      }
   }
}
```

i가 3이면 배열의 범위를 벗어나 예외 발생

실행 결과

```
arr[0] : 10
arr[1] : 20
arr[2] : 30
예외 처리입니다....
Index 3 out of bounds for length 3
예외 발생 여부와 상관없이 실행됩니다.
```

5 throws 키워드

프로그램 실행 중 메서드가 예외를 발생시킬 수 있도록 선언하려면 `throws` 키워드를 사용합니다. 예외가 발생했을 때 발생한 메서드에서 직접 처리하지 않고 자신을 호출한 곳으로 넘기려는 경우에는 반드시 `throws`를 선언해야 하고, 미확인 예외의 경우에는 `thorws`를 추가하지 않아도 됩니다.

```
메서드유형 메서드명(매개변수목록) throws 예외처리목록 {
   // 구현 코드
}
```

다음은 check() 메서드에서 0으로 나누는 잘못된 연산으로 ArithmeticException 예외가 발생하면 catch 블록으로 떠넘겨 처리하는 예입니다.

throws 사용 예시 Chap11/src/Example04.java

```java
public class Example04 {
   static void check() throws ArithmeticException {   // catch 블록을 호출하여 예외 처리
      System.out.println("내부 메서드");
      int div = 5/0;
   }

   public static void main(String[] args) {
      try {
         check();
      }
      catch(ArithmeticException e) {
         System.out.println("예외 발생 " + e);
      }
   }
}
```

실행 결과

```
내부 메서드
예외 발생 java.lang.ArithmeticException: / by zero
```

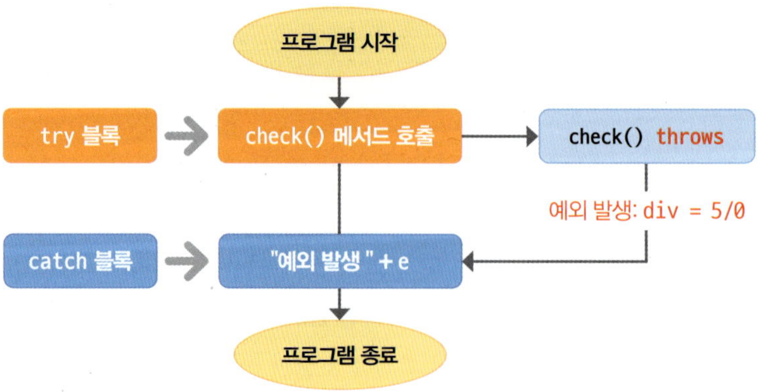

그림 11-11 Example04 클래스 throws 키워드의 처리 구조

하나 더 알기 throw 키워드로 예외 처리하기

throw 키워드를 이용하여 Throwable 클래스 또는 해당 하위 클래스로 예외를 떠넘길 수 있습니다. 이 경우 throw문을 만나면 프로그램의 실행을 멈추고 가장 가까운 catch문에서 일치하는 예외의 유형을 확인합니다.

```
메서드유형 메서드명(매개변수목록) {
    // 구현 코드
    throw new 예외처리클래스생성자;
}
```

예를 들어 throw 키워드를 이용하여 Example05.java를 다음과 같이 변경할 수 있습니다.

Chap11/src/Example05.java

```
public class Example05 {
    static void check() {
        System.out.println("내부 메서드");
        throw new ArithmeticException("5/0");    // 예외 처리 호출
    }

    public static void main(String[] args) {
        try {
            check();
        }
        catch(ArithmeticException e) {
            System.out.println("예외 발생 " + e);
        }
    }
}
```

실행 결과

```
내부 메서드
예외 발생 java.lang.ArithmeticException: 5/0
```

그림 11-12 Example05 클래스 메서드 내부 throw 키워드의 처리 구조

하나 더 알기 **throw와 throws의 차이점**

throw	throws
예외를 명시적으로 발생시키는 데 사용된다.	실행 중 발생 가능한 예외를 선언하는 데 사용된다.
Throwable 클래스 또는 해당 하위 클래스 중 하나의 인스턴스가 뒤따른다.	쉼표로 구분된 하나 이상의 예외 클래스가 뒤따른다.
메서드 본문 내에서 선언된다.	메서드 서명(선언)과 함께 사용된다.
throw 키워드를 사용하여 여러 개의 예외를 발생시킬 수 없다.	throw 키워드를 사용하여 여러 개의 예외(쉼표로 구분)를 선언할 수 있다.

예제 11-4 throws, throw 키워드를 사용하여 예외 처리하기

키보드로 입력받은 숫자가 양수이면 그 값을 출력하고 음수이면 예외를 발생시켜 처리해봅시다.

Chap11/src/Exception04.java

```
import java.util.Scanner;

public class Exception04 {

   static void check(int num) throws NumberFormatException {
      if (num < 0)
         throw new NumberFormatException("0보다 작습니다.");
      else
         System.out.println(num);
   }

```

```java
    public static void main(String[] args) {
        Scanner s = new Scanner(System.in);
        System.out.println("숫자를 입력하세요.");
        int num = s.nextInt();

        try {
            if (num < 0)
                throw new NumberFormatException("0보다 작습니다.");    예외 발생
            else
                System.out.println(num);

            check(num);
        } catch(NumberFormatException e) {
            System.out.println("예외 발생 " + e);
        }
    }
}
```

실행 결과

```
숫자를 입력하세요.
-1
예외 발생 java.lang.NumberFormatException: 0보다 작습니다.
```

6 사용자 정의 예외

사용자 정의 예외(custom exception)는 사용자가 새로운 예외 클래스를 만들어서 이용할 수 있는 방법으로, `java.lang` 패키지의 `Exception` 예외 클래스를 상속받아 작성합니다. 사용자 정의 예외 클래스에 대한 생성자를 정의하고(필수는 아님), `toString()` 메서드를 재정의하여 `catch` 블록에서 사용자 정의 메시지를 표시할 수 있습니다. 이렇게 사용자 정의 예외 클래스를 만들고 `throw` 키워드로 예외를 발생시켜 호출합니다.

하나 더 알기 **사용자 정의 예외 처리를 사용하는 이유**

- 기존 자바 예외의 하위 집합을 포착하여 처리할 수 있습니다.
- 비즈니스 로직 예외(비즈니스 로직 및 워크플로와 관련된 예외)는 애플리케이션 사용자 또는 개발자가 정확한 문제를 이해하는 데 유용합니다.

다음은 Exception 클래스를 확장하는 MyException 예외 클래스를 만들고 throw 키워드를 통해 catch 블록으로 떠넘겨 처리하는 예입니다.

사용자 정의 예외 처리 예시 Chap11/src/Example06.java

```java
class MyException extends Exception {
   String str1;

   MyException(String str2) {
      str1 = str2;
   }

   public String toString() {
      return ("MyException 발생: "+ str1);
   }
}

public class Example06 {
   public static void main(String[] args) {
      try {
         System.out.println("try 블록입니다.");
         throw new MyException("MyException 클래스 호출됩니다.");
      }
      catch(MyException e) {
         System.out.println("catch 블록입니다.");
         System.out.println(e);
      }
   }
}
```

사용자 정의 예외 클래스

사용자 정의 예외 클래스 호출

실행 결과

```
try 블록입니다.
catch 블록입니다.
MyException 발생: MyException 클래스 호출됩니다.
```

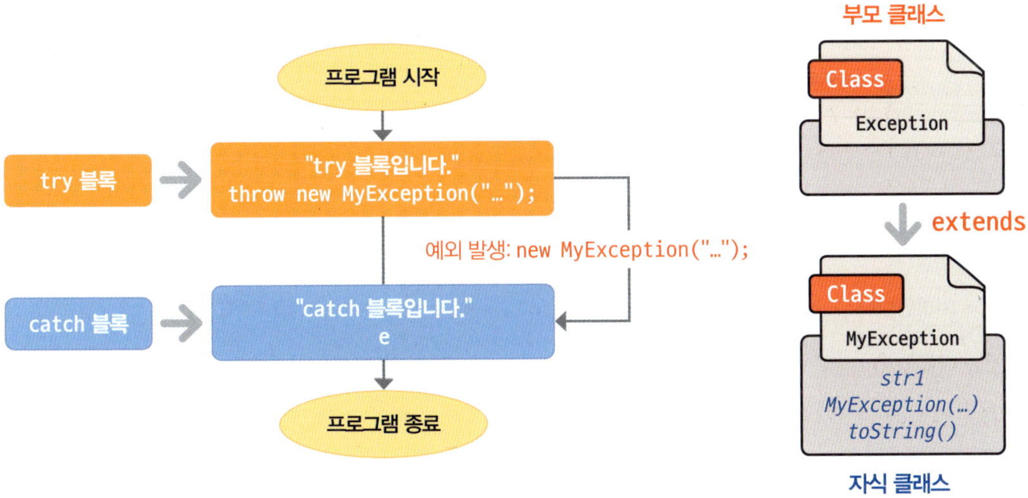

그림 11-13 Example06 클래스의 사용자 정의 예외 처리 구조

예제 11-5 사용자 정의 예외 클래스 만들기

Exception 클래스를 확장하는 InvalidException 예외 클래스를 만들고, throw 키워드를 이용하여 catch 블록으로 떠넘겨 예외를 처리해봅시다.

Chap11/src/Exception05.java

```
class InvalidException extends Exception {
   public InvalidException(String s) {
      super(s);
   }
}
public class Exception05 {
   void check(int weight) throws InvalidException {
      if (weight < 100) {
         throw new InvalidException("InvalidException 클래스 호출입니다.");
      }
   }

   public static void main(String[] args) {
      Exception05 obj = new Exception05();
      try {
         obj.check(60);
      }
      catch(InvalidException ex) {
```

사용자 정의 예외 클래스

사용자 정의 예외 클래스 호출

```
            System.out.println("예외 처리입니다. ");
            System.out.println(ex.getMessage());
        }
    }
}
```

실행 결과

```
예외 처리입니다.
InvalidException 클래스 호출입니다.
```

여기서 퀴즈!

다음 중 예외 처리 여부에 관계없이 실행되는 코드 블록을 고르시오.

① try ② finally

③ catch ④ throw

정답 ②

프로젝트 메뉴 선택 및 장바구니 예외 처리하기

이 장에서 배운 예외 처리를 적용하여 온라인 서점의 메뉴 선택 시 오류에 대한 예외 처리 페이지를 만들어봅시다. 온라인 서점의 메인 메뉴에서 메뉴를 잘못 선택하는 경우, 장바구니가 비어 있는 상태에서 상품 목록 보기, 비우기, 삭제 등을 하는 경우를 예외로 처리합니다.

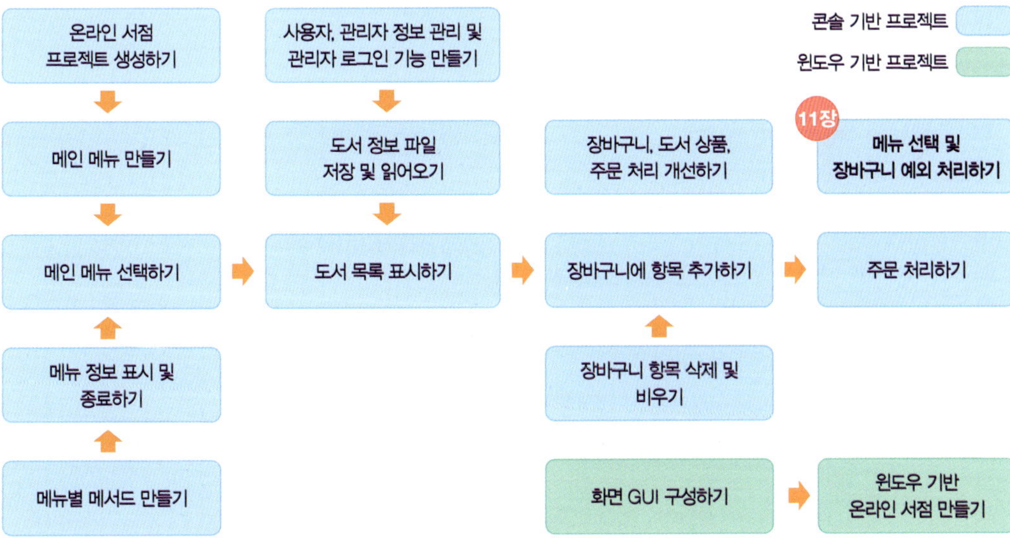

그림 11-14 메뉴 선택 및 장바구니 예외 처리하기

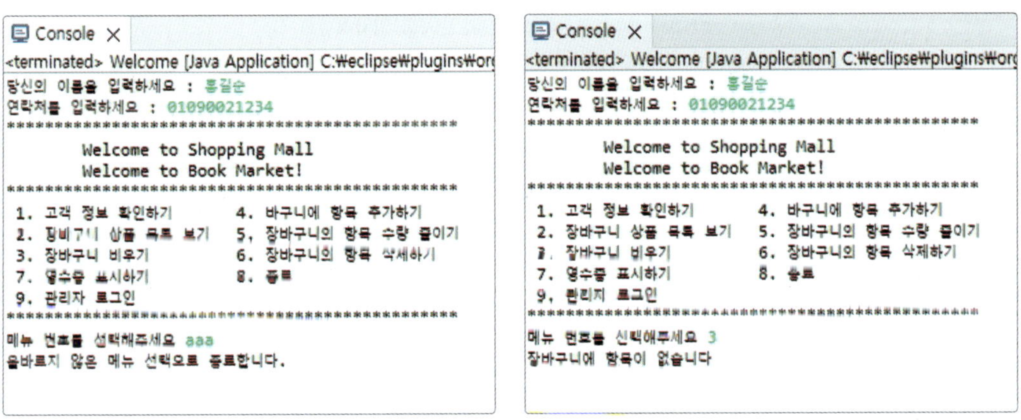

그림 11-15 메뉴 선택 및 장바구니 예외 처리하기 실행 결과

메뉴 선택의 예외 처리 만들기

온라인 서점의 메인 메뉴를 올바르게 선택하지 않는 경우에 대해 try~catch문으로 예외를 발생시켜 처리합니다.

01 예외 처리 만들기: 메인 메뉴 선택에서 오류가 발생했을 때 예외로 처리하도록 Welcome.java 파일을 수정합니다.

프로젝트 11-1 11장/BookMarket/src/com/market/main/Welcome.java

```
package com.market.main;
...
public class Welcome {
   ...
   public static void main(String[] args) {
   ...
      while (!quit) {
      ...
         menuIntroduction();

         try {
            System.out.print("메뉴 번호를 선택해주세요 ");
            int n = input.nextInt();

            if (n < 1 || n > 9) {
               System.out.println("1부터 9까지의 숫자를 입력하세요.");
            }
            else {
               switch(n) {
                  case 1:  menuGuestInfo(userName, userMobile);
                  break;
                  ...
               }
            }
         }
         catch(Exception e) {
            System.out.println("올바르지 않은 메뉴 선택으로 종료합니다.");
            quit = true;
         }
      }
   }
   ...
```

메인 메뉴 1~9를 선택하여 처리하는 try문 영역

메인 메뉴를 잘못 선택했을 때 catch문으로 예외를 발생시켜 처리하는 영역

장바구니 항목의 예외 처리 만들기

장바구니에 담긴 항목이 없는데 상품 목록 보기, 비우기, 삭제 등을 하여 오류가 발생하는 경우를 예외로 처리합니다.

01 사용자 예외 처리 클래스 생성하기: BookMarket 프로젝트에 com.market.exception 패키지를 생성하고 여기에 CartException 클래스를 만듭니다.

프로젝트 11-2 11장/BookMarket/src/com/market/exception/CartException.java

```
package com.market.exception;

public class CartException extends Exception {
   public CartException(String str) {
      super(str);
   }

}
```

TIP 패키지를 생성하는 방법이 기억나지 않으면 10장을 참고하세요.

02 예외 처리 만들기: 장바구니 처리에 대한 오류가 발생했을 때 예외로 처리하도록 Welcome.java 파일을 수정합니다.

프로젝트 11-3 11장/BookMarket/src/com/market/main/Welcome.java

```
package com.market.main;
...
import com.market.exception.CartException;

public class Welcome {
   ...
   public static void main(String[] args) {
   ...
      while (!quit) {
      ...
         menuIntroduction();

         try {
            ...
```

```java
            } catch(CartException e) {
                System.out.println(e.getMessage());
                quit = true;
            } catch(Exception e) {
                System.out.println("올바르지 않은 메뉴 선택으로 종료합니다.");
                quit = true;
            }
        }
    }
    ...
    public static void menuCartClear() throws CartException {
        // System.out.println("장바구니 비우기");
        if (mCart.mCartCount == 0)
            throw new CartException("장바구니에 항목이 없습니다");
            // System.out.println("장바구니에 항목이 없습니다");
        else {
            ...
        }
    }
    ...
    public static void menuCartRemoveItem() throws CartException {
        // System.out.println("6. 장바구니의 항목 삭제하기");
        if (mCart.mCartCount == 0)
            throw new CartException("장바구니에 항목이 없습니다");
            // System.out.println("장바구니에 항목이 없습니다");
        else {
            ...
        }
    }
    public static void menuCartBill() throws CartException {
        // System.out.println("7. 영수증 표시하기");
        if (mCart.mCartCount == 0)
            throw new CartException("장바구니에 항목이 없습니다");
            // System.out.println("장바구니에 항목이 없습니다");
        else {
            ...
        }
    }
    ...
}
```

요약

01 예외는 프로그램의 정상적인 흐름을 방해하는 원치 않는 이벤트를 말합니다. 예외 처리는 애플리케이션의 정상적인 흐름을 유지할 수 있도록 런타임 오류를 처리하는 강력한 방법 중 하나입니다.

02 자바의 예외는 확인된 예외인 컴파일 예외와 확인되지 않은 예외인 런타임 예외로 크게 구분할 수 있습니다.

- 컴파일 예외는 컴파일러가 컴파일 시간에 확인하는 검사형 예외입니다.
- 런타임 예외는 런타임에 발생하는 비검사형 예외로, 예외를 처리할지 말지가 전적으로 프로그래머에게 달려 있습니다.

03 자바에서 예외를 처리하는 데 사용하는 키워드는 `try`, `catch`, `finally`, `throw`, `throws`입니다.

- try~catch문

```
try {
    // try 블록의 명령문
}

catch(예외클래스 e) {
    // catch 블록의 명령문: 예외 처리   ← try 블록에서 예외 발생 시 실행
}
```

- 다중 catch문

```
try {
    // try 블록의 명령문
}

catch(예외클래스1 e) {
    // catch 블록 1의 명령문   ← try 블록에서 예외가 발생하여 catch 블록 1과 일치하면 실행
}

catch(예외클래스2 e) {
    // catch 블록 2의 명령문   ← try 블록에서 예외가 발생하여 catch 블록 2와 일치하면 실행
}
```

```
catch(예외클래스3 e) {
   // catch 블록 3의 명령문 ● try 블록에서 예외가 발생하여 catch 블록 3과 일치하면 실행
}
```

- try~catch~finally문

```
try {
   // try 블록의 명령문
}

catch(Exception e) {
   // catch 블록의 명령문
}

finally {
   // finally 블록의 명령문
}
```

- throws, throw 키워드

```
메서드유형 메서드명(매개변수목록) throws 예외처리목록 {
   // 구현 코드
}
```

```
메서드유형 메서드명(매개변수목록) {
   // 구현 코드
   throw new 예외처리클래스생성자;
}
```

04 사용자 정의 예외는 사용자가 새로운 예외 클래스를 만들어서 이용할 수 있는 방법으로, `java.lang` 패키지의 `Exception` 예외 클래스를 상속받아 작성합니다.

연습문제

01 다음 빈칸을 채우시오.

① [　　　]는 애플리케이션의 정상적인 흐름을 유지할 수 있도록 런타임 오류를 처리하는 강력한 방법 중 하나이다.

② 프로그램 실행 중에 예외를 일으킬 수 있는 코드를 [　　　] 블록으로 묶고 [　　　] 블록으로 예외를 처리한다. [　　　] 블록은 예외 발생 여부에 관계없이 실행된다.

③ [　　　] 키워드는 예외를 명시적으로 발생시키는 데 사용하고, [　　　] 키워드는 실행 중 발생 가능한 예외를 선언하는 데 사용한다.

02 런타임 예외 클래스로 런타임을 발생시키는 것은 무엇인가?

① Error
② Unchecked Exception
③ Checked Exception
④ Stack Overflow Exception

03 다음 프로그램의 실행 결과는 무엇인가?

```
public class MyClass {
    public static void main(String[] args) {
        int a = 2, b = 2, c = 3;
        int d = a-b;
        float e = c/d;
        System.out.println(e);
    }
}
```

① Arithmetic expression(산술식)
② Null pointer exception(널 포인터 예외)
③ Number format exception(숫자 형식 예외)
④ Array out of bound exception(범위를 벗어난 배열 예외)

04 다음 프로그램의 실행 결과는 무엇인가?

```
public class MyClass {
   public static void main(String[] args) {
      int numbers[ ] = { 1, 2, 3 };
      System.out.println(numbers[3]);
   }
}
```

① 1　　② 2

③ 3　　④ 범위를 벗어난 배열 예외 발생

05 다음 프로그램의 실행 결과는 무엇인가?

```
public class MyClass {
   public static void main(String[] args) {
      try {
         String data = null;
         if("Java".equals(data)) {
            System.out.println("문자열은 Java이다.");
         }
      }
      catch(Exception exception) {
      }
      finally {
         System.out.println("finally 블록은 항상 실행됩니다.");
      }
   }
}
```

① 문자열은 Java이다.　　② null

③ finally 블록은 항상 실행됩니다.　　④ data

06 예외 처리에서 예외를 정의하는 데 사용되는 키워드로, 메서드 본문 내에서 예외를 발생시키는 데 사용하는 것은 무엇인가?

① try　　② throw

③ catch　　④ throws

07 다음 프로그램의 실행 결과는 무엇인가?

```
public class MyClass {
   public static void main(String[] args) {
      String data = null;
      System.out.println(data.length());
   }
}
```

① 인스턴스화된 예외가 발생한다.

② 인터럽트된 예외가 발생한다.

③ 널 포인터 예외가 발생한다.

④ 범위를 벗어난 배열 예외가 발생한다.

08 다음 프로그램의 실행 결과는 무엇인가?

```
public class MyClass {
   public static void main(String[] args) {
      try {
         int a = 10, b = 20, c = 30;
         System.out.println(c-(a+b));
      }
      catch(Exception e) {
      }
      finally {
         System.out.println("예외 발생");
      }
   }
}
```

① 30 ② 0

③ c-(a+b) ④ 0, 예외 발생

09 다음 프로그램의 실행 결과를 작성하시오.

```
import java.util.Scanner;

public class myClass {

   public static int divide(int num1, int num2) {

      int result;
      try {
         result = num1/num2;
      } catch(ArithmeticException e) {
         System.out.println("divide() 메서드 오류");
         throw e;
      }

      return result;
   }

   public static void main(String[] args) {
      Scanner scanner = new Scanner(System.in);
      System.out.println("첫 번째 숫자를 입력하세요:");
      int num1 = scanner.nextInt();

      System.out.println("두 번째 숫자를 입력하세요:");
      int num2 = scanner.nextInt();

      try {
         int result = divide(num1, num2);
         System.out.println("나눗셈 결과: " + result);
      } catch(ArithmeticException e) {
         System.out.println("예외 처리 발생");
      }
   }
}
```

10 다음 프로그램의 실행 결과를 작성하시오.

```
public class myClass {

    static boolean isCapitalized(String s) {
        if (s == null) {
            throw new NullPointerException();
        }
        if (s.equals("")) {
            return true;
        }
        String first = s.substring(0, 1);
        String rest = s.substring(1);
        return (first.equals(first.toUpperCase()) && rest.equals(rest.toLowerCase()));
    }

    public static void main(String[] args) {

        String str_not_null = "Java";
        String str_is_null = null;

        System.out.println(str_not_null + "가 대문자인가? " + isCapitalized(str_not_null));
        System.out.println(str_is_null + "가 대문자인가?" + isCapitalized(str_is_null));
    }
}
```

CHAPTER 12
파일 입출력

학습목표

- 파일 처리의 유형과 과정을 이해합니다.
- 파일을 생성하고 저장하는 방법을 알아봅니다.
- 파일에 작성된 내용을 읽어오는 방법을 알아봅니다.

Preview

파일 처리의 유형과 그 과정을 살펴보고, 파일을 생성하고 저장하는 방법과 파일에 작성된 내용을 읽어오는 방법에 대해 자세히 알아봅시다.

- **파일 처리**
  - 파일 처리의 개념
  - 입출력 스트림
    - 입출력 스트링의 유형
    - 바이트 스트림
    - 문자 스트림
  - 파일 처리 과정
- **파일 생성**
- **파일 쓰기**
  - 바이트 출력 스트림 유형 — FileOutputStream 클래스
  - 문자 출력 스트림 유형 — FileWriter 클래스
- **파일 읽기**
  - 바이트 입력 스트림 유형 — FileInputStream 클래스
  - 문자 입력 스트림 유형
    - FileReader 클래스
    - BufferedReader 클래스

[프로젝트]

- **도서 정보 파일 저장 및 읽어오기**
  - 도서 정보 목록을 파일로 작성하기
  - 도서 정보 목록을 파일에서 읽어와 출력하기
  - 파일에 새 도서 정보 저장하기

12.1 | 파일 처리

1 파일 처리의 개념

파일 처리란 읽기, 쓰기, 편집 등 파일에 대한 다양한 기능을 수행하는 것을 말합니다. 자바는 프로그래밍을 통해 이러한 작업을 쉽게 수행할 수 있도록 라이브러리 클래스와 다양한 메서드를 제공합니다. 이때 필요한 모든 메서드는 `java.io` 패키지에 있으므로, 파일 처리를 위해 프로그램을 시작하기 전에 다음 패키지를 포함해야 합니다.

```
import java.io.*;
```

`java.io` 패키지에는 자바에서 입출력(I/O)을 수행하는 데 필요한 거의 모든 클래스가 포함되어 있습니다. 자바에서 입출력을 수행하려면, 즉 어느 한쪽에서 다른 쪽으로 데이터를 전달하려면 두 대상을 연결하고 데이터를 전송할 수 있는 무언가가 필요한데, 이것을 스트림(stream)이라고 정의합니다. 예를 들어 입력 장치인 키보드에서 응용 프로그램으로 데이터를 전달하려면 키보드와 응용 프로그램을 연결하여 데이터를 전송할 수 있는 입력 스트림(input stream)이 있어야 하고, 응용 프로그래밍에서 출력 장치인 모니터에 데이터를 전달하려면 키보드와 응용 프로그램을 연결하여 데이터를 전송할 수 있는 출력 스트림(output stream)이 있어야 합니다.

이러한 스트림은 단방향 통신만 가능하기 때문에 하나의 스트림으로 입력과 출력을 동시에 처리할 수 없습니다. 그래서 입력과 출력을 동시에 수행하려면 입력을 위한 입력 스트림과 출력을 위한 출력 스트림이 필요합니다.

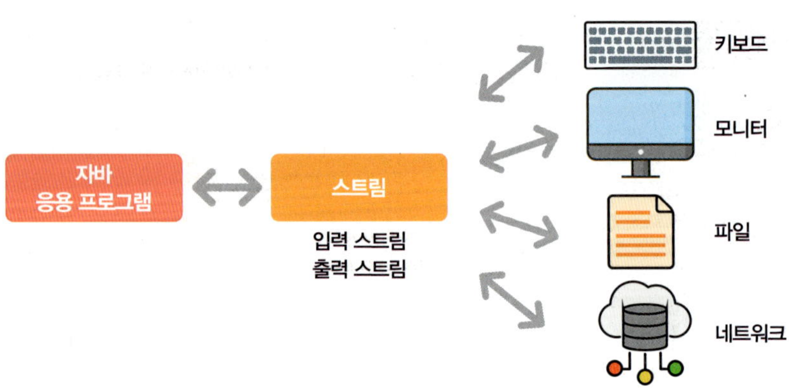

그림 12-1 자바의 입출력을 연결하는 스트림

2 입출력 스트림

입력과 출력을 아울러 일컫는 입출력은 컴퓨터 내부 또는 외부 장치와 프로그램 간에 데이터를 주고받는 것을 의미합니다. 자바에서는 모든 입출력이 스트림을 통해 이루어집니다. 데이터를 운반하는 데 사용되는 연결 통로인 스트림은 단방향으로만 통신할 수 있으므로 입력과 출력을 동시에 처리할 수 없습니다.

입출력 스트림의 유형

스트림은 데이터를 전달하는 방식에 따라 바이트 스트림(byte stream)과 문자 스트림(character stream)으로 구분할 수 있습니다. 영상, 음성, 영문자 등의 바이너리 데이터를 처리하는 바이트 스트림은 1바이트 단위의 입출력을 처리할 수 있는 수단을 제공합니다. 문자 스트림은 2바이트 단위의 문자 입출력을 처리할 수 있는 수단을 제공하며, 다국어를 표현하는 유니코드를 처리합니다.

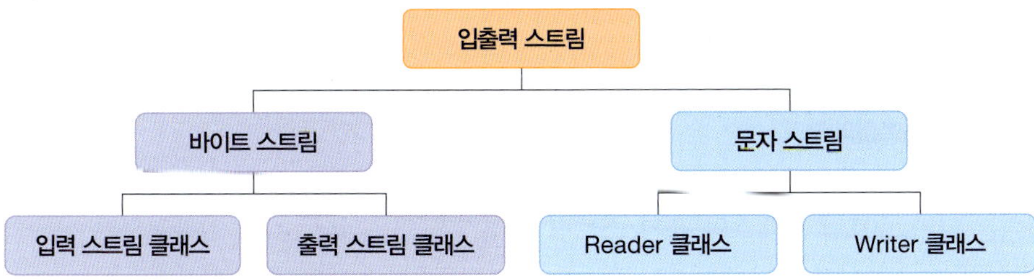

그림 12-2 입출력 스트림의 분류

바이트 스트림

바이트 스트림은 한 번에 8비트 데이터를 처리하고 8비트당 입출력 연산을 수행하므로 주로 바이트 데이터의 입출력을 처리합니다. [그림 12-3]은 바이트 입출력 스트림의 동작을 보여줍니다. 자바 응용 프로그램은 출력 스트림을 사용하여 대상 장치에 데이터를 쓰고, 입력 스트림을 사용하여 소스 장치로부터 데이터를 읽습니다. 이때 소스 코드나 대상 장치는 파일, 주변 장치, 소켓일 수 있습니다.

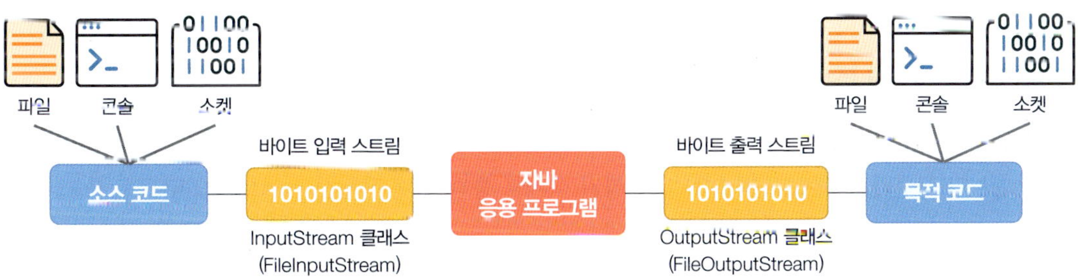

그림 12-3 바이트 입출력 스트림의 구조

바이트 스트림에는 입력 스트림 클래스와 출력 스트림 클래스가 있습니다. 가장 일반적으로 사용되는 입력 스트림 클래스는 FileInputStream, 출력 스트림 클래스는 FileOutputStream입니다.

문자 스트림

문자 스트림은 한 번에 16비트 유니코드 데이터의 입출력을 처리하므로 바이트 스트림보다 2배의 입출력 연산을 수행할 수 있어 더 빠릅니다. 일반적으로 문자 스트림은 바이트 스트림 클래스를 사용하여 구현합니다.

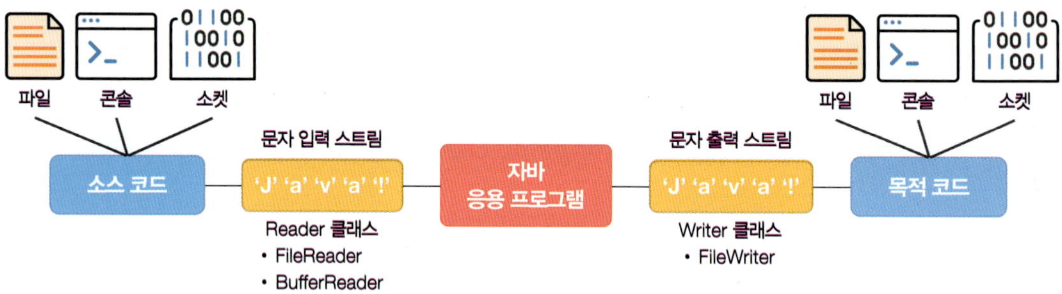

그림 12-4 **문자 입출력 스트림의 구조**

문자 스트림에는 읽기 스트림 클래스와 쓰기 스트림 클래스가 있습니다. 가장 일반적으로 사용되는 읽기 스트림 클래스는 FileReader, 쓰기 스트림 클래스는 FileWriter입니다.

3 파일 처리 과정

특정 경로에 파일을 생성하여 데이터를 저장하거나 읽는 처리 과정은 다음과 같습니다.

❶ File 클래스로 파일 열기(생성하기)

File 클래스를 이용하여 특정 경로에 저장된 파일을 엽니다. 즉 File 클래스의 생성자에 특정 경로의 파일명을 지정하고 File 클래스의 객체를 생성합니다. 그리고 특정 경로의 파일명이 생성되었는지를 createNewFile() 메서드로 확인합니다.

❷ 입출력 스트림 클래스로 파일 읽기/쓰기

입출력 스트림 클래스를 이용하여 파일 내용 읽기 또는 쓰기 작업을 수행합니다. 즉 입출력 스트림 클래스의 생성자로 객체를 생성하며, 생성된 객체를 통해 읽기 작업은 read() 메서드로, 쓰기 작업은 write() 메서드로 수행합니다.

❸ 파일 읽기/쓰기 종료하기(닫기)

파일 읽기 또는 쓰기 작업을 완료한 뒤 이를 종료합니다. 즉 입출력 스트림 클래스로 생성된 객체를 통해 `close()` 메서드로 파일 읽기 또는 쓰기 작업을 닫습니다.

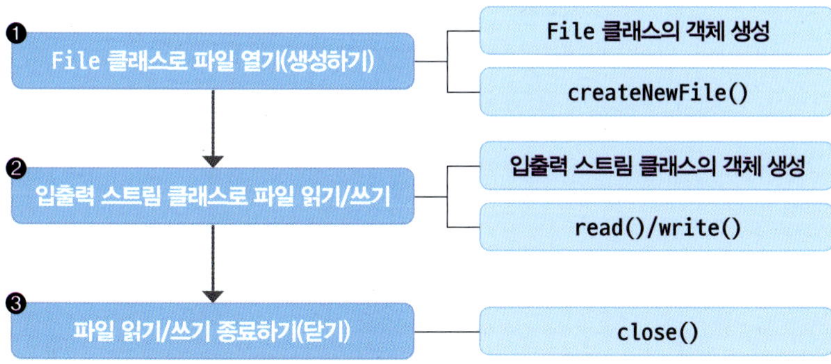

그림 12-5 **파일 읽기/쓰기 처리 과정**

[그림 12-6]과 같이 `File` 클래스 대신 입출력 스트림 클래스를 이용하여 특정 경로에 저장된 파일을 열 수도 있습니다.

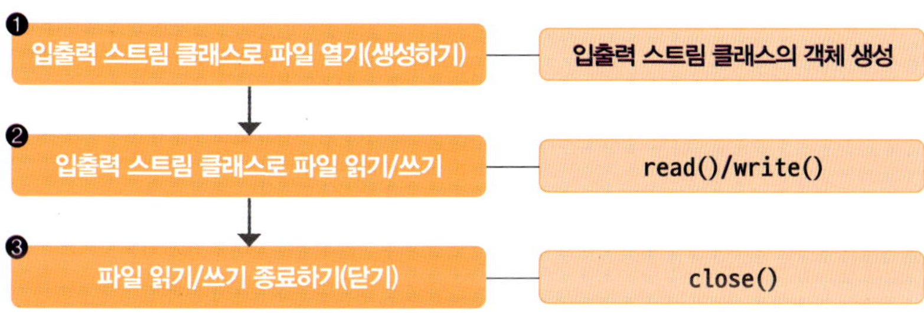

그림 12-6 **입출력 스트림 클래스를 이용한 파일 읽기/쓰기 처리 과정**

여기서 퀴즈!

읽기, 쓰기, 편집 등 파일에 대한 다양한 기능을 처리하기 위해 프로그램을 시작하기 전에 포함해야 하는 패키지를 고르시오.

① `java.io.*` ② `java.lang.*`

③ `java.util.*` ④ `java.text.*`

정답 ①

12.2 파일 생성

File 클래스에는 파일 또는 디렉터리 생성, 삭제 및 이름 변경, 디렉터리 내용 나열 등 파일 또는 디렉터리에 대해 다양한 작업을 수행하는 메서드가 포함되어 있습니다. File 클래스의 객체를 만드는 기본 형식은 다음과 같습니다.

```
File 파일객체명 = new File("[디렉터리명\]");
File    file    = new File("test.txt");
```

File 클래스의 생성자는 [표 12-1]과 같습니다.

표 12-1 File 클래스의 생성자

생성자	설명
File(File parent, String child)	부모 추상 경로명과 자식 문자열 경로명에서 파일 인스턴스를 만든다.
File(String pathname)	주어진 경로명을 추상 경로명으로 변환하고 새 파일 인스턴스를 만든다.
File(String parent, String child)	부모 경로명과 자식 경로명을 가져와서 파일 인스턴스를 만든다.
File(URI uri)	주어진 URI를 추상 경로명으로 변환하여 파일 인스턴스를 만든다.

파일을 생성할 때는 File 클래스에 포함된 다양한 메서드 중에서 createNewFile() 메서드를 사용합니다. 만약 지정된 위치에 파일이 존재하지 않으면 빈 파일을 생성하여 true를 반환하고, 파일이 존재하면 false를 반환합니다.

```
File file = new File("text.txt");  ● try 블록 내부에서 생성해도 상관 없음

try {
   boolean b = file.createNewFile();
   ...
} catch(IOException e) {
   ...
}
```

createNewFile() 메서드는 입출력 오류 시 IOException이 발생하므로 반드시 예외 처리를 위한 try~catch문과 함께 사용해야 합니다. 그렇지 않으면 '처리되지 않은 예외 유형 IOException (Unhandled exception type IOException)'이라는 예외가 발생합니다.

File 클래스에서 사용되는 주요 메서드는 [표 12-2]와 같습니다.

표 12-2 File 클래스의 주요 메서드

메서드	설명
Boolean canRead()	파일을 읽을 수 있는지 확인한다.
Boolean createNewFile()	원하는 경로에 새 파일을 생성한다. 보통은 생성된 파일이 비어 있다.
Boolean canWrite()	파일에 쓸 수 있는지, 즉 읽기 전용 파일이 아닌지 확인한다.
Boolean exists()	요청한 파일이 디렉터리에 있는지 확인한다.
Boolean delete()	디렉터리에서 파일을 삭제한다.
String getName()	디렉터리에서 특정 파일명을 찾는다.
String getAbsolutePath()	주어진 파일의 절대 경로를 반환한다.
Long length()	파일 크기를 바이트 단위로 반환한다.
String[] list()	현재 작업 디렉터리(폴더)에 있는 모든 파일을 반환한다.
Boolean mkdir()	새 디렉터리(파일 아님)를 생성한다.

File 클래스를 이용한 파일 생성 예시 Chap12/src/Example01.java

```java
import java.io.File;
import java.io.IOException;

public class Example01 {
   public static void main(String[] args) {
      File fileObj = new File("example01.txt");
      try {
         boolean success = fileObj.createNewFile();

         if (success) {
            System.out.println("파일 생성 성공");
         } else {
            System.out.println("파일 생성 실패");
         }
      } catch(IOException e) {
         System.out.println(e);
      }
   }
}
```

실행 결과

```
파일 생성 성공
```

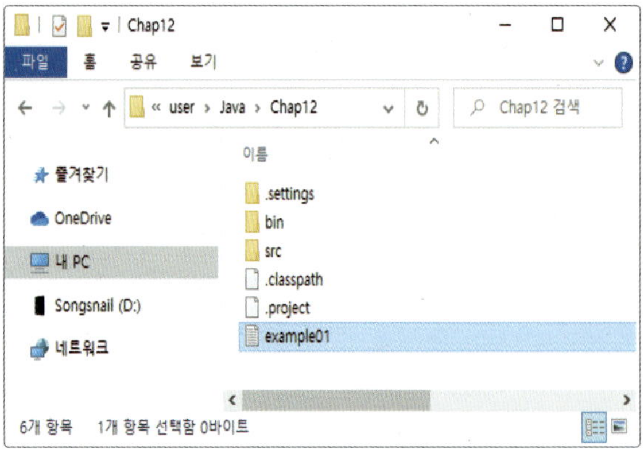

그림 12-7 example01.txt 파일 생성 결과 화면

예제 12-1 Example01.java 파일 정보 얻어오기

File 클래스를 이용하여 앞서 작성한 Example01.java 파일의 이름과 경로, 쓰기/읽기 여부, 파일 크기 등의 정보를 얻어와 출력해봅시다.

Chap12/src/FileHandling01.java

```
import java.io.File;

public class FileHandling01 {
  public static void main(String[] args) {

    File finfo = new File("src\\Example01.java");

    if (finfo.exists()) {
      System.out.println("파일의 이름: " + finfo.getName());
      System.out.println("파일의 경로: " + finfo.getAbsolutePath());
      System.out.println("파일 쓰기가 가능한가?: " + finfo.canWrite());

      System.out.println("파일 읽기가 가능한가?: " + finfo.canRead());

      System.out.println("파일의 크기: " + finfo.length());
    } else {
      System.out.println("존재하는 파일이 아닙니다.");
    }
  }
}
```

- `src\\Example01.java`: 경로(디렉터리)가 영문이면 \\로 표시되고 한글이면 \\로 표시됨
- `getName()`: 특정 파일명 얻어오기 메서드
- `getAbsolutePath()`: 주어진 파일의 절대 경로 반환 메서드
- `canWrite()`: 파일 쓰기 가능 여부 확인 메서드
- `canRead()`: 파일 읽기 가능 여부 확인 메서드
- `length()`: 파일 크기 반환 메서드

실행 결과

```
파일의 이름: Example01.java
파일의 경로: C:\Users\user\Java\Chap12\src\Example01.java
파일 쓰기가 가능한가?: true
파일 읽기가 가능한가?: true
파일의 크기: 545
```

여기서 퀴즈!

다음 중 File 클래스에서 수행할 수 없는 것을 고르시오.

① 파일 삭제 ② 기존 파일명으로 새 파일 생성

③ 파일 크기 반환 ④ 두 파일 비교

정답 ④

12.3 | 파일 쓰기

파일 쓰기에는 바이트 출력 스트림 유형과 문자 출력 스트림 유형이 있습니다. 바이트 출력 스트림 유형은 응용 프로그램에서 출력 장치로 바이트 데이터를 전송하는 방법이고, 문자 출력 스트림 유형은 응용 프로그램에서 출력 장치로 문자 데이터를 전송하는 방법입니다.

1 바이트 출력 스트림 유형

OutputStream 클래스는 출력(데이터 쓰기)을 하는 추상 클래스로, 바이트 출력 스트림을 나타내는 모든 클래스의 슈퍼 클래스입니다.

TIP OutputStream 클래스의 자식 클래스에 대한 자세한 내용은 https://docs.oracle.com/en/java/javase/17/docs/api/java.base/java/io/package-summary.html을 참고하세요.

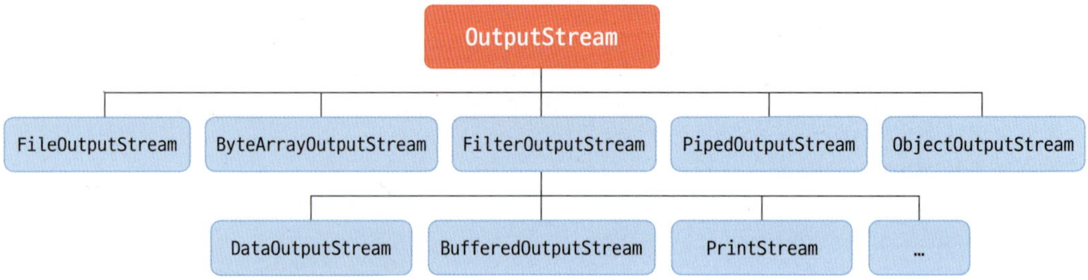

그림 12-8 OutputStream 클래스의 계층 구조

표 12-3 OutputStream 클래스의 주요 자식 클래스

클래스	설명
FileOutputStream	파일에 쓰는 출력 스트림이다.
ByteArrayOutputStream	바이트 배열에 기록되는 출력 스트림이다.
FilterOutputStream	출력 스트림을 필터링하는 모든 클래스의 상위 클래스이다.
DataOutputStream	표준 데이터 유형을 작성하는 방법을 포함하는 출력 스트림이다.
BufferedOutputStream	버퍼링된 출력 스트림에 사용된다.
PrintStream	print(), println() 메서드를 포함하는 출력 스트림이다.
PipedOutputStream	주로 멀티스레드 처리에 사용하며, PipedInputStream에 연결하여 통신 파이프를 생성한다.
ObjectOutputStream	객체를 출력할 수 있는 보조 스트림이다.

표 12-4 OutputStream 클래스의 주요 메서드

메서드	설명
void write(int)	출력 스트림에 바이트를 쓴다.
void write(byte[] b)	출력 스트림에 바이트 배열을 쓴다.
void flush()	출력 스트림에 저장된 버퍼의 내용을 쓰고 버퍼를 비운다.
void close()	출력 스트림을 닫는다.

FileOutputStream 클래스

FileOutputStream 클래스는 파일에 데이터를 쓰는 데 사용되는 출력 스트림으로, 파일에 기본값(primitive value)을 쓰는 경우 FileOutputStream 클래스를 사용합니다. FileOutputStream 클래스를 통해 바이트 지향 데이터와 문자 지향 데이터를 모두 작성할 수 있습니다. 그러나 문자 지향 데이터의 경우 FileOutputStream보다 문자 스트림 유형인 FileWriter 클래스를 사용하는 것이 좋습니다.

표 12-5 FileOutputStream 클래스의 주요 메서드

메서드	설명
`void finalize()`	파일 출력 스트림과의 연결을 정리한다.
`void write(byte[] b)`	바이트 배열의 b.length 바이트를 파일 출력 스트림에 쓴다.
`void write(byte[] b, int off, int len)`	오프셋에서 시작하는 바이트 배열의 len 바이트를 파일 출력 스트림에 쓴다.
`void write(int b)`	지정된 바이트를 파일 출력 스트림에 쓴다.
`FileChannel getChannel()`	파일 출력 스트림과 연결된 파일 채널 개체를 반환한다.
`FileDescriptor getFD()`	스트림과 관련된 파일 설명자를 반환한다.
`void close()`	파일 출력 스트림을 닫는다.

FileOutputStream 클래스를 이용한 파일 쓰기 예시 Chap12/src/Example02.java

```
import java.io.File;
import java.io.FileOutputStream;

public class Example02 {
   public static void main(String[] args) {

      String str = "Hello! Java Programming ";
      try {
         File file = new File("example02.txt");
         if (!file.exists())
            file.createNewFile();

         FileOutputStream fos = new FileOutputStream(file);

         byte[] b = str.getBytes();

         fos.write(b);
         fos.close();
         System.out.println("파일 쓰기 성공");
      } catch(Exception e) {
         e.getMessage();
      }
   }
}
```

❶ File 클래스로 파일 열기(생성하기)

❷ 출력 스트림 클래스로 파일 쓰기

❸ 파일 쓰기 종료하기(닫기)

실행 결과

파일 쓰기 성공

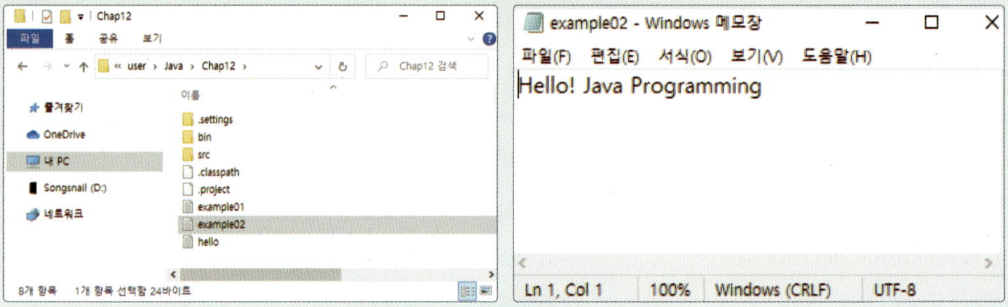

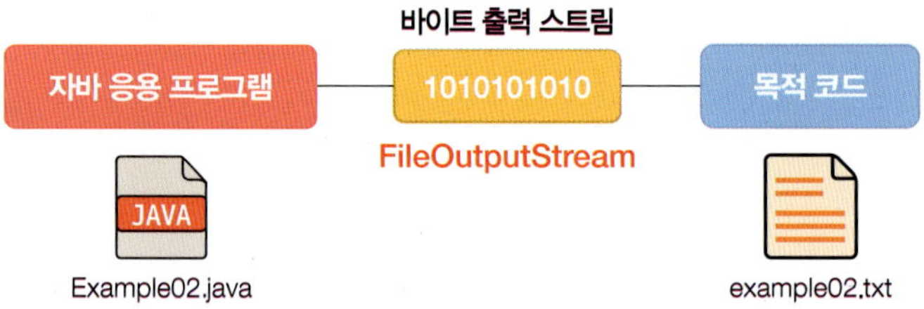

그림 12-9 example02.txt 파일 생성의 구조

예제 12-2 파일에 구구단 저장하기

FileOutputStream 클래스를 이용하여 gugudan.txt 파일에 2단부터 9단까지 구구단을 저장해봅시다.

Chap12/src/FileHandling02.java

```
import java.io.File;
import java.io.FileOutputStream;

public class FileHandling02 {
   public static void main(String[] args) {
      File file = new File("gugudan.txt");
      try {
         if (!file.exists())
            file.createNewFile();

         FileOutputStream fos = new FileOutputStream(file);

         for (int x = 2; x <= 9; x++) {
            for (int y = 1; y <= 9; y++) {
```

```java
                String str = x + " X " + y + "= " + (x * y) + "\n";
                byte[] b = str.getBytes();
                fos.write(b);
            }
        }
        fos.close();
        System.out.println("파일 쓰기 성공");
    } catch(Exception e) {
        e.getMessage();
    }
  }
}
```

실행 결과

파일 쓰기 성공

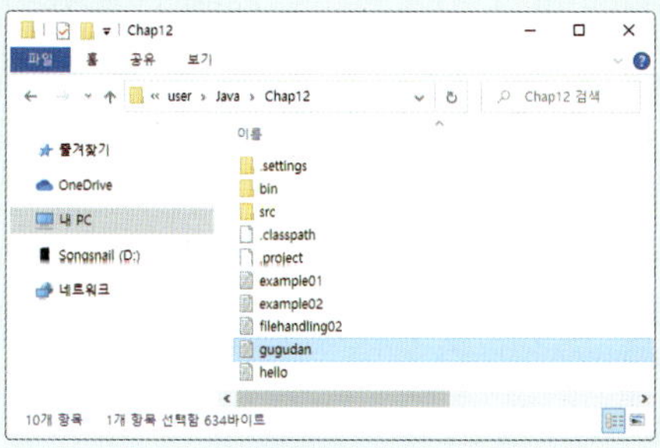

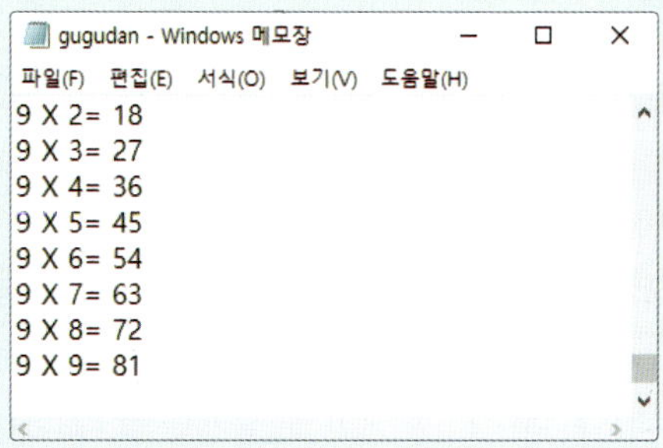

2 문자 출력 스트림 유형

Writer 클래스는 문자 스트림에 쓰기 위한 추상 클래스로, 서브클래스가 구현해야 하는 추상 메서드는 write(), flush(), close()입니다. 그러나 대부분의 하위 클래스는 더 큰 효율성, 추가 기능 또는 둘 다를 제공하기 위해 [표 12-8]의 주요 메서드 중 일부를 재정의합니다.

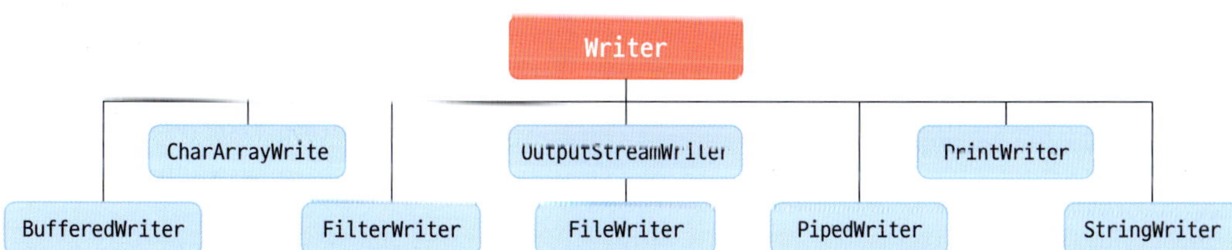

그림 12-10 Writer 클래스의 계층 구조

TIP Writer 클래스의 자식 클래스에 대한 자세한 내용은 https://docs.oracle.com/en/java/javase/17/docs/api/java.base/java/io/package-summary.html을 참고하세요.

표 12-6 Writer 클래스의 주요 자식 클래스

클래스	설명
BufferedWriter	버퍼링된 출력 스트림을 처리한다.
CharArrayWriter	Writer로 사용할 수 있는 문자 버퍼를 구현한다.
FilterWriter	필터링된 문자 스트림을 작성하기 위한 추상 클래스이다.
OutputStreamWriter	문자를 바이트로 변환하는 출력 스트림이다.
FileWriter	파일에 쓰는 출력 스트림이다.
PipedWriter	파이프된 문자 출력 스트림을 처리한다.
StringWriter	문자열을 구성하는 데 사용할 수 있는 문자열 버퍼에서 출력을 수집하는 문자 스트림이다.
PrintWriter	식이 지정된 표현을 텍스트 출력 스트림에 출력한다.

FileWriter 클래스

FileWriter 클래스는 문자 데이터를 파일에 쓰는 데 사용되며, FileOutputStream 클래스와 달리 문자열을 직접 쓰는 방법을 제공하므로 문자열을 바이트 배열로 변환할 필요가 없습니다.

표 12-7 FileWriter 클래스의 생성자

생성자	설명
FilterWriter(Writer out)	새 파일을 생성한다. 문자열에서 파일명을 얻는다.
FileWriter(File file)	새 파일을 생성한다. File 객체에서 파일명을 얻는다.

표 12-8 FileWriter 상위 클래스(OutputStreamWriter)의 주요 메서드

메서드	설명
void write(String text)	FileWriter에 문자열을 쓴다.
void write(char c)	FileWriter에 문자를 쓴다.
void write(char[] c)	FileWriter에 char 배열을 쓴다.
void flush()	FileWriter의 데이터를 플러시한다.
void close()	FileWriter를 닫는다.

FileWriter 클래스를 이용한 파일 쓰기 예시 chap12/src/Example03.java

```
import java.io.File;
import java.io.FileWriter;

public class Example03 {
   public static void main(String[] args) {
```

```
        try {
            File file = new File("example03.txt");
            if (!file.exists())
                file.createNewFile();

                FileWriter myWriter = new FileWriter(file);

                myWriter.write("Hello!!\n");
                myWriter.write("Java Programming");
                myWriter.close();
                System.out.println("파일 쓰기 성공");
        } catch(Exception e) {
            System.out.println(e);
        }
    }
}
```

❶ File 클래스로 파일 열기(생성하기)

❷ 출력 스트림 클래스로 파일 쓰기

❸ 파일 쓰기 종료하기(닫기)

실행 결과

파일 쓰기 성공

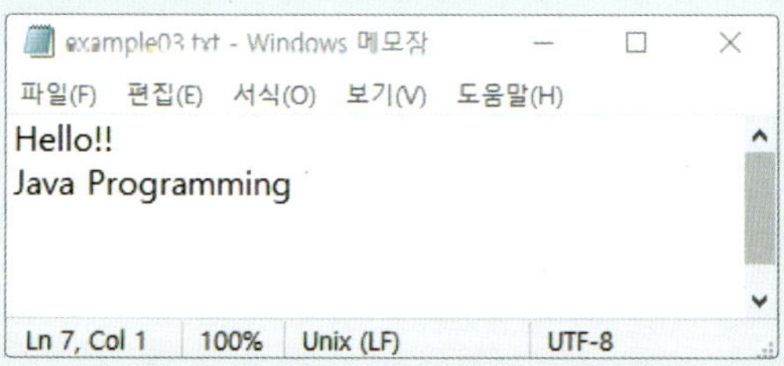

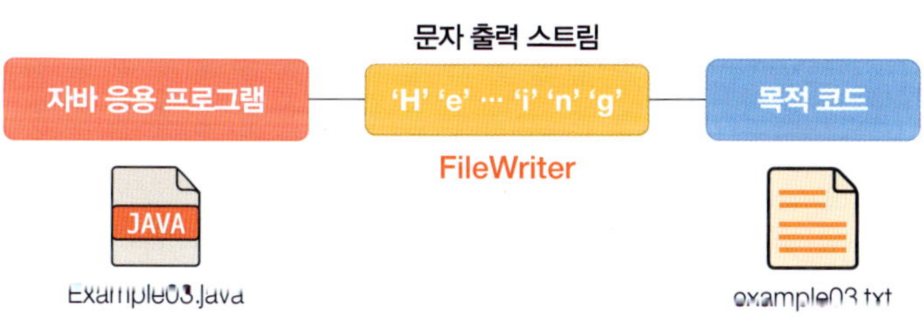

그림 12-11 FileWriter 클래스를 이용하여 example03.txt 파일에 쓰기

예제 12-3 키보드로 입력된 값을 파일에 저장하기

FileWriter 클래스를 이용하여 키보드를 통해 ID와 이름을 입력받아 member.txt 파일에 저장해 봅시다.

Chap12/src/FileHandling03.java

```java
import java.io.File;
import java.io.FileWriter;
import java.util.Scanner;

public class FileHandling03 {
   public static void main(String[] args) {
      File file = new File("member.txt");

      try {
         if (!file.exists())
            file.createNewFile();

         FileWriter fw = new FileWriter(file);
         Scanner input = new Scanner(System.in);

         boolean quit = false;
         while (!quit) {
            System.out.print("아이디 : ");
            String userID = input.next();
            fw.write("아이디 : " + userID + "  ");

            System.out.print("이름 : ");
            String userName = input.next();
            fw.write("이름 : " + userName + "\n");

            System.out.println("계속 진행?  Y | N ");
            input = new Scanner(System.in);
            String str = input.nextLine();

            if (str.toUpperCase().equals("N"))
               quit = true;
         }
         fw.close();
         System.out.println("파일 쓰기 성공");

      } catch(Exception e) {
         e.getMessage();
      }
   }
}
```

실행 결과

```
아이디 : gdhong
이름 : 홍길동
계속 진행? Y ¦ N
y
아이디 : suwon
이름 : 수여인
계속 진행? Y ¦ N
N
```

파일 쓰기 성공

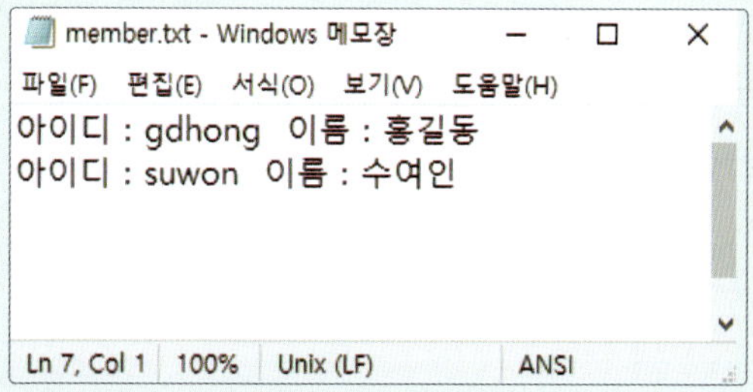

여기서 퀴즈!

다음 중 파일에 내용을 쓰기 위한 구문으로 옳지 않은 것을 고르시오.

①
```
FileInOutputStream stream = new FileOutputStream(filename);
stream.write(Content);
stream.close();
```

②
```
BufferWriter writer = new BufferWriter(Filename);
writer.write(Content);
writer.close();
```

③
```
FileWriter file = new FileWriter(Filename);
file.write(Content);
file.close();
```

④
```
Filename.write(Content);
```

정답 ④

12.4 | 파일 읽기

파일 읽기에는 바이트 입력 스트림 유형과 문자 입력 스트림 유형이 있습니다. 바이트 입력 스트림 유형은 입력 장치에서 응용 프로그램으로 바이트 데이터를 전송하는 방법이고, 문자 입력 스트림 유형은 입력 장치에서 응용 프로그램으로 문자 데이터를 전송하는 방법입니다.

1 바이트 입력 스트림 유형

InputStream 클래스는 입력(데이터 읽기)을 가져오는 데 사용하는 추상 클래스로, 바이트 입력 스트림을 나타내는 모든 클래스의 슈퍼 클래스입니다.

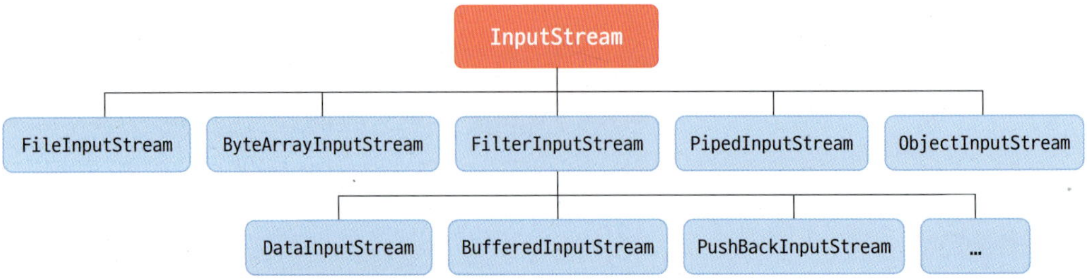

그림 12-12 InputStream 클래스의 계층 구조

TIP InputStream 클래스의 자식 클래스에 대한 자세한 내용은 https://docs.oracle.com/en/java/javase/17/docs/api/java.base/java/io/package-summary.html을 참고하세요.

표 12-9 InputStream 클래스의 주요 자식 클래스

클래스	설명
FileInputStream	파일에서 읽는 입력 스트림이다.
ByteArrayInputStream	바이트 배열을 차례대로 읽어들이는 입력 스트림이다.
FilterInputStream	필터를 이용한 입력 스트림이다.
DataInputStream	표준 데이터 유형을 읽는 방법을 포함하는 입력 스트림이다.
BufferedInputStream	버퍼링된 입력 스트림을 처리한다.
PushBackInputStream	print(), println() 메서드를 포함하는 입력 스트림이다.
PipedInputStream	주로 멀티스레드 처리에 사용하며 PipedOutputStream에 연결해야 한다. PipedOutputStream에 기록되는 데이터 바이트를 제공한다.
ObjectInputStream	객체를 입력할 수 있는 보조 스트림이다.

표 12-10 InputStream 클래스의 주요 메서드

메서드	설명
int read()	입력 스트림에서 데이터의 다음 바이트를 읽는다. 파일 끝에서 -1을 반환한다.
int read(byte[] b)	입력 스트림에서 몇 바이트를 읽어 버퍼 배열 b에 저장한다.
int available()	입력 스트림에서 읽을 수 있는 바이트 수의 추정치를 반환한다.
void close()	입력 스트림을 닫는다.

FileInputStream 클래스

FileInputStream 클래스는 파일에서 이미지 데이터, 오디오, 동영상 등의 바이트 지향 데이터(원시 바이트 스트림)를 읽어오는 데 사용되는 입력 스트림입니다. FileInputStream 클래스를 통해 문자 스트림 데이터를 읽을 수도 있지만, 문자 스트림을 읽을 때는 문자 스트림 유형인 FileReader 클래스를 사용하는 것이 좋습니다.

표 12-11 FileInputStream 클래스의 주요 메서드

메서드	설명
`int available()`	입력 스트림에서 읽을 수 있는 예상 바이트 수를 반환한다.
`int read()`	입력 스트림에서 데이터 바이트를 읽는다.
`int read(byte[] b)`	입력 스트림에서 최대 b.length 바이트의 데이터를 읽는다.
`int read(byte[] b, int off, int len)`	입력 스트림에서 최대 len 바이트의 데이터를 읽는다.
`long skip(long x)`	입력 스트림에서 x 바이트의 데이터를 건너뛰고 삭제한다.
`FileChannel getChannel()`	파일 입력 스트림과 연결된 고유한 FileChannel 객체를 반환한다.
`FileDescriptor getFD()`	FileDescriptor 객체를 반환한다.
`protected void finalize()`	파일 입력 스트림에 대한 참조가 더 이상 없을 때 close() 메서드를 호출한다.
`void close()`	스트림을 닫는다.

FileInputStream 클래스를 이용한 파일 읽기 예시 Chap12/src/Example04.java

```
import java.io.File;
import java.io.FileInputStream;

public class Example04 {
    public static void main(String[] args) {

        try {
            File file = new File("example03.txt");      ─┐
            if (!file.exists())                           ├─ ❶ File 클래스로 파일 열기(생성하기)
                file.createNewFile();                    ─┘

            FileInputStream fis = new FileInputStream(file);  ─┐
            int i = 0;                                         │
                                                               ├─ ❷ 입력 스트림 클래스로 파일 읽기
            while ((i=fis.read())!= -1) {                      │
                System.out.print((char)i);                     │
            }                                                 ─┘
```

```java
            fis.close(); ● ❸ 파일 읽기 종료하기(닫기)
            System.out.println("\n파일 읽기 성공");
        } catch(Exception e) {
            System.out.println(e);
        }
    }
}
```

실행 결과

```
Hello!!
Java Programming
파일 읽기 성공
```

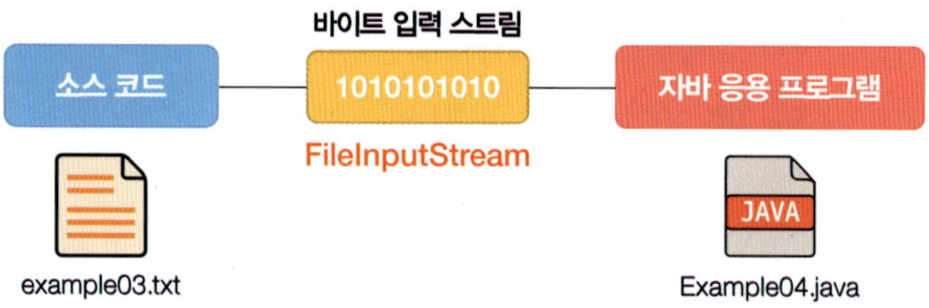

그림 12-13 FileInputStream 클래스를 이용하여 example03.txt 파일로부터 읽기

예제 12-4 파일에서 구구단 읽어오기

[예제 12-2]에서 구구단을 저장한 gugudan.txt 파일에서 구구단을 읽어와 출력하기 위해 FileInputStream 클래스를 이용해봅시다.

Chap12/src/FileHandling04.java

```java
import java.io.File;
import java.io.FileInputStream;

public class FileHandling04 {
    public static void main(String[] args) {
        File file = new File("gugudan.txt");
        try {
            if (!file.exists())
                file.createNewFile();

            FileInputStream fis = new FileInputStream(file);
            int i = 0;
```

```
            while ((i = fis.read()) != -1) {
                System.out.print((char) i);
            }

            fis.close();
                System.out.println("파일 읽기 성공");
            } catch(Exception e) {
                System.out.println(e);
        }
    }
}
```

실행 결과

```
...
9 X 2= 18
9 X 3= 27
9 X 4= 36
9 X 5= 45
9 X 6= 54
9 X 7= 63
9 X 8= 72
9 X 9= 81
파일 읽기 성공
```

2 문자 입력 스트림 유형

Reader 클래스는 문자 스트림을 읽기 위한 추상 클래스로, 서브클래스가 구현해야 하는 추상 메서드는 read(), close()입니다. 그러나 대부분의 하위 클래스는 더 큰 효율성, 추가 기능 또는 둘 다를 제공하기 위해 [표 12-14]의 주요 메서드 중 일부를 재정의합니다.

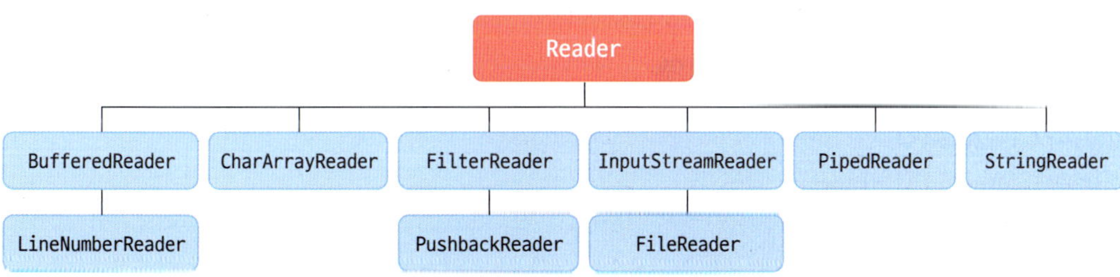

그림 12-14 Reader 클래스의 계층 구조

TIP Reader 클래스의 자식 클래스에 대한 자세한 내용은 https://docs.oracle.com/en/java/javase/17/docs/api/java.base/java/io/package-summary.html을 참고하세요.

표 12-12 Reader 클래스의 주요 자식 클래스

클래스	설명
BufferedReader	버퍼링된 문자 입력 스트림을 처리한다.
CharArrayReader	문자 입력 스트림으로 사용할 수 있는 문자 버퍼를 구현한다.
FilterReader	필터링된 문자 스트림을 읽기 위한 추상 클래스이다.
InputStreamReader	바이트를 문자로 변환하는 입력 스트림이다.
FileReader	파일에서 읽는 문자 입력 스트림이다.
PipedReader	파이프된 문자 입력 스트림이다.
StringReader	소스가 문자열인 문자 스트림이다.

FileReader 클래스

FileReader 클래스는 파일에서 문자 지향 데이터를 읽는 데 사용되며, FileInputStream 클래스와 같은 바이트 형식으로 데이터를 반환합니다.

표 12-13 FileReader 클래스의 생성자

생성자	설명
FileReader(String fileName)	파일명 문자열을 가져오며, 주어진 파일을 읽기 모드로 연다. 파일이 존재하지 않으면 FileNotFoundException이 발생한다.
FileReader(File file)	파일 인스턴스에서 파일명을 가져오며, 주어진 파일을 읽기 모드로 연다. 파일이 존재하지 않으면 FileNotFoundException이 발생한다.

표 12-14 FileReader 상위 클래스(InputStreamReader)의 주요 메서드

메서드	설명
int read()	ASCII 형식의 문자를 반환한다. 파일 끝에서 −1을 반환한다.
void close()	FileReader 클래스를 닫는다.

FileReader 클래스를 이용한 파일 읽기 예시 Chap12/src/Example05.java

```
import java.io.File;
import java.io.FileReader;

public class Example05 {
    public static void main(String[] args) {
```

```java
        try {
            File file = new File("example03.txt");
            if (!file.exists())
                file.createNewFile();

            FileReader fis = new FileReader(file);
            int i = 0;

            while ((i = fis.read()) != -1) {
                System.out.print((char) i);
            }

            fis.close();
            System.out.println("\n파일 읽기 성공");
        } catch(Exception e) {
            System.out.println(e);
        }
    }
}
```

❶ File 클래스로 파일 열기(생성하기)

❷ 입력 스트림 클래스로 파일 읽기

❸ 파일 읽기 종료하기(닫기)

실행 결과

```
Hello!!
Java Programming
파일 읽기 성공
```

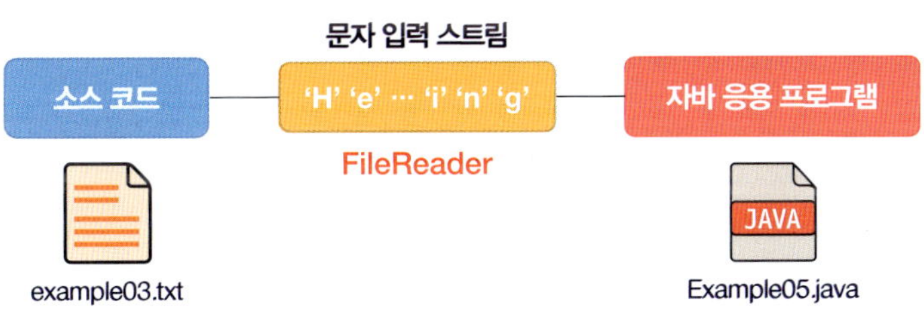

그림 12-16 FileReader 클래스를 이용하여 example03.txt 파일로부터 읽기

예제 12-3 키보드로 입력된 저장값 읽어오기

[예제 12-2]에서 키보드를 통해 ID와 이름을 입력받아 member.txt 파일에 저장한 내용을 읽어와 출력하기 위해 FileReader 클래스를 이용해봅시다.

Chap12/src/FileHandling05.java

```
import java.io.File;
import java.io.FileReader;

public class FileHandling05 {
   public static void main(String[] args) {
      File file = new File("member.txt");
      try {
         if (!file.exists())
            file.createNewFile();

         FileReader fis = new FileReader(file);
         int i = 0;

         while ((i = fis.read()) != -1) {
            System.out.print((char) i);
         }

         fis.close();
         System.out.println("파일 읽기 성공");
      } catch(Exception e) {
         System.out.println(e);
      }
   }
}
```

실행 결과

```
아이디 : gdhong  이름 : 홍길동
아이디 : suwon  이름 : 수여인
파일 읽기 성공
```

BufferedReader 클래스

BufferedReader 클래스는 문자 기반 입력 스트림에서 텍스트를 읽는 데 사용됩니다. readLine() 메서드로 데이터를 한 줄씩 읽을 때 사용할 수 있어 성능을 빠르게 합니다.

표 12-15 BufferedReader 클래스의 생성자

생성자	설명
BufferedReader(Reader rd)	입력 버퍼의 기본 크기를 사용하는 버퍼링된 문자 입력 스트림을 만든다.
BufferedReader(Reader rd, int sz)	입력 버퍼에 대해 지정된 크기를 사용하는 버퍼링된 문자 입력 스트림을 만든다.

표 12-16 BufferedReader 클래스의 주요 메서드

메서드	설명
`int read()`	단일 문자를 읽는다.
`int read(char[] cbuf, int off, int len)`	배열의 일부로 문자를 읽는다.
`boolean markSupported()`	표시 및 재설정 방법에 대한 입력 스트림 지원을 테스트한다.
`String readLine()`	텍스트 한 줄을 읽는다.
`boolean ready()`	입력 스트림을 읽을 준비가 되었는지 테스트한다.
`long skip(long n)`	문자를 건너뛴다.
`void reset()`	입력 스트림에서 mark() 메서드가 마지막으로 호출된 위치에 스트림을 재배치한다.
`void mark(int readAheadLimit)`	스트림에서의 현재 위치를 표시한다.
`void close()`	입력 스트림을 닫고 스트림과 연결된 시스템 리소스를 해제한다.

BufferedReader 클래스를 이용한 파일 읽기 예시 Chap12/src/Example06.java

```
import java.io.BufferedReader;
import java.io.File;
import java.io.FileReader;

public class Example06 {
   public static void main(String[] args) {

      try {
         File file = new File("example03.txt");
         if (!file.exists())
            file.createNewFile();

         FileReader fis = new FileReader(file);
         BufferedReader br = new BufferedReader(fis);

         String str;

         while ((str = br.readLine()) != null) {
            System.out.println(str);
         }

         fis.close();
         System.out.println("파일 읽기 성공");
      } catch(Exception e) {
         System.out.println(e);
      }
   }
}
```

❶ File 클래스로 파일 열기(생성하기)

❷ 입력 스트림 클래스로 파일 읽기

❸ 파일 읽기 종료하기(닫기)

실행 결과

```
Hello!!
Java Programming
파일 읽기 성공
```

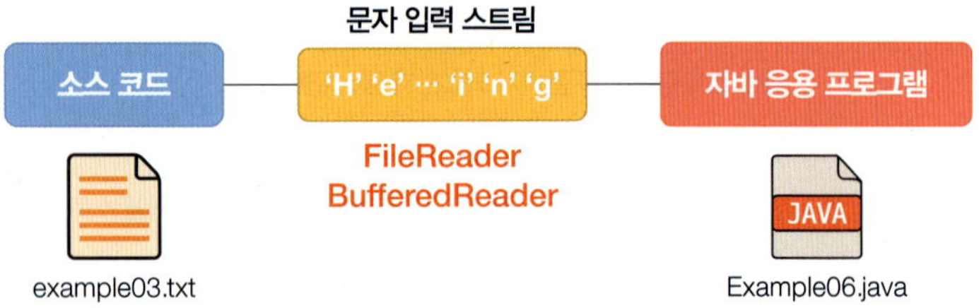

그림 12-16 BufferedReader 클래스를 이용하여 example03.txt 파일로부터 읽기

예제 12-6 키보드로 입력된 저장값 읽어오기

[예제 12-3]에서 키보드를 통해 ID와 이름을 입력받아 member.txt 파일에 저장한 값을 읽어와 출력하기 위해 BufferedReader 클래스를 이용해봅시다.

Chap12/src/FileHandling06.java

```java
import java.io.BufferedReader;
import java.io.File;
import java.io.FileReader;

public class FileHandling06 {
   public static void main(String[] args) {

      File file = new File("member.txt");
      try {
         if (!file.exists())
            file.createNewFile();

         FileReader fis = new FileReader(file);
         BufferedReader br = new BufferedReader(fis);

         String str;

         while ((str = br.readLine()) != null) {
            System.out.println(str);
         }
```

```
            fis.close();
            System.out.println("파일 읽기 성공");
        } catch(Exception e) {
            System.out.println(e);
        }
    }
}
```

실행 결과

```
아이디 : gdhong  이름 : 홍길동
아이디 : suwon  이름 : 수여인
파일 읽기 성공
```

여기서 퀴즈!

다음 중 파일의 내용을 읽기 위한 구문으로 옳지 않은 것을 고르시오.

①
```
FileInputStream stream = new FileInputStream(filename);
stream.read(Content);
stream.close();
```

②
```
BufferedReader reader = new BufferedReader(Filename);
reader.read(Content);
reader.close();
```

③
```
FileReader file = new FileReader(Filename);
file.read(Content);
file.close();
```

④
```
Filename.read(Content);
```

정답 ④

프로젝트 도서 정보 파일 저장 및 읽어오기

이 장에서 배운 파일 입출력을 적용하여 온라인 서점의 도서 정보 목록을 파일에서 읽어오고, 관리자 인증을 통해 새로운 도서 정보를 파일에 추가로 저장해봅시다. 먼저 온라인 서점의 도서 정보 목록을 파일에 저장하고 파일로부터 도서 정보 목록을 읽어와 출력합니다. 그리고 관리자 인증을 통해 새로운 도서 정보를 입력받아 파일에 저장하고 파일에서 도서 정보 목록을 읽어와 출력하게 합니다.

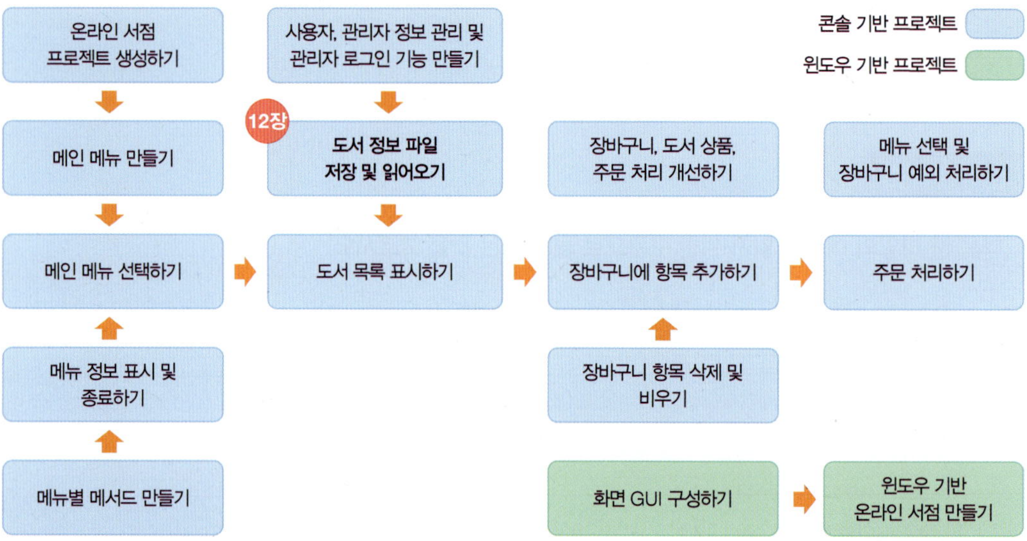

그림 12-17 도서 정보 파일 저장 및 읽어오기

(a) 도서 정보 파일 저장 및 읽어오기

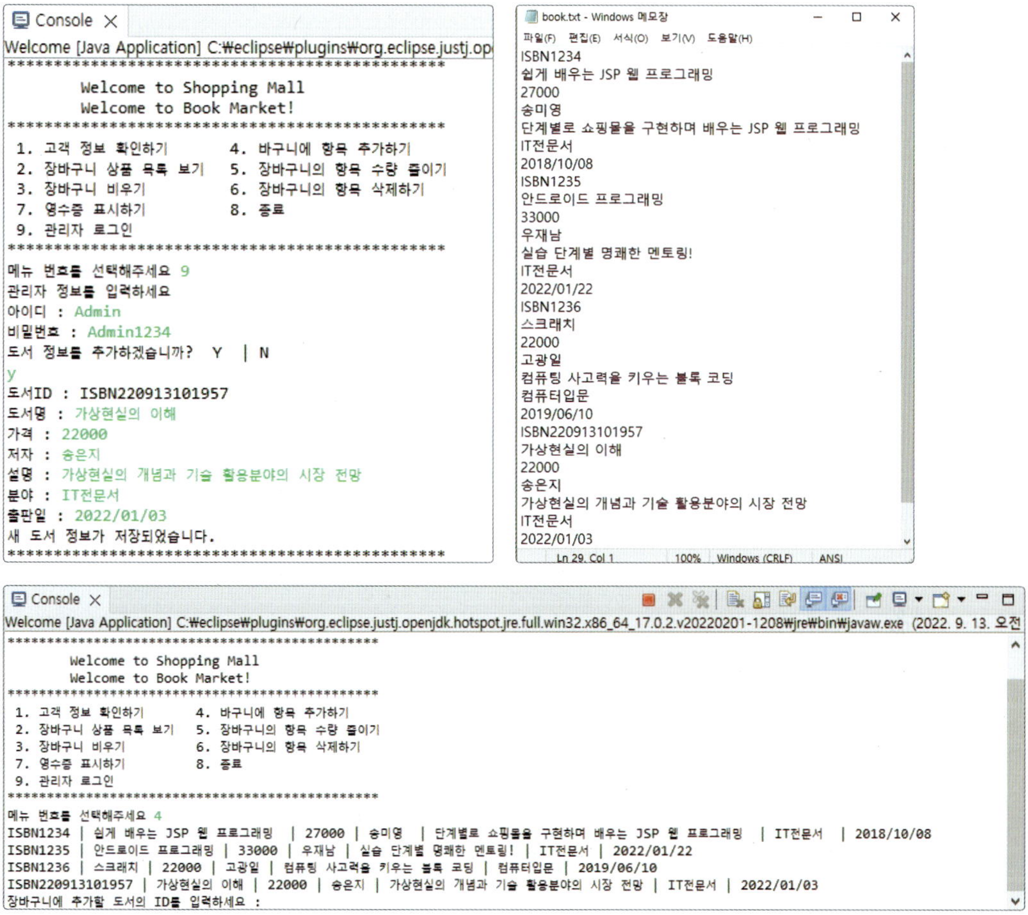

(b) 관리자 모드로 새 도서 정보 저장하기

그림 12-18 도서 정보 파일 저장 및 읽어오기 실행 결과

도서 정보 목록을 파일로 작성하기

배열로 저장했던 도서 정보 목록을 book.txt 파일로 만들고, 여기에 도서 정보 목록을 저장합니다.

01 도서 정보 목록 확인하기: Welcome.java 파일에서 도서 정보를 저장하는 BookList() 메서드에서 배열에 저장되는 값을 확인합니다.

프로젝트 12-1 12장/BookMarket/src/com/market/main/Welcome.java

```java
package com.market.main;
...
public class Welcome {
   ...
   public static void BookList(Book[] booklist) {

      booklist[0] = new Book("ISBN1234", "쉽게 배우는 JSP 웹 프로그래밍", 27000);
      booklist[0].setAuthor("송미영");
      booklist[0].setDescription("단계별로 쇼핑몰을 구현하며 배우는 JSP 웹 프로그래밍");
      booklist[0].setCategory("IT전문서");
      booklist[0].setReleaseDate("2018/10/08");

      booklist[1] = new Book("ISBN1235", "안드로이드 프로그래밍", 33000);
      booklist[1].setAuthor("우재남");
      booklist[1].setDescription("실습 단계별 명쾌한 멘토링!");
      booklist[1].setCategory("IT전문서");
      booklist[1].setReleaseDate("2022/01/22");

      booklist[2] = new Book("ISBN1236", "스크래치", 22000);
      booklist[2].setAuthor("고광일");
      booklist[2].setDescription("컴퓨팅 사고력을 키우는 블록 코딩");
      booklist[2].setCategory("컴퓨터입문");
      booklist[2].setReleaseDate("2019/06/10");
   }
   ...
}
```

02 도서 정보 목록 파일 만들기: book.txt 파일을 생성하여 도서 정보 목록을 저장합니다.

- 파일 생성 경로: BookMarket/book.txt

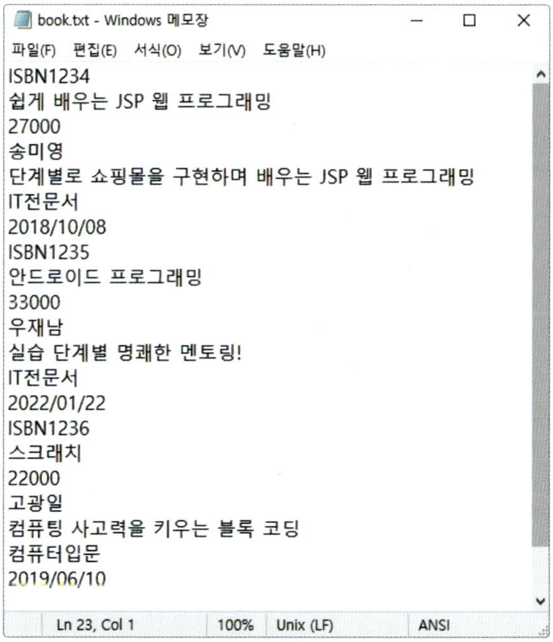
book.txt - Windows 메모장
파일(F) 편집(E) 서식(O) 보기(V) 도움말(H)
ISBN1234
쉽게 배우는 JSP 웹 프로그래밍
27000
송미영
단계별로 쇼핑몰을 구현하며 배우는 JSP 웹 프로그래밍
IT전문서
2018/10/08
ISBN1235
안드로이드 프로그래밍
33000
우재남
실습 단계별 명쾌한 멘토링!
IT전문서
2022/01/22
ISBN1236
스크래치
22000
고광일
컴퓨팅 사고력을 키우는 블록 코딩
컴퓨터입문
2019/06/10
Ln 23, Col 1 100% Unix (LF) ANSI

그림 12-19 book.txt 파일

도서 정보 목록을 파일에서 읽어와 출력하기

도서 정보 목록이 저장된 book.txt 파일에서 도서 정보 목록을 읽어와 도서의 개수와 도서 정보 목록을 출력합니다.

01 도서의 개수 얻기: Welcome.java 파일을 열고, 파일에서 도서의 개수를 얻는 `totalFileToBookList()` 메서드를 만듭니다.

프로젝트 12-2 12장/BookMarket/src/com/market/main/Welcome.java

```
package com.market.main;
...
public class Welcome {
   ...
   public static void main(String[] args) {
      ...
   }
   ...
   public static int totalFileToBookList() {
```

```java
        try {
            FileReader fr = new FileReader ("book.txt");
            BufferedReader reader = new BufferedReader(fr);

            String str;
            int num = 0;
            while ((str = reader.readLine()) != null) {
                if(str.contains("ISBN"))
                    ++num;
            }

            reader.close();
            fr.close();
            return num;
        } catch(Exception e) {
            System.out.println(e);
        }
        return 0;
    }
}
```

book.txt 파일을 읽기 위한 FileReder 객체 생성

파일에서 한 행씩 읽기 위한 BufferedReader 객체 생성

도서의 개수를 저장하기 위해 선언한 지역변수

파일에서 읽은 한 행에 문자열 "ISBN"이 포함되어 있으면 도서의 개수 num을 1 증가시킴

파일에서 읽을 행이 없을 때까지 반복

파일 처리를 위한 try~catch문

BufferedReader 객체 종료

FileReader 객체 종료

02 도서 정보 목록을 읽고 저장하기: Welcome.java 파일을 열고, 파일에서 도서 정보 목록을 읽어 배열에 저장하는 setFileToBookList() 메서드를 만듭니다.

프로젝트 12-3 12장/BookMarket/src/com/market/main/Welcome.java

```java
package com.market.main;
...
public class Welcome {
    ...

    public static int totalFileToBookList() {
        ...
    }
    ...
    public static void setFileToBookList(Book[] booklist) {
        try {
```

```
            FileReader fr = new FileReader("book.txt");
            BufferedReader reader = new BufferedReader(fr);

            String str2;
            String[] readBook = new String[7];
            int count = 0;

            while ((str2 = reader.readLine()) != null) {
                if (str2.contains("ISBN")) {
                    readBook[0] = str2;
                    readBook[1] = reader.readLine();
                    readBook[2] = reader.readLine();
                    readBook[3] = reader.readLine();
                    readBook[4] = reader.readLine();
                    readBook[5] = reader.readLine();
                    readBook[6] = reader.readLine();
                }

            booklist[count++] = new Book(readBook[0], readBook[1], Integer.
            parseInt(readBook[2]), readBook[3], readBook[4], readBook[5],
            readBook[6]);
            }

            reader.close();
            fr.close();

        } catch(Exception e) {
            System.out.println(e);
        }
    }
}
```

파일에서 읽은 한 행에 문자열 "ISBN"이 포함되어 있으면 도서 정보에 대해 한 행씩 읽어 지역변수 readBook에 저장

파일에서 읽을 행이 없을 때까지 반복

Book 클래스의 생성자를 통해 도서 정보 저장

03 도서 정보 목록 저장 메서드 수정하기: Welcome.java 파일에서 도서 정보를 배열에 저장하여 초기화하는 `BookList()` 메서드를 수정합니다.

프로젝트 12-4 12장/BookMarket/src/com/market/main/Welcome.java

```java
package com.market.main;
...
public class Welcome {
   ...
   public static void main(String[] args) {
      ...
   }
   public static void BookList(Book[] booklist) {
      setFileToBookList(booklist);
      /*
      booklist[0] = new Book("ISBN1234", "쉽게 배우는 JSP 웹 프로그래밍", 27000);
      booklist[0].setAuthor("송미영");

      booklist[0].setDescription("단계별로 쇼핑몰을 구현하며 배우는 JSP 웹 프로그래밍 ");
      booklist[0].setCategory("IT전문서");
      booklist[0].setReleaseDate("2018/10/08");

      booklist[1] = new Book("ISBN1235", "안드로이드 프로그래밍", 33000);
      booklist[1].setAuthor("우재남");
      booklist[1].setDescription("실습 단계별 명쾌한 멘토링!");
      booklist[1].setCategory("IT전문서");
      booklist[1].setReleaseDate("2022/01/22");

      booklist[2] = new Book("ISBN1236", "스크래치", 22000);
      booklist[2].setAuthor("고광일");
      booklist[2].setDescription("컴퓨팅 사고력을 키우는 블록 코딩");
      booklist[2].setCategory("컴퓨터입문");
      booklist[2].setReleaseDate("2019/06/10");
      */
   }
}
```

도서 정보 목록을 읽어 저장하는 setFileToBookList() 메서드 호출

이전([프로젝트 12-1])에 도서 정보 목록을 초기화한 배열 삭제 또는 주석 처리

04 도서 정보 목록 출력하기: [장바구니에 항목 추가하기] 메뉴에서 도서 정보 목록을 출력하는 menuCartAddItem() 메서드를 수정합니다.

프로젝트 12-5 12장/BookMarket/src/com/market/main/Welcome.java

```java
package com.market.main;
...
public class Welcome {
   ...
   public static void main(String[] args) {
   // Book[] mBookList = new Book[NUM_BOOK];
      Book[] mBookList;
      int mTotalBook = 0;
      ...
      while (!quit) {
         ...
         try {
            System.out.print("메뉴 번호를 선택해주세요. ");
            int n = input.nextInt();
            if (n < 1 || n > 9) {
               System.out.println("1부터 9까지의 숫자를 입력하세요.");
            }
            else {
               switch(n) {
                  ...
                  case 4:
                     mTotalBook = totalFileToBookList();
                     mBookList = new Book[mTotalBook];
                     menuCartAddItem(mBookList);
                     break;
                  ...
               }
            }
         } catch(CartException e) {
            System.out.println(e.getMessage());
            quit = true;
         } catch(Exception e) {
            System.out.println("올바르지 않은 메뉴 선택으로 종료합니다.");
            quit = true;
         }
      }
   }
   ...
}
```

도서 정보를 저장하기 위한 배열 mBookList 수정

도서 개수를 저장하기 위한 mTotalBook 선언

totalFileToBookList() 메서드를 호출하여 도서 개수를 mTotalBook에 저장

도서 개수 mTotalBook에 따라 도서 정보를 저장하기 위한 배열 mBookList 초기화

파일에 새 도서 정보 저장하기

관리자 인증을 통해 새로운 도서 정보를 키보드로 입력받아 book.txt 파일에 저장한 뒤 파일에서 도서 정보 목록을 읽어와 출력합니다.

01 새 도서 정보 입력받기: 관리자 인증을 거쳐 새로운 도서 정보를 키보드로 입력할 수 있도록 Welcome.java 파일에서 `menuAdminLogin()` 메서드를 수정합니다.

프로젝트 12-6 12장/BookMarket/src/com/market/main/Welcome.java

```java
package com.market.main;
...
public class Welcome {
   ...
   public static void main(String[] args) {
      ...
   }
   public static void menuAdminLogin() {
      System.out.println("관리자 정보를 입력하세요.");

      Scanner input = new Scanner(System.in);
      System.out.print("아이디 : ");
      String adminId = input.next();

      System.out.print("비밀번호 : ");
      String adminPW = input.next();

      Admin admin = new Admin(mUser.getName(), mUser.getPhone());

      if (adminId.equals(admin.getId()) && adminPW.equals(admin.getPassword()))
      {
         String[] writeBook = new String[7];
         System.out.println("도서 정보를 추가하겠습니까? Y | N ");
         String str = input.next();

         if (str.toUpperCase().equals("Y")) {
            Date date = new Date();
            SimpleDateFormat formatter = new SimpleDateFormat("yyMMddhhmmss");
            String strDate = formatter.format(date);
            writeBook[0] = "ISBN" + strDate;
            System.out.println("도서ID : " + writeBook[0]);
```

날짜 클래스 Date와 SimpleDateFormat을 이용하여 도서 ID를 "ISBN"+날짜 시간(yyMMddhhmmss)으로 자동 설정

```
                String st1 = input.nextLine();
                System.out.print("도서명 : ");
                writeBook[1] = input.nextLine();
                System.out.print("가격 : ");
                writeBook[2] = input.nextLine();
                System.out.print("저자 : ");
                writeBook[3] = input.nextLine();
                System.out.print("설명 : ");
                writeBook[4] = input.nextLine();
                System.out.print("분야 : ");
                writeBook[5] = input.nextLine();
                System.out.print("출판일 : ");
                writeBook[6] = input.nextLine();
            }
            else {
                System.out.println("이름" + admin.getName() + "연락처" + admin.getPhone());
                System.out.println("아이디" + admin.getId() + "비밀번호" + admin.getPassword());
            }

        }
        else
            System.out.println("관리자 정보가 일치하지 않습니다.");
    }
    ...
}
```

키보드로 한 행 입력 시 엔터키를 입력으로 처리

키보드로 한 행씩 입력받은 도서 정보를 배열 writeBook에 저장

02 파일에 새 도서 정보 저장하기: 관리자 인증을 거쳐 키보드로 입력한 새로운 도서 정보를 파일에 저장하도록 Welcome.java 파일에서 menuAdminLogin() 메서드를 수정합니다.

프로젝트 12-7 12장/BookMarket/src/com/market/main/Welcome.java

```
package com.market.main;
...
public class Welcome {
  ...
  public static void main(String[] args) {
    ...
  }
```

```java
    public static void menuAdminLogin() {
        ...
        if (adminId.equals(admin.getId()) && adminPW.equals(admin.getPassword())) {
            String[] writeBook = new String[7];
            System.out.println("도서 정보를 추가하겠습니까?  Y  ¦ N ");
            String str = input.next();

            if (str.toUpperCase().equals("Y")) {
                ...
                System.out.print("출판일 : ");
                writeBook[6] = input.nextLine();

                try {
                    FileWriter fw = new FileWriter("book.txt", true);
                    for (int i = 0; i < 7; i++)
                        fw.write(writeBook[i]+"\n");
                        fw.close();
                        System.out.println("새 도서 정보가 저장되었습니다.");
                } catch(Exception e) {
                    System.out.println(e);
                }
            }
            else {
                System.out.println("이름 " + admin.getName() + " 연락처 " + admin.getPhone());
                System.out.println("아이디 " + admin.getId() + " 비밀번호 " + admin.getPassword());
            }
        }
        else System.out.println("관리자 정보가 일치하지 않습니다.");
    }
    ...
}
```

- book.txt 파일에 쓰기 위해 FileWriter 객체 생성(기존 파일에 쓰기 위해 FileWriter 생성자에 true 작성)
- 새로 입력받은 도서 정보를 book.txt 파일에 저장
- FileWriter 객체 종료
- 파일 처리를 위한 try~catch문

요약

01 스트림은 데이터를 전달하는 방식에 따라 바이트 스트림과 문자 스트림으로 구분할 수 있습니다.

- 바이트 스트림은 한 번에 8비트 데이터를 처리하고 8비트당 입출력 연산을 수행하므로 주로 바이트 데이터의 입출력을 처리합니다.
- 문자 스트림은 한 번에 16비트 유니코드 데이터의 입출력을 처리하므로 바이트 스트림보다 2배의 입출력 연산을 수행할 수 있어 더 빠릅니다.

02 File 클래스에는 파일 또는 디렉터리 생성, 삭제 및 이름 변경, 디렉터리 내용 나열 등 파일 또는 디렉터리에 대해 다양한 작업을 수행하는 메서드가 포함되어 있습니다.

생성자	설명
File(File parent, String child)	부모 추상 경로명과 자식 문자열 경로명에서 파일 인스턴스를 만든다.
File(String pathname)	주어진 경로명을 추상 경로명으로 변환하고 새 파일 인스턴스를 만든다.
File(String parent, String child)	부모 경로명과 자식 경로명을 가져와서 파일 인스턴스를 만든다.
File(URI uri)	주어진 URI를 추상 경로명으로 변환하여 파일 인스턴스를 만든다.

03 파일 쓰기에는 바이트 출력 스트림 유형과 문자 출력 스트림 유형이 있습니다. 바이트 출력 스트림 유형은 응용 프로그램에서 출력 장치로 바이트 데이터를 전송하는 방법이고, 문자 출력 스트림 유형은 응용 프로그램에서 출력 장치로 문자 데이터를 전송하는 방법입니다.

- **바이트 출력 스트림 유형**

클래스	설명
FileOutputStream	파일에 쓰는 출력 스트림이다.
ByteArrayOutputStream	바이트 배열에 기록되는 출력 스트림이다.
FilterOutputStream	출력 스트림을 필터링하는 모든 클래스의 상위 클래스이다.
DataOutputStream	표준 데이터 유형을 작성하는 방법을 포함하는 출력 스트림이다.
BufferedOutputStream	버퍼링된 출력 스트림에 사용된다.
PrintStream	print(), println() 메서드를 포함하는 출력 스트림이다.
PipedOutputStream	주로 멀티스레드 처리에 사용하며, PipedInputStream에 연결하여 통신 파이프를 생성한다.
ObjectOutputStream	객체를 출력할 수 있는 보조 스트림이다.

• 문자 출력 스트림 유형

클래스	설명
BufferedWriter	버퍼링된 출력 스트림을 처리한다.
CharArrayWriter	Writer로 사용할 수 있는 문자 버퍼를 구현한다.
FilterWriter	필터링된 문자 스트림을 작성하기 위한 추상 클래스이다.
OutputStreamWriter	문자를 바이트로 변환하는 출력 스트림이다.
FileWriter	파일에 쓰는 출력 스트림이다.
PipedWriter	파이프된 문자 출력 스트림을 처리한다.
StringWriter	문자열을 구성하는 데 사용할 수 있는 문자열 버퍼에서 출력을 수집하는 문자 스트림이다.
PrintWriter	식이 지정된 표현을 텍스트 출력 스트림에 출력한다.

04 파일 읽기에는 바이트 입력 스트림 유형과 문자 입력 스트림 유형이 있습니다. 바이트 입력 스트림 유형은 입력 장치에서 응용 프로그램으로 바이트 데이터를 전송하는 방법이고, 문자 입력 스트림 유형은 입력 장치에서 응용 프로그램으로 문자 데이터를 전송하는 방법입니다.

• 바이트 입력 스트림 유형

클래스	설명
FileInputStream	파일에서 읽는 입력 스트림이다.
ByteArrayInputStream	바이트 배열을 차례대로 읽어들이는 입력 스트림이다.
FilterInputStream	필터를 이용한 입력 스트림이다.
DataInputStream	표준 데이터 유형을 읽는 방법을 포함하는 입력 스트림이다.
BufferedInputStream	버퍼링된 입력 스트림을 처리한다.
PushBackInputStream	print(), println() 메서드를 포함하는 입력 스트림이다.
PipedInputStream	주로 멀티스레드 처리에 사용하며 PipedOutputStream에 연결해야 한다. PipedOutputStream에 기록되는 데이터 바이트를 제공한다.
ObjectInputStream	객체를 입력할 수 있는 보조 스트림이다.

• 문자 입력 스트림 유형

클래스	설명
BufferedReader	버퍼링된 문자 입력 스트림을 처리한다.
CharArrayReader	문자 입력 스트림으로 사용할 수 있는 문자 버퍼를 구현한다.
FilterReader	필터링된 문자 스트림을 읽기 위한 추상 클래스이다.
InputStreamReader	바이트를 문자로 변환하는 입력 스트림이다.
FileReader	파일에서 읽는 문자 입력 스트림이다.
PipedReader	파이프된 문자 입력 스트림이다.
StringReader	소스가 문자열인 문자 스트림이다.

연습문제

01 다음 빈칸을 채우시오.

① 스트림은 데이터를 전달하는 방식에 따라 [ ]과 [ ]으로 구분할 수 있다.

② [ ]은 주로 바이트 데이터의 입출력을 처리하고, [ ]은 한 번에 16비트 유니코드 데이터의 입출력을 처리한다.

02 다음 중 파일 작업을 수행하기 위한 입력은 무엇인가?

① 파일명
② 디렉터리명
③ 파일 크기
④ 추상 경로명

03 다음 중 입출력 스트림 유형이 다른 것은 무엇인가?

① BufferedWriter
② FilterWriter
③ FileOutputStream
④ PrintWriter

04 다음 프로그램의 실행 결과는 무엇인가?

```
public class MyClass {
   public static void main(String[] args) {
      File file = new File("FileClass.txt");
      if (file.mkdir()) {
         System.out.println("파일이 새로운 디렉터리에 있습니다.");
      }
      else {
         System.out.println("파일이 동일한 디렉터리에 있습니다.");
      }
   }
}
```

① 파일이 새로운 디렉터리에 있습니다.
② 파일이 동일한 디렉터리에 있습니다.
③ 아무것도 출력되지 않는다.
④ 컴파일 오류가 발생한다.

05 다음 프로그램의 실행 결과는 무엇인가?

```
public class MyClass {
    public static void main(String[] args) {
        File file = new File("test.txt");
        System.out.println(file.getName());
    }
}
```

① 파일 작업 ② test.txt

③ 파일 ④ 컴파일 오류

06 다음 프로그램의 빈칸을 채우시오.

```
public class MyClass {
    public static void main(String[] args) {
        final String fileName = "file1.txt";
        try {
            File objFile = new File(fileName);
            if (objFile.[          ]) {
                System.out.println("파일 생성 성공!!!");
            } else {
                System.out.println("파일 생성 실패!!!");
            }
        } catch(Exception Ex) {
            System.out.println("Exception : " + Ex.toString());
        }
    }
}
```

07 다음 프로그램의 빈칸을 채우시오.

```
public class MyClass {
    public static void main(String[] args) {
        final String fileName = "file1.txt";
        try {
            File objFile = new File(fileName);
            System.out.println("파일 경로: " + objFile.[          ]);
            System.out.println("파일 크기: " + objFile.[          ] + " bytes.");
        } catch(Exception Ex) {
            System.out.println("Exception: " + Ex.toString());
        }
    }
}
```

08 파일 읽기에서 라인을 읽는 프로그램의 빈칸을 채우시오.

```
public class MyClass {
    public static void main(String[] args) throws IOException {
        BufferedReader br = new BufferedReader(new [          ]("c:/out.txt"));
        while(true) {
            String line = br.[          ];
            if (line == null) break;
            System.out.println(line);
        }
        br.close();
    }
}
```

09 다음 프로그램의 실행 결과를 작성하시오.

```
public class MyClass {
    public static void main(String[] args) {
        File F1 = new File("c://program files//intro.dat");
        File F2 = new File("c://program files//intro.dat");
        File F3 = new File("c://program files//basic.dat");

        if (F1.compareTo(F2) == 0) {
            System.out.println("F1과 F2의 경로는 동일합니다...");
        }
        else {
            System.out.println("F1과 F2의 경로는 같지 않습니다...");
        }
        if (F2.compareTo(F3) == 0) {
            System.out.println("F2와 F3의 경로는 동일합니다...");
        }
        else {
            System.out.println("F2와 F3의 경로는 같지 않습니다...");
        }
        if (F3.compareTo(F1) == 0) {
            System.out.println("F3과 F1의 경로는 동일합니다...");
        }
        else {
            System.out.println("F3과 F1의 경로는 같지 않습니다...");
        }
    }
}
```

10 파일 쓰기 프로그램의 빈칸을 채우시오.

```
public class MyClass {
    public static void main(String[] args) throws IOException {
        FileOutputStream output = new FileOutputStream("out.txt");
        for(int i = 1; i < 11; i++) {
            String data = i+" 번째 줄입니다.\r\n";
            output.[          ](data.getBytes());
        }
        output.close();
    }
}
```

CHAPTER 13
컬렉션

학습목표

- 컬렉션의 개념과 특징을 이해합니다.
- List 컬렉션의 사용법과 기능을 알아봅니다.
- Set 컬렉션의 사용법과 기능을 알아봅니다.
- Map 컬렉션의 사용법과 기능을 알아봅니다.

Preview

자바 프로그램에서 다수의 데이터를 쉽고 효과적으로 처리할 수 있는 표준화된 방법을 제공하는 컬렉션 클래스를 살펴봅시다. 컬렉션 클래스의 주요 인터페이스인 `List` 컬렉션, `Set` 컬렉션, `Map` 컬렉션의 기능과 작성하는 방법에 대해 자세히 알아봅시다.

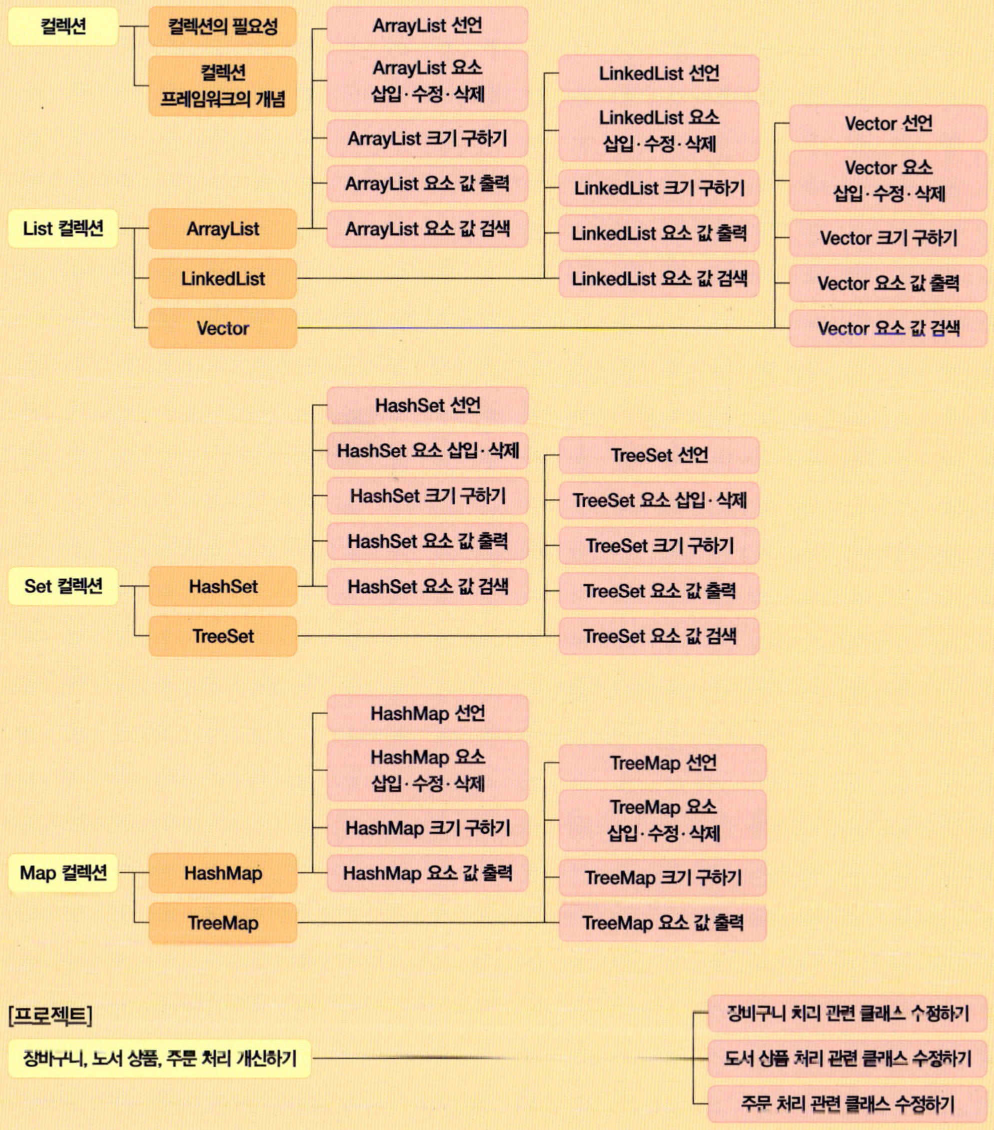

13.1 | 컬렉션

1 컬렉션의 필요성

컬렉션(collection)은 배열처럼 데이터를 저장하는 데 사용됩니다. 배열을 사용할 때의 가장 큰 문제점은 크기가 고정되어 있다는 것입니다. 즉 10개의 요소로 구성된 배열을 선언하면 나중에 크기를 늘리거나 줄일 수 없습니다. 배열의 크기는 생성할 때 결정되며, 그 크기를 넘어서면 더 이상 데이터를 저장할 수 없고 데이터를 삭제하면 해당 인덱스의 데이터가 비어 메모리가 낭비됩니다.

이와 달리 컬렉션은 요구 사항에 따라 크기를 변경할 수 있습니다. 또한 배열은 유사한 유형의 데이터만 저장할 수 있으나 컬렉션은 다양한 유형의 데이터를 저장할 수 있습니다. 예를 들어 일부 정수와 일부 문자열을 포함하는 배열을 만들 수는 없지만, `Integer`형의 일부 객체와 `String`형의 일부 객체를 포함하는 컬렉션은 만들 수 있습니다. 그리고 컬렉션은 배열보다 메모리를 덜 사용합니다.

(a) 배열　　(b) 컬렉션

그림 13-1 배열과 컬렉션

배열과 컬렉션의 차이점을 [표 13-1]에 정리했습니다.

표 13-1 배열과 컬렉션의 차이점

배열	컬렉션
크기가 고정되어 있다. 배열을 생성한 후에는 크기를 늘리거나 줄일 수 없다.	크기가 유동적이다. 요구 사항에 따라 크기를 늘리거나 줄일 수 있다.
배열은 기본값(예 int, str형의 값)과 객체를 모두 저장하는 데 사용할 수 있다.	개체를 저장하는 데 사용할 수 있지만 기본값은 사용할 수 없다.
유사한 유형의 데이터를 저장한다.	일부 컬렉션은 유사한 데이터를 저장하는 데 사용할 수 있고, 일부 컬렉션은 유사하거나 다른 유형의 데이터를 저장하는 데 사용할 수 있다.
메모리 효율성이 떨어진다.	메모리 효율성이 높다.
성능 면에서 더 좋다.	성능에 따라 컬렉션을 권장하지 않는다.

2 컬렉션 프레임워크의 개념

컬렉션 프레임워크(collection framework)는 많은 데이터를 쉽고 효과적으로 처리할 수 있는 표준화된 방법을 제공하는 클래스의 집합을 말합니다. 즉 데이터를 저장하는 자료 구조와 데이터를 처리하는 알고리즘을 구조화하여 클래스로 구현해놓은 인터페이스입니다. [그림 13-2]는 컬렉션 프레임워크의 계층 구조를 보여줍니다.

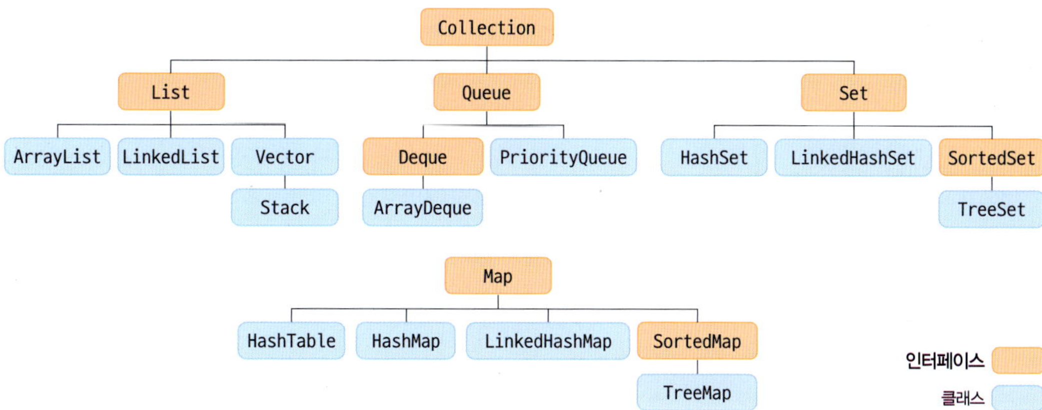

그림 13-2 컬렉션 프레임워크의 계층 구조

TIP 컬렉션 프레임워크의 인터페이스와 클래스에 대한 자세한 내용은 https://docs.oracle.com/en/java/javase/17/docs/api/java.base/java/util/Collection.html을 참고하세요.

[그림 13-2]에서 보듯이 컬렉션 프레임워크는 객체 그룹을 저장하고 조작하는 데 도움이 되는 다양한 인터페이스와 클래스를 제공합니다. `Set`, `List`, `Queue`, `Deque` 등의 인터페이스와 `ArrayList`, `Vector`, `LinkedList`, `PriorityQueue`, `HashSet`, `LinkedHashSet`, `TreeSet` 등의 클래스를 제공하며, 모든 클래스와 인터페이스는 `java.util` 패키지에 포함되어 있습니다.

표 13-2 컬렉션 프레임워크의 주요 인터페이스와 클래스

인터페이스	설명	컬렉션 클래스
List<E>	순서가 있는 데이터의 집합으로, 데이터의 중복을 허용한다.	ArrayList LinkedList Vector
Set<E>	순서가 없는 데이터의 집합으로, 데이터의 중복을 허용하지 않는다.	HashSet TreeSet LinkedHashSet
Queue<E>	요소가 헤드에서만 제거되는 특수한 종류의 목록을 처리하도록 컬렉션을 확장한다.	ArrayDeque PriorityQueue
Map<K, V>	순서가 없는 키와 값 한 쌍으로 이루어진 데이터의 집합으로, 키는 중복될 수 없지만 값은 중복될 수 있다.	HashMap TreeMap HashTable LinkedHashMap

TIP 자주 사용하는 타입 인자는 다음과 같습니다.

타입 인자	설명	타입 인자	설명	타입 인자	설명
<T>	Type	<K>	Key	<V>	Value
<E>	Element	<N>	Number	<R>	Result

표 13-3 컬렉션 프레임워크의 주요 공통 메서드

메서드	설명
boolean add(E e)	컬렉션에 요소를 삽입한다.
boolean addAll(Collection c)	호출 컬렉션에 지정된 컬렉션 요소를 삽입한다.
boolean remove(Object element)	컬렉션을 확장하여 개체의 시퀀스 목록을 처리한다.
boolean removeAll(Collection c)	호출 컬렉션에서 지정된 컬렉션의 모든 요소를 삭제한다.
boolean removeIf(Predicate filter)	지정된 술어를 충족하는 컬렉션의 모든 요소를 삭제한다.
boolean retainAll(Collection c)	지정된 컬렉션을 제외하고 컬렉션을 호출하는 모든 요소를 삭제한다.
int size()	컬렉션에 포함된 모든 요소 개수를 반환한다.
void clear()	컬렉션의 모든 요소를 삭제한다.
boolean contains(Object element)	요소를 검색한다.
boolean containsAll(Collection c)	지정된 컬렉션을 검색한다.

하나 더 알기 **컬렉션 프레임워크의 장점**

- 내장된 데이터 구조 및 알고리즘 세트를 제공하여 프로그래밍에 쏟는 노력을 덜어줍니다.
- 데이터 구조 및 알고리즘의 고성능 구현을 제공하여 성능을 높여줍니다.
- 컬렉션을 처리하는 데 공통 언어를 사용하므로 관련 없는 API 간의 상호 운용성을 제공합니다.
- 생산성을 향상하고 운영 시간을 줄여줍니다.
- 현재 컬렉션과 함께 작업할 수 있는 다양성을 제공합니다.

여기서 퀴즈!

다음 중 컬렉션 프레임워크 내의 인터페이스가 아닌 것을 고르시오.

① Collection　② Group
③ Set　④ List

정답 ②

13.2 | List 컬렉션

List 컬렉션은 Collection 인터페이스의 자식 인터페이스로, 선형 자료 구조의 형태로 요소를 저장합니다. 요소를 인덱스로 관리하기 때문에 요소를 저장하면 자동으로 저장 순서의 인덱스가 부여되고, 인덱스로 요소를 검색하거나 삭제할 수 있습니다. List 컬렉션에는 같은 요소를 중복해서 저장할 수 있는데, 이때 동일한 번지가 참조된다는 것을 주의해야 합니다. 또한 null도 저장할 수 있는데, 이 경우에는 해당 인덱스가 요소를 참조하지 않습니다.

인덱스	0	1	2	…	N
요소	객체	객체	객체	…	객체

그림 13-3 List 컬렉션의 구조

List 컬렉션을 구현하는 대표적인 클래스는 ArrayList, LinkedList, Vector이며, 이러한 클래스를 선언하는 형식은 다음과 같습니다.

```
자식클래스명<E> 객체명 = new 자식클래스명<E>();
List<E> 객체명 = new 자식클래스명<E>();
```

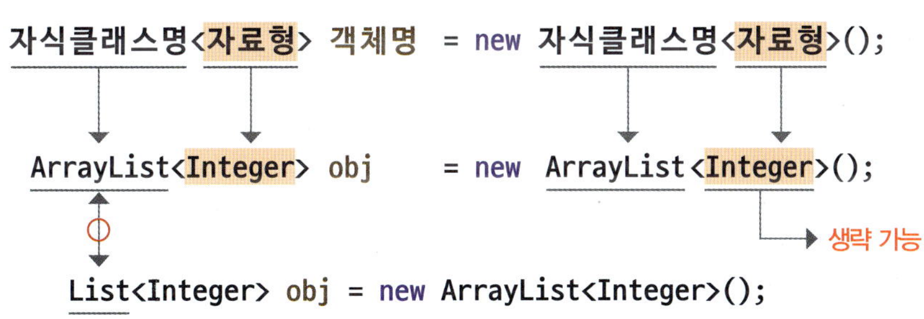

그림 13-4 List 컬렉션의 자식 클래스인 ArrayList 선언 형식

다음은 List 컬렉션의 주요 자식 클래스를 선언하는 예입니다.

```java
List<Integer> obj1 = new ArrayList();
   // ArrayList<Integer> obj1 = new ArrayList<Integer>();과 같음

List<Integer> obj2 = new LinkedList();
   // LinkedList<Integer> obj2 = new LinkedList<Integer>();과 같음

List<Integer> obj3 = new Vector();
   // Vector<Integer> obj3 = new Vector<Integer>();과 같음
```

List 인터페이스에서 주로 사용되는 메서드는 [표 13-4]와 같습니다.

표 13-4 List 인터페이스의 주요 메서드

메서드	설명
boolean add(E e)	요소를 삽입한다.
boolean add(int index, E obj)	주어진 인덱스에 요소를 추가한다.
Object set(int index, E element)	지정된 인덱스에 요소를 저장한다.
boolean contains(Object o)	지정된 요소를 검색한다.
Object get(int index)	지정된 인덱스에 저장된 요소를 반환한다.
boolean isEmpty()	컬렉션이 비어 있는지 여부를 확인한다.
int size()	모든 요소의 개수를 반환한다.
void clear()	모든 요소를 삭제한다.
boolean remove(Object o)	지정된 요소를 삭제한다.
int indexOf(Object o)	지정된 요소가 처음 나타나는 인덱스를 반환한다.
int lastIndexOf(Object o)	지정된 요소가 마지막으로 나타나는 인덱스를 반환한다.
Object[] toArray()	모든 요소를 Object형의 배열로 반환한다.

1 ArrayList

ArrayList는 List 인터페이스를 구현한 클래스로, 선형 순서로 저장하는 데 사용하는 배열 기반 데이터 구조의 구현을 제공합니다. 한 번 생성되면 크기가 변하지 않는 배열과 달리 ArrayList는 크기가 가변적입니다. 즉 저장 용량을 초과하면 부족한 만큼 자동으로 저장 용량이 늘어나기 때문에 일반적인 배열보다 기능성과 유연성이 뛰어나 널리 사용됩니다.

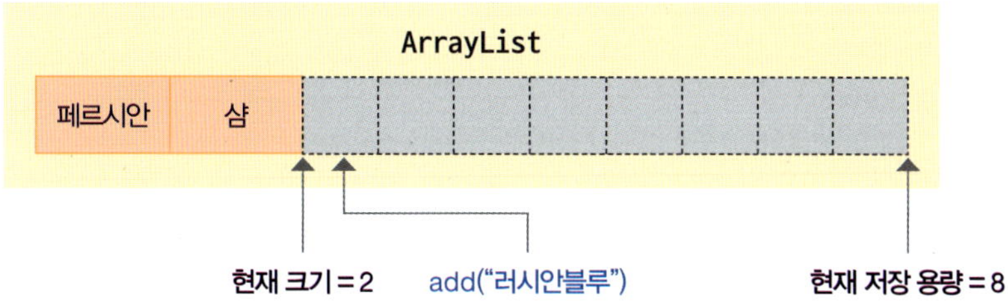

그림 13-5 ArrayList 클래스의 구조

하나 더 알기 ArrayList가 Array보다 나은 이유

Array는 길이가 고정되어 있으므로 가득 차면 더 이상 요소를 추가할 수 없다는 것이 한계입니다. 즉 배열의 요소가 삭제되더라도 메모리에서 차지하는 공간은 변함이 없습니다. 반면에 ArrayList는 요소를 추가/삭제하면 동적으로 확장/축소할 수 있으며, 미리 정의된 메서드를 사용하여 작업을 쉽게 수행할 수 있습니다.

ArrayList 선언

ArrayList 클래스에는 비어 있거나 다른 컬렉션의 요소에서 ArrayList를 만드는 데 사용할 수 있는 생성자가 있습니다.

표 13-5 ArrayList 클래스의 생성자

생성자	설명
ArrayList()	빈 ArrayList를 생성한다.
ArrayList(Collection C)	Collection C의 요소로 초기화된 ArrayList를 생성한다.
ArrayList(int initialCapacity)	지정된 초기 용량을 가진 ArrayList를 생성한다.

다음은 ArrayList 클래스를 생성하는 예입니다.

```
ArrayList list = new ArrayList();                    // 클래스 유형 미설정 Object로 선언
ArrayList<Integer> num = new ArrayList<Integer>();   // int형의 객체 요소만 사용 가능
ArrayList<Integer> num2 = new ArrayList<Integer>(10); // 초기 용량을 10으로 지정
```

new에서 클래스 유형 파라미터 생략 가능
ArrayList<Integer> num = new ArrayList<>();

ArrayList 요소 삽입

ArrayList에 요소를 삽입하려면 add() 메서드를 사용합니다. 삽입 순서대로 목록에 요소를 추가합니다.

```
ArrayList<String> cats = new ArrayList<String>();
cats.add("페르시안");          // 값 추가 ❶
cats.add(null);               // null 값 추가 ❷
cats.add(1, "샴");            // 인덱스 1에 값("샴") 추가 ❸
```

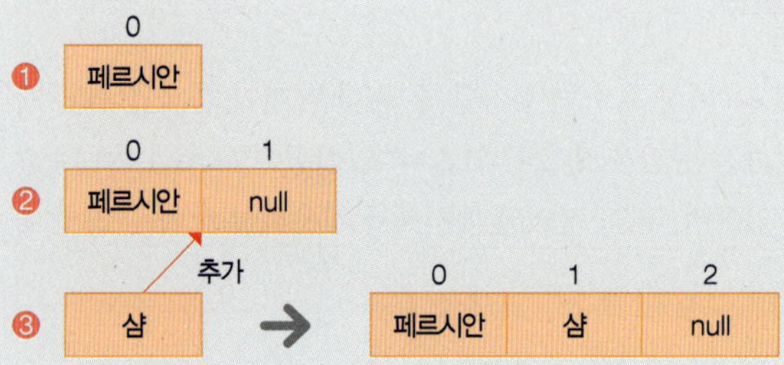


```
ArrayList<Cat> cats = new ArrayList<Cat>();
Cat cat = new Cat("페르시안");                              ❶
cats.add(cat);                 // cat 객체 생성 후 추가
cats.add(new Cat("샴"));       // cat 객체 생성과 동시에 추가 ❷
```

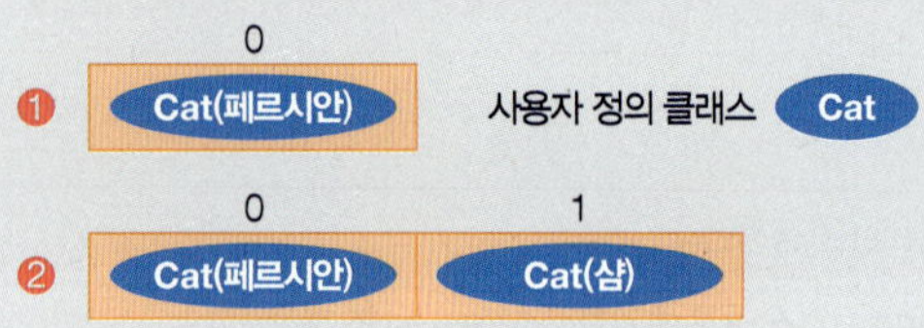

ArrayList 요소 수정

ArrayList의 요소를 수정하려면 set() 메서드를 사용합니다. 인덱스와 새 요소를 제공하면 해당 인덱스의 요소가 주어진 새 요소로 업데이트됩니다.

```
ArrayList<String> cats = new ArrayList<String>();
cats.set(2, "러시안블루");    // 인덱스가 2인 요소를 "러시안블루"로 변경 ❶
```

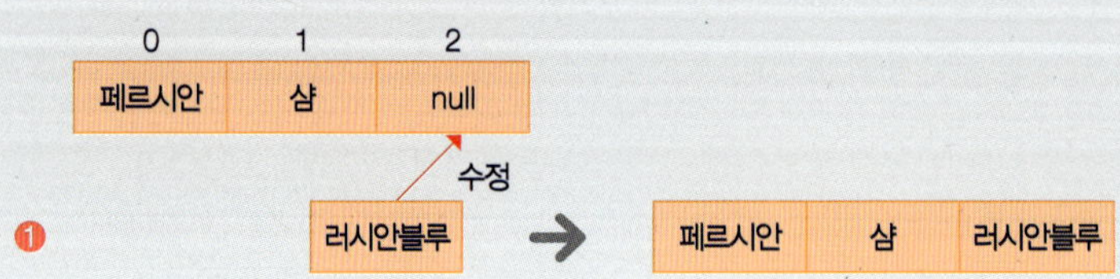

ArrayList 요소 삭제

ArrayList의 요소를 삭제하려면 remove() 메서드를 사용하는데, 이때 인덱스 값을 전달하여 요소를 삭제할 수도 있습니다. 모든 요소를 삭제할 때는 clear() 메서드를 사용합니다.

```
ArrayList<String> cats = new ArrayList<String>();
cats.remove("페르시안");        // 요소 삭제 ●── ❶
cats.remove(1);                // 인덱스가 1인 요소 삭제 ●── ❷
cats.clear();                  // 모든 요소 삭제 ●── ❸
```

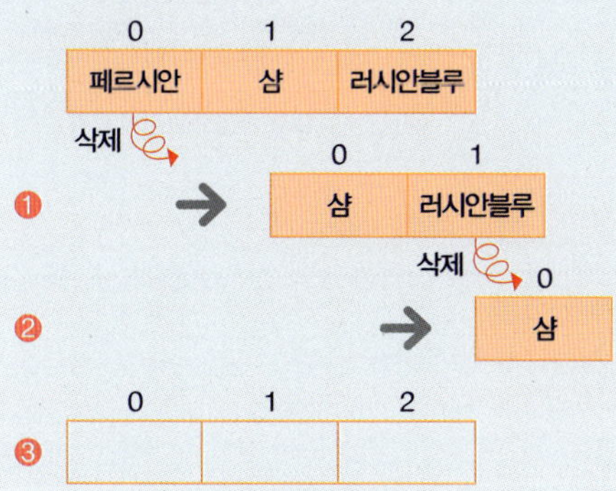

ArrayList 크기 구하기

ArrayList의 크기를 구하려면 size() 메서드를 사용합니다. ArrayList의 크기는 마지막 인덱스에 1을 더한 값입니다.

```
ArrayList<String> cats = new ArrayList<String>();
System.out.println(cats.size());     // cats 크기: 3
```

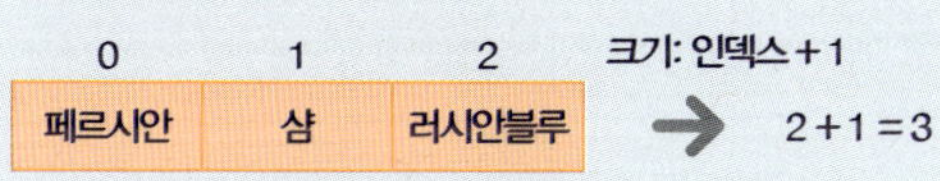

ArrayList 요소 값 출력

ArrayList의 요소 값을 출력하기 위해 get(index) 메서드를 사용하면 ArrayList에서 원하는 인덱스의 요소 값이 반환됩니다. 전체 요소 값을 출력할 때는 대개 for문을 사용하지만 Iterator문을 사용할 수도 있습니다.

```
ArrayList<String> cats = new ArrayList<String>();

System.out.println(cats.get(0));      // 0번째 인덱스 출력 ❶

for (String cat : cats) {             // for문으로 전체 출력
    System.out.println(cat);
}

Iterator iter = cats.iterator();      // Iterator 선언

while (iter.hasNext()) {              // 다음 요소 값이 있는지 확인
    System.out.println(iter.next()); // 요소 값 출력
}
```

Iterator문으로 전체 출력

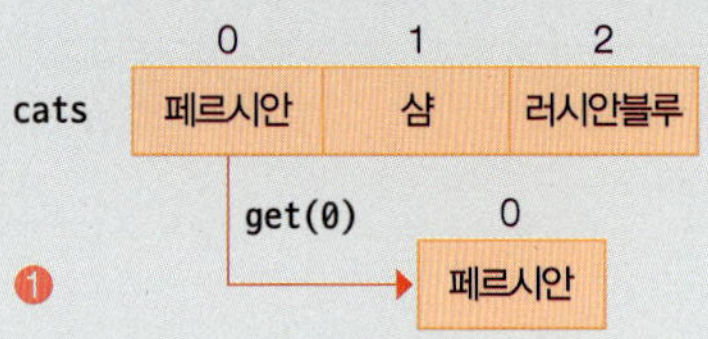

ArrayList 요소 값 검색

ArrayList에서 원하는 요소 값을 검색하려면 contains(value) 메서드를 사용하며, 이때 검색한 값이 있으면 true가 반환됩니다. 또한 요소 값이 있는 인덱스를 찾으려면 indexOf(value) 메서드를 사용하며, 이때 값이 없으면 −1이 반환됩니다.

```
ArrayList<String> cats = new ArrayList<String>();

System.out.println(cats.contains("샴"));  // cats에 "샴"이 있으면 true 반환
System.out.println(cats.indexOf("샴"));   // "샴"이 있는 인덱스 반환, 없으면 -1 반환
```

다음은 ArrayList의 메서드를 이용하여 요소를 삽입·삭제·수정·검색·출력하는 예입니다.

ArrayList를 이용한 요소 삽입·삭제·수정·검색·출력 예시 Chap13/src/Example01.java

```
import java.util.ArrayList;

public class Example01 {
   public static void main(String[] args) {
      ArrayList<String> cats = new ArrayList<String>();
```

```java
        cats.add("페르시안");
        cats.add("null");
        System.out.println(cats);

        cats.add(1, "샴");
        System.out.println(cats);

        cats.set(2, "러시안블루");
        System.out.println(cats);

        cats.remove("페르시안");
        System.out.println(cats);

        cats.remove(1);
        System.out.println(cats);

        System.out.println(cats.size());
        System.out.println(cats.get(0));
        System.out.println(cats.contains("샴"));
        System.out.println(cats.indexOf("샴"));
    }
}
```

실행 결과

```
[페르시안, null]
[페르시안, 샴, null]
[페르시안, 샴, 러시안블루]
[샴, 러시안블루]
[샴]
1
샴
true
0
```

예제 13-1 ArrayList를 이용하여 숫자 정렬하기

ArrayList 클래스의 add() 메서드를 이용하여 숫자 10부터 1을 리스트에 저장하고, sort() 메서드를 이용하여 이 리스트를 역순으로 정렬해봅시다.

Chap13/src/Collection01.java

```java
import java.util.ArrayList;
import java.util.Comparator;

public class Collection01 {
   public static void main(String[] args) {
      ArrayList<Integer> num = new ArrayList<Integer>();

      for (int i = 10; i >= 1; i--)
         num.add(i);

      System.out.println(num);

      System.out.print("정렬 전 : ");
      for (int i = 0; i < num.size(); i++)
         System.out.print(num.get(i) + " ");

      num.sort(Comparator.naturalOrder());

      System.out.println();
      System.out.print("정렬 후 : ");
      for (int i = 0; i < num.size(); i++)
         System.out.print(num.get(i) + " ");
   }
}
```

Collection.sort(num)을 사용해도 되며, 이 경우 import java.util.Collection;이 필요함

실행 결과

```
[10, 9, 8, 7, 6, 5, 4, 3, 2, 1]
정렬 전 : 10 9 8 7 6 5 4 3 2 1
정렬 후 : 1 2 3 4 5 6 7 8 9 10
```

2 LinkedList

LinkedList 역시 List 인터페이스를 구현한 클래스로, 데이터와 포인터를 가진 요소가 선형 순서로 저장됩니다. 즉 데이터를 담고 있는 요소들이 연결되어 있고, 요소의 포인터가 다음 요소를 연결하는 방식의 구조입니다. ArrayList에 비해 데이터 삽입이나 삭제가 용이하지만, 인덱스가 없기 때문에 특정 요소에 접근하려면 순차 탐색을 함으로써 검색 속도가 떨어진다는 것이 단점입니다.

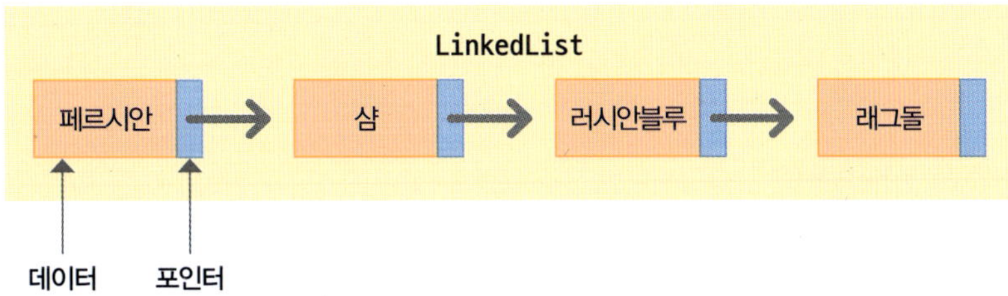

그림 13-6 LinkedList 클래스의 구조

LinkedList 선언

LinkedList에는 [표 13-6]과 같은 생성자가 있습니다.

표 13-6 LinkedList 클래스의 생성자

생성자	설명
LinkedList()	빈 LinkedList를 생성한다.
LinkedList(Collection C)	Collection C의 요소로 초기화된 LinkedList를 생성한다.

다음은 LinkedList 클래스를 생성하는 예입니다.

```
LinkedList list = new LinkedList();                          // 클래스 유형 미설정 Object로 선언
LinkedList<Integer> num = new LinkedList<Integer>();         // int형의 객체 요소만 사용 가능
```

new에서 클래스 유형 파라미터 생략 가능
LinkedList<Integer> num = new LinkedList<>();

LinkedList 요소 삽입

LinkedList에 요소를 삽입하려면 일반적으로 add(index, value) 메서드를 사용합니다. 이때 index를 생략하면 맨 뒤에 데이터가 추가됩니다. addFirst(value), addLast(vale) 메서드를 사용할 수도 있는데, addFirst(value)의 경우 맨 앞에 데이터가 삽입되고, addLast(value)의 경우 맨 뒤에 데이터가 삽입됩니다.

```
LinkedList<String> cats = new LinkedList<String>();
cats.add("러시안블루");        ❶
cats.addFirst("페르시안");     ❷
cats.addLast("래그돌");        ❸
cats.add(1, "삼");             ❹
```

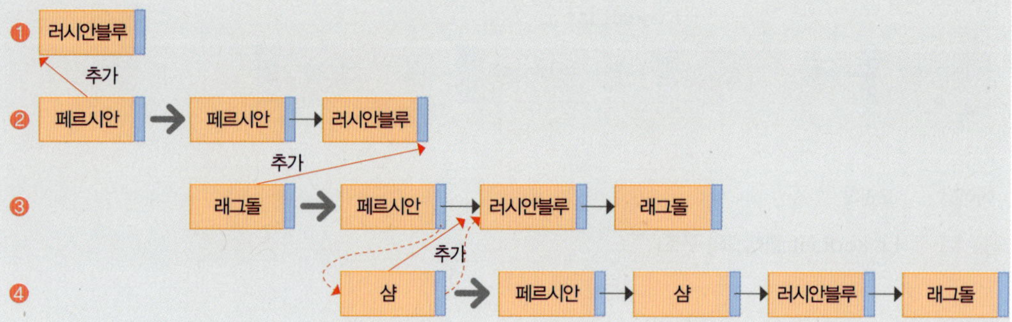


```
LinkedList<Cat> cats = new LinkedList<Cat>();
Cat cat = new Cat("페르시안");
cats.add(cat);                // cat 객체 생성 후 추가          ❶
cats.add(new Cat("샴"));      // cat 객체 생성과 동시에 추가     ❷
```

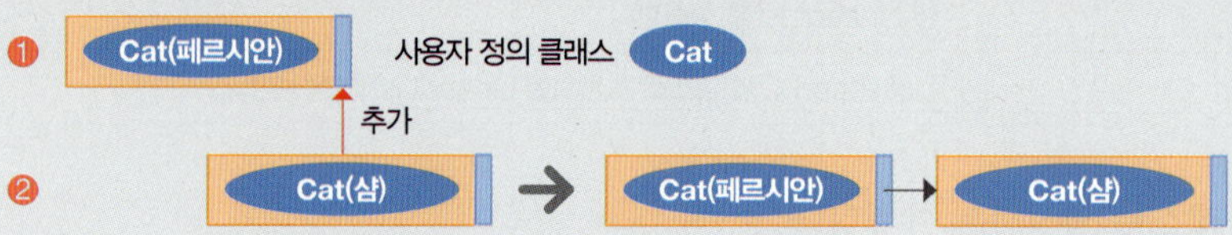

LinkedList 요소 수정

LinkedList의 요소를 수정하려면 set() 메서드를 사용합니다. 인덱스와 새 요소를 제공하면 해당 인덱스의 요소가 주어진 새 요소로 업데이트됩니다.

```
LinkedList<String> cats = new LinkedList<String>();
cats.set(2, "코리안쇼트헤어");   // 인덱스가 2인 요소를 "코리안쇼트헤어"로 변경   ❶
```

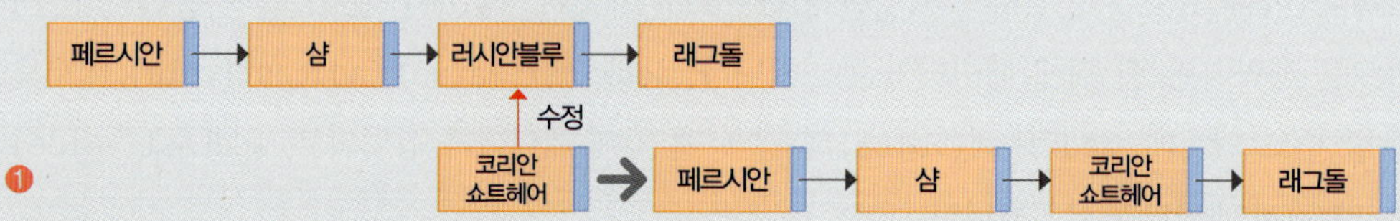

LinkedList 요소 삭제

LinkedList의 요소를 삭제할 때 remove(index, value)를 사용하면 특정 인덱스의 값을 삭제할 수 있습니다. 이 경우 index를 생략하면 지정된 요소 값을 삭제합니다. removeFirst(), removeLast() 메서드를 사용할 수도 있는데, removeFirst()의 경우 맨 앞의 데이터가 삭제되고, removeLast()의 경우 맨 뒤의 데이터가 삭제됩니다. 모든 요소를 삭제할 때는 clear() 메서드를 사용합니다.

```
LinkedList<String> cats = new LinkedList<String>();
cats.removeFirst();    // 맨 앞의 요소 삭제 ●────── ❶
cats.removeLast();     // 맨 뒤의 요소 삭제 ●────── ❷
cats.remove(1);        // 인덱스가 1인 요소 삭제 ●── ❸
cats.clear();          // 모든 요소 삭제 ●───────── ❹
```

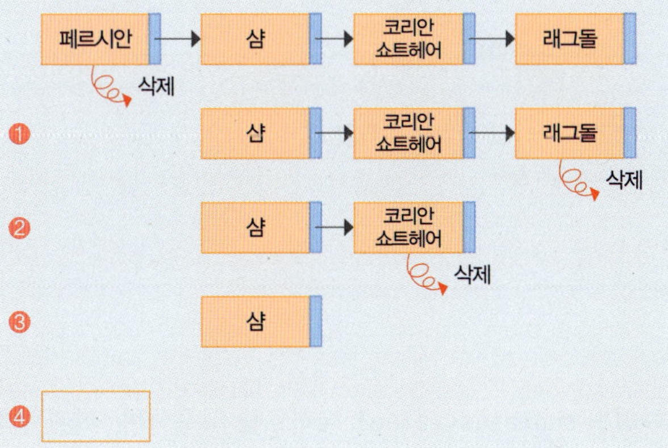

LinkedList 크기 구하기

LinkedList의 크기를 구하려면 size() 메서드를 사용합니다. ArrayList와 마찬가지로 LinkedList의 크기는 마지막 인덱스에 1을 더한 값입니다.

```
LinkedList<String> cats = new LinkedList<String>();
System.out.println(cats.size());    // cats 크기: 4
```

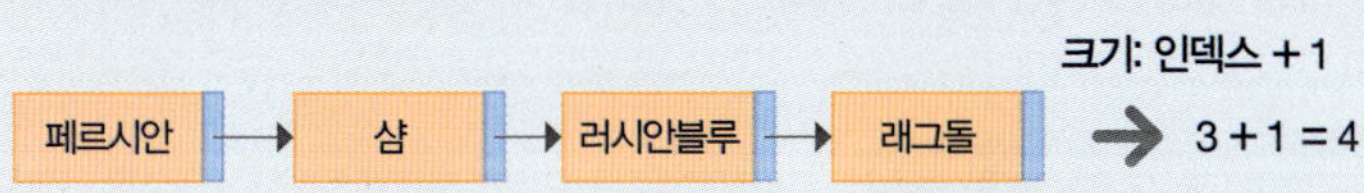

LinkedList 요소 값 출력

LinkedList의 요소 값을 출력하기 위해 get(index) 메서드를 사용하면 LinkedList에서 원하는 인덱스의 요소 값이 반환됩니다. 전체 요소 값을 출력할 때는 대개 for문을 사용하지만 Iterator문을 사용할 수도 있습니다.

```java
LinkedList<String> cats = new LinkedList<String>();

System.out.println(cats.get(0));        // 0번째 인덱스 출력

for (String cat : cats) {               // for문으로 전체 출력
    System.out.println(cat);
}

Iterator iter = cats.iterator();        // Iterator 선언

while (iter.hasNext()) {                // 다음 요소 값이 있는지 확인
    System.out.println(iter.next());    // 요소 값 출력
}
```

LinkedList 요소 값 검색

LinkedList에서 원하는 요소 값을 검색하려면 contains(value) 메서드를 사용하며, 이때 검색한 값이 있으면 true가 반환됩니다. 또한 요소 값이 있는 인덱스를 찾으려면 indexOf(value) 메서드를 사용하며, 이때 값이 없으면 −1이 반환됩니다.

```java
LinkedList<String> cats = new LinkedList<String>();

System.out.println(cats.contains("샴"));  // cats에 "샴"이 있으면 true 반환
System.out.println(cats.indexOf("샴"));   // "샴"이 있는 인덱스 반환, 없으면 -1 반환
```

다음은 LinkedList의 메서드를 이용하여 요소를 삽입·삭제·수정·검색·출력하는 예입니다.

LinkedList를 이용한 요소 삽입·삭제·수정·검색·출력 예시 Chap13/src/Example02.java

```java
import java.util.LinkedList;

public class Example02 {
    public static void main(String[] args) {
        LinkedList<String> cats = new LinkedList<String>();

        cats.add("러시안블루");
        cats.addFirst("페르시안");
        cats.addLast("래그돌");
        System.out.println(cats);
```

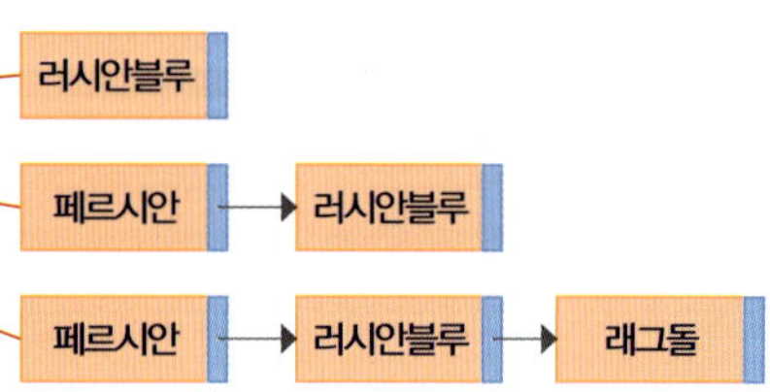

```
        cats.add(1, "샴");
        System.out.println(cats);

        cats.set(2, "코리안쇼트헤어");
        System.out.println(cats);

        cats.removeFirst();
        cats.removeLast();
        System.out.println(cats);
        cats.remove(1);
        System.out.println(cats);

        System.out.println(cats.size());
        System.out.println(cats.get(0));
        System.out.println(cats.contains("샴"));
        System.out.println(cats.indexOf("샴"));
    }
}
```

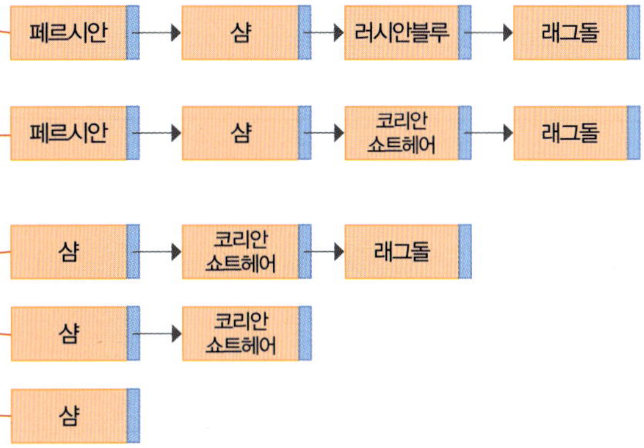

실행 결과

```
[페르시안, 러시안블루, 래그돌]
[페르시안, 샴, 러시안블루, 래그돌]
[페르시안, 샴, 코리안쇼트헤어, 래그돌]
[샴, 코리안쇼트헤어]
[샴]
1
샴
true
0
```

예제 13-2 LinkedList를 이용하여 숫자 정렬하기

LinkedList 클래스의 add() 메서드를 이용하여 숫자 10부터 1을 리스트에 저장하고, sort() 메서드를 이용하여 이 리스트를 역순으로 정렬해봅시다.

Chap13/src/Collection02.java

```java
import java.util.Collections;
import java.util.LinkedList;

public class Collection02 {
   public static void main(String[] args) {
      LinkedList<Integer> num = new LinkedList<Integer>();

      for (int i = 10; i >= 1; i--)
         num.add(i);

      System.out.println(num);

      System.out.print("정렬 전 : ");
      for (int i = 0; i < num.size(); i++)
         System.out.print(num.get(i) + " ");

      Collections.sort(num);

      System.out.println();
      System.out.print("정렬 후 : ");
      for (int i = 0; i < num.size(); i++)
         System.out.print(num.get(i) + " ");
   }
}
```

num.sort(Comparator.reverseOrder( ));을 사용해도 되며, 이 경우 import java.util.Comparator;이 필요함

실행 결과

```
[10, 9, 8, 7, 6, 5, 4, 3, 2, 1]
정렬 전 : 10 9 8 7 6 5 4 3 2 1
정렬 후 : 1 2 3 4 5 6 7 8 9 10
```

3 Vector

Vector는 List 인터페이스를 구현한 클래스로, ArrayList와 마찬가지로 선형 순서로 저장하지만 자동 동기화를 보장하기 때문에 멀티스레드 환경에서 안정적으로 사용할 수 있습니다. 스레드가 아닌 환경에서는 Vector를 거의 사용하지 않으며, 따라서 요소 검색, 추가, 삭제, 수정 등의 성능이 저하됩니다.

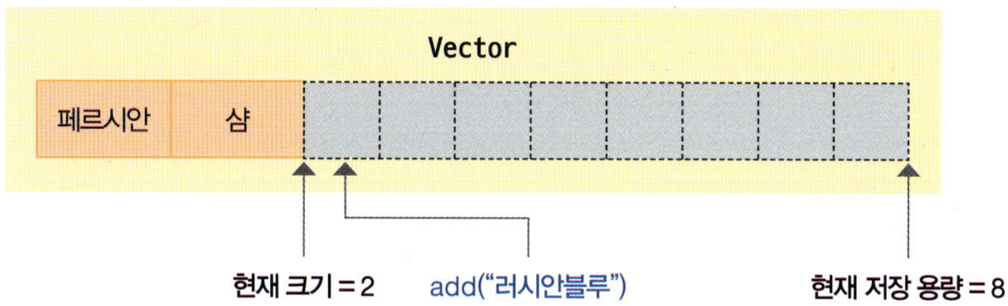

그림 13-7 Vector 클래스의 구조

Vector 선언

Vector에는 [표 13-7]과 같은 생성자가 있습니다.

표 13-7 Vector 클래스의 생성자

생성자	설명
Vector()	빈 Vector를 생성한다.
Vector(Collection C)	Collection C의 요소로 초기화된 Vector를 생성한다.
Vector(int initialCapacity)	지정된 초기 용량을 가진 Vector를 생성한다.
Vector(int initialCapacity, int capacityIncrement)	지정된 초기 용량 및 용량 증분을 가진 빈 Vector를 생성한다.

다음은 Vector 클래스를 생성하는 예입니다.

```
Vector list = new Vector();                        // 클래스 유형 미설정 Object로 선언
Vector<Integer> num = new Vector<Integer>();       // int형의 객체 요소만 사용 가능
Vector<Integer> num3 = new Vector<Integer>(10);    // 초기 용량을 10으로 지정
```

new에서 클래스 유형 파라미터 생략 가능
Vector<Integer> num = new Vector<>();

Vector 요소 삽입

Vector에 요소를 삽입하려면 add() 메서드를 사용합니다. 삽입 순서대로 목록에 요소를 추가합니다.

```
Vector<String> cats = new ArrayList<String>();
cats.add("페르시안");      // 값 추가 ❶
cats.add(null);           // null 값 추가 ❷
cats.add(1, "샴");         // 인덱스 1에 값("샴") 추가 ❸
```

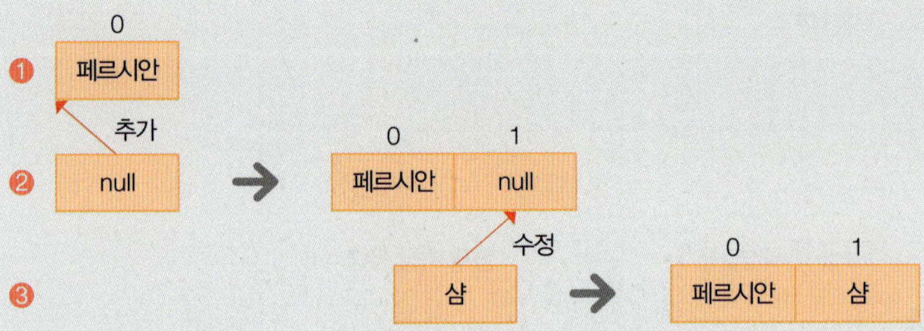


```
Vector<Cat> cats = new Vector<Cat>();
Cat cat = new Cat("페르시안");
cats.add(cat);             // cat 객체 생성 후 추가
cats.add(new Cat("샴"));    // cat 객체 생성과 동시에 추가
```

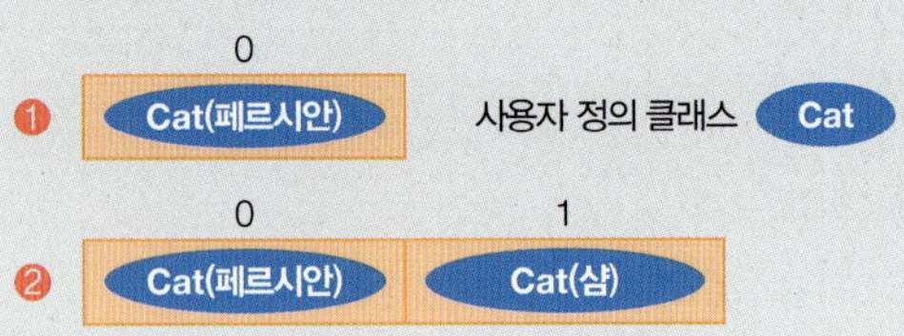

Vector 요소 수정

Vector의 요소를 수정하려면 set() 메서드를 사용합니다. 인덱스와 새 요소를 제공하면 해당 인덱스의 요소가 새 요소로 업데이트됩니다.

```
Vector<String> cats = new Vectort<String>();
cats.set(2, "러시안블루");    // 인덱스가 2인 요소를 "러시안블루"로 변경
```

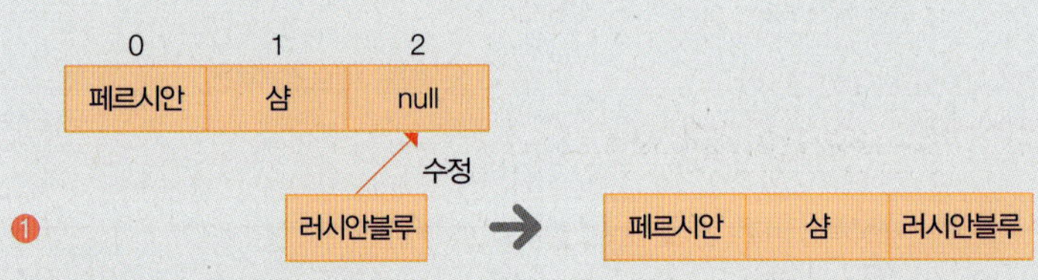

Vector 요소 삭제

Vector의 요소를 삭제하려면 remove() 메서드를 사용하는데, 이때 인덱스 값을 전달하여 요소를 삭제할 수도 있습니다. 모든 요소를 삭제할 때는 clear() 또는 removeAllElements() 메서드를 사용합니다.

```
Vector<String> cats = new Vectort<String>();
cats.remove("페르시안");        // 요소 삭제 ●———❶
cats.remove(1);                // 인덱스가 1인 요소 삭제 ●———❷
cats.clear();                  // 모든 요소 삭제 ─┐
cats.removeAllElements();      // 모든 요소 삭제 ─┘●———❸
```

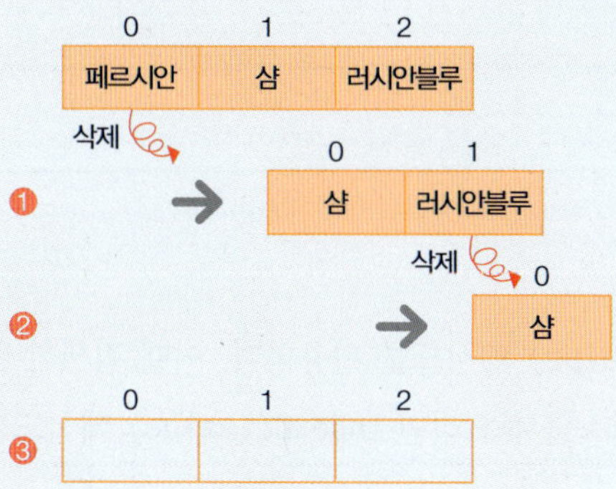

Vector 크기 구하기

Vector의 크기를 구하려면 size() 메서드를 사용합니다. Vector의 크기는 마지막 인덱스에 1을 더한 값입니다.

```
Vector<String> cats = new Vectort<String>();
System.out.println(cats.size());     // cats 크기: 3
```

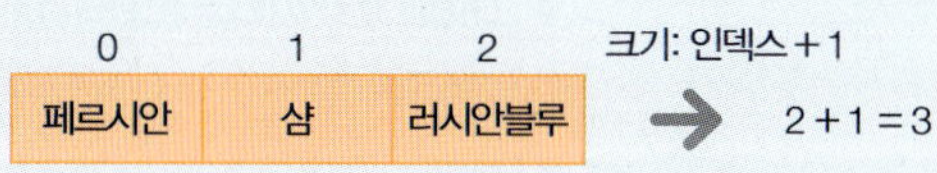

Vector 요소 값 출력

Vector의 요소 값을 출력하기 위해 get(index) 메서드를 사용하면 Vector에서 원하는 인덱스의 요소 값이 반환됩니다. 전체 요소 값을 출력할 때는 대개 for문을 사용하지만 Iterator문을 사용할 수도 있습니다.

```
Vector<String> cats = new Vectort<String>();

System.out.println(cats.get(0));     // 0번째 인덱스 출력

for (String cat : cats) {            // for문으로 전체 출력
```

```
    System.out.println(cat);
}

Iterator iter = cats.iterator();      // Iterator 선언

while (iter.hasNext()) {              // 다음 요소 값이 있는지 확인
   System.out.println(iter.next()); // 요소 값 출력
}
```

Vector 요소 값 검색

Vector에서 원하는 요소 값을 검색하려면 contains(value) 메서드를 사용하며, 이때 검색한 값이 있으면 true가 반환됩니다. 또한 요소 값이 있는 인덱스를 찾으려면 indexOf(value) 메서드를 사용하며, 이때 값이 없으면 −1이 반환됩니다.

```
Vector<String> cats = new Vectort<String>();

System.out.println(cats.contains("샴"));  // cats에 "샴"이 있으면 true 반환
System.out.println(cats.indexOf("샴"));   // "샴"이 있는 인덱스 반환, 없으면 -1 반환
```

다음은 Vector의 메서드를 이용하여 요소를 삽입·삭제·수정·검색·출력하는 예입니다.

Vector를 이용한 요소 삽입·삭제·수정·검색·출력 예시 Chap13/src/Example03.java

```
import java.util.Vector;

public class Example03 {
   public static void main(String[] args) {
      Vector<String> cats = new Vector<String>();

      cats.add("페르시안");
      cats.add(null);
      System.out.println(cats);

      cats.add(1, "샴");
      System.out.println(cats);

      cats.set(2, "러시안블루");
      System.out.println(cats);
```

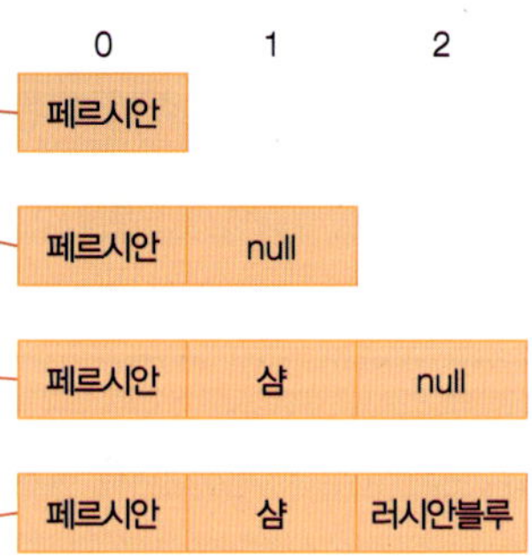

```java
        cats.remove("페르시안");
        System.out.println(cats);

        cats.remove(1);
        System.out.println(cats);

        System.out.println(cats.size());
        System.out.println(cats.get(0));
        System.out.println(cats.contains("샴"));
        System.out.println(cats.indexOf("샴"));
    }
}
```

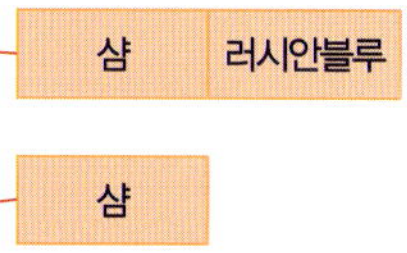

실행 결과

```
[페르시안, null]
[페르시안, 샴, null]
[페르시안, 샴, 러시안블루]
[샴, 러시안블루]
[샴]
1
샴
true
0
1
```

예제 13-3 Vector를 이용하여 숫자 정렬하기

Vector 클래스의 add() 메서드를 이용하여 숫자 10부터 1을 벡터에 저장하고, sort() 메서드를 이용하여 이 벡터를 역순으로 정렬해봅시다.

Chap13/src/Collection03.java

```java
import java.util.Collections;
import java.util.Vector;

public class Collection03 {
    public static void main(String[] args) {
        Vector<Integer> num = new Vector<Integer>();

        for (int i = 10; i >= 1; i--)
```

```
            num.add(i);

        System.out.println(num);

        System.out.print("정렬 전 : ");
        for (int i = 0; i < num.size(); i++)
            System.out.print(num.get(i) + " ");

        Collections.sort(num);

        System.out.println();
        System.out.print("정렬 후 : ");
        for (int i = 0; i < num.size(); i++)
            System.out.print(num.get(i) + " ");
    }
}
```

num.sort(Comparator.reverseOrder());을 사용해도 되며, 이 경우 import java.util.Comparator;이 필요함

실행 결과

```
[10, 9, 8, 7, 6, 5, 4, 3, 2, 1]
정렬 전 : 10 9 8 7 6 5 4 3 2 1
정렬 후 : 1 2 3 4 5 6 7 8 9 10
```

여기서 퀴즈!

다음 프로그램의 오류가 발생하는 이유를 고르시오.

```
LinkedList <int> list = new LinkedList<int>();
list.add(1);
list.add(2);
System.out.println(list);
```

① 연결 목록에 요소를 추가하는 중 오류가 발생했습니다.

② 목록을 인쇄하는 중 오류가 발생했습니다.

③ 연결 목록 데이터 유형은 기본 유형이 아닌 객체여야 합니다.

④ 프로그램에 오류가 없습니다.

정답 ③

13.3 | Set 컬렉션

Set 컬렉션은 Collection 인터페이스의 자식 인터페이스로, 비선형 자료 구조의 형태로 요소를 저장합니다. Set 컬렉션은 요소를 인덱스로 관리하지 않기 때문에 저장 순서가 보장되지 않습니다. 따라서 순서 자체가 없으므로 요소를 검색하여 가져오는 get() 메서드가 존재하지 않아 iterator() 메서드로 Iterator 클래스의 객체를 생성하고 데이터를 가져와야 합니다. Set 컬렉션에는 같은 요소를 중복해서 저장할 수 없고 null도 하나만 저장할 수 있습니다.

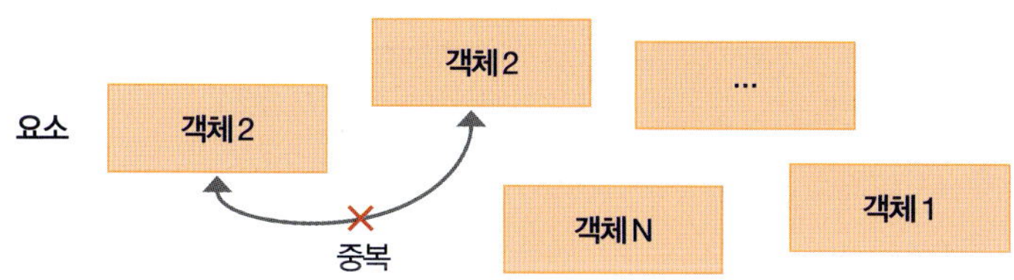

그림 13-8 Set 컬렉션의 구조

Set 컬렉션을 구현하는 대표적인 클래스는 HashSet, TreeSet, LinkeHashSet이며, 이러한 클래스를 선언하는 형식은 다음과 같습니다.

```
자식클래스명<자료형> 객체명 = new 자식클래스명<자료형>();
Set<자료형> 객체명 = new 자식클래스명<자료형>();
```

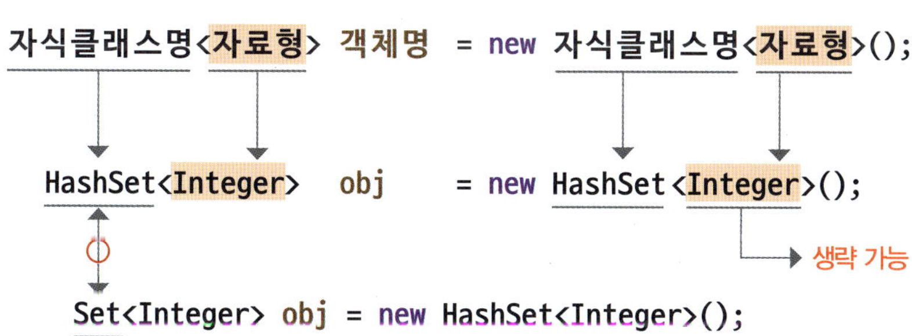

그림 13-9 Set 컬렉션의 자식 클래스인 HashSet 선언 형식

다음은 Set 컬렉션의 주요 자식 클래스를 선언하는 예입니다.

```
Set<Integer> obj1 = new HashSet<Integer>();
   // HashSet<Integer> obj1 = new HashSet<Integer>();과 같음

Set<Integer> obj2 = new TreeSet<Integere>();
   // TreeSet<Integer> obj2 = new TreeSet<Integer>();과 같음
```

Set 인터페이스에서 주로 사용되는 메서드는 [표 13-8]과 같습니다.

표 13-8 Set 인터페이스의 주요 메서드

메서드	설명
boolean add(E e)	요소를 삽입한다.
boolean contains(Object o)	지정된 요소를 검색한다.
boolean isEmpty()	컬렉션이 비어 있는지 여부를 확인한다.
int size()	모든 요소의 개수를 반환한다.
void clear()	모든 요소를 삭제한다.
boolean remove(Object o)	지정된 요소를 삭제한다.

1 HashSet

HashSet은 Set 컬렉션을 구현하는 대표적인 클래스로, 요소를 저장하기 위해 해싱(hashing)이라는 방법을 활용하여 정보를 저장하는 해시 테이블을 사용합니다. 요소 목록은 비선형 순서로 저장되고 요소를 중복해서 저장할 수 없습니다.

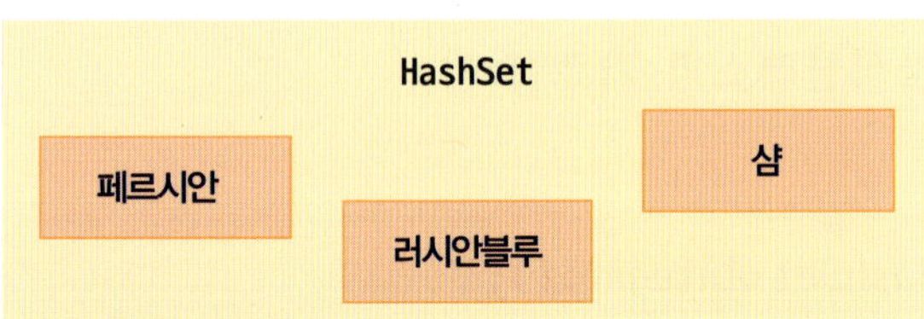

그림 13-10 HashSet 클래스의 구조

HashSet 선언

HashSet 클래스에는 [표 13-9]와 같은 생성자가 있습니다.

표 13-9 HashSet 클래스의 생성자

생성자	설명
HashSet()	빈 HashSet을 생성한다.
HashSet(Collection C)	Collection C의 요소로 초기화된 HashSet을 생성한다.
HashSet(int initialCapacity)	지정된 초기 용량을 가진 HashSet을 생성한다.
HashSet(int initialCapacity, float loadFactor)	지정된 초기 용량, 로드 계수를 가진 HashSet을 생성한다.

다음은 HashSet 클래스를 생성하는 예입니다.

```
HashSet<Integer> set1 = new HashSet<Integer>();          // int형의 객체 요소만 사용 가능
HashSet<Integer> set2 = new HashSet<Integer>(10);        // 초기 용량을 10으로 지정
HashSet<Integer> set2 = new HashSet<Integer>(10, 0.7f);
  // 초기 용량을 10, 로드 계수를 0.7f로 지정
```

new에서 클래스 유형 파라미터 생략 가능
HashSet<Integer> set1 = new HashSet<>();

HashSet 요소 삽입

HashSet에 요소를 추가하려면 add() 메서드를 사용합니다. 입력된 값이 HashSet 내부에 존재하지 않으면 그 값을 HashSet에 추가하고 true를 반환하며, 내부에 그 값이 존재하면 false를 반환합니다.

```
HashSet<String> cats = new HashSet<String>();
cats.add("페르시안");       // 값 추가 ❶
cats.add(null);             // null 값 추가 ❷
cats.add("샴");             // 값 추가 ❸
```

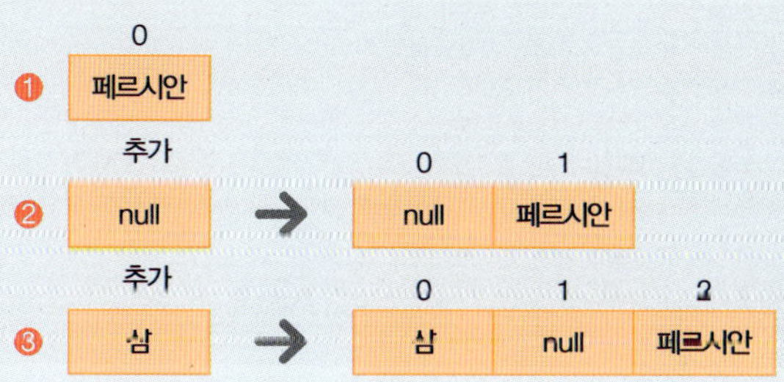

```
HashSet<Cat> cats = new HashSet<Cat>();
Cat cat = new Cat("페르시안");                    ─┐
cats.add(cat);            // cat 객체 생성 후 추가  ─┴─ ❶
cats.add(new Cat("샴"));  // cat 객체 생성과 동시에 추가 ─ ❷
```

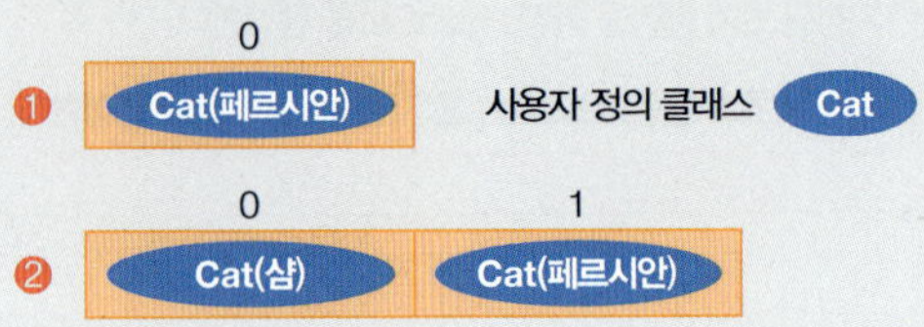

HashSet 요소 삭제

HashSet의 요소를 삭제하려면 remove() 메서드를 사용합니다. 삭제할 특성 요소 값이 HashSet에 존재하면 그 값을 삭제하고 true를 반환하며, 그 값이 존재하지 않으면 false를 반환합니다. 모든 요소를 삭제할 때는 clear() 메서드를 사용합니다.

```
HashSet<String> cats = new HashSet<String>();
cats.remove("페르시안");      // 요소 삭제 ─ ❶
cats.clear();                 // 모든 요소 삭제 ─ ❷
```

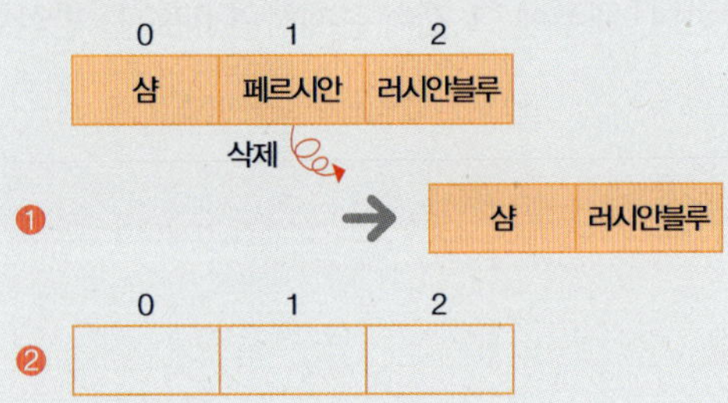

HashSet 크기 구하기

HashSet의 크기를 구하려면 size() 메서드를 사용합니다.

```
HashSet<String> cats = new HashSet<String>();
System.out.println(cats.size());      // cats 크기: 3
```

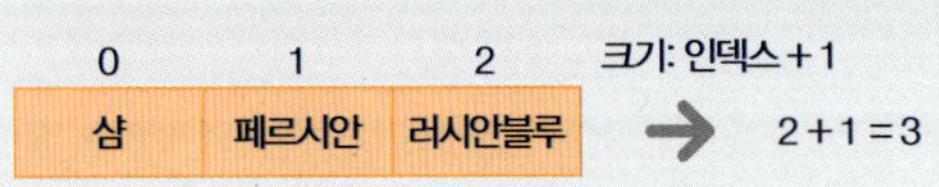

HashSet 요소 값 출력

HashSet의 요소 값을 출력하기 위해 get(index) 메서드를 사용하면 HashSet에서 원하는 인덱스의 요소 값이 반환됩니다. 전체 요소 값을 출력할 때는 대개 for문을 사용하지만 Iterator문을 사용할 수도 있습니다.

```
ArrayList<String> cats = new ArrayList<String>();

System.out.println(cats);                  // 전체 출력

for (String cat : cats) {                  // for문으로 전체 출력
   System.out.println(cat);
}

Iterator iter = cats.iterator();           // Iterator 선언

while (iter.hasNext()) {                   // 다음 요소 값이 있는지 확인
   System.out.println(iter.next());        // 요소 값 출력
}
```

HashSet 요소 값 검색

HashSet에서 원하는 요소 값을 검색하려면 contains(value) 메서드를 사용하며, 이때 검색한 값이 있으면 true가 반환됩니다.

```
ArrayList<String> cats = new ArrayList<String>();
System.out.println(cats.contains("샴"));      // cats에 "샴"이 있으면 true 반환
```

다음은 HashSet의 메서드를 이용하여 요소를 삽입·삭제·수정·검색·출력하는 예입니다.

HashSet를 이용한 요소 삽입·삭제·수정·검색·출력 예시 Chap13/src/Example04.java

```
import java.util.HashSet;

public class Example04 {
   public static void main(String[] args) {
      HashSet<String> cats = new HashSet<String>();

      cats.add("페르시안");
      cats.add("샴");
```

```
        System.out.println(cats);

        cats.add("러시안블루");
        System.out.println(cats);

        cats.remove("페르시안");
        System.out.println(cats);

        System.out.println(cats.size());
        System.out.println(cats.contains("샴"));
    }
}
```

실행 결과

```
[샴, 페르시안]
[샴, 페르시안, 러시안블루]
[샴, 러시안블루]
2
true
```

예제 13-4 HashSet을 배열로 변경하기

HashSet 클래스의 add() 메서드를 이용하여 문자 A~C를 저장한 후 HashSet을 배열로 변경하여 요소를 출력해봅시다.

Chap13/src/Collection04.java

```
import java.util.HashSet;

public class Collection04 {
    public static void main(String[] args) {
        HashSet<String> str = new HashSet<String>();

        str.add("A");
        str.add("B");
        str.add("C");
        System.out.println(str);

        System.out.print("HashSet 요소 : ");
        for (String elements : str)
```

```
            System.out.print(elements + " ");

        String[] array = new String[str.size()];
        str.toArray(array);

        System.out.println();
        System.out.print("Array 요소 : ");
        for (int i = 0; i < array.length; i++)
            System.out.print(array[i] + " ");
    }
}
```

HashSet을 배열로 변경

실행 결과

```
[A, B, C]
HashSet 요소 : A B C
Array 요소 : A B C
```

2 TreeSet

TreeSet은 요소를 중복해서 저장할 수 없고 저장 순서가 유지되지 않는 비선형 트리 기반 데이터 구조의 구현을 제공합니다. HashSet과 달리 TreeSet은 이진 탐색 트리(binary search tree) 구조로 데이터를 저장하기 때문에 데이터를 추가하거나 삭제할 때 HashSet보다 시간이 더 걸리지만 데이터를 검색하거나 정렬할 때는 효율적입니다.

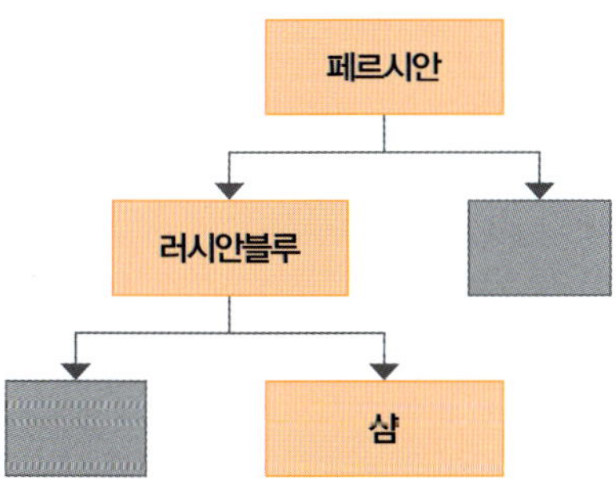

그림 13-11 TreeSet 클래스의 구조

TreeSet 선언

TreeSet 클래스에는 비어 있거나 다른 컬렉션의 요소에서 TreeSet을 받는 데 사용할 수 있는 생성자가 있습니다.

표 13-10 TreeSet 클래스의 생성자

생성자	설명
`TreeSet()`	빈 TreeSet을 생성한다.
`TreeSet(Collection C)`	Collection C의 요소로 초기화된 TreeSet을 생성한다.
`TreeSet(Comparator comparator)`	지정된 매개변수에 따라 정렬된 TreeSet을 생성한다.
`TreeSet(SortedSet s)`	동일한 요소를 포함하고 동일한 순서를 사용하는 지정된 매개변수(정렬된 세트)로 TreeSet을 생성한다.

다음은 `TreeSet` 클래스를 생성하는 예입니다.

```
TreeSet<Integer> set1 = new TreeSet<Integer>();        // int형의 객체 요소만 사용 가능
    new에서 클래스 유형 파라미터 생략 가능
    TreeSet<Integer> set1 = new TreeSet<>();
TreeSet<Integer> set2 = new TreeSet<Integer>(set1);    // set1의 모든 값을 TreeSet set2로 생성
TreeSet<Integer> set2 = new TreeSet<Integer>(10, 0.7f);
   // 초기 용량을 10, 로드 계수를 0.7f로 지정
```

TreeSet 요소 삽입

`TreeSet`에 요소를 삽입하려면 `add()` 메서드를 사용합니다. 입력된 값이 `TreeSet` 내부에 존재하지 않으면 그 값을 `TreeSet`에 추가하고 true를 반환하며, 내부에 그 값이 존재하면 false를 반환합니다.

```
TreeSet<String> cats = new TreeSet<String>();
cats.add("페르시안");        // 값 추가 ➊
cats.add("러시안블루");      // 값 추가 ➋
cats.add("샴");             // 값 추가 ➌
```

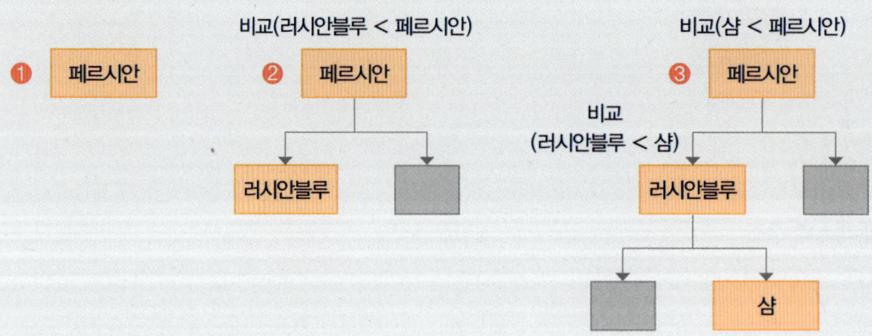

TreeSet 요소 삭제

TreeSet의 요소를 삭제하려면 remove() 메서드를 사용합니다. 삭제할 특정 요소 값이 TreeSet에 존재하면 그 값을 삭제하고 true를 반환하며, 삭제하려는 값이 존재하지 않으면 false를 반환합니다. 모든 요소를 삭제할 때는 clear() 메서드를 사용합니다.

```
TreeSet<String> cats = new TreeSet<String>();
cats.remove("페르시안");      // 요소 삭제 ●──❶
cats.clear();                // 모든 요소 삭제 ●──❷
```

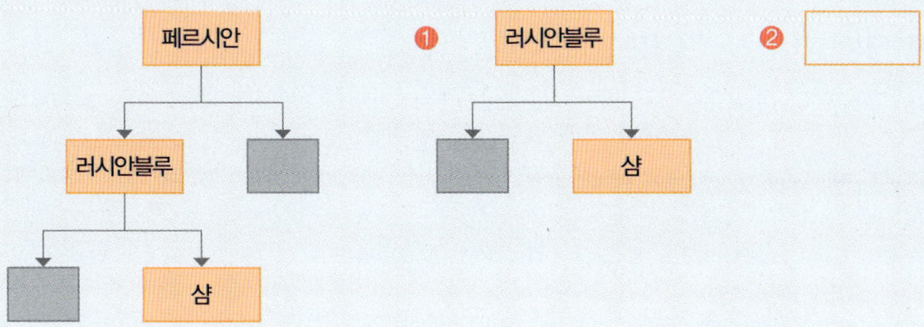

TreeSet 크기 구하기

TreeSet의 크기를 구하려면 size() 메서드를 사용합니다.

```
TreeSet<String> cats = new TreeSet<String>();
System.out.println(cats.size());      // cats 크기: 3
```

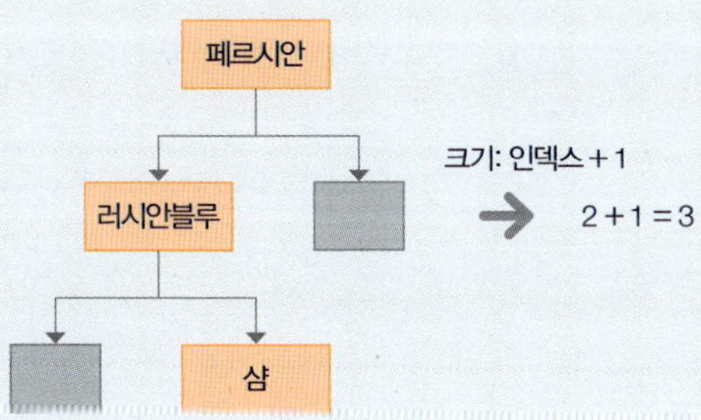

TreeSet 요소 값 출력

TreeSet의 첫 번째 요소 값을 출력하려면 first() 메서드를 사용하고 마지막 요소 값을 출력하려면 last() 메서드를 사용합니다. 전체 요소 값을 출력할 때는 대개 for문을 사용하지만 Iterator문을 사용할 수도 있습니다.

```
TreeSet<String> cats = new TreeSet<String>();

System.out.println(cats);              // 전체 출력
System.out.println(cats.first());      // 첫 번째 요소 값 출력
System.out.println(cats.last());       // 마지막 요소 값 출력

for (String cat : cats) {              // for문으로 전체 출력
   System.out.println(cat);
}

Iterator iter = cats.iterator();       // Iterator 선언

while (iter.hasNext()) {               // 다음 요소 값이 있는지 확인
   System.out.println(iter.next());    // 요소 값 출력
}
```

TreeSet 요소 값 검색

TreeSet에서 원하는 요소 값을 검색하려면 contains(value) 메서드를 사용하며, 이때 검색한 값이 있으면 true가 반환됩니다.

```
TreeSet<String> cats = new TreeSet<String>();
System.out.println(cats.contains("샴"));  // cats에 "샴"이 있으면 true 반환
```

다음은 TreeSet의 메서드를 이용하여 요소를 삽입·삭제·수정·검색·출력하는 예입니다.

TreeSet을 이용한 요소 삽입·삭제·수정·검색·출력 예시 Chap13/src/Example05.java

```
import java.util.TreeSet;

public class Example05 {
   public static void main(String[] args) {
      TreeSet<String> cats = new TreeSet<String>();

      cats.add("페르시안");
      cats.add("러시안블루");
      System.out.println(cats);

      cats.add("샴");
```

```
        System.out.println(cats);

        cats.remove("페르시안");
        System.out.println(cats);

        System.out.println(cats.size());
        System.out.println(cats.contains("샴"));
        System.out.println(cats.first());
        System.out.println(cats.last());
    }
}
```

실행 결과

```
[러시안블루, 페르시안]
[러시안블루, 샴, 페르시안]
[러시안블루, 샴]
2
true
러시안블루
샴
```

예제 13-5 TreeSet을 배열로 변경하기

TreeSet 클래스의 add() 메서드를 이용하여 문자 A~C를 저장한 후 TreeSet을 배열로 변경하여 요소를 출력해봅시다.

Chap13/src/Collection05.java

```
import java.util.TreeSet;

public class Collection05 {
    public static void main(String[] args) {
        TreeSet<String> str = new TreeSet<String>();

        str.add("A");
        str.add("B");
        str.add("C");
        System.out.println(str);

        System.out.print("TreeSet 요소 : ");
```

```java
        for (String elements : str)
            System.out.print(elements + " ");

        String[] array = new String[str.size()];
        str.toArray(array);

        System.out.println();
        System.out.print("Array 요소 : ");
        for (int i = 0; i < array.length; i++)
            System.out.print(array[i] + " ");
    }
}
```

TreeSet을 배열로 변경

실행 결과

```
[A, B, C]
TreeSet 요소 : A B C
Array 요소 : A B C
```

여기서 퀴즈!

다음 프로그램의 실행 결과를 고르시오.

```java
HashSet<String> list = new HashSet<int>();
list.add("C");
list.add("F");
list.add("A");
System.out.println(list);
```

① [A, C, F]
② [A, F, C]
③ [C, F, A]
④ 오류 발생

정답 ①

13.4 Map 컬렉션

Map 컬렉션은 키(key)와 값(value)으로 구성된 자료 구조의 형태로 데이터를 저장합니다. 키는 중복해서 저장할 수 없지만 값은 중복해서 저장할 수 있습니다. 만약 기존에 있던 키와 같은 키가 입력되면 해당 키의 값이 새로운 값으로 변경됩니다. 따라서 Map 컬렉션은 키로 데이터를 관리합니다.

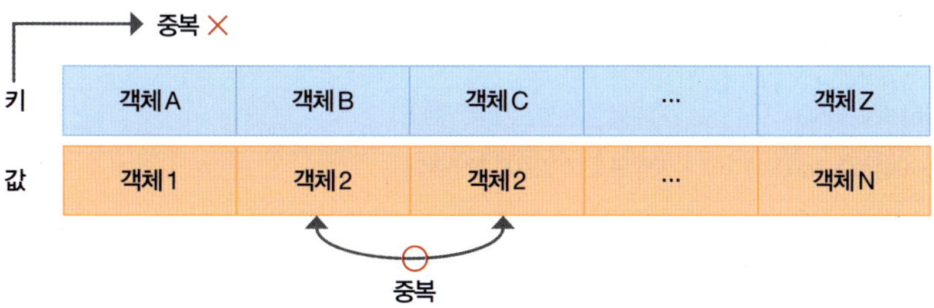

그림 13-12 Map 컬렉션의 구조

Map 컬렉션을 구현하는 대표적인 클래스는 HashMap, HashTable, LinkedHashMap, TreeMap 등이며, 이러한 클래스를 선언하는 형식은 다음과 같습니다.

```
자식클래스명<자료형, 자료형> 객체명 = new 자식클래스명<자료형, 자료형>();
Map<자료형, 자료형> 객체명 = new 자식클래스명<자료형, 자료형>();
```

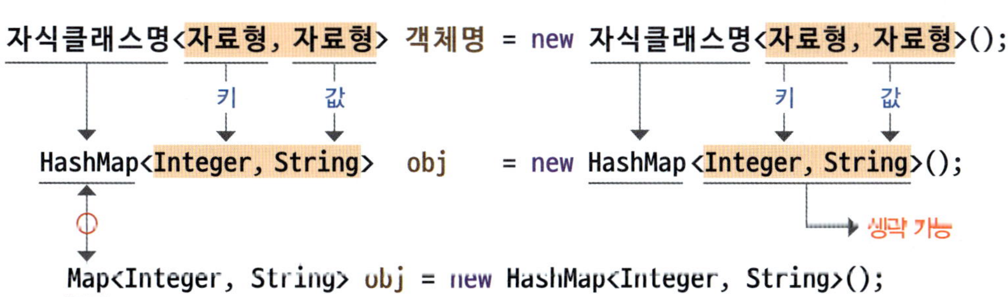

그림 13-13 Map 컬렉션의 자식 클래스인 HashMap 선언 형식

다음은 Map 컬렉션의 주요 자식 클래스를 선언하는 예입니다.

```java
Map<Integer, String> obj1 = new HashMap();
   // HashMap<Integer, String> obj1 = new HashMap<Integer, String>();과 같음

Map<Integer, String> obj2 = new TreeMap();
   // TreeMap<Integer, String> obj2 = new TreeMap<Integer, String>();과 같음
```

Map 인터페이스에서 주로 사용되는 메서드는 [표 13-11]과 같습니다.

표 13-11 Map 인터페이스의 메서드

메서드	설명
`V put(K Key, V value)`	지정된 키와 값을 추가하여 저장되면 값을 반환한다.
`boolean containsKey(Object Key)`	지정된 키가 있는지 확인한다.
`boolean containsValue(Object value)`	지정된 값이 있는지 확인한다.
`Set<Map.Entry<K,V>> entrySet()`	모든 Map.Entry 객체를 Set에 담아 반환한다.
`Set<K> keySet()`	모든 키를 Set 객체에 담아 반환한다.
`V get(Object key)`	지정된 키에 있는 값을 반환한다.
`boolean isEmpty()`	컬렉션이 비어 있는지 여부를 확인한다.
`int Size()`	저장되어 있는 모든 객체의 개수를 반환한다.
`Collection<V> values()`	저장된 모든 값을 Collection에 담아 반환한다.
`void clear()`	저장된 모든 Map.Entry를 삭제한다.
`V remove(Object Key)`	지정된 키와 일치하는 Map.Entry를 삭제하고 값을 반환한다.

1 HashMap

HashMap은 Map 컬렉션의 대표적인 구현 클래스로, 저장 순서를 보장하지 않습니다. 키와 값을 쌍으로 저장하기 위한 Map 기반 컬렉션이며 HashMap<Key, Value> 또는 HashMap<K, V>로 표시합니다. HashMap 클래스는 이름에서 알 수 있듯이 해싱을 사용하기 때문에 많은 양의 데이터를 검색하는 데 유용합니다.

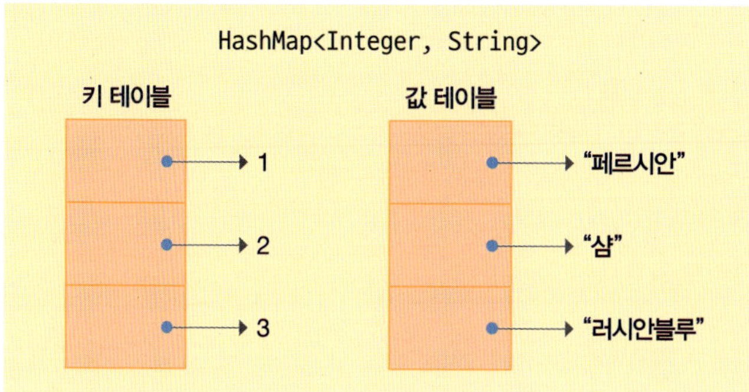

그림 13-14 HashMap 클래스의 구조

HashMap 선언

HashMap 클래스에는 [표 13-12]와 같은 생성자가 있습니다.

표 13-12 HashMap 클래스의 생성자

생성자	설명
HashMap()	빈 HashMap을 생성한다.
HashMap(int initialCapacity)	지정된 초기 용량을 가진 HashMap을 생성한다.
HashMap(int initialCapacity, float loadFactor)	지정된 초기 용량, 로드 계수를 가진 HashMap을 생성한다.
HashMap(Map m)	지정된 Map과 같은 매핑으로 새 HashMap을 생성한다.

다음은 HashMap 클래스를 생성하는 예입니다.

```
HashMap<String, String> map1 = new HashMap<String, String>();   // HashMap 생성
```

new에서 클래스 유형 파라미터 생략 가능
HashMap<String, String> map1 = new HashMap<>();

```
HashMap<String, String> map3 = new HashMap<>(map1);  // map1의 모든 값을 가진 HashMap 생성
HashMap<String, String> map4 = new HashMap<>(10);    // 초기 용량을 10으로 지정
HashMap<String, String> map5 = new HashMap<>(10, 0.7f);
   // 초기 용량을 10, 로드 계수를 0.7f로 지정
```

HashMap 요소 삽입

HashMap에 요소를 삽입하려면 put(key, value) 메서드를 사용합니다. 입력된 키가 HashMap 내부에 존재하면 새로운 키로 변경합니다.

```
HashMap<Integer, String> cats = new HashMap<Integer, String>();
cats.add(1, "페르시안");      // 값 추가 ❶
cats.add(2, "샴");           // 인덱스 1에 값("샴") 추가 ❷
cats.add(3, "러시안블루");    // 인덱스 2에 값("러시안블루") 추가 ❸
```

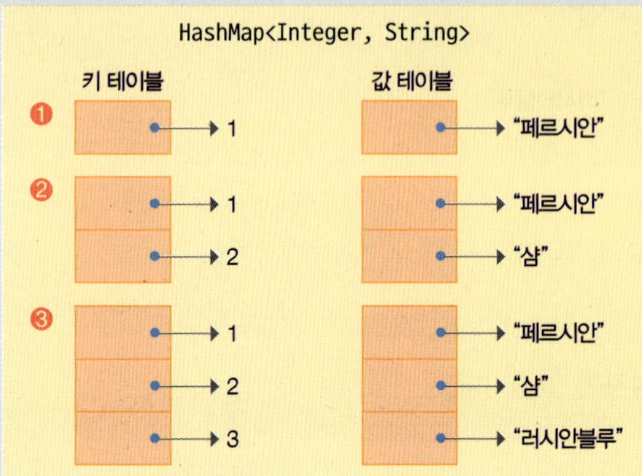

HashMap 요소 수정

HashMap의 요소를 수정하려면 replace(key, value) 메서드를 사용합니다. 입력된 키가 HashMap 내부에 존재하면 새로운 키로 변경합니다.

```
HashMap<String> cats = new HashMap<String>();
cats.replace(3, "래그돌");   // 인덱스가 3인 요소를 "래그돌"로 변경 ❶
```

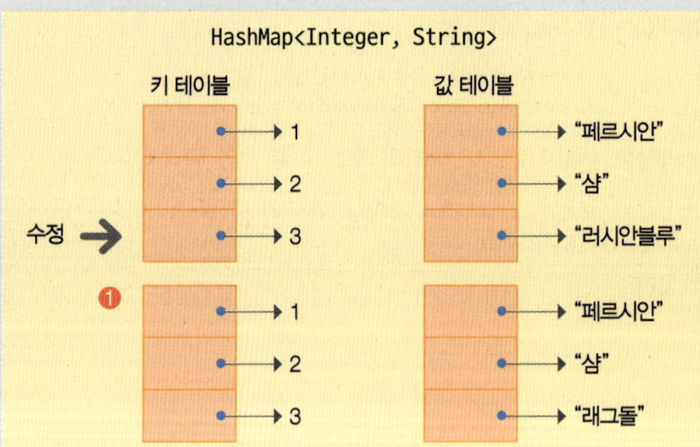

HashMap 요소 삭제

HashMap의 요소를 삭제하려면 remove(key) 메서드를 사용합니다. 즉 키로만 Map의 요소를 삭제할 수 있습니다. 모든 요소를 삭제할 때는 clear() 메서드를 사용합니다.

```
HashMap<Integer, String> cats = new HashMap<Integer, String>();
cats.remove(1);      // 키 1의 값 삭제 ●──── ❶
cats.clear();        // 모든 요소 삭제 ●──── ❷
```

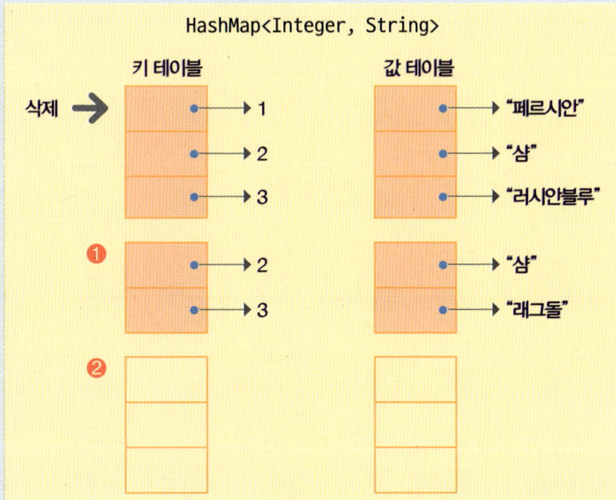

HashMap 크기 구하기

HashMap의 크기를 구하려면 size() 메서드를 사용합니다.

```
HashMap<Integer, String> cats = new HashMap<Integer, String>();
System.out.println(cats.size());     // cats 크기: 3
```

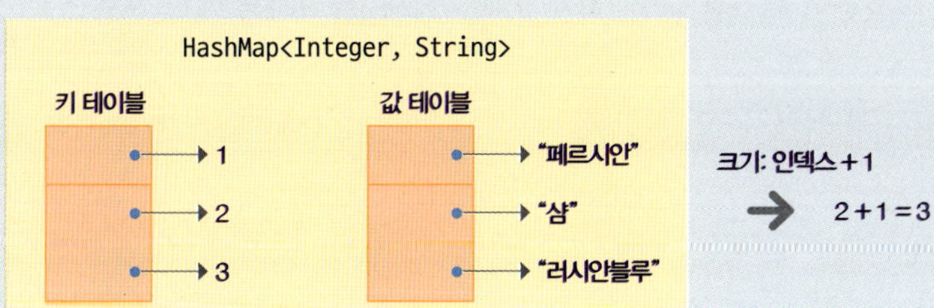

HashMap 요소 값 출력

HashMap의 요소 값을 출력하기 위해 get(key) 메서드를 사용하면 HashMap에서 원하는 키의 요소 값이 반환됩니다. 전체 요소 값을 출력할 때는 entrySet() 또는 KeySet() 메서드를 사용합니다.

```
HashMap<Integer, String> cats = new HashMap<Integer, String>();

System.out.println(cats);            // 전체 출력
System.out.println(cats.get(2));     // 키 2의 값 출력

// entrySet() 활용
for (Entry<Integer, String> entry : cats.entrySet()) {
   System.out.print(" (" + entry.getKey() + ", " + entry.getValue() + ") ");
}

Iterator<Entry<Integer, String>> entries = cats.entrySet().iterator();
while (entries.hasNext()) {
   Map.Entry<Integer, String> entry = entries.next();
   System.out.print(" (" + entry.getKey() + ", " + entry.getValue() + ") ");
}

// KeySet() 활용
for (Integer i : cats.keySet()) {
   System.out.print(" (" + i + ", " + cats.get(i) + ") ");
}

Iterator<Integer> keys = cats.keySet().iterator();       // Iterator 선언
while (keys.hasNext()) {     // 다음 요소 값이 있는지 확인
   int key = keys.next();    // 키 얻어오기
   System.out.print(" (" + key + ", " + cats.get(key) + ") ");      // 요소 값 출력
}
```

다음은 HashMap의 메서드를 이용하여 요소를 삽입·삭제·수정·검색·출력하는 예입니다.

HashMap을 이용한 요소 삽입·삭제·수정·검색·출력 예시 Chap13/src/Example06.java

```
import java.util.HashMap;
import java.util.Iterator;

public class Example06 {
   public static void main(String[] args) {
      HashMap<Integer, String> cats = new HashMap<Integer, String>();

      cats.put(1, "페르시안");
      cats.put(2, "샴");
      System.out.println(cats);
```

```
        cats.put(3, "러시안블루");
        System.out.println(cats);

        cats.put(3, "래그돌");
        System.out.println(cats);

        cats.remove(1);
        System.out.println(cats);

        System.out.println(cats.size());
        System.out.println(cats.get(2));

        System.out.print("(Key, Value) =");
        Iterator<Integer> keys = cats.keySet().iterator();

        while (keys.hasNext()) {
            int key = keys.next();
            System.out.print(" (" + key + ", " + cats.get(key) + ") ");
        }
    }
}
```

실행 결과

```
{1=페르시안, 2=샴}
{1=페르시안, 2=샴, 3=러시안블루}
{1=페르시안, 2=샴, 3=래그돌}
{2=샴, 3=래그돌}
2
샴
(Key, Value) = (2, 샴)  (3, 래그돌)
```

예제 13-6 HashMap의 키와 값 출력하기

HashMap 클래스의 add() 메서드를 이용하여 문사 A~C를 저장한 후 HashMap에 저장된 요소의 키와 값을 출력해봅시다.

Chap13/src/Collection06.java

```java
import java.util.HashMap;
import java.util.Map.Entry;

public class Collection06 {
   public static void main(String[] args) {
      HashMap<Integer, String> str = new HashMap<Integer, String>();

      str.put(1, "A");
      str.put(2, "B");
      str.put(3, "C");

      System.out.println(str);

      System.out.print("Keys : ");
      for (Integer key : str.keySet()) {
         System.out.print(key);
         System.out.print(", ");
      }

      System.out.println();
      System.out.print("Values : ");
      for (String value : str.values()) {
         System.out.print(value);
         System.out.print(", ");
      }

      System.out.println();
      System.out.print("Keys=Values : ");
      for (Entry<Integer, String> entry : str.entrySet()) {
         System.out.print(entry);
         System.out.print(", ");
      }
   }
}
```

실행 결과

```
{1=A, 2=B, 3=C}
Keys : 1, 2, 3,
Values : A, B, C,
Keys=Values : 1=A, 2=B, 3=C,
```

2 TreeMap

TreeMap은 키와 값을 쌍으로 저장하기 위한 Map 기반 컬렉션으로, 요소를 중복해서 저장할 수 없고 저장 순서가 유지되지 않는 비선형 트리 기반 데이터 구조의 구현을 제공합니다. 일반적으로 TreeMap은 Map으로서의 성능이 HashMap보다 떨어집니다. TreeMap은 데이터를 저장할 때 즉시 정렬하기 때문에 데이터를 추가하거나 삭제하는 데 HashMap보다 시간이 더 걸리지만, 데이터가 정렬된 상태로 Map을 유지해야 하거나 정렬된 데이터를 검색할 때는 효율적입니다.

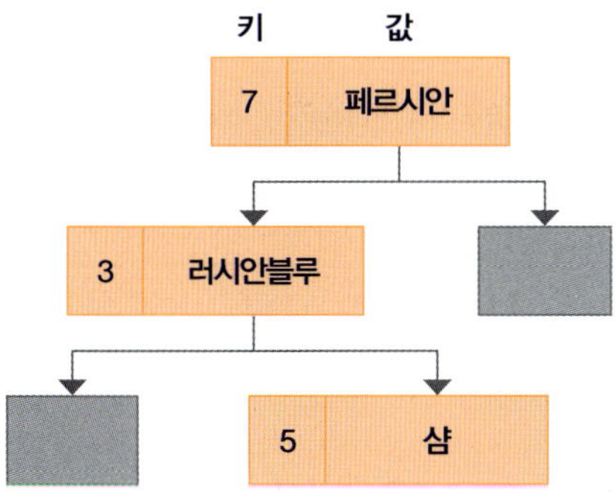

그림 13-15 TreeMap 클래스의 구조

TreeMap 선언

TreeMap 클래스에는 비어 있거나 다른 컬렉션의 요소에서 TreeMap을 만드는 데 사용할 수 있는 생성자가 있습니다.

표 13-13 TreeMap 클래스의 생성자

생성자	설명
TreeMap()	빈 TreeMap을 생성한다.
TreeMap(Comparator comparator)	comparator에 따라 정렬된 TreeMap을 생성한다.
TreeMap(Map m)	지정된 Map 요소로 초기화된 TreeMap을 생성한다.
TreeMap(SortedMap m)	정렬된 Map 요소로 초기화된 TreeMap을 생성한다.

다음은 TreeMap 클래스를 생성하는 예입니다.

```
TreeMap<Integer, String> map1 = new TreeMap<Integer, String>();
  // int형의 객체 요소와 문자열만 사용 가능

TreeMap<Integer, String> map2 = new TreeMap<Integer, String>(map1);
  // map1의 모든 값을 TreeMap map2로 생성
```

new에서 클래스 유형 파라미터 생략 가능
TreeMap〈Integer, String〉 set1 = new TreeSMap〈〉();

TreeMap 요소 삽입

TreeMap에 요소를 삽입하려면 put(key, value) 메서드를 사용합니다. 입력된 키가 TreeMap 내부에 존재하지 않으면 그 키를 TreeMap에 추가하고, 내부에 그 키가 존재하면 새로운 키로 변경합니다.

```
TreeMap<Integer, String> cats = new TreeMap<Integer, String>();
cats.put(7, "페르시안");        // 키 1에 값 추가 ❶
cats.put(3, "러시안블루");      // 키 2에 값 추가 ❷
cats.put(5, "샴");             // 키 3에 값 추가 ❸
```

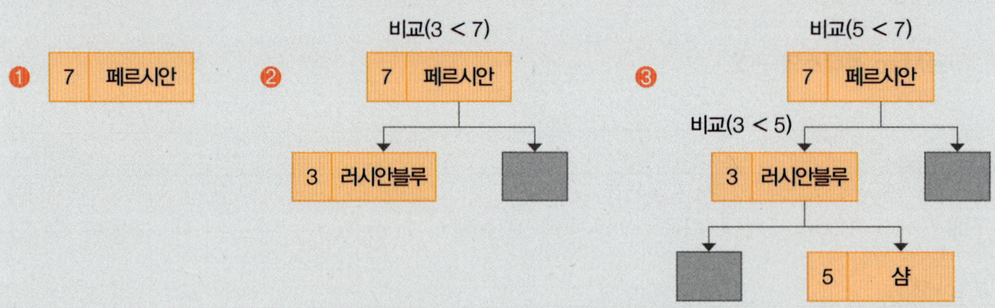

TreeMap 요소 수정

TreeMap의 요소를 수정하려면 replace(key, value) 메서드를 사용합니다. 입력된 키가 TreeMap 내부에 존재하면 새로운 키로 변경합니다.

```
TreeMap<Integer, String> cats = new TreeMap<Integer, String>();
cats.replace(3, "러시안블루");      // 키가 3인 요소를 "러시안블루"로 변경
```

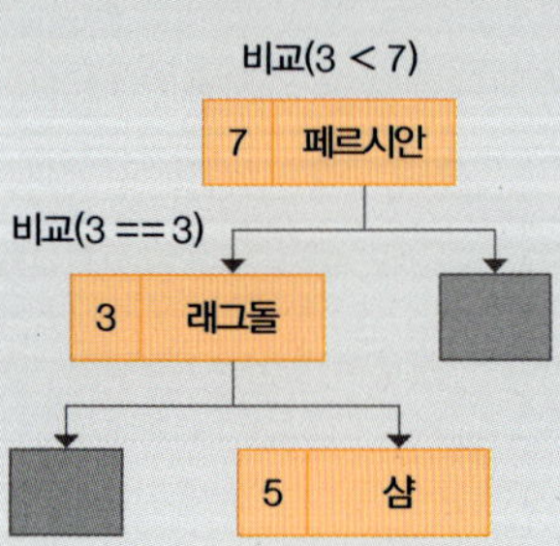

TreeMap 요소 삭제

TreeMap의 요소를 삭제하려면 remove(key) 메서드를 사용합니다. 즉 키로만 Map의 요소를 삭제할 수 있습니다. 모든 요소를 삭제할 때는 clear() 메서드를 사용합니다.

```
TreeMap<Integer, String> cats = new TreeMap<Integer, String>();
cats.remove(5);      // 키 5의 값 삭제 ●——❶
cats.clear();        // 모든 요소 삭제 ●——❷
```

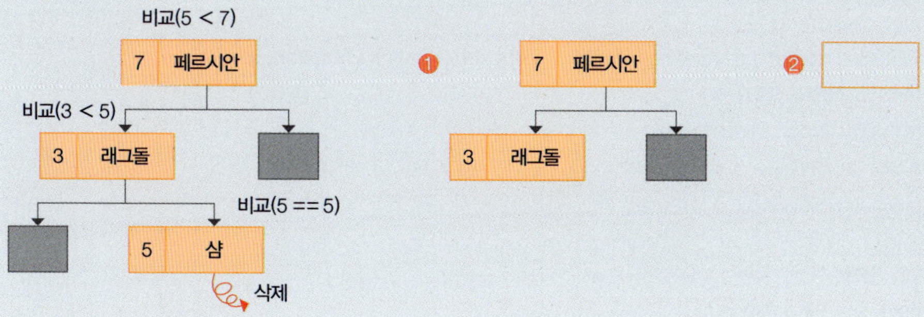

TreeMap 크기 구하기

TreeMap의 크기를 구하려면 size() 메서드를 사용합니다.

```
TreeMap<Integer, String> cats = new TreeMap<Integer, String>();
System.out.println(cats.size());     // cats 크기: 3
```

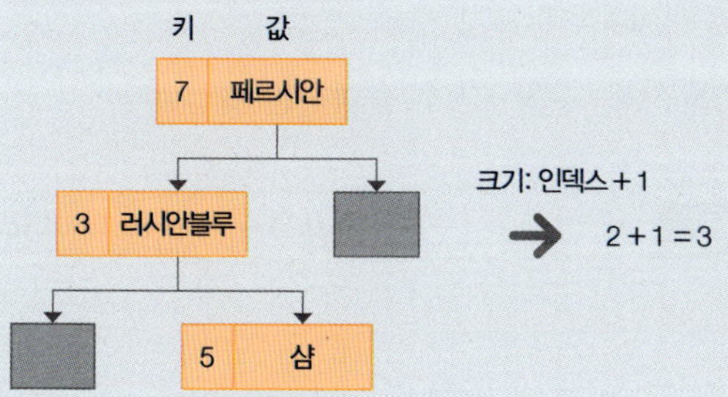

TreeMap 요소 값 출력

TreeMap의 요소 값을 출력하기 위해 get(key) 메서드를 사용하면 TreeMap에서 원하는 키의 요소 값이 반환됩니다. 전체 요소 값을 출력할 때는 entrySet() 또는 KeySet() 메서드를 사용합니다.

```java
HashMap<Integer, String> cats = new HashSet<Integer, String>();

System.out.println(cats);           // 전체 출력
System.out.println(cats.get(2));    // 키 2의 값 출력

// entrySet() 활용
for (Entry<Integer, String> entry : cats.entrySet()) {
    System.out.print(" (" + entry.getKey() +", "+ entry.getValue() + ") ");
}

Iterator<Entry<Integer, String>> entries = cats.entrySet().iterator();
while (entries.hasNext()) {
   Map.Entry<Integer, String> entry = entries.next();
   System.out.print(" (" + entry.getKey() +", "+ entry.getValue() + ") ");
}

// keySet() 활용
for (Integer i : cats.keySet()) {
    System.out.print(" (" + i + ", " + cats.get(i) + ") ");
}

Iterator<Integer> keys = cats.keySet().iterator();          // Iterator 선언

while (keys.hasNext()) {        // 다음 요소 값이 있는지 확인
    int key = keys.next();      // 키 얻어오기
    System.out.print(" (" + key + ", " + cats.get(key) + ") ");  // 요소 값 출력
}
```

다음은 TreeMap의 메서드를 이용하여 요소를 삽입·삭제·수정·검색·출력하는 예입니다.

TreeMap을 이용한 요소 삽입·삭제·수정·검색·출력 예시 Chap13/src/Example07.java

```java
import java.util.TreeMap;
import java.util.Iterator;

public class Example07 {
   public static void main(String[] args) {
      TreeMap<Integer, String> cats = new TreeMap<Integer, String>();

      cats.put(7, "페르시안"); ●——— ❶
      cats.put(3, "러시안블루"); ●——— ❷
      System.out.println(cats);

      cats.put(5, "샴"); ●——— ❸
      System.out.println(cats);
```

```
        cats.replace(3, "래그돌"); ④
        System.out.println(cats);

        cats.remove(5); ⑤
        System.out.println(cats);

        System.out.println(cats.size());
        System.out.println(cats.get(7));

        System.out.print("(Key, Value) =");
        Iterator<Integer> keys = cats.keySet().iterator();

        while (keys.hasNext()) {
            int key = keys.next();
            System.out.print(" (" + key + ", " + cats.get(key) + ") ");
        }
    }
}
```

실행 결과

```
{3=러시안블루, 7=페르시안}
{3=러시안블루, 5=샴, 7=페르시안}
{3=래그돌, 5=샴, 7=페르시안}
{3=래그돌, 7=페르시안}
2
페르시안
(Key, Value) = (3, 래그돌) (7, 페르시안)
```

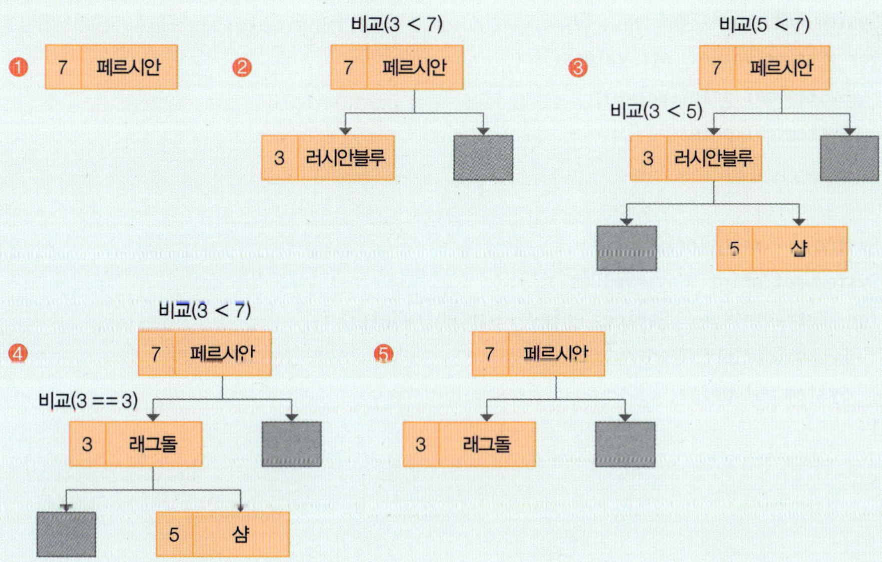

예제 13-7 TreeMap의 키와 값 출력하기

TreeMap 클래스의 add() 메서드를 이용하여 문자 A~C를 저장한 후 TreeMap에 저장된 요소의 키와 값을 출력해봅시다.

Chap13/src/Collection07.java

```
import java.util.TreeMap;
import java.util.Map.Entry;

public class Collection07 {
   public static void main(String[] args) {
      TreeMap<Integer, String> str = new TreeMap<Integer, String>();

      str.put(1, "A");
      str.put(2, "B");
      str.put(3, "C");

      System.out.println(str);

      System.out.print("Keys : ");
      for (Integer key : str.keySet()) {
         System.out.print(key);
         System.out.print(", ");
      }

      System.out.println();
      System.out.print("Values : ");
      for (String value : str.values()) {
         System.out.print(value);
         System.out.print(", ");
      }

      System.out.println();
      System.out.print("Keys=Values : ");
      for (Entry<Integer, String> entry : str.entrySet()) {
         System.out.print(entry);
         System.out.print(", ");
      }
   }
}
```

실행 결과

```
{1=A, 2=B, 3=C}
Keys : 1, 2, 3,
Values : A, B, C,
Keys=Values : 1=A, 2=B, 3=C,
```

여기서 퀴즈!

다음 중 HashMap이 허용하는 것을 고르시오.

① null 값

② 하나의 null 키

③ null 값을 허용하지 않음

④ null 값과 하나의 null 키

정답 ④

프로젝트 장바구니, 도서 상품, 주문 처리 개선하기

이 장에서 배운 컬렉션을 적용하여 온라인 서점의 장바구니 처리, 도서 상품 처리, 주문 처리 등의 코드를 수정해봅시다. 먼저 장바구니 항목 추가하기에서 배열의 크기가 고정된 정적 배열을 동적으로 추가 및 삭제할 수 있는 ArrayList 컬렉션으로 수정하고, ArrayList를 활용하여 도서 상품 처리, 주문 처리 등을 수정합니다.

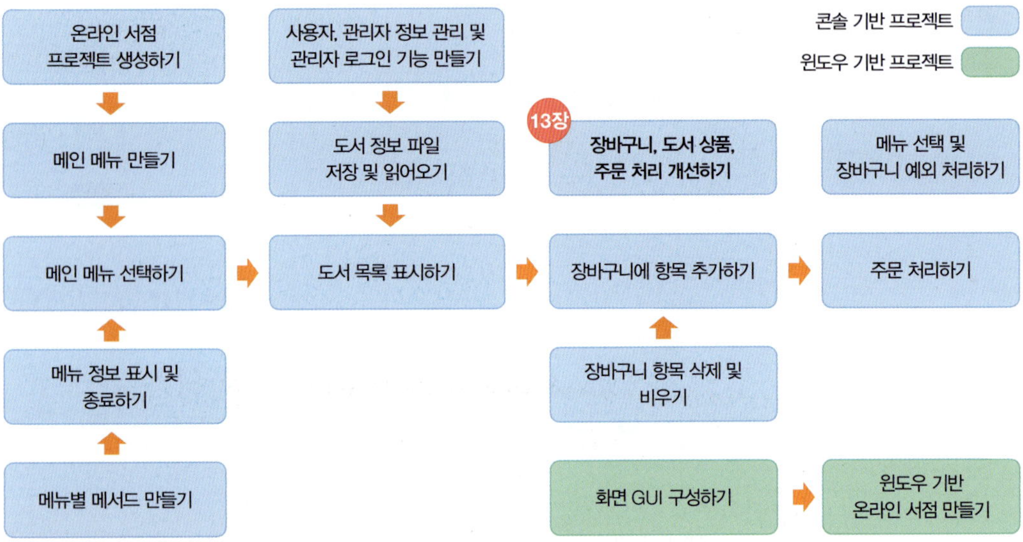

그림 13-16 장바구니, 도서 상품, 주문 처리 개선하기

```
Console ×
Welcome [Java Application] C:₩eclipse₩plugins₩org.eclipse.justj.openjdk.hotspot.jre.full.win32.x86_64_17.0.2.v20220201-1208₩jre₩bin₩javaw.exe (2022. 11. 24. 오후 3:58:14) [pid: 17428]
*****************************************************
        Welcome to Shopping Mall
        Welcome to Book Market!
*****************************************************
 1. 고객 정보 확인하기        4. 바구니에 항목 추가하기
 2. 장바구니 상품 목록 보기   5. 장바구니의 항목 수량 줄이기
 3. 장바구니 비우기           6. 장바구니의 항목 삭제하기
 7. 영수증 표시하기           8. 종료
 9. 관리자 로그인
*****************************************************
메뉴 번호를 선택해주세요 4
ISBN1234 | 쉽게 배우는 JSP 웹 프로그래밍  | 27000 | 송미영  | 단계별로 쇼핑몰을 구현하며 배우는 JSP 웹 프로그래밍  | IT전문서  | 2018/10/08
ISBN1235 | 안드로이드 프로그래밍 | 33000 | 우재남 | 실습 단계별 명쾌한 멘토링! | IT전문서 | 2022/01/22
ISBN1236 | 스크래치 | 22000 | 고광일 | 컴퓨팅 사고력을 키우는 블록 코딩 | 컴퓨터입문 | 2019/06/10
ISBN220913101957 | 가상현실의 이해 | 22000 | 송은지 | 가상현실의 개념과 기술 활용분야의 시장 전망 | IT전문서 | 2022/01/03
장바구니에 추가할 도서의 ID를 입력하세요 :ISBN1235
장바구니에 추가하겠습니까?  Y  | N
Y
ISBN1235 도서가 장바구니에 추가되었습니다.
*****************************************************
        Welcome to Shopping Mall
        Welcome to Book Market!
*****************************************************
 1. 고객 정보 확인하기        4. 바구니에 항목 추가하기
 2. 장바구니 상품 목록 보기   5. 장바구니의 항목 수량 줄이기
 3. 장바구니 비우기           6. 장바구니의 항목 삭제하기
 7. 영수증 표시하기           8. 종료
 9. 관리자 로그인
*****************************************************
메뉴 번호를 선택해주세요 2
장바구니 상품 목록 :
---------------------------------------------
    도서ID         |      수량       |      합계
    ISBN1234       |      2          |      54000
    ISBN1235       |      1          |      33000
---------------------------------------------
```

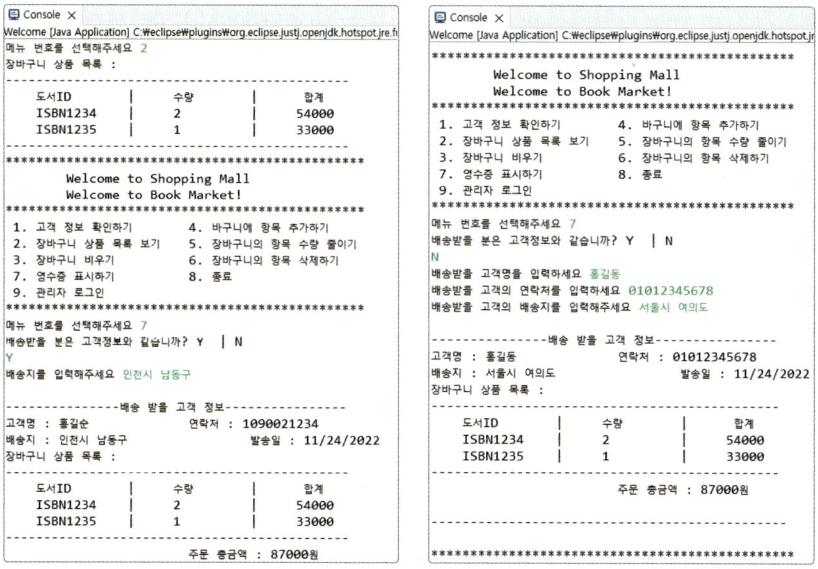

그림 13-17 장바구니, 도서 상품, 주문 처리 개선하기 실행 결과

장바구니 처리 관련 클래스 수정하기

배열로 저장했던 장바구니 항목 처리를 ArrayList 클래스를 활용하여 처리하도록 CartInterface 인터페이스와 Cart 클래스를 수정합니다.

01 CartInterface 인터페이스 수정하기: CartInterface.java 파일을 열고 printBookList() 메서드의 매개변수를 수정합니다.

프로젝트 13-1 13장/BookMarket/src/com/market/cart/CartInterface.java

```java
package com.market.cart;

import java.util.ArrayList;
import com.market.bookitem.Book;

public interface CartInterface {
   void printBookList(ArrayList<Book> p);
   boolean isCartInBook(String id);
   void insertBook(Book p);
   void removeCart(int numId);
   void deleteBook();
}
```

02 Cart 클래스 수정하기: Cart.java 파일에서 printBookList(), insertBook(), deleteBook(), printCart(), isCartInBook(), removeCart() 메서드를 수정합니다.

프로젝트 13-2 13장/BookMarket/src/com/market/cart/Cart.java

```java
package com.market.cart;

import java.util.ArrayList;
import com.market.bookitem.Book;

public class Cart implements CartInterface {
    public ArrayList<CartItem> mCartItem = new ArrayList<CartItem>();

    // static final int NUM_BOOK = 3;
    // public CartItem[] mCartItem = new CartItem[NUM_BOOK];

    public static int mCartCount = 0;
    public Cart() {

    }
    public void printBookList(ArrayList<Book> booklist) {
        // 기존의 for문은 주석 처리 혹은 삭제
        for (int i = 0; i < booklist.size(); i++) {
            Book bookitem = booklist.get(i);
            System.out.print(bookitem.getBookId() + " | ");
            System.out.print(bookitem.getName() + " | ");
            System.out.print(bookitem.getUnitPrice() + " | ");
            System.out.print(bookitem.getAuthor() + " | ");
            System.out.print(bookitem.getDescription() + " | ");
            System.out.print(bookitem.getCategory() + " | ");
            System.out.print(bookitem.getReleaseDate());
            System.out.println("");
        }
    }

    public void insertBook(Book book) {
        // mCartItem[mCartCount++] = new CartItem(book);
        CartItem bookitem = new CartItem(book);
        mCartItem.add(bookitem);
        mCartCount = mCartItem.size();
```

- mCartItem은 ArrayList 클래스를 이용하여 장바구니에 항목을 담는 객체 변수
- mCartCount는 장바구니에 담긴 항목의 총개수를 저장하는 변수
- Cart 클래스의 기본 생성자
- 도서 정보 목록을 출력하는 printBookList() 메서드
- 장바구니에 도서를 삽입하는 insertBook() 메서드

```java
    }

```

장바구니에 담긴 항목을 모두 삭제하는 deleteBook() 메서드

```java
    public void deleteBook() {
    // mCartItem = new CartItem[NUM_BOOK];
    mCartItem.clear();
        mCartCount = 0;
    }

```

장바구니에 담긴 항목을 출력하는 printCart() 메서드

```java
    public void printCart() {
        System.out.println("장바구니 상품 목록 :");
        System.out.println("---------------------------------------------");
        System.out.println("    도서ID \t¦      수량 \t¦       합계");
        // 기존의 for문은 주석 처리 혹은 삭제
        for (int i = 0; i < mCartItem.size(); i++) {
            System.out.print("    " + mCartItem.get(i).getBookID() + " \t¦ ");
            System.out.print("    " + mCartItem.get(i).getQuantity() + " \t¦ ");
            System.out.print("    " + mCartItem.get(i).getTotalPrice());
            System.out.println("  ");
        }
        System.out.println("---------------------------------------------");
    }

```

장바구니에 담길 도서가 장바구니에 있는지를 확인하는 isCartInBook() 메서드

```java
    public boolean isCartInBook(String bookId) {
        boolean flag = false;
        // 기존의 for문은 주석 처리 혹은 삭제
        for (int i = 0; i < mCartItem.size(); i++) {
            if (bookId.equals(mCartItem.get(i).getBookID())) {
                mCartItem.get(i).setQuantity(mCartItem.get(i).getQuantity()+1);
                flag = true;
            }
        }
        return flag;
    }

```

장바구니의 특정 항목을 삭제하는 removeCart() 메서드

```java
    public void removeCart(int numId) {
        // 기존 내용 삭제
        mCartItem.remove(numId);
        mCartCount = mCartItem.size();
    }
}
```

도서 상품 처리 관련 클래스 수정하기

배열로 저장했던 도서 정보 목록 및 처리를 `ArrayList` 클래스를 활용하여 처리하도록 `Welcome` 클래스에서 관련 메서드를 수정합니다.

01 main( ) 메서드 수정하기: Welcome.java 파일을 열고 `ArrayList` 클래스를 활용하도록 수정합니다.

프로젝트 13-3 13장/BookMarket/src/com/market/main/Welcome.java

```java
package com.market.main;
...
import java.util.ArrayList;

public class Welcome {
    ...
    static Cart mCart = new Cart();
    static User mUser;

    public static void main(String[] args) {
        // Book[] mBookList;
        ArrayList<Book> mBookList;
        int mTotalBook = 0;

        Scanner input = new Scanner(System.in);
        System.out.print("당신의 이름을 입력하세요 : ");
        String userName = input.next();

        System.out.print("연락처를 입력하세요 : ");
        int userMobile = input.nextInt();

        mUser = new User(userName, userMobile);

        String greeting = "Welcome to Shopping Mall";
        String tagline = "Welcome to Book Market!";

        boolean quit = false;

        while (!quit) {
```

```
         System.out.println("***************************************");
         System.out.println("\t"+greeting);
         System.out.println("\t"+tagline);

         menuIntroduction();
         try {
            System.out.print("메뉴 번호를 선택해주세요 ");
            int n = input.nextInt();
            if (n < 1 || n > 9) {
               System.out.println("1부터 9까지의 숫자를 입력하세요");
            } else {
               switch(n) {
                  ...
                  case 3: // System.out.println("장바구니 비우기");
                     menuCartClear();
                     break;
                  case 4: // System.out.println("장바구니에 항목 추가하기");
                     mTotalBook = totalFileToBookList();
                        // mBookList = new Book[mTotalBook];

                     mBookList = new ArrayList<Book>();
                     menuCartAddItem(mBookList);
                     break;
                  ...
               }
            }
         }
         ...
      }  while문 끝
   }
   ...
}  Welcome 클래스 끝
```

02 BookList( ) 메서드 수정하기: 파일에서 도서 정보를 읽어와 ArrayList 클래스에 저장하는 BookList() 메서드의 매개변수를 수정합니다.

프로젝트 13-4 13장/BookMarket/src/com/market/main/Welcome.java

```java
package com.market.main;
...
public class Welcome {
   ...
   public static void main(String[] args) {
      ...
   }
   ...
   public static void BookList(ArrayList<Book> booklist) {
      setFileToBookList(booklist);
   }
   ...
}
```

03 menuCartAddItem( ) 메서드 수정하기: 장바구니에 항목을 추가하는 menuCartAddItem() 메서드를 수정합니다.

프로젝트 13-5 13장/BookMarket/src/com/market/main/Welcome.java

```java
package com.market.main;
...
public class Welcome {
   ...
   public static void main(String[] args) {
      ...
   }
   ...
   public static void menuCartAddItem(ArrayList<Book> booklist) {
      BookList(booklist);
      mCart.printBookList(booklist);
      boolean quit = false;

      while (!quit) {
         System.out.print("장바구니에 추가할 도서의 ID를 입력하세요 :");

         Scanner input = new Scanner(System.in);
```

```java
            String str = input.nextLine();

            boolean flag = false;
            int numId = -1;

            for (int i = 0; i < booklist.size(); i++) {
               if (str.equals(booklist.get(i).getBookId())) {
                  numId = i;
                  flag = true;
                  break;
               }
            }

            if (flag) {
               System.out.println("장바구니에 추가하겠습니까? Y | N ");
               str = input.nextLine();

               if (str.toUpperCase().equals("Y")) {
                  System.out.println(booklist.get(numId).getBookId()+" 도서가 장바구니에 추가되었습니다.");

                  if (!isCartInBook(booklist.get(numId).getBookId())) {
                     mCart.insertBook(booklist.get(numId));
                  }
               }
               quit = true;
            } else
               System.out.println("다시 입력해 주세요");
         }
      }
      ...
}
```

04 menuCartRemoveItem( ) 메서드 수정하기: 장바구니의 항목을 삭제하는 menuCartRemoveItem() 메서드를 수정합니다.

프로젝트 13-6 13장/BookMarket/src/com/market/main/Welcome.java

```java
package com.market.main;
...
public class Welcome {
   ...
   public static void main(String[] args) {
      ...
   }
   ...
   public static void menuCartRemoveItem() throws CartException {
      if (mCart.mCartCount == 0) throw new CartException("장바구니에 항목이 없습니다");
      else {
         menuCartItemList();
         boolean quit = false;
         while (!quit) {
            System.out.print("장바구니에서 삭제할 도서의 ID를 입력하세요 :");
            Scanner input = new Scanner(System.in);
            String str = input.nextLine();
            boolean flag = false;
            int numId = -1;

            for (int i = 0; i < mCart.mCartCount; i++) {
               if (str.equals(mCart.mCartItem.get(i).getBookID())) {
                  numId = i;
                  flag = true;
                  break;
               }
            }

            if (flag) {
               System.out.println("장바구니의 항목을 삭제하겠습니까? Y | N ");
               str = input.nextLine();
               if (str.toUpperCase().equals("Y")) {
                  System.out.println(mCart.mCartItem.get(numId).getBookID() + " 도서가
                     장바구니에서 삭제되었습니다.");
                  mCart.removeCart(numId);
               }
               quit = true;
```

```
            } else System.out.println("다시 입력해주세요");
        }
    }
  }
  ...
}
```

05 setFileToBookList( ) 메서드 수정하기: 파일에서 도서 정보 목록을 읽어와 저장하는 setFileToBookList() 메서드를 수정합니다.

프로젝트 13-7 13장/BookMarket/src/com/market/main/Welcome.java

```
package com.market.main;
...
public class Welcome {
  ...
  public static void main(String[] args) {
    ...
  }
  ...
  public static void setFileToBookList(ArrayList<Book> booklist) {

    try {
      FileReader fr = new FileReader("book.txt");
      BufferedReader reader = new BufferedReader(fr);

      String str2;
      String[] readBook = new String[7];
      // int count = 0;
      while ((str2 = reader.readLine()) != null) {

        if (str2.contains("ISBN")) {
          readBook[0] = str2;
          readBook[1] = reader.readLine();
          readBook[2] = reader.readLine();
          readBook[3] = reader.readLine();
          readBook[4] = reader.readLine();
```

```java
                readBook[5] = reader.readLine();
                readBook[6] = reader.readLine();
            }
            // booklist[count++] = new Book(readBook[0], readBook[1], Integer.parseInt(readBook[2]), readBook[3], readBook[4], readBook[5], readBook[6]);
            Book bookitem = new Book(readBook[0], readBook[1], Integer.parseInt(readBook[2]), readBook[3], readBook[4], readBook[5], readBook[6]);

            booklist.add(bookitem);
        }
        reader.close();
        fr.close();
    } catch(Exception e) {
        System.out.println(e);
    }
  }
}
```

주문 처리 관련 클래스 수정하기

주문 처리 역시 ArrayList 클래스를 활용하도록 Welcome 클래스에서 printBill() 메서드를 수정합니다.

01 printBill( ) 메서드 수정하기: Welcome.java 파일에서 주문 처리 영수증을 출력하는 printBill() 메서드를 수정합니다.

프로젝트 13-8 13장/BookMarket/src/com/market/main/Welcome.java

```java
package com.market.main;
...
public class Welcome {
  ...
  public static void main(String[] args) {
    ...
  }
  ...
  public static void printBill(String name, String phone, String address) {
```

```java
        Date date = new Date();
        SimpleDateFormat formatter = new SimpleDateFormat("MM/dd/yyyy");
        String strDate = formatter.format(date);
        System.out.println();
        System.out.println("-------------배송 받을 고객 정보-------------");
        System.out.println("고객명 : " + name + "   \t\t연락처 : " + phone);
        System.out.println("배송지 : " + address + "\t\t발송일 : " + strDate);
        mCart.printCart();

        int sum = 0;

        for (int i = 0; i < mCart.mCartCount; i++)
           sum += mCart.mCartItem.get(i).getTotalPrice();

        System.out.println("\t\t\t주문 총금액 : " + sum + "원\n");
        System.out.println("-------------------------------------------");
        System.out.println();
    }
    ...
}
```

요약

01 컬렉션 프레임워크는 많은 데이터를 쉽고 효과적으로 처리할 수 있는 표준화된 방법을 제공하는 클래스의 집합을 말합니다. 즉 데이터를 저장하는 자료 구조와 데이터를 처리하는 알고리즘을 구조화하여 클래스로 구현해놓은 인터페이스입니다.

02 컬렉션 프레임워크의 주요 인터페이스와 클래스는 다음과 같습니다.

인터페이스	설명	컬렉션 클래스
List<E>	순서가 있는 데이터의 집합으로, 데이터의 중복을 허용한다.	ArrayList LinkedList Vector
Set<E>	순서가 없는 데이터의 집합으로, 데이터의 중복을 허용하지 않는다.	HashSet TreeSet LinkedHashSet
Queue<E>	요소가 헤드에서만 제거되는 특수한 종류의 목록을 처리하도록 컬렉션을 확장한다.	ArrayDeque PriorityQueue
Map<K, V>	순서가 없는 키와 값 한 쌍으로 이루어진 데이터의 집합으로, 키는 중복될 수 없지만 값은 중복될 수 있다.	HashMap TreeMap HashTable LinkedHashMap

03 List 컬렉션은 Collection 인터페이스의 자식 인터페이스로, 선형 자료 구조의 형태로 요소를 저장합니다. 요소를 인덱스로 관리하기 때문에 요소를 저장하면 자동으로 저장 순서의 인덱스가 부여되고, 인덱스로 요소를 검색하거나 삭제할 수 있습니다. List 컬렉션에는 같은 요소를 중복해서 저장할 수 있는데, 이때 동일한 번지가 참조된다는 것을 주의해야 합니다. 또한 null도 저장할 수 있는데, 이 경우에는 해당 인덱스가 요소를 참조하지 않습니다.

04 List 컬렉션을 구현하는 대표적인 클래스는 ArrayList, LinkedList, Vector이며, 이러한 클래스를 선언하는 형식은 다음과 같습니다.

```
자식클래스명<E> 객체명 = new 자식클래스명<E>();
List<E> 객체명 = new 자식클래스명<E>();
```

05 Set 컬렉션은 Collection 인터페이스의 자식 인터페이스로, 비선형 자료 구조의 형태로 요소를 저장합니다. Set 컬렉션은 요소를 인덱스로 관리하지 않기 때문에 저장 순서가 보장되지 않습니다. 따라서 순서 자체가 없으므로 요소를 검색하여 가져오는 get() 메서드가 존재하지 않아 iterator() 메서드로 Iterator 클래스의 객체를 생성하고 데이터를 가져와야 합니다. Set 컬렉션에는 같은 요소를 중복해서 저장할 수 없고 null도 하나만 저장할 수 있습니다.

06 Set 컬렉션을 구현하는 대표적인 클래스는 HashSet, TreeSet, LinkeHashSet이며, 이러한 클래스를 선언하는 형식은 다음과 같습니다.

```
자식클래스명<자료형> 객체명 = new 자식클래스명<자료형>();
Set<자료형> 객체명 = new 자식클래스명<자료형>();
```

07 Map 컬렉션은 키와 값으로 구성된 자료 구조의 형태로 데이터를 저장합니다. 키는 중복해서 저장할 수 없지만 값은 중복해서 저장할 수 있습니다. 만약 기존에 있던 키와 같은 키가 입력되면 해당 키의 값이 새로운 값으로 변경됩니다. 따라서 Map 컬렉션은 키로 데이터를 관리합니다.

08 Map 컬렉션을 구현하는 대표적인 클래스는 HashMap, HashTable, LinkedHashMap, TreeMap 등이며, 이러한 클래스를 선언하는 형식은 다음과 같습니다.

```
자식클래스명<자료형, 자료형> 객체명 = new 자식클래스명<자료형, 자료형>();
Map<자료형, 자료형> 객체명 = new 자식클래스명<자료형, 자료형>();
```

연습문제

01 다음 빈칸을 채우시오.

[   ]는 많은 데이터를 쉽고 효과적으로 처리할 수 있는 표준화된 방법을 제공하는 클래스의 집합을 말한다. 즉 데이터를 저장하는 자료 구조와 데이터를 처리하는 알고리즘을 구조화하여 클래스로 구현해놓은 인터페이스이다.

02 자바의 컬렉션 클래스에 null 객체가 전달되면 어떤 예외가 발생하는가?

① Arrayoutofbound 예외
② 널 포인터 예외
③ 문자열을 찾을 수 없음 예외
④ 예외가 발생하지 않는다.

03 다음 중 자바의 컬렉션에 포함되지 않는 클래스는 무엇인가?

① ArraysList
② Stack
③ PriorityQueue
④ HashTable

04 다음 프로그램의 실행 결과는 무엇인가?

```
class Array {
   public void method(int x) {
      ArrayList<Integer> a = new ArrayList();
      for (int i=x; i<=5; i++) {
         a.add(i);
      }
      System.out.println(a);
   }
}

public class MyClass {
   public static void main(String[] args) {
      Array obj = new Array();
      obj.method(2);
   }
}
```

① [2, 3, 4, 5]
② 2
③ 5
④ 컴파일 오류

05 다음 중 한 목록에서 다른 목록으로 복사하는 데 사용되는 컬렉션 클래스의 메서드는 무엇인가?

① create()　　② concat()

③ copy()　　④ convert()

06 다음 프로그램의 실행 결과는 무엇인가?

```
public class MyClass {
    public static void main(String[] args) {
        LinkedList<String> l = new LinkedList();
        for (int i=1; i<5; i++) {
            l.add(String.valueOf(i));
        }
        l.remove(2);
        System.out.println(l);
    }
}
```

① 1 2 3 4 5　　② 1 3 4 5

③ 1 2 4　　④ 1

07 다음 프로그램의 실행 결과는 무엇인가?

```
public class MyClass {
    static Vector<Integer> v = new Vector();
    static public void show() {
        System.out.println(v.size());
    }

    public static void main(String[] args) {
        v.addElement(10);
        v.addElement(25);
        v.addElement(40);
        show();
    }
}
```

① 10　　② 25

③ 40　　④ 3

08 다음 프로그램은 어떤 오류가 발생하는가?

```
public class MyClass {
   public static void main(String[] args) {
      LinkedList<int> list = LinkedList();
      list.add(1);
      list.add(2);
      list.add(3);
      list.add(4);
      list.add(5);
      System.out.println(list);
   }
}
```

① linkedlist에 요소를 추가하는 중 오류가 발생한다.

② 목록을 출력하는 중 오류가 발생한다.

③ linkedlist 데이터 유형이 잘못되어 오류가 발생한다.

④ 오류가 발생하지 않는다.

09 다음 프로그램의 실행 결과를 작성하시오.

```
public class MyClass {
   public static void main(String[] args) {
      HashSet nums = new HashSet();
      nums.add("One");
      nums.add(2);
      nums.add(3.14);
      nums.add(true);
      System.out.println(nums);
   }
}
```

10 다음 프로그램의 실행 결과를 작성하시오.

```
public class MyClass {
   public static void main(String[] args) {
      TreeSet<Integer> tree = new TreeSet<Integer>();
      tree.add(25);
      tree.add(20);
      tree.add(35);
      tree.add(30);
      Iterator<Integer> iterator = tree.descendingIterator();
      System.out.print("오름차순:");

      while (iterator.hasNext()) {
         System.out.print(" " + iterator.next());
      }
   }
}
```

CHAPTER 14

사용자 인터페이스 I

학습목표

- 그래픽 사용자 인터페이스의 개념을 이해합니다.
- 스윙을 이해하고 스윙을 이용한 프레임 생성 방법을 알아봅니다.
- 기본 UI 구성 요소에 대해 알아봅니다.
- 레이아웃에 대해 알아봅니다.

Preview

자바에서는 사용자가 마우스나 키보드로 편리하게 입출력할 수 있도록 강력한 GUI 구성 요소를 제공합니다. 이러한 구성 요소를 이용하여 GUI 프로그래밍을 쉽게 할 수 있는 스윙에 대해 자세히 알아봅시다.

그래픽 사용자 인터페이스

- **스윙**
  - 스윙의 개요
  - 스윙 클래스의 계층 구조
  - 스윙 GUI 프로그램 생성 과정
- **프레임 생성**
  - 프레임의 개요
  - 메인 프레임 생성
    - JFrame 클래스를 인스턴스화하는 방법
    - JFrame 클래스를 확장하는 방법
  - 보조 프레임 생성
- **기본 UI 구성 요소**
  - JButton
  - JTextField
  - JCheckBox
  - JRadioButton
  - JComboBox
  - JLabel
  - JTextArea
  - JPasswordField
- **레이아웃**
  - 레이아웃의 개요
  - FlowLayout
  - BorderLayout
  - GridLayout

[프로젝트]

- **화면 GUI 구성하기**
  - 프로젝트 만들기
  - 콘솔 기반 자바 파일 가져오기
  - 메인 프레임 화면 만들기
  - 메뉴 버튼 관련 페이지 만들기

14.1 그래픽 사용자 인터페이스

그래픽 사용자 인터페이스(graphic user interface, GUI)는 사용자가 마우스나 키보드를 이용하여 편리하게 입출력할 수 있도록 그래픽으로 화면이 구성된 인터페이스를 말합니다. 자바에서는 강력한 GUI 구성 요소를 제공하므로 이를 이용하여 쉽게 GUI 프로그래밍을 할 수 있습니다.

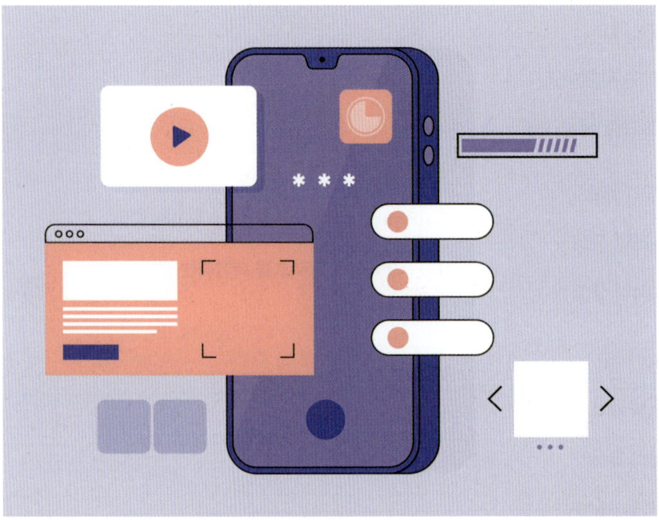

그림 14-1 그래픽 사용자 인터페이스(GUI)

현재 그래픽 프로그래밍을 위한 자바 API로는 AWT(Abstract Window Toolkit), 스윙(Swing), JavaFX 등이 있습니다.

표 14-1 GUI 프로그래밍 방법

종류	설명
AWT	• AWT 관련 패키지는 모두 java.awt로 시작한다. • 운영체제가 제공하는 네이티브 UI 컴포넌트를 이용하는 자바 라이브러리이다. • AWT API는 JDK 1.0부터 도입되었으나 대부분의 AWT UI 구성 요소는 더 이상 사용되지 않으며 최신 스윙 UI 구성 요소로 교체된다.
스윙	• 스윙 관련 패키지는 모두 javax.swing으로 시작한다. • 순수 자바 언어로만 작성되어 어떤 플랫폼에서도 일관된 UI 작성이 가능한 라이브러리이다. • AWT를 향상하는 훨씬 더 포괄적인 그래픽 라이브러리 세트인 스윙 API는 JDK 1.1 릴리스부터 JFC(Java Foundation Classes)의 일부로 도입되었다. 그러나 실행 성능이 느려지고 메모리를 더 많이 사용하기 때문에 운영체제의 네이티브 UI를 점점 더 선호한다.

JavaFX	• JavaFX 관련 패키지는 모두 javafx로 시작한다. • 스윙을 대체하기 위해 만들어졌으며, JDK 11부터는 JavaFX가 JDK에 포함되지 않아 별도로 설치해야 한다. • 크로스 플랫폼에서 실행하는 리치 클라이언트 애플리케이션(rich client application)을 개발하기 위한 그래픽과 미디어 패키지이다. • 스윙보다 가볍고 강력하기 때문에 스윙을 대체하는 자바 표준 UI 라이브러리이다.

TIP JDK 1.2부터 자바에 통합된 JFC는 스윙, Java2D, 접근성, 국제화, 플러그형 룩앤드필(look and feel) 지원 API로 구성되어 있습니다.

여기서 퀴즈!

다음 중 그래픽 프로그래밍에 대한 설명으로 옳지 않은 것을 고르시오.

① 스윙은 javax.swing 패키지에 포함되어 있습니다.

② 스윙은 AWT를 향상하는 훨씬 더 포괄적인 그래픽 라이브러리 세트입니다.

③ JavaFX은 javafx 패키지에 포함되어 있습니다.

④ JavaFX은 스윙에 통합되어 현재는 사용할 수 없습니다.

정답 ④

14.2 | 스윙

1 스윙의 개요

스윙은 윈도우 기반 GUI를 구현하는 데 사용하는 자바 기반 클래스의 일부로, 강력하고 유연한 GUI 구성 요소를 제공하는 클래스 집합이 포함된 GUI 프레임워크입니다.

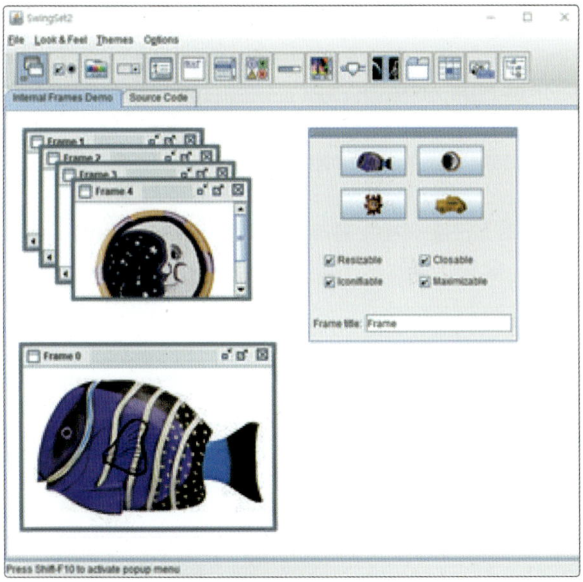

그림 14-2 SwingSet 데모 프로그램

하나 더 알기 **스윙 데모 예제를 실행하는 방법**

자바 JDK를 설치할 때 데모 파일을 함께 내려받아 설치하면 자바 JDK가 설치된 폴더 하위에 demo/jfc/SwingSet2 폴더가 생성됩니다. 스윙 데모 프로그램은 다음과 같은 방법으로 실행할 수 있습니다.

- **스윙 데모 프로그램 경로에서 직접 실행하는 방법**: C:\〉 cd 〈JDK 설치경로〉\demo\jfc\SwingSet2〉java -jar SwingSet2.jar
- **스윙 데모 프로그램 경로를 설정하여 실행하는 방법**: C:\〉java -jar 〈JDK 설치경로〉\demo\jfc\SwingSet\2SwingSet2.jar

스윙의 주요 특징은 다음과 같습니다.

- AWT 기술을 기반으로 작성된 라이브러리입니다.
- AWT와 달리 순수하게 자바 언어로 작성되어 있습니다.
- 스윙 컴포넌트는 경량 컴포넌트(light weight component)라고도 합니다.
- 스윙은 플랫폼에 독립적입니다.
- 스윙은 모든 AWT 컴포넌트와 100% 호환되는 컴포넌트로 재작성되었습니다.
- AWT 컴포넌트와 구분하기 위해 스윙 컴포넌트의 이름은 대문자 J로 시작합니다.

하나 더 알기 **AWT와 스윙의 차이점**

AWT	스윙
java.awt.* 패키지에 포함되어 있다.	javax.swing.* 패키지에 포함되어 있다.
플랫폼에 따라 다르다.	플랫폼에 독립적이다.
중량 컴포넌트이다.	경량 컴포넌트이다.
스윙보다 컴포넌트(구성 요소)가 많지 않다.	AWT보다 강력한 구성 요소를 제공한다.
MVC(model view controller)를 따르지 않는다.	MVC를 따른다.

2 스윙 클래스의 계층 구조

모든 스윙 구성 요소의 기본 클래스는 `JComponent`입니다. `JButton`, `JScrollPane`, `JPanel`, `JTable` 등 이름이 'J'로 시작되는 스윙 구성 요소는 `JComponent` 클래스의 자식 클래스입니다. 그러나 `JFrame`과 `JDialog`는 최상위 컨테이너의 자식이므로 `JComponent` 클래스를 상속받지 않습니다. `JComponent` 클래스는 `Component`와 `Container` 클래스를 상속받습니다. `Component` 클래스는 그래픽 그리기, 이벤트 처리 기능을 제공하고, `Container` 클래스는 UI 구성 요소 추가 및 제거, 레이아웃 기능을 제공합니다. [그림 14-3]은 스윙 클래스의 계층 구조를 보여줍니다.

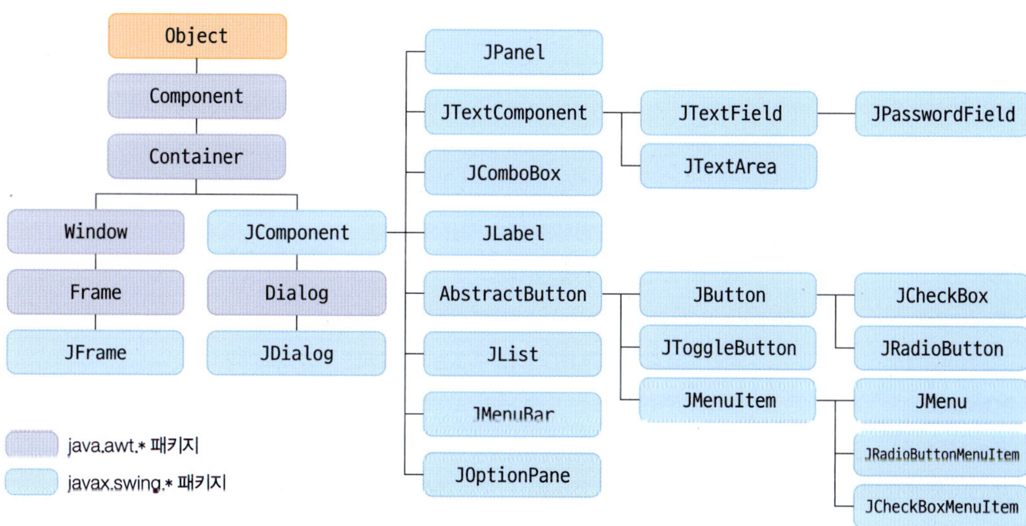

그림 14-3 **스윙 클래스의 계층 구조**

표 14-2 JComponent 클래스의 주요 메서드

메서드	설명
void setBorder(Border border)	UI 구성 요소의 경계를 설정한다.
void setForeground(Color color)	UI 구성 요소의 전경색을 설정한다.
void setBackground(Color color)	UI 구성 요소의 배경색을 설정한다.
void setFont(Font font)	UI 구성 요소의 글꼴을 설정한다.
void setCursor(Cursor cursor)	UI 구성 요소의 커서를 설정한다.
boolean isShowing( )	UI 구성 요소가 화면에 표시되고 있으면 true를 반환하고, 표시되지 않으면 false를 반환한다.
void setEnabled(boolean enabled)	UI 구성 요소의 활성화 여부를 설정한다.
void setVisible(boolean visible)	UI 구성 요소의 화면 표시 여부를 설정한다.
Component add(Component component)	UI 구성 요소를 컨테이너에 추가한다.
void remove(Component component)	컨테이너의 UI 구성 요소를 삭제한다.
void removeAll( )	컨테이너의 모든 UI 구성 요소를 삭제한다.
void setBounds(int x, int y, int width, int height)	부모 컨테이너 내 UI 구성 요소의 위치와 크기를 설정한다. 배치 관리자가 없는 경우에만 유효하다.
void setPreferredSize(Dimension dimen)	UI 구성 요소의 크기를 설정한다.
void setMaximumSize(Dimension dimen)	UI 구성 요소의 최대 크기를 설정한다.
void setMinimunSize(Dimension dimen)	UI 구성 요소의 최소 크기를 설정한다.
void setLayout(LayoutManager)	배치 관리자를 설정한다.

TIP JComponent 클래스에 대한 자세한 내용은 https://docs.oracle.com/en/java/javase/17/docs/api/java.desktop/javax/swing/JComponent.html을 참고하세요.

표 14-3 스윙 UI 구성 요소의 주요 클래스

클래스	설명
JLabel	텍스트와 이미지를 배치하기 위한 구성 요소이다.
JButton	레이블이 지정된 버튼을 만든다.
JCheckBox	on(true) 또는 off(false) 상태인 체크박스 구성 요소이다.
JRadioButton	여러 항목 중에서 하나만 선택할 수 있는 라디오버튼 구성 요소이다.
JComboBox	항목을 선택할 수 있는 드롭다운박스(콤보박스) 구성 요소이다.
JTextField	텍스트 한 줄을 편집할 수 있는 텍스트 구성 요소이다.
JPasswordField	비밀번호 입력에 특화된 텍스트 구성 요소이다.
JTextArea	텍스트 여러 줄을 편집할 수 있는 텍스트 구성 요소이다.
ImageIcon	아이콘을 이미지로 만들 수 있도록 Icon 인터페이스를 구현하는 요소이다.
JScrollbar	스크롤 막대 구성 요소이다.
JOptionPane	사용자에게 값을 묻거나 무언가를 알려주는 일련의 표준 대화상자이다.
JPanel	구성 요소를 그룹별로 묶어서 처리할 때 사용하는 구성 요소이다.
JTable	데이터를 행과 열로 이루어진 테이블 형식으로 보여주는 구성 요소이다.

❸ 스윙 GUI 프로그램 생성 과정

스윙으로 GUI 응용 프로그램을 만드는 과정은 크게 프레임 만들기, 프레임 클래스 인스턴스화하기, 프레임에 UI 구성하기 등으로 이루어집니다. 이 과정에서 스윙 UI 구성 요소의 클래스를 사용하려면 `javax.swing.*` 패키지를 임포트해야 합니다.

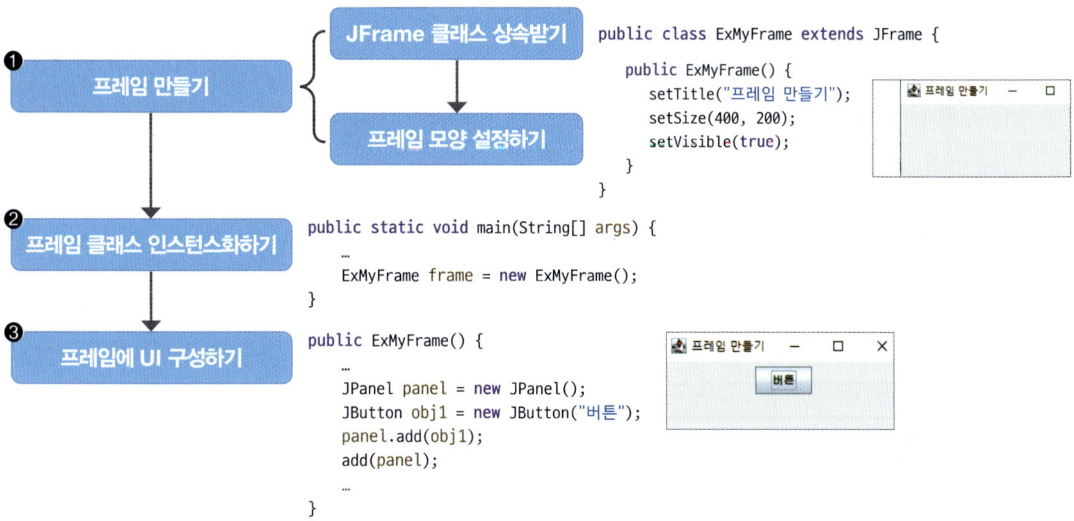

그림 14-4 **스윙 GUI 프로그램 생성 과정**

❶ `JFrame` 클래스를 상속받는 자바 클래스를 만들고 기본 생성자를 생성하여 여기에 프레임의 크기, 타이틀 등의 모양을 설정합니다.

❷ `main()` 메서드에 `JFrame` 클래스를 상속받아 생성한 자바 클래스를 인스턴스화합니다.

❸ 프레임 안에 구현될 UI 구성 요소를 자바 클래스의 기본 생성자에서 작성합니다. 이때 프레임을 화면에 보이도록 설정하는 `setVisible()` 메서드는 반드시 맨 마지막에 호출해야 합니다. 그렇지 않으면 UI 구성 요소가 표시되지 않습니다.

여기서 퀴즈!

다음 중 스윙의 기능에 대한 설명으로 옳지 않은 것을 고르시오.

① 스윙은 AWT 기술을 기반으로 작성된 라이브러리입니다.

② 스윙 컴포넌트는 중량 컴포넌트라고도 합니다.

③ 스윙은 플랫폼에 독립적입니다.

④ 스윙은 모든 AWT 컴포넌트와 100% 호환되는 컴포넌트로 제작되었습니다.

정답 ②

14.3 | 프레임 생성

1 프레임의 개요

스윙 프레임은 모든 스윙 UI 구성 요소를 담는 최상위 컨테이너로, JFrame을 상속받아 구현합니다. 스윙 UI 구성 요소를 화면에 표시하려면 스윙 프레임에 연결해야 하고, 프레임을 닫으면 프레임에 연결된 모든 UI 구성 요소가 보이지 않습니다. 이러한 스윙 프레임의 기본 구조는 기본 틀인 프레임, 메뉴를 표시하는 메뉴바, GUI 구성 요소를 표시하는 패널로 구성됩니다.

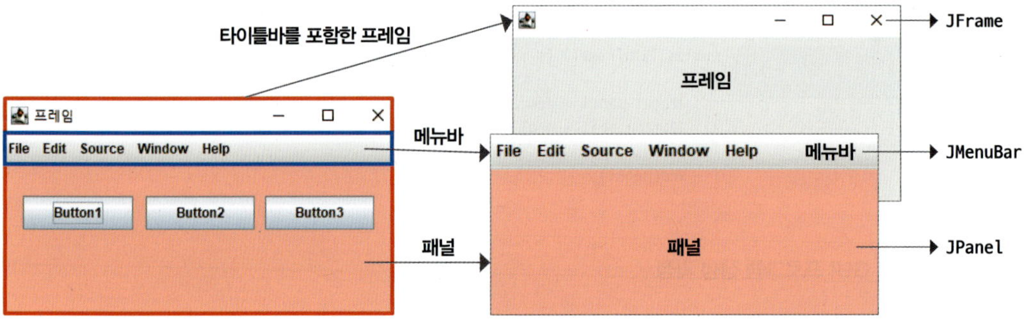

그림 14-5 프레임의 구성

JFrame은 창 프레임을 만드는 클래스로, 모든 스윙 UI 구성 요소를 담는 최상위 컨테이너입니다. 프레임이 있어야 GUI 화면이 표시되고, 프레임 내에 부착된 모든 구성 요소(Button, TextField, CheckBox 등)를 화면에 출력할 수 있습니다. 따라서 JFrame은 레이블, 버튼, 텍스트 필드와 같은 구성 요소를 추가하여 GUI를 만들기 위한 기본 창입니다.

JFrame 클래스를 생성하는 생성자는 네 가지로, [표 14-4]와 같이 인자에 따라 프레임의 옵션이 다르게 생성됩니다.

표 14-4 JFrame 클래스의 생성자

생성자	설명
JFrame()	처음에는 보이지 않는 새 프레임을 생성한다.
JFrame(String title)	처음에는 보이지 않는 새 프레임을 지정된 제목으로 생성한다.

표 14-5 JFrame 클래스의 주요 메서드

메서드	설명
void setDefaultCloseOperation(int operation)	프레임에서 '닫기'를 수행한다.
static void setDefaultLookAndFeelDecorated (boolean defaultLookAndFeelDecorated)	새로 생성된 JFrame에 현재 룩앤드필에서 제공하는 창 장식(예 테두리, 창을 닫는 위젯, 제목)이 있어야 하는지에 대한 힌트를 제공한다.
void setIconImage(Image image)	창의 아이콘으로 표시할 이미지를 설정한다.
void setJMenuBar(JMenuBar menubar)	프레임의 메뉴 표시줄을 설정한다.
void setLayeredPane(JLayeredPane layeredPane)	layeredPane 속성을 설정한다.

TIP JFrame 클래스에 대한 자세한 내용은 https://docs.oracle.com/en/java/javase/17/docs/api/java.desktop/javax/swing/JFrame.html을 참고하세요.

2 메인 프레임 생성

JFrame 클래스를 이용하여 창 프레임을 만드는 방법으로는 JFrame 클래스를 인스턴스화하는 방법과 JFrame 클래스를 확장하는 방법이 있습니다. 프레임을 만드는 동안 프레임을 표시하려면 setSize()와 setVisible() 메서드가 필요하며, 프레임 크기를 조정하기 위해 setResizable() 메서드를 추가할 수도 있습니다.

JFrame 클래스를 인스턴스화하는 방법

JFrame 클래스를 인스턴스화하여 창 프레임을 만드는 방법은 단순하지만 프레임에 스윙 컴포넌트를 추가하는 과정이 불편합니다. 또한 확장성과 융통성이 결여되므로 이 방법을 권장하지는 않습니다.

다음은 JFrame 객체를 직접 생성하는 예입니다.

```
public class ExFrame01 {
    public static void main(String[] args) {
        JFrame frame = new JFrame();
    }
}
```

JFrame 클래스를 인스턴스화하여 프레임 만들기 예시

Chap14/src/ExFrame01.java

```
import javax.swing.*;     // swing 패키지 가져오기
import java.awt.*;        // awt 패키지 가져오기

public class ExFrame01 {
   public static void main(String[] args) {
      JFrame frame = new JFrame();        // JFrame 생성
      frame.setTitle("프레임 생성1");      // 프레임 제목 설정
      frame.setSize(400, 200);            // 프레임 크기 설정
      frame.setVisible(true);             // 프레임 보이기 설정
   }
}
```

실행 결과

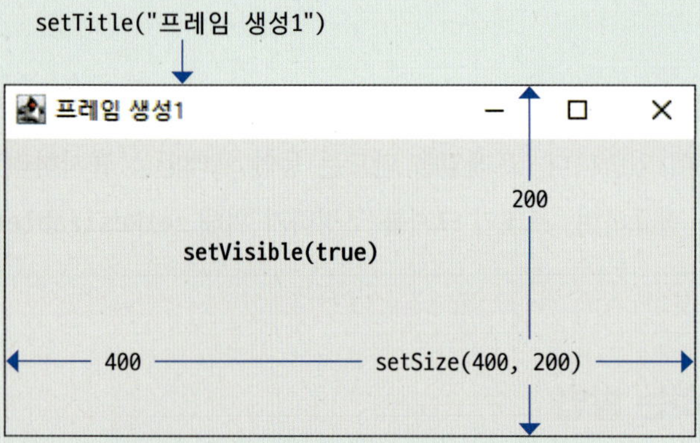

JFrame 클래스를 확장하는 방법

메인 프레임을 생성하기 위해 흔히 사용하는 방법은 JFrame 클래스를 확장하는 것입니다. main() 메서드 안에서 JFrame을 상속받은 클래스의 인스턴스를 생성하여 사용하는 이 방법은 가독성 측면에서 JFrame 클래스를 인스턴스화하는 방법보다 낫고 확장성과 융통성이 뛰어납니다.

다음은 JFrame 클래스를 상속받는 예입니다.

```
public class ExFrame02 extends JFrame {
   public static void main(String[] args) {
      ExFrame02 frame = new ExFrame02();
   }
}
```

JFrame 클래스를 상속받아 프레임 만들기 예시 Chap14/src/ExFrame02.java

```java
import javax.swing.*;
import java.awt.*;

public class ExFrame02 extends JFrame {   // JFrame 클래스 상속

    public ExFrame02() {
        setTitle("프레임 생성2");      // 프레임 제목 설정
        setSize(400, 200);            // 프레임 크기 설정
        setVisible(true);             // 프레임 보이기 설정
    }

    public static void main(String[] args) {
        new ExFrame02();
    }
}
```

실행 결과

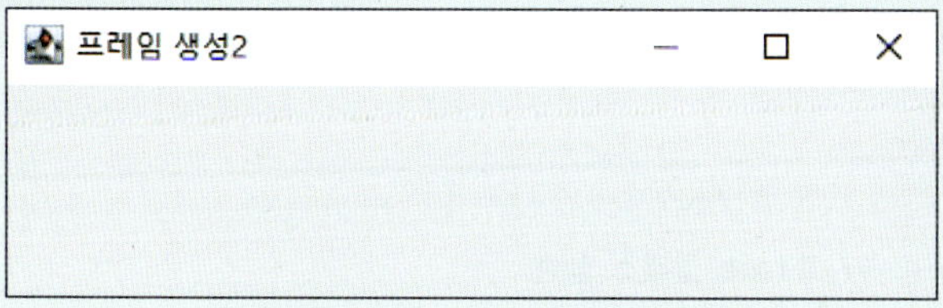

3 보조 프레임 생성

일반적으로는 프레임에 UI 구성 요소를 직접 붙이지 않고 패널(panel)이라는 보조 프레임을 이용합니다. 패널을 만들 수 있는 `JPanel` 클래스는 `JComponent` 클래스를 상속받으며, UI 구성 요소를 그룹별로 묶어서 처리할 때 사용하는 가장 간단한 컨테이너입니다. 또한 `JPanel`에 다른 `JPanel`을 포함할 수도 있어 복잡한 화면을 구성하는 데 유용합니다.

`JPanel` 클래스의 생성자는 [표 14-6]과 같으며, 인자에 따라 다른 패널이 생성됩니다.

표 14-6 JPanel 클래스의 생성자

생성자	설명
`JPanel()`	새로운 패널을 생성한다.
`JPanel(boolean isDoubleBuffered)`	FlowLayout 및 지정된 버퍼링을 사용하여 새로운 패널을 생성한다.
`JPanel(LayoutManager layout)`	지정된 레이아웃 관리자로 새로운 패널을 생성한다.

표 14-7 JPanel 클래스의 주요 메서드

메서드	설명
add(Component c)	지정된 컨테이너에 구성 요소를 추가한다.
setLayout(LayoutManager l)	컨테이너의 레이아웃을 지정된 레이아웃 관리자로 설정한다.
updateUI()	현재 모양과 느낌의 값으로 UI 속성을 재설정한다.
setUI(PanelUI ui)	구성 요소를 렌더링하는 객체의 모양과 느낌을 설정한다.
getUI()	구성 요소를 렌더링하는 모양과 느낌 객체를 반환한다.
getUIClassID()	구성 요소를 렌더링하는 룩앤드필(look and feel) 클래스의 이름을 반환한다.
getAccessibleContext()	JPanel과 관련된 AccessibleContext를 가져온다.

다음은 메인 프레임에 보조 프레임인 JPanel 객체를 생성하는 예입니다.

```
JPanel panel = new JPanel();   // 패널 설정
add(panel);                    // 프레임에 패널 추가
```

JPanel 클래스로 보조 프레임 만들기 예시 Chap14/src/ExFrame03.java

```
import javax.swing.*;
import java.awt.*;

public class ExFrame03 extends JFrame {  // JFrame 클래스 상속

   public ExFrame03() {
      setTitle("프레임 생성3");     // 프레임 제목 설정
      setSize(400, 200);           // 프레임 크기 설정
      setVisible(true);            // 프레임 보이기 설정

      JPanel panel = new JPanel();           // 패널 설정
      panel.setBackground(Color.PINK);       // 패널 색상 설정
      add(panel);   // 프레임에 패널 추가
   }

   public static void main(String[] args) {
      new ExFrame03();
   }
}
```

실행 결과

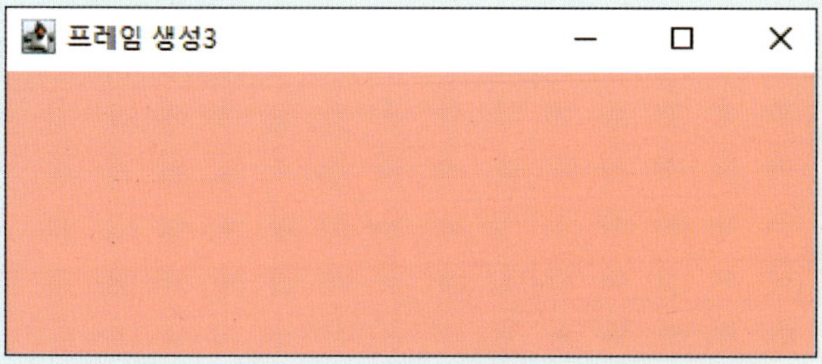

예제 14-1 **프레임의 아이콘 이미지 변경하기**

`setIconImage()` 메서드를 사용하여 프레임에 표시되는 아이콘 이미지를 cat.png로 바꿔봅시다. cat.png 파일을 Chap14 프로젝트에 미리 복사해두어야 합니다.

Chap14/src/Frame.java

```
import javax.swing.*;
import java.awt.*;

public class Frame extends JFrame {

   public Frame() {
      setTitle("프레임 아이콘");     // 프레임 제목 설정
      setSize(400, 200);            // 프레임 크기 설정

      JPanel panel = new JPanel();          // 패널 설정
      panel.setBackground(Color.PINK);      // 패널 색상 설정
      add(panel);    // 프레임에 패널 추가

      setIconImage(new ImageIcon("cat.png").getImage());    // 프레임 아이콘
      setVisible(true);       // 프레임 보이기 설정
   }

   public static void main(String[] args) {
      new Frame();
   }
}
```

실행 결과

여기서 퀴즈!

다음 중 프레임을 만드는 방법으로 옳지 않은 것을 고르시오.

① JFrame 클래스를 확장하여 생성합니다.

② JFrame 클래스를 인스턴스화하여 생성합니다.

③ JFrame frame = new JFrame();

④ public class Frame implements JFrame {…}

정답 ④

14.4 | 기본 UI 구성 요소

1 JButton

JButton 클래스는 푸시버튼을 UI로 구현한 구성 요소로, 레이블이 있어 이를 눌렀을 때 이벤트를 생성합니다. 이때 이미지를 활용하여 버튼을 표현할 수도 있습니다. JButton 클래스의 생성자는 [표 14-8]과 같으며, 인자에 따라 다른 버튼이 생성됩니다.

그림 14-6 푸시버튼

표 14-8 JButton 클래스의 생성자

생성자	설명
JButton()	텍스트나 아이콘이 설정되지 않은 버튼을 생성한다.
JButton(Action a)	제공된 액션에서 속성을 가져오는 버튼을 생성한다.
JButton(Icon icon)	아이콘이 있는 버튼을 생성한다.
JButton(String text)	텍스트가 있는 버튼을 생성한다.
JButton(String text, Icon icon)	텍스트와 아이콘이 있는 버튼을 생성한다.

표 14-9 JButton 클래스의 주요 메서드

메서드	설명
void setText(String s)	지정된 텍스트를 버튼에 설정한다.
String getText()	버튼의 텍스트를 반환한다.
void setEnabled(boolean b)	버튼을 활성화하거나 비활성화한다.
void setIcon(Icon b)	지정된 아이콘을 버튼에 설정한다.
Icon getIcon()	버튼의 아이콘을 반환한다.
void setMnemonic(int a)	버튼에 니모닉을 설정한다.
void addActionListener(ActionListener a)	개체에 작업 수신기를 추가한다.

예제 14-2 고양이 버튼 생성하기

JButton 클래스를 사용하여 버튼 3개를 생성하고 JFrame 컨테이너에 추가해봅시다.

Chap14/src/ExComponent01.java

```
import javax.swing.*;
import java.awt.*;

public class ExComponent01 {
    public static void main(String[] args) {
        JFrame frame = new JFrame();
        frame.setTitle("버튼 JButton");
        frame.setSize(400, 200);

        JPanel panel = new JPanel();
        panel.setBackground(new Color(240, 240, 240));
        frame.add(panel);

        JButton obj1 = new JButton("고양이");        // '고양이' 텍스트 버튼 생성
```

```java
        JButton obj2 = new JButton(new ImageIcon("cat.png"));   // 아이콘 버튼 생성
        JButton obj3 = new JButton("고양이", new ImageIcon("cat.png"));
                        // '고양이' 텍스트 및 아이콘 버튼 생성

        panel.add(obj1);    // 패널에 obj1 버튼 추가
        panel.add(obj2);    // 패널에 obj2 버튼 추가
        panel.add(obj3);    // 패널에 obj3 버튼 추가

        frame.setVisible(true);
    }
}
```

실행 결과

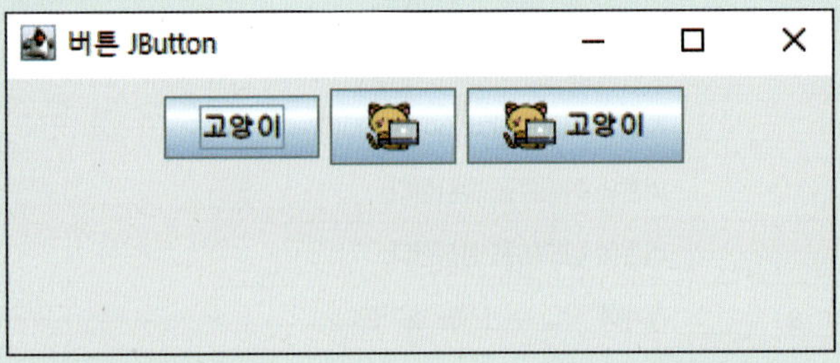

2 JTextField

JTextField 클래스는 텍스트 한 줄을 입력하거나 수정하는 등 편집할 수 있는 텍스트 구성 요소입니다. JTextField 클래스의 생성자는 [표 14-10]과 같으며, 인자에 따라 다른 형태의 텍스트 필드가 생성됩니다.

표 14-10 JTextField 클래스의 생성자

생성자	설명
JTextField()	새 텍스트 필드를 생성한다.
JTextField(String text)	지정된 텍스트로 초기화된 새 텍스트 필드를 생성한다.
JTextField(String text, int columns)	지정된 텍스트 및 열로 초기화된 새 텍스트 필드를 생성한다.
JTextField(int columns)	지정된 수의 열로 이루어진 새 텍스트 필드를 생성한다.

표 14-11 JTextField 클래스의 주요 메서드

메서드	설명
void addActionListener (ActionListener l)	텍스트 필드에서 작업 이벤트를 수신하기 위해 지정된 작업 수신기를 추가한다.
Action getAction()	ActionEvent 소스에 대해 현재 설정된 액션을 반환하고, 액션이 설정되지 않은 경우 null을 반환한다.
void setFont(Font f)	글꼴을 설정한다.
void removeActionListener (ActionListener l)	텍스트 필드에서 작업 이벤트를 수신하지 않도록 지정된 작업 수신기를 제거한다.

다음은 JTextField 객체 3개를 만드는 예입니다.

```
JTextField obj1 = new JTextField(10);          // 글자 10개만큼의 크기로 생성
JTextField obj2 = new JTextField("고양이");     // '고양이'로 초기화하여 생성
JTextField obj3 = new JTextField("강아지", 10); // '강아지'로 초기화하고 글자 10개만큼의 크기로 생성
```

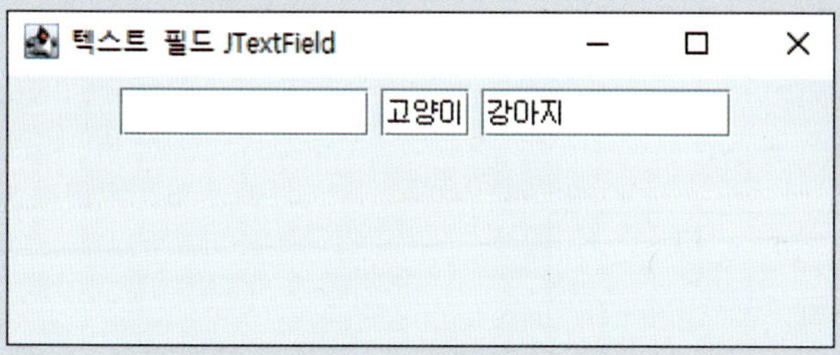

TIP [예제 14-2]의 14~16행을 위의 코드로 변경하면 결과를 쉽게 확인할 수 있습니다.

3 JCheckBox

JCheckBox 클래스는 선택하거나 선택을 해제할 수 있고 사용자에게 상태를 보여주는 확인란을 만드는 데 사용하는 구성 요소입니다. 체크박스를 클릭하면 상태가 'on'에서 'off'로 또는 'off'에서 'on'으로 바뀌며, 한 번에 여러 개의 응답을 얻을 수 있습니다. JCheckBox 클래스의 생성자는 [표 14-12]와 같으며, 인자에 따라 다른 형태의 체크박스가 생성됩니다.

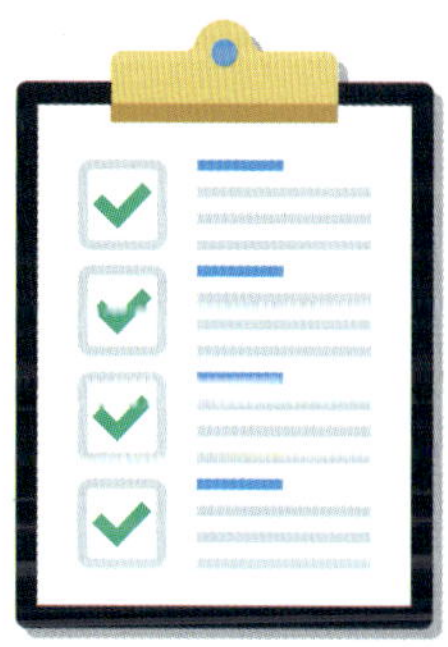

그림 14-7 체크박스

표 14-12 JCheckBox 클래스의 생성자

생성자	설명
JCheckBox()	텍스트나 아이콘이 없고 선택되지 않은 상태의 확인란을 생성한다.
JCheckBox(String s)	텍스트가 있고 선택되지 않은 상태의 확인란을 생성한다.
JCheckBox(String text, boolean selected)	텍스트가 있는 확인란을 생성하면서 체크 여부를 지정한다.
JCheckBox(Action a)	제공된 작업에서 속성을 가져오는 확인란을 생성한다.

표 14-13 JCheckBox 클래스의 주요 메서드

메서드	설명
AccessibleContext getAccessibleContext()	JCheckBox와 관련된 AccessibleContext를 가져온다.
protected String paramString()	JCheckBox의 문자열 표현을 반환한다.

다음은 JCheckBox 객체 3개를 만드는 예입니다.

```
JCheckBox obj1 = new JCheckBox();
JCheckBox obj2 = new JCheckBox("고양이");
JCheckBox obj3 = new JCheckBox("강아지", true);
```

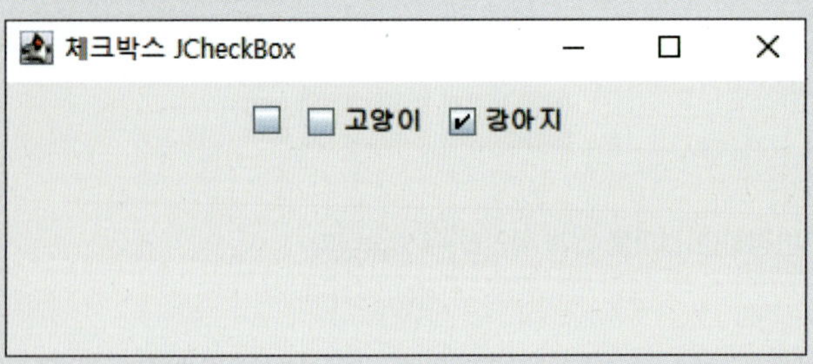

TIP [예제 14-2]의 14~16행을 위의 코드로 변경하면 결과를 쉽게 확인할 수 있습니다.

4 JRadioButton

JRadioButton 클래스는 여러 옵션 중에서 하나를 선택할 수 있는 라디오버튼을 만드는 데 사용하는 구성 요소로, 한 번에 하나의 응답을 얻을 수 있습니다. JRadioButton 클래스의 생성자는 [표 14-14]와 같으며, 인자에 따라 다른 형태의 라디오버튼이 생성됩니다.

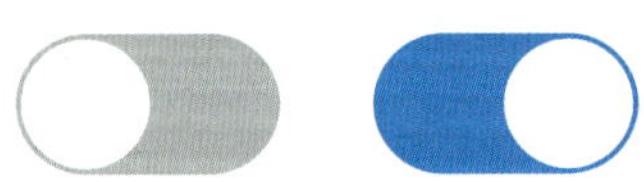

그림 14-8 라디오버튼

표 14-14 JRadioButton 클래스의 생성자

생성자	설명
JRadioButton()	텍스트가 없고 선택되지 않은 상태의 라디오버튼을 생성한다.
JRadioButton(String s)	텍스트가 있고 선택되지 않은 상태의 라디오버튼을 생성한다.
JRadioButton(String s, boolean selected)	텍스트가 있고 선택된 상태의 라디오버튼을 생성한다.

표 14-15 JRadioButton 클래스의 주요 메서드

메서드	설명
void setText(String s)	지정된 텍스트를 버튼에 설정한다.
String getText()	버튼의 텍스트를 반환한다.
void setEnabled(boolean b)	버튼을 활성화하거나 비활성화한다.
void setIcon(Icon b)	지정된 아이콘을 버튼에 설정한다.
Icon getIcon()	버튼의 아이콘을 반환한다.
void setMnemonic(int a)	버튼에 니모닉을 설정한다.
void addActionListener(ActionListener a)	개체에 작업 수신기를 추가한다.

다음은 JRadioButton 객체 3개를 만드는 예입니다.

```
JRadioButton obj1 = new JRadioButton();
JRadioButton obj2 = new JRadioButton("고양이");
JRadioButton obj3 = new JRadioButton("강아지", true);
```

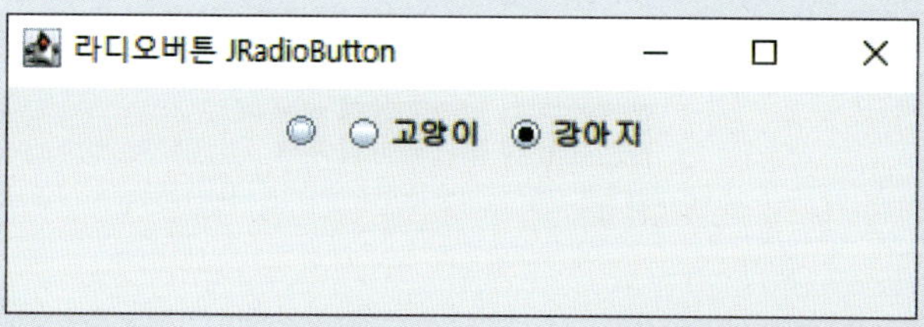

TIP [예제 14-2]의 14~16행을 위의 코드로 변경하면 결과를 쉽게 확인할 수 있습니다.

5 JComboBox

JComboBox 클래스는 버튼 또는 편집 가능한 텍스트 필드와 드롭다운 목록을 결합한 구성 요소로, 사용자가 선택한 항목이 드롭다운 메뉴 상단에 표시됩니다. JComboBox 클래스의 생성자는 [표 14-16]과 같으며, 콤보박스에 들어갈 요소를 배열 또는 벡터로 받을 수 있습니다.

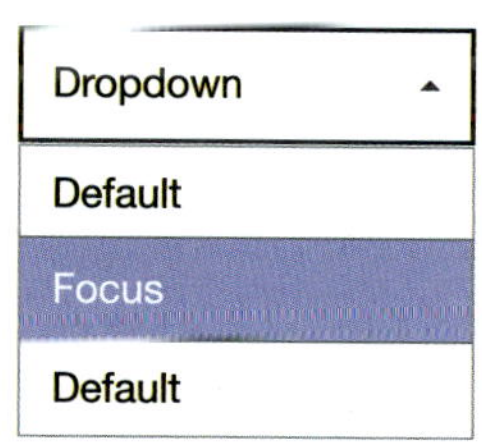

그림 14-9 콤보박스

표 14-16 JComboBox 클래스의 생성자

생성자	설명
JComboBox()	기본 데이터 모델을 사용하여 JComboBox를 생성한다.
JComboBox(Object[] items)	지정된 배열의 요소가 포함된 JComboBox를 생성한다.
JComboBox(Vector<?> items)	지정된 벡터의 요소가 포함된 JComboBox를 생성한다.

표 14-17 JComboBox 클래스의 주요 메서드

메서드	설명
void addItem(Object anObject)	항목 목록에 항목을 추가한다.
void removeItem(Object anObject)	항목 목록에서 항목을 삭제한다.
void removeAllItems()	목록에서 모든 항목을 삭제한다.
void setEditable(boolean b)	JComboBox가 편집 가능한지 여부를 결정한다.
void addActionListener(ActionListener a)	ActionListener를 추가한다.
void addItemListener(ItemListener i)	ItemListener를 추가한다.

다음은 JComboBox를 활용하여 콤보박스를 만드는 예로, 콤보박스의 요소를 배열로 전달하는 방법과 벡터로 전달하는 방법을 보여줍니다.

```
JComboBox obj1 = new JComboBox();

String name[] = {"고양이", "강아지", "돼지"};
JComboBox obj2 = new JComboBox(name);

Vector vt = new Vector();
vt.add("고양이");
vt.add("강아지");
vt.add("돼지");
JComboBox obj3 = new JComboBox(vt);
```

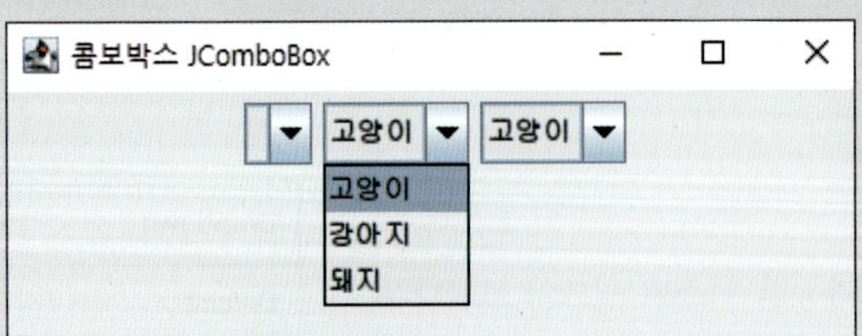

TIP [예제 14-2]의 14~16행을 위의 코드로 변경하면 결과를 쉽게 확인할 수 있습니다.

6 JLabel

JLabel 클래스는 텍스트를 배치하기 위한 구성 요소로, 읽기 전용 텍스트의 한 줄을 표시하는 데 사용합니다. 응용 프로그램에서 텍스트를 변경할 수 있고 사용자가 직접 편집할 수는 없으며, 여러 줄의 텍스트 표시는 불가능하고 한 줄만 허용됩니다. JLabel 클래스의 생성자는 [표 14-18]과 같으며, 인자에 따라 텍스트나 이미지를 넣어 생성할 수 있습니다.

표 14-18 JLabel 클래스의 생성자

생성자	설명
JLabel()	이미지가 없고 제목이 비어 있는 JLabel 인스턴스를 생성한다.
JLabel(String s)	지정된 텍스트로 JLabel 인스턴스를 생성한다.
JLabel(Icon i)	지정된 이미지로 JLabel 인스턴스를 생성한다.
JLabel(String s, Icon i, int horizontalAlignment)	지정된 텍스트와 이미지로 수평 정렬된 JLabel 인스턴스를 생성한다.

표 14-19 JLabel 클래스의 주요 메서드

메서드	설명
String getText()	레이블에 표시된 텍스트 문자열을 반환한다.
void setText(String text)	구성 요소가 표시할 한 줄의 텍스트를 정의한다.
void setHorizontalAlignment(int alignment)	X축을 따라 레이블 내용의 정렬을 설정한다.
Icon getIcon()	레이블에 표시된 그래픽 이미지를 반환한다.
int getHorizontalAlignment()	X축을 따라 레이블 내용의 정렬을 반환한다(예 BOTTOM, CENTER, RIGHT, TOP, LEFT, HORIZONTAL).

다음은 JLabel을 활용하여 텍스트 한 줄을 만드는 예입니다.

```
JLabel obj1 = new JLabel("고양이");
JLabel obj2 = new JLabel(new ImageIcon("cat.png"));
JLabel obj3 = new JLabel("고양이", new ImageIcon("cat.png"), JLabel.RIGHT);
```

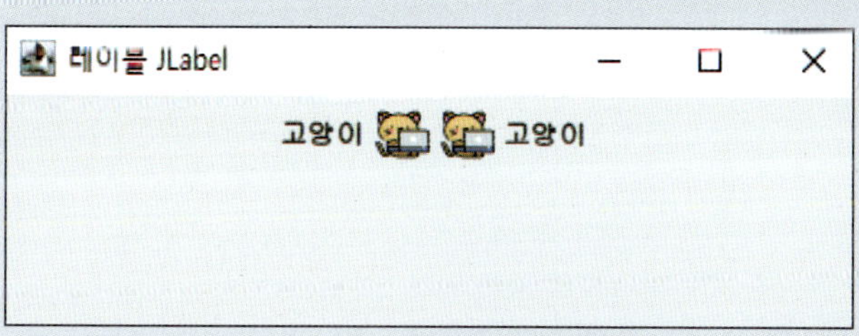

TIP [예제 14-2]의 14~16행을 위의 코드로 변경하면 결과를 쉽게 확인할 수 있습니다.

7 JTextArea

JLabel 클래스는 한 줄의 텍스트만 표시할 수 있고 편집이 불가능하지만 JTextArea 클래스는 여러 줄의 텍스트를 표시할 수 있고 편집도 가능합니다. JTextArea 클래스의 생성자는 [표 14-20]과 같으며, 인자에 따라 텍스트 영역의 형태가 달라집니다.

표 14-20 JTextArea 클래스의 생성자

생성자	설명
JTextArea()	텍스트가 없는 상태의 텍스트 영역을 생성한다.
JTextArea(String s)	지정된 텍스트로 텍스트 영역을 생성한다.
JTextArea(int row, int column)	지정된 행과 열로 텍스트가 없는 상태의 텍스트 영역을 생성한다.
JTextArea(String s, int row, int column)	지정된 텍스트, 행과 열로 텍스트 영역을 생성한다.

표 14-21 JTextArea 클래스의 주요 메서드

메서드	설명
void setRows(int rows)	행의 개수를 설정한다.
void setColumns(int cols)	열의 개수를 설정한다.
void setFont(Font f)	글꼴을 설정한다.
void insert(String s, int position)	주어진 텍스트를 지정된 위치에 삽입한다.
void append(String s)	주어진 텍스트를 기존 텍스트의 맨 끝에 삽입한다.

다음은 JTextArea를 활용하여 텍스트 여러 줄을 만드는 예입니다. 여러 줄의 텍스트라 하더라도 크기를 지정하지 않으면 처음에 초기화된 텍스트 크기로 생성됩니다.

```
JTextArea obj1 = new JTextArea("고양이");
JTextArea obj2 = new JTextArea(5, 10);
JTextArea obj3 = new JTextArea("고양이", 5, 10);
```

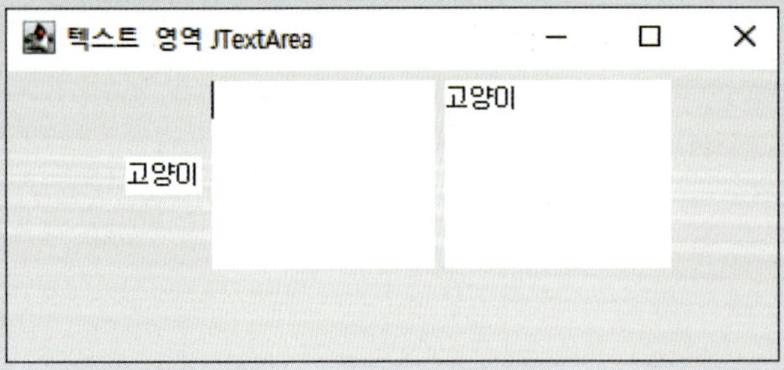

TIP [예제 14-2]의 14~16행을 위의 코드로 변경하면 결과를 쉽게 확인할 수 있습니다.

8 JPasswordField

JPasswordField 클래스는 비밀번호 입력에 특화된 텍스트 구성 요소로, 암호 기능을 처리하고 한 줄의 텍스트를 편집할 수 있습니다. JPasswordField 클래스의 생성자는 [표 14-22]와 같으며, 인자에 따라 비밀번호를 입력하는 텍스트 영역의 형태가 달라집니다.

표 14-22 JPasswordField 클래스의 생성자

생성자	설명
JPasswordField()	새로운 JPasswordField를 생성한다.
JPasswordField(int columns)	지정된 열로 텍스트가 없는 상태의 JPasswordField를 생성한다.
JPasswordField(String text)	지정된 텍스트로 JPasswordField를 생성한다.
JPasswordField(String text, int columns)	지정된 텍스트와 열로 JPasswordField를 생성한다.

표 14-23 JPasswordField 클래스의 주요 메서드

메서드	설명
void setEchoChar(Char c)	입력된 비밀번호 대신 화면에 보여줄 문자를 지정한다.
char setEchoChar()	화면이 대신 보여주기로 지정한 문자를 반환한다.
char[] getPassword()	TextComponent에 포함된 텍스트를 반환한다.

다음은 JPasswordField를 활용하여 비밀번호 텍스트 영역을 만드는 예입니다.

```
JPasswordField obj1 = new JPasswordField(10);
JPasswordField obj2 = new JPasswordField("고양이");
JPasswordField obj3 = new JPasswordField("고양이", 10);
```

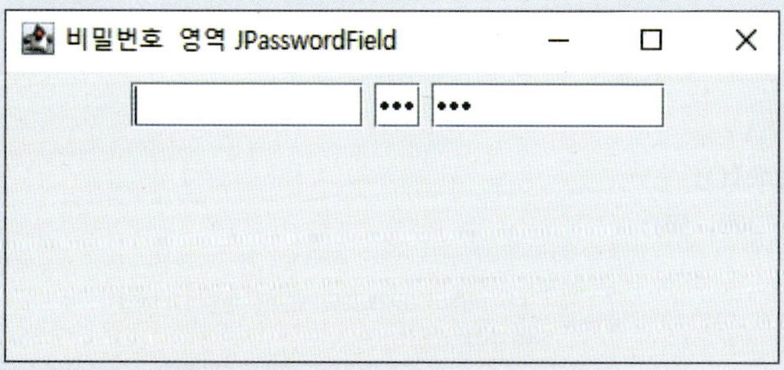

TIP [예제 14-2]의 14~16행을 위의 코드로 변경하면 결과를 쉽게 확인할 수 있습니다.

예제 14-3 간단한 계산기 화면 만들기

스윙의 기본 구성 요소를 사용하여 사칙연산을 할 수 있는 간단한 계산기 화면을 만들어봅시다. 여기서는 화면만 구성하고 실제 계산 과정은 다음 장에서 구현하겠습니다.

Chap14/src/Component.java

```
import javax.swing.*;
import java.awt.*;

public class Component extends JFrame {

   public Component() {
      setTitle("계산기 화면");
      setSize(300, 250);

      JPanel titlePanel = new JPanel();
      titlePanel.setBounds(0, 0, 300, 40);   // 패널 크기
      add(titlePanel);             // 프레임에 패널 추가
      JLabel title = new JLabel("계산기", JLabel.CENTER);
      title.setFont(new Font("함초롬돋움", Font.BOLD, 20));
                                   // 레이블의 글꼴 설정
      titlePanel.add(title);       // 패널에 레이블 추가

      JPanel numPanel = new JPanel();
      numPanel.setBounds(0, 40, 300, 40);
      add(numPanel);
      JTextField num1 = new JTextField(5);
      numPanel.add(num1);
      JTextField num2 = new JTextField(5);
      numPanel.add(num2);

      JPanel btPanel01 = new JPanel();
      btPanel01.setBounds(0, 80, 300, 40);
      add(btPanel01);
      JButton plus = new JButton("+");
      btPanel01.add(plus);
      JButton minus = new JButton("-");
      btPanel01.add(minus);

```

'계산기'라는 제목이 표시되도록 패널을 설정하고 패널에 추가

두 숫자를 입력할 텍스트 필드가 표시되도록 패널을 설정하고 패널에 추가

+, – 버튼이 표시되도록 패널을 설정하고 패널에 추가

```java
        JPanel btPanel02 = new JPanel();
        btPanel02.setBounds(0, 120, 300, 40);
        add(btPanel02);
        JButton multiply = new JButton("*");
        btPanel02.add(multiply);
        JButton divide = new JButton("/");
        btPanel02.add(divide);

        JPanel resultPanel = new JPanel();
        resultPanel.setBounds(0, 160, 300, 40);
        add(resultPanel);
        JLabel label01 = new JLabel("계산결과 : ");
        JLabel label02 = new JLabel("");
        resultPanel.add(label01);
        resultPanel.add(label02);

        setDefaultCloseOperation(JFrame.EXIT_ON_CLOSE);
        setLayout(null);
        setVisible(true);
    }

    public static void main(String[] args) {
        new Component();
    }
}
```

*, / 버튼이 표시되도록 패널을 설정하고 패널에 추가

'계산 결과'라는 레이블과 결괏값이 표시되도록 패널을 설정하고 패널에 추가

실행 결과

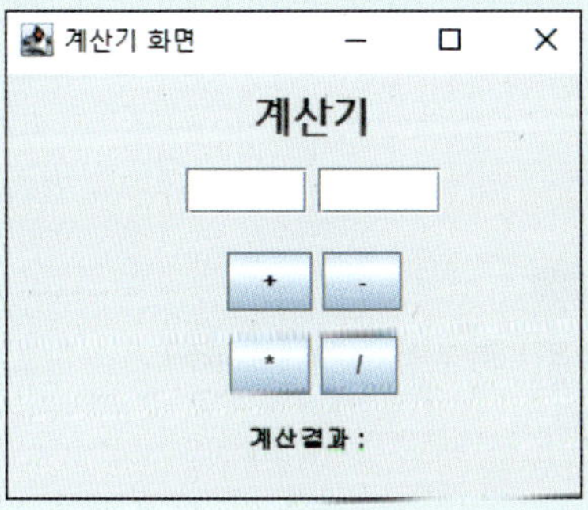

여기서 퀴즈!

다음 중 스윙 UI 구성 요소에 대한 설명으로 옳지 않은 것을 고르시오.

① JButton은 버튼을 만드는 구성 요소입니다.

② JRadioButton은 여러 항목을 선택할 수 있는 구성 요소입니다.

③ JTextArea는 여러 줄의 텍스트를 편집할 수 있는 텍스트 구성 요소입니다.

④ JPasswordField는 비밀번호 입력에 특화된 텍스트 구성 요소입니다.

정답 ②

14.5 | 레이아웃

1 레이아웃의 개요

레이아웃은 컨테이너 내의 특정 위치에 UI 구성 요소를 배치하는 것을 말합니다. UI 구성 요소의 배치 작업은 레이아웃 관리자(LayoutManager)에 의해 자동으로 수행되며, 각 레이아웃 관리자는 LayoutManager 인터페이스를 구현하는 클래스의 객체입니다. 이러한 레이아웃 관리자를 사용하면 GUI 형식에서 구성 요소의 위치와 크기를 쉽게 제어할 수 있습니다. 레이아웃 관리자마다 [표 14-24]와 같은 크기, 모양, 배열 등의 속성이 다르며, 응용 프로그램 창의 크기가 변경되면 그에 따라 UI 구성 요소의 크기, 모양, 배열도 달라집니다.

표 14-24 레이아웃 관리자의 유형

유형	설명
BorderLayout	상(NORTH), 하(SOUTH), 좌(EAST), 우(WEST), 중앙(CENTER)에 배치한다.
FlowLayout	기본 레이아웃을 왼쪽에서 오른쪽으로 배치한다.
GridLayout	행과 열로 배치한다.

> **하나 더 알기** LayoutManager 인터페이스의 특징
>
> • 특정 방식으로 구성 요소를 정렬합니다.
> • GUI 형식에서 구성 요소의 위치와 크기를 쉽게 제어할 수 있습니다.
> • 레이아웃 관리자의 모든 클래스에 의해 구현됩니다.

[표 14-25]는 레이아웃 관리자의 유형에 상관없이 공통으로 제공되는 메서드입니다.

표 14-25 레이아웃 관리자의 주요 공통 메서드

메서드	설명
void addLayoutComponent(String name, Component comp)	지정된 구성 요소를 레이아웃에 추가한다.
void layoutContainer(Container target)	컨테이너를 배치한다.
Dimension minimumLayoutSize(Container target)	지정된 대상 컨테이너에 포함된 구성 요소를 배치하는 데 필요한 최소 치수를 반환한다.
Dimension preferredLayoutSize(Container target)	지정된 대상 컨테이너에 구성 요소가 있는 경우 해당 레이아웃의 기본 치수를 반환한다.
void removeLayoutComponent(Component comp)	지정된 구성 요소를 레이아웃에서 삭제한다.
int getHgap()	구성 요소 사이의 수평 간격을 반환한다.
int getVgap()	구성 요소 사이의 수직 간격을 반환한다.
void setHgap(int hgap)	구성 요소 사이의 수평 간격을 설정한다.
void setVgap(int vgap)	구성 요소 사이의 수직 간격을 설정한다.
String toString()	레이아웃 객체의 문자열 표현을 반환한다.

2 FlowLayout

FlowLayout 클래스는 왼쪽에서 오른쪽으로 한 줄에 차례대로 구성 요소를 정렬하는 레이아웃입니다. FlowLayout 클래스의 생성자는 [표 14-26]과 같으며, 이를 이용하여 왼쪽으로 정렬할지, 오른쪽으로 정렬할지, 가운데로 정렬할지 설정할 수 있습니다.

표 14-26 FlowLayout 클래스의 생성자

생성자	설명
FlowLayout()	중앙 정렬, 기본 5단위 수평 및 수직 간격으로 레이아웃을 구성한다.
FlowLayout(int align)	지정된 정렬, 기본 5단위 수평 및 수직 간격으로 레이아웃을 구성한다.
FlowLayout(int align, int hgap, int vgap)	지정된 정렬, 수평 및 수직 간격으로 레이아웃을 구성한다.

표 14-27 FlowLayout 클래스의 주요 메서드

메서드	설명
int getAlignment()	레이아웃의 정렬을 반환한다.
boolean getAlignOnBaseline()	기준선을 따라 수직으로 구성 요소를 정렬하는 경우 true를 반환한다.
void setAlignment(int align)	레이아웃의 정렬을 설정한다.
void setAlignOnBaseline(boolean alignOnBaseline)	기준선을 따라 수직으로 구성 요소를 정렬할지 여부를 설정한다.

다음은 버튼1~버튼5를 만들고 이를 FlowLayout으로 정렬하는 예입니다.

FlowLayout 사용 예시 Chap14/src/ExLayout01.java

```
import javax.swing.*;
import java.awt.*;

public class ExLayout01 {
   public static void main(String[] args) {
      JFrame frame = new JFrame();
      frame.setTitle("레이아웃 FlowLayout");
      frame.setSize(400, 200);

      JButton obj1 = new JButton("버튼1");
      JButton obj2 = new JButton("버튼2");
      JButton obj3 = new JButton("버튼3");
      JButton obj4 = new JButton("버튼4");
      JButton obj5 = new JButton("버튼5");

      JPanel panel = new JPanel();
      panel.setLayout(new FlowLayout());  // 패널의 레이아웃 설정
      panel.add(obj1);
      panel.add(obj2);
      panel.add(obj3);
      panel.add(obj4);
      panel.add(obj5);

      frame.add(panel);
      frame.setVisible(true);
   }
}
```

실행 결과

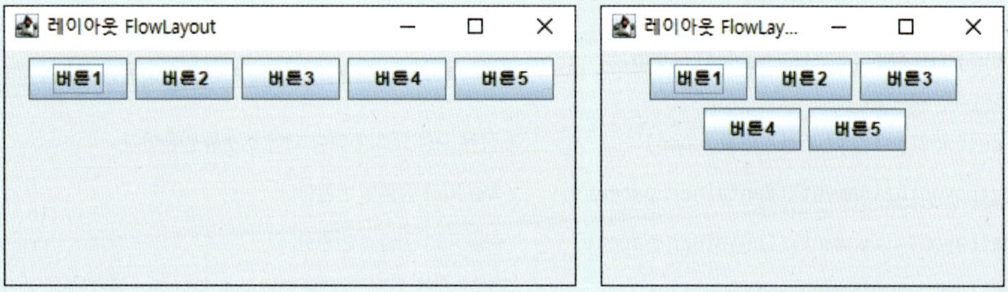

panel.setLayout(new FlowLayout());을 FlowLayout(FlowLayout.LEFT)로 변경하면 다음과 같이 실행됩니다.

```
panel.setLayout(new FlowLayout(FlowLayout.LEFT));    // 패널의 레이아웃 설정
```

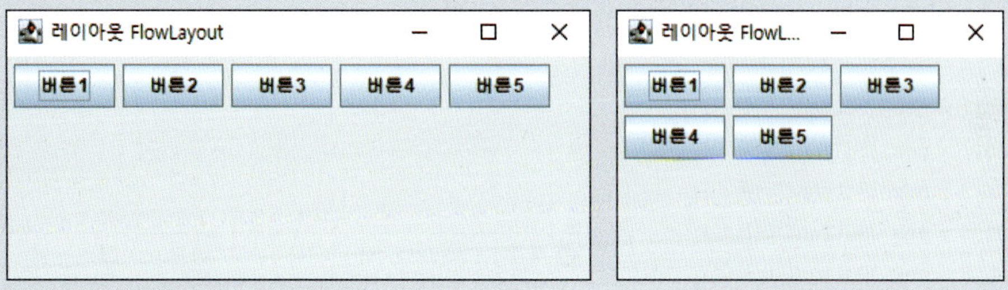

3 BorderLayout

BorderLayout 클래스는 상, 하, 좌, 우, 중앙에 구성 요소를 정렬하는 레이아웃으로, 각 영역에 하나의 UI 구성 요소만 포함할 수 있습니다. BorderLayout 클래스의 생성자는 [표 14-28]과 같으며, 이를 이용하여 구성 요소 사이의 간격을 설정할 수 있습니다.

표 14-28 **BorderLayout 클래스의 생성자**

생성자	설명
BorderLayout()	UI 구성 요소 사이에 간격이 없는 레이아웃을 구성한다.
BorderLayout(int hgap, int vgap)	UI 구성 요소 사이에 지정된 간격이 있는 레이아웃을 구성한다.

표 14-29 BorderLayout 클래스의 주요 메서드

메서드	설명
`void addLayoutComponent(Component comp, Object constraints)`	주어진 구성 요소를 지정된 제약 객체로 레이아웃에 추가한다.
`Object getConstraints(Component comp)`	지정된 구성 요소에 대한 제약 조건을 반환한다.
`float getLayoutAlignmentX(Container parent)`	X축을 따라 정렬을 반환한다.
`float getLayoutAlignmentY(Container parent)`	Y축을 따라 정렬을 반환한다.
`Component getLayoutComponent(Container target, Object constraints)`	주어진 제약 조건 위치에 해당하는 구성 요소를 지정된 컨테이너의 구성 요소 방향을 기반으로 반환한다.
`Component getLayoutComponent(Object constraints)`	추가된 구성 요소를 지정된 제약 조건에 따라 반환한다.
`void invalidateLayout(Container target)`	레이아웃 관리자에 캐시된 정보가 있는 경우 삭제해야 함을 나타내는 레이아웃을 무효화한다.

다음은 버튼1~버튼5를 `BorderLayout`으로 정렬하는 예입니다.

```
JButton obj1 = new JButton("버튼1");
JButton obj2 = new JButton("버튼2");
JButton obj3 = new JButton("버튼3");
JButton obj4 = new JButton("버튼4");
JButton obj5 = new JButton("버튼5");

JPanel panel = new JPanel();
panel.setLayout(new BorderLayout());

panel.add(obj1, BorderLayout.NORTH);
panel.add(obj2, BorderLayout.WEST);
panel.add(obj3, BorderLayout.CENTER);
panel.add(obj4, BorderLayout.EAST);
panel.add(obj5, BorderLayout.SOUTH);
```

4 GridLayout

`GridLayout` 클래스는 행과 열을 만들어 격자 형태로 정렬하는 레이아웃으로, 각각의 사각형에 하나의 구성 요소가 배치됩니다. 컨테이너 크기가 변경되면 UI 구성 요소의 위치가 고정되고 크기가 모두 동일하게 바뀝니다. `GridLayout` 클래스의 생성자는 [표 14-30]과 같으며, 이를 이용하여 행과 열의 개수, 간격 등을 설정할 수 있습니다.

표 14-30 GridLayout 클래스의 생성자

생성자	설명
`GridLayout()`	한 행과 구성 요소의 열로 레이아웃을 생성한다.
`GridLayout(int rows, int cols)`	지정된 행과 열로 레이아웃을 생성한다.
`GridLayout(int rows, int cols, int hgap, int vgap)`	지정된 행과 열, 수평 및 수직 간격으로 레이아웃을 생성한다.

표 14-31 GridLayout 클래스의 주요 메서드

메서드	설명
`int getColumns()`	열의 개수를 반환한다.
`int getRows()`	행의 개수를 반환한다.
`void setColumns(int cols)`	열의 개수를 설정한다.
`void setRows(int rows)`	행의 개수를 설정한다.

다음은 버튼1~버튼5를 `GridLayout`으로 정렬하는 예입니다.

```
JButton obj1 = new JButton("버튼1");
JButton obj2 = new JButton("버튼2");
JButton obj3 = new JButton("버튼3");
JButton obj4 = new JButton("버튼4");
JButton obj5 = new JButton("버튼5");

JPanel panel = new JPanel();
panel.setLayout(new GridLayout(3, 2));

panel.add(obj1);
panel.add(obj2);
panel.add(obj3);
panel.add(obj4);
panel.add(obj5);
```

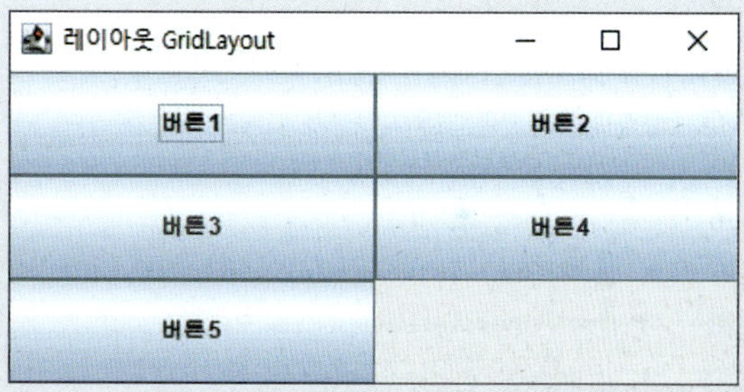

예제 14-4 간단한 계산기 화면에 레이아웃 설정하기

[예제 14-3]에서 만든 간단한 계산기 화면에 지금까지 배운 레이아웃을 적용해봅시다.

Chap14/src/Layout.java

```java
import javax.swing.*;
import java.awt.*;

public class Layout extends JFrame {

    public Layout() {
        setTitle("계산기 화면");
        setSize(300, 250);

        JPanel titlePanel = new JPanel();
        titlePanel.setBounds(0, 0, 300, 40);
        add(titlePanel);
        JLabel title = new JLabel("계산기", JLabel.CENTER);
        title.setFont(new Font("함초롬돋움", Font.BOLD, 20));
        titlePanel.add(title);

        JPanel numPanel = new JPanel();
        numPanel.setBounds(0, 40, 300, 40);
        numPanel.setLayout(new FlowLayout(FlowLayout.CENTER));
        add(numPanel);
        JTextField num1 = new JTextField(5);
        numPanel.add(num1);
        JTextField num2 = new JTextField(5);
        numPanel.add(num2);

        JPanel btPanel = new JPanel();
        btPanel.setBounds(100, 80, 100, 80);
        btPanel.setLayout(new GridLayout(2, 2, 10, 5));
        add(btPanel);
        JButton plus = new JButton("+");
        btPanel.add(plus);
        JButton minus = new JButton("-");
        btPanel.add(minus);
        JButton multiply = new JButton("*");
        btPanel.add(multiply);
        JButton divide = new JButton("/");
        btPanel.add(divide);

        JPanel resultPanel = new JPanel();
        resultPanel.setBounds(0, 160, 300, 40);
```

가운데 정렬의 FlowLayout으로 레이아웃 설정

버튼이 표시될 패널의 크기 설정

수평 간격이 10, 수직 간격이 5인 2행 2열의 GridLayout 설정

```java
        add(resultPanel);
        JLabel label01 = new JLabel("계산결과 : ");
        JLabel label02 = new JLabel("");
        resultPanel.add(label01);
        resultPanel.add(label02);

        setDefaultCloseOperation(JFrame.EXIT_ON_CLOSE);
        setLayout(null);
        setVisible(true);
    }

    public static void main(String[] args) {
        new Layout();
    }
}
```

실행 결과

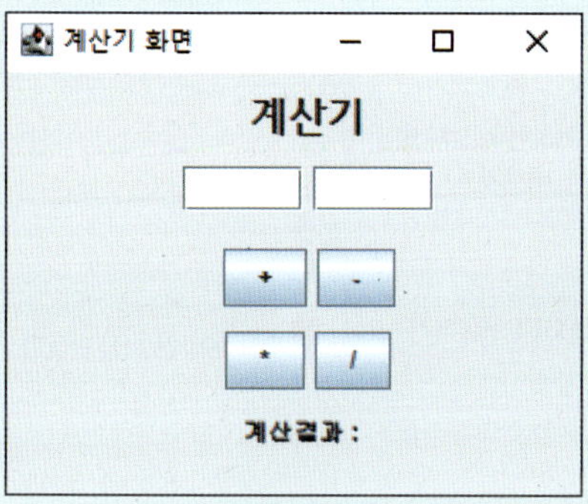

프로젝트

화면 GUI 구성하기

온라인 서점의 콘솔 기반 화면을 윈도우 기반 GUI 화면으로 만들기 위해 이 장에서 배운 스윙의 구성 요소를 적용해봅시다. 먼저 윈도우 기반 메인 프레임을 생성한 뒤 프레임 내부에 고객 정보 입력창을 만들고, 앞 장에서 만든 콘솔 기반 온라인 서점의 ❶~❾번 메뉴를 버튼으로 구성합니다. 그런 다음 각 메뉴 버튼에 대응하는 페이지를 만들고 각각의 페이지를 실행해봅시다.

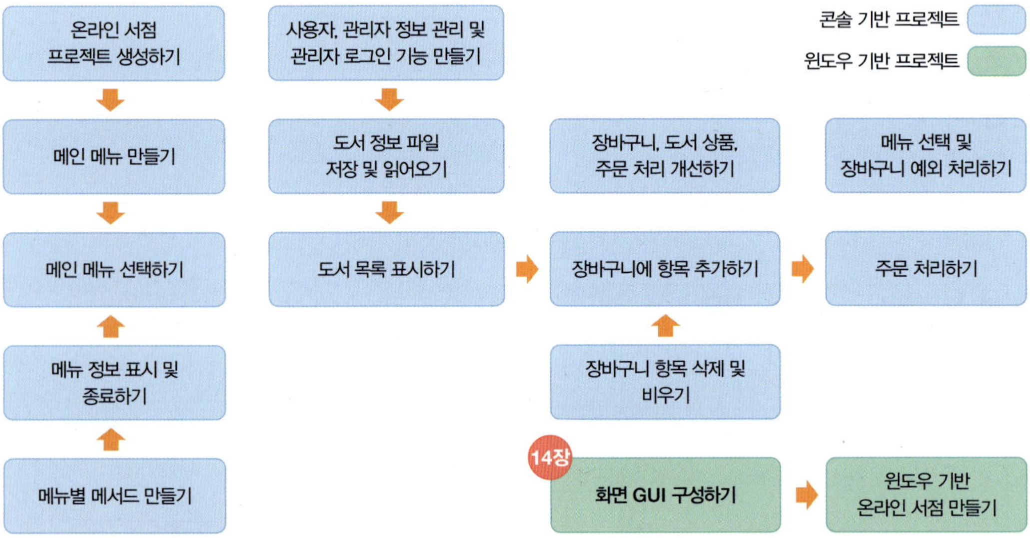

그림 14-10 화면 GUI 구성하기

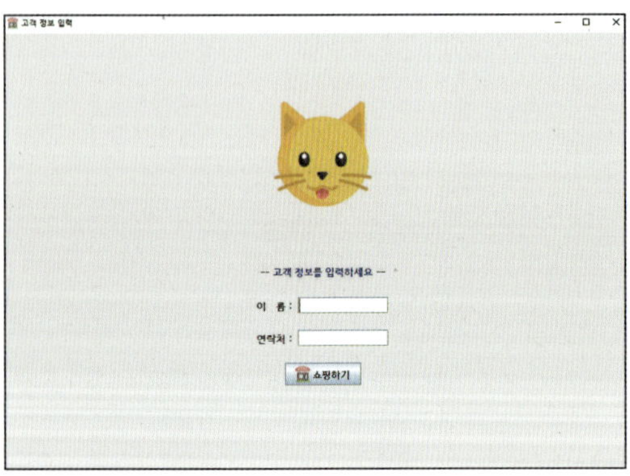

(a) 고객 정보 입력 화면

(b) 메뉴 버튼 구성 화면

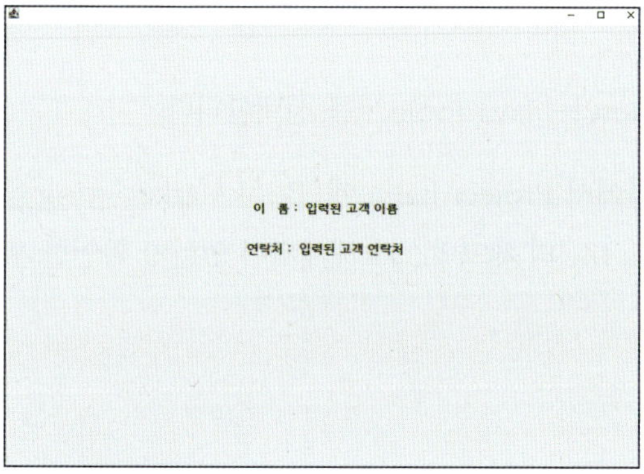

(c) 고객 정보 확인 화면

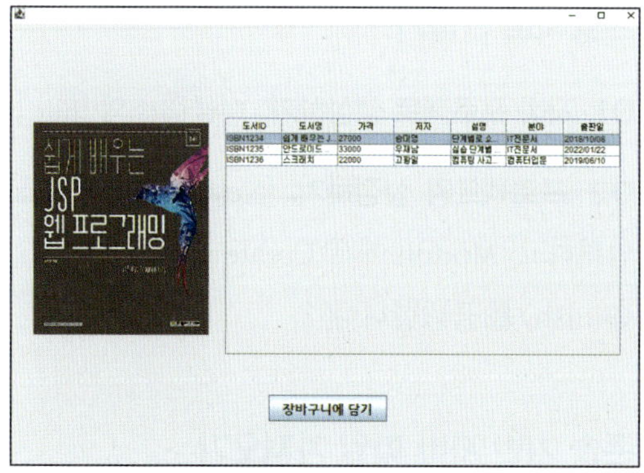

(d) 장바구니 항목 추가 화면

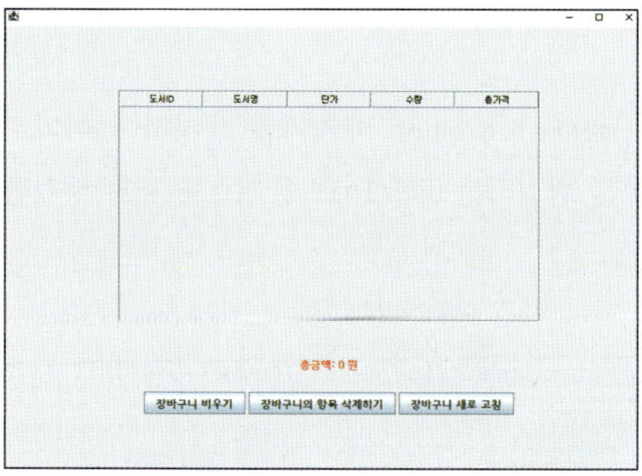

(e) 장바구니 목록 보기 화면

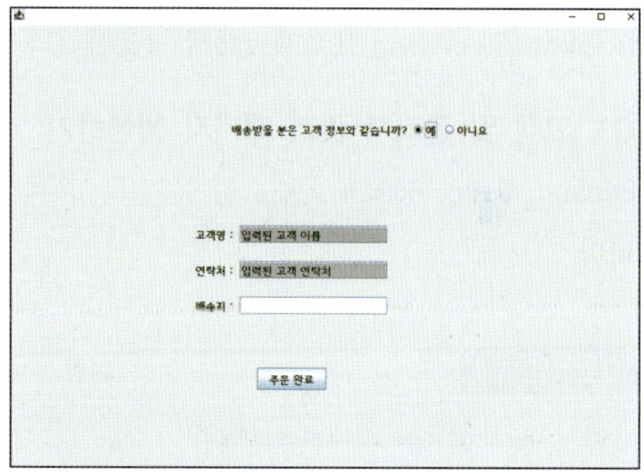

(f) 주문 배송지 입력 화면

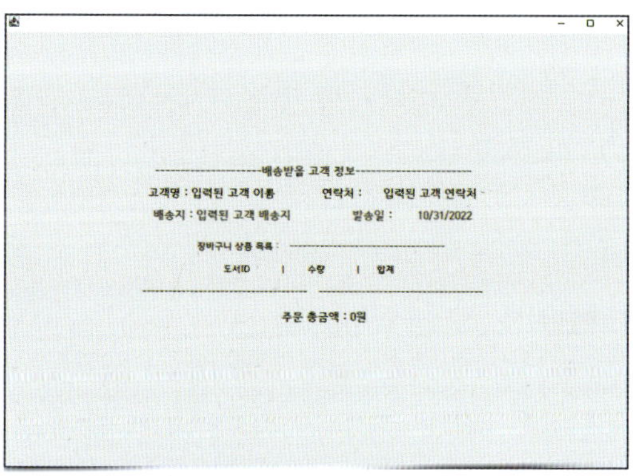

(g) 주문 영수증 표시 화면

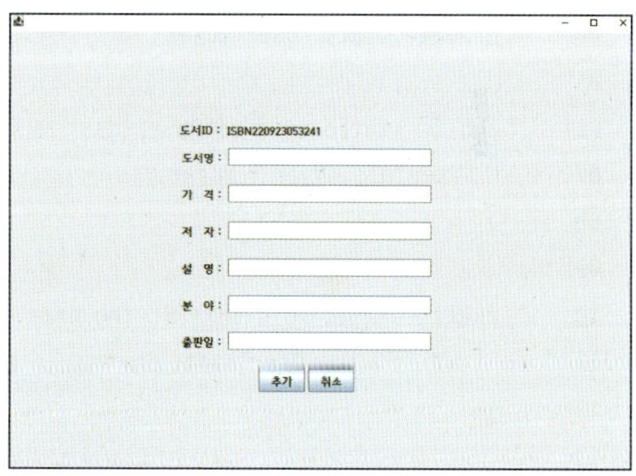

(h) 관리자 화면

그림 14-11 화면 GUI 구성하기 실행 결과

프로젝트 만들기

01 자바 프로젝트 생성하기: 이클립스의 [File]–[New]–[Java Project]를 선택합니다.

02 프로젝트명 설정하기: [New Java Project] 창에서 Project name에 'BookMarketSwing'을 입력하고, Module에서 'Create module-info.java file'의 체크박스가 해제되어 있는지 확인한 후 〈Finish〉를 클릭합니다.

콘솔 기반 자바 파일 가져오기

기존의 콘솔 기반 BookMarket 프로젝트에서 자바 소스 파일을 복사하여 새로 생성한 BookMarketSwing 프로젝트에서 사용합니다.

01 고객 및 관리자 관리 패키지 생성하기: `com.market.member` 패키지를 생성하여 여기로 `Person`, `User`, `Admin` 클래스를 옮기고, 고객 정보를 관리하는 `UserInIt` 클래스를 새로 생성합니다.

프로젝트 14-1 14장/BookMarketSwing/src/com/market/member/UserInIt.java

```java
package com.market.member;

public class UserInIt {
   private static User mUser;

   public static void setmUser(User mUser) {
      UserInIt.mUser = mUser;
   }

   public static void init(String name, int phone) {
      mUser = new User(name, phone);
   }

   public static User getmUser() {
      return mUser;
   }
}
```

02 도서 항목 관리 패키지 생성하기: com.market.bookitem 패키지를 생성하여 여기로 Item, Book 클래스를 옮기고, 도서 정보 파일(book.txt)을 읽어와 관리하는 BookInIt 클래스를 생성합니다.

프로젝트 14-2 14장/BookMarketSwing/src/com/market/bookitem/BookInIt.java

```java
package com.market.bookitem;

import java.io.*;
import java.util.ArrayList;

public class BookInIt {
   private static ArrayList<Book> mBookList;
   private static int mTotalBook = 0;

   public static void init() {
      mTotalBook = totalFileToBookList();
      mBookList = new ArrayList<Book>();
      setFileToBookList(mBookList);
   }

   public static int totalFileToBookList() {
      try {
         FileReader fr = new FileReader("book.txt");
         BufferedReader reader = new BufferedReader(fr);

         String str;
         int num = 0;
         while ((str = reader.readLine()) != null) {
            if (str.contains("ISBN"))
               ++num;
         }
         reader.close();
         fr.close();
         return num;
      } catch (Exception e) {
         System.out.println(e);
      }
      return 0;
```

```
    }

    public static void setFileToBookList(ArrayList<Book> booklist) {
        try {
            FileReader fr = new FileReader("book.txt");
            BufferedReader reader = new BufferedReader(fr);

            String str2;
            String[] readBook = new String[7];

            while ((str2 = reader.readLine()) != null) {
                if (str2.contains("ISBN")) {
                    readBook[0] = str2;
                    readBook[1] = reader.readLine();
                    readBook[2] = reader.readLine();
                    readBook[3] = reader.readLine();
                    readBook[4] = reader.readLine();
                    readBook[5] = reader.readLine();
                    readBook[6] = reader.readLine();
                }

                Book bookitem = new Book(readBook[0], readBook[1], Integer.parseInt
                    (readBook[2]), readBook[3], readBook[4], readBook[5], readBook[6]);
                booklist.add(bookitem);
            }
            reader.close();
            fr.close();
        } catch (Exception e) {
            System.out.println(e);
        }
    }

    public static ArrayList<Book> getmBookList() {
        return mBookList;
    }

    public static void setmBookList(ArrayList<Book> mBookList) {
        BookInIt.mBookList = mBookList;
```

```
    }

    public static int getmTotalBook() {
        return mTotalBook;
    }

    public static void setmTotalBook(int mTotalBook) {
        BookInIt.mTotalBook = mTotalBook;
    }
}
```

03 장바구니 항목 관리 패키지 생성하기: `com.market.cart` 패키지를 생성하여 여기로 `Cart`, `CartInterface`, `CartItem` 클래스를 옮기고, Cart.java 파일을 열어 멤버 변수에 대한 `getter()`, `setter()` 메서드를 추가로 작성합니다.

프로젝트 14-3 14장/BookMarketSwing/src/com/market/cart/Cart.java

```
package com.market.cart;
...

public class Cart implements CartInterface {
    public ArrayList<CartItem> mCartItem = new ArrayList<CartItem>();
    public static int mCartCount = 0;

    public Cart() {

    }
    ...
    public ArrayList<CartItem> getmCartItem() {
        return mCartItem;
    }

    public void setmCartItem(ArrayList<CartItem> mCartItem) {
        this.mCartItem = mCartItem;
    }
}
```

메인 프레임 화면 만들기

콘솔 기반 온라인 서점에서 고객 정보 입력 화면과 〈❶ 고객 정보 확인하기〉~〈❾ 관리자〉 등의 메뉴 구성 화면에 대한 윈도우 기반 프레임을 만듭니다.

01 이미지 파일 추가하기: images 폴더를 만들고, 여기에 로고 이미지(user.png), 프레임 아이콘 이미지(shop.png), 메뉴 버튼 이미지(1.png~9.png), 도서 이미지(ISBN*.jpg) 파일을 추가합니다.

user.png

shop.png

ISBN1234.jpg

ISBN1235.jpg

ISBN1236.jpg

❶	❷	❸	❹	❺	❻	❼	❽	❾
1.png	2.png	3.png	4.png	5.png	6.png	7.png	8.png	9.png

02 고객 정보 입력 클래스 생성하기: com.market.main 패키지를 생성하고, 여기에 GuestWindow 클래스를 만듭니다.

프로젝트 14-4 14장/BookMarketSwing/src/com/market/main/GuestWindow.java

```java
package com.market.main;

import javax.swing.*;
import java.awt.*;

public class GuestWindow extends JFrame {

    public GuestWindow(String title, int x, int y, int width, int height) {

        initContainer(title, x, y, width, height);
        setVisible(true);
        setResizable(true);
        setDefaultCloseOperation(JFrame.DISPOSE_ON_CLOSE);
        setIconImage(new ImageIcon("./images/shop.png").getImage());
    }
```

- initContainer(title, x, y, width, height); → initContainer() 메서드 호출
- setVisible(true); → 프레임(GuestWindow) 보이기 설정
- setResizable(true); → 프레임 크기 조절 가능 설정
- setDefaultCloseOperation(JFrame.DISPOSE_ON_CLOSE); → 프레임 닫기(X) 버튼 가능 설정
- setIconImage(new ImageIcon("./images/shop.png").getImage()); → ❶ 프레임 아이콘 표시

```java

    private void initContainer(String title, int x, int y, int width, int height) {
        setTitle(title);
        setBounds(x, y, width, height);
        setLayout(null);

        Font ft;
        ft = new Font("함초롬돋움", Font.BOLD, 15);

        Dimension screenSize = Toolkit.getDefaultToolkit().getScreenSize();
        setLocation((screenSize.width - 1000) / 2, (screenSize.height - 750) / 2);
        JPanel userPanel = new JPanel();
        userPanel.setBounds(0, 100, 1000, 256);

        ImageIcon imageIcon = new ImageIcon("./images/user.png");
        imageIcon.setImage(imageIcon.getImage().getScaledInstance
           (160, 160, Image.SCALE_SMOOTH));
        JLabel userLabel = new JLabel(imageIcon);
        userPanel.add(userLabel);
        add(userPanel);

        JPanel titlePanel = new JPanel();
        titlePanel.setBounds(0, 350, 1000, 50);
        add(titlePanel);

        JLabel titleLabel = new JLabel("-- 고객 정보를 입력하세요 --");
        titleLabel.setFont(ft);
        titleLabel.setForeground(Color.BLUE);
        titlePanel.add(titleLabel);

        JPanel namePanel = new JPanel();
        namePanel.setBounds(0, 400, 1000, 50);
        add(namePanel);

        JLabel nameLabel = new JLabel("이    름 : ");
        nameLabel.setFont(ft);
        namePanel.add(nameLabel);
```

프레임 제목 설정

프레임 위치, 크기 설정

프레임 레이아웃 미설정

글꼴, 스타일, 크기 설정

컴퓨터 화면에 맞춰 프레임 창을 화면 중앙에 출력

❷ user.png 이미지 표시를 위한 패널 영역 설정 및 출력

❸ '— 고객 정보를 입력하세요 —' 표시를 위한 패널 영역 설정 및 출력

JLabel 글꼴 설정

JLabel 문자열 색상 설정

❹ 이름 표시를 위한 패널 영역 설정 및 출력

```java

        JTextField nameField = new JTextField(10);
        nameField.setFont(ft);
        namePanel.add(nameField);

        JPanel phonePanel = new JPanel();
        phonePanel.setBounds(0, 450, 1000, 50);
        add(phonePanel);

        JLabel phoneLabel = new JLabel("연락처 : ");
        phoneLabel.setFont(ft);
        phonePanel.add(phoneLabel);

        JTextField phoneField = new JTextField(10);
        phoneField.setFont(ft);
        phonePanel.add(phoneField);

        JPanel buttonPanel = new JPanel();
        buttonPanel.setBounds(0, 500, 1000, 100);
        add(buttonPanel);

        JLabel buttonLabel = new JLabel("쇼핑하기",
            new ImageIcon("images/shop.png"), JLabel.LEFT);
        buttonLabel.setFont(ft);
        JButton enterButton = new JButton();
        enterButton.add(buttonLabel);
        buttonPanel.add(enterButton);

    }

    public static void main(String[] args) {
        new GuestWindow("고객 정보 입력", 0, 0, 1000, 750);
    }
}
```

❹ 이름 표시를 위한 패널 영역 설정 및 출력

❺ 연락처 표시를 위한 패널 영역 설정 및 출력

❻ 〈쇼핑하기〉 버튼 표시를 위한 패널 영역 설정 및 출력

테스트 화면 창을 띄우기 위한 실행용 main() 메서드. 실제 온라인 서점을 만드는 경우에는 구현하지 않음

실행 결과

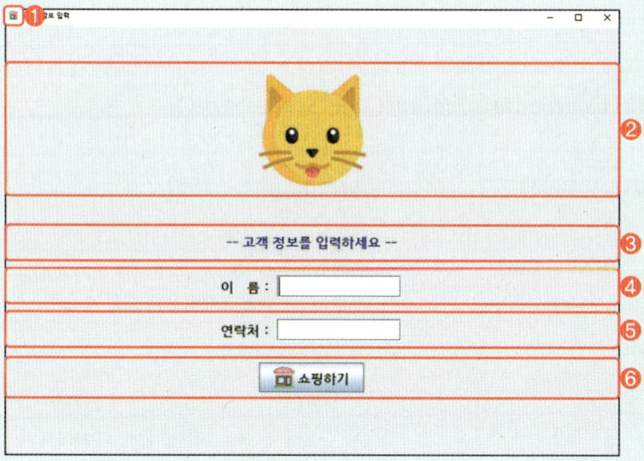

03 메뉴 버튼 구성 클래스 생성하기: com.market.main 패키지에 MainWindow 클래스를 만듭니다.

프로젝트 14-5 14장/BookMarketSwing/src/com/market/main/MainWindow.java

```
package com.market.main;

import javax.swing.*;
import java.awt.*;

public class MainWindow extends JFrame {

   static JPanel mMenuPanel, mPagePanel;

   public MainWindow(String title, int x, int y, int width, int height) {

      initContainer(title, x, y, width, height);

      setVisible(true);
      setResizable(true);
      setDefaultCloseOperation(JFrame.DISPOSE_ON_CLOSE);
      setIconImage(new ImageIcon("./images/shop.png").getImage());
   }

   private void initContainer(String title, int x, int y, int width, int height) {
      setTitle(title);
```

```
        setBounds(x, y, width, height);
        setLayout(null);

        Dimension screenSize = Toolkit.getDefaultToolkit().getScreenSize();

        setLocation((screenSize.width - 1000) / 2, (screenSize.height - 750) / 2);
        mMenuPanel = new JPanel();
        mMenuPanel.setBounds(0, 20, width, 130);
        menuIntroduction();
        add(mMenuPanel);

        mPagePanel = new JPanel();
        mPagePanel.setBounds(0, 150, width, height);
        add(mPagePanel);
    }

    private void menuIntroduction() {
        Font ft;
        ft = new Font("함초롬돋움", Font.BOLD, 15);

        JButton bt1 = new JButton("고객 정보 확인하기",
            new ImageIcon("./images/1.png"));
        bt1.setBounds(0, 0, 100, 50);
        bt1.setFont(ft);
        mMenuPanel.add(bt1);

        JButton bt2 = new JButton("장바구니 상품 목록 보기",
            new ImageIcon("./images/2.png"));
        bt2.setBounds(0, 0, 100, 30);
        bt2.setFont(ft);
        mMenuPanel.add(bt2);

        JButton bt3 = new JButton("장바구니 비우기",
            new ImageIcon("./images/3.png"));
        bt3.setBounds(0, 0, 100, 30);
        bt3.setFont(ft);
        mMenuPanel.add(bt3);

```

❶ 메뉴 버튼 표시를 위한 프레임 상단의 패널 영역 설정 및 출력

❷ 메뉴 버튼별 클릭 시 페이지 표시를 위한 프레임 하단의 패널 영역 설정 및 출력

❸ 〈고객 정보 확인하기〉 버튼 표시를 위한 패널 영역 설정 및 출력

❹ 〈장바구니 상품 목록 보기〉 버튼 표시를 위한 패널 영역 설정 및 출력

❺ 〈장바구니 비우기〉 버튼 표시를 위한 패널 영역 설정 및 출력

```java
        JButton bt4 = new JButton("장바구니에 항목 추가하기",
            new ImageIcon("./images/4.png"));
        bt4.setFont(ft);
        mMenuPanel.add(bt4);

        JButton bt5 = new JButton("장바구니의 항목 수량 줄이기",
            new ImageIcon("./images/5.png"));
        bt5.setFont(ft);
        mMenuPanel.add(bt5);

        JButton bt6 = new JButton("장바구니의 항목 삭제하기",
            new ImageIcon("./images/6.png"));
        bt6.setFont(ft);
        mMenuPanel.add(bt6);

        JButton bt7 = new JButton("주문하기",
            new ImageIcon("./images/7.png"));
        bt7.setFont(ft);
        mMenuPanel.add(bt7);

        JButton bt8 = new JButton("종료",
            new ImageIcon("./images/8.png"));
        bt8.setFont(ft);
        mMenuPanel.add(bt8);

        JButton bt9 = new JButton("관리자",
            new ImageIcon("./images/9.png"));
        bt9.setFont(ft);
        mMenuPanel.add(bt9);
    }

    public static void main(String[] args) {
        new MainWindow("도서 쇼핑몰", 0, 0, 1000, 750);
    }
}
```

❻ 〈장바구니에 항목 추가하기〉 버튼 표시를 위한 패널 영역 설정 및 출력

❼ 〈장바구니의 항목 수량 줄이기〉 버튼 표시를 위한 패널 영역 설정 및 출력

❽ 〈장바구니의 항목 삭제하기〉 버튼 표시를 위한 패널 영역 설정 및 출력

❾ 〈주문하기〉 버튼 표시를 위한 패널 영역 설정 및 출력

❿ 〈종료〉 버튼 표시를 위한 패널 영역 설정 및 출력

⓫ 〈관리자〉 버튼 표시를 위한 패널 영역 설정 및 출력

데스크 화면 창을 띄우기 위한 실행용 main() 메서드. 실제 온라인 서점을 만드는 경우에는 구현하지 않음

실행 결과

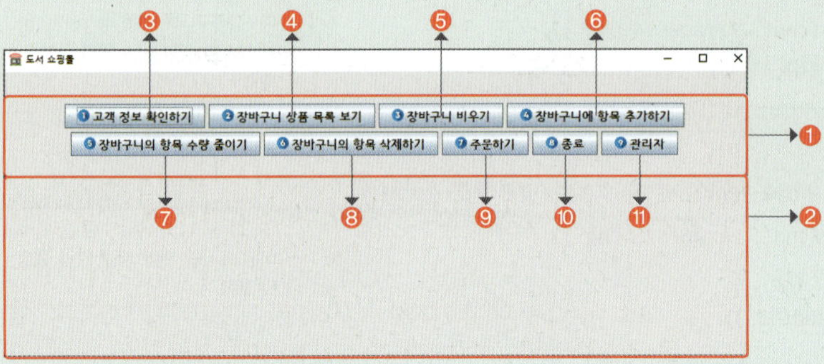

메뉴 버튼 관련 페이지 만들기

콘솔 기반 온라인 서점에서 〈❶ 고객 정보 확인하기〉~〈❾ 관리자〉 등의 메뉴 구성 화면에 대한 윈도우 기반 프레임의 하단에 표시할 페이지를 만듭니다.

01 고객 정보 확인 클래스 생성하기: com.market.page 패키지를 생성하고, 여기에 GuestInfoPage 클래스를 만듭니다.

프로젝트 14-6 14장/BookMarketSwing/src/com/market/page/GuestInfoPage.java

```
package com.market.page;

import javax.swing.*;
import java.awt.*;

public class GuestInfoPage extends JPanel {

    public GuestInfoPage(JPanel panel) {
        Font ft;
        ft = new Font("함초롬돋움", Font.BOLD, 15);

        setLayout(null);

        Rectangle rect = panel.getBounds();
        System.out.println(rect);
        setPreferredSize(rect.getSize());

```

```java
        JPanel namePanel = new JPanel();
        namePanel.setBounds(0, 100, 1000, 50);
        add(namePanel);
        JLabel nameLabel = new JLabel("이    름 : ");
        nameLabel.setFont(ft);
        nameLabel.setBackground(Color.BLUE);

        JLabel nameField = new JLabel();
        nameField.setText("입력된 고객 이름");
        nameField.setFont(ft);

        namePanel.add(nameLabel);
        namePanel.add(nameField);

        JPanel phonePanel = new JPanel();
        phonePanel.setBounds(0, 150, 1000, 100);
        add(phonePanel);
        JLabel phoneLabel = new JLabel("연락처 : ");
        phoneLabel.setFont(ft);
        JLabel phoneField = new JLabel();
        phoneField.setText("입력된 고객 연락처");
        phoneField.setFont(ft);

        phonePanel.add(phoneLabel);
        phonePanel.add(phoneField);
    }

    public static void main(String[] args) {
        JFrame frame = new JFrame();
        frame.setBounds(0, 0, 1000, 750);
        frame.setLayout(null);

        JPanel mPagePanel = new JPanel();
        mPagePanel.setBounds(0, 150, 1000, 750);

        frame.add(mPagePanel);
        mPagePanel.add("고객 정보 확인하기",
            new GuestInfoPage(mPagePanel));
        frame.setVisible(true);
    }
}
```

❶ 이름 표시를 위한 패널 영역 설정 및 출력

❷ 연락처 표시를 위한 패널 영역 설정 및 출력

테스트 화면 창을 띄우기 위한 실행용 main() 메서드, 실제 온라인 서점을 만드는 경우에는 구현하지 않음

실행 결과

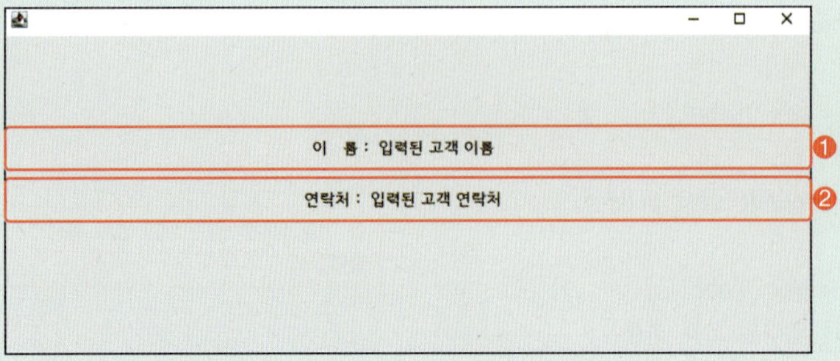

02 장바구니에 항목 추가 클래스 생성하기: com.market.page 패키지에 CartAddItemPage 클래스를 만듭니다.

프로젝트 14-7 14장/BookMarketSwing/src/com/market/page/CartAddItemPage.java

```java
package com.market.page;

import javax.swing.*;
import com.market.bookitem.Book;
import com.market.bookitem.BookInIt;
import com.market.cart.Cart;
import java.awt.*;
import java.util.ArrayList;

public class CartAddItemPage extends JPanel {

    ImageIcon imageBook;
    int mSelectRow = 0;

    Cart mCart;

    public CartAddItemPage(JPanel panel, Cart cart) {
        Font ft;
        ft = new Font("함초롬돋움", Font.BOLD, 15);

        setLayout(null);

        Rectangle rect = panel.getBounds();
        System.out.println(rect);
```

```java
        setPreferredSize(rect.getSize());

        mCart = cart;

        JPanel imagePanel = new JPanel();
        imagePanel.setBounds(20, 0, 300, 400);
        imageBook = new ImageIcon("./images/ISBN1234.jpg");
        imageBook.setImage(imageBook.getImage().getScaledInstance
            (250, 300, Image.SCALE_DEFAULT));
        JLabel label = new JLabel(imageBook);
        imagePanel.add(label);
        add(imagePanel);

        JPanel tablePanel = new JPanel();
        tablePanel.setBounds(300, 0, 700, 400);
        add(tablePanel);

        ArrayList<Book> booklist = BookInIt.getmBookList();
        Object[] tableHeader = {"도서ID", "도서명", "가격", "저자",
            "설명", "분야", "출판일"};
        Object[][] content = new Object[booklist.size()]
            [tableHeader.length];
        for (int i = 0; i < booklist.size(); i++) {
            Book bookitem = booklist.get(i);
            content[i][0] = bookitem.getBookId();
            content[i][1] = bookitem.getName();
            content[i][2] = bookitem.getUnitPrice();
            content[i][3] = bookitem.getAuthor();
            content[i][4] = bookitem.getDescription();
            content[i][5] = bookitem.getCategory();
            content[i][6] = bookitem.getReleaseDate();
        }

        JTable bookTable = new JTable(content, tableHeader);
        bookTable.setRowSelectionInterval(0, 0);
        bookTable.getSelectedColumn();
        JScrollPane jScrollPane = new JScrollPane();
        jScrollPane.setPreferredSize(new Dimension(600, 350));
        jScrollPane.setViewportView(bookTable);
        tablePanel.add(jScrollPane);
```

❶ 도서 이미지 표시를 위한 패널 영역 설정 및 출력

❷ 도서 목록 테이블 표시를 위한 패널 영역 설정 및 출력

```

        JPanel buttonPanel = new JPanel();
        buttonPanel.setBounds(0, 400, 1000, 400);
        add(buttonPanel);
        JLabel buttonLabel = new JLabel("장바구니에 담기");
        buttonLabel.setFont(ft);
        JButton addButton = new JButton();
        addButton.add(buttonLabel);
        buttonPanel.add(addButton);
    }

    public static void main(String[] args) {
        Cart mCart = new Cart();
        JFrame frame = new JFrame();
        frame.setBounds(0, 0, 1000, 750);
        frame.setLayout(null);

        JPanel mPagePanel = new JPanel();
        mPagePanel.setBounds(0, 150, 1000, 750);
        frame.add(mPagePanel);

        BookInIt.init();
        mPagePanel.add("장바구니에 항목 추가하기",
            new CartAddItemPage(mPagePanel, mCart));
        frame.setVisible(true);
    }
}
```

❷ 〈장바구니에 담기〉 버튼 표시를 위한 패널 영역 설정 및 출력

테스트 화면 창을 띄우기 위한 실행용 main() 메서드. 실제 온라인 서점을 만드는 경우에는 구현하지 않음

실행 결과

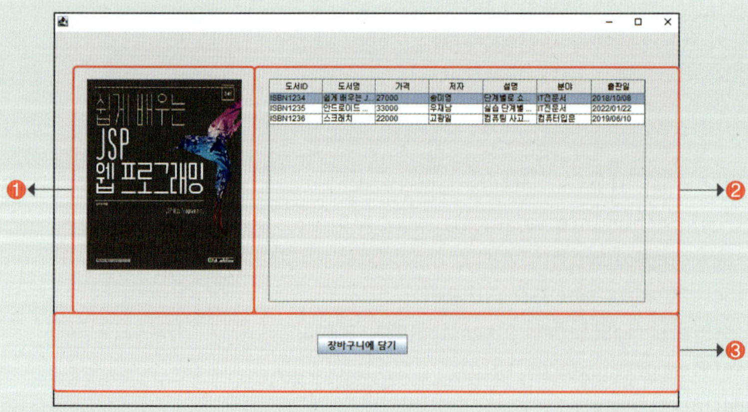

03 장바구니 상품 목록 보기 클래스 생성하기: com.market.page 패키지에 CartItemListPage 클래스를 만듭니다.

프로젝트 14-8 14장/BookMarketSwing/src/com/market/page/CartItemListPage.java

```java
package com.market.page;

import javax.swing.*;
import com.market.cart.Cart;
import com.market.cart.CartItem;
import java.awt.*;
import java.util.ArrayList;

public class CartItemListPage extends JPanel {

   JTable cartTable;
   Object[] tableHeader = {"도서ID", "도서명", "단가", "수량", "총가격"};

   Cart mCart = new Cart();
   public static int mSelectRow = -1;

   public CartItemListPage(JPanel panel, Cart cart) {
      Font ft;
      ft = new Font("함초롬돋움", Font.BOLD, 15);
      this.mCart = cart;
      this.setLayout(null);

      Rectangle rect = panel.getBounds();
      System.out.println(rect);
      this.setPreferredSize(rect.getSize());

      JPanel bookPanel = new JPanel();
      bookPanel.setBounds(0, 0, 1000, 400);
      add(bookPanel);

      ArrayList<CartItem> cartItem = mCart.getmCartItem();
      Object[][] content = new Object[cartItem.size()]
         [tableHeader.length];
      Integer totalPrice = 0;
      for (int i = 0; i < cartItem.size(); i++) {
         CartItem item = cartItem.get(i);
```

❶ 도서가 담긴 장바구니의 테이블 표시를 위한 패널 영역 설정 및 출력

```
            content[i][0] = item.getBookID();
            content[i][1] = item.getItemBook().getName();
            content[i][2] = item.getItemBook().getUnitPrice();
            content[i][3] = item.getQuantity();
            content[i][4] = item.getTotalPrice();
            totalPrice += item.getQuantity() *
                item.getItemBook().getUnitPrice();
        }

        cartTable = new JTable(content, tableHeader);
        JScrollPane jScrollPane = new JScrollPane();
        jScrollPane.setPreferredSize(new Dimension(600, 350));
        jScrollPane.setViewportView(cartTable);
        bookPanel.add(jScrollPane);

        JPanel totalPricePanel = new JPanel();
        totalPricePanel.setBounds(0, 400, 1000, 50);
        // totalPricePanel.setBackground(Color.RED);
        JLabel totalPricelabel = new JLabel("총금액: " +
            totalPrice + " 원");
        totalPricelabel.setForeground(Color.red);
        totalPricelabel.setFont(ft);
        totalPricePanel.add(totalPricelabel);
        add(totalPricePanel);

        JPanel buttonPanel = new JPanel();
        buttonPanel.setLayout(new FlowLayout());
        buttonPanel.setBounds(0, 450, 1000, 50);
        add(buttonPanel);

        JLabel buttonLabel = new JLabel("장바구니 비우기");
        buttonLabel.setFont(ft);
        JButton clearButton = new JButton();
        clearButton.add(buttonLabel);
        buttonPanel.add(clearButton);

        JLabel removeLabel = new JLabel("장바구니의 항목 삭제하기");
        removeLabel.setFont(ft);
        JButton removeButton = new JButton();
        removeButton.add(removeLabel);
```

❶ 도서가 담긴 장바구니의 테이블 표시를 위한 패널 영역 설정 및 출력

❷ 총금액 표시를 위한 패널 영역 설정 및 출력

❸ 〈장바구니 비우기〉, 〈장바구니의 항목 삭제하기〉, 〈장바구니 새로 고침〉 버튼 표시를 위한 패널 영역 설정 및 출력

```java
        buttonPanel.add(removeButton);

        JLabel refreshLabel = new JLabel("장바구니 새로 고침");
        refreshLabel.setFont(ft);
        JButton refreshButton = new JButton();
        refreshButton.add(refreshLabel);
        buttonPanel.add(refreshButton);
    }

    public static void main(String[] args) {

        Cart mCart = new Cart();
        JFrame frame = new JFrame();
        frame.setBounds(0, 0, 1000, 750);
        frame.setLayout(null);

        JPanel mPagePanel = new JPanel();
        mPagePanel.setBounds(0, 150, 1000, 750);

        frame.add(mPagePanel);
        mPagePanel.add("장바구니 상품 목록 보기",
            new CartItemListPage(mPagePanel, mCart));
        frame.setVisible(true);
    }
}
```

❸ 〈장바구니 비우기〉, 〈장바구니의 항목 삭제하기〉, 〈장바구니 새로 고침〉 버튼 표시를 위한 패널 영역 설정 및 출력

테스트 화면 창을 띄우기 위한 실행용 main() 메서드. 실제 온라인 서점을 만드는 경우에는 구현하지 않음

실행 결과

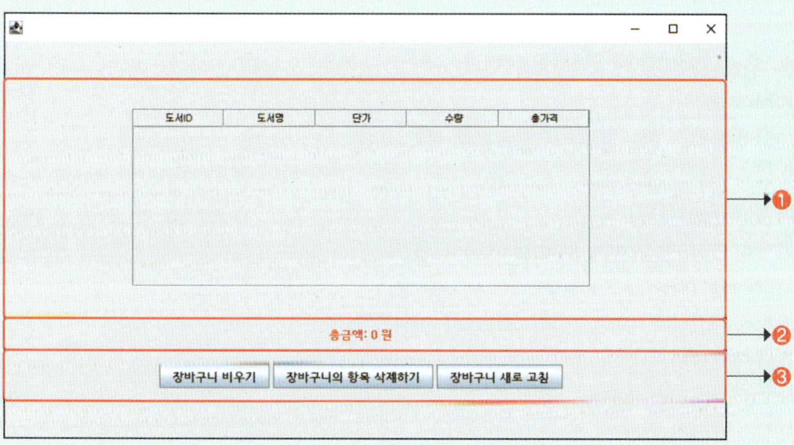

04 주문 배송지 입력 클래스 생성하기: com.market.page 패키지에 CartShippingPage 클래스를 만듭니다.

프로젝트 14-9 14장/BookMarket/src/com/market/page/CartShippingPage.java

```
package com.market.page;

import javax.swing.*;
import java.awt.*;

public class CartShippingPage extends JPanel {

   JPanel shippingPanel;
   JPanel radioPanel;

   public CartShippingPage(JPanel panel) {

      Font ft;
      ft = new Font("함초롬돋움", Font.BOLD, 15);

      setLayout(null);

      Rectangle rect = panel.getBounds();
      System.out.println(rect);
      setPreferredSize(rect.getSize());

      radioPanel = new JPanel();
      radioPanel.setBounds(300, 0, 700, 50);
      radioPanel.setLayout(new FlowLayout());
      add(radioPanel);
      JLabel radioLabel = new JLabel("배송받을 분은 고객 정보와 같습니까?");
      radioLabel.setFont(ft);
      JRadioButton radioOk = new JRadioButton("예");
      radioOk.setFont(ft);
      JRadioButton radioNo = new JRadioButton("아니요");
      radioNo.setFont(ft);
      radioPanel.add(radioLabel);
      radioPanel.add(radioOk);
      radioPanel.add(radioNo);
```

❶ 고객 정보 라디오버튼 선택 표시를 위한 패널 영역 설정 및 출력

```java

    shippingPanel = new JPanel();
    shippingPanel.setBounds(200, 50, 700, 500);
    shippingPanel.setLayout(null);
    add(shippingPanel);

    radioOk.setSelected(true);
    radioNo.setSelected(false);
    UserShippingInfo(true);
}

public void UserShippingInfo(boolean select) {

    Font ft;
    ft = new Font("함초롬돋움", Font.BOLD, 15);

    JPanel namePanel = new JPanel();
    namePanel.setBounds(0, 100, 700, 50);
    // namePanel.setBackground(Color.GRAY);
    JLabel nameLabel = new JLabel("고객명 : ");
    nameLabel.setFont(ft);
    namePanel.add(nameLabel);

    JTextField nameLabel2 = new JTextField(15);
    nameLabel2.setFont(ft);
    if (select) {
        nameLabel2.setBackground(Color.LIGHT_GRAY);
        nameLabel2.setText("입력된 고객 이름");
    }
    namePanel.add(nameLabel2);
    shippingPanel.add(namePanel);

    JPanel phonePanel = new JPanel();
    phonePanel.setBounds(0, 150, 700, 50);
    JLabel phoneLabel = new JLabel("연락처 : ");
    phoneLabel.setFont(ft);
    phonePanel.add(phoneLabel);

    JTextField phoneLabel2 = new JTextField(15);
```

❷ 배송지 입력, 영수증 표시를 위한 패널 영역 설정 및 출력

❸ 고객명 표시를 위한 패널 영역 설정 및 출력

❹ 연락처 표시를 위한 패널 영역 설정 및 출력

```
        phoneLabel2.setFont(ft);
        if (select) {
            phoneLabel2.setBackground(Color.LIGHT_GRAY);
            phoneLabel2.setText("입력된 고객 연락처");
        }
        phonePanel.add(phoneLabel2);
        shippingPanel.add(phonePanel);

        JPanel addressPanel = new JPanel();
        addressPanel.setBounds(0, 200, 700, 50);
        JLabel label = new JLabel("배송지 : ");
        label.setFont(ft);
        addressPanel.add(label);

        JTextField addressText = new JTextField(15);
        addressText.setFont(ft);
        addressPanel.add(addressText);
        shippingPanel.add(addressPanel);

        JPanel buttonPanel = new JPanel();
        buttonPanel.setBounds(0, 300, 700, 100);

        JLabel buttonLabel = new JLabel("주문 완료");
        buttonLabel.setFont(new Font("함초롬돋움", Font.BOLD, 15));
        JButton orderButton = new JButton();
        orderButton.add(buttonLabel);
        buttonPanel.add(orderButton);
        shippingPanel.add(buttonPanel);
    }

    public static void main(String[] args) {

        JFrame frame = new JFrame();
        frame.setBounds(0, 0, 1000, 750);
        frame.setLayout(null);

        JPanel mPagePanel = new JPanel();
        mPagePanel.setBounds(0, 150, 1000, 750);

```

❹ 연락처 표시를 위한 패널 영역 설정 및 출력

❺ 배송지 표시를 위한 패널 영역 설정 및 출력

❻ 〈주문 완료〉 버튼 표시를 위한 패널 영역 설정 및 출력

테스트 화면 창을 띄우기 위한 실행용 main() 메서드. 실제 온라인 서점을 만드는 경우에는 구현하지 않음

```
        frame.add(mPagePanel);
        mPagePanel.add("주문 배송지", new CartShippingPage
            (mPagePanel));
        frame.setVisible(true);

    }
}
```

테스트 화면 창을 띄우기 위한 실행용 main() 메서드. 실제 온라인 서점을 만드는 경우에는 구현하지 않음

실행 결과

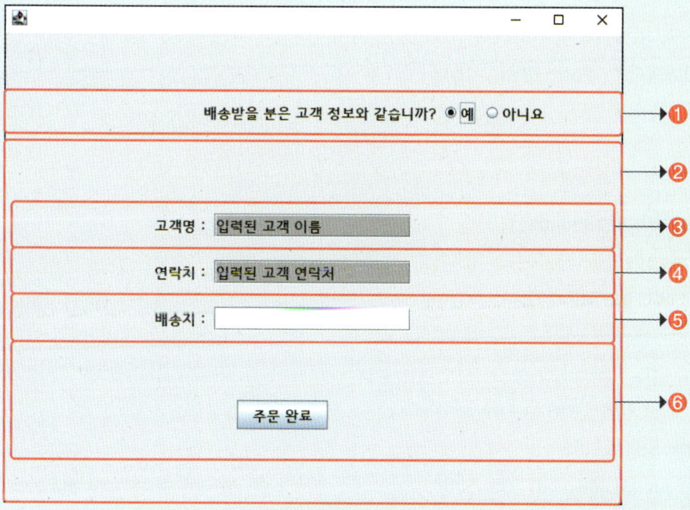

05 주문 영수증 표시 클래스 생성하기: com.market.page 패키지에 CartOrderBillPage 클래스를 생성합니다.

프로젝트 14-10 14장/BookMarketSwing/src/com/market/page/CartOrderBillPage.java

```
package com.market.page;

import javax.swing.*;

import com.market.bookitem.BookInIt;
import com.market.cart.Cart;
import java.awt.*;
import java.text.SimpleDateFormat;
```

```java
import java.util.Date;

public class CartOrderBillPage extends JPanel {

    Cart mCart;
    JPanel shippingPanel;
    JPanel radioPanel;

    public CartOrderBillPage(JPanel panel, Cart cart) {

        Font ft;
        ft = new Font("함초롬돋움", Font.BOLD, 15);

        setLayout(null);

        Rectangle rect = panel.getBounds();
        System.out.println(rect);
        setPreferredSize(rect.getSize());

        this.mCart = cart;

        shippingPanel = new JPanel();
        shippingPanel.setBounds(200, 50, 700, 500);
        shippingPanel.setLayout(null);
        add(shippingPanel);

        printBillInfo("입력된 고객 이름", "입력된 고객 연락처", "입력된 고객 배송지");

    }

    public void printBillInfo(String name, String phone, String address) {

        Font ft;
        ft = new Font("함초롬돋움", Font.BOLD, 15);

        Date date = new Date();
        SimpleDateFormat formatter = new SimpleDateFormat("MM/dd/yyyy");
        String strDate = formatter.format(date);

```

❶ 주문 내용 결과 표시를 위한 패널 영역 설정 및 출력

```
        JPanel panel01 = new JPanel();
        panel01.setBounds(0, 0, 500, 30);
        // panel01.setBackground(Color.GRAY);
        JLabel label01 = new JLabel("------배송받을 고객
           정보-------");
        label01.setFont(ft);
        panel01.add(label01);
        shippingPanel.add(panel01);

        JPanel panel02 = new JPanel();
        panel02.setBounds(0, 30, 500, 30);
        JLabel label02 = new JLabel("고객명 : " + name +
           "            연락처 :   " + phone);
        label02.setHorizontalAlignment(JLabel.LEFT);
        label02.setFont(ft);
        panel02.add(label02);
        shippingPanel.add(panel02);

        JPanel panel03 = new JPanel();
        panel03.setBounds(0, 60, 500, 30);
        JLabel label03 = new JLabel("배송지 : " + address +
           "            발송일 :   " + strDate);
        label03.setHorizontalAlignment(JLabel.LEFT);
        label03.setFont(ft);
        panel03.add(label03);
        shippingPanel.add(panel03);

        JPanel printPanel = new JPanel();
        printPanel.setBounds(0, 100, 500, 300);
        printCart(printPanel);
        shippingPanel.add(printPanel);
    }

    public void printCart(JPanel panel) {

        Font ft;
        ft = new Font("함초롬돋움", Font.BOLD, 12);

```

❷ '——배송받을 고객 정보——' 표시를 위한 패널 영역 설정 및 출력

❸ 고객명, 연락처 표시를 위한 패널 영역 설정 및 출력

❹ 배송지, 발송일 표시를 위한 패널 영역 설정 및 출력

❺ 주문 도서 목록 표시를 위한 패널 영역 설정 및 출력

```
    JPanel panel01 = new JPanel();
    panel01.setBounds(0, 0, 500, 5);
    JLabel label01 = new JLabel("      장바구니 상품 목록 :");
    label01.setFont(ft);
    panel01.add(label01);
    panel.add(panel01);

    JPanel panel02 = new JPanel();
    panel02.setBounds(0, 20, 500, 5);
    JLabel label02 = new JLabel("---------------------------");
    label02.setFont(ft);
    panel02.add(label02);
    panel.add(panel02);

    JPanel panel03 = new JPanel();
    panel03.setBounds(0, 25, 500, 5);
    JLabel label03 = new JLabel(" 도서ID  ¦  수량  ¦  합계 ");
    label03.setFont(ft);
    panel03.add(label03);
    panel.add(panel03);

    JPanel panel04 = new JPanel();
    panel04.setBounds(0,30, 500, 5);
    JLabel label04 = new JLabel("---------------------------");
    label04.setFont(ft);
    panel04.add(label04);
    panel.add(panel04);

    for (int i = 0; i < mCart.mCartItem.size(); i++) {  // 13
        JPanel panel05 = new JPanel();
        panel05.setBounds(0, 35+(i*5), 500, 5);
        JLabel label05 = new JLabel("          "+
            mCart.mCartItem.get(i).getBookID() + "          " +
            mCart.mCartItem.get(i).getQuantity() + "          " +
            mCart.mCartItem.get(i).getTotalPrice());
        label05.setFont(ft);
        panel05.add(label05);
        panel.add(panel05);
    }

```

장바구니 상품 목록 표시를 위한 패널 영역 설정 및 출력

'——' 표시를 위한 패널 영역 설정 및 출력

타이틀 표시를 위한 패널 영역 설정 및 출력

'——' 표시를 위한 패널 영역 설정 및 출력

장바구니 주문 결과 표시를 위한 패널 영역 설정 및 출력

```java
        JPanel panel06 = new JPanel();
        panel06.setBounds(0, 35+(mCart.mCartItem.size()*5), 500, 5);
        JLabel label06 = new JLabel("--------------------------------");
        label06.setFont(ft);
        panel06.add(label06);
        panel.add(panel06);

        int sum = 0;

        for (int i = 0; i < mCart.mCartCount; i++)
            sum += mCart.mCartItem.get(i).getTotalPrice();
        System.out.println("------------" + mCart.mCartCount);

        JPanel panel07 = new JPanel();
        panel07.setBounds(0, 40+(mCart.mCartItem.size()*5), 500, 5);
        JLabel label07 = new JLabel("      주문 총금액 : "+ sum +"원");
        // label04.setHorizontalAlignment(JLabel.CENTER);
        label07.setFont(new Font("함초롬돋움", Font.BOLD, 15));
        panel07.add(label07);
        panel.add(panel07);

    }

    public static void main(String[] args) {

        Cart mCart = new Cart();
        JFrame frame = new JFrame();
        frame.setBounds(0, 0, 1000, 750);
        frame.setLayout(null);

        JPanel mPagePanel = new JPanel();
        mPagePanel.setBounds(0, 150, 1000, 750);

        frame.add(mPagePanel);
        BookInIt.init();
        mPagePanel.add("주문하기", new CartOrderBillPage(mPagePanel, mCart));
        frame.setVisible(true);

    }
}
```

'——' 표시를 위한 패널 영역 설정 및 출력

주문 총금액 표시를 위한 패널 영역 설정 및 출력

테스트 화면 창을 띄우기 위한 실행용 main() 메서드. 실제 온라인 서점을 만드는 경우에는 구현하지 않음

실행 결과

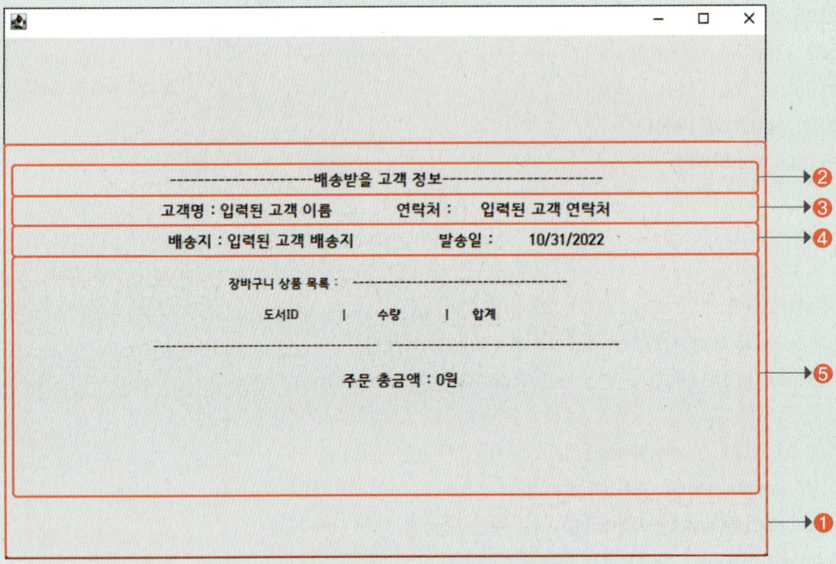

06 관리자 클래스 생성하기: com.market.page 패키지에 AdminPage 클래스를 만듭니다.

프로젝트 14-11 14장/BookMarketSwing/src/com/market/page/AdminPage.java

```java
package com.market.page;

import javax.swing.*;
import java.awt.*;
import java.text.SimpleDateFormat;
import java.util.Date;

public class AdminPage extends JPanel {

    public AdminPage(JPanel panel) {

        Font ft;
        ft = new Font("함초롬돋움", Font.BOLD, 15);

        setLayout(null);

        Rectangle rect = panel.getBounds();
```

```java
        System.out.println(rect);
        setPreferredSize(rect.getSize());

        Date date = new Date();
        SimpleDateFormat formatter = new SimpleDateFormat("yyMMddhhmmss");
        String strDate = formatter.format(date);

        JPanel idPanel = new JPanel();
        idPanel.setBounds(100, 0, 700, 50);
        JLabel idLabel = new JLabel("도서ID : ");
        idLabel.setFont(ft);
        JLabel idTextField = new JLabel();
        idTextField.setFont(ft);
        idTextField.setPreferredSize(new Dimension(290, 50));
        idTextField.setText("ISBN" + strDate);
        idPanel.add(idLabel);
        idPanel.add(idTextField);
        add(idPanel);

        JPanel namePanel = new JPanel();
        namePanel.setBounds(100, 50, 700, 50);
        JLabel nameLabel = new JLabel("도서명 : ");
        nameLabel.setFont(ft);
        JTextField nameTextField = new JTextField(20);
        nameTextField.setFont(ft);
        namePanel.add(nameLabel);
        namePanel.add(nameTextField);
        add(namePanel);

        JPanel pricePanel = new JPanel();
        pricePanel.setBounds(100, 100, 700, 50);
        JLabel priceLabel = new JLabel("가   격 : ");
        priceLabel.setFont(ft);
        JTextField priceTextField = new JTextField(20);
        priceTextField.setFont(ft);
        pricePanel.add(priceLabel);
        pricePanel.add(priceTextField);
        add(pricePanel);

```

도서ID 표시를 위한 패널 영역 설정 및 출력

도서명 표시를 위한 패널 영역 설정 및 출력

가격 표시를 위한 패널 영역 설정 및 출력

```
        JPanel authorPanel = new JPanel();
        authorPanel.setBounds(100, 150, 700, 50);
        JLabel authorLabel = new JLabel("저   자 : ");
        authorLabel.setFont(ft);
        JTextField authorTextField = new JTextField(20);
        authorTextField.setFont(ft);
        authorPanel.add(authorLabel);
        authorPanel.add(authorTextField);
        add(authorPanel);

        JPanel descPanel = new JPanel();
        descPanel.setBounds(100, 200, 700, 50);
        JLabel descLabel = new JLabel("설   명 : ");
        descLabel.setFont(ft);
        JTextField descTextField = new JTextField(20);
        descTextField.setFont(ft);
        descPanel.add(descLabel);
        descPanel.add(descTextField);
        add(descPanel);

        JPanel categoryPanel = new JPanel();
        categoryPanel.setBounds(100, 250, 700, 50);
        JLabel categoryLabel = new JLabel("분   야 : ");
        categoryLabel.setFont(ft);
        JTextField categoryTextField = new JTextField(20);
        categoryTextField.setFont(ft);
        categoryPanel.add(categoryLabel);
        categoryPanel.add(categoryTextField);
        add(categoryPanel);

        JPanel datePanel = new JPanel();
        datePanel.setBounds(100, 300, 700, 50);
        JLabel dateLabel = new JLabel("출판일 : ");
        dateLabel.setFont(ft);
        JTextField dateTextField = new JTextField(20);
        dateTextField.setFont(ft);
        datePanel.add(dateLabel);
        datePanel.add(dateTextField);
        add(datePanel);
```

저자 표시를 위한 패널 영역 설정 및 출력

설명 표시를 위한 패널 영역 설정 및 출력

분야 표시를 위한 패널 영역 설정 및 출력

출판일 표시를 위한 패널 영역 설정 및 출력

```java

        JPanel buttonPanel = new JPanel();
        buttonPanel.setBounds(100, 350, 700, 50);
        add(buttonPanel);
        JLabel okLabel = new JLabel("추가");
        okLabel.setFont(ft);
        JButton okButton = new JButton();
        okButton.add(okLabel);
        buttonPanel.add(okButton);

        JLabel noLabel = new JLabel("취소");
        noLabel.setFont(ft);
        JButton noButton = new JButton();
        noButton.add(noLabel);
        buttonPanel.add(noButton);
    }

    public static void main(String[] args) {

        JFrame frame = new JFrame();
        frame.setBounds(0, 0, 1000, 750);
        frame.setLayout(null);

        JPanel mPagePanel = new JPanel();
        mPagePanel.setBounds(0, 150, 1000, 750);

        frame.add(mPagePanel);
        mPagePanel.add("주문하기", new AdminPage(mPagePanel));
        frame.setVisible(true);
    }
}
```

<추가>, <취소> 버튼 표시를 위한 패널 영역 설정 및 출력

테스트 화면 창을 띄우기 위한 실행용 main() 메서드. 실제 온라인 서점을 만드는 경우에는 구현하지 않음

실행 결과

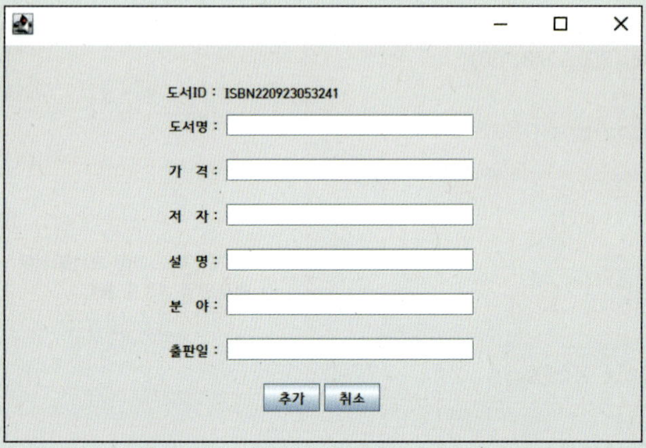

요약

01 그래픽 사용자 인터페이스(GUI)는 사용자가 마우스나 키보드를 이용하여 편리하게 입출력할 수 있도록 그래픽으로 화면이 구성된 인터페이스를 말합니다. 현재 그래픽 프로그래밍을 위한 자바 API로는 AWT, 스윙, JavaFX 등이 있습니다.

종류	설명
AWT	• AWT 관련 패키지는 모두 java.awt로 시작한다. • 운영체제가 제공하는 네이티브 UI 컴포넌트를 이용하는 자바 라이브러리이다. • AWT API는 JDK 1.0부터 도입되었으나 대부분의 AWT UI 구성 요소는 더 이상 사용되지 않으며 최신 스윙 UI 구성 요소로 교체된다.
스윙	• 스윙 관련 패키지는 모두 javax.swing으로 시작한다. • 순수 자바 언어로만 작성되어 어떤 플랫폼에서도 일관된 UI 작성이 가능한 라이브러리이다. • AWT를 향상하는 훨씬 더 포괄적인 그래픽 라이브러리 세트인 스윙 API는 JDK 1.1 릴리스부터 JFC의 일부로 도입되었다. 그러나 실행 성능이 느려지고 메모리를 더 많이 사용하기 때문에 운영체제의 네이티브 UI를 점점 더 선호한다.
JavaFX	• JavaFX 관련 패키지는 모두 javafx로 시작한다. • 스윙을 대체하기 위해 만들어졌으며, JDK 11부터는 JavaFX가 JDK에 포함되지 않아 별도로 설치해야 한다. • 크로스 플랫폼에서 실행하는 리치 클라이언트 애플리케이션을 개발하기 위한 그래픽과 미디어 패키지이다. • 스윙보다 가볍고 강력하기 때문에 스윙을 대체하는 자바 표준 UI 라이브러리이다.

02 스윙은 윈도우 기반 GUI를 구현하는 데 사용하는 자바 기반 클래스의 일부로, 강력하고 유연한 GUI 구성 요소를 제공하는 클래스 집합이 포함된 GUI 프레임워크입니다. 스윙의 주요 특징은 다음과 같습니다.

- AWT 기술을 기반으로 작성된 라이브러리입니다.
- AWT와 달리 순수하게 자바 언어로 작성되어 있습니다.
- 스윙 컴포넌트는 경량 컴포넌트라고도 합니다.
- 스윙은 플랫폼에 독립적입니다.
- 스윙은 모든 AWT 컴포넌트와 100% 호환되는 컴포넌트로 재작성되었습니다.
- AWT 컴포넌트와 구분하기 위해 스윙 컴포넌트의 이름은 대문자 J로 시작합니다.

03 스윙 프레임은 모든 스윙 UI 구성 요소를 담는 최상위 컨테이너로, JFrame을 상속받아 구현합니다. 스윙 프레임의 기본 구조는 기본 틀인 프레임, 메뉴를 표시하는 메뉴바, GUI 구성 요소를 표시하는 패널로 구성됩니다.

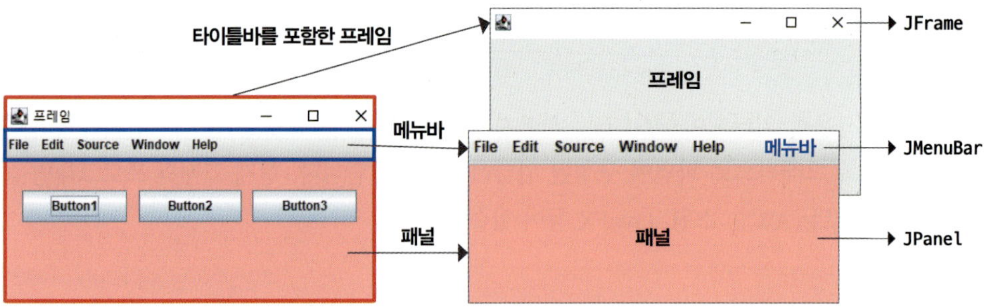

04 스윙 UI 구성 요소의 주요 클래스

클래스	설명
JLabel	텍스트와 이미지를 배치하기 위한 구성 요소이다.
JButton	레이블이 지정된 버튼을 만든다.
JCheckBox	on(true) 또는 off(false) 상태인 체크박스 구성 요소이다.
JRadioButton	여러 항목 중에서 하나만 선택할 수 있는 라디오버튼 구성 요소이다.
JComboBox	항목을 선택할 수 있는 드롭다운박스(콤보박스) 구성 요소이다.
JTextField	텍스트 한 줄을 편집할 수 있는 텍스트 구성 요소이다.
JPasswordField	비밀번호 입력에 특화된 텍스트 구성 요소이다.
JTextArea	텍스트 여러 줄을 편집할 수 있는 텍스트 구성 요소이다.
ImageIcon	아이콘을 이미지로 만들 수 있도록 Icon 인터페이스를 구현하는 요소이다.
JScrollbar	스크롤 막대 구성 요소이다.
JOptionPane	사용자에게 값을 묻거나 무언가를 알려주는 일련의 표준 대화상자이다.
JPanel	구성 요소를 그룹별로 묶어서 처리할 때 사용하는 구성 요소이다.
JTable	데이터를 행과 열로 이루어진 테이블 형식으로 보여주는 구성 요소이다.

05 JFrame 클래스의 생성자

생성자	설명
JFrame()	처음에는 보이지 않는 새 프레임을 생성한다.
JFrame(String title)	처음에는 보이지 않는 새 프레임을 지정된 제목으로 생성한다.

06 JPanel 클래스의 생성자

생성자	설명
JPanel()	새로운 패널을 생성한다.
JPanel(boolean isDoubleBuffered)	FlowLayout 및 지정된 버퍼링을 사용하여 새로운 패널을 생성한다.
JPanel(LayoutManager layout)	지정된 레이아웃 관리자로 새로운 패널을 생성한다.

연습문제

01 사용자가 상호 작용하는 응용 프로그램의 시각적 구성 요소는 무엇인가?

① OOP ② Unity
③ GOOG ④ GUI

02 자바에서 버튼을 선언하고 초기화하는 방법은 무엇인가?

① `JButton button = new Button("Click me!");`
② `JButton button = new JButton("Click me!");`
③ `button = new JButton("Click me!");`
④ `JButton button = "Click me!";`

03 새로운 자바 스윙 프로그램을 작성할 때 가장 먼저 해야 할 일은 무엇인가?

① 클래스 정의하기 ② 인스턴스 변수 정의하기
③ 적절한 자바 스윙 패키지 임포트하기 ④ `main()` 메서드 작성하기

04 프레임의 가시성을 설정하기 위해 사용하는 방법은 무엇인가?

① `setVisible(true)` ② `setVisible`(거짓)
③ `setVisible()` ④ 설정하는 방법이 없다.

05 스윙과 AWT의 차이점은 무엇인가?

① AWT 구성 요소는 중량으로 간주되고 스윙 구성 요소는 경량으로 간주된다.
② 스윙 GUI에는 플러그형 모양과 느낌이 있다.
③ ①과 ②
④ 차이가 없다.

06 프레임에 사용되는 스윙 클래스는 무엇인가?

① `Window` ② `Frame`
③ `JFrame` ④ `SwingFrame`

07 자바에서 목록 레이아웃 관리자에 해당하는 것은 무엇인가?

① BorderLayout 관리자
② CardLayout 관리자
③ FlowLayout 관리자
④ 앞의 보기 모두

08 프레임의 가로세로 크기가 각각 300이고 제목이 '사용자 인터페이스'가 되도록 빈칸을 채우시오.

```
public class ExFrame01 {
    public static void main(String[] args) {
        JFrame frame = new JFrame();
        frame.[                ]
        frame.[                ]
        frame.setVisible(true);
    }
}
```

09 다음과 같은 화면이 출력되도록 로그인 GUI 프로그램을 작성하시오.

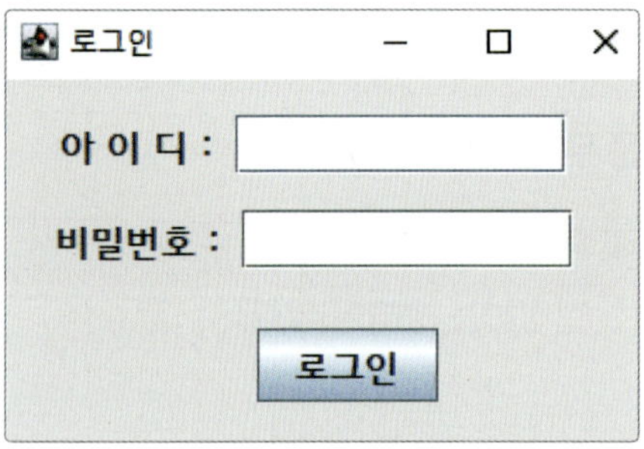

10 다음과 같은 화면이 출력되도록 레이아웃 관리자를 작성하시오.

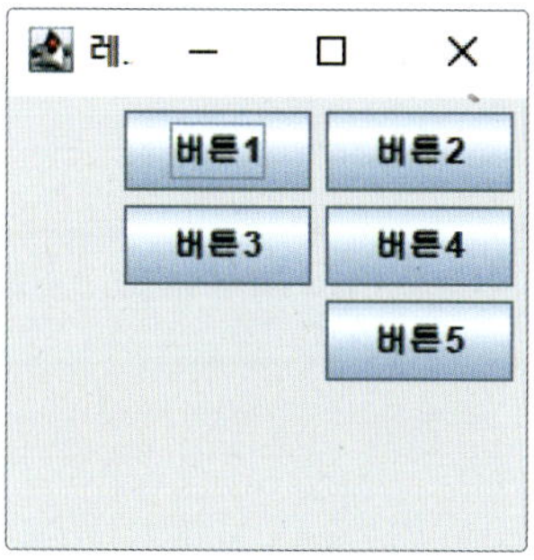


```
public class EXample04 {
    public static void main(String[] args) {
        JFrame frame = new JFrame();
        frame.setTitle("레이아웃 FlowLayout");
        frame.setSize(200, 200);

        JButton obj1 = new JButton("버튼1");
        JButton obj2 = new JButton("버튼2");
        JButton obj3 = new JButton("버튼3");
        JButton obj4 = new JButton("버튼4");
        JButton obj5 = new JButton("버튼5");

        JPanel panel = new JPanel();
        panel.setLayout(new FlowLayout([                    ]);   // 패널의 레이아웃 설정
        panel.add(obj1);
        panel.add(obj2);
        panel.add(obj3);
        panel.add(obj4);
        panel.add(obj5);

        frame.add(panel);
        frame.setVisible(true);
    }
}
```

CHAPTER 15

사용자 인터페이스 II

학습목표

- 이벤트 처리에 대해 이해합니다.
- 메뉴 만드는 방법을 알아봅니다.
- 대화상자 만드는 방법을 알아봅니다.

Preview

사용자가 마우스나 키보드를 이용하여 편리하게 입출력할 수 있도록 자바에서 제공하는 강력한 GUI 구성 요소의 상태 변화인 이벤트 처리에 대해 알아봅시다. 그리고 모든 최상위 창에 메뉴를 생성하는 방법과 대화상자를 만드는 방법을 자세히 살펴봅시다.

- 이벤트 처리
  - 이벤트의 개요
    - 이벤트 처리 과정
  - 이벤트 리스너 구현 방법
    - 독립적인 클래스로 이벤트 처리하기
    - 내부 클래스로 이벤트 처리하기
    - Frame 클래스에 이벤트 처리 구현하기
    - 무명 클래스로 이벤트 처리하기
- 메뉴 생성
  - 메뉴의 개요
  - 기본 메뉴 만들기
    - 메뉴바 만들기
    - 메뉴 만들기
    - 메뉴 항목 만들기
- 대화상자
  - 팝업 대화상자 만들기
  - 커스텀 대화상자 만들기

[프로젝트]

- 윈도우 기반 온라인 서점 만들기
  - 메인 프레임의 이벤트 처리하기
  - ❶~❾ 버튼별 이벤트 처리하기
  - 메뉴 만들기와 메뉴 항목 처리하기

15.1 | 이벤트 처리

1 이벤트의 개요

이벤트(event)는 윈도우용으로 작성된 응용 프로그램과 같이 그래픽 사용자 인터페이스(GUI)를 사용하는 모든 프로그램을 작동하는 것으로, GUI 구성 요소의 상태 변화를 말합니다. 즉 GUI 구성 요소와 사용자의 상호 작용으로 이벤트가 발생하며, 이벤트를 일으키는 행동은 버튼 클릭, 마우스 이동, 키보드로 문자 입력, 목록에서 항목 선택, 페이지 스크롤 등입니다.

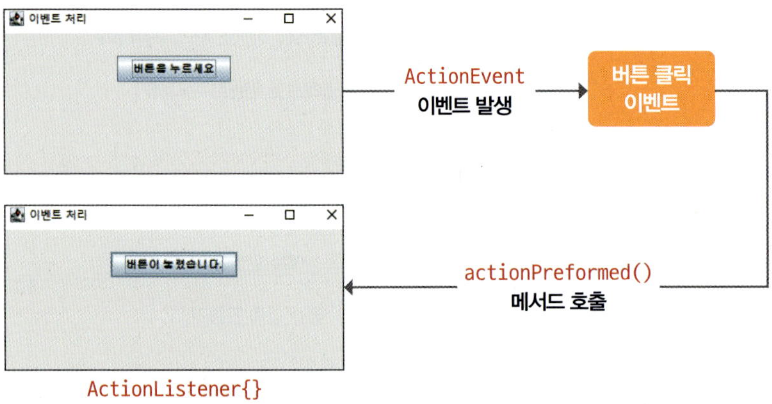

그림 15-1 버튼 이벤트 발생 처리

이벤트 처리 과정

이벤트 처리는 이벤트를 일으키는 대상에서 이벤트가 발생하면 이를 제어하고 어떤 일을 처리해야 하는지를 결정하는 방법을 의미합니다. 이벤트 핸들러(event handler)는 이벤트가 발생했을 때 그에 대한 응답을 생성하는 역할을 담당합니다.

❶ 이벤트를 발생시킬 UI 구성 요소를 선택합니다.

예 프레임에서 버튼 클릭 시 이벤트를 발생시키려 합니다.

❷ 이벤트를 발생시키는 UI 구성 요소에 해당하는 이벤트의 유형을 선택합니다.

예 사용자가 버튼을 클릭하면 `ActionEvent`가 생성됩니다.

그림 15-2 **이벤트 발생 시 처리 과정**

❸ 이벤트 유형에 해당하는 리스너 또는 어댑터를 선택하여 구현하고 여기에 해당 메서드를 작성합니다.

  예 버튼을 클릭하여 발생한 `ActionEvent`의 `ActionListener`를 구현하고 여기에 `actionPerformed()` 메서드를 작성합니다.

❹ 구현한 이벤트 리스너를 이벤트가 발생된 UI 구성 요소에 연결합니다.

  예 `addActionListener()` 메서드를 이용하여 등록합니다.

표 15-1 **주요 이벤트 클래스의 유형**

이벤트 클래스	설명
ActionEvent	버튼을 클릭하거나, 메뉴를 선택하거나, 목록 항목을 더블클릭할 때 발생하는 이벤트
MouseEvent	마우스를 드래그하거나, 이동하거나, 클릭하거나, 떼거나, 구성 요소에 드나들 때 발생하는 이벤트
KeyEvent	키보드로 입력받을 때 발생하는 이벤트
ItemEvent	체크박스나 목록 항목을 클릭할 때 발생하는 이벤트
TextEvent	텍스트 영역이나 텍스트 필드의 값이 변경될 때 발생하는 이벤트
MouseWheelEvent	마우스 휠을 움직일 때 발생하는 이벤트
WindowEvent	창이 활성화/비활성화되거나, 아이콘화/정상화되거나, 열리거나 닫힐 때 발생하는 이벤트
ComponentEvent	구성 요소를 숨기거나, 이동하거나, 크기를 조정하거나, 나타나도록 설정할 때 발생하는 이벤트
ContainerEvent	컨테이너에서 구성 요소를 추가하거나 삭제할 때 발생하는 이벤트
AdjustmentEvent	스크롤바를 조작할 때 발생하는 이벤트
FocusEvent	구성 요소가 키보드 포커스를 얻거나 잃을 때 발생하는 이벤트

표 15-2 이벤트 클래스에 대응하는 리스너 인터페이스와 어댑터 클래스

이벤트 클래스	리스너 인터페이스	어댑터 클래스
ActionEvent	ActionListener	
MouseEvent	MouseListener	MouseAdapter
MouseWheelEvent	MouseWheelListener	MouseAdapter
KeyEvent	KeyListener	KeyAdapter
ItemEvent	ItemListener	
TextEvent	TextListener	
WindowEvent	WindowListener	WindowAdapter
ComponentEvent	ComponentListener	ComponentAdapter
ContainerEvent	ContainerListener	ContainerAdapter
AdjustmentEvent	AdjustmentListener	
FocusEvent	FocusListener	FocusAdapter

2 이벤트 리스너 구현 방법

이벤트 리스너를 구현하는 데에는 독립적인 클래스로 이벤트 처리하기, 내부 클래스로 이벤트 처리하기, Frame 클래스에 이벤트 처리 구현하기, 무명 클래스로 이벤트 처리하기 등의 방법이 있습니다.

독립적인 클래스로 이벤트 처리하기

독립적인 클래스로 이벤트를 처리하는 방법은 이벤트 리스너를 완전한 클래스로 작성하여 사용하지만 Frame 클래스 내의 멤버 변수를 쉽게 사용할 수 없다는 것이 단점입니다. 다음은 독립적인 클래스 MyListener로 버튼 클릭 이벤트를 처리하는 예로, 버튼을 클릭하면 버튼의 텍스트가 바뀝니다.

독립적인 클래스로 이벤트 처리 예시 Chap15/src/ExEventHandling01.java

```
import java.awt.event.*;
import javax.swing.*;

class MyListener implements ActionListener {
    public void actionPerformed(ActionEvent e) {
        JButton button = (JButton) e.getSource();
        button.setText("버튼이 눌렸습니다.");
    }
}
```

이벤트 리스너를 독립적인 클래스로 정의

```
class MyFrame extends JFrame {
   public MyFrame() {
      setTitle("이벤트 처리");
      setSize(400, 200);

      JPanel panel = new JPanel();
      add(panel);

      JButton button = new JButton("버튼을 누르세요");
      panel.add(button);

      button.addActionListener(new MyListener());

      setVisible(true);
   }
}

public class ExEventHandling01 {
   public static void main(String[] args) {
      new MyFrame();
   }
}
```

실행 결과

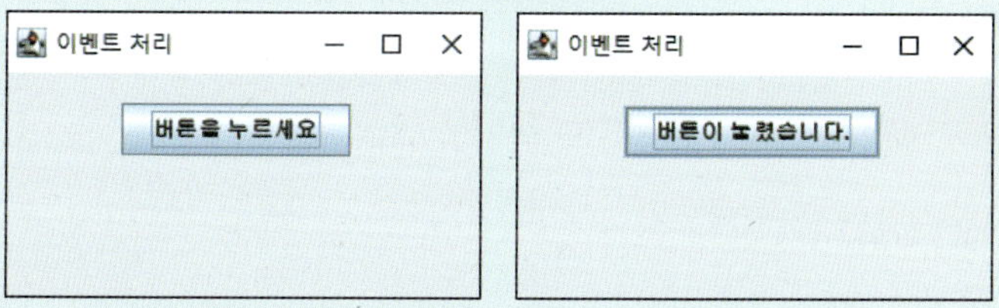

내부 클래스로 이벤트 처리하기

이벤트 리스너 클래스를 내부 클래스, 즉 클래스 내에 선언된 클래스로 만들어 사용하는 방법입니다. 이 방법은 독립적인 클래스로 이벤트를 처리하는 방법보다 Frame 클래스 내의 멤버 변수를 쉽게 사용할 수 있습니다. 다음은 내부 클래스 MyListener로 버튼 클릭 이벤트를 처리하는 예로, 실행 결과는 앞의 예와 동일합니다.

내부 클래스로 이벤트 처리 예시

Chap15/src/ExEventHandling02.java

```
import java.awt.event.*;
import javax.swing.*;

public class ExEventHandling02 extends JFrame {

    public ExEventHandling02() {
        setTitle("이벤트 처리");
        setSize(400, 200);

        JPanel panel = new JPanel();
        add(panel);

        JButton button = new JButton("버튼을 누르세요");
        panel.add(button);

        button.addActionListener(new MyListener());

        setVisible(true);
    }

    private class MyListener implements ActionListener {
        public void actionPerformed(ActionEvent e) {
            JButton button = (JButton) e.getSource();
            button.setText("버튼이 눌렸습니다.");
        }
    }

    public static void main(String[] args) {
        new ExEventHandling02();
    }
}
```

이벤트 리스너를 내부 클래스로 정의

Frame 클래스에 이벤트 처리 구현하기

Frame 클래스에 이벤트 처리를 구현하는 것은 많이 사용되는 방법으로, Frame 클래스는 JFrame을 상속받으면서 동시에 Listener 인터페이스도 구현 가능합니다. 다음은 Frame 클래스에 actionPerformed() 이벤트 처리 메서드로 버튼 클릭 이벤트를 처리하는 예로, 실행 결과는 앞의 예와 동일합니다.

Frame 클래스에 이벤트 처리 구현 예시

Chap15/src/ExEventHandling03.java

```
import java.awt.event.*;
import javax.swing.*;

public class ExEventHandling03 extends JFrame implements ActionListener {

    public ExEventHandling03() {
        setTitle("이벤트 처리");
        setSize(400, 200);

        JPanel panel = new JPanel();
        add(panel);

        JButton button = new JButton("버튼을 누르세요");
        panel.add(button);

        button.addActionListener(this);

        setVisible(true);
    }

    public void actionPerformed(ActionEvent e) {
        JButton button = (JButton) e.getSource();
        button.setText("버튼이 눌렸습니다.");
    }

    public static void main(String[] args) {
        new ExEventHandling03();
    }
}
```

Frame 클래스에 이벤트 리스너 구현

무명 클래스로 이벤트 처리하기

익명 클래스(anonymous class)라고도 하는 무명 클래스는 클래스 몸체가 정의되었지만 이름이 없는 클래스입니다. 이는 클래스를 정의하는 동시에 객체를 생성하며, 이름이 없기 때문에 한 번만 사용할 수 있습니다. 다음은 무명 클래스로 버튼 클릭 이벤트를 처리하는 예로, 실행 결과는 앞의 예와 동일합니다.

무명 클래스로 이벤트 처리 예시

Chap15/src/ExEventHandling04.java

```
import java.awt.event.*;
import javax.swing.*;

public class ExEventHandling04 extends JFrame {

   public ExEventHandling04() {
      setTitle("이벤트 처리");
      setSize(400, 200);

      JPanel panel = new JPanel();
      add(panel);

      JButton button = new JButton("버튼을 누르세요");
      panel.add(button);

      button.addActionListener(new ActionListener() {
         public void actionPerformed(ActionEvent e) {
            JButton button = (JButton) e.getSource();
            button.setText("버튼이 눌렸습니다.");
         }
      });

      setVisible(true);
   }

   public static void main(String[] args) {
      new ExEventHandling04();
   }
}
```

이벤트 리스너를 무명 클래스로 정의

예제 15-1 간단한 계산기 만들기

14장에서는 숫자 2개를 입력받을 수 있는 텍스트 필드와 +, −, *, / 버튼으로 간단한 사칙연산 계산기 화면을 구성했습니다. 이제 입력된 숫자 2개에 대한 연산 이벤트를 무명 클래스로 처리하고 계산 결과를 출력해봅시다.

```
import java.awt.FlowLayout;
import java.awt.Font;
import java.awt.GridLayout;
import java.awt.event.*;
import javax.swing.*;

public class EventHandling extends JFrame {

    public EventHandling() {
        setTitle("계산기 화면");
        setSize(300, 250);

        JPanel titlePanel = new JPanel();
        titlePanel.setBounds(0, 0, 300, 40);
        add(titlePanel);
        JLabel title = new JLabel("계산기", JLabel.CENTER);
        title.setFont(new Font("한초롬돋움", Font.BOLD, 20));
        titlePanel.add(title);

        JPanel numPanel = new JPanel();
        numPanel.setBounds(0, 40, 300, 40);
        numPanel.setLayout(new FlowLayout(FlowLayout.CENTER));
        add(numPanel);
        JTextField num1 = new JTextField(5);
        numPanel.add(num1);
        JTextField num2 = new JTextField(5);
        numPanel.add(num2);

        JPanel btPanel = new JPanel();
        btPanel.setBounds(100, 80, 100, 80);
        btPanel.setLayout(new GridLayout(2, 2, 10, 5));
        add(btPanel);
        JButton plus = new JButton("+");
        btPanel.add(plus);
        JButton minus = new JButton("-");
        btPanel.add(minus);
        JButton multiply = new JButton("*");
        btPanel.add(multiply);
        JButton divide = new JButton("/");
        btPanel.add(divide);

        JPanel resultPanel = new JPanel();
        resultPanel.setBounds(0, 160, 300, 40);
```

```
add(resultPanel);
JLabel label01 = new JLabel("계산결과 : ");
JLabel label02 = new JLabel("");
resultPanel.add(label01);
resultPanel.add(label02);

plus.addActionListener(new ActionListener() {
    public void actionPerformed(ActionEvent e) {
        if (e.getSource() == plus) { // 더하기 버튼인지 확인
            int num01 = Integer.parseInt(num1.getText());
            // 텍스트 필드에 입력된 숫자 얻어오기
            int num02 = Integer.parseInt(num2.getText());
            // 텍스트 필드에 입력된 숫자 얻어오기
            int result = num01 + num02; // 더하기 연산하기
            label02.setText(String.valueOf(result));
            // 연산 결과 출력하기
        }
    }
});
```

더하기(+) 버튼에 대한 이벤트 처리

```
minus.addActionListener(new ActionListener() {
    public void actionPerformed(ActionEvent e) {
        if (e.getSource() == minus) {
            int num01 = Integer.parseInt(num1.getText());
            int num02 = Integer.parseInt(num2.getText());
            int result = num01 - num02;
            label02.setText(String.valueOf(result));
        }
    }
});
```

빼기(–) 버튼에 대한 이벤트 처리

```
multiply.addActionListener(new ActionListener() {
    public void actionPerformed(ActionEvent e) {
        if (e.getSource() == multiply) {
            int num01 = Integer.parseInt(num1.getText());
            int num02 = Integer.parseInt(num2.getText());
            int result = num01 * num02;
            label02.setText(String.valueOf(result));
        }
    }
});
```

곱하기(*) 버튼에 대한 이벤트 처리

```
divide.addActionListener(new ActionListener() {
    public void actionPerformed(ActionEvent e) {
```

나누기(/) 버튼에 대한 이벤트 처리

```java
                if (e.getSource() == divide) {
                    int num01 = Integer.parseInt(num1.getText());
                    int num02 = Integer.parseInt(num2.getText());
                    double result = (double) num01 / (double) num02;
                    label02.setText(String.valueOf(result));
                }
            }
        });

        setDefaultCloseOperation(JFrame.EXIT_ON_CLOSE);
        setLayout(null);
        setVisible(true);
    }

    public static void main(String[] args) {
        new EventHandling();
    }
}
```

나누기(/) 버튼에 대한 이벤트 처리

실행 결과

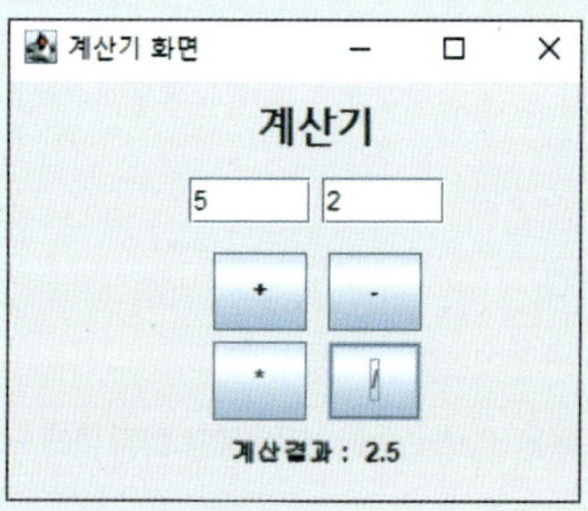

여기서 퀴즈!

이벤트 처리 시 이벤트 리스너 구현 방법 중에서 다음과 같이 메인 클래스가 리스너를 상속받아야 하는 것을 고르시오.

```java
public class ExClass extends JFrame implements ActionListener {
   ...
}
```

① 독립적인 클래스로 이벤트 처리하기
② 내부 클래스로 이벤트 처리하기
③ Frame 클래스에 이벤트 처리 구현하기
④ 무명 클래스로 이벤트 처리하기

정답 ③

15.2 | 메뉴 생성

1 메뉴의 개요

모든 최상위 창에는 관련 메뉴의 모음이 있습니다. 이 메뉴 표시줄은 사용자가 이용할 수 있는 다양한 메뉴 선택 항목으로 구성되며, 각 선택 항목에는 드롭다운 메뉴라는 옵션 목록이 포함되어 있습니다. Menu 및 MenuItem 클래스는 MenuComponent 클래스의 하위 클래스입니다.

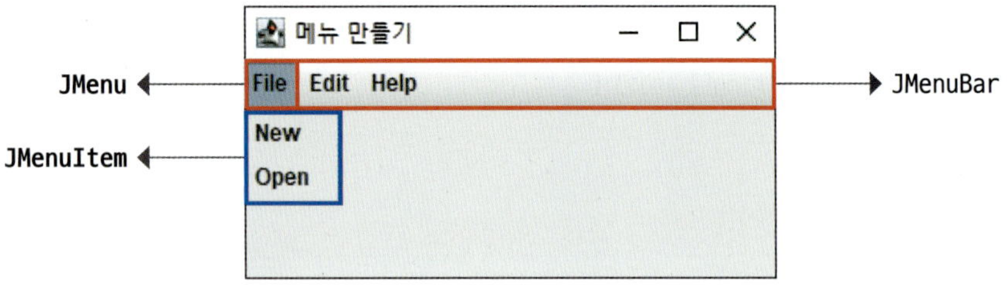

그림 15-3 **메뉴의 구조**

표 15-3 **메뉴 생성의 주요 클래스**

클래스	설명
JMenuBar	창이나 프레임에 메뉴 표시줄을 표시한다. 여러 메뉴가 있을 수 있다.
JMenu	메뉴바에 나타나는 풀다운 메뉴 컴포넌트를 표시한다. JMenuItem 클래스를 상속한다.
JMenuItem	레이블이 지정된 간단한 메뉴 항목을 추가한다. 메뉴에 사용된 항목은 JMenuItem 또는 해당 하위 클래스에 속해야 한다.

2 기본 메뉴 만들기

[그림 15-4]는 메뉴를 만드는 과정을 보여줍니다. 일단 메뉴가 생성될 Frame이 있어야 하므로 Frame을 생성합니다.

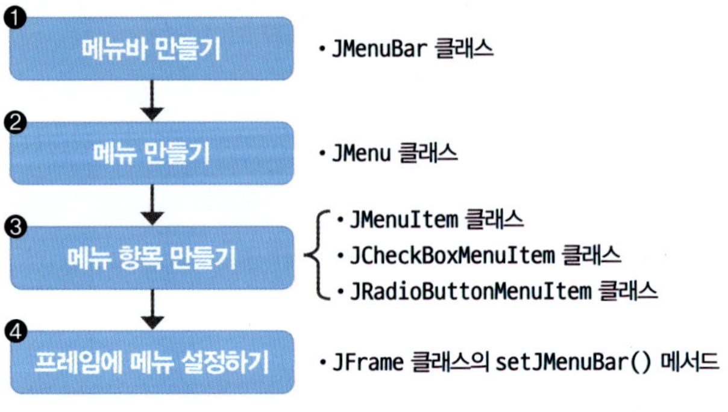

그림 15-4 **메뉴 생성 과정**

```
setTitle("메뉴 만들기");
setSize(400, 200);

JFrame frame = new JFrame();
```

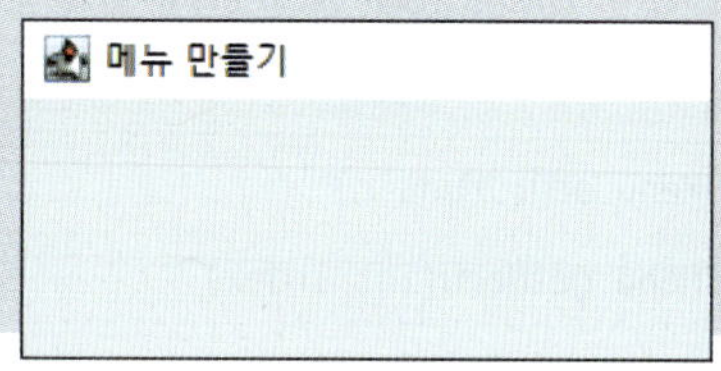

❶ 메뉴바 만들기

```
JMenuBar menuBar = new JMenuBar();
```

❷ 메뉴 만들기

```
JMenu menu01 = new JMenu("File");
menuBar.add(menu01);
...
```

❸ 메뉴 항목 만들기

```
JMenuItem item01 = new JMenuItem("New");
menu01.add(item01);
...
```

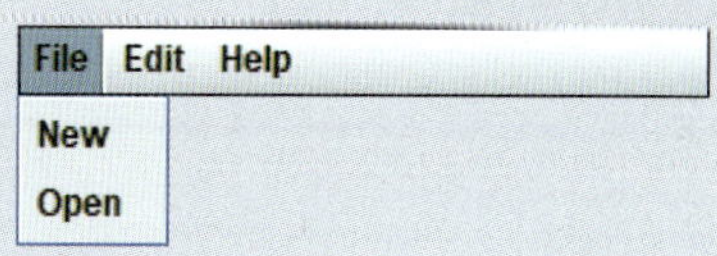

❹ 프레임에 메뉴 설정하기

```
frame.setJMenuBar(menuBar);
```

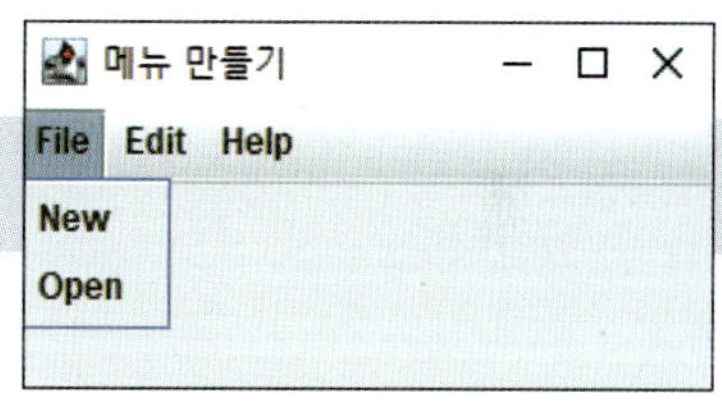

메뉴바 만들기

메뉴바는 메뉴 표시줄 또는 메뉴 모음이라고도 하며 JMenuBar 클래스로 구현합니다.

표 15-4 JMenuBar 클래스의 생성자

생성자	설명
JMenuBar()	새로운 메뉴바(메뉴 모음)를 생성한다.

표 15-5 JMenuBar 클래스의 주요 메서드

메서드	설명
JMenu add(JMenu c)	지정된 메뉴를 메뉴 표시줄의 끝에 추가한다.
JMenu getMenu(int index)	메뉴 표시줄의 지정된 위치에 메뉴를 가져온다.
boolean isSelected()	현재 요소가 메뉴 표시줄에서 선택되어 있으면 true를 반환한다.

메뉴 만들기

메뉴바의 주메뉴를 구성하려면 JMenu 클래스를 사용합니다. JMenu 클래스로 메뉴바에서 풀다운 메뉴 구성 요소를 나타내는 주메뉴를 구현하거나 서브메뉴에 풀다운 메뉴 구성 요소를 구현할 수 있습니다. JMenu 클래스의 생성자는 [표 15-6]과 같으며, 인자에 따라 메뉴 생성 형식이 달라집니다.

표 15-6 JMenu 클래스의 생성자

생성자	설명
JMenu()	텍스트가 없는 메뉴를 생성한다.
JMenu(Action a)	지정된 Action에서 속성을 가져오는 메뉴를 생성한다.
JMenu(String s)	지정된 텍스트로 메뉴를 생성한다.
JMenu(String s, boolean b)	지정된 문자열로 새 메뉴를 생성하고, 불값으로 메뉴를 분리할지 여부를 지정한다.

메뉴 항목 만들기

주메뉴를 클릭했을 때 나타나는 서브메뉴 항목을 구성하려면 JMenuItem 클래스를 사용합니다. JMenuItem 클래스의 생성자는 [표 15-7]과 같으며, 인자에 따라 서브메뉴에 텍스트나 아이콘을 넣을 수 있습니다.

표 15-7 JMenuItem 클래스의 생성자

생성자	설명
JMenuItem()	텍스트나 아이콘이 없는 JMenuItem을 생성한다.
JMenuItem(Action a)	지정된 Action에서 속성을 가져오는 메뉴 항목을 생성한다.
JMenuItem(Icon icon)	지정된 아이콘으로 JMenuItem을 생성한다.
JMenuItem(String text)	지정된 텍스트로 JMenuItem을 생성한다.
JMenuItem(String text, Icon icon)	지정된 텍스트와 아이콘으로 JMenuItem을 생성한다.
JMenuItem(String text, int mnemonic)	지정된 텍스트와 키보드 니모닉으로 JMenuItem을 생성한다.

TIP JMenuBar, JMenu, JMenuItem 클래스의 메서드에 대한 자세한 내용은 https://docs.oracle.com/en/java/javase/17/docs/api/java.desktop/javax/swing/JMenuBar.html, https:/…/swing/JMenuItem.html, https://…/swing/JMenu.html을 참고하세요.

Chap15/src/ExMenu01.java

```
import javax.swing.*;

public class ExMenu01 extends JFrame {

   public ExMenu01() {
      setTitle("메뉴 만들기");
      setSize(400, 200);

      JMenuBar menuBar = new JMenuBar();  // 메뉴바 생성

      JMenu menu01 = new JMenu("File");   // 주메뉴 File 생성
      JMenu menu02 = new JMenu("Edit");   // 주메뉴 Edit 생성
      JMenu menu03 = new JMenu("Help");   // 주메뉴 Help 생성
      menuBar.add(menu01);     // 메뉴바에 주메뉴 File 추가
      menuBar.add(menu02);     // 메뉴바에 주메뉴 Edit 추가
      menuBar.add(menu03);     // 메뉴바에 주메뉴 Help 추가

      JMenuItem item01 = new JMenuItem("New");    // 메뉴 항목 New 생성
      JMenuItem item02 = new JMenuItem("Open");   // 메뉴 항목 Open 생성
      menu01.add(item01);      // 주메뉴에 메뉴 항목 New 추가
      menu01.add(item02);      // 주메뉴에 메뉴 항목 Open 추가

      setJMenuBar(menuBar);    // 프레임에 메뉴바 추가

      setLayout(null);
      setVisible(true);
   }

   public static void main(String[] args) {
      new ExMenu01();
   }
}
```

실행 결과

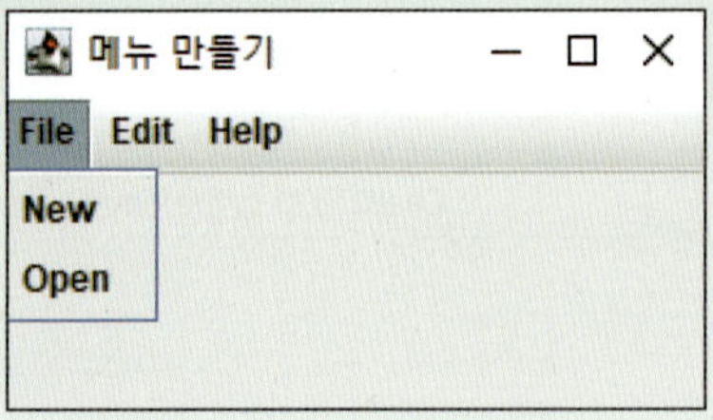

15.3 대화상자

대화상자는 프레임 같은 주 윈도우와 달리 임시 정보를 나타내는 데 사용되는 독립적인 서브 창으로, 이를 통해 사용자에게 오류나 경고, 짧은 메시지를 전달합니다. 대화상자는 프레임에 종속되어 있기 때문에 프레임이 삭제되면 대화상자도 삭제됩니다.

그림 15-5 **오류 팝업 대화상자**

1 팝업 대화상자 만들기

메시지 대화상자, 확인 대화상자, 입력 대화상자와 같은 표준 대화상자는 정보를 표시하거나 사용자로부터 입력을 받기 위한 것으로, 이를 만들기 위해 `JOptionPane` 클래스를 사용합니다. `JOptionPane` 클래스는 `JComponent` 클래스를 상속받습니다.

표 15-8 **JOptionPane 클래스의 생성자**

생성자	설명
`JOptionPane()`	테스트 메시지가 있는 JOptionPane을 생성한다.
`JOptionPane(Object message)`	메시지를 표시하기 위해 JOptionPane의 인스턴스를 생성한다.
`JOptionPane(Object message, int messageType)`	지정된 메시지 유형 및 기본 옵션으로 메시지를 표시하기 위해 JOptionPane의 인스턴스를 생성한다.

표 15-9 JOptionPane 클래스의 주요 메서드

메서드	설명
`JDialog createDialog(String title)`	부모가 없는 새 JDialog를 지정된 제목으로 생성한다.
`static void showMessageDialog(Component parentComponent, Object message)`	'메시지'라는 제목의 정보 메시지 대화상자를 생성한다.
`static void showMessageDialog(Component parentComponent, Object message, String title, int messageType)`	지정된 제목과 messageType으로 메시지 대화상자를 생성한다.
`static int showConfirmDialog(Component parentComponent, Object message)`	예, 아니요 및 취소 옵션이 있는 대화상자를 생성한다. 제목과 함께 옵션을 선택해야 한다.
`static String showInputDialog(Component parentComponent, Object message)`	부모가 된 사용자에게 입력을 요청하는 대화상자를 parentComponent에 표시한다.
`void setInputValue(Object newValue)`	사용자가 선택하거나 입력한 값을 설정한다.

다음은 showMessageDialog() 메서드를 활용하여 대화상자 창의 제목을 변경하는 예입니다.

```
JOptionPane.showMessageDialog(frame, "메시지 대화상자입니다");
JOptionPane.showMessageDialog(frame, "메시지 대화상자입니다", "대화상자", JOptionPane.WARNING_
MESSAGE);
```

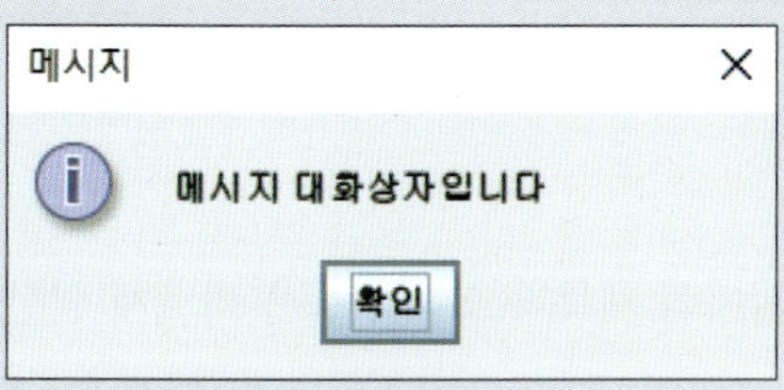

다음은 showConfirmDialog() 메서드를 활용하여 옵션을 선택하는 대화상자를 생성하고, showInputDialog() 메서드를 활용하여 이름을 입력받는 대화상자를 생성하는 예입니다.

```
int a = JOptionPane.showConfirmDialog(frame, "정말 종료하겠습니까?");
String name = JOptionPane.showInputDialog(frame, "이름을 입력하세요");
```

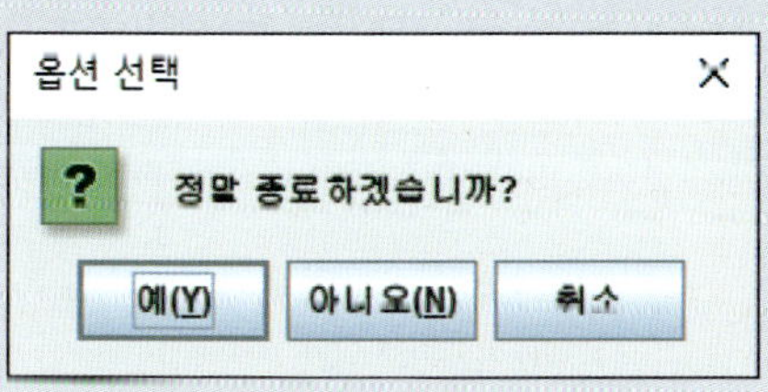

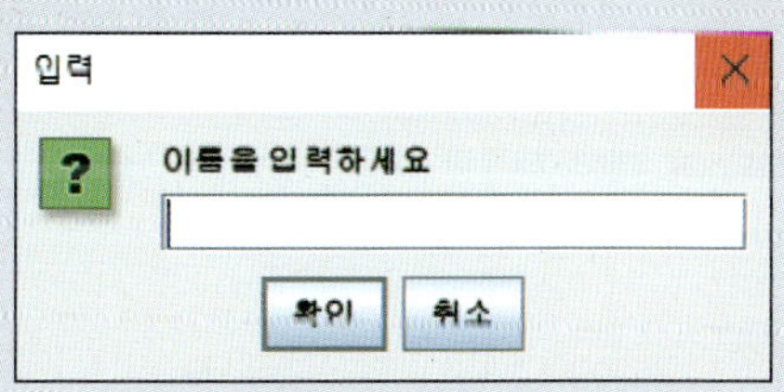

2 커스텀 대화상자 만들기

간단한 대화상자를 만들 때는 `JOptionPane` 클래스를 이용하지만, 사용자가 UI 구성 요소를 배치하여 원하는 대화상자를 만들고자 할 때는 `JDialog` 클래스를 상속받아서 구현합니다.

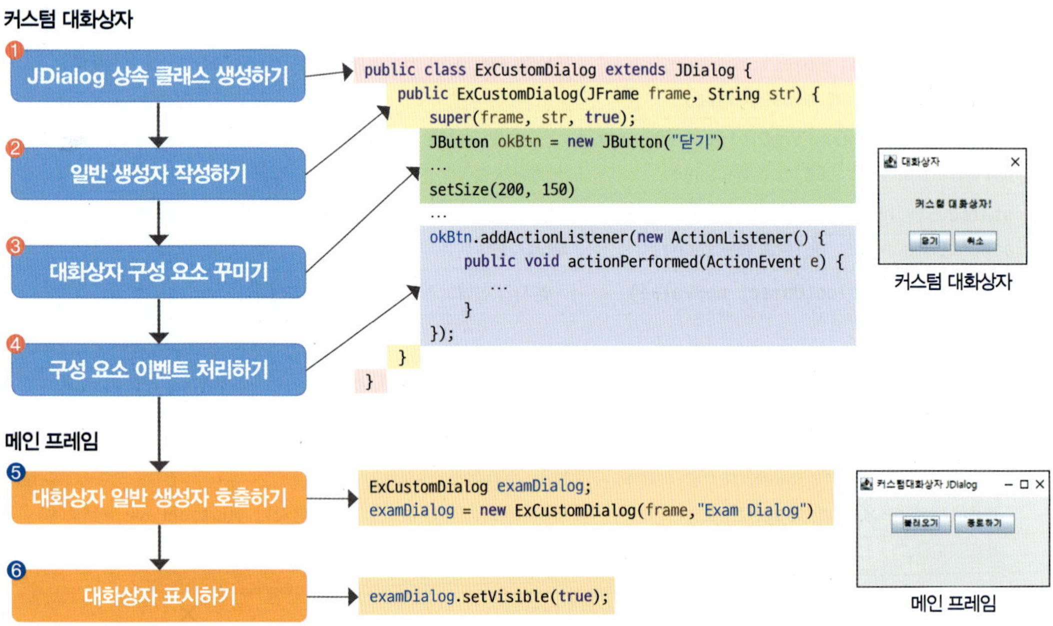

그림 15-6 **커스텀 대화상자 생성 과정**

`JDialog` 클래스의 생성자는 [표 15-10]과 같으며, 대화상자의 제목과 소유자 등을 다르게 설정할 수 있습니다.

표 15-10 **JDialog 클래스의 주요 생성자**

생성자	설명
`JDialog()`	제목이 없고 프레임 소유자가 지정되지 않은 대화상자를 생성한다.
`JDialog(Frame owner)`	제목이 없고 프레임 소유자가 지정된 대화상자를 생성한다.
`JDialog(Frame owner, String title, boolean modal)`	지정된 제목, 프레임 소유자 및 양식으로 대화상자를 생성한다.

TIP Dialog 클래스에 대한 자세한 내용은 https://docs.oracle.com/en/java/javase/17/docs/api/java.desktop/javax/swing/JDialog.html을 참고하세요.

JDialog 클래스로 커스텀 대화상자 생성 예시

Chap15/src/ExCustomDialog.java

```
import javax.swing.JDialog;
import java.awt.BorderLayout;
import java.awt.event.ActionEvent;
import java.awt.event.ActionListener;
import javax.swing.*;

public class ExCustomDialog extends JDialog {
   private JPanel panel1, panel2;
   private JLabel label;
   private JButton okBtn;
   private JButton cancelBtn;

   public ExCustomDialog(JFrame frame, String str) {
      super(frame, str, true);
      panel1 = new JPanel();
      panel1.setLayout(new BorderLayout());
      add(panel1);

      label = new JLabel("커스텀 대화상자!", JLabel.CENTER);
      panel1.add(label, BorderLayout.CENTER);
      panel2 = new JPanel();
      panel1.add(panel2, BorderLayout.SOUTH);

      okBtn = new JButton("닫기");
      okBtn.addActionListener(new ActionListener() {
         public void actionPerformed(ActionEvent e) {
            dispose();     // 다이얼로그 제거
         }
      });
      panel2.add(okBtn);

      cancelBtn = new JButton("취소");
      okBtn.addActionListener(new ActionListener() {
         public void actionPerformed(ActionEvent e) {
            dispose();     // 다이얼로그 제거
         }
      });
      panel2.add(cancelBtn);
      setSize(200, 150);
   }
}
```

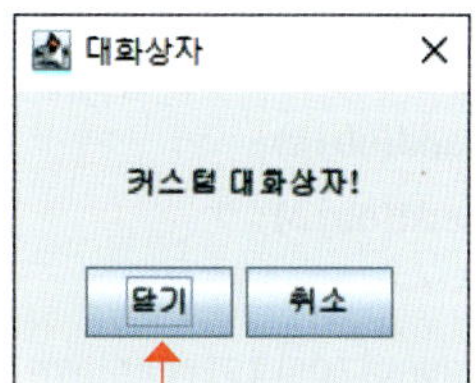

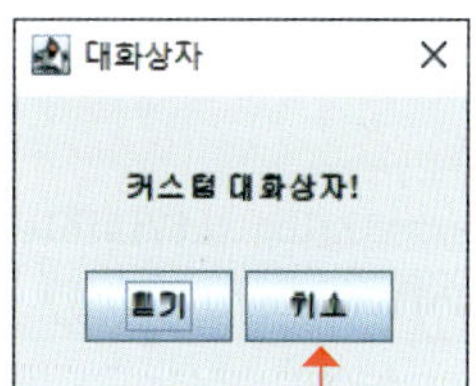

메인 프레임에서 커스텀 대화상자 불러오기 예시 Chap15/src/ExCustomDialog02.java

```
import java.awt.Color;
import java.awt.event.ActionEvent;
import java.awt.event.ActionListener;
import javax.swing.*;

public class ExCustomDialog02 {

   private ExCustomDialog examDialog;

   ExCustomDialog02() {
      JFrame frame = new JFrame();
      frame.setTitle("커스텀대화상자 JDialog");
      frame.setSize(400, 200);

      JPanel panel = new JPanel();
      panel.setBackground(new Color(240, 240, 240));
      frame.add(panel);

      JButton obj1 = new JButton("불러오기");
      JButton obj2 = new JButton("종료하기");

      panel.add(obj1);
      panel.add(obj2);

      obj1.addActionListener(new ActionListener() {
         public void actionPerformed(ActionEvent e) {

            if (examDialog == null) {
               examDialog = new ExCustomDialog(frame, "대화상자");
            }
            examDialog.setVisible(true);
            obj1.requestFocus();
         }
      });

      obj2.addActionListener(new ActionListener() {
         public void actionPerformed(ActionEvent e) {
            System.exit(0);
         }
      });
```

커스텀 대화상자(ExCustomDialog) 불러오기

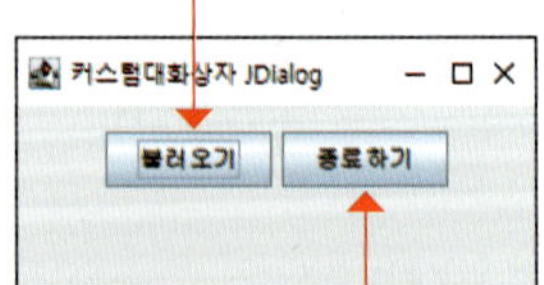

```
        frame.setVisible(true);
    }

    public static void main(String[] args) {
        new ExCustomDialog02();
    }
}
```

실행 결과

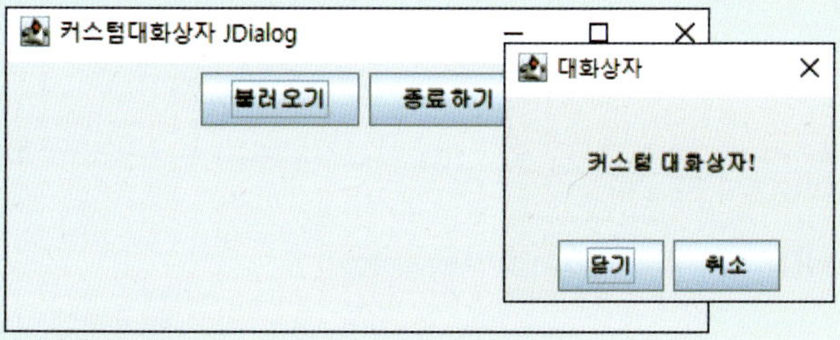

예제 15-2 팝업 대화상자 메시지 유형의 아이콘 확인하기

JOptionPane 클래스를 이용하여 대화상자의 메시지 유형별로 아이콘 이미지를 표시해봅시다. 예를 들어 오류 버튼을 클릭하면 대화상자에 X 이미지가 나타나게 합니다.

Chap15/src/Dialog.java

```
import java.awt.Color;
import java.awt.FlowLayout;
import java.awt.event.ActionEvent;
import java.awt.event.ActionListener;
import javax.swing.*;

public class Dialog extends JFrame implements ActionListener {

    JButton button1, button2, button3, button4, button5;
    Color color;

    Dialog() {
        setTitle("대화상자 아이콘");
        setSize(450, 250);
        setLayout(new FlowLayout());

```

```java
        JPanel panel = new JPanel();
        panel.setBackground(new Color(240, 240, 240));
        add(panel);

        button1 = new JButton("ERROR");
        button2 = new JButton("INFORMATION");
        button3 = new JButton("WARNING");
        button4 = new JButton("QUESTION");

        panel.add(button1);
        panel.add(button2);
        panel.add(button3);
        panel.add(button4);

        color = button1.getBackground();

        button1.addActionListener(this);
        button2.addActionListener(this);
        button3.addActionListener(this);
        button4.addActionListener(this);

        setVisible(true);
    }

    @Override
    public void actionPerformed(ActionEvent e) {
        Object obj = e.getSource();

        initButton();

        if (obj == button1) {
            button1.setBackground(Color.CYAN);
            JOptionPane.showMessageDialog(this, "JOptionPane 대화상자", "ERROR", JOptionPane.ERROR_MESSAGE);
        }

        else if (obj == button2) {
            button2.setBackground(Color.CYAN);
            JOptionPane.showMessageDialog(this, "JOptionPane 대화상자", "INFORMATION", JOptionPane.INFORMATION_MESSAGE);
        }

```

4개 버튼의 패널 설정 및 버튼 붙이기

버튼의 초기 색상 얻어오기

클릭 이벤트 리스너 호출

button1 클릭에 대한 팝업 대화 상자 출력

button2 클릭에 대한 팝업 대화 상자 출력

```java
        else if (obj == button3) {
            button3.setBackground(Color.CYAN);
            JOptionPane.showMessageDialog(this, "JOptionPane
                대화상자", "WARNING", JOptionPane.WARNING_MESSAGE);
        }

        else if (obj == button4) {
            button4.setBackground(Color.CYAN);
            JOptionPane.showMessageDialog(this, "JOptionPane
                대화상자", "QUESTION", JOptionPane.QUESTION_MESSAGE);
        }
    }

    public void initButton() {
        button1.setBackground(color);
        button2.setBackground(color);
        button3.setBackground(color);
        button4.setBackground(color);
    }

    public static void main(String[] args) {
        new Dialog();
    }
}
```

button3 클릭에 대한 팝업 대화상자 출력

button4 클릭에 대한 팝업 대화상자 출력

버튼 색상 초기화 메서드

실행 결과

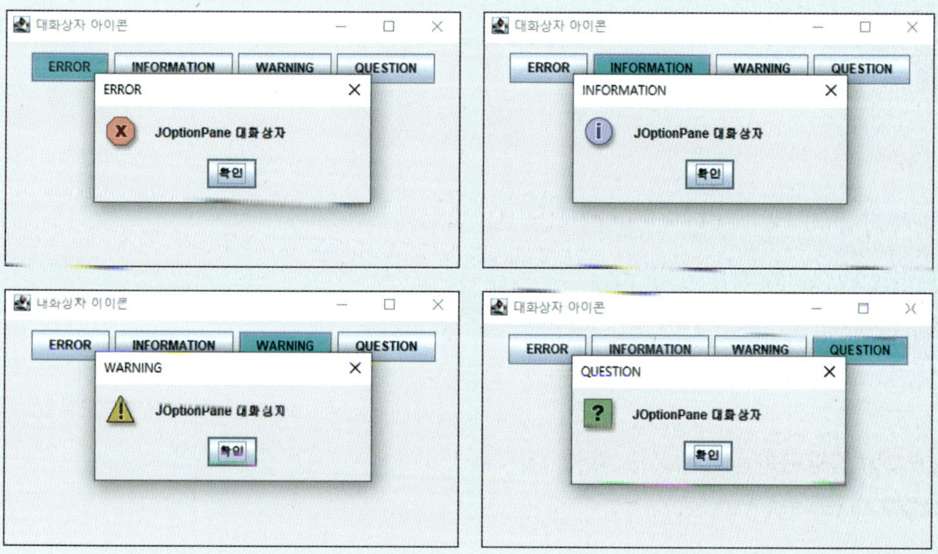

여기서 퀴즈!

다음 JOptionPane 대화상자를 만들기 위한 구현 방법으로 옳은 것을 고르시오.

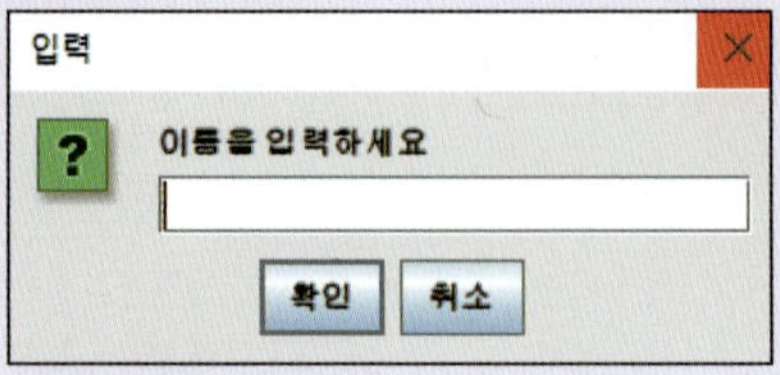

① `String name = JOptionPane.showMessageDialog(frame, "이름을 입력하세요");`

② `String name = JOptionPane.showInputDialog(frame, "이름을 입력하세요");`

③ `String name = JOptionPane.showConfirmDialog(frame, "이름을 입력하세요");`

④ `String name = JOptionPane.showOptionDialog(frame, "이름을 입력하세요");`

정답 ②

프로젝트 윈도우 기반 온라인 서점 만들기

온라인 서점의 콘솔 기반 화면을 윈도우 기반 GUI 화면으로 만들기 위해 이 장에서 배운 스윙의 구성 요소를 적용해봅시다. 먼저 고객 정보 입력 창을 만들고, 고객 정보가 입력되면 메인 화면으로 이동합니다. 앞서 제작한 콘솔 기반 온라인 서점의 ❶~❾번 메뉴에 해당하는 버튼과 메뉴를 포함하는 윈도우 기반 페이지를 만들고, 각 메뉴와 버튼을 선택(클릭)하면 이벤트 처리를 통해 결과가 출력되게 합니다. 전체 프로그램을 작성하고 실행할 때는 `Welcome` 클래스에서 실행을 클릭합니다.

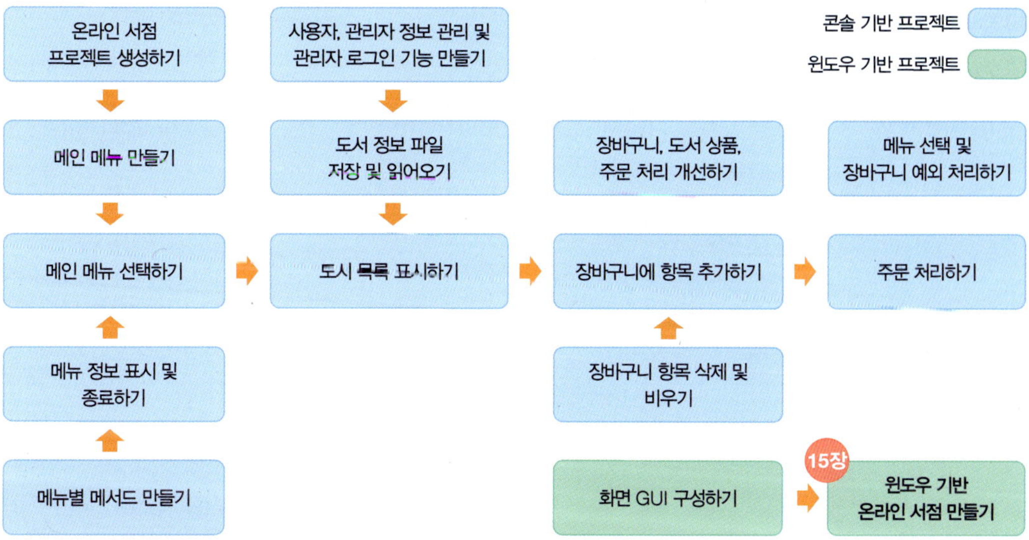

그림 15-7 윈도우 기반 온라인 서점 만들기

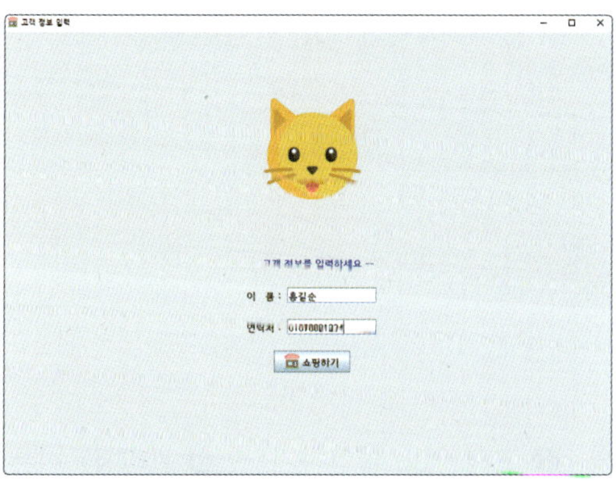

(a) 고객 정보 입력 화면

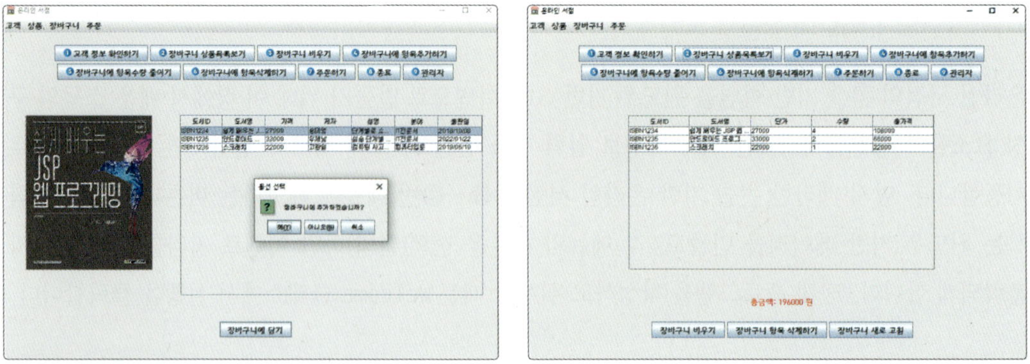

(b) 장바구니 처리 화면

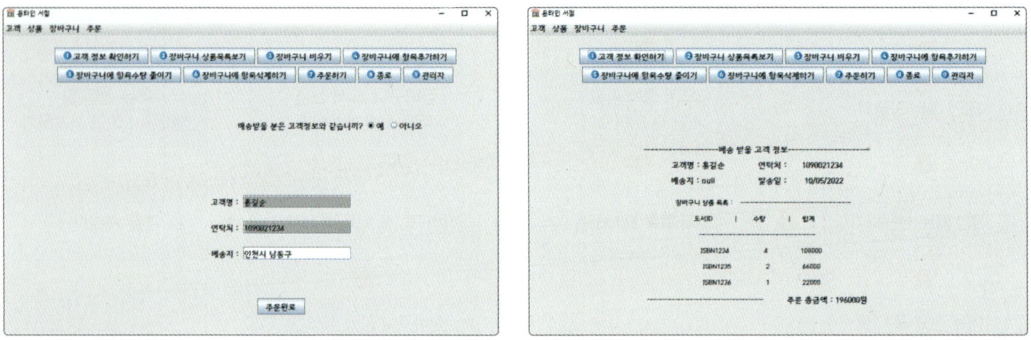

(c) 주문 처리 화면

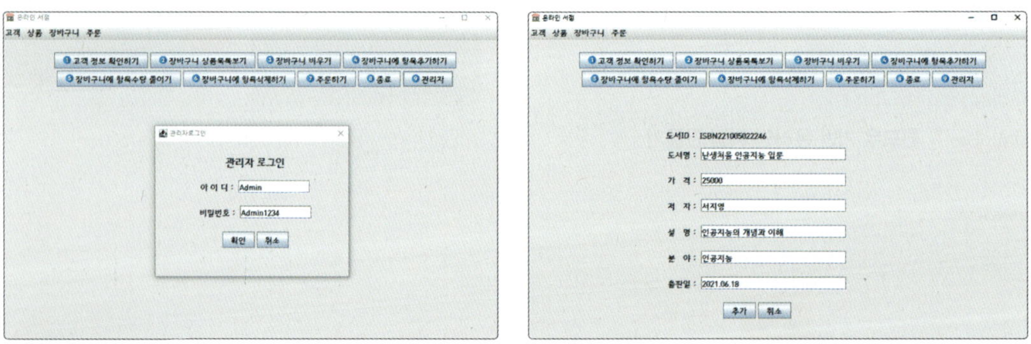

(d) 관리자 화면

그림 15-8 윈도우 기반 온라인 서점 만들기 실행 결과

메인 프레임의 이벤트 처리하기

윈도우 기반 온라인 서점에서 고객 정보 입력 화면과 〈❶ 고객 정보 확인하기〉~〈❾ 관리자〉 버튼의 이벤트 처리를 구현합니다. 이 프로젝트는 14장에서 생성한 BookMarketSwing 프로젝트에 이어서 진행합니다.

01 main( ) 메서드의 클래스 생성하기: BookMarketSwing 프로젝트의 `com.market.main` 패키지에 `Welcome` 클래스를 만듭니다.

프로젝트 15-1 15장/BookMarket/src/com/market/main/Welcome.java

```java
package com.market.main;

public class Welcome {

    public static void main(String[] args) {
        new GuestWindow("고객 정보 입력", 0, 0, 1000, 750);
    }
}
```

고객 정보 입력 프레임 (GuestWindow) 생성 호출

02 고객 정보 입력 프레임 처리하기: `com.market.main` 패키지의 GuestWindow.java 파일을 열고 〈쇼핑하기〉 버튼의 클릭 이벤트 처리를 작성합니다. 고객 정보를 입력하면 다음 프레임을 호출하고, 입력하지 않으면 경고 창이 나타나게 합니다.

프로젝트 15-2 15장/BookMarket/src/com/market/main/GuestWindow.java

```java
package com.market.main;
...
import com.market.member.UserInIt;
import java.awt.event.ActionEvent;
import java.awt.event.ActionListener;

public class GuestWindow extends JFrame {
    ...
    public void initContainer(String title, int x, int y, int width, int height) {
        ...
        JLabel buttonLabel = new JLabel("쇼핑하기", new ImageIcon("images/shop.png"),
            JLabel.LEFT);
        buttonLabel.setFont(ft);
        JButton enterButton = new JButton();
        enterButton.add(buttonLabel);
        buttonPanel.add(enterButton);

```

```java
    enterButton.addActionListener(new ActionListener() {
        public void actionPerformed(ActionEvent e) {

            JLabel message = new JLabel("고객 정보를 입력하세요");
            message.setFont(ft);      // 대화상자의 메시지 글꼴 설정

            if (nameField.getText().isEmpty() || phoneField.getText().isEmpty())
                JOptionPane.showMessageDialog(enterButton, message, "고객 정보",
                    JOptionPane.ERROR_MESSAGE);
            else {

                UserInIt.init(nameField.getText(), Integer.parseInt(phoneField.
                    getText()));  // 입력한 고객 정보 저장
                dispose();        // 대화상자 닫기
                new MainWindow("온라인 서점", 0, 0, 1000, 750);
                // MainWindow 프레임 호출
            }
        }
    });
}

    public static void main(String[] args) {
        ...
    }
}
```

〈쇼핑하기〉 버튼의 클릭 이벤트 처리

이름 또는 연락처를 입력하지 않았을 때 오류 메시지 대화상자 표시

이름 또는 연락처를 입력했을 때 온라인 서점 프레임(MainWindow) 생성 호출

main() 메서드 삭제

03 메뉴 버튼 구성 프레임 처리하기: MainWindow.java 파일을 열고 프레임 닫기(×) 버튼의 클릭 이벤트 처리를 작성합니다.

프로젝트 15-3 15장/BookMarket/src/com/market/main/MainWindow.java

```java
package com.market.main;

import javax.swing.*;
import java.awt.*;
import java.awt.event.WindowAdapter;
import java.awt.event.WindowEvent;
```

```java

public class MainWindow extends JFrame {

   JPanel mMenuPanel, mPagePanel;
   ...
   private void initContainer(String title, int x, int y, int width, int height) {
      setTitle(title);
      setBounds(x, y, width, height);
      setLayout(null);

      Dimension screenSize = Toolkit.getDefaultToolkit().getScreenSize();
      setLocation((screenSize.width - 1000) / 2, (screenSize.height - 750) / 2);
      ...
      this.addWindowListener(new WindowAdapter() {
         @Override
         public void windowClosed(WindowEvent e) {
            setVisible(false);    // 현재 프레임 감추기
            new GuestWindow("고객 정보 입력", 0, 0, 1000, 750);
         }
      });

   }
   ...
   public static void main(String[] args) {
      ...
   }
}
```

프레임 닫기(×) 버튼 클릭 이벤트 처리

main() 메서드 삭제

〈❶ 고객 정보 확인하기〉 버튼 처리하기

01 〈❶ 고객 정보 확인하기〉 버튼: MainWindow.java 파일을 열고 〈❶ 고객 정보 확인하기〉 버튼의 이벤트 메서드 내에 〈❶ 고객 정보 확인하기〉 버튼의 클릭 이벤트 처리를 작성합니다. 해당 버튼을 클릭하면 GuestInfoPage 클래스를 호출합니다.

프로젝트 15-4 15장/BookMarket/src/com/market/main/MainWindow.java

```java
package com.market.main;
...
import com.market.page.GuestInfoPage;
import java.awt.event.ActionEvent;
import java.awt.event.ActionListener;

public class MainWindow extends JFrame {
...
  private void menuIntroduction() {

    Font ft;
    ft = new Font("함초롬돋움", Font.BOLD, 15);

    JButton bt1 = new JButton("고객 정보 확인하기", new ImageIcon("./images/1.png"));
    bt1.setBounds(0, 0, 100, 50);
    bt1.setFont(ft);
    mMenuPanel.add(bt1);
    ...
    bt1.addActionListener(new ActionListener() {
      public void actionPerformed(ActionEvent e) {
        mPagePanel.removeAll();     // 패널(mPagePanel)에 표시된 구성 요소 모두 삭제
        mPagePanel.add("고객 정보 확인", new GuestInfoPage(mPagePanel));
        // 패널(mPagePanel)에 GuestInfoPage의 내용 출력
        mPagePanel.revalidate();    // 구성 요소의 가로세로 속성을 변경하여 호출
        mPagePanel.repaint();       // 구성 요소의 모양을 변경하여 호출
      }
    });
    ...
  }
}
```

02 고객 입력 정보 출력하기: 입력받은 고객의 이름과 연락처를 출력할 수 있도록 GuestInfoPage.java 파일을 수정합니다.

프로젝트 15-5 15장/BookMarket/src/com/market/page/GuestInfoPage.java

```java
package com.market.page;
...
import com.market.member.UserInIt;

public class GuestInfoPage extends JPanel {

    public GuestInfoPage(JPanel panel) {
        ...
        JLabel nameField = new JLabel();
        // nameField.setText("입력된 고객 이름");
        nameField.setText(UserInIt.getmUser().getName());
        nameField.setFont(ft);

        namePanel.add(nameLabel);
        namePanel.add(nameField);
        ...
        JLabel phoneField = new JLabel();
        // phoneField.setText("입력된 고객 연락처");
        phoneField.setText(String.valueOf(UserInIt.getmUser().getPhone()));
        phoneField.setFont(ft);
        phonePanel.add(phoneLabel);
        phonePanel.add(phoneField);
    }
    public static void main(String[] args) {
        ...
    }
}
```

main() 메서드 삭제

〈❹ 장바구니에 항목 추가하기〉 버튼 처리하기

01 〈❹ 장바구니에 항목 추가하기〉 버튼: MainWindow.java 파일을 열고 〈❹ 장바구니에 항목 추가하기〉 버튼의 클릭 이벤트 처리를 작성합니다. 해당 버튼을 클릭하면 CartAddItemPage 클래스를 호출합니다.

프로젝트 15-6 15장/BookMarket/src/com/market/main/MainWindow.java

```java
package com.market.main;
...
import com.market.cart.Cart;
import com.market.bookitem.BookInIt;
import com.market.page.CartAddItemPage;

public class MainWindow extends JFrame {
   static Cart mCart;
   static JPanel mMenuPanel, mPagePanel;
   ...
   private void menuIntroduction() {
      mCart = new Cart();
      ...
      JButton bt4 = new JButton("장바구니에 항목 추가하기", new ImageIcon("./images/4.png"));
      bt4.setFont(ft);
      mMenuPanel.add(bt4);
      bt4.addActionListener(new ActionListener() {
         public void actionPerformed(ActionEvent e) {

            mPagePanel.removeAll();
            BookInIt.init();
            mPagePanel.add("장바구니에 항목 추가하기", new CartAddItemPage(mPagePanel, mCart));
            mPagePanel.revalidate();
            mPagePanel.repaint();
         }
      });
      ...
   }
}
```

02 도서 목록 테이블과 〈장바구니에 담기〉 버튼: CartAddItemPage.java 파일을 열고 도서 목록 테이블의 마우스 클릭 이벤트 처리와 〈장바구니에 담기〉 버튼의 클릭 이벤트 처리를 작성합니다. 도서 목록 테이블의 행을 선택하면 해당 도서 이미지를 출력하고, 〈장바구니에 담기〉를 클릭하면 선택한 도서 정보를 장바구니에 저장합니다.

프로젝트 15-7

15장/BookMarket/src/com/market/page/CartAddItemPage.java

```
package com.market.page;
...
import java.awt.event.ActionEvent;
import java.awt.event.ActionListener;
import java.awt.event.MouseEvent;
import java.awt.event.MouseListener;

public class CartAddItemPage extends JPanel {

   ImageIcon imageBook;
   int mSelectRow = 0;
   Cart mCart;

   public CartAddItemPage(JPanel panel, Cart cart) {
      ...
      JLabel buttonLabel = new JLabel("장바구니에 담기");
      buttonLabel.setFont(ft);
      JButton addButton = new JButton();
      addButton.add(buttonLabel);
      buttonPanel.add(addButton);

      bookTable.addMouseListener(new MouseListener() {

         public void mouseClicked(MouseEvent e) {
            int row = bookTable.getSelectedRow();
            int col = bookTable.getSelectedColumn();
            mSelectRow = row;
            Object value = bookTable.getValueAt(row, 0);
            String str = value+".jpg";
            imageBook = new ImageIcon("./images/"+str);
               imageBook.setImage(imageBook.getImage().getScaledInstance
                  (250, 300, Image.SCALE_DEFAULT));
            JLabel label = new JLabel(imageBook);
            imagePanel.removeAll();
            imagePanel.add(label);
            imagePanel.revalidate();
            imagePanel.repaint();
         }
```

도서 목록 테이블의 행 선택에 대한 마우스 이벤트 처리

마우스 클릭 이벤트 처리

```
            @Override
            public void mousePressed(MouseEvent e) {
                // TODO Auto-generated method stub
            }

            @Override
            public void mouseReleased(MouseEvent e) {
                // TODO Auto-generated method stub
            }

            @Override
            public void mouseEntered(MouseEvent e) {
                // TODO Auto-generated method stub
            }

            @Override
            public void mouseExited(MouseEvent e) {
                // TODO Auto-generated method stub
            }
        });

        addButton.addActionListener(new ActionListener() {
            public void actionPerformed(ActionEvent e) {

                ArrayList<Book> booklist = BookInIt.getmBookList();
                int select = JOptionPane.showConfirmDialog(addButton, "장바구니에 추가하겠습니까?");
                if (select == 0) {
                    int numId = mSelectRow;
                    if (!isCartInBook(booklist.get(numId).getBookId())) {
                        mCart.insertBook(booklist.get(numId));
                    }
                    JOptionPane.showMessageDialog(addButton, "추가했습니다");
                }
            }
        });
    }
    public boolean isCartInBook(String bookId) {
        return mCart.isCartInBook(bookId);
    }
```

〈장바구니에 담기〉 버튼 클릭 이벤트 처리

```
~~public static void main(String[] args) {~~
   ~~....~~
~~}~~
}
```

(main() 메서드 삭제)

〈❷ 장바구니 상품 목록 보기〉 버튼 처리하기

01 〈❷ 장바구니 상품 목록 보기〉 버튼: MainWindow.java 파일을 열고 〈❷ 장바구니 상품 목록 보기〉 버튼의 클릭 이벤트 처리를 작성합니다. 해당 버튼을 클릭하면 `CartItemListPage` 클래스를 호출합니다.

프로젝트 15-8 15장/BookMarket/src/com/market/main/MainWindow.java

```java
package com.market.main;
...
import com.market.page.CartItemListPage;

public class MainWindow extends JFrame {
...
   private void menuIntroduction() {
      ...
      JButton bt2 = new JButton("장바구니 상품 목록 보기", new ImageIcon("./images/2.png"));
      bt2.setBounds(0, 0, 100, 30);
      bt2.setFont(ft);
      mMenuPanel.add(bt2);

      bt2.addActionListener(new ActionListener() {
         public void actionPerformed(ActionEvent e) {

            if (mCart.mCartCount == 0)
               JOptionPane.showMessageDialog(bt2, "장바구니에 항목이 없습니다", "장바구니
                  상품 목록 보기", JOptionPane.ERROR_MESSAGE);
            else {
               mPagePanel.removeAll();
               mPagePanel.add("장바구니 상품 목록 보기", new CartItemListPage(mPagePanel,
                  mCart));
               mPagePanel.revalidate();
```

```
                mPagePanel.repaint();
            }
        }
    });
    ...
  }
}
```

02 〈장바구니 새로 고침〉 버튼: CartItemListPage.java 파일을 열고 〈장바구니 새로 고침〉 버튼의 클릭 이벤트 처리를 작성합니다. 해당 버튼을 클릭하면 장바구니 목록을 새로 불러옵니다.

프로젝트 15-9 15장/BookMarket/src/com/market/page/CartItemListPage.java

```
package com.market.page;
...
import javax.swing.table.DefaultTableModel;
import javax.swing.table.TableModel;
import java.awt.event.ActionEvent;

public class CartItemListPage extends JPanel {

    JTable cartTable;
    Object[] tableHeader = {"도서ID", "도서명", "단가", "수량", "총가격"};

    Cart mCart = new Cart();
    int mSelectRow = -1;

    public CartItemListPage(JPanel panel, Cart cart) {

        Font ft;
        ft = new Font("함초롬돋움", Font.BOLD, 15);
        this.mCart = cart;
        this.setLayout(null);
        ...
        refreshButton.addActionListener(new AbstractAction() {
            public void actionPerformed(ActionEvent e) {
                ArrayList<CartItem> cartItem = cart.getmCartItem();
                Object[][] content = new Object[cartItem.size()][tableHeader.length];
```

〈장바구니 새로 고침〉 버튼 클릭 이벤트 처리

```java
                Integer totalPrice = 0;
                for (int i = 0; i < cartItem.size(); i++) {
                    CartItem item = cartItem.get(i);
                    content[i][0] = item.getBookID();
                    content[i][1] = item.getItemBook().getName();
                    content[i][2] = item.getItemBook().getUnitPrice();
                    content[i][3] = item.getQuantity();
                    content[i][4] = item.getTotalPrice();
                    totalPrice += item.getQuantity() * item.getItemBook().getUnitPrice();
                }
                TableModel tableModel = new DefaultTableModel(content, tableHeader);
                totalPricelabel.setText("총금액: " + totalPrice + " 원");
                cartTable.setModel(tableModel);
            }
        });
    }

    public static void main(String[] args) {
        ....
    }
}
```

main() 메서드 삭제

〈❸ 장바구니 비우기〉 버튼 처리하기

01 〈❸ 장바구니 비우기〉 버튼: MainWindow.java 파일을 열고 〈❸ 장바구니 비우기〉 버튼의 클릭 이벤트 처리를 작성합니다. 해당 버튼을 클릭하면 menuCartClear 클래스를 호출합니다.

프로젝트 15-10 15장/BookMarket/src/com/market/main/MainWindow.java

```java
package com.market.main;
...
public class MainWindow extends JFrame {
...
    private void menuIntroduction() {
        ...
        JButton bt3 = new JButton("장바구니 비우기", new ImageIcon("./images/3.png"));
        bt3.setBounds(0, 0, 100, 30);
        bt3.setFont(ft);
```

```java
        mMenuPanel.add(bt3);

        bt3.addActionListener(new ActionListener() {
            public void actionPerformed(ActionEvent e) {

                if (mCart.mCartCount == 0)
                    JOptionPane.showMessageDialog(bt3, "장바구니에 항목이 없습니다", "장바구니 비우기", JOptionPane.ERROR_MESSAGE);
                else {
                    mPagePanel.removeAll();
                    menuCartClear(bt3);
                    mPagePanel.add("장바구니 비우기", new CartItemListPage(mPagePanel, mCart));
                    mPagePanel.revalidate();
                    mPagePanel.repaint();
                }
            }
        });
    }

    private void menuCartClear(JButton button) {

        if (mCart.mCartCount == 0)
            JOptionPane.showMessageDialog(button, "장바구니에 항목이 없습니다");
        else {
            int select = JOptionPane.showConfirmDialog(button, "장바구니의 모든 항목을 삭제하겠습니까? ");

            if (select == 0) {
                mCart.deleteBook();
                JOptionPane.showMessageDialog(button, "장바구니의 모든 항목을 삭제했습니다");
            }
        }
    }
}
```

02 장바구니 페이지의 〈장바구니 비우기〉 버튼: CartItemListPage.java 파일을 열고 〈장바구니 비우기〉 버튼의 클릭 이벤트 처리를 작성합니다. 해당 버튼을 클릭하면 장바구니에 담긴 모든 항목을 삭제합니다.

프로젝트 15-11 15장/BookMarket/src/com/market/page/CartItemListPage.java

```java
package com.market.page;
...
public class CartItemListPage extends JPanel {
   ...
   public CartItemListPage(JPanel panel, Cart cart) {
      ...
      JLabel buttonLabel = new JLabel("장바구니 비우기");
      buttonLabel.setFont(ft);
      JButton clearButton = new JButton();
      clearButton.add(buttonLabel);
      buttonPanel.add(clearButton);

      clearButton.addActionListener(new AbstractAction() {
         public void actionPerformed(ActionEvent e) {
            ArrayList<CartItem> cartItem = cart.getmCartItem();
            if (cart.mCartCount == 0)
               JOptionPane.showMessageDialog(clearButton, "장바구니에 항목이 없습니다");
            else {
               int select = JOptionPane.showConfirmDialog(clearButton, "장바구니의 모든 항목을 삭제하겠습니까? ");
               if (select == 0) {
                  TableModel tableModel = new DefaultTableModel(new Object[0][0], tableHeader);
                  cartTable.setModel(tableModel);
                  totalPricelabel.setText("총금액: " + 0 + " 원");
                  JOptionPane.showMessageDialog(clearButton, "장바구니의 모든 항목을 삭제했습니다");
                  cart.deleteBook();
               }
            }
         }
      });
      ...
   }
}
```

〈❻ 장바구니의 항목 삭제하기〉 버튼 처리하기

01 〈❻ 장바구니의 항목 삭제하기〉 버튼: MainWindow.java 파일을 열고 〈❻ 장바구니의 항목 삭제하기〉 버튼의 클릭 이벤트 처리를 작성합니다. 해당 버튼을 클릭하면 장바구니 테이블에서 선택된 행을 삭제합니다.

프로젝트 15-12 15장/BookMarket/src/com/market/main/MainWindow.java

```
package com.market.main;
...
public class MainWindow extends JFrame {
...
   private void menuIntroduction() {
      ...
      JButton bt6 = new JButton("장바구니의 항목 삭제하기", new ImageIcon("./images/6.png"));
      bt6.setFont(ft);
      mMenuPanel.add(bt6);

      bt6.addActionListener(new ActionListener() {
         public void actionPerformed(ActionEvent e) {

            if (mCart.mCartCount == 0)
               JOptionPane.showMessageDialog(bt3, "장바구니에 항목이 없습니다", "장바구니
                  비우기", JOptionPane.ERROR_MESSAGE);
            else {

               mPagePanel.removeAll();
               CartItemListPage cartList = new CartItemListPage(mPagePanel, mCart);
               if (mCart.mCartCount == 0)
                  JOptionPane.showMessageDialog(bt6, "장바구니에 항목이 없습니다");
               else if (cartList.mSelectRow == -1)
                  JOptionPane.showMessageDialog(bt6, "장바구니에서 삭제할 항목을 선택하세요");
               else {
                  mCart.removeCart(cartList.mSelectRow);
                  // 장바구니에서 선택 항목 삭제하기
                  cartList.mSelectRow = -1;
               }
            }
            mPagePanel.add("장바구니의 항목 삭제하기", new CartItemListPage(mPagePanel,
               mCart));
```

```

                mPagePanel.revalidate();
                mPagePanel.repaint();
            }
        });
        ...
    }
}
```

02 장바구니 목록 테이블과 〈장바구니의 항목 삭제하기〉 버튼: CartItemListPage.java 파일을 열고 장바구니 목록 테이블의 마우스 클릭 이벤트 처리와 〈장바구니의 항목 삭제하기〉 버튼의 클릭 이벤트 처리를 작성합니다. 장바구니 목록 테이블의 행을 선택하면 해당 도서 이미지를 출력하고, 〈장바구니의 항목 삭제하기〉를 클릭하면 선택한 항목을 삭제합니다.

프로젝트 15-13 15장/BookMarket/src/com/market/page/CartItemListPage.java

```
package com.market.page;
...
import java.awt.event.MouseEvent;
import java.awt.event.MouseListener;

public class CartItemListPage extends JPanel {
    ...
    public CartItemListPage(JPanel panel, Cart cart) {
        ...
        JLabel removeLabel = new JLabel("장바구니의 항목 삭제하기");
        removeLabel.setFont(ft);
        JButton removeButton = new JButton();
        removeButton.add(removeLabel);
        buttonPanel.add(removeButton);

        removeButton.addActionListener(new AbstractAction() {
            public void actionPerformed(ActionEvent e) {
                if (cart.mCartCount == 0)
                    JOptionPane.showMessageDialog(clearButton, "장바구니에 항목이 없습니다");
                else if (mSelectRow == -1)
                    JOptionPane.showMessageDialog(clearButton, "장바구니에서 삭제할 항목을 선택
                        하세요");
```

```java
        else {
            ArrayList<CartItem> cartItem = cart.getmCartItem();
            cartItem.remove(mSelectRow);
            cart.mCartCount -= 1;
            Object[][] content = new Object[cartItem.size()][tableHeader.length];
            Integer totalPrice = 0;
            for (int i = 0; i < cartItem.size(); i++) {
                CartItem item = cartItem.get(i);
                content[i][0] = item.getBookID();
                content[i][1] = item.getItemBook().getName();
                content[i][2] = item.getItemBook().getUnitPrice();
                content[i][3] = item.getQuantity();
                content[i][4] = item.getTotalPrice();
                totalPrice += item.getQuantity() * item.getItemBook().getUnitPrice();
            }
            TableModel tableModel = new DefaultTableModel(content, tableHeader);
            totalPricelabel.setText("총금액: " + totalPrice + " 원");
            cartTable.setModel(tableModel);
            mSelectRow = -1;
        }
    }
});

cartTable.addMouseListener(new MouseListener() {

    public void mouseClicked(MouseEvent e) {
        int row = cartTable.getSelectedRow();
        mSelectRow = row;
    }

    @Override
    public void mousePressed(MouseEvent e) {
        // TODO Auto-generated method stub
    }

    @Override
    public void mouseReleased(MouseEvent e) {
        // TODO Auto-generated method stub
    }
```

장바구니 테이블의 행 선택에 대한 이벤트 처리

```java

            @Override
            public void mouseEntered(MouseEvent e) {
               // TODO Auto-generated method stub
            }

            @Override
            public void mouseExited(MouseEvent e) {
               // TODO Auto-generated method stub
            }
         });
      ...
   }
}
```

〈❼ 주문하기〉 버튼 처리하기

01 〈❼ 주문하기〉 버튼: MainWindow.java 파일을 열고 〈❼ 주문하기〉 버튼의 클릭 이벤트 처리를 작성합니다. 해당 버튼을 클릭하면 CartShippingPage 클래스를 호출합니다.

프로젝트 15-14 15장/BookMarket/src/com/market/main/MainWindow.java

```java
package com.market.main;
...
import com.market.page.CartShippingPage;

public class MainWindow extends JFrame {
...
   private void menuIntroduction() {
      ...
      JButton bt7 = new JButton("주문하기", new ImageIcon("./images/7.png"));
      bt7.setFont(ft);
      mMenuPanel.add(bt7);

      bt7.addActionListener(new ActionListener() {
         public void actionPerformed(ActionEvent e) {

            if (mCart.mCartCount == 0)
```

```
                JOptionPane.showMessageDialog(bt7, "장바구니에 항목이 없습니다", "주문처리",
                    JOptionPane.ERROR_MESSAGE);
            else {

                mPagePanel.removeAll();
                mPagePanel.add("주문 배송지", new CartShippingPage(mPagePanel, mCart));
                mPagePanel.revalidate();
                mPagePanel.repaint();
            }
        }
    });
    ...
  }
}
```

02 〈예/아니요〉 라디오버튼과 〈장바구니에 담기〉 버튼: CartShippingPage.java 파일을 열고 〈예/아니요〉 라디오버튼과 〈주문 완료〉 버튼의 클릭 이벤트 처리를 작성합니다. 고객의 이름, 연락처, 배송지 등을 입력하고 〈주문 완료〉를 클릭하면 주문 영수증을 표시하는 `CartOrderBillPage` 클래스를 호출합니다. 이때 초기 화면에서 입력받은 고객의 이름과 연락처를 미리 불러와 주문자의 이름과 일치하면 '예'를 입력받고, 일치하지 않으면 '아니요'를 입력받는 라디오버튼을 함께 생성합니다.

프로젝트 15-15 15장/BookMarket/src/com/market/page/CartShippingPage.java

```
package com.market.page;

import com.market.cart.Cart;
import com.market.member.UserInIt;
import java.awt.event.ActionEvent;

public class CartShippingPage extends JPanel {

    Cart mCart;
    JPanel shippingPanel;
    JPanel radioPanel;

    public CartShippingPage(JPanel panel, Cart cart) {
```

```java

        Font ft;
        ft = new Font("함초롬돋움", Font.BOLD, 15);
        ...
        radioOk.setSelected(true);
        radioNo.setSelected(false);
        UserShippingInfo(true);

        this.mCart = cart;

        radioOk.addActionListener(new AbstractAction() {
            public void actionPerformed(ActionEvent e) {

                if (radioOk.isSelected()) {
                    shippingPanel.removeAll();
                    UserShippingInfo(true);
                    shippingPanel.revalidate();
                    shippingPanel.repaint();
                    radioNo.setSelected(false);
                }
            }
        });

        radioNo.addActionListener(new AbstractAction() {
            public void actionPerformed(ActionEvent e) {

                if (radioNo.isSelected()) {
                    shippingPanel.removeAll();
                    UserShippingInfo(false);
                    shippingPanel.revalidate();
                    shippingPanel.repaint();
                    radioOk.setSelected(false);
                }
            }
        });
    }

    public void UserShippingInfo(boolean select) {

```

〈예〉 라디오버튼 클릭 이벤트 처리

〈아니요〉 라디오버튼 클릭 이벤트 처리

```
        Font ft;
        ft = new Font("함초롬돋움", Font.BOLD, 15);
        ...
        JTextField nameLabel2 = new JTextField(15);
        nameLabel2.setFont(ft);
        if (select) {
            nameLabel2.setBackground(Color.LIGHT_GRAY);
            // nameLabel2.setText("입력된 고객 이름");
            nameLabel2.setText(UserInIt.getmUser().getName());
        }
        namePanel.add(nameLabel2);
        shippingPanel.add(namePanel);
        ...
        JTextField phoneLabel2 = new JTextField(15);
        phoneLabel2.setFont(ft);
        if (select) {
            phoneLabel2.setBackground(Color.LIGHT_GRAY);
            // nameLabel2.setText("입력된 고객 연락처");
            phoneLabel2.setText(String.valueOf(UserInIt.getmUser().getPhone()));
        }
        phonePanel.add(phoneLabel2);
        shippingPanel.add(phonePanel);
        ...
        JPanel buttonPanel = new JPanel();
        buttonPanel.setBounds(0, 300, 700, 100);
        JLabel buttonLabel = new JLabel("주문 완료");
        buttonLabel.setFont(new Font("함초롬돋움", Font.BOLD, 15));
        JButton orderButton = new JButton();
        orderButton.add(buttonLabel);
        buttonPanel.add(orderButton);
        shippingPanel.add(buttonPanel);

        orderButton.addActionListener(new AbstractAction() {
            public void actionPerformed(ActionEvent e) {

                radioPanel.removeAll();
                radioPanel.revalidate();
                radioPanel.repaint();
                shippingPanel.removeAll();
```

```java
                shippingPanel.add("주문 배송지", new CartOrderBillPage(shippingPanel, mCart));
                mCart.deleteBook();
                shippingPanel.revalidate();
                shippingPanel.repaint();
            }
        });
    }
    public static void main(String[] args) {
        ...
    }
}
```

main() 메서드 삭제

03 주문 영수증 표시하기: CartOrderBillPage.java 파일을 열고 다음과 같이 수정합니다.

프로젝트 15-16 15장/BookMarket/src/com/market/page/CartOrderBillPage.java

```java
package com.market.page;

import com.market.member.UserInIt;
...
public class CartOrderBillPage extends JPanel {
...
    public CartOrderBillPage(JPanel panel, Cart cart) {
        ...
        shippingPanel = new JPanel();
        // shippingPanel.setBounds(200, 50, 700, 500);
        shippingPanel.setBounds(0, 0, 700, 500);
        shippingPanel.setLayout(null);
        // add(shippingPanel);
        panel.add(shippingPanel);

        printBillInfo(UserInIt.getmUser().getName(), String.valueOf(UserInIt.getmUser().
            getPhone()), UserInIt.getmUser().getAddress());
    }
    ...
    public static void main(String[] args) {
        ...
    }
}
```

main() 메서드 삭제

〈❽ 종료〉 버튼 처리하기

01 〈❽ 종료〉 버튼: MainWindow.java 파일을 열고 〈❽ 종료〉 버튼의 클릭 이벤트 처리를 작성합니다. 해당 버튼을 클릭하면 창을 닫습니다.

프로젝트 15-17 15장/BookMarket/src/com/market/main/MainWindow.java

```
package com.market.main;
...
public class MainWindow extends JFrame {
...
    private void menuIntroduction() {
        ...
        JButton bt8 = new JButton("종료", new ImageIcon("./images/8.png"));
        bt8.setFont(ft);
        mMenuPanel.add(bt8);

        bt8.addActionListener(new ActionListener() {
            public void actionPerformed(ActionEvent e) {

                int select = JOptionPane.showConfirmDialog(bt8, "쇼핑몰을 종료하겠습니까? ");

                if (select == 0) {
                    System.exit(1);
                }
            }
        });
        ...
    }
}
```

〈❾ 관리자〉 버튼 처리하기

01 〈❾ 관리자〉 버튼: MainWindow.java 파일을 열고 〈❾ 관리자〉 버튼의 클릭 이벤트 처리를 작성합니다. 해당 버튼을 클릭하면 관리자 로그인 대화상자인 AdminLoginDialog 클래스를 불러와 인증한 후 AdminPage 클래스를 호출합니다.

프로젝트 15-18 15장/BookMarket/src/com/market/main/MainWindow.java

```java
package com.market.main;
...
import com.market.page.AdminLoginDialog;
import com.market.page.AdminPage;

public class MainWindow extends JFrame {
...
    private void menuIntroduction() {
        ...
        JButton bt9 = new JButton("관리자", new ImageIcon("./images/9.png"));
        bt9.setFont(ft);
        mMenuPanel.add(bt9);
        bt9.addActionListener(new ActionListener() {
            public void actionPerformed(ActionEvent e) {
                AdminLoginDialog adminDialog;
                JFrame frame = new JFrame();
                adminDialog = new AdminLoginDialog(frame, "관리자 로그인");
                adminDialog.setVisible(true);
                if (adminDialog.isLogin) {
                    mPagePanel.removeAll();
                    mPagePanel.add("관리자", new AdminPage(mPagePanel));
                    mPagePanel.revalidate();
                    mPagePanel.repaint();
                }
            }
        });
        ...
    }
}
```

02 관리자 로그인 대화상자 클래스 생성하기: com.market.page 패키지에 AdminLoginDialog 클래스를 만듭니다.

프로젝트 15-19 15장/BookMarket/src/com/market/page/AdminLoginDialog.java

```java
package com.market.page;

import com.market.member.Admin;

import java.awt.Color;
import java.awt.Dimension;
import java.awt.Font;
import java.awt.Toolkit;
import java.awt.event.ActionEvent;
import java.awt.event.ActionListener;

import javax.swing.*;

public class AdminLoginDialog extends JDialog {

   JTextField pwField, idField;
   public boolean isLogin = false;

   public AdminLoginDialog(JFrame frame, String str) {
      super(frame, "관리자 로그인", true);

      Font ft;
      ft = new Font("함초롬돋움", Font.BOLD, 15);

      Dimension screenSize = Toolkit.getDefaultToolkit().getScreenSize();
      setLocation((screenSize.width - 400) / 2, (screenSize.height - 300) / 2);
      setSize(400, 300);
      setLayout(null);

      JPanel titlePanel = new JPanel();
      titlePanel.setBounds(0, 20, 400, 50);
      add(titlePanel);
      JLabel titleLabel = new JLabel("관리자 로그인");
      titleLabel.setFont(new Font("함초롬돋움", Font.BOLD, 20));
      titlePanel.add(titleLabel);

      JPanel idPanel = new JPanel();
      idPanel.setBounds(0, 70, 400, 50);
```

'관리자 로그인' 표시를 위한 패널 영역 설정 및 출력

'아이디' 표시를 위한 패널 영역 설정 및 출력

```
        add(idPanel);
        JLabel idLabel = new JLabel("아 이 디 : ");
        idLabel.setFont(ft);
        idField = new JTextField(10);
        idField.setFont(ft);
        idPanel.add(idLabel);
        idPanel.add(idField);

        JPanel pwPanel = new JPanel();
        pwPanel.setBounds(0, 120, 400, 50);
        add(pwPanel);
        JLabel pwLabel = new JLabel("비밀번호 : ");
        pwLabel.setFont(ft);
        pwField = new JTextField(10);
        pwField.setFont(ft);
        pwPanel.add(pwLabel);
        pwPanel.add(pwField);

        JPanel buttonPanel = new JPanel();
        buttonPanel.setBounds(0, 170, 400, 50);
        add(buttonPanel);
        JLabel okLabel = new JLabel("확인");
        okLabel.setFont(ft);
        JButton okButton = new JButton();
        okButton.add(okLabel);
        buttonPanel.add(okButton);

        JLabel cancelLabel = new JLabel("취소");
        cancelLabel.setFont(ft);
        JButton cancelBtn = new JButton();
        cancelBtn.add(cancelLabel);
        buttonPanel.add(cancelBtn);

        okButton.addActionListener(new ActionListener() {
            public void actionPerformed(ActionEvent e) {

                Admin admin = new Admin("", -1);
                System.out.println(pwField.getText() + idField.getText());
                System.out.println(admin.getId() + admin.getPassword());
```

'아이디' 표시를 위한 패널 영역 설정 및 출력

'비밀번호' 표시를 위한 패널 영역 설정 및 출력

〈확인〉, 〈취소〉 버튼 표시를 위한 패널 영역 설정 및 출력

〈확인〉 버튼 클릭 이벤트 처리

```java
                if (admin.getId().equals(idField.getText()) && admin.getPassword().
                    equals(pwField.getText())) {
                    isLogin = true;
                    dispose();
                } else
                    JOptionPane.showMessageDialog(okButton, "관리자 정보가 일치하지 않습니다");
            }
        });

        cancelBtn.addActionListener(new ActionListener() {
            public void actionPerformed(ActionEvent e) {
                isLogin = false;
                dispose();
            }
        });
    }
}
```

〈취소〉 버튼 클릭 이벤트 처리

실행 결과

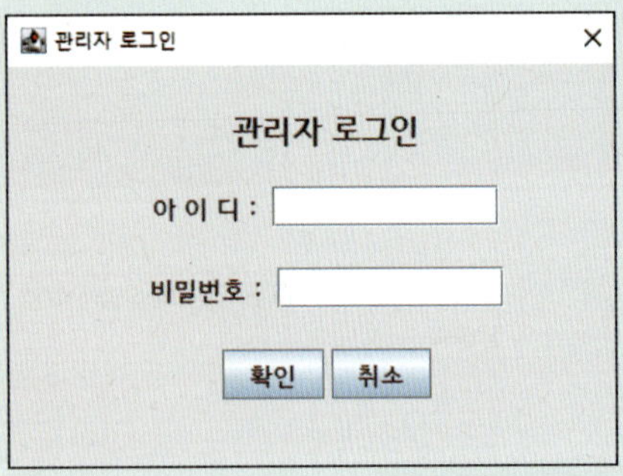

03 〈추가〉, 〈취소〉 버튼: AdminPage.java 파일을 열고 도서 목록 테이블의 마우스 클릭 이벤트 처리와 〈장바구니에 담기〉 버튼의 클릭 이벤트 처리를 작성합니다. 도서 목록 테이블의 행을 선택하면 해당 도서 이미지를 출력하고, 〈장바구니에 담기〉를 클릭하면 선택한 도서 정보를 장바구니에 저장합니다.

프로젝트 15-20 15장/BookMarket/src/com/market/page/AdminPage.java

```java
package com.market.page;
...
import java.awt.event.ActionEvent;
import java.io.FileWriter;

public class AdminPage extends JPanel {

  public AdminPage(JPanel panel) {
  ...
    JPanel buttonPanel = new JPanel();
    buttonPanel.setBounds(100, 350, 700, 50);
    add(buttonPanel);
    JLabel okLabel = new JLabel("추가");
    okLabel.setFont(ft);
    JButton okButton = new JButton();
    okButton.add(okLabel);
    buttonPanel.add(okButton);

    okButton.addActionListener(new AbstractAction() {
      public void actionPerformed(ActionEvent e) {
        String[] writeBook = new String[7];
        writeBook[0] = idTextField.getText();
        writeBook[1] = nameTextField.getText();
        writeBook[2] = priceTextField.getText();
        writeBook[3] = authorTextField.getText();
        writeBook[4] = descTextField.getText();
        writeBook[5] = categoryTextField.getText();
        writeBook[6] = dateTextField.getText();
        try {
          FileWriter fw = new FileWriter("book.txt", true);

          for (int i = 0; i < 7; i++)
            fw.write(writeBook[i]+"\n");

          fw.close();
          JOptionPane.showMessageDialog(okButton, "새 도서 정보가 저장되었습니다");

          Date date = new Date();
```

〈추가〉 버튼 클릭 이벤트 처리

```java
                    SimpleDateFormat formatter = new SimpleDateFormat("yyMMddhhmmss");
                    String strDate = formatter.format(date);

                    idTextField.setText("ISBN" + strDate);
                    nameTextField.setText("");
                    priceTextField.setText("");
                    authorTextField.setText("");
                    descTextField.setText("");
                    categoryTextField.setText("");
                    dateTextField.setText("");

                    System.out.println("새 도서 정보가 저장되었습니다.");
                } catch(Exception ex) {
                    System.out.println(ex);
                }
            }
        });

        JLabel noLabel = new JLabel("취소");
        noLabel.setFont(ft);
        JButton noButton = new JButton();
        noButton.add(noLabel);
        buttonPanel.add(noButton);
        noButton.addActionListener(new AbstractAction() {
            public void actionPerformed(ActionEvent e) {

                nameTextField.setText("");
                priceTextField.setText("");
                authorTextField.setText("");
                descTextField.setText("");
                categoryTextField.setText("");
                dateTextField.setText("");
            }
        });
    }
    public static void main(String[] args) {
        ...
    }
}
```

〈취소〉 버튼 클릭 이벤트 처리

main() 메서드 삭제

메뉴 만들기와 메뉴 항목 처리하기

01 메뉴 만들기: MainWindow.java 파일을 열고 다음과 같이 추가합니다.

프로젝트 15-21 15장/BookMarket/src/com/market/main/MainWindow.java

```
package com.market.main;

import javax.swing.*;
import java.awt.*;

public class MainWindow extends JFrame {

   static JPanel mMenuPanel, mPagePanel;

   public MainWindow(String title, int x, int y, int width, int height) {

      initContainer(title, x, y, width, height);
      initMenu();
      ...
   }
   ...
   private void initMenu() {
      Font ft;
      ft = new Font("함초롬돋움", Font.BOLD, 15);

      JMenuBar menuBar = new JMenuBar();

      JMenu menu01 = new JMenu("고객");
      menu01.setFont(ft);
      JMenuItem item01 = new JMenuItem("고객 정보");
      JMenuItem item11 = new JMenuItem("종류");
      menu01.add(item01);
      menu01.add(item11);
      menuBar.add(menu01);

      JMenu menu02 = new JMenu("상품");
      menu02.setFont(ft);
      JMenuItem item02 = new JMenuItem("상품 목록");
      menu02.add(item02);
```

```java
        menuBar.add(menu02);

        JMenu menu03 = new JMenu("장바구니");
        menu03.setFont(ft);
        JMenuItem item03 = new JMenuItem("항목 추가");
        JMenuItem item04 = new JMenuItem("항목 수량 줄이기");
        JMenuItem item05 = new JMenuItem("항목 삭제하기");
        JMenuItem item06 = new JMenuItem("장바구니 비우기");
        menu03.add(item03);
        menu03.add(item04);
        menu03.add(item05);
        menu03.add(item06);
        menuBar.add(menu03);

        JMenu menu04 = new JMenu("주문");
        menu04.setFont(ft);
        JMenuItem item07 = new JMenuItem("영수증 표시");
        menu04.add(item07);
        menuBar.add(menu04);
        setJMenuBar(menuBar);
    }
}
```

02 메뉴 항목 처리하기: MainWindow.java 파일에 '고객 정보', '상품 목록', '종료' 메뉴의 클릭 이벤트 처리를 작성합니다.

프로젝트 15-22 15장/BookMarket/src/com/market/main/MainWindow.java

```java
package com.market.main;
...
public class MainWindow extends JFrame {
    ...
    private void initMenu() {
        ...
        JMenu menu04 = new JMenu("주문");
        menu04.setFont(ft);
        JMenuItem item07 = new JMenuItem("영수증 표시");
        menu04.add(item07);
        menuBar.add(menu04);
```

```java
        setJMenuBar(menuBar);

        JMenu menu04 = new JMenu("주문");
        menu04.setFont(ft);
        JMenuItem item07 = new JMenuItem("영수증 표시");
        menu04.add(item07);
        menuBar.add(menu04);
        setJMenuBar(menuBar);

        item01.addActionListener(new ActionListener() {
            public void actionPerformed(ActionEvent e) {
                mPagePanel.removeAll();
                mPagePanel.add("고객 정보 확인 ", new GuestInfoPage(mPagePanel));
                add(mPagePanel);
                mPagePanel.revalidate();
            }
        });

        item02.addActionListener(new ActionListener() {
            public void actionPerformed(ActionEvent e) {
                mPagePanel.removeAll();
                BookInIt.init();
                mPagePanel.add("장바구니에 항목 추가하기", new CartAddItemPage(mPagePanel,
                    mCart));
                add(mPagePanel);
                mPagePanel.revalidate();
            }
        });

        item11.addActionListener(new ActionListener() {
            public void actionPerformed(ActionEvent e) {
                mPagePanel.removeAll();
                setVisible(false);
                new GuestWindow("고객 정보 입력", 0, 0, 1000, 750);
                add(mPagePanel);
                mPagePanel.revalidate();
            }
        });
    }
}
```

요약

01 이벤트는 윈도우용으로 작성된 응용 프로그램과 같이 GUI를 사용하는 모든 프로그램을 작동하는 것으로, GUI 구성 요소의 상태 변화를 말합니다.

02 주요 이벤트 클래스의 유형

이벤트 클래스	설명
ActionEvent	버튼을 클릭하거나, 메뉴를 선택하거나, 목록 항목을 더블클릭할 때 발생하는 이벤트
MouseEvent	마우스를 드래그하거나, 이동하거나, 클릭하거나, 떼거나, 구성 요소에 드나들 때 발생하는 이벤트
KeyEvent	키보드로 입력받을 때 발생하는 이벤트
ItemEvent	체크박스나 목록 항목을 클릭할 때 발생하는 이벤트
TextEvent	텍스트 영역이나 텍스트 필드의 값이 변경될 때 발생하는 이벤트
MouseWheelEvent	마우스 휠을 움직일 때 발생하는 이벤트
WindowEvent	창이 활성화/비활성화되거나, 아이콘화/정상화되거나, 열리거나 닫힐 때 발생하는 이벤트
ComponentEvent	구성 요소를 숨기거나, 이동하거나, 크기를 조정하거나, 나타나도록 설정할 때 발생하는 이벤트
ContainerEvent	컨테이너에서 구성 요소를 추가하거나 삭제할 때 발생하는 이벤트
AdjustmentEvent	스크롤바를 조작할 때 발생하는 이벤트
FocusEvent	구성 요소가 키보드 포커스를 얻거나 잃을 때 발생하는 이벤트

03 이벤트 클래스에 대응하는 리스너 인터페이스와 어댑터 클래스

이벤트 클래스	리스너 인터페이스	어댑터 클래스
ActionEvent	ActionListener	
MouseEvent	MouseListener	MouseAdapter
MouseWheelEvent	MouseWheelListener	MouseAdapter
KeyEvent	KeyListener	KeyAdapter
ItemEvent	ItemListener	
TextEvent	TextListener	
WindowEvent	WindowListener	WindowAdapter
ComponentEvent	ComponentListener	ComponentAdapter
ContainerEvent	ContainerListener	ContainerAdapter
AdjustmentEvent	AdjustmentListener	
FocusEvent	FocusListener	FocusAdapter

04 모든 최상위 창에는 관련 메뉴의 모음이 있습니다. 이 메뉴 표시줄은 사용자가 이용할 수 있는 다양한 메뉴 선택 항목으로 구성되며, 각 선택 항목에는 드롭다운 메뉴라는 옵션 목록이 포함되어 있습니다. `Menu` 및 `MenuItem` 클래스는 `MenuComponent` 클래스의 하위 클래스입니다.

05 메뉴 생성의 주요 클래스

클래스	설명
`JMenuBar`	창이나 프레임에 메뉴 표시줄을 표시한다. 여러 메뉴가 있을 수 있다.
`JMenu`	메뉴바에 나타나는 풀다운 메뉴 컴포넌트를 표시한다. JMenuItem 클래스를 상속한다.
`JMenuItem`	레이블이 지정된 간단한 메뉴 항목을 추가한다. 메뉴에 사용된 항목은 JMenuItem 또는 해당 하위 클래스에 속해야 한다.

06 대화상자는 프레임 같은 주 윈도우와 달리 임시 정보를 나타내는 데 사용되는 독립적인 서브 창으로, 이를 통해 사용자에게 오류나 경고, 짧은 메시지를 전달합니다. 대화상자는 프레임에 종속되어 있기 때문에 프레임이 삭제되면 대화상자도 삭제됩니다.

07 메시지 대화상자, 확인 대화상자, 입력 대화상자와 같은 표준 대화상자는 정보를 표시하거나 사용자로부터 입력을 받기 위한 것으로, 이를 만들기 위해 `JOptionPane` 클래스를 사용합니다.

생성자	설명
`JOptionPane()`	테스트 메시지가 있는 JOptionPane을 생성한다.
`JOptionPane(Object message)`	메시지를 표시하기 위해 JOptionPane의 인스턴스를 생성한다.
`JOptionPane(Object message, int messageType)`	지정된 메시지 유형 및 기본 옵션으로 메시지를 표시하기 위해 JOptionPane의 인스턴스를 생성한다.

08 사용자가 UI 구성 요소를 배치하여 원하는 대화상자를 만들고자 할 때는 `JDialog` 클래스를 상속받아서 구현합니다.

생성자	설명
`JDialog()`	제목이 없고 프레임 소유자가 지정되지 않은 대화상자를 생성한다.
`JDialog(Frame owner)`	제목이 없고 프레임 소유자가 지정된 대화상자를 생성한다.
`JDialog(Frame owner, String title, boolean modal)`	지정된 제목, 프레임 소유자 및 양식으로 대화상자를 생성한다.

연습문제

01 다음 빈칸을 채우시오.

① [ ]는 윈도우용으로 작성된 응용 프로그램과 같이 GUI를 사용하는 모든 프로그램을 작동하는 것으로, GUI 구성 요소의 상태 변화를 말한다. 즉 GUI 구성 요소와 사용자의 상호 작용으로 발생한다.

② [ ]는 이벤트를 일으키는 대상에서 이벤트가 발생하면 이를 제어하고 어떤 일을 처리해야 하는지를 결정하는 방법을 의미한다. 이벤트가 발생했을 때 그에 대한 응답을 생성하는 역할을 담당하는 것은 [ ]이다.

02 버튼을 클릭하거나, 메뉴를 선택하거나, 목록 항목을 더블클릭할 때 발생하는 이벤트는 무엇인가?

① ActionEvent　② MouseEvent
③ KeyEvent　④ ItemEvent

03 이벤트 클래스에 대응하는 리스너 인터페이스와 어댑터 클래스가 잘못 짝지어진 것은 무엇인가?

① ActionEvent-ActionListener-ActionAdapter
② MouseEvent-MouseListener-MouseAdapter
③ KeyEvent-KeyListener-KeyAdapter
④ WindowEvent-WindowListener-WindowAdapter

04 스윙에서 항목의 메뉴를 생성하는 순서로 옳은 것은 무엇인가?

① JMenuItem → JMenuBar → JMenu
② JMenuBar → JMenu → JMenuItem
③ JMenu → JMenuBar → JMenuItem
④ JMenuBar → JMenuItem → JMenu

05 스윙에서 메뉴의 항목을 만드는 클래스는 무엇인가?

① JMenuBar　② JMenu
③ JMenuItem　④ JFramdBar

06 다음과 같은 화면이 출력되도록 프로그램의 빈칸을 채우시오.

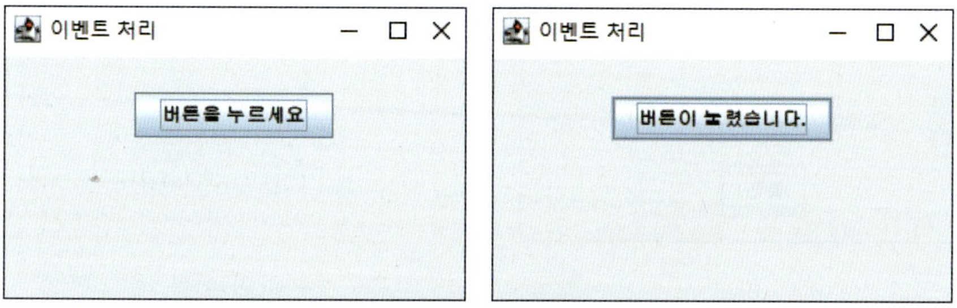


```
public class ExEventHandling02 extends JFrame {
   public ExEventHandling02() {
      setTitle("이벤트 처리");
      setSize(400, 200);
      JPanel panel = new JPanel();
      add(panel);
      JButton button = new JButton("버튼을 누르세요");
      panel.add(button);
      button.[          ](new MyListener());
      setVisible(true);
   }

   private class MyListener implements ActionListener {
      public void [          ] {
         JButton button = (JButton)e.getSource();
         button.setText("버튼이 눌렸습니다.");
      }
   }

   public static void main(String[] args) {
      new ExEventHandling02();
   }
}
```

07 다음과 같은 JOptionPane 대화상자를 구현하는 방법은 무엇인가?

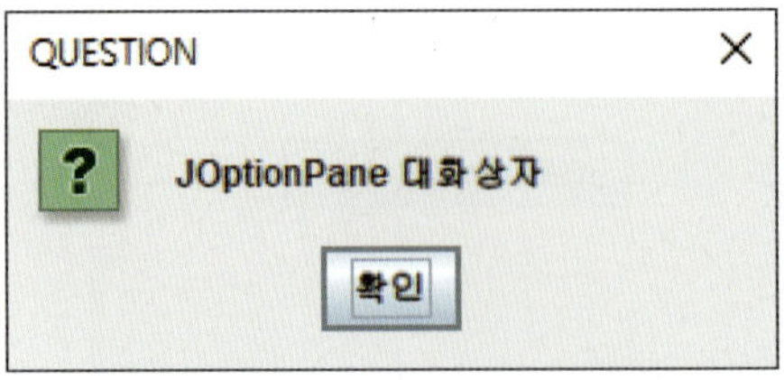

①
```
JOptionPane.showMessageDialog(this, "JOptionPane 대화상자",
"QUESTION", JOptionPane.QUESTION_MESSAGE);
```

②
```
JOptionPane.showMessageDialog(this, "JOptionPane 대화상자",
"WARNING", JOptionPane.WARNING_MESSAGE);
```

③
```
JOptionPane.showMessageDialog(this, "JOptionPane 대화상자",
"INFORMATION", JOptionPane.INFORMATION_MESSAGE);
```

④
```
JOptionPane.showMessageDialog(this, "JOptionPane 대화상자",
"ERROR", JOptionPane.ERROR_MESSAGE);
```

08 다음 프로그램의 실행 결과를 작성하시오.

```
import javax.swing.JFrame;
import javax.swing.JOptionPane;

public class Main extends JFrame {
   public Main() {
      super("제목 프레임");

      setSize(300, 200);
      setDefaultCloseOperation(JFrame.EXIT_ON_CLOSE);
      setVisible(true);
      String response = JOptionPane.showInputDialog(null, "제목을 입력하세요");
      setTitle(response);
   }

   public static void main(String[] arguments) {
      JFrame frame = new Main();
   }
}
```

09 다음과 같은 화면이 출력되도록 프로그램을 작성하시오.

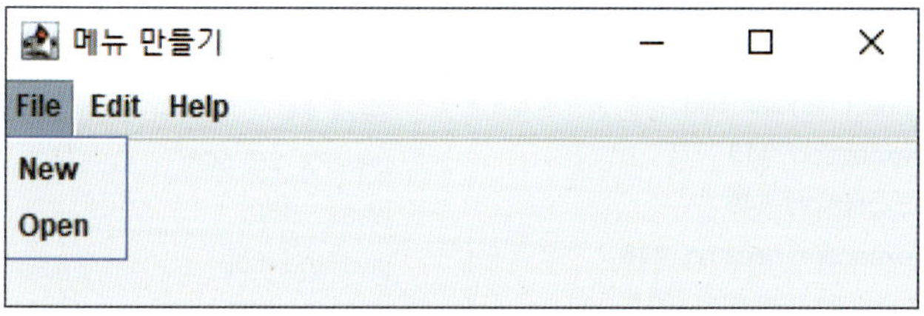

10 다음과 같은 간단한 계산기 프로그램을 작성하시오.

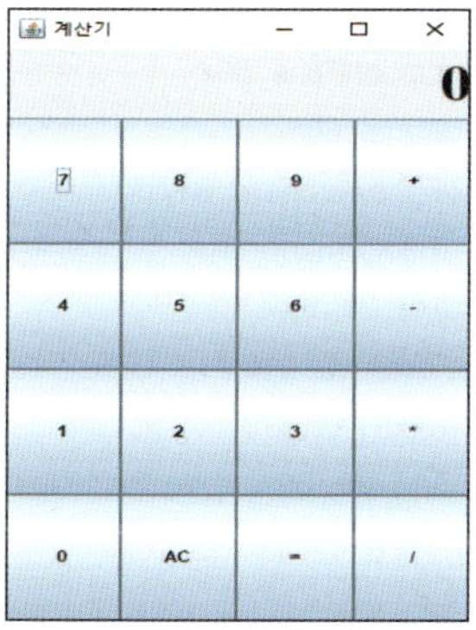

찾아보기